大学问

始于问而终于明

守望学术的视界

田彤 著

生产关系、社会结构与阶级

PRODUCTION RELATIONS, SOCIAL STRUCTURE, CLASS

民国时期劳资关系研究

Research on labor-capital relations during the era of the Republic of China

GUANGXI NORMAL UNIVERSITY PRESS
广西师范大学出版社
·桂林·

生产关系、社会结构与阶级：民国时期劳资关系研究
SHENGCHAN GUANXI SHEHUI JIEGOU YU JIEJI: MINGUO SHIQI LAOZI GUANXI YANJIU

图书在版编目（CIP）数据

生产关系、社会结构与阶级 : 民国时期劳资关系研究 / 田彤著. --桂林 : 广西师范大学出版社，2023.10
ISBN 978-7-5598-6311-9

Ⅰ. ①生… Ⅱ. ①田… Ⅲ. ①劳资关系－研究－中国－民国 Ⅳ. ①F249.296

中国国家版本馆 CIP 数据核字（2023）第 156549 号

广西师范大学出版社出版发行
（广西桂林市五里店路 9 号　邮政编码：541004
网址：http://www.bbtpress.com）
出版人：黄轩庄
全国新华书店经销
广西广大印务有限责任公司印刷
（桂林市临桂区秧塘工业园西城大道北侧广西师范大学出版社集团有限公司创意产业园内　邮政编码：541199）
开本：880 mm × 1 240 mm　1/32
印张：28.25　　字数：690 千
2023 年 10 月第 1 版　　2023 年 10 月第 1 次印刷
定价：128.00 元

无论在哪里，如果依靠劳动而获得的生活保障不能从社会制度的本质中获得，那么，那里就存在着不正义。但是，如果有人挺身而出，同“不正义”斗争，即使全世界受着“不正义”迫害的只有他一个人，他所做的也不会是自私自利的行为：因为在这个时候，他就体现着一切痛苦、一切原则，而且在他的身上就代表着人类。

——[法]路易·勃朗：《劳动组织》，
何钦译，商务印书馆，2012，“序言”第3页

凡　例

1.单位换算说明:

书中引用文献为民国时期文献,为符合当时话语语境,不再正文中一一换算,谨在此一并说明:

英制单位:

磅:质量单位,1 磅约合 0.45 千克;

亨司:长度单位,1 亨司约合 768.10 米(根据规定的换算系数可计算出细纱机的产量);

英里:长度单位,1 英里约合 1.61 千米;

码:长度单位,1 码约合 0.91 米;

吋:英寸,长度单位,1 吋合 2.54 厘米;

平方码:面积单位,1 平方码约合 0.84 平方米。

中国市制:

尺:长度单位,1 尺约合 33.33 厘米;

丈:长度单位,1 丈约合 3.33 米;

亩:面积单位,1 亩约合 666.67 平方米;

方尺:面积单位,1 方尺约合 0.11 平方米;

方丈:面积单位,1 方丈约合 11.10 平方米。

石(担):质量单位,1 石合 120 斤;

斗:质量单位,1 斗合 12.50 斤。

2.币制说明:

1933 年 3 月,“废两改元”前,银两、银元混用,两→钱→分→厘是银两系列;元→角→分是银元系列。银元俗称大洋,而小洋泛指同期发行、流通的各种小面额银币,二者统称洋码。1 银元等于0.72两银子。“文”指铜元(铜板)数,多少文就是多少铜板。“废两改元”两年后,为解决中国大量白银外流的问题,国民政府发行法币(又称国币,1935 年至 1948 年间流通),放弃银本位,而与美元挂钩(100 法币合 30 美元)。1948—1949 年,国民政府为支撑其崩溃局面,发行金圆券以代替法币。

需要说明的是,民国时期的货币形式较为复杂,很多情况下银元、银两、铜元共存,国币、外币并行。

3.表格说明:

表格多引自民国时期材料,为方便读者理解,略有改制。同时,—表数据缺失。

4.本书研究时段为民国时期,所涉地名、机构名称、职称均保留旧称。同时,本书的引用文献多出自民国时期的资料,其用词、标点符号使用、语法习惯与现代汉语规范多有不同,对此情况以保留文献原貌为原则,不做修改;对于影响理解的错字,则以(　)标注正确写法。

目　录

附表目录

绪　论

历史学归根到底是“人学”，重构特定时空的人际关系、社会结构，以此探析社会的走向，是历史学必须承担的基本任务。传统社会的“士”“农”“工”“商”既是职业分层，也是社会结构的基本组成部分，更是社会结构的内在“秩序”。晚清民初，传统的“士”“农”“工”“商”的社会结构解体，新型的社会结构开始重组，出现了新型的人际关系，其突出表现为：“士”除出现专业化分工外，或转为业工，或转为实业家/资本家；“农”则大量进城成为工人；“工”也由传统手工业者，转变为手工业者与近代产业工人、职业工人并存的群体；“商”则由晚清绅商，转化为工商业资本家/实业家。社会结构呈现出由传统农业社会向近代工业社会转型的特点。较之传统社会，劳资关系是这一转型时期新型人际关系的集中体现，同时也是转型期社会结构的稳定与非稳定的砝码。民国以来的社会转型期，也是政治革命狂飙猛进的时期。各种政治派别毫无例外地将工人作为基本的政治力量，将处理劳资关系作为破解社会变局、建构理想社会、重组社会结构的首要工作。

随着世界经济“一体化”的发展，中国的劳资问题已经成为世界劳动问题的一个重要组成部分。工业革命不仅是技术革命,更是社会革命。工业革命直接创造出新型的生产关系,导致社会分裂出工人与资本家两大集团,为资本主义制度的确立提供了人力基础。工业革命还是一个长期的社会历史进程,必然依托于以殖民战争为先导的世界市场。正是在拓展世界市场的过程中,工业发达国家将自身的社会结构(工人与资本家)"分销"到工业欠发达国家,为这些国家孵化出各具特色的工人与资本家集团。

工业革命及相伴形成的世界市场,促进了各国工人的自觉与团结,迫使工人以国际联盟的集团力量对抗资本家集团,谋求建立工人阶级的民主政权。第一国际(1864—1876,国际工人协会)、第二国际(1889—1914,社会主义国际)、第三国际(1919—1943,共产国际)逐步将工人阶级及其政党推向世界政治舞台的中心。与此同时,为缓解劳资矛盾,保障工人利益,工业发达国家出现以国际合作促进保工立法的世界性运动。① 中国劳资双方就是在这个大背景下,滋长并改变着社会结构;而"斗争"性与"和平"性两种破解劳资冲突的方案,都对中国劳资的未来,以及中国的未来产生了不可估量的影响。

一、问题的提出与基本概念

随着近代工业、手工业、交通运输业、商业等实业的发展,到民国时期,资方、雇主与工人或雇员的关系实际上已构成社会网络中最基本与最重要的生产关系和人际关系。劳资共处同一经济/协

① 详见田彤《民国劳资争议研究(1927—1937 年)》,北京:商务印书馆,2013,第217—219 页。

作体中，因经济利益不同而产生矛盾、冲突，又因互利、共生而合作。劳资间矛盾与合作关系的表象背后实则有着复杂的问题域，蕴含着社会走向的答案。劳资关系虽然由与其直接相关的权、责、利左右，但又往往牵涉其所处的外在环境，劳动立法、金融政策、经济政策与状况、党政关系、社会网络、政治与经济地位、地域文化、工商管理，甚至农村社会状况、全球经济等诸般因素，均能影响劳资之间的冲突与合作。劳资关系成为评价社会是否有序发展的重要指征。劳资关系是上述各要素的综合反映，而劳资关系研究本身则涵盖了上述各类问题。

劳资关系是工薪社会中最基本的生产关系与社会关系。劳资关系的研究必须始于“正名”。“劳”“资”与“劳资关系”，既是全称判断，又有具体所指，研究必须戒绝全称肯定判断、全称否定判断与具体所指的混淆。

“劳工”一词有广、狭义之分。狭义为，在工厂从事生产以谋生计者；广义为，以劳动换取工银维持生计者。南京国民政府实业部劳动年鉴编纂委员会曾将农民也列入劳工范畴。民国时期，有学者将工业劳动者、农业劳动者与居间工作者，统归于劳工之列。其中，居间工作者包括运输、码头、店员等。① 还有学者将一切“自食其力”者称为劳工。比如，“所谓劳工不单指在工厂里用力的人说，就是用心的如学校教授、出版社、报馆记者无一不是劳动分子”②；“凡执

① 杨放：《实施劳工教育刍议》，《劳工月刊》第1卷第2期，1932年5月15日，第77页；《中国劳工之现状——陈宗城在里昂中法大学演讲词》，《劳动季报》第5期，1935年5月10日，第117页。

② 实业部总务司、商业司编：《全国工商会议汇编（1930）》下册，南京：京华印书馆，1931，第4编第19页。

其艺以发挥其本能而为社会劳动服务者,皆谓之劳工"[①]。所谓"劳工"或"工人"、"职工"、雇员,采纳民国时期大多数学者的共识与劳动法的相关界定,指除农民之外,所有以劳动换取工钱者,其主体为产业工人与职业工人。凡雇用劳工、职员者,即为资方或雇主,代表雇主行使管理权者亦为资方。

从资本属性论,"资"分外资、民族资本所有者两大类;民族资本又分为国有资本、省市所有制资本、私人资本。私人企业中还有一种党政官员入股的企业。有关研究表明,全面"抗战爆发以前,中国的工矿企业中民营经济占有绝对优势的地位,除了交通邮政以及军工行业以外,国有工矿企业不仅为数甚少,而且基本上还不存在大型的国有企业和国有企业系统";全面抗战时期及全面抗战胜利后,国有企业在国民经济中所占比重则日益上升。[②] 因此,应加大探求国企劳资关系的力度。

从实业性质论,"资"又可分为产业资本与职业资本(金融、服务类)。与之相应,工人或职工分属不同性质与种类的企业。此外,尽管身处同一企业之中,工人/职工尚有工种之别。除前面提及的外,张瑞德按工人业别、工种、职工界别、年龄、性别、宗教政治信仰、个人际遇、地域,分别考察全面抗战时期大后方工人的民族与阶级认同,也是严谨之作。[③] 然而,这类研究数量与民国时期学者所留下的大量调查文献实不相符。当然,对资方的分层研究也

---

① 陈润东:《今年五一节应庆祝政府实施劳工教育》,《中华邮工》第1卷第2、3期合刊,1935年5月5日,第70页。

② 张忠民、朱婷:《南京国民政府时期的国有企业(1927—1949)》,上海:上海财经大学出版社,2007,第394、393页。

③ 张瑞德:《战争与工人文化——抗战时期大后方工人的认同问题》,载黄克武主编《"中央研究院"第三届国际汉学会议论文集历史组(军事组织与战争)》,台北:"中研院"近代史研究所,2002,第243—268页。

亟待加强。

与劳、资的分型对应，劳资关系同样也分为不同的类型。类型化研究能够将劳资关系建立在历史的、具体的史实之上，避免大而化之的结论。

从不同属性来看，劳资关系有三重含义：一是“车间”内（工作领域中）的劳资关系；二是社会结构层面的劳资关系；三是革命话语中的劳资关系。

由第一层面而论，劳、资共处同一经济体中，因经济利益等诉求不同而产生矛盾、冲突，又因互利、共生而达成合作。劳资冲突（争议）表现为双方主要因工资、待遇、雇用与解雇、工作制度而产生纠纷、怠工、罢工、停业。[①] 纠纷目的在于实现某种要求，罢工、停业为达到目的的方法与手段。降低生产成本与提高待遇，是劳资双方的永恒矛盾，但这并不代表双方不能建立良好的互惠、互利的经济关系。

劳资合作的表现形式大体分两类：（1）劳资双方和谐相处，保障企业正常运转；（2）通过劳资双方直接磋商或第三方的沟通，劳资冲突或称劳资争议（纠纷、停工、怠工、罢工）的解决就是劳资合

---

① 民国劳动问题专家对下面几个概念的解释仍具有较强的学术价值：（1）劳资争议包括劳资纠纷与罢工、停业。凡雇主与工人间因雇用条件的维持或变更而发生的争端，均称为劳资争议。参见上海市政府社会局《近五年来上海之劳资纠纷》，上海：中华书局，1934，第1页。（2）所谓劳资纠纷，是劳资进行交涉而厂号内并未停止工作的劳资争议案件。或谓凡劳资在进行交涉而一方继续工作的劳资冲突便是劳资纠纷。见上海市社会局《上海市社会局工作报告》，上海：上海市社会局，1932，第20页。（3）罢工、停业，是指工方或资方使厂号内暂时停止工作，以求达到某项要求或拒绝某项要求的劳资争议案件。邢必信等：《第二次中国劳动年鉴》第二编，北平：北平社会调查所，1932，第84—85页。（4）罢工与停业之分，视冲突事件由工方主动抑或由资方主动而定。前者称为罢工，后者则称为停业。见上海市政府社会局《近十五年来上海之罢工停业》，上海：中华书局，1933，第12页。

作的实现。劳资合作能够达成的原因无非四点:(1)资方主动或被动实行惠工举措、提高待遇、采纳工人建议。"劳资合作"并非雇主的口号与空头支票,一些雇主开办医院、俱乐部、图书室、浴室,采纳八小时工作制,以福利劳工;申新三厂甚至营建工人新村,极力营造劳资和谐的企业氛围;商务印书馆、英美烟公司也曾以米价上涨幅度为加薪标准。[①] (2)职工主动提出或被动接受降薪与减低待遇。(3)劳资共同妥协,达成互适关系。比如,1933—1936年上海市因团体协约而罢工停业的案件,半数以上均因劳资双方互相让步而结束。[②] (4)劳资双方采取一致行动,共同对外。劳资合作就是建立在认同企业发展与自身利益基础之上的互助与妥协。劳资关系恰如车之双轮、鸟之两翼,两者共同推动经济增长与社会有序发展。

由第二层面而论,劳、资是民初以来社会结构的主体与核心组成部分。与资方明确地认识到自身社会价值不同,工人对自身的群体认同、社会价值的体认则经过了一个逐渐认识的过程。

由第三层面而论,劳资关系从属于政党政治,各政治派别通过赋予劳资关系不同的意义,通过工人运动,实现其政治目的,甚至再造新型的劳资关系。

本书从生产领域、社会结构、革命话语三维视角,以"国统区"政治板块为主要论域,探析劳资之间错综复杂的关系,有利于建立1912年至1949年间劳资关系的整体知识结构,有助于厘清劳资之间的真实关系;可以为探析不同党派、不同时期国民政府社会动员与控制能力、执政能力提供新视角;进而为改变原有思维定势,在

---

① 《实行调节劳资之初步》,三民公司编:《劳资冲突问题》,上海:三民公司,1927,第8页。

② 上海市政府社会局:《近十五年来上海之罢工停业》,上海:中华书局,1933,第12页。

理论层面上诠释民国以来中国社会的走向，提供可资讨论的范式。

就现实意义而言，本书能为当今各级政府防范社会矛盾激化、构建和谐社会提供应对思路。在全球经济一体化进程中，国有体制工人渐行解体，植根于“三资”、民营企业的“新工人”日益成长，存在成为一个“新工人阶级”的可能性和风险性。所谓“阶级”，不过是“生存共同体”的代名词。在相同环境中生活的人们，自然有相近的生活方式、相近的价值观、相同的利益关系，由此衍生出对整个群体的认同，甚至是对集体的忠诚。在公有制体制下，工人阶级是国家、工厂的主人；然而，在“三资”企业中，工人与厂方是契约、合同关系。虽然中央政府颁布、实施了劳动法，但大量企业，特别是外资与私有制企业仍然强烈反对职工建立工会，不愿与职工订立合法的劳动合同，引起职工不满以至愤恨。与此同时，地方政府，甚至总工会出于护税、引资与维护治安之需，更倾向于保护资方利益，非公有制下的职工由此将政府、总工会视为资方的同伙而加以反击。近几年来，社会学、政治学界均认为非公有制体制下出现了“新工人阶级”的雏形，甚至将一些劳资冲突导致的工人群体事件视为“新工人阶级”出现的重要表征。“新工人阶级”并不认同政府与企业，仅认同自身的经济与政治权益。本书有可能为解析新型劳资关系，调整政策导向，正确认识与有序处理日益凸显的劳资矛盾、保障职工权益，提供可资借鉴的经验；为防止社会阶层的分化，保障社会核心价值观的认同，构建和谐社会，促进社会“又好又快”发展，提供应对思路。

二、学术前史

自 1920 年代起，国内外研究者就将劳资关系列为重点考察对象,并取得了极为丰富的研究成果,学界对此已有总结与反思。① 但因观照点不同及新成果的问世,仍有必要以此为基础继续梳理既有成果,以期提炼出新思路与新学术生长点。

(一)1949 年前研究状况

1895 年后,由于外企与新式民族企业的快速发展,劳资冲突范围随之扩大。随着"五四"前后各种社会主义思潮的传入,以及 1920 年代初民众运动的兴起,劳资纠纷、罢工遍及中国各地,演化为严重的社会问题。社会各界出于不同动机,开始广泛关注劳工的生存状态与劳资关系。学者大多以中性的"劳动问题"立论,从劳动立法、劳资调解与仲裁、劳工团体、社会保障体制等方面,寻求改善工人群体生产与生活状况、消解劳资冲突的手段。一批社会学者与北平社会调查所、南开大学经济研究所、中山大学经济调查所同人,长期致力于社会调查与研究工作,出版《中国劳工问题》(陈达著,上海商务印书馆 1929 年)、《铁路劳工问题》(徐协华著,北平东方书局 1931 年)、《劳工问题》(祝世康著,上海商务印书馆 1934 年)、《民国十六年至十七年天津手艺工人家庭生活调查之分析》(冯华年著,《经济统计季刊》第 1 卷第 3 期,1932 年 9 月)、《北

---

① 陈明銶《中国劳工运动史研究》一文(收入《六十年来的中国近代史研究》下册,台北:"中研院"近代史研究所,1990,第 599—639 页)最早、最为全面亦最为权威地综述 1920 年代到 1989 年中国大陆(内地)、台港与欧美地区的研究成果;此外有刘晶芳《工人运动史》(收入曾业英主编《五十年来的中国近代史研究》,上海:上海书店出版社,2000,第 346—381 页)、《九十年代中国近代工运史研究述评》(《世纪桥》1999 年第 6 期)与彭贵珍《近三十年来中国劳资争议史研究综述》(《中国劳动关系学院学报》2010 年第 4 期),因总结视角所限,不可能全面检讨劳资关系史研究。

平生活费之分析》(陶孟和著,上海商务印书馆 1930 年)、《中国劳工生活程度》(陶孟和著,上海中国太平洋学会 1928 年)、《十六年一月至十八年六月河北省平津两市劳资争议底分析》(吴半农著,《社会科学季刊》第 4 卷第 3、4 期合刊,1930 年 1 月)、《上海工人生活程度的一个研究》(杨西孟著,北平社会调查所 1930 年)、《天津地毯工业》(方显廷著,南开大学社会经济研究委员会 1930 年)、《塘沽工人调查》(林颂河著,北平社会调查所 1930 年)、《广州劳资争议底分析:民十二至廿二年》(余启中著,"国立中山大学经济调查处丛刊"1934 年)、《北平工会调查》(于恩德著,燕京大学社会学系 1930 年)、《现代劳动问题论丛》(陈振鹭著,上海书报合作社 1933 年)、《商务印书馆工会史》(樊国人等编,上海商务印书馆工会 1929 年)等成果。王清彬等编纂的《第一次中国劳动年鉴》(北平社会调查部 1928 年)与邢必信等编辑的《第二次中国劳动年鉴》(北平社会调查所 1932 年),对全国主要省市的工人工时、工资、劳动强度、工业灾害、生活水平、国民党劳动运动方案、劳动组织、劳资争议、劳动法令、劳动行政、教育与卫生、失业救济、惠工设施加以系统整理与通盘统计。

劳动立法方面的代表性论著有:李剑华《劳动问题与劳动法》(上海太平洋书店 1928 年)与《劳工法论》(上海法学编译社 1931 年)、曹剑光《劳工法的研究》(上海南华图书局 1929 年)、方显廷《我国工厂法与纱厂业之关系》(天津《大公报》1933 年 11 月 15 日,第 3 张第 11 版)、刘巨壑《工厂检查概论》(上海商务印书馆 1934 年)、史太璞《我国工会法研究》(上海正中书局 1945 年)、谢振民《中华民国立法史》(南京正中书局 1948 年)等。上述论著注重劳动立法对工人经济权益的保护。

国民党民运系统介入劳动行政,体现了党部指导、政府监督的立法原则，但并未有相应法规明确限定党政机关的权限，因此，党、政之间时有摩擦，各部门间遇事推诿，管理失序。米寅宾认为党政职权不明是党政机关“工作常常发生冲突及怠职的大原因”。[①] 张廷灏《中国国民党劳工政策的研究》（上海大东书局 1930 年）、朱子爽《中国国民党劳工政策》（重庆国民图书出版社 1941 年）、刘鸿万《工业化与中国劳工问题》（重庆商务印书馆 1945 年），则从较长时段分别对国民党劳动政策的指导原则、方针、实施及劳工状况特点与变迁详加论述。

此外，鲁竹书《失业问题》（上海中央图书局 1927 年）、殷寿光《工会组织研究》（上海世界书局 1927 年）、刘晨星《劳工问题》（上海大东书局 1933 年）、何汉文《非常时期之工人》（上海中华书局 1937 年）、余长河《各国工会制度》（上海正中书局 1946 年）、阮子平《劳动问题研究》（天津华北劳动出版社 1947 年）等，多从学理与国际通例方面，论述工会与同盟罢工的合法性，探寻解决中国失业问题的方法，强调在“劳动保护”、救济工人的同时，培养工人的社会责任感。

同时，学者们还在《新青年》《东方杂志》《中外经济周刊》《国闻周报》《独立评论》《新中华》《清华学报》《时代公论》《国立劳工大学月刊》《社会科学杂志》《社会学界》《社会学杂志》《大中国周报》《现代评论》等主流杂志发表过相关论文。

基督教会在《女青年月刊》《青年进步》《上海青年》杂志上或开辟专栏，或经常刊载有关劳资问题的文章，探寻劳工生活出路。有基督教背景的学者出版了《今日中国劳工问题》（骆传华、洪达能著，上海青年协会书局 1933 年）、《中国劳工问题概要》（邓裕志著，

---

① 米寅宾：《工运之回顾与前瞻》，上海：南华图书局，1929，第 34 页。

上海青年协会书局 1934 年），在一定程度上为劳工伸张经济权益。

国民政府、国民党十分重视劳工问题，目的主要为掌控民众运动，应对劳资冲突。国民政府劳工局、实业部劳工司，在劳工司司长朱懋澄、李平衡等劳动问题专家领导下，[①]编印《劳工月报》《劳工月刊》《实业部月刊》，刊载官方公文、劳动立法信息、劳动界新闻、调查、统计报告及相关学术性论文；出版《全国工人生活及工业生产调查统计报告书》（工商部 1930 年）、《二十一年中国劳动年鉴》（神州国光社 1933 年）、《二十二年中国劳动年鉴》（中国劳动年鉴统筹委员会编，上海实业部劳工司 1934 年）、《中国经济年鉴》（实业部编，上海商务印书馆 1934 年），详尽统计各地各行业劳动状况、工人团体、劳动运动、劳资争议、劳动法令与设施诸方面数据。铁道部总务司劳工科也曾于 1934 年编印《中华民国廿二年国有铁路劳工统计》。一些经济较发达地区普遍开展了劳动调查。上海市社会局在劳动问题专家蔡正雅局长的指导下，编制《上海特别市劳资纠纷统计（民国十八年）》（上海商务印书馆 1931 年）、《近十五年来上海之罢工停业》（上海中华书局 1933 年）、《近五年来上海之劳资纠纷》（上海中华书局 1934 年），编印《社会月刊》《农工商周刊》，以统计劳资争议。青岛社会局也逐年编制《劳动统计》，采用表格形式直观地显示劳资纠纷的资方国籍、涉及厂号、人数、原因、结果。各省、市政府在所编行的各省年鉴与发行的政府

① 朱懋澄刊发文章有：《振兴实业与劳资合作之关系》（《实业季报》第 1 卷第 1 期，1933 年 9 月 1 日）、《劳工新村运动》（《东方杂志》第 32 卷第 1 号，1935 年 1 月 1 日）、《天津市社会局工厂检查第一期第二、三次报告》（天津社会局 1936 年）、《工厂法与工业生产之关系》（《纺织周报》第 1 卷第 3 期，1931 年 5 月 1 日）；李平衡刊发文章有：《劳工行政之经过及今后设施》（《劳工月刊》第 1 卷第 1 期，1932 年 4 月 15 日）、《中国工会运动之过去及现在》（《劳工月刊》第 1 卷第 2 期，1932 年 5 月 15 日）。

刊物中均有对劳资纠纷的统计，如湖北省政府的《湖北省年鉴(第一回)》(湖北省政府秘书处统计室 1937 年)、广州市政府的《新广州》杂志。

国民党各级机关通过检讨劳资关系反思民众运动、工人运动之得失。国民党中央民众运动指导委员会编印《民国二十一年各地劳资纠纷参考资料》(1933 年)、《二十二年劳资纠纷调查报告》(1934 年)、《中国国民党全国民众运动工作讨论会报告书》(1934 年)、《中国国民党第五次全国代表大会中央民众运动指导委员会工作总报告》(1935 年)、《二十三年劳资纠纷调查报告》(1935 年)，并于 1934 与 1935 年先后编印了 287 页的《中国国民党领导下之工人运动今昔观》与 582 页的《上海工人运动史》。前者详细描述了上海工人群体的产生、发展与五卅运动、1925—1927 年的国民革命、1928 年工人运动复兴、1929 年上海工人运动持续发展的概况；后者着眼于全国工运、劳动立法、工会现状、劳资纠纷诸方面。一些国民党人也著书讨论劳动问题，其代表为马超俊(《中国劳工问题》，上海民智书局 1927 年；《中国劳工运动史》，重庆商务印书馆 1942 年)、邵元冲(《劳动问题之发生经过及现代劳工事业之发展》，上海民智书局 1926 年)、陶百川(《中国劳动法之理论与实际》，上海大东书局 1931 年)、贺岳僧(《中国罢工史》，上海世界书局 1927 年)、许闻天(《中国劳工运动史》，重庆国民党中央社会部 1940 年)等。他们关心劳工工时、工资、生活状况与工会组建，梳理与总结了工人反帝与谋求经济利益的“奋斗史”。马超俊、余长河还系统比较欧美的劳工组织、劳动政策、团体协约、劳动保护、劳工生活保障、劳资协调策略等，提出三民主义劳动政策的努力目标(政府指导、增进劳工效率、国际劳工合作、发展工会组织、鼓励劳工参政、切实施行工会法、劳工分红与入股、劳工保险、工厂会议、强制仲裁等诸方面的统一整体),指出只要雇主切实奉行行政法令,了解劳资协调真谛,劳工努力提高知识与技能,发展工会组织,三民主义劳动政策就能实现。①

为化解劳资冲突,国民党、国民政府提倡“劳资合作”,并试图建构“大贫小贫”与殖民地经济的理论,阎锡山却别开生面,提出了社会变革性的理论。他组织劳资合一研究会,编印了16万字的《劳资合一的理论与实施稿本》(1930年),宣传平等、平均式的劳资合作理论,谋求实现工人与资本家合一、农民与地主合一的“劳动者资本家化,资本者劳动化”的“经济大同”社会。②

1930年国际劳工局中国分局建立后出版《国际劳工消息》《国际劳工通讯》《国际劳工》等杂志,刊登中外劳资争议、工运动向、学术论文、调查统计的资料,旨在促进劳资合作。该分局出版了吴至信《最近四年之中国工会调查》(1936年),编印了《中国劳工阶级生活费之分析》(《国际劳工通讯》第5卷第11期,1938年7月11日)、《近四年来上海的罢工停业》(1937年)、《上海的罢工停业(民国二十六年)》(1938年)、《国际劳工组织与中国》(1939年)等材料。前后两任局长陈宗城、程海峰术有专攻,亲自从事了大量社会调查工作。③

---

① 马超俊、余长河:《比较劳动政策》上、下册,重庆:商务印书馆,1945,第719—723、730—736页。

② 阎锡山编:《劳资合一的理论与实施稿本》,太原:劳资合一研究会,1930,“序”第2页。

③ 陈宗城:《劳工论文拾零》(上海国际劳工局中国分局1934)、《国际劳工组织与中国》(《东方杂志》第25卷第19号,1928年10月10日);程海峰:《国际劳工组织》(重庆正中书局[渝初版]1944)、《一年来的中国劳工》(《劳工月刊》第4卷第1期、1935年1月1日)、《一九三五年之中国劳工界》(《东方杂志》第33卷第17号、1936年9月1日)、《一九三七年之中国劳工界》(第5卷第4期,1938年4月)。

马克思主义学者将劳动问题纳入阶级斗争的范畴。因斗争需要，相关研究以总结工运经验教训为旨归，如邓中夏《省港罢工概观》(中华全国总工会省港罢工委员会宣传部1926年)、《中国职工运动简史》(天津知识书店1949年)，以及赵一波《中国职工运动文献》第1卷(上海十年出版社1946年)均缘此而作。中共方面能与当时主流学者对话的研究者仅有李汉俊、顾准等为数不多的几人。李汉俊《工会的意义与工会法的目的》(1923年)从法律角度探讨了工会的合法性与工会的作用。作为社会学者与职业革命家的顾准，系统调查了上海各行业的工人来源、工时、薪酬、福利、工厂管理、劳动强度、家庭生活、文化水平、宗教信仰、工帮、革命意识，化名朱邦兴等编辑了《上海产业与上海职工》(1939年假托香港远东出版社出版)一书。

上述研究尽管各具学术性、政治性、宗教性、国际性等色彩，但有共同特点：一是具有极强的探寻解决劳资纠纷之道的现实目的性；二是以调查工人生产、生活状况与劳资冲突见长，但缺乏具体深入的理论性分析；三是多强调通过发展工人组织，建立社会保障体制，来改善工人生活状况。

民国时期，西方与日本劳动问题专家便开始探究中国劳资关系问题。美国劳动问题专家关心并多次在上海租界内开展工厂检查法的研究，记者出身的Nym Wales(原名Helen Foster Snow)与经济学家Augusta Bertha Wagner曾分别出版《中国的劳工运动》与《中国劳动立法》。前者以同情工人的立场阐述1922—1945年的工运，特别重视赤色工会命运；①后者全面论述全面抗战前的各类

① Nym Wales, *The Chinese Labor Movement*, New York: The John Day Company, 1945.

劳动立法，对工厂法不能在上海租界全面实施的背景尤有详论。① Adelaide Anderson 与 Eleanor M. Hinder 以亲历者、工业调查人、劳工福利专家的身份，撰写《人性与中国劳工》《上海社会与工业问题》《上海劳工生活》，记载、分析 19 世纪 20—40 年代中国劳工生计情况及其成因。② Israel Epstein 所著《中华民国劳工问题记录》，介绍、批评全面抗战时期劳工状况与官方强硬且不切实际的劳动措施，并附有美国驻沪领事 Julian R.Friedman 关于 1945—1948 年间工人情况的报告。③

西方专家注重实证研究，日本专家则更关心中国劳资关系中的政治倾向。小山清次较早涉足中国劳资问题，其《支那劳动者研究》（东亚实进社 1919 年）通论中国劳工运动，强调中共对工运的影响及对外国的威胁。同类著作还有：上海商务官事务所的通商报告《最近中国罢工事情》（1925 年）、宇高宁《支那劳动问题》（上海国际文化研究会 1925 年）、长野朗《支那劳动者及劳动运动：世界的威胁》（北京燕尘社 1925 年）、《支那劳动运动的现状》（东亚研究会 1926 年），以及《民国十四年的支那劳动争议：支那劳动事情》（三菱合资会社资料课 1925 年）、《最近支那共产运动》（日华实业协会 1927 年）、《支那的劳动运动》（东京行地社出版部 1927

---

① Augusta Bertha Wagner, *Labor Legislation in China*, Peking: Yenching University, 1938.

② Adelaide Mary Anderson, *Humanity and Labour in China: an industrial visit and its sequel (1923 to 1926)*, London: Student Christian Movement, 1928; Eleanor M. Hinder, *Social and Industrial Problems of Shanghai*, New York: International secretariat, Institute of Pacific relations, 1942; Eleanor M. Hinder, *Life and labour in Shanghai: a decades of labour and social administration in the international settlement*, New York: International secretariat, Institute of Pacific relations, 1944.

③ Israel Epstein, *Notes on the Labor problems in Nationalist China*, New York: International secretariat, Institute of Pacific relations, 1949.

年)、《长江流域的劳动运动》(东京日刊支那事情社 1927 年)。此后,注重工人阶级形成与斗争史的研究主导着日本学界。左派学者铃江言一《中国革命的阶级对立》第 2 卷(初版 1930 年,阪谷芳直校订本,东京平凡社 1975 年)、游部久藏《中国劳动者阶级状态》(东京好学社 1948 年)均是这方面研究的代表。同时,藤平田文吉《满洲矿山劳动者》(大连满铁矿业部地质课 1918 年)、《山东劳动者》(青岛守备军民政部 1921 年)、《上海儿童劳动调查书》(社会局第一部 1925 年)、宫本通治《满洲工业劳动事情》(大连南满铁道株式会社庶务部调查课 1925 年)、《支那的劳动争议调查(一)》(大连南满铁道株式会社调查科 1925 年)、《支那工场事情》(南满铁道株式会社调查科,满洲日报社 1928 年)、《支那的劳动状态(一)》(宇野利右卫门编辑,大阪三光社 1926 年)、《最近上海劳动事情》(津金常知编,兴亚院华中联络部 1940 年)、《北支那的矿山劳动》(中村孝俊著,东京龙文书局 1945 年)等,对中国工人的工时、待遇、生活状况、工效、劳动条件、企业管理、劳资争议等有较为详尽的调查。

这一时段美、日的研究还谈不上理论分析,其目的主要是为本国在华企业与本国对华政策提供参考。

(二)1949—2000 年研究回顾

1949 年后,内地(大陆)工运研究成为革命史研究的重要组成部分,劳资关系史被等同于劳资斗争史,大量的资料集、回忆录、工运领袖传记与专著持续出版。据统计,仅 1978—1999 年间出版的工运史专著与资料集就有百余种以上,①其中,反映工运的史料最为丰富。《第一次国内革命战争时期的工人运动》(人民出版社1954年)搜集了1924—1927年间左派报刊所刊载的工运评论、报告等。《中华民国史档案资料汇编》(中国第二历史档案馆编,江苏古籍出版社1991—1994年)详细收录了大量反映1911—1949年党、政、工运、工会、劳动等问题的文献,为研究劳资关系提供了必要基础。新编资料主要有《中国工运史料全书》总编辑委员会编纂的《中国工运史料全书(轻工业卷)》(北京图书馆出版社1998年)、《中国工会运动史料全书(浙江卷)》(中华书局2000年)。

中国近代社会中有自成一体的"秘密社会"。曾为改组派上海工运骨干的姜豪出版《"和谈密使"回想录》(上海书店出版社1998年),展现1930年代改组派、蒋系、中共三方工运的复杂关系。上海工运头号人物朱学范,在《上海工人运动与帮会二三事》(陆坚心等编《20世纪上海文史资料文库》第10卷,上海书店出版社1999年)中讲述帮会操控工会的情形。

以下诸种工业史文献内也包含了大量反映民国时期劳资关系的材料。汪敬虞《中国近代工业史资料(1895—1914)》第二辑(北京科学出版社1957年)、陈真《中国近代工业史资料》(第三、四辑)(三联书店1957、1958、1961年)、彭泽益《中国近代手工业史资料(1840—1949)》第四卷(三联书店1957年)、刘明逵《中国工人阶级历史状况(1840—1919)》第一卷第二册(中共中央党校出版社1993年)、《南洋兄弟烟草公司史料》(中国科学院上海经济研究所等合编,上海人民出版社1958年)、《启新洋灰公司史料》(南开大

① 详见陈明銶《中国劳工运动史研究》,载《六十年来的中国近代史研究》下册,台北:"中研院"近代史研究所,1989,第616—622页;刘晶芳:《工人运动史》,载曾业英主编《五十年来的中国近代史研究》,上海:上海书店出版社,2000,第346—381页。

学经济研究所编,三联书店 1963 年)、《裕大华纺织资本集团史料》(该书编写组,湖北人民出版社 1984 年)、《中国近代面粉工业史》(上海市粮食局等编,中华书局 1987 年)、《江南造船厂厂史(1865—1949)》(上海社会科学院经济所编,江苏人民出版社 1983 年)、《刘鸿生企业史料》(上海社会科学院经济所编,上海人民出版社 1981 年)、穆烜与严学熙《大生纱厂工人生活的调查》(江苏人民出版社 1994 年),对工厂管理与工人生产状况、工资、工时、行会、罢工有较系统的调查。

以论著而论,刘立凯、王真《1919—1927 年的中国工人运动》(工人出版社 1953 年)、齐武《抗日战争时期中国工人运动史稿》(人民出版社 1986 年)与《东北工人运动史纲》(中共中央党校出版社 1992 年)①,武汉市总工会工运史研究室编《武汉工人运动史》(辽宁人民出版社 1987 年),上海华联商厦编《上海永安公司职工运动史》(中共党史出版社 1991 年),王守谦主编《唐山工人运动史(1878—1949)》(中央文献出版社 1993 年),刘明逵、唐玉良《中国工人运动史》6 卷本(广东人民出版社,1998)、王永玺《中国工会史》(中共党史出版社 1992 年)、《上海江南造船厂工人运动史》(该书编写组,中共党史出版社 1995 年),偏重中共与工运的关系。1994 年中共党史出版社发行由上海市委党史研究室、上海市总工会编辑的"上海工厂企业党史工运史丛书"第 1、2 辑共 22 种,内容涉及海员、铁路、机器、纺织、电话等行业企业发展与工运史。因政治属性不同,工会常被冠以"红色""黄色"的名号。陆象贤《中国劳动协会简史》(上海人民出版社 1987 年)在叙述中国劳动协会成立、发展及并入中华全国总工会的过程中,揭示黄色工会为维护自

① 有关评价详见刘明逵《〈东北工人运动史纲〉读后》,《近代史研究》1992 年第 5 期。

身政治与经济利益而不惜与国民党、与政府发生冲突的史实。

劳动法原本是民国时期的研究重点，但直到 1990 年代始为内地（大陆）学者所关注。饶东辉全面厘清了从清末民初到全面抗战前劳动立法的动因与过程，在此基础上，条分缕析南京国民政府时期的工会法、工厂法、工厂检查法、矿场法，并评价其功用；进而指出国民政府劳动立法基本涵盖劳动关系的各个方面，形成了较为完备的体系，实现了与国际劳动立法的接轨，对于改善工人劳动状况、规范劳动力市场的主体行为、缓解劳资关系起到一定作用；同时强调由于政出多门、法律脱离国情等因素，劳动法规总体上的实施成效并不显著。①

1949 年以来相关论文颇多，1979—1999 年发表的论文即达 600 余篇。这些论文除大量延续革命史话语外，自 1990 年代开始，一些论文开始客观讨论帮会与工运、国民政府劳动法规、工会等议题。② 实际上，这种客观实证研究承接 1950 年代若干学者的研究路径。李时岳 1957 年发表《辛亥革命前后的中国工人运动和中华民国工党》，通过考察中华民国工党（1912—1917 年）组织结构、政纲，以及该党举办工人文化福利事业、创办企业、领导支持各业（翻砂业、豆腐业、小木作业、银楼业）罢工的利工行为与立场，指出由

① 饶东辉：《南京国民政府劳动立法研究》，博士学位论文，华中师范大学中国近代史研究所，1997。

② 刘晶芳在《工人运动史》与《九十年代中国近代工运史研究述评》中对此有详细评析，恕不赘述。此外较有代表性论文尚有：刘晶芳《土地革命战争时期刘少奇对白区工运策略的探索》（《江汉论坛》2000 年第 2 期）、杜万启《国民党政府 1929 年〈工会法〉述评》（《工运》1992 年总第 15 期）。徐思彦在《20 世纪 20 年代劳资纠纷问题初探》（《历史研究》1992 年第 5 期）中通过对商会等资方团体与劳资纠纷案例分析，着重探讨了资本家、国民党对劳资关系和劳资纠纷的态度、主张，以及国民党政权有关政策的演变。

资本家与工人合组的中华民国工党虽然主张阶级调和论,但确实致力于“改善工人经济生活和待遇的斗争”,肯定了其与工人运动的密切关系。①

港台地区的相关研究最初以工运史为论域,只不过强调国民党对工运的领导,代表人物与代表作主要为马超俊主编的工运编年史纲《中国劳工运动史》5 卷本(中国劳工福利社 1959 年)。到 1980 年代,受过美国学术训练的学者开始有意识地从事实证研究。陈明銶注重从民初政治社会因素、学界新式思潮与热心分子的鼓动、工人自身客观经济地位等方面,阐述工运的“自发性”。他认为,随社会主义、工团主义、无政府主义的兴起,谭人凤、陈其美、徐企文分别发起自由党、工党共进会、中华民国工党,促使工人觉悟,组织工会,激励工人谋求自身经济权益,反对外资企业和租界当局的压迫。因此,工运并非始自五四运动,也非因左派鼓动而起,其不过是清末以来工人爱国运动的产物而已。② 赖泽函关注国民政府劳工法令产生的动因与结果,既指出国民政府保护劳工的动机,又揭示其无奈的结局。他强调,国民政府出于“防共”、规范工运与获取工人阶层拥护的需要,出台有关工人组织、生产、福利保障与劳资调解等各种劳动法规,期望“达到建立一个安全和谐的社会主要目标”;但“这时期所有的法令规章事实上大部分是无法或无机会付诸实施”的,“对工人也无实际利益可言”,“反而给资方各种口实而压抑工人”。③ 刘石吉尝试从工人群体层级化、差异化及社会

① 李时岳:《辛亥革命前后的中国工人运动和中华民国工党》,《史学集刊》1957 年第 1 期。

② 陈明銶:《民国初年劳工运动的再评估》,《中华民国初期历史研讨会论文集(1912—1927)》下册,台北:“中研院”近代史研究所,1984,第 875—891 页。

③ 赖泽涵:《战前我国的劳工运动》,《抗战前十年国家建设史研讨会论文集(1928—1937)》上册,台北:“中研院”近代史研究所,1984,第 143 页。

史视角,将既“不涉及党派斗争与对外关系”,又对政治局势无“重大冲击”的传统墨匠罢工,置于工帮背景中讨论;指出此次罢工虽然具有“齐行叫歇”的传统特点,但罢工的调解最终是由官方与业缘性的工会,而非乡谊组织完成的。① 郑为元从社会学角度诠解了1919—1937年的工运由经济斗争到政治斗争、由对外斗争到对内斗争的转变过程。②

这一时期海外学者的研究以工运史见长。日本学者户田义郎《中国工业劳动论》(东京严松堂书店1950年)、中村三登志《中国劳动运动史》(亚纪书房1978年,王玉平译,工人出版社1989年)、手岛博《中国劳动运动通史》(东京东阳书房1985年)均注重考察中共对工人运动的领导。中村、手岛博与刘明逵等人的思路相同,均较系统地阐述了中国工人阶级的产生、发展,工运从“自在”到“自为”的转变,以及工人运动与中国革命、建设的关系。法国学者谢诺则注重探讨中国工运由“自发”向“自为”转变的外在动因,强调早期劳工组织和劳资混合社团,带有行会、乡土观念、秘密会社特点,由此决定中国劳工运动不可能产生革命性变革,而正是由于中国激进知识分子向工人传递了苏联革命的影响,中国劳工运动才在1921—1923年间突然高涨,中国工运从此走上无产阶级革命之途。③

---

① 刘石吉:《一九二四年上海徽帮墨匠罢工风潮——近代中国城市手艺工人集体行动之分析》,载《近代中国区域史研讨会论文集》上册,台北:“中研院”近代史研究所,1986,第411—427页。

② 郑为元:《罢工工人之诉求与劳工运动之兴衰:抗战前中国工运的研究》,《“中央研究院”民族学研究所集刊》第58期,台北:“中研院”民族学研究所,1984,第193—224页。

③ Jean Chesneaux, *The Chinese Labor Movement*, *1919—1927*, Translated from the French by H.M.Wright, Stanford: Stanford University Press, 1968.其核心观点参见谢诺《中国工人阶级的政治经历》,《史林》1993年第3、4期。

有关劳动立法的专论亦反映出左派学者的立场。日文著作《中国共产党的劳动立法》①全面梳理了中共从建党到1963年这42年间立法的内容、主旨与特征，指出与资本主义相异，中共劳动立法虽然注重发展生产，但其根基则是建立在保护工人利益之上的。

（三）近二十年来的研究动态

工运史、中共党史范式的研究仍然是近二十年来的重要特色之一。在文献整理方面，刘明逵、唐玉良主编的14卷本《中国近代工人阶级和工人运动》（中共中央党校出版社2002年），全面收集了1890至1949年间报刊、书籍中，不同地域、不同行业有关劳资生活、生产、工人运动等资料。李文海主编的《民国时期社会调查丛编》（福建教育出版社2005年）、《民国时期社会调查丛编二编（社会组织卷）》劳工上、下卷（福建教育出版社2009年），分别辑录了31种在当时较有代表性的，能反映北平、上海、重庆、南京、无锡等地工厂工人、矿工、人力车夫的文献，以及9种工会调查报告。

论著方面同样有新的进展。上海是近代中国经济最为发达的城市，也是中共领导"工运"的重镇，因此相关研究成果仍较集中于沪上。教师是一个比较特殊的职业群体，基本参与了民国时期的重大历史事件，同时还利用罢课、罢教、索薪表达其主张，谋求职位与改善生活，但鲜有将教师作为主体展开的系统性研究。《上海教师运动史》较为全面地展现了上海教师群体从五四运动到中华人民共和国成立期间的各种爱国与维权行动，同时描述其工作与生

---

① 打印稿，共124页，作者、出版方与出版时间均不详，华中师范大学中国近代史研究所"野泽丰文库"藏书。

活状况。[1] 群众工作是中共革命成功的三大路线之一。朱华等人从中共上海地下党群众工作的视角，探讨中共能为执政党的根本原因，揭示中共地下党争取群众的基本模式和主要经验。他们指出地下党以坚定的政治信仰与献身精神、高尚道德操守、出色的职业素质，在劳资冲突中坚决地站在工人一方，维护了工人利益，提出了群众信服的斗争目标、口号，采取了正确的策略，因此才可能依托工会、储蓄会、福利会、消费合作社、补习学校、慈善机构、同乡会、基督教团契等各类合法团体宣传主义，并最终在工人群众中获得权威。[2]

在总体史方面，高爱娣《中国工人运动史》（中国劳动社会保障出版社 2008 年）和颜辉、王永玺主编《中国工会纵横谈》（中共党史出版社 2008 年）较有代表性。前者在通盘厘清新民主主义革命、社会主义建设与社会转型期工运历程外，还注重对劳动制度、劳动政策与立法、工人组织、劳工状况的考察。[3] 后者接续了中华全国总工会编《中华全国总工会七十年》（中国工人出版社 1995 年）与王永玺的《中国工会史》（中共党史出版社 1992 年）余脉，以专题形式从工会思想与理论、工会状况与特色、工会与中共的历史关系、工会职责等方面，探查了工会宗旨、组织原则、工会运动，并简析港、澳、台地区与欧美工会的历史与现状，拟通过宏观比较，总结中国工会的发展经验。

民国时期厂矿失事较为普遍，每每引起劳资冲突，但有关工人

---

① 中共上海市委党史研究室编：《上海教师运动史（1919—1949）》，北京：中共党史出版社，2007。

② 朱华等：《获得权威：上海地下党群众工作的历史经验与启示》，上海：上海人民出版社，2009。

③ 高爱娣：《中国工人运动史》，北京：中国劳动社会保障出版社，2008。

劳动保护、安全生产及与此相关的企业管理一直是研究弱项。孙安弟的实证性专著《中国近代安全史(1840—1949)》(上海书店出版社 2009 年),不仅厘清了晚清、民国时期大到国家层面、小到企业所颁布的各类工厂法、工厂检查法及相关安全生产条例的实施过程,而且通过大量工业灾害的统计数据与实例,详细反映全国各地航运、厂矿运行状况。

在中国学人的省思与国外学术界的影响下,有关劳动场域的研究在中共党史、工运史框架外,呈现出寻求多元解释的趋向:

第一,不再简单地将国民党、政府视为资方的代理人,转而客观而动态地探讨其维护工人利益的动机与行动的复杂原因。王奇生从三友实业社起伏的罢工中,全面展现了工人、资本家与党政之间既联合又斗争的关系,揭示了与以往认知不同的黄色工会抗衡法律与党政机关干预的面相。[①] 1927 年苏州铁机丝织业工人罢工,抗议资方"放机",要求增加工资,国民党苏州党部撇开此前具有调解商事纠纷法定义务的商会,而扶持商民协会充当调解主角。王仲由此指出,"随着专制的强势国家的建立,民间社团的权力便不可避免地被削弱甚至消除","成为党权的附庸",强调在国民党的干预下,资方"放机"打算落空。[②] 黎霞详论近代武汉码头工人情况、码头工人生存实态、码头工人和雇主的互利与冲突、码头工人的生存竞争、政府对码头工人的管理与控制,同时不否认政府有护工之作为。[③] 冯筱才以个案昭示党商关系并指出,苏州铁机工潮

---

① 王奇生:《工人、资本家与国民党——20 世纪 30 年代一例劳资纠纷的个案分析》,《历史研究》2001 年第 5 期。

② 王仲:《国民党与商会:一例劳资纠纷案折射出国民党政权建立后商会权利的沦丧》,《华东理工大学学报》2003 年第 3 期。

③ 黎霞:《负荷人生:民国时期武汉码头工人研究》,武汉:湖北人民出版社,2008。

与地方党部的整合进程及其党商关系的调整紧密相连，工人利用党商矛盾争取权益。① 吴志国在分析民初天津鞋业劳资纠纷案例后指出，官方虽支持资方，但很大程度上是出于治安的考虑，并非单纯出于阶级利益的观念。② 笔者曾从改善劳资关系的角度着眼，全盘“复原”国民政府加入国际劳工组织的过程，指出从政府、劳、资三方代表的选举与审批，以及政府向国劳大会提交的议案与国民政府批准的公约、草案来看，政府加入国劳组织确有化解劳资矛盾的动机。③

第二，注重考察国民政府劳动法与劳工福利政策对改善劳资关系的功用。中央政府颁布系列相关劳动法规，从宏观上规范了劳资双方的权责，以规避“清党”前喧嚣至极的劳资争议，其效果究竟如何？汪华通过对上海的实证分析，论述政府依劳动法所规定的社会保障措施未能提高工人福利水平。④ 笔者通过考察宝成纱厂将工厂法中最难为企业接受的八小时工作制的原则付诸实施却未能改善劳资关系的个案指出，实施劳动法与劳资关系的改善并无对应的关系。⑤ 陈竹君指出，南京国民政府虽然采取了开办劳工教育、兴建住宅、倡办福利社等举措，但由于经费短缺等各种原因，这些福利政策对改善劳资关系的作用极为有限。⑥

---

① 冯筱才：《劳资冲突与“四一二”前后江浙地区的党商关系》，《史林》2005 年第 1 期。

② 吴志国：《由对抗到对话的背后：民初天津鞋业劳资纠纷的个案分析》，《玉溪师范学院学报》2005 年第 11 期。

③ 田彤：《国际劳工组织与南京国民政府（1927—1937）：从改善劳资关系角度着眼》，《浙江社会科学》2008 年第 1 期。

④ 汪华：《劳资冲突视野下社会保障有效性与合理性的反思：基于民国时期上海社会保障的一项实证研究》，《华中科技大学学报》2008 年第 2 期。

⑤ 田彤：《宝成三八制与劳资关系：兼论 1929 年〈工厂法〉》，《浙江学刊》2009 年第 1 期。

⑥ 陈竹君：《南京国民政府劳工福利政策研究》，《江汉论坛》2002 年第 6 期。

第三，注重劳资合作探讨。1927—1937 年间，国民政府、国民党将“劳资合作”作为施政的基本法则，关于这一政策是否有助于劳资关系的和谐有序，是学界绕不开的论题。霍新宾指出，工商两界本着传统行会“劳资互助”的理念，多联合抗争政府的经济压力，在抵税运动中表现得尤为典型。与此相应，工商间的劳资纠纷多呈温和态势发展，其调解亦循“工商协调”的基本模式运作。① 他在分析“无情鸡”纠纷后指出，工人代表会在“无情鸡”纠纷中由“阶级斗争”至“工商合作”的策略转变，适应了“工商合行”的传统行会理念，且与国民党“阶级协调”的劳资政策一脉相承。劳资协调与合作成为广州工商两界最终解决“无情鸡”事件的共同价值取向。② 魏文享通过分析近代工商同业公会处理劳资纠纷的案例，指出工商同业公会作为雇主组织，并非与工人及其工会处于完全对立的位置，其与工人亦有合作的一面。③ 徐思彦综论 20 世纪上半叶资方在劳资合作问题上的认知与实践，承认资方为缓和劳资冲突而有条件地对工人妥协的可能性。④

劳资合作的主张在不同时期与不同地区产生了不同的效果。笔者通过统计 1927—1937 年数据分析指出，劳资即使在争议之时，仍有资方体恤工情、工人主动降薪、双方磋商解决矛盾等合作的可能与事实。⑤ 但更强调，工人群体最终认同的并非劳资合作的主

---

① 霍新宾：《互助与合作：广州大元帅府时期的工商关系》，《社会科学研究》2006 年第 5 期。

② 霍新宾：《“无情鸡”事件：国民革命后期劳资纠纷的实证考察》，《近代史研究》2007 年第 1 期。

③ 魏文享：《雇主团体与劳资关系：近代工商同业公会与劳资纠纷的处理》，《安徽史学》2005 年第 5 期。

④ 徐思彦：《合作与冲突：劳资纠纷中的资本家阶级》，《安徽史学》2007 年第 6 期。

⑤ 田彤：《南京国民政府时期（1927—1937）劳资争议总体概述》，《近代史学刊》第 3 辑，武汉：华中师范大学出版社，2006，第 127—128 页。

张,而是作为自身政治信仰及与资方抗争手段的阶级斗争。①

第四,以党政机关处理劳资关系为视角,考察国民党与政府的社会动员与执政能力。王奇生阐述了国民党、政府为稳定社会秩序在平衡工人与资本家利益过程中两面不讨好而失去双方认同的过程与原因。黄岭峻通过论述1940年代后期武汉地方政府疲于应对徐家棚、赵家墩、文昌门与平湖门码头工人纠纷的情况,阐明政府已然失去社会控制权。②

第五,从企业实行科学管理的角度探讨劳资关系。刘丽华、何军与高超群因所选分析案例有别,见解相反。前者认为科学管理有助于厂方控制工人而强化劳资矛盾,后者则认为推广科学管理有利于建立一种新型制度文化与劳资关系。③

第六,探讨基督教组织与工人间关系。赵晓阳、钟圣妮分别从上海基督教女青年会女工夜校、中华基督教女青年会事工立论,认为女工夜校对女工具有思想启蒙的意义,指出女青年会的事工促进了女工个体的思想成长与团结精神的养成。④

需要说明的是,工运史有其特定的研究目标与路向,能与多元解释相互印证,两者相得益彰。

---

① 田彤:《目的与结果两歧:从劳资合作到阶级斗争(1927—1937)》,《学术月刊》2009年第9期。

② 黄岭峻:《工人冲突、政府介入与经济秩序:以20世纪40年代后期武汉地区码头纠纷事件为中心的考察(上、下)》,《长江论坛》2007年第6期、2008年第1期。

③ 刘丽华、何军:《科学管理运动兴起原因新探:从劳资互动关系看科学管理运动的兴起》,《沈阳师范大学学报》2005年第1期;高超群:《科学管理改革与劳资关系:以申新三厂和民生公司为中心》,《中国经济史研究》2008年第3期。

④ 赵晓阳:《基督教会与劳工问题:以上海基督教女青年会女工夜校为中心》,"性别与历史:近代妇女与基督教"学术研讨会会议论文,上海,2005年;钟圣妮:《近代中国的民众团体与城市女工:以中华基督教女青年会的劳工事业为例》,《东岳论丛》2005年第3期。

近年来,西方学界普遍重视社会学、政治学与新工人史理念与方法的综合研究。其中以哈佛教授裴宜理的《上海罢工:中国工人政治研究》为典型代表。裴宜理力图将英国史学家汤普森研究英国工人群体的方法论推及至中国史研究领域,注重从地缘政治、党派政治、产业政治三大方面,解析工人罢工、工会与政党关系、工人文化、生活状况。该书最大特点是:(一)注重工运中的行业差别,以及同一企业内部不同类型工人之间的差异,包括技术工人与非技术工人、男工与女工等。(二)注重工人集团的文化背景,由此探索上海工人的起源及政治倾向。(三)将中国工人、工运与西方进行对比。在此基础上,裴氏推导出"不同的工人有不同的政治"的结论。但由于该书仅以上海一地罢工为限,而其全书结论却以"中国工人"为论断,不免有"以偏概全"之嫌。再者,作者曾认为工运史中"最有前景的课题"是有关工人与国家间的关系,但作者在该书中对此发挥有限。① 其后续研究成果《为革命巡逻:工人民兵、公民与近代国家》,是《上海罢工》的姊妹篇,通过从上海三次武装起义到1980年代的长时段考察,呈现出工人民兵始由劳动抗议中产生,终则成为国家栋梁的演化过程,重点讨论了在革命主张形成与"国家—社会"关系的持续建构中的民兵的公民性,探讨了工人运动与现代国家发展的关联,并以此解释中国革命的渊源与后果。②

工人运动与政治因素的相关性,是特拉华州立大学庞百腾教授的考察重点。他特别注重研究工人在抵制美货运动中与商界、学生"配合默契",以及在日俄战争中"与俄国工人并肩作战"的政

---

① [美]裴宜理:《上海罢工:中国工人政治研究》,刘平译,南京:江苏人民出版社,2001。

② Elizabeth J Perry, *Patrolling the Revolution: Worker Militias, Citizenship and the Modern Chinese State*, Lanham: Rowman & Littlefield Publishers, Inc., 2006.

治表达。[①] 庞氏亦曾考察1895—1911年的工业环境、工人生产与生活状况、劳资关系，并分析鹿蒿玻璃厂、桐君阁制药厂、萍乡煤矿劳工管理案例，发现管理人性化的企业劳资关系融洽，指出“参与革命的那批劳工实为一个独立的团体，他们的活动与组织罢工的工人的活动并无联系”，以此说明中国劳工运动有其自身的目的，不一定与国民革命关系密切。[②]

高家龙在企业史研究中探究了“秘密社会”的力量。他发现英美烟公司经过十年努力，直到1937年全面抗战前，仍无法控制拿摩温或取消其对工人的控制权，荣宗敬也曾引入“学生制”打击工头势力，但到1937年，棉纺系统中最大的企业申新一厂与九厂依旧保留了某些工头，没能像在无锡时那样将工头赶出工厂，建立自己的绝对权威。申新九厂4680名工人中，仍有1200名包身工为20名工头所掌管。间接证据表明，他们可能是败在杜月笙之手。高家龙同时指出青帮还可操纵工潮：“从内外棉的立场来看，通过青帮调节与劳工关系立即带来的好处是3年来几乎是连绵不断的罢工突然结束了。在经历了1925—1927年的44次罢工后，内外棉在以后的10年里仅发生过3次罢工。”[③]

近二十年来，日本的中国劳动运动问题研究逐渐淡出其主流学界，卫藤安奈博士的专著《狂热与动员：1920年代中国的劳动运动》却独树一帜。作者借用“大众社会论”，在叙述广东、上海、武汉

---

① [美]庞百腾：《清末劳资关系与劳工行动》，牛大勇等编：《中外学者纵论20世纪的中国》，南昌：江西人民出版社，2003，第193—214页。

② [美]庞百腾：《辛亥革命前夕的工业劳资关系》，林启彦等编：《有志竟成：孙中山、辛亥革命与近代中国》上册，香港：方舟机构有限公司，2005，第274—303页。

③ [美]高家龙：《大公司与关系网：中国境内的西方、日本和华商大企业（1880—1937）》，程麟荪译，上海：上海社会科学院出版社，2002，第172、168、171、141页。

三地国共两党工人动员史的基础上,得出这样的结论:1920 年代国共两党所引导的劳动运动的本质,是在经济等资源欠缺的“原子化”社会,以“首领—党羽”关系为主轴所展开的资源掠夺战。运动参加者所支持的革命理论是“杀富济贫”。“原子化”的社会特征就是相互不信任,缺乏“公”政治的概念,偏爱以暴力排除“敌人”。对“原子化”社会的成员来说,劳动运动当然也需要“正义”理论,但他们的“正义”绝不损害其自身的利益,“正义”的主人公最终也只能是他们自己。“原子化”社会的“正义实践”大多数情况下都是与异己的他者冲突,由此而产生的政治也容易成为支配他者的独裁政治。[①] 此项成果视角独特,但内中不乏目的论的价值取向。中国是重血缘、族缘、亲缘、业缘的“人情”社会,有同乡会、工会、公会、商会、帮会及宗教组织相维系,远非所谓“原子化”所能涵盖。

中日合作研究已开端绪。南满洲铁道株式会社曾独霸中国一方,但相关研究却与当年的经济、政治势力极不相符。吉林省社会科学院与日本庆应义塾大学等四所日本大学的学者,经过长达六年协作,出版了《满铁与中国劳工》(解学诗、松村高夫主编,社会科学文献出版社 2003 年),从社会学角度在殖民地分析架构中论述了满铁工人构成、生活、工运,反映工人群体中的一个特殊面相。

如果谈到理论与方法的运用,较之其他领域,中国学者并未如有的西方学者那样刻意出新,但可能亦多多少少受到了西方叙事史学的影响,一般研究均以“故事分析”寻找事件背后的“意义”。个案研究的肯綮之处,与所选案例典型性密切相关。有些个案只是偶发事件且无任何后继影响,此类个案解析的价值可能要打折扣。

---

① 卫藤安奈:《狂热与动员:1920 年代中国的劳动运动》,东京:庆应义塾大学出版会,2015。

(四)问题与思考

纵观以上研究进展,可以说民国时期的劳资关系研究,是民国史研究的一个重要枢纽。围绕此一主题,大多研究实际上已经超出劳资关系的范畴,促进并深化了民国史的总体研究。回溯、检讨劳资关系研究学术史,可以引发若干有关理论与具体问题的思考。

第一,民国时期劳资关系的总体态势是"冲突"抑或"合作"?何者为历史的"常态"?何者为历史的"变态"?这是研究者必须回答的问题。

由于资方与工方在中国革命,特别是"无产阶级革命"的理论与实践中处于革命对象与革命主体的对立关系,与此相应,大量相关研究均自觉或不自觉地带有较强的意识形态色彩,过于重视劳资双方的对立与冲突,将劳资关系史等同于劳资斗争史、工人运动史,将劳资矛盾与冲突变为劳资关系的全部面相。学界不乏对劳资冲突的解析,但对1912—1949年劳资合作的表现形式、劳资合作的原因均未能给予全面、系统的合乎历史逻辑的理论阐释,有碍于对民国史的总体认识。阶级矛盾与斗争是工运史分析框架的立论依据与核心逻辑,不仅适于分析民国时期的劳资关系,而且成为当代英国产业关系牛津学派代表理查德·海曼等人分析1970年代西方劳资关系的方法论。① 该分析模式预设劳、资两者是一对"天然"的死敌,分属于不同的"阶级",两者间存在着不可调和的矛盾。虽然这一理论构架可以在很大程度上说明,劳资关系的尖锐冲突是民国时期经济走向衰颓、南京国民政府失败的重要原因之一,但

① [英]理查德·海曼:《劳资关系:一种马克思主义的分析框架》,黑启明译,北京:中国劳动社会保障出版社,2008年。

不能解释为什么资本主义社会“腐而不朽”,也不能解释民国时期众多单个经济体及民国时期经济发展的总体趋势。

1912—1949年是中国近代化的重要阶段,近代工业体系在此期间逐步发展并确立最初的形制。汤宜庄说过:“在劳资双方的共同努力下,促使民族工业在1927—1937年的时期内有所发展,主要表现在设厂的种类和绝对数以及总产量的增长,酸类、氮气、人造丝、橡胶等新兴工业,填补了我国工业的空白。此外,五卅惨案、五三惨案、九一八事变、一·二八事变和一二·九运动所触发的人民广泛的爱国反帝浪潮,抵制外货,提倡国货,也为民族工业提供了发展的余地。”①这既承认了劳资合作的事实,又明示了劳资合作与经济发展的良性关系,同时指出劳资双方能够合作的一个重要原因,即以“民族认同”代替“阶级认同”。一些研究表明,1927—1937年间国统区工业经济总体上迅速增长,②同样也有研究表明,1937年7月到1945年8月间,国民政府投资新建、扩建了一批兵工厂、煤矿、钢铁、机械、水泥工业(政府西迁损失了大批工矿企业),从而提高了这几个部类的产量,对中国全面抗战发挥了重要的作用。③ 可以设想,除投资规模扩大外,如果没有一个有序的劳资关系,上述时段经济的增长与工业体系的基本建立是不可能的。劳

① 汤宜庄:《1927—1937年民族工业命途浅探》,《苏州大学学报》1988年第2期。

② 王卫星:《1927—1937年南京国民政府的工业发展策略》,《学海》1998年第6期;朱坚贞:《应重新评价1927—1937年的国统区工业经济》,《经济科学》1988年第4期;王方中:《1927—1937年间的中国民族工业》,《近代史研究》1990年第6期;朱宝琴:《论南京国民政府的工业政策》,《南京大学学报》2000年第1期;张忠民、朱婷:《略论南京政府抗战前的国有经济政策》,《社会科学》2005年第8期;朱荫贵:《如何评价近代中国国家资本企业》,《学术月刊》2006年第8期。

③ 张燕萍:《抗战时期国民政府经济动员研究》,福州:福建人民出版社,2008,第182、199、231、254、262页。

资间固然矛盾颇多,但劳资间的合作,特别是国有、省有企业劳资间的合作,应该是历史的常态。

由此,我们可以反思,档案、期刊、报纸等文献出于反映、解决社会问题的需要,更多呈现社会矛盾、社会问题,但如果后来的研究者仍按这一思路“复原”历史,很可能会将历史上的“变态”史,通过“考订”文献,当作“常态”史。这样的研究路径恰好合乎“国民党为什么失败”的预设前提。

以往的研究太过于说明冲突,而忽视劳资合作的面相,此类研究取向亟待改变。为校正思路,学者需要花费更多的精力搜索文献,从具体的劳资关系研究出发,分别对不同地区、不同所有者、不同类型与类别的实业加以“历史时序化”的实证分析,特别比对国企、外企、私企劳资关系,最终形成对民国时期劳资关系的总体认识。因此,我们也许会得出这样的论断:国企劳资关系较好,因而成为国民经济的主干;而外企、民企恶劣的劳资关系,将社会引向动荡。

第二,总体勾勒民国时期劳资关系,应该在工运史、西方新工人史的基础上,具体从三个方面入手。一是注重劳资关系内、外两个系统。劳资关系的内在“小系统”,即由口头或书面的劳动契约、合同所限定的责、权、利的关系,以及维系责、权、利关系的手段。这是在生产/工作领域内所形成的劳资关系。二是注重劳资关系之外的政治、经济、文化、法律、社会等方面的综合性“大系统”。社会结构的调适、政党政治,无一不对劳资关系的形塑产生着影响。三是考察“小系统”与“大系统”的互动。社会结构的调适、政党政治又如何影响生产领域的劳资关系;而生产领域的劳资关系,又如何因应外界的影响。由此全面呈现劳资之间矛盾与合作的关系,及其背后线性与非线性的缘由。唯其如此,才可能阐释北京政府、孙中山广州护法军政府、广州国民政府、武汉国民政府、南京国民政府辖区不同时期的劳动立法、劳资调解与仲裁、党政机关、劳资团体、社会经济状况、国际劳工组织、社会保障体制、工人自身组织、社会地位、劳动报酬、工人日常生活、精神状态、工帮文化、工人政治派别与政治选择等诸多因素对劳资关系的影响,并在此基础上探讨劳资关系与社会变迁、政权更替的互动与经验。

当然,这个知识谱系所揭示的并不一定是所谓规律性认识,而是侧重于劳资关系的总体走向及各阶段的总体特征。为此,更应该在实证研究的前提下,具体运用政治学、社会学、文化人类学等理论与方法,对上述分论题予以专题研究。

第三,“他者”的劳资关系与“自认”的劳资关系。

所谓“他者”的劳资关系,指某一个经济/协作体外的集团或群体对此经济体内的劳资关系的认识。这类集团或群体包括相属或不相属的工会、公会、同乡会、帮会、党、政、舆论等诸方面。“自认”的劳资关系,即某一经济体内劳资各自对双方关系的认识。“他者”构建的劳资关系与“自认”的劳资关系是否存在差异?两者有怎样的关联?是否有与外界无涉的“自认”劳资关系的存在?劳资彼此间的认识与期许,能否得到公众舆论的认可,是否符合社会的要求?

第四,工人群体的政治化与中国工人阶级的形成。

劳资关系的复杂性集中体现在劳工本身是一个不断分化与演进的群体,它的分化与演进可以概括为“工人群体的政治化”及“中国工人阶级的形成”两个既相互联系又相互区别的过程。

在中共党史、工运话语中,“中国工人阶级”是一个特定的政治化术语,一般指接受共产党领导的那部分工人群体,表示工人群体的共产主义化或无产阶级化。既有研究一般都将“工人群体”等同于“工人阶级”,似乎“工人群体”产生之初,便是富于无产阶级意识形态的“工人阶级”。但溯源史实,“工人阶级”有一个由意识形态或观念形态到“实体”的转变过程。观念形态的“工人阶级”,指马克思主义理论中所论述的工人阶级的理论“文本”。“工人阶级”实体特指接受中国共产党领导的那部分认同共产主义奋斗目标与阶级斗争的工人群体。先有意识形态上的“工人阶级”,而后才有“工人阶级”的实体。工人阶级的形成是一个由“工人群体”向“工人阶级”过渡的过程。更不容忽视的是,工人群体的政治化与中国工人阶级的形成,是两个既相互关联又相互区别的过程,工人群体有不同的政治道路,作为实体的“工人阶级”不过是工人群体的一部分,是工人群体中共产主义化或无产阶级化的一脉。此外,工人群体的意识形态化,还有主张阶级调和、劳动互助的非共产主义化一脉。① 那么,工人群体的无产阶级化是中共领导的必然结果与自然历史过程吗?中华人民共和国成立之前,无产阶级化、工人阶级化的工人数量,到底占全国工人总数的几成?这种工人阶级以哪类工人为主体,其自身有何特点?这部分无产阶级化的工人与非无产阶级化的工人的关系如何?

本书将尝试对上述系列问题予以回答。

三、基本思路与方法论

从生产场域来看,劳资关系即生产关系,是劳资双方在生产过程中所结成的特殊关系,包括双方在生产、管理、分配、福利等环节

① 高爱娣:《中国近现代各党派工运思想研究综述》,《中国劳动关系学院学报》2005年第1期。

的亚关系。政府在规范生产、保障工人权益,实现劳资关系良性发展中扮演重要角色。在社会结构层面,劳资关系一是表现为工人、资方通过其社会网络,寻求劳资间的互助、互谅;二是表现为政府能否为工人提供必要的社会福利事业,能否为资方提供良好的经济政策、必要的融资渠道,减轻企业负担,这同样决定了劳资双方在社会层面沟通的可能性及可行性。从革命话语而论,劳资关系又反映不同政治派别,特别是国共两党如在各自“革命”理论和实践之中,对这一原本既能合作又有矛盾的生产共同体、社会共同体施加影响。

本书作为实证性研究,围绕上述的生产、社会及阶级三个层面展开论述,除绪论、结论外,共有七章。劳资关系在民国时期始终是一个“政治事件”。劳资关系成为社会问题、政治问题始于民初政党政治,而国共双方对劳资关系的引导,贯穿了整个民国时期。与此同时,工人群体出现政治化分层及“工人阶级化”,劳资关系最终转化为由中共主导的新型劳资关系。为表现劳资关系政治走向的“时序性”及呈现民国时期劳资关系的背景,第一章“民初以来的主义话语与劳资关系”主要谈1912年至1927年间劳资关系何以成为“问题”,以及论述有关劳资关系的设问及其解决劳资关系问题的答案之间的关联;第六章谈国民党工运的内在困境;第七章对比国共两党的“工人动员”之“失”与“得”,论述中共是如何逐步“创造”出一个“工人阶级”,并掌控整个中国工人阶级的话语权,最终完成“城市革命”的。相关史实性论证,也有益于理解中共革命的历史正义性。将第六章、第七章放在最后,可以更好地呼应第一章,反映劳资关系问题“由政治始”,再“由政治终”的史实。

第二章“企业生态与劳资关系”,即“车间政府”,反映资方与缺乏职业操守和职业技能的工人之间的博弈。回答:(1)代资方行使具体管理权的职员，其管理方式如何影响劳资关系；(2)实行科学管理的企业，其劳资关系是否一定能长期保持良性态势等问题。

第三章“劳动行政与劳资关系”，考察政府如何规范生产，讨论其如何通过行政手段、工厂检查，规范资方管理行为，强制资方改进生产条件，以及这些措施对劳资关系的影响。

第四章“保障体系与劳资关系”，详述整个社会福利的基础状况，重点检讨政府在社会层面的干预。政府在社会推行的福利制度是否有效，政府能否为资方企业发展提供较佳的政策环境及实力支持，都是必须回答的问题。

第五章“劳资团体与社会网络”，讲述劳资双方如何“自发”地利用社团组织、中间组织、国际组织、青年会组织及党政人际关系，在“社会层面”壮大各自的势力，同时又如何营造劳资双方沟通的交互平台。

史学研究历来有以“问题”为主线、以历史“时序性”为辅线，以及以历史“时序性”为主线、以“问题”为辅线的两种表述方式。本书以“问题”梳理史实，“重构”民国时期劳资关系的多重面相。在各章节的写作中，则以“时序性”展开论述，力求将问题逻辑与时间逻辑相统一。

马克思告诉我们：历史在一个长时段中是由必然性所决定的，而必然性往往是通过偶然性表现出来的；必然性与偶然性在一定条件下又可以相互转化，偶然性常常发挥决定性作用。揆诸史实，大量偶然性影响着事态走向。历史过程本身存在着大量非线性、偶然的因素，如果过于追求研究中的必然性，将史事线性化、条理化，其结果必然既偏离史实，又不合乎内在逻辑。为此，本书采用“多线程”非线性的描述，注重对大量偶然性事件的铺排，又适当归类总结，在偶然性中梳理出必然性(内在因果关系)的史实线索。

既描摹史实这棵大树的主干,又皴染浓茂的枝丫。第一章、第六章、第七章就是这个“主干”,第二章至第五章则是“枝丫”,交互呈现劳资关系的多重样态,折射与劳资关系相伴生的社会关系、政治关系,指示劳资关系的终极走向。

关注社会、政治背后的思想动因,是本书的又一尝试。作者摸着近代史的门墙,起手于思想文化史。此后,凡论事惯从思想文化史“起讲”,几成习性。严格而论,本书应该属于社会史、政治史的范畴,但本书又拟从思想史线索切入,展开有关社会、政治问题的论述;或注意社会、政治问题与思想观念的互动。英国学者杰西·洛佩兹、约翰·斯科特在总结制度结构学说时指出,葛兰西“提出了一种更有力,而比较少悲观意味”的论调,即“国家社会和其他社会的全体应该被看作是‘思想和社会关系的全体’,这些社会关系是由阶级暴力的明确和经济资源的不平等而形成的。……阶级不能只通过威压来统治,还需要一种文化权力,或者说文化‘霸权’”。[①] 源于社会的“思想”反过来制约社会,社会史及建基于此的政治史,自然都离不开思想史通贯及诠释。

本书在具体写作中,引入了“共同体”这一概念,用于论述劳资之间在企业和社会中的内在联系,探查主张泛阶级化(全民革命)的国民党、国民政府,如何在主观上提倡劳资合作,而在客观上打破劳资合组的“共同体”,“协同”中共壮大工人力量。换言之,劳资“共同体”的稳定与否,决定着国民党、国民政府的命运。

所谓“共同体”,是由德国古典社会学家滕尼斯在《共同体与社会》一书中所提出的,它是相对于“社会”的人际关系。滕氏将共同

---

① [英]杰西·洛佩兹、约翰·斯科特:《社会结构》,允春喜译,长春:吉林人民出版社,2007,第49页。

体分为血缘共同体、地缘共同体、精神共同体，认为："血缘共同体作为行为的统一体发展为和分离为地缘共同体，地缘共同体直接表现为居住在一起，而地缘共同体又发展为精神共同体，作为在相同的方向上和意义上的纯粹的相互作用和支配。"同时强调："共同体的任何关系在结构上或者按其本质的核心是一种更高的和更普遍的自我，犹如各个单一的自我。"①本书借用"共同体"这一概念，指代各关系方因利益关联而结成的利益集团，各关系方的利益有效化、最大化的前提条件就是集团的存在。对劳资关系来说，生产"共同体"是指劳资双方在生产链、资本链中不可分割的密切关系，劳资双方虽有矛盾、冲突，但又不得不"相依为命"。社会"共同体"则不仅指劳资双方共同承担发展生产的社会责任，同时也指劳资双方通过自身团体及其他形式的团体，寻求建立的双方同盟关系。社会"共同体"实际上是生产"共同体"的外化，或称为社会化。唯有"共同体"这一概念，才能表明劳资之间矛盾重重却又不断寻机合作的史实。同时，借用"共同体"这一概念，本书将劳资关系由生产关系层面的研究，引入社会结构方面的考察，用于论述劳资之间在企业和社会中的内在联系。

比较研究是本书的一个基本方法。研究注重选取不同类型企业的劳资关系加以比较，尽可能地对不同地区、不同所有者、不同类型与类别的实业加以细化的实证分析，特别比对国企、外企、私企劳资关系，最终形成对民国时期劳资关系的总体认识。本书同时比较民初以来政党政治在处理劳资关系问题上的理论预设与实际举措，指出中共由"体制外"解决劳资问题，是在其他党派由"体

---

① [德]斐迪南·滕尼斯：《共同体与社会——纯粹社会学的基本概念》，林荣远译，北京：商务印书馆，1999，第65、255页。

制内”解决的思路失败情况下唯一可行的办法。

在文献释读方面，本书除大量引用《申报》、《大公报》、《益世报》、《中央日报》、《人民日报》、宁波《大报》中的资料，在尽可能反映各主要工业区的劳资关系外，还特别援引在全国范围内稀见的、独具工人特色的武汉地区的《工人报》《劳工日报》，力求反映工人对待劳资关系的真实心态。至于档案文献的使用，本书除选用中国第二历史档案馆、北京市档案馆、天津市档案馆、上海市档案馆、青岛市档案馆所藏有关材料外，还援引台北“国史馆”所藏“国民政府”“总统文物”“资源委员会”等全宗案卷，以及台北国民党“党史会”（现改称“中国国民党文化传播委员会党史馆”）库藏的“一般档案”“特种档案”和“五部档案”。

第一章　民初以来的主义话语与劳资关系

晚清以降，各种主义浸淫中国，互争竞存。在其有关改造中国社会的构想中，无不涉及劳资双方及其关系。不同党派、政府各援主义，诠释各自的劳资关系理论，并通过不同管道向劳方灌输其理论，试图通过调适劳资关系整合或改造社会。

一、“五四”前之主义并进与劳资关系

萌蘖于晚清的“社会主义”、无政府主义思潮，在民初开始落实于各党派之中。民国元年前后至“五四”政党林立，①中国社会党、工党及无政府主义党，较先以劳资关系为论题，不仅将劳资关系视为最基本的社会关系，还将此视为最基本的政治关系，从而为此后有关劳资关系问题的讨论定下基调。

---

① 据张玉法统计，仅自武昌革命爆发后，迄于1913年底，新兴的公开党会就有682个，其中政治类312个。详见张玉法《民国初年的政党》，长沙：岳麓书社，2004，第32页。

(一) 中国社会党:劳资一体

中国社会党是第一个宣称主张社会主义的团体。1911 年 7 月,江亢虎在上海创立社会主义研究会,发行《社会星》杂志。11 月,上海辛亥"光复"后,该会改组为中国社会党上海本部,推举江亢虎为部长,发表《中国社会党宣告》,标榜为中国最早宣传"社会主义"的"团体机关"。中国社会党赞襄民主共和,在此基础上,主张重新调整社会关系及政治关系。《宣告》申明"政纲"8 条:(1)赞同共和;(2)融化种界;(3)改良法律,尊重个人;(4)破除世袭遗产制度;(5)组织公共机关,普及平民教育;(6)振兴直接生利之事业,奖励劳动家;(7)专征地税,罢免一切税;(8)限制军备,并力军备以外之竞争。上述 8 条中尤以第 6 条为其核心,《宣告》以此强调劳动神圣,勉励从事"直接生利之事",在"资本公诸社会"的前提条件下,实现"劳动普及",进而实现"个人有分业,无等差,通功易事,各尽所能"。① 江亢虎也强调:"奖励劳动家,与泰西之推倒资本家,手段不同,而目的则一。其结果总期人人为劳动家,即人人为资本家。"②中国社会党及江亢虎主张通过国家资本主义,实现劳动者共享生产权和分配权的平等社会,由此体现民主共和的精义。

《中国社会党规章》明确将此 8 条作为该党宗旨,并对入会资格加以说明:"满 16 岁以上无精神病者""曾受普通教育者""能自营生计者","须亲到各该部填写誓书"即可入党。凡党员不分国界、种界、宗教界,无论男女,权利义务平等。③ 1912 年 1 月 28 日,该党第一次联合会重新订定《规章》,取消对入会资格的身体状况、

---

① 《中国社会党宣告》,《社会》第 2 期,1911 年 12 月,第 1、2 页。

② 江亢虎:《洪水集》,上海:上海社会星出版社,1913,第 54—55 页。

③ 《中国社会党规章》,《社会》第 2 期,1911 年 12 月,第 3 页。

年龄、谋生能力的限制。增加“凡了解且信从本党宗旨者皆为党员”“入党者须亲到各该部”领徽章等条款。① 社会党成立以来，出版了《社会日报》、《社会》杂志。后《社会日报》与《天铎报》合并发行，易名《社会党日刊》。1912 年 3 月，《社会》杂志更名为《社会党月刊》。②

该党初兴，从者甚众，“民国元年一月，仅十日间，而本部党员至五千余人，江苏、浙江两省支部成立者至二三十起”③。苏州、海安等地纷邀江亢虎主持支部成立大会。福建、江西各地函请本部寄送规章、誓言、徽章亦多。④ 武昌支部成立时，男女党员达 500 余人。⑤ 江亢虎不仅是各支部的灵魂人物，而且利用社会关系为组建支部消除障碍。1912 年 2 月，谭延闿禁止湖南支部开会，江亢虎面见大总统孙中山，请求电饬“毋得禁止”。一些支部的成立引起了一定的社会反响。苏州支部借玄妙观五岳大殿开讲演大会，印规章达 1000 份。1912 年 2 月 5 日，镇江支部成立大会，党员外来宾计 500 人。赵某当场捐开办费百元。为保障“各支部鼓吹须以本部言论机关为标准”，联合会议决“各党员皆有购阅日报之义务”。江亢虎还在本部召开“谈话会”，讲演“社会主义之真理”，博得众党员赞誉。⑥ 据该党首领陈翼龙称，阅年余，支部多至 500 余所，党员

---

① 《中国社会党规章（中华民国元年正月廿八日第一次联合会订定）》，《社会》第 5 期，1912 年 2 月，第 15—16 页。

② 《社会党月刊缘起》，《社会党月刊》第 1 期，1912 年 3 月，第 1—2 页。

③ 江亢虎：《中国社会党略史》，《江亢虎文存初编》，南京：现代印书馆，1944，第 113 页。

④ 《本部党员题名录》，《社会党月刊》第 1 期，1912 年 3 月，第 3、38—39 页。

⑤ 《本党日记（1912 年 2 月）》，《社会党月刊》第 1 期，1912 年 3 月，第 3、32 页。

⑥ 《本党日记（1912 年 2 月）》，《社会党月刊》第 1 期，1912 年 3 月，第 3、23、24、26、28、31 页。

50万余人。[①]

1912年11月1日，中国社会党召开第二次联合大会，再次订定《中国社会党规章》，在保留"政纲"8条外，明确其宗旨为："不妨害国家存立范围内，主张纯粹社会主义。"《规章》新增入党需要填写"履历书"、党员"每三个月须换领证书"等要求，[②]以淘汰投机者，筛选出合格的党员。

社会党在北方的发展不及在南方顺利，且与地方政府喜恶相关。1912年6月间，中国社会党天津支部被直隶当局冠以"无政府主义"而加以取缔。中国社会党函达直隶巡警道杨以德，申明其主张的社会主义与无政府主义实有不同："本党主义实行以后，社会日逐改良，人民皆能直接生产，社会生产与消耗、供给与需求，各济其平，无经济上之阶级，自可弭人类之争端，秩序井然，化行俗美。孔子所谓大同之世，道不拾遗，夜不闭户。老子所谓无为而治。盖至治之极轨，自不需法制之范围，天然进化登于无治之域者，即所谓无政府也，非必今日提倡无政府主义。"[③]1912年7月，江亢虎、陈翼龙因"北方虽不乏社会学家，能以社会主义飨我国人者，则无闻"赴北京，面谒内务部总长赵秉钧，得其赞同，创设中国社会党北

---

① 《陈翼龙请内务部电饬天津巡警不得干涉中国社会党天津支部召开成立大会呈及批件（1913年1月）》，中国第二历史档案馆编：《中华民国史档案资料汇编》第3辑政治（1），南京：江苏古籍出版社，1991，第596页。

② 《中国社会党规章（中华民国元年十一月一日第二次联合大会订定）》，《社会党月刊》第4期，1912年11月，第28页。

③ 《张锡銮为中国社会党天津支部请求立案事致内务部咨（1912年6月11日）》，中国第二历史档案馆编：《中华民国史档案资料汇编》第3辑政治（1），南京：江苏古籍出版社，1991，第582页。

京支部。[①] 天津、济南、烟台虽也相继成立支部,党事日盛,但一些支部却一直遭到下至地方警政、上至内务部的禁阻。

社会党的组织还曾遭到更为激进的无政府主义的瓦解分化。党员沙淦(又名愤侠)于 1912 年 11 月,与太虚等人别立一无政府之社会党,攻击江亢虎一派,“其后沙淦因冒充红十字会募捐被拘,复因他案处死”,此党遂灭。[②]

“宋案”发生后,中国社会党首领陈翼龙发起锄奸团、救国社,联络俄国虚无党,以图乘间举事,被京师警察厅处以极刑。[③] 中国社会党则力持法律解决,一面劝阻党人称兵,一面促令袁世凯退职。因遭忌恨,1913 年 8 月,该党被袁氏解散。江亢虎发表《留别中国社会党人宣言》一文,亡命美国。

《社会主义研究会开会宣言》内称:“本会除研究学说外,单注重鼓吹二字,至于实行,当别为组织,非本会所有事也。”[④]不过,中国社会党成立之初,即深入工人群体中,倡组工人支部。据邓中夏所言:“浦口码头工人和北方有几处铁路工人,有一部分是被他们组织起来了。1913 年,袁世凯专政,解散国会,江亢虎所组织的工人团体也就昙花一现。”[⑤]镇江、江阴等地的轿工、水木作工人中均有社会党组织的工团。中国社会党也通过若干社会活动,呼吁社

---

① 《陈翼龙请内务部电饬天津巡警不得干涉中国社会党天津支部召开成立大会呈及批件(1913 年 1 月)》,中国第二历史档案馆编:《中华民国史档案资料汇编》第 3 辑政治(1),南京:江苏古籍出版社,1991,第 596 页。

② 江亢虎:《中国无政府主义之活动及余个人之意见(1914 年)》,《江亢虎文存初编》,南京:现代印书馆,1944,第 124 页。

③ 《京师警察厅请内务部通电各省解散中国社会党呈(1913 年 8 月 5 日)》,中国第二历史档案馆编:《中华民国史档案资料汇编》第 3 辑政治(1),南京:江苏古籍出版社,1991,第 612、610 页。

④ 江亢虎:《社会主义研究会开会宣言》,《社会星》第 2 期,1911 年 7 月 30 日,第 1 页。

⑤ 邓中夏:《中国职工运动简史》,天津:知识书店,1949,第 4 页。

会关注工人群体。1913 年 5 月 1 日,江亢虎假座南京新舞台,召开 3000 人的讲演大会。他演讲五一罢工纪念由来,提出普通社会尊重劳动家之观念,主张教育平等。[①] 该党还主张社会教育,以此造就“社会主义”新人。南京支部利用南京府知事方潜拨给的没收旗产充校址,开办平民公学。[②] 北京党部附设平民学校,招收 6 岁以上 12 岁以下者,不论其是否为党员子弟,一律免收学费,授以道德教育、公民教育,以及社会主义之常识、生活所必需之普通智识技能。[③]

(二)工党:劳资合作

中华民国工党及后继的中华工党明确标榜民生主义,以孙中山为名誉领袖。1912 年 1 月 7 日,徐企文联络厂主朱志尧等人,在上海中华共和宪政会召开发起人谈话会,拟成立中华民国工党。求新机器厂、同昌纺纱榨油公司、祥生公司、信义西式木器厂、巩华制革厂等工师领袖、工匠,以及工界中之社会党员,数十人到会。众推徐企文为临时干事员,举钟衡臧、诸青来、李倬云为起草员。[④] 同月 21 日,中华民国工党正式成立,朱志尧为正长,徐企文、钟衡臧二人为副长。[⑤] 其宗旨为:促进工业发达,传授工人知识,解

① 《罢工纪念大会志》,《中华民报》1913 年 5 月 2 日,第 2 版。

② 《本党日记(1912 年 2 月)》,《社会党月刊》第 1 期,1912 年 3 月,第 3、32 页。

③ 《中国社会党北京部附设平民学校简章》,中国第二历史档案馆编:《中华民国史档案资料汇编》第 3 辑政治(1),南京:江苏古籍出版社,1991,第 602、601 页。

④ 《中国工党开会记》,《民立报》1912 年 1 月 8 日,第 6 页。

⑤ 《工党大会记》,《民立报》1912 年 1 月 22 日,第 6 页。

决工人困难，提倡工人尚武，主持工界参政。① 同年2月9日，中华民国工党应多数发起人要求再次聚会。徐企文报告赴南京面见大总统孙中山及南京、芜湖、苏州、杭州等地支部的情况。代表孙信义、孙广泰、陆树春发言，申明“工党者，系工人之工党”。众均赞同，并重新选任朱志尧为正总领袖、徐企文与谢月女士为副总领袖，同时还推出各业领袖：铁业正领袖陆树春；机器业正领袖钱锦华，副领袖仲学准、仲学培、张家兴；纱业正领袖楼生财、郑志芳；电业正领袖孙广泰；外国木器业正领袖孙信义、竺庆发、王方鋆，副领袖周林祥、虞品生、何光祚；眼镜业正领袖张士德、吴云卿，副领袖邹静兰、张云桐；红木业正领袖杜鸿鸣、徐仁和；丝业正领袖朱焕章；银行业正领袖周联卿、费阆先、蔡鸿义；雕花业正领袖陆土生；漆业正领袖孙裕兴；帽业正领袖丁永佑；织业正领袖印树盈；寿器业正领袖戴钦才；刻字业正领袖朱锦堂；印字业正领袖周金生；红帮制缝衣领袖邬阿福；制烟业领袖王阿发。②

中华民国工党较为注重组织建设，于1912年3月10日成立工党共进社，作为党之中心组织。该社规定：凡工界同人，年龄在18岁以上，经党员介绍，即可入社。工党共进社订“百岁金条例”（社员身故，其遗属可得社员所捐“百岁金”若干），以此福利吸引工人加入工党。③

---

① 《中华民国工党简章》，《太平洋报》1912年7月1日，第5版。1913年2月，徐企文对工党宗旨有所解释：“促进工业之发达，以期物质文明之进步；开通工人之知识，以利共和宪政之施行；消改工人之困难，以副民生主义之宏旨；提倡工人之尚武，以应武装和平之趋势。”见《徐企文等拟在德州兵工厂成立工党支部请出示保护咨（1913年2月4日）》，中国第二历史档案馆编《北洋军阀统治时期的党派》，北京：档案出版社，1994，第60页。

② 《劳动家之演说》，《民立报》1912年2月10日，第6页。

③ 马超俊：《中国劳工运动史》上册，重庆：商务印书馆，1942，第86页。

11月3日,中华民国工党在南京举行联合会议,到会的16省代表议设上海总部为中央机关外,另设上海部专司沪地事务。工党总部机关职员计有:正领袖徐企文、副领袖龙璋(湖南部支部领袖)、文牍兼交际科主任魏逖先(国际法学会长)、吴菊庭(缫丝女工同仁会长)、会议科主任杜佐廷(制造局稽查)、庶务科主任韩恢(前大公党领袖)、顾问朱卓文(留美国工党党员)、许日新(爱国妇女会发起者)、朱少沂(商团总司令)、尤惜阴(不吸卷烟会长)、江亢虎(社会党主任)。此前,该党已派朱卓文、魏逖先向孙中山报告党务。① 1913年1月,该党上海总部成立,朱志尧当选正长,徐企文、钟衡臧为副长。

该党规模、数量发展较快。《中华民国工党简章》规定:"凡工界同志年在16岁以上能自营生计者,不分贫富、男女、宗教均可入党。"这种组织包容性易于吸收党员。据《申报》报道,至1919年底,该党已有近40万党员。② 南京、苏州、崇明、嘉兴、宁波、江阴、长沙、汉口、南昌、天津、唐山、石家庄及南洋各地相继建立支部。其中,工人参加辛亥革命"颇众"的上海、广州、汉口、天津,以及铁路机器厂所在地之长辛店、唐山、吴淞等处的工人,都踊跃投身工党。长沙染工也全体加入工党。但当年5月的反袁之战,中止了该党的迅速成长。是役,共进会副会长张尧卿,会同徐企文、广东绿林改进团柳人环、韩恢等,率众攻打上海制造总局,以"巩固共和,声讨民贼"。事败,徐企文遭捕杀。加之袁世凯政府颁布治安警察法,取缔民众组织,中华民国工党随之瓦解,③唯有唐山地区工

---

①《工党办事人名录》,《民立报》1912年11月10日,第10页。

②《中国工党之进行》,《申报》1912年12月2日,第2张第7版。

③ 谌小岑:《辛亥革命后中国工人运动的指向》,《劳动季报》第1卷第3期,1934年11月10日,第215页。

党支部仍又坚持了 5 年之久，该支部曾组织公益社，举办演讲，开办夜学、阅报室等。①

1916 年，黎元洪接继大总统，恢复《中华民国临时约法》。9 月，韩恢重启中华民国工党；11 月，易党名为“中华工党”（意为“由中华民国工界组合而成”）；宣称“以实行民生主义，增进工界之福利为宗旨”②。此时中华工党已经放弃其前身“工人参政”的政治要求。11 月 27 日，该党发表《总部宣言》，更加明确“民国复办”后党的宗旨、目标及其方法：

> 为全国工界联络感情，并为各个劳动者谋自身之活动，务使全国工界一律平等，痛革贱工之积习，促进物质之文明。……工党之设原欲与资本家相提携，借以改良工人之德性，开通工人之知识，强健工人之身体，宽裕工人之生计，增高工人之地位，使以忠实勤敏廉洁高尚之人格从事有规则之工作，事半而功倍，业精而用宏，非特资本家受其益，即国家之平治富强亦均于是赖。深望我国资本家对于本党之宗旨一致赞同，胥以公平正直之胸襟与本党相握手，本党亦必以慎重稳健之党纲，实行发展我民生事业及民生事业中之人道主义。凡为共和国民而深知工业之有关家国者，当无不乐观本党之成，百工居肆盍兴乎来！③

期以一党之力联合劳资双方共同推进工业发展，造福民生。各地支部一时兴起 20 余处，但与总部联系并不紧密。最先成立者为

---

① 陈达：《中国劳工问题》，上海：商务印书馆，1929，第 101 页。

② 《中华工党章程》，《民国日报》（上海）1916 年 11 月 10 日，第 3 张第 11 版。

③ 《中华工党总部宣言》，《时报》1916 年 11 月 27 日，第 3 张第 8 版。

1917年2月成立的浦东工党支部。因报名入党者少,该支部乃派员分赴各厂附近讲演,邀人入党。[①] 1917年6月,军阀解散国会,工党总部决定各地暂缓办理支部,原有支部各自为战。1919年“五四”期间,中华工党文牍干事沈若仙、李德明,与上海水木业、机器业、洗衣业、锦匣业、书业、香业、纺织业、铜业、漆业、水业、成衣业、面粉业、钉书业,以及丝厂女工、花厂女工、烟厂女工、轮船码头工人、人力车的工人代表,“泣血宣言”,表示“吾辈数十万工人愿牺牲生命”,与“夺我土地”的列强,“卖我人民”的政府决战。[②] 借此时局,到1920年代初,工党在上海、北京、广州仍有活动。

从工党发起者主观意图来看,提高工人生活水准,给予工人与其所创造的经济价值相应的社会地位,是实业发展的必然之路。《中华民国工党宣言书》指出,欧美各国致富,固系“政体善良”“兵力充足”之功,“然同人以为工业之发起,工界之联络,实大有功也”。世界文明取决于“物质的进步之迟速”,关乎交通便利带来的“国情通”“政治易行”“统一速”。机器工业不仅能够加速文明步伐,而且可以积累社会财富。工业发展的动力与核心则在于工界劳资间能够互相“联络”。由此,工党希望“合劳动家与资本家成之”,以利实业兴盛。但工党内部对此不乏疑义,投函诘问者,“谓不应参酌资本家”。工党领袖“远兼欧美,参酌国情”,以组织形式兼容劳资双方,联络工界感情,调适劳资关系,自以为此乃实现其宗旨的不二之选。他们以为,就工人知识而论,“吾国工人无甚智识,若聚无甚知识者组织工党,势必办事无才,卤莽从事,徒为无意识之举动,而使资本家裹足不前,心灰意懒。际此奖励实业时代,

---

① 马超俊:《中国劳工运动史》上册,重庆:商务印书馆,1942,第90页。

② 《罢市声中之工界观》,《新闻报》(上海)1919年6月8日,第3张第2版。

乌可因是酿成恶感而起风潮耶?”与欧美比较,其“工人程度较高,资本家手段太辣,故工人之工党不得不发起以抵抗之”;反观中国,“既未有极大之资本家施其欺压之手段,而我国工人道德较高,相与安处无事”。中国工党之所以“优于欧美”,即“以工人为主体,而以资本家助其成功,双方恶感消灭于无形之中,相提相挈,相亲相爱”。再者,资方与工人职业属性相同,“资本家之能开工厂而制造一切物质者,皆当属于工”。在“我国政体既共和,社会平均、民生主义将日昌明”的时代,“人人皆劳动家,人人皆资本家,阶级破除,障害全消。若我工党之组织只为工人之工党,窃恐深沟自筑,妨害共和,社会之被扰乱者当不少”。工党领袖坚信:“我国今日万不可无工党,而工党之组织万不可屏逐资本家于局外。”①工党倡行劳资合作,旨在防患欧美式的劳资冲突,营造良性的生产环境。

工党这一理论设计,与当时体制并行不悖。共进社明确其宗旨为:联络工人感情,振起工人事业,提倡工业出品,以辅助国家。② 这一“国家”即为民国初年的民主共和的政府体制。

工党主张从生产属性上,将劳资合为一体,力促劳资融洽,但鉴于工人群体的弱势地位,强烈要求资方勿对工人“使役如牛马”,贻害工人体质,而应关心其工余娱乐,以达其精神愉快。尤为强调:“职工者,工业之花也。宜知其可爱而不可贱。”劳工肉体之健全、精神上之愉悦,有益于生产效益,资本家是此善举的最终受益者。③ 同时,工党更没有绝对放弃对资本家的抗争:“但遇有加资问题之发生,该

---

① 《中华民国工党宣言书》《中华民国工党宣言书(续)》,《民立报》1912 年 1 月 28 日,第 8 页;1 月 29 日,第 8 页。

② 马超俊:《中国劳工运动史》上册,重庆:商务印书馆,1942,第 85 页。

③ 钟衡臧:《论工党进行之手续(续)》,《天铎报》1912 年 1 月 26 日,第 1 版。

党必先通告各家,及要求不遂,不得已始行罢工政策。”①正如中华工党评议员沈若仙所言,工人与资方的合作有其选择性:“工党宗旨不外人道主义,苟资本家而有人道观念者,于理自当赞成。其视工人为机械,视工人为奴隶牛马之资本家,固甚忌工人之有团体也。但此种无人道之人,工党亦无须若辈赞成,故工党无须资本家全体赞成之必要也。”②1912 年 6 月到 1913 年 6 月,上海发生过翻砂、木作工人 10 多次较大规模罢工,其中一部分与工党有密切关系。③ 1912 年 7 月,徐企文代表上海翻砂工人与资方公议行规,要求提高薪资,减少工时,但资方出尔反尔。工人于是在工党党部集会,决定发起同盟罢工,迫使祥生厂、江南船坞、瑞熔等十余厂各派代表至工党“要求解劝”,答应工人条件。④ 当年 11 月,上海小木工人以每日 200 文工钱实难度日,向店主提出加价,店主反减工价。徐企文组织 7000 名小木工人文明罢工,各店主以加资 2 成而平风潮。⑤ 因工党势力在上海渐兴,有人冒用工党名义发动首饰业罢工,银楼主代表主动与徐企文交涉,慨然允加薪 5 成。⑥ 此事足见工党的影响力。工党为工人利益也不惜挑战国家权威。1912 年

---

①《何某君之不惮烦》,《中华民报》1912 年 12 月 5 日;转引刘明逵《中国工人阶级历史状况》第 1 卷第 2 册,北京:中共中央党校出版社,1993,第 702—703 页。

② 刘明逵:《中国工人阶级历史状况》第 1 卷第 2 册,北京:中共中央党校出版社,1993,第 638 页。

③ 刘明逵:《中国工人阶级历史状况》第 1 卷第 2 册,北京:中共中央党校出版社,1993,第 639 页;上海工运志编纂委员会:《上海工运志》,上海:上海社会科学院出版社,1997,第 170 页。

④《翻砂业罢工抵制》,《太平洋报》1912 年 7 月 15 日,第 11 版;《翻砂人风潮渐定》,《民权报》1912 年 7 月 17 日,第 10 版。

⑤《小木匠之大举动》,《申报》1912 年 11 月 24 日,第 7 版;《小木工之凯旋声》,《民立报》1912 年 11 月 26 日,第 10 页。

⑥《何某君之不惮烦》,《中华民报》1912 年 12 月 5 日;转引刘明逵《中国工人阶级历史状况》第 1 卷第 2 册,北京:中共中央党校出版社,1993,第 702—703 页。

底，湖北兵工厂总办刘庆恩以卫兵压制工人激成罢工，徐企文以“涂炭工人，工党应为保护”，特电呈副总统黎元洪，要求诘责刘某“以雪公愤”，追偿工人罢工期内的损失。① 但工党的努力并非无往不胜。1913年2月，德州兵工厂匠徒，反对督理整顿厂规，拟入上海工党。徐企文、韩恢亲赴德州领导，但为段祺瑞所阻。② 中华工党在后继的恢复时期，其“斗争”性大为减弱，工作中心在于帮助工人组建经济组织，声援工人经济要求。比如，筹组商务印书馆同志社，呼吁上海各丝厂缩短女工工时。中华工党护工之举，赢得了沪上工人的信任与倚重。1917年7月，浦东英美烟公司减薪，女工以罢工相抗，并派代表持《英美烟公司全体女工致中华工党书》至党部求援。女工因“久闻贵党执事诸先生，爱护苦工，如保赤子”，全体加入中华工党，欲借党力与厂方谈判。③

工党既然自称联络工界，当然以出面化解劳资冲突为己任。1913年3月，湖南工党领袖龙璋极力平息长沙染工与染商的工价纠纷，一面保证染工每日工价增至200文，一面否定染工减少工时之请。④ 上述工潮最后也由工党从中调停。

工党也曾为失业工人另辟生计，开办福利事业。1913年，长沙染工要求各店主增资而引起店主以停业相抗，染工失业。工党便筹备湖南辉光染工厂有限公司，容留失业染工。清江金银行工人因罢工失业，工党支部成立“工党第二金银工厂有限公司”。工党第一次联合大会，也曾筹设中华工党机器厂、中国银行、工业银行、

---

① 《工党为工人呼吁》，《民权报》（上海）1912年12月20日，第10版。

② 《李祥光为禁阻德州兵工厂工人组党事与陆军部往来电（1913年2月）》，中国第二历史档案馆编：《北洋军阀统治时期的党派》，北京：档案出版社，1994，第61页。

③ 《工党消息》，《民国日报》（上海）1917年7月27日，第3张第11版；7月28日，第3张第11版。

④ 《长沙染工染商都悔过》，《民立报》1913年3月24日，第8页。

工业储蓄银行，惜未付诸实施。但工党成功开办过工人补习学堂、工人医院。①

由于组织松散，各地各业工党一般有其不同侧重面。后来曾任国民党中央党部工人部指导主任、国民政府铁道部劳工科科长的谌小岑，在1919年到1921年间亲赴长辛店、唐山，深入列名工党的机器工人之中，始发现两地“当时的工党组织，其目的只在于团集工人代表选举参加国会，谋与‘士’阶级平权”；其主要目标在于“打破‘劳心者治人，劳力者治于人’的传统思想，期侪工人于政治之上平等地位”。② 工人追求政治地位，与中华工党宗旨异趣，却合乎中华民国工党的宗旨。

（三）无政府主义党：资本万恶

中国社会党、工党，揭橥社会主义、民生主义，均不妨害国家之存废，只要求在现行政治制度之下，构建“合理”的劳资关系；而无政府主义追求良性的劳资关系，则不惜向国家宣战。

民国既成，同盟会党人师复倡导无政府主义，1912年5月，在广州成立晦鸣学舍；7月，发起心社，后设广州世界语学会。心社有戒约12条：不食肉、不饮酒、不吸烟、不乘轿及人力车、不用仆役、不婚姻、不称族性、不作官吏、不作议员、不入政党、不作海陆军人、不奉宗教。以生活方式约束政治行为。学舍翻印巴黎出版的《无政府主义粹言》《社会阶级》等书籍。袁振英在香港组织大同社，与

---

① 刘明逵：《中国工人阶级历史状况》第1卷第2册，北京：中共中央党校出版社，1993，第639、640页。

② 谌小岑：《辛亥革命后中国工人运动的指向》，《劳动季报》第1卷第3期，1934年11月10日，第215页。

广州心社相呼应。1913 年 8 月，师复创办《晦鸣录》，宣传“从根本上实行社会革命，破除现社会一切强权”，实现“平民真正自由之幸福”。其纲要为：共产主义、反对军国主义、工团主义、反对宗教主义、反对家族主义、素食主义、语言统一、万国大同。[①] 该刊仅出 2 期，遂随晦鸣学舍为广东都督龙济光所查禁。袁世凯、黎元洪通电各省拿禁，师复自广州走澳门赴上海。1914 年 7 月，师复发起无政府共产主义同志社，宣称：“资本制度者，平民第一之仇敌”，乃社会罪恶之源泉；“政治者名为治民，实即侵夺吾民之自由，吾平民之蟊贼也”。主张“灭除资本制度，改造共产社会，且不用政府统治者”，实现经济、政治之完全自由。强调实现无政府共产之社会的唯一手段即革命：“凡持革命之精神，仗吾平民自由之实力，以期摧陷强权者，皆曰革命。”师复申明：“中国尚无大资本家，社会革命非所急务之说，亦不足以阻吾人之前进也。人类之罪恶，实生于社会制度之不良。吾人改造现社会之组织，即所以灭除人类罪恶之根苗。”[②]常熟“无政府传播社”、南京“无政府主义讨论会”接踵组建。言论机关除《民声》外，尚有南洋出版的《正声》。[③] 无政府主义者发行《无政府浅说》《平民之钟》等小册子，鼓吹社会革命及无政府共产同盟罢工。[④]

---

① 师复：《晦鸣录发刊词（1913 年 8 月）》，铁心编：《师复文存》，广州：革新书局，1928，第 57—58 页。

② 师复：《无政府共产主义同志社宣言书（1914 年 7 月）》，铁心编：《师复文存》，广州：革新书局，1928，第 53、54、55 页。

③ 师复：《致无政府党万国大会书（1914 年 6 月）》，铁心编：《师复文存》，广州：革新书局，1928，第 261 页。

④《交通部关于查禁〈无政府浅说〉、〈平民之钟〉等印刷品饬（1916 年 5 月 1 日）》，中国第二历史档案馆编：《中华民国史档案资料汇编》第 3 辑政治（1），南京：江苏古籍出版社，1991，第 678 页。

师复等组建无政府共产党之目的可概括为:(1)一切生产要件归社会公有,“生产家得自由取用之”。耕者自由使用农具、土地,不必“纳租于地主或受雇于耕主”。工人能“自由使用工厂之机器原料以制造物品”,而不必受雇于厂主。(2)无资本家与劳动家之区分,人皆视其“性之所近”自愿从事劳动;劳动所得为社会公有,人皆可自由取用。从事劳动至45岁或50岁,可入公共养老院。每人每日劳动最多4小时,余时“自由研究科学,以助社会之进化,及游息于美术技艺,以助个人体力脑力之发达”。(3)无政府、军队、警察、监狱及一切法律;(4)自由组织各种公会,改良工作,促进生产,以供众人所需。会中无章程、规则限制人之自由。(5)废除婚姻制度,男女自由结合,子女由公共养育院保养。(6)儿童6岁至青年20岁或25岁,无论男女皆入学,直至接受最高教育。(7)采纳万国公语,渐废语言文字。(8)废除一切宗教、信条。在这一理想社会中,工人占据着社会核心地位,既是生产者,更是社会财富的享有者。

欲达此目的,无政府共产主义同志社向一般平民传播主义时,根据时势采“抵抗”“扰动”两种手段。“抵抗”,即抗税、抗兵役、罢工、罢市;“扰动”则为暗杀、暴动等。最终通过“平民大革命”,“推翻政府及资本家,而改造正当之社会”。至于如何维系无政府共产的社会,该社则强调必须依靠“无政府的道德”——劳动与互助。①

师复重视工人的“自我组织”的发展,曾曰:“吾人恒言,无政府其目的,工团主义(Sindikatismo)其手段,明两者之不可须臾离

① 师复:《无政府共产党之目的与手段(1914年8月)》,铁心编:《师复文存》,广州:革新书局,1928,第45—47、48、49—50页。

也。”[1]师复如此说，亦如此行。1914 年 8 月，上海漆业、水木业、成衣业、水炉业要求增薪而发生工潮，罢工工人手执香火，肩负神牌，高提鲁班先师之灯笼，结队游行，师复以为如此“可笑之举”实不能奏效。为改变劳动者低下的经济地位，他强调各行各业劳动者应“结团体求知识”，再由各分业工团，联合为一工团联合会。各工团通过开设平民学校，增进工人知识，工人觉悟始可以与资本家抗斗。师复还对工团的目的、自主性加以说明：(1)工团的根本目的虽然为反抗资本制度，但“今日所可行者”是要求增加工价及减短工作时间。(2)工团组织应以各业之工人为主体，无政府党仅予以指导，“以养成其独立战争之能力”。(3)秉持“革命的工团主义”，“不可含丝毫之政治意味”，不干政，不参政；“不恃政治而惟恃自己实力以灭除贫富阶级”，即用革命手段反抗资本制度。[2] 以工团主义消除劳资冲突，进达大同社会，代表了一般无政府主义者的主张。

广东是无政府主义的重要活动中心。师复在广州首创理发工会和茶居工会。其胞弟刘石心于 1914 年、1915 年间，策动 10 余名工人骨干，不惧东家的“仇根”，首先发起机器工会。为鼓动工人入会，他们在工厂附近，于“放工前，放一张四方凳，人站在上面，摇着旗子”，宣讲“工人为了自救必定要有一种能够对付东家的力量，只有靠自己，方法是组织工会”，共商对策。此宣传逐渐聚集了一批听众，据宣讲者回忆：“开始有十多人听，后来就多了，你去到那里

---

① 师复：《致无政府党万国大会书(1914 年 6 月)》，铁心编：《师复文存》，广州：革新书局，1928，第 264 页。

② 师复：《上海漆业罢工风潮感言(1914 年 11 月)》，铁心编：《师复文存》，广州：革新书局，1928，第 81、82、83、84 页。

讲,他们就跟到那里听。”①

“主义”启导知识人的“革命化”。师复等无政府主义者,宗自蒲鲁东、巴枯宁、克鲁泡特金,不仅将集产主义、废除政府、经济革命、社会契约论、互助论等观念一股脑儿引入中国,还主张平民革命,颇得一般理想主义者拥戴。师复虽故,无政府主义仍蔚成风气。1915 年 7 月,袁振英在北京大学同赵太侔、黄凌霜等组成“实社”,研究无政府主义。1916 年 10 月,吴玉章由法国回京,同吴稚晖、李石曾、张静江、蔡元培、汪精卫,组织华法教育分会、留法勤工俭学分会,介绍无政府主义,特别宣传克鲁泡特金的互助论。1919 年“五四”前,傅斯年、罗家伦、康白情、朱谦之、陈公博、谭平山、区声白、黄凌霜等人,又在北京组织“新潮社”。② 北京之外,南京有 1916 年 11 月成立的“群社”,山西有 1918 年组织的“平社”,天津有 1919 年成立的“真社”。上述一些人由此成为中国革命的骨干和“界标”。各社多关心劳工问题,“真社”即被曹锟、杨以德冠以“蛊惑劳动工人,希图革命”的罪名封禁。③

(四)党派合作及主义之争

在理论上,前述各党均赋予了工人生产权和社会财富的共享权,且将改造社会的任务交付给工人。在实践上,各党鼓动、发起

---

① 《刘石心回忆》,中国社会科学院现代史研究室、中国革命博物馆党史研究室选编:《“一大”前后》(3),北京:人民出版社,1984,第 126 页。

② 《袁振英的回忆》,中国社会科学院现代史研究室、中国革命博物馆党史研究室选编:《“一大”前后》(2),北京:人民出版社,1980,第 468、469 页。

③ 道:《支那的无政府运动》,《自由》第 1 期,1920 年 12 月;转引葛懋春、蒋俊、李兴芝编《无政府主义思想资料选》上册,北京:北京大学出版社,1984,第 502、503 页。

工人组织争取应有权益。各党建立后，在一段时期内并未形同水火，社会党与工党互相支援，内中跨党党员极为普遍；江亢虎也曾打算联合无政府主义者。

中华民国工党副领袖徐企文，本身就是中国社会党党员。他依托社会党发展党务，常借社会党本部主持召开上海工党银楼等业支部会议。① 1912 年 6 月，中国社会党与工党对外宣布两党“切实联合，一致进行”而密切合作，此时拥有双重党籍的党员高达 20 万人。为理顺具体合作框架，《中国社会党与工党联合布告》规定：两党“事务所已均成立者，可自由归并；单有社会党者，须添设工党；单有工党，须添设社会党”。内中还对跨党成员加以说明：“社会党员与工业有关系者，同时为工党党员”；工党党员“了解且信从社会主义者，同时为社会党党员”。② 社会党、工党党员确实联袂开展工作。在 1913 年南京“五一”讲演大会上，工党代表沈卓吾为江亢虎助讲，宣传“尊重劳动”的观念。③

各党借助各种机缘，纷张声势，中国社会党尤占先机。在上述“五一”讲演大会上，江亢虎还请自由党代表梁悦魂及蒙事讲演团代表出席，并借其口宣传“现政府之违法，国民应意图反对以图自存”。江亢虎最成功之处，是利用孙中山为该党赢得了声誉。1911 年 12 月 30 日，江亢虎面晤孙中山，并介绍社会党组织及其对社会主义的认识，称“先生民生主义，平均地权，专征地税之说，实与本党宗旨相同”。孙中山表示：“余实完全社会主义家”，望社会党广为宣扬，普及社会主义理论。1912 年 1 月 1 日，就任临时大总统当日，孙中山派员给江亢虎送去从欧美带回的《社会主义概论》等四

---

① 《本党日记（1912 年 2 月）》，《社会党月刊》第 1 期，1912 年 3 月，第 30 页。

② 《两党联合宣言》，《民立报》1912 年 6 月 23 日，第 10 页。

③ 《罢工纪念大会志》，《中华民报》1913 年 5 月 2 日，第 2 版。

种书，且嘱江氏广集同志，多译此类书籍。① 孙中山解除临时大总统之初，江亢虎邀他到该党演说，孙应允适时讲演。10 月，孙中山履行前约，于 14 日至 16 日在上海中华大戏院演讲社会主义。孙中山之所以演讲社会主义，是他认为社会党党纲，“似于社会主义之精髓有所未尽”，为防以讹传讹，特以讲演廓清社会主义源流。孙中山在讲演中，高度肯定马克思的社会主义学说；强调社会主义分为集产社会主义与共产社会主义，当前只能实行集产社会主义，即“凡属生利之土地、铁路收归国有，不为一二资本家所垄断渔利，而失业小民，务使各得其所，自食其力”，“而和平解决贫富之激战”。他希望社会党人“持和平之态度，与政府联络，共图进行”。讲演前，《民立报》《天铎报》刊发广告，拟招募听众 2000 人。岂料第一日听众 1600 人，第二日达 2000 人，第三日竟有 3000 余人。② 中国社会党创兴之初，党员数量激增，居各党人数之首，应该离不开孙中山的支持。不过，人数多并不等同于信仰主义者亦众。江亢虎有感而言：“自成立至解散，不足二周年，而签名为党员者至五十余万人。但此中真能了解且信从社会主义者，实居少数，而其最大多数，则因大革命时突受异常之激刺，发生一种好新好奇心理，而传染成为风气，一唱百和，莫知其然。在本党以普遍鼓吹为前提，不啻输布社会主义之广告公司。”③“社会主义”一时间在一些地区颇得工人好感。1913 年 5 月 1 日，广州华侨工会、机器工会及其他工会代表，“和一班社会主义者联合举行庆祝”；但大会未形成有效议

---

① 陈锡祺主编：《孙中山年谱长编》上册，北京：中华书局，1991，第 607、616 页。
② 陈锡祺主编：《孙中山年谱长编》上册，北京：中华书局，1991，第 738 页。
③ 江亢虎：《中国社会党略史》，《江亢虎文存初编》，南京：现代印书馆，1944，第 113 页。

案，也未发起反对资本家的示游行。①

江亢虎提倡“社会主义”，但并不排斥无政府主义，自言“余极信仰社会主义，而亦极喜研究无政府主义”。江氏本身即为无政府主义早期倡导者之一，倡导“三无主义”，即无宗教、无国家、无家庭。在中国社会党召开第二次联合大会时，江氏与“非政治派者数人”，“共立一研究无政府主义之学会”。但他将自己的无政府主义称为“有机关非强权”的无政府主义，“大不赞成”师复“以暗杀、暴动大破坏为先锋”的无政府主义。② 即便如此，江氏仍持与无政府主义党合作的态度，曾主动与师复通信，希望结盟：“社会主义，无政府主义，各行其是，无事相非。愿孟晋前途，为道自爱，悉其锋锐，以对非社会主义者。”③按师复所说，其曾属意于社会党，即使不赞成社会党党纲，1912 年底以前也从未公开批评过江亢虎。1913 年 12 月，师复发表《答道一书》，回答了不与江氏合作的缘由：社会党“初发起时，复无限欢迎，本拟进党共事，徒以党纲未尽惬意遂尔不果。然与党中同志通信往还，几无虚日。两年以来，屡欲著论登报，就鄙见所及，对于其党纲之未善者为详细之批评。然以‘社会党’三字，在中国方始萌芽，一旦忽生异议，不知者以为互相攻击，于传播及进行或未免有所妨碍，故始终未尝发表只字。及去年新‘社会党’分立时，发起诸君，屡函招邀入党。复以其时两派方互为剧烈之排斥，鄙意殊不以为然。且新发表之党约，仍未能尽惬人

① 《1921 年“五一”纪念活动》，中国社会科学院现代史研究室、中国革命博物馆党史研究室选编：《“一大”前后》（3），北京：人民出版社，1984，第 21、22 页。

② 江亢虎：《中国无政府主义之活动及余个人之意见（1914 年）》，《江亢虎文存初编》，南京：现代印书馆，1944，第 124、125 页。

③ 师复：《答江亢虎》（1914 年 4 月），铁心编：《师复文存》，广州：革新书局，1928，第 151 页。

意，故婉辞之，暂不入党”。①

1913年后，师复则绝不以江氏为友党，反以为敌，并毫不妥协地坚持己见。在《驳江亢虎》一文中，他指责江氏信奉之社会主义系“伪”社会主义。其中最主要两点，一是“不主张推翻资本家，收回土地资本归诸社会，是为违背社会主义之根本要义，故江氏所主张不得称为社会主义”；二是“不主张土地资本公有，而惟主张营业自由，财产独立，以及限制军备，专征地税等，均属社会政策而非社会主义”。② 在《江亢虎之无政府主义》一文中，师复反驳了江氏对无政府主义主张暴力的质疑：“夫政府挟其政治势力，侵夺吾人本来之自由，资本家挟其资本势力，掠夺世界共有之生产机关及工人劳动之结果，两者皆强盗之挟武器以行劫掠无异。人苟被强盗劫，而以武力抵抗之，取还其赃物，无论何人，均许为正当之防卫者也。今无政府党以武力对待政府与资本家，抵抗政治上及经济上之强权，恢复本来之完成自由及正当生活，与抵抗强盗，事同一例，亦为合理之防卫。”③

无政府主义者固守其“主义”，不与它党结盟，但反失之于己党之痼弊。无政府主义者反对权威，本身不重视组织建设，导致无政府主义者轻易改换门庭，寻找“组织”。这也是无政府主义群体易分化的一个原因。王寒烬曾于1913年加入晦鸣学舍，1919年“五四”前广州共和工党成立，他便加入共和工党，出任佛山分部主任。

---

① 师复：《答道一书》（1913年12月），铁心编：《师复文存》，广州：革新书局，1928，第139—140页。

② 师复：《驳江亢虎》（1914年3月），铁心编：《师复文存》，广州：革新书局，1928，第223—224页。

③ 师复：《江亢虎之无政府主义》（1914年7月），铁心编：《师复文存》，广州：革新书局，1928，第308—309页。

该党由郑苍生发起组织，经广东省省长朱庆澜批准成立。党员约五六十人，内有一二十鞋业、建筑、织造工人。共和工党宗旨为：争取工人加入国会参政，进而由工人掌握议会，掌握政权。用郑苍生的话说："是为了模仿苏联工人阶级推翻反动统治制度的经验，而在中国进行革命活动的工人阶级的组织。"共和工党在佛山、江门、顺德县陈村等地设立过分部。①

上述三党互竞并存，为中国"革命"留下影响甚为深远的思想财富：

第一，超越经济论域，提出中国社会发展的社会革命、政治革命两种模式。社会革命即在现有政治体制之下通过"劳资一体"、劳资合作，实现现行政治制度的自我革新。政治革命即为打破既有政治体制，彻底消灭资本家，进而创造一个新型的以工人为核心的政治制度。自此，社会革命、政治革命开启了"五四"后中国"革命"的两种前途。

第二，建立以工人为主体的"革命"新传统。不论是社会党、工党所主张的社会革命，还是无政府主义党所坚执的政治革命，均以工人为经济主体、社会主体，同时要求确立工人的政治主体地位。工人从此在有关中国革命的理论中一直占有重要地位。

第三，积淀工人的政治经验，促进工人的政治自觉。工人对"社会主义"的好感及参加相应的活动，足资证明工人群体此时已开始迈出由"自在"阶级向"自为"阶级转变的步伐。

第四，"平民教育"成为强化组织权威的"合法性"及开展社会动员的有效途径，并由此转化为传布意识形态的基地。

---

① 梁复燃：《广东党的组织成立前后的一些情况》，中国社会科学院现代史研究室、中国革命博物馆党史研究室编：《"一大"前后》(2)，北京：人民出版社，1980，第 444、443 页。

三个党派所独创的改革社会的构想及扶助工人的实践，堪称开辟了中国社会“革命”的新纪元。

二、“五四”后之主义更迭与劳资关系

（一）革命青年的分化及其不同主义

五四运动中，自6月5日始，上海日商内外棉（第三、四、五）纱厂、商务印书馆、上海电车等工人同盟罢工，随后北京、天津、杭州、武汉、九江、济南、芜湖等地工人相继罢工，抗议北京政府镇压北京学生的爱国运动。知识人从爱国运动中看到了工人的力量，希望将“文化运动”与劳工相结合，给予工人应有的社会地位。陶乐勤既反对“完全崇拜尚武精神”而不讲道德、公理、正义的军国主义文化，又反对资本家占有资本的资本主义文化、贫富“不能平等”的阶级文化，主张全人类共享“高贵的生活”的“社会主义的文化”。他所推崇的“文化运动”，就是“要和劳工生出关系来，才算是文化运动”，“就是将生活的智识传染于”工人——“惟有劳动筋肉兼劳脑力，制造与生活有巨大关系的财货的人”。在他看来，由于私有制度、资本制度、买卖制度、工资制度的存在，“文化就成为少数人的专利品”。工人作为文化的创造者，虽“负了一种关系社会生存的任务”，却“没有享着文化”，“还戴着一个愚蠢不智的头衔”。因此，文化运动必须将文化“传布到工人”，“使工人自己觉悟，知道自己的地位，不是天成的，是可以改造的”。“现在的困苦，是因为将劳力卖给资本家，除了衣食住极低生活费外，劳力所成的余多，完全被资本家夺去，当他们的赢余。并且晓得，除了工人以外，在社会里头，像资本家治人阶级一等，都可以没有。”陶氏进而主张，做

文化运动的人“应该和工人接近，使工人的工作时间减少，得闲暇接受文化”，从而“恢复他们固有的权利，共享他们的产物”。他批评那些“开口罢工，闭口怠工”，“利用劳工，达到他们政治运动的目的的人”，“全忘了文化运动的真意”。至于如何开展文化运动，陶氏认为“民治主义”“阶级斗争”“儿童公育”“新村”“工读互助团”都“牛头不对马嘴”，不切实际；而“切实”的方法，就是要求资本家，减少工作时间，并出资开办免费学校，强迫工人读书。① 在此君看来，新文化运动就是对工人进行“社会主义”思想的启蒙，其首要工作则是寻求与资本家合作开办职工学校。

知识人贴近劳动者，启发劳动者，破除工人经济生活的贫困，成为一时之社会风尚。尽管当时青年知识人对“社会主义”缺乏整体而系统的认识，但都崇尚“社会主义”，并将其视为解放工人困苦的终极蓝图。1919年“下半年新出版之小册及单张定期刊物达三百余种，均不断讨论妇女解放及劳动问题。座谈会与演讲会之举行甚为普遍，开始萌芽之小组织运动中，青年工人，亦多有参加，革命思潮之渗入甚为迅速。社会主义的原则乃开始为先觉工人所接受，并以之广播宣传”。② 北京大学成为马克思主义与无政府主义的宣传机关。1920年3月，黄绍谷同邓中夏、罗章龙、刘仁静等19人发起组织“马克思学说研究会”，关心劳动问题。黄绍谷认为，在“官吏是资本家的走狗”，“法律是资本家的护符”的“私产制度”社会，“要于增加劳动者之工资，使他们不受经济之压迫外，还要使他

① 陶乐勤：《文化运动与劳工》，《新人》第1卷第6号“文化研究批评号（下）”，1920年9月8日，第2、3、4、11、6、7、10、8、13、11、12、13、1、15页。

② 谌小岑：《辛亥革命后中国工人运动的指向》，《劳动季报》第1卷第3期，1934年11月10日，第215—216页。

们得着生人之幸福,而保持其精神上的安宁”,就离不开斗争之途。[1] 瘦影受无政府主义影响,主张“工人想减少自己的痛苦,去分资本家的幸福”,“非用暴力铲除这少数的资本家不可”;为实现“分工、互助、共产”这三种“工人谋幸福的目的”,“迫(使)我们不能不以手枪炸弹去铲除少数为害群众的资本家,为人类谋幸福”。[2]

“五四”罢工风潮诱发青年知识人关注工人,却未能引起孙中山对工人的特别重视。他身居沪上,处于工人罢工风潮“眼”中,但出奇地冷静,对于炽烈的工人势力,抱持一种客观、平常的研究态度,更没有意识到工人背后潜藏的意识形态对三民主义的挑战。1919 年 6 月 22 日,上海工人复工不久,孙中山同戴季陶就上海工人罢工交换意见。戴季陶认为,此次工人罢工已经揭开“工人直接参加政治社会运动”的序幕,但“这许多无组织、无教育、无训练、又没有准备的罢工,不但是一个极大的危险,而且于工人本身也是不利的”。有知识、有学问的人,应该“用温和的社会思想”,“站在研究的批评的地位,做社会思想上的指导工夫”,阻止“那些做煽动工夫的人”,“拿了一知半解、系统不清的社会共产主义”到“无知的兵士和工人”中“传布”。孙中山对这种非直接指导方式表示赞许,进一步强调要通过“指导”让社会多数人明白:“三民主义的精神,就是要建立一个极和平、极自由、极平等的国家。不但在政治上要谋民权的平等,而且在社会上要谋求经济上的平等,这样做去,方才可以免除种种阶级冲突、阶级竞争的苦恼。所以我们在经济上,一面是要图工商业的发达,一面是要图工人经济生活的安全幸福。”

① 黄绍谷:《劳动者之大敌及其将来之地位》,《北京大学学生周刊》第 14 号,1920 年 5 月 1 日,第 6 版。

② 瘦影:《罢工? 怠工? ——暴动》,《北京大学学生周刊》第 14 号,1920 年 5 月 1 日,第 20 版。

同时,他表示:“在社会思想和生活还没有发达,人民知识没有普及,国家的民主的建设还没有基础的时候,这种不健全的思想,的确是危险。不过这也是过渡时代一种自然的事实,如果要去防止他,反而煽动人的好奇心,助成不合理的动机。再冷静一点想,无论在什么地方,荒地开垦的时候,初生出来的,一定是许多的杂草毒草,决不会一起便天然生出五谷来的,也不会忽然便发生牡丹、芍药来的。这种经过,差不多是思潮震荡时代的必然性,虽是有害,但也用不着十分忧虑的。”①1920 年 1 月,北京大学学生代表在上海面见孙中山,直接指出孙氏“对五四以来的各次民众运动和新文化运动似乎不够重视”。②

从青年知识人与孙中山对工潮态度中可知:青年知识人具有青春期的叛逆性,易于接受“斗争”思维,却忽视从社会生产力发展的内在要求做理论思考;孙中山则趋于理论的建构,主张以和缓方式,既要发展社会经济,又要改善工人经济生活。

“五四”以后,中国无政府主义重获生机。传播无政府主义之书刊《民声丛刻》《近世科学与无政府主义》《工人宝鉴》《愚人伊万治国史》《告下士》《衣食与国家》《新生命》等,流入多省市,曹锟北京政府为防止“扰害治安”,责令交通部转各邮务局一律查禁。③ 1920 年,北大、高师学生黄凌霜、陈友琴、朱谦之等组织工读互助团,定期在北大聚会。他们都信仰克鲁泡特金学说,以各尽所

---

① 孙文:《与戴季陶的谈话(1919 年 6 月 22 日)》,广东省社会科学院历史研究所、中国社会科学院近代史研究所中华民国史研究室、中山大学历史系孙中山研究室合编:《孙中山全集》第 5 卷,北京:中华书局,1985,第 69—71 页。

② 转引自吴相湘《孙逸仙先生传》,台北:远东图书公司,1982,第 1385 页。

③《国务院等关于从严查禁〈近世科学与无政府主义〉等七种印刷品电(1919 年 8—9 月)》,中国第二历史档案馆编:《中华民国史档案资料汇编》第 3 辑政治(1),南京:江苏古籍出版社,1991,第 690、691 页。

能、各取所需、自然组织、自由契合为大同主义者之宗旨，“欲推倒政府及一切障碍”。因人数仅20余名，又缺乏经济来源，无政府党人只能以文字宣传为工作重心。景梅九、冯省三分别以《国风日报》《时言报》副刊为阵地。陈空三、陈德荣、王伯时、吕传周、刘果航、陈声树等编印《社会运动》半月刊。同党也曾借《国报》承印《克鲁泡特金纪念号》小报2000张。互助团还特派章铁民等5人充任交通部职工讲习所教员及学生，借以传布主义。① 1920年五一节，工读互助团及北大学生雇汽车两辆，分赴东西城沿途散播传单。② 1922年5月，北京无政府主义党人设立世界语学会，招收学生，由陈声树、陈空三、冯戆及两名俄国人主持校务，名为造就世界语人才，实灌输其党义。③

上海、长沙、广州也是无政府主义要镇。1920年5月1日，师复妹夫郑佩刚在杨树浦一带工人区送面包、发传单，向群众演讲“五一”历史。④ 1921年12月，湖南大同合作社在长沙成立，倡行工读互助精神，出版小册子《好世界》宣讲：“一切东西都是我们工人的！”，我们要“一齐起来，用强硬手段”，收回被财主、财政总长、

---

①《国务院为青年学生宣传过激主义而制订取缔专条与内务部等来往函件（1922年11—12月）》，中国第二历史档案馆编：《中华民国史档案资料汇编》第3辑民众运动，南京：江苏古籍出版社，1991，第573—574页。

② L.S.：《北京“五一”运动的真相》，《北京大学学生周刊》第15号，1920年5月9日，第16版。

③《关廉关于北京无政府党互助团活动情形致王怀庆呈（1921年2月）》《载德关于北京无政府党人组织世界语学会及活动情形致聂宪藩呈（1922年6月5日）》，中国第二历史档案馆编：《中华民国史档案资料汇编》第3辑政治（1），南京：江苏古籍出版社，1991，第698、699、701、710页。

④ 郑佩刚：《无政府主义在中国的若干史实》，中国人民政治协商会议广东省广州市委员会文史资料研究委员会编：《广州文史资料》第7辑（1963年第1辑），广州：广东人民出版社，1963，195页。

督军抢夺去的“东西”;高张平等、自由、博爱,“平等之真谛,无阶级而共产也。自由之真谛,灭强权而无政府也。博爱之真谛,废国家而大同世界也”。[①] 1921 年初,费哲文受俄共产党果尔克夫委派,在沪工党协会内密设“三无学社”,编印《目兵须知》《苦军人》《告少年》等书册、传单,密散于各省及沪上各工厂、学校、军队,鼓吹平民革命、军界暴动,“工界中赞成者颇多”。[②] 在此前后,郑振铎、瞿秋白成立“人道社”,成员分布上海、广州、长沙。人道社所主张的纲目为:消灭贫富、贵贱、智愚“阶级”,实行共产,尊重个人,实行教育平等;破除界限,实现国无远近、家无亲疏、教无迷信。先后印行《适社意趣大纲》《告少年》《红潮》《世界军人》《安那其粹言》《极乐地》《人声》《新学社丛刊》《克氏思虑》《自由杂志》《安那其讨论集》《民声》《真理丛刊》《社会运动》《救世音》等书刊。[③] 尚有张文卿者,曾在国外半工半读 10 余年,有在国外工会工作经验,回国后在上海、广州、天津工人中间,鼓动组织工会。[④]

无政府主义在工人之中也有若干影响。浙江印刷工人徐行之受无政府主义影响,于 1920 年组织浙江印刷工人俱乐部,出版《曲江工潮》,教工人习字。投稿人多半是工人,文章“有宣传无政府主

---

① 《交通部等关于查禁大同合作社散布无政府主义印刷品密咨(1921 年 10 月)》,中国第二历史档案馆编:《中华民国史档案资料汇编》第 3 辑政治(1),南京:江苏古籍出版社,1991,第 706 页。

② 《国务院等关于严密查缉刘师复派员在沪密设三无学社鼓吹平民革命等文电(1921 年 2—4 月)》,中国第二历史档案馆编:《中华民国史档案资料汇编》第 3 辑政治(1),南京:江苏古籍出版社,1991,第 695、696 页。

③ 《交通部等关于查禁人道学社印行《救世音》有关文件(1921 年 12 月—1922 年 1 月)》,中国第二历史档案馆编:《中华民国史档案资料汇编》第 3 辑政治(1),南京:江苏古籍出版社,1991,第 708、709 页。

④ 张文卿:《世界的工人联合起来呵!》,《工人的胜利》,出版发行者不详,“一九二一年劳动节出版”,第 1—2 页。

义的，有宣传学文化的，有的主张工人组织起来，同资本家斗争有力量，也有提倡女权”。该工人俱乐部领导过一次持续两个月的罢工，以抗议同为小工的经理亲戚殴打学徒而拒不道歉，以致印刷厂倒闭。罢工失业后，徐行之经人介绍入浙江省立贫民习艺工厂，继续鼓动工潮。该厂雇用了200余名12—16岁无家可归的艺徒，从事织袜、织毛巾、摇纱、印书、钉书等工作。艺徒每天只有两餐稀饭，经月无休，更无夜班补助。经徐行之三个月之发动，1920年夏，众艺徒罢工，到省议会请愿，迫使厂方满足工人要求。①

无政府主义甚至还得到了地方实力派陈炯明的赏识而得以践行。1918年8月31日，陈氏打着“护法”旗号，率粤军进驻漳州，伺机打回广州。陈炯明曾入师复组织的“反清”组织“支那暗杀团”，也同情师复的无政府主义，为得到俄国人的援助，遂标榜社会主义，广募进步的青年。他聘请梁冰弦出任漳州教育局局长，任命刘石心为局长秘书。1919年12月，梁、刘二人在当地创办《闽星周刊》，提倡民主政治、经济社会主义，陈炯明时常投稿。1920年1月，在陈氏支持下的《闽星日报》刊行。陈炯明倡导“自由、平等、博爱、互助”，命令将此8字镌刻在其亲自督建的漳州公园入口石碑之上。他以“热心革命”的激进主义者示人，“说革命者只知道革命，人类所要求的是不断之革命，而革命手对于人类的唯一贡献就是革命”。因有地方长官倡导，漳州一时间成为无政府主义的阵地。教育局开办有关社会主义与无政府主义的系列讲演，师范学校开设“社会主义”课目。正是在革命的氛围中，1920年3月召开的闽南春季运动会成为宣传无政府主义的“竞技场”。大会第一日

① 徐行之：《党成立时期浙江的工农运动》，中国社会科学院现代史研究室、中国革命博物馆党史研究室选编：《“一大”前后》(2)，北京：人民出版社，1980，第39、40页。

比赛结束时,“无论兵士、学生、女子人人手里几乎都有”一本小册子《我们的运动》(宣传“无政府党之目的与手段”)。大会第二日,又有许多人手持红旗,散布题为《救命呀!》的传单:

> 现在是……人吃人的世界……为什么闹到这样呢?有国家,有政府,有官,有绅,有兵,一辈都是强者,那弱的就要任他吃了。有私产,有金钱,有三几万家当的叫做小资本家,有三几十万的叫中资本家,千数百万的叫大资本家,土地任他要,机器由他霸,衣食的东西由他独占,那贫的,就一样任他吃了。因为有政府的资本家强力来保庇,所以凶狡的没良心的,可以青天白日,张口吃人,忠厚的有良心的清白平民,就无噍类了。
>
> 救命呀!政府吃人,资本家吃人,我们平民的穷命贱命,一天不知送掉多少……只有革命是救命唯一的方法。
>
> 什么叫做社会革命?社会革命又叫经济革命,和从前的政治革命不同。经济革命固然先要把吃人政府推倒,更要把吃人的资本家产清光。以后不许某人得有私产,不做工的不许吃饭,其余间接吃人的伪道德伪名教,一律肃清,那末,我们清白的平民只有做工吃饭,吃饭做工,绝对自由,绝对平等。

第三日,“有一班青年学生在运动场门口手摇红旗”,竖起巴枯宁、师复“两幅大像”,“几位西装少年用北话”呼吁“造成革命”,再由闽人传译,官兵、学生、农、工、教师等听众皆表“赞成”,“于是革命革命之声,哄然交作”。“运动场里一队少年学生,人人拿一面红旗”,散播师复所著《无政府浅说》及《令子令孙断断不怕没有吃饭》的传单。[1]

此案例足以说明，漳州确实不负“闽南的俄罗斯”之盛名。“列宁对陈也寄希望，曾派一军官持亲笔信鼓励他注重劳工运动。”俄国人由黄凌霜陪同，几次至漳州与陈氏会晤。[2]

1920年8月，陈炯明自漳州率粤军赶走桂系军阀莫荣新，占据广州，而后迎请孙中山到广州领导广东政务，同时邀请身居上海的陈独秀出任广东教育委员会委员长。陈炯明未曾料到陈独秀南下广州，一举将早期共产党人势力引入广东。早在1918年12月，时为北京大学文科学长的陈独秀，与《新青年》同人，在北京创办《每周评论》，旨在“主张公理，反对强权”。五四运动期间，因发表《北京市民宣言》，指导六三运动而被捕。出狱后，他落脚上海，参加戴季陶出版的期刊工作，1920年初出版《劳动界》，同年10月主持上海工商友谊会刊物《上海伙友》。陈独秀等人还开办外国语学校，培养后备力量。特别是1920年5月，陈独秀已发起成立秘密团体马克思主义研究会，以销售《新青年》杂志的收入支持会务，成功组织上海机器工会、印刷工会、纺织工会。[3] 此时，陈炯明约请陈独秀到穗，早期共产主义者得以公开活动。

1920年10月后，陈独秀到任，邀请北大毕业生谭平山、陈公博、谭植棠到广州宣传新文化。陈公博受陈氏指派，在1920年11月到12月间开办“宣传员养成所”。所内设社会科学、共产主义、

---

① 如山：《游漳见闻记：漳州文化运动的真相》，《北京大学学生周刊》第14号，1920年5月1日，第21—22版。

② 郑佩刚：《无政府主义在中国的若干史实》，中国人民政治协商会议广东省广州市委员会文史资料研究委员会编：《广州文史资料》第7辑（1963年第1辑），广州：广东人民出版社，1963，第191页。

③ 葛萨廖夫：《中国共产党的成立》，中国社会科学院现代史研究室、中国革命博物馆党史研究室选编：《“一大”前后》（1），北京：人民出版社，1980，第438、439页。

三民主义等课程，培养能向工农群众进行理论宣传的人才；出版《广东群报》，报道劳工运动，宣传马列，介绍苏联消息。直到1922年秋，校、报始停办。[①] 谭平山还以教育委员会副委员长身份，出任广州“河南机器工会”开办的工人夜校董事长，谭天度在该校传授文化课，寻机宣讲阶级斗争、群众运动等问题。[②]

早期的中共党人十分重视实际斗争。1920年10月间，谭平山召集梁复燃、刘觉非、王寒烬等7人成立小组，布置工运任务。梁复燃、王寒烬、郭植生等到木匠、泥水匠中开展工作，1921年初在广州发起土木建筑工会。该会会员达4000余人，郭植生出任工会主席。工会甫成立，他们就领导工人要求资方增加工资，减少工时，以罢工战胜公安局与资方高压，取得每日增资2角的胜利。是年春，谭平山委派梁复燃、王寒烬到佛山组织工会。春末，佛山市土木建筑工会成立，会员计1500余人。梁复燃等随即组织佛山市理发工会。理发工会成立初，通过600余人的斗争，资方承诺将工人收入所占总收入的比例由40%提高到47%。[③]

那时的广东，无政府主义势力如日中天，中共虽然在主义上与无政府主义划清界限，比如，1920年11月的《〈共产党〉第一号短言》明言：以“一切生产工具都归生产劳动者所有，一切权都归劳动

---

① 梁复燃：《广东党的组织成立前后的一些情况》，中国社会科学院现代史研究室、中国革命博物馆党史研究室选编：《“一大”前后》（2），北京：人民出版社，1980，第445、446页。

② 谭天度：《广东党的组织成立前后》，中国社会科学院现代史研究室、中国革命博物馆党史研究室选编：《“一大”前后》（2），北京：人民出版社，1980，第461页。

③ 梁复燃：《广东党的组织成立前后的一些情况》，中国社会科学院现代史研究室、中国革命博物馆党史研究室选编：《“一大”前后》（2），北京：人民出版社，1980，第447、448页。

者执掌”的“信条”,反对无政府主义;[①]但在组织活动上,早期中共党员与无政府主义者的分化并不十分明显,两者常共存一体,或互为犄角。据陈公博给共产国际的报告,1920 年底,广州共产党小组执行委员 9 名委员中,有 7 人为无政府主义者。由于政治观点不同,陈独秀、谭平山、谭植棠“拒绝加入”[②]。1920 年 5 月 1 日,上海马克思主义者和无政府主义者共同发起有 500 左右工人参加的五一纪念活动。[③] 同日,北京“几个青年社会主义者和无政府主义者坐两辆车散发传单‘劳工神圣’‘五月一日万岁’‘资本家末日’”。[④] 广州市工业、女子职业及铁路专门学校等发起“广州空前未有的劳工纪念会”,岭南学校、广东医药学校、《工业旬刊》社机器行西家、岭南工党、香港电车行、石行、茶居行、学源社、各种工业劳动等团体参加,“到会人数有几万人,其中工人占大半”。会场挂红旗,上书“劳工神圣”“资本家末日”“打破阶级制度”“奋斗”“牺牲”“自由”“平等”“博爱”“互助”等大字。[⑤]

1920 年 5 月间,陈独秀在上海组织“社会主义者同盟”,陈为领袖,袁振英、郑佩刚等无政府主义者参加。同年冬,陈独秀到广州后,同谭平山、陈公博、梁冰弦、区声白、黄尊生、刘石心等,组织广州“社会主义者同盟”。无政府主义者的工人运动,颇有声色。

---

① 《〈共产党〉第一号短言(1920 年 11 月 7 日)》,中国社会科学院现代史研究室、中国革命博物馆党史研究室选编:《“一大”前后》(1),北京:人民出版社,1980,第 47 页。

② 《广州共产党的报告(1921 年)》,中国社会科学院现代史研究室、中国革命博物馆党史研究室选编:《“一大”前后》(3),北京:人民出版社,1984,第 10 页。

③ 施复亮:《中国共产党成立时期的几个问题》,中国社会科学院现代史研究室、中国革命博物馆党史研究室选编:《“一大”前后》(2),北京:人民出版社,1980,第 33 页。

④ 《1921 年“五一”纪念活动》,中国社会科学院现代史研究室、中国革命博物馆党史研究室选编:《“一大”前后》(3),北京:人民出版社,1984,第 22 页。

⑤ 《广州空前未有的劳工纪念会》,《北京大学学生周刊》第 15 号,1920 年 5 月 9 日,第 16 版。

1921年,梁冰弦、刘石心、朱敬等人,在"互助俱乐部"基础上成立"广东机器工会",出版《进化周刊》。据当事人回忆:"在无政府主义者组织下,广东机器工会工友,与其他无政府主义者每年逢农历正月初七,到广州北郊宝汉菘寮聚会,演说、唱歌,到会达数百人之多。"1921年春末,克鲁泡特金逝世,广东无政府主义者在广东高等师范大礼堂举行追悼会,到会千余人。梁冰弦主持大会,区声白宣传克氏生平,陈独秀、陈公博、谭平山都参加了会议。"广州无政府主义思潮曾经相当时髦。"同年五一节,无政府主义者、马克思主义者及进步人士,共同发动各行工人罢工游行。永汉路悬挂马克思、克鲁泡特金"两大画像"。"游行队伍中,赞成共产主义的人佩'红领带',赞成无政府主义的人佩'黑领带'。"不过,在理论宣传上,双方各自为战。陈公博、陈秋霖、谭平山主编《广东群报》,宣传社会主义;区声白、梁冰弦在《民声》《广州晨报》《广东群报》上宣传无政府共产主义。双方不免争论,无政府主义者只讲工会、工团,不论主义,导致1921年暮春广州"社会主义者同盟"分裂。① 时在穗的区声白、赵司农在给黄凌霜函中,抱怨两党合作破裂全因陈独秀争夺领导权及"屡与吾党为敌"。② 其实,对于双方合作与分歧的基础与根源,李达的解释最为简明:"无政府党要推倒资本主义,所以是我们的朋友。无政府党虽然要想绝灭资本主义,可是没有手段,而且反不免有姑息的地方,所以不是我们的同志。"③

---

① 《郑佩刚的回忆》,中国社会科学院现代史研究室、中国革命博物馆党史研究室选编:《"一大"前后》(2),北京:人民出版社,1980,第483、484、485、486页。

② 《关谦续报北京无政府党互助团活动情形呈(1921年3月13日)》,中国第二历史档案馆编:《中华民国史档案资料汇编》第3辑政治(1),南京:江苏古籍出版社,1991,第701—702页。

③ 李达:《无政府主义之解剖(1921年5月1日)》,汪信砚主编:《李达全集》第2卷,北京:人民出版社,2016,第6页。

两种主义的交锋同样反映在工人之中。1921年春，佛山理发工会开幕时，广州马克思主义者和无政府主义者均派员出席，并展开论辩。广州理发工会代表、无政府主义者李云龙，反对工人夺取、掌握政权，陈公博、谭平山则指责无政府主义是一种“神仙主义”的幻想，强调只有工人夺取政权，才能摆脱压迫。①

与广州“社会主义者同盟”性质相仿，北京、上海共产主义小组同样由共产主义者与无政府主义者混杂而成。1920年9月间，北京共产主义小组成员8人，其中包括黄凌霜等6名无政府主义者，②其中的共产主义者李大钊，原是中国社会党天津支部干事，上海小组沈玄庐也是无政府主义者。黄凌霜等反对无产阶级专政，退出北平共产主义小组，但张太雷、邓中夏、刘仁静等则加入了党组织。直到1921年7月，中共召开第一次全国代表大会时，12位代表中仍“包括社会主义的学术研究者、社会民主主义者、无政府主义者和共产主义者”③。

（二）两个政党一个目标、两种主义

在广东地区，共产党与无政府主义者对工人群体的影响力势均力敌，但却难敌国民党的号召力。1921年，陈公博在所著《广州共产党的报告》中谈到，中共“与国民党人的斗争要困难得多”。他

---

① 梁复燃：《广东党的组织成立前后的一些情况》，中国社会科学院现代史研究室、中国革命博物馆党史研究室选编：《“一大”前后》（2），北京：人民出版社，1980，第448页。

② 葛萨廖夫：《中国共产党的成立》，中国社会科学院现代史研究室、中国革命博物馆党史研究室选编：《“一大”前后》（1），北京：人民出版社，1980，第439页。

③ 葛萨廖夫：《中国共产党的成立》，中国社会科学院现代史研究室、中国革命博物馆党史研究室选编：《“一大”前后》（1），北京：人民出版社，1980，第442—443页。

指出,“工人与国民党人的联系已有很长的历史,早在十年以前,他们就设法向工人和士兵传播他们的思想和影响”,而国民党中央委员会宣传部,“专门做联络工人的工作,特别是联络五金工人和机械工人”。而在陈炯明驱逐莫荣新时,国民党鼓动工人罢工予以援助,换取陈炯明督穗时国民党的生存空间。① 1922 年 1 月 12 日,香港中华海员工联总会因要求加薪不遂而罢工。国民党抓住时机,倡导民族主义,组织游行示威,将经济斗争导向反帝的政治斗争,并且承担全部支出,罢工最终持续达 56 日之久而胜利结束。罢工后,国民党一度深得工人信任,以致广州、香港、汕头三地竟有 12000 名海员加入国民党。② 国民党也得到冶金和建筑工人的拥护。国民党中还有人以无政府主义相号召,培植党力,融洽劳资关系。谢英伯以民生主义为基调,信奉克鲁泡特金的“互助”论,组织广州国民党员成立互助社,提倡阶级互助,反对阶级互竞。互助社大力发展工会组织,确有成效。海员大罢工胜利后,隶属于互助社之工会不下 300 余个,工人不下 12 万人。③

广东以外,共产党比国民党拥有更为广泛的工人基础。1920 年,陈独秀、沈雁冰、李达、李汉俊、陈望道、邵力子等人组织上海马克思

---

①《广州共产党的报告》,中央档案馆编:《中共中央文件选集》第 1 册,北京:中共中央党校出版社,1989,第 23 页。

② 马林:《给国际执委会的报告(1922 年 7 月 11 日)》,中国社会科学院现代史研究室、中国革命博物馆党史研究室选编:《“一大”前后》(1),北京:人民出版社,1980,第 425 页。

③《谢英伯自传》,转引刘明逵、唐玉良主编《中国近代工人阶级和工人运动》第 3 册,北京:中共中央党校出版社,2002,第 592、593 页。

主义研究会，创办工人刊物《劳动界》[1]，开办平民女校，发起印刷、邮工、纺织工会。[2] 上海共产主义小组成立之初，极为重视工人经济利益。陈独秀首先在《劳动界》中向工人申明："我们现在不必谈什么改革政治和经济，也并不必谈什么社会主义，我们但凡有一点对于人类底同情心，我们但凡有一点对于同胞底感情，便应该出力帮助这种贫苦的劳动者。你们若是对于劳动运动袖手旁观，甚至于从中破坏，我奉劝你们以后便不必把什么仁义道德或基督教挂在嘴上骗人了。因此我要说一句可怜的话：此时中国劳动运动底意思，一不是跟着外国底新思潮凑热闹，二不是高谈什么社会主义，不过希望有一种运动好唤起我们对于人类底同情心和对于同胞底感情，大家好帮助贫苦的劳动者。"[3]

同陈独秀一道筹建上海共产主义小组的戴季陶亦强调：从事劳动运动，就要为"劳动者的实际问题来打算，就应该暂时不要用甚么政治的罢工来运动工人。因为那种空洞无头无脑的政治运动，就今天上海劳动者本身上讲，实在不感触甚么必要"。政治的劳动运动"至少都要劳动者本身的生活改良了多少，欲望增进了多少，他们自己感觉到'由工人管理工厂''由生产劳动者占有生产机关'的必要"，才可能进行，才可能有效果。陈独秀著文赞同戴氏的主张，并攻击工党、小政客组织上海工人工会之目的，不过是"夹杂着政治运动

---

① 《劳动界》第 3 册(1920 年 8 月 29 日)封面有言："本报宗旨，是要改良劳工阶级的境遇的，对于工人现在的境况，当然尽力调查，尽心记载。但是恐怕我们调查，不能处处都到，一切情形，不能细细采集。所以我们很欢迎工人将自己要说的话任意投稿到本报来，本报决计赶快登载。"

② 陈望道：《回忆党成立时期的一些情况》，中国社会科学院现代史研究室、中国革命博物馆党史研究室选编：《"一大"前后》(2)，北京：人民出版社，1980，第 21 页。

③ 陈独秀：《此时中国劳动运动底意思》，《劳动界》第 4 册，1920 年 9 月 5 日，第 2 页。

来出风头”,充满“政治的臭味”。[①] 1920年10月,罗素在上海吴淞中国公学首开来华公开讲演,反对“要工人来当作机器和牛马,弄到人生没有一点乐趣”的资本制度,提倡共产主义;反对资本家、大地主的雇佣制度,提倡工农的自由组合;主张“社会改造,根本上要从劳动界入手”。共产主义小组借势觉悟工人,时为小组成员、信仰无政府主义者的袁振英(震瀛)发表了《罗素与工人》一文,强调:虽然“中国工业的发达,还是很幼稚,受资本界的痛苦,不象欧美那般利害。但我们中国现在的趋势,不把他来纠正,恐怕又要步欧美的覆辙”;中国工人要以罗素的期望为依归,“不要做他人的奴隶”。[②] 沈玄庐在《劳工界》向工人推介以各尽所能、各尽所需为价值核心的“社会主义”。[③] 陈为人则向工人传布“实行社会主义,是我们劳工的责任”,呼吁要摆脱被资本家奴役的地位,不能指望别人,只能自己奋斗,并提出实行“社会主义”的三个举措:第一,组织劳工“十人团”,采取一致行动。第二,要求资本家增加工资,“分薄资本家的余利”;工人设立投资储蓄,创办劳工工厂。第三,要求资本家减少工时,组织劳工学术研究社,讨论一切公共事务。[④]

1921年8月,张国焘秉承马林意见,在上海成立中国劳动组合书记部,出版《劳动周刊》,以启发、组织杨树浦一带的烟草工人、机器工人、印刷厂工人及叉袋角纺织工人。该部在叉袋角组织工人夜校,讲授政治常识与劳动组合的知识。劳动组合书记部成立之初,即领导10月下旬的上海英美烟新旧工厂大罢工。劳动组合书

① 陈独秀:《此时劳动运动的宗旨》,《劳动界》第15册,1920年11月21日,第1—2、2页。

② 震瀛:《罗素与工人》,《劳动界》第11册,1920年10月23日,第3页。

③ 玄庐:《什么叫做〈非社会主义〉?》,《劳动界》第12册,1920年10月31日,第1页。

④ 陈为人:《今日劳工底责任》,《劳动界》第15册,1920年11月21日,第9、8页。

记部还设立北京、广州、长江、长沙等支部，分别交由罗章龙、谭平山、包惠僧、毛泽东负责。1922 年，劳动组合书记部迁往北京，改邓中夏为主任，出版《工人周刊》，领导工人罢工。①

北京大学学生邓中夏、罗章龙、刘仁静等，于 1920 年 3 月成立“马克思学说研究会”，吸收工人会员；到 1921 年 11 月时，在 118 名会员中，已有津浦路、京奉路、京汉路、京绥路、沪杭路、正太路、沪宁路、胶济路、津浦路、长辛店、徐州铁路等处工人 23 人。② 据中共向共产国际报告，北京共产主义小组成立仅 10 个月，即成功地组织起有 300 余铁路工人参加的工会，启发了工人的阶级意识。其工作策略，“第一步，在忠实于工人运动的人与工人间建立友好关系；第二步，从工人中选拔领袖；第三步，提醒不要忘记我们组织的目的，并利用自己的工会同雇主斗争，从而，使阶级仇恨激化”；第四步，“必须利用每一个机会，推动群众举行游行示威和罢工”。为接近工人，小组在长辛店开办劳动补习学校，训练了 2000 名铁路工人。授课内容包括资本家厂主掠夺与工人苦难史、外国工人运动史、组织工人团体的意义与方法。小组还出版了《工人周刊》《工人的胜利》《五一节》等小册子，宣传提高工资、缩短工时。1920 年五一节，小组指导铁路工人集会，工人争先发表鼓动性演说，会后 1500 余人上街游行，高呼“增加工资，缩短工时”的口号。③ 劳动组合书记部成立后，更加强了对北方铁路工人的联系。张国焘、邓中夏以北大学生名义，与长辛店工人领袖（工头）谈判，组织劳动实习

① 人民出版社编辑部编：《包惠僧回忆录》，北京：人民出版社，1983，第 7、8 页。

② 罗章龙：《回忆北京大学马克思学说研究会》，中国社会科学院现代史研究室、中国革命博物馆党史研究室选编：《“一大”前后》(2)，北京：人民出版社，1980，第 191 页。

③《北京共产主义组织的报告（1921 年）》，中国社会科学院现代史研究室、中国革命博物馆党史研究室选编：《“一大”前后》(3)，北京：人民出版社，1984，第 6、7、8 页。

学校、工人俱乐部，为工人讲演普通常识及政治问题（如“什么叫做政党，为什么工人要有自己的政党？”）铁路工人胸前佩戴会章，以加入俱乐部为荣。1922年12月17、18日，北大举行建校25周年纪念，每日参观人数过万。李大钊借此良机宣讲社会主义，主张推倒军阀、资本家，改造社会，谋民众幸福。[①]

武汉地区的马克思主义小组，以陈潭秋、恽代英、林育南为骨干，为与工人接近，在武昌第一纱厂、汉口英美香烟厂、汉阳兵工厂、裕华纱厂、震寰纱厂、纱麻四厂、南洋烟厂、铁路工人中开办识字班。[②] 1921年10月，包惠僧按照组织布置到武汉开设长江支部，在徐家棚设工人补习学校、工人子弟学校。12月，恰逢汉口的5000余人力车夫“反对加租”而同盟罢工，包惠僧借机与律师施洋一道，向车夫宣讲“罢工是反对加租的武器，团结又是罢工的武器”，以舆论、法律等合法手段，迫使资方屈服，同时帮助人力车夫建立了工会。[③] 湖南支部加强与无政府主义者黄爱、庞人铨领导的湖南总工会的联系，力促他们向中共立场转变。1922年，李大钊借助蔡元培的社会关系，安排安体诚、张昆弟、何孟雄、陈为人、包惠僧等5人到交通部任职，发起京汉、京绥、京奉、津浦、正太5路工会组织，培养出京汉路工人林祥谦、津浦路工人王荷波、京奉路工人邓培等骨干。1923年，经劳动组合书记部幕后策划，工人领袖发动了二七大罢工。[④]

---

① 《载德关于北大校庆及社会主义青年团活动等情致王怀庆报告（1922年12月18日）》，中国第二历史档案馆编：《中华民国史档案资料汇编》第3辑民众运动，南京：江苏古籍出版社，1991，第578页。

② 吴德峰：《党成立前后武汉地区的一些情况》，中国社会科学院现代史研究室、中国革命博物馆党史研究室选编：《“一大”前后》（2），北京：人民出版社，1980，第357页。

③ 详见人民出版社编辑部编《包惠僧回忆录》，北京：人民出版社，1983，第74—77页。

④ 人民出版社编辑部编：《包惠僧回忆录》，北京：人民出版社，1983，第13页。

相反,“国民党在北方的工作很差,甚至在北方的一些大城市都没有建立自己的组织”。[①] 有论者在分析国民党政治革命“没有完全成功的原因”时指出,“国民党在中国中部及北部没有在社会上植有根底的组织”[②]。既如此,遑论争取工人?

反对北京政府、反对军阀、反对私人资本制度,是所有党派的共同目标。1922 年 5 月 1 日,中国劳动组合书记部在广州召开第一次全国劳动大会,共产党领导的工会与国民党、无政府党、无党派工会代表 162 人,代表 12 个城市、100 余工会、30 余万会员。大会接受了中国共产党提出的“打倒帝国主义”“打倒军阀”等口号,通过“八小时工作制”“工会组织原则”“罢工援助”“铲除工界虎伥”等 10 项议案,并决定在中华全国总工会成立前,以中国劳动组合书记部为全国工会的总通讯机关。5 月 2 日,孙中山接见参加第一次全国劳动大会的代表,希望他们为国家和社会尽力,并谴责年初赵恒惕残杀黄爱、庞人铨的暴行,表示将依法惩办不怠。[③] 第一次全国劳动大会,也铺垫了国共合作的基础。

陈炯明因反对孙中山北伐,主张联省自治,被罢免广东省省长一职。1922 年 6 月,陈炯明与孙中山分道扬镳,围攻总统府,中共站在孙中山一方,陈炯明转而打击广东共产党组织。广东共产党员虽然转入半公开活动,但先后在粤汉、广三、广九铁路组织工会,发展党员,组织并担任酒糟、米业、柴炭工会书记,领导劳方罢工,

---

① 马林:《访问中国南方的革命家(1922 年 9 月 7 日)》,中国社会科学院现代史研究室、中国革命博物馆党史研究室选编:《“一大”前后》(3),北京:人民出版社,1984,第142 页。

② T.C.L.:《普遍全国的国民党》,《向导周报》第 21 期,1923 年 4 月 18 日,第 155 页。

③ 陈锡祺主编:《孙中山年谱长编》下册,北京:中华书局,1991,第 1446 页。

迫使资方提高薪资、待遇。[①] 避居沪上的孙中山，一方面策动滇（杨希闵）桂（刘震寰）军进剿陈炯明，另一方面与苏联驻华全权代表越飞接触谋求外援。滇桂军于 1923 年 1 月攻入广州后，便随即派员赴沪欢迎孙中山回穗主持政务。孙中山于 2 月 21 抵穗，任陆海军大元帅。

此时，在二七大罢工中，中共领导的工人核心力量遭到毁灭性打击，北京政府下令通缉马林、陈独秀、李大钊等，中共中央被迫由上海迁往广州，寻求宽松的政治环境及“打倒军阀”“推翻国际帝国主义”的同盟军。1923 年 6 月，中共在广州召开“三大”，议决加入国民党领导的国民革命，并号召“社会上革命分子”都应拥戴国民党的“领袖地位”，“都集中到中国国民党，使国民革命运动得以加速实现”。《中国共产党第三次全国大会宣言》同时指出，国民党“集中全力于军事行动，忽视对于民众的宣传”，而有失去民众的同情、“政治上领袖的地位”的危险，中共则应该将“引导工人农民参加国民革命”作为“特殊的责任”“中心工作”和“使命”。[②]

中国国民党作为一个具有民族主义、社会主义色彩的政党，有一定包容性。正如马林所言：“国民党的党纲使得这些各种不同的团体都能加入得进去，它主要的性质是民族主义。它有三项原则：反对外国统治，争取民主，争取公民的人的生活。最后一条由孙中山及意见与他相同的人解释为社会主义。”“党纲的措词，使得社会

① 梁复燃：《广东党的组织成立前后的一些情况》，中国社会科学院现代史研究室、中国革命博物馆党史研究室选编：《“一大”前后》（2），北京：人民出版社，1980，第 451、452 页。

② 《中国共产党第三次全国大会宣言》，《向导周刊》第 30 期，1923 年 6 月 20 日，第 228 页。

主义者入党成为可能。”[①]当然,“各种人物都可以接受”国民党纲领,更是“因为随便哪一派都可以随心所欲地加以解释”[②]。除共产国际、苏共分别要求国、共双方合作外,国民党本身也存在着接纳中共而中共又认可的思想基础。

再就孙中山而论,他确实有尝试改组党务的需要。1919 年 10 月 10 日,孙中山正式将中华革命党更名为中国国民党。其主体、领导层基本是“首义党员”(老同盟会员)。与共产党相比,国民党缺乏改造社会的动力和热情,偏于保守。共产党的主体、领导层基本上都是新文化运动的开启者和参与者,社会主义青年团更是共产党的有力助手。

1923 年 10 月 16 日,孙中山在党务会议演说中检讨本党“革命精神消失”。10 月 19 日,孙中山指派廖仲恺、李大钊、汪精卫等五人为改组委员。10 月 25 日,孙中山召集会议讨论国民党改组的筹备工作。[③] 同月,陈炯明粤军发动广州近郊攻势,国民党军一度溃败,民众却无动于衷。11 月 13 日,鲍罗廷在广州各区(共 12 个)党部委员会上,“征得孙中山的完全同意后”,痛诋国民党未得到农民、工人、小资产阶级的应有支持是咎由自取:“你们的第二个支柱是广州市三十五万有组织的男女工人。工人们到工厂去上班,眼见从前线跑来的士兵,却毫不关心所发生的事情。这奇怪吗?自有贵政府以来你们没有向工人们发过一份传单。你们没有举行过

---

① 马林:《给国际执委会的报告(1922 年 7 月 11 日)》,中国社会科学院现代史研究室、中国革命博物馆党史研究室选编:《“一大”前后》(1),北京:人民出版社,1980,第 425—426,426 页。

② 马林:《访问中国南方的革命家(1922 年 9 月 7 日)》,中国社会科学院现代史研究室、中国革命博物馆党史研究室选编:《“一大”前后》(3),北京:人民出版社,1984,第 142 页。

③ 陈锡祺主编:《孙中山年谱长编》下册,北京:中华书局,1991,第 1707、1709、1711 页。

一次工人的会议。你们满足于工会向你们表示某种好感。这种好感多半是因为你们毕竟与反动分子不同,没有特别干涉工人们的阶级斗争。因此,本来可能成为你们政权——掌握这种政权有利于进行民族革命斗争——的一个重要支柱的工人们,现在却从你们身旁溜掉了。”他强调:“尽管国民党客观上是有革命性的,但至今它仍然悬在空中,而没有依靠某一个阶级或某些阶级。”鲍罗廷的讲话受到共产党员和社会主义青年团员的热烈欢迎。国民党内许多领导人,甚至包括左翼领导人,都认同鲍罗廷的批评。① 对孙中山来说,工人是国民党的重要组成部分及群众基础。马林有言:“孙中山长期和工人有接触,特别是广东省和华侨之中。他的党的领导者们在广州支持工会,在罢工中常站在工人一边。”②

共产党不仅同国民党一样在广州发动工人,而且还在更为广阔的地域发动工人。国民党要发展,唯有容纳共产党。1924 年 1 月,国民党在广州举行第一次全国代表大会,实现了国民党的自我改组。在孙中山的坚持下,大会通过了接受共产党员、社会主义青年团员以个人身份加入国民党的决定。在当选的中央执行委员和候补委员中,李大钊、谭平山、于树德、毛泽东、瞿秋白等中共党员占 10 人。会议期间,张国焘准备提前回京筹备 2 月 7 日全国铁路工人代表大会。同月 22 日,孙中山特召见张氏,并委托其代为捐助铁路工会 2000 元银票,③以示对工人的重视。孙中山改组中国国民党,实际上是希望打造一个建基于新三民主义之上的全民政

---

① 陈锡祺主编:《孙中山年谱长编》下册,北京:中华书局,1991,第 1730、1729 页。

② 马林:《给国际执委会的报告(1922 年 7 月 11 日)》,中国社会科学院现代史研究室、中国革命博物馆党史研究室选编:《“一大”前后》(1),北京:人民出版社,1980,第 424—425 页。

③ 陈锡祺主编:《孙中山年谱长编》下册,北京:中华书局,1991,第 1812 页。

党,进而以党改造国家,更希望借中共之手发动民众运动。双方合作之初,中共因帮助国民党发展国民党员,反而放松自身的发展。直到1925年省港大罢工爆发,才发展了一批共产党员。①

在国共"合局"之下,无政府主义者也不得不有所回应。无政府主义者借《工余》杂志刊文,攻击中共以"一副面目做国民党员","维持自己目前的饭碗","以另一副面目做共产党员","预备自己将来夺取政权",而非"为平民谋幸福"。② 无政府主义者同时指摘"国民党今日已失掉了革命性":"国民党也不过是个普通的政党,他们争的是统一,不是民福。"无政府主义者要求保持自身党派的独立性,③更迫切希望分化"他党"中"热心的革命分子"转向无政府主义之途。④ 无政府主义者不愿联手国民革命,还在于其不认同包括资本家在内的"全民革命"。化名苦力者说过:"殖民地与半殖民地的劳动群众,决不能与土著资产阶级妥协,实行单纯的国民革命。因为土著资产阶级虽反对帝国主义,但他们间总有共同的利益,所以土著资产阶级对于帝国主义,事实上常采取妥协政策,一块儿反对无产阶级。无政府共产党的责任,就是使中国无产阶级,联络先进国的无产阶级,努力去干社会革命!"⑤

---

① 梁复燃:《广东党的组织成立前后的一些情况》,中国社会科学院现代史研究室、中国革命博物馆党史研究室选编:《"一大"前后》(2),北京:人民出版社,1980,第456页。

② 《杂评》,《工余》第3年第2号,1924年9月31日,第62页。

③ 铁鸟:《无政府主义与国民党》,《自由人》第5期,1924年7月;载葛懋春、蒋俊、李兴芝编《无政府主义思想资料选》下册,北京:北京大学出版社,1984,第770—771页。

④ 苦力:《中国无政府团纲领草案》,《民钟》第13期,1925年9月;转引葛懋春、蒋俊、李兴芝编《无政府主义思想资料选》下册,北京:北京大学出版社,1984,第716页。

⑤ 苦力:《中国无政府团纲领草案》,《民钟》第13期,1925年9月;转引葛懋春、蒋俊、李兴芝编《无政府主义思想资料选》下册,北京:北京大学出版社,1984,第712页。

正当国共联手之时，中国社会党再度"复活"。江亢虎遭袁世凯疾忌，避居美国。自称潜心研究社会主义，"并与各国同志交游往还"。"外见俄德两国社会党以革命告成功，英法两国社会党以选举获胜利，时机成熟运会更新。内见国事日非，民生日困，宪法久失保障之效用，国会竟成罪恶之源泉。有政客而无政治家，有私党、革命党而无政党，有秘密阴谋，破坏暴力之酝酿，而无公开宣传，正式组织之机关。"于是萌生重建中国社会党动意，"悉以法律赋予之权为限，务用和平方法促进政治与经济制度之改造"，预防社会革命的危险。[①] 但西方在江亢虎看来也并非完美，他以为"资本主义下之政治法律，与夫敷衍调停苟且一切之计，皆直接间接自杀而已"。为实现政体与经济制度上之根本改革，1922 年 8 月 1 日，江亢虎发表《第二次欧游回国宣言》，揭橥新民主主义、新社会主义。前者要目有选民参政、立法一权、职业代议；后者要目亦有三：(1)资产公有，"使社会消灭阶级之观念"；(2)劳动报酬，"使个人享受工作之结果"；(3)教养普及，"使政府负担公益之事业"。二七工潮时，他急于"灭火"，提出唯有实行新社会主义，才能消灭阶级观念，实现劳动者享有工作的成果，由此"劳资合一、利害从同，工潮日息"。在他看来，"承认工人之要求"、劳资互利的"分红制"，不过是权宜之计。他尤为反对政府与资方对工人实行高压政策。[②] 面对国民党改组，江亢虎投书孙中山，赞成国民党抛弃"从前信手拈来之党纲"，肃清此前"临时凑集之党员，而代之以国民政府

---

① 《中国社会党同人为重组社会党致各省军民长官等公启(1924 年 6 月 15 日)》，中国第二历史档案馆编：《中华民国史档案资料汇编》第 3 辑政治(1)，南京：江苏古籍出版社，1991，第 613—614 页。

② 江亢虎：《解决工潮之三策(1923 年)》，《江亢虎文存初编》，南京：现代印书馆，1944，第204 页。

建设大纲及有系统之机关”;反对国民党接受苏俄军政援助及联共,以避免“利用国内已成之势力者必乱”,“利用国外已成之势力者国必亡”之结局。[①] 江亢虎还要求上海劳工团体放弃政治要求,“劳动当专谋职业之利益,不必遽从事于政治活动,并不必先揭出何等特殊之主义”,更“不必标榜劳工专政”。[②] 江亢虎的“新社会主义”也有一定影响。文人宫廷璋鉴于湖南无政府主义与马克思主义两派的激烈争辩,主张以“新社会主义”的温和方式代替“激烈”的无政府主义及共产主义。[③]

1924 年 6 月 15 日,江氏发表《中国社会党复活宣言》,再组社会党,以期超越国共。他自称:“近来深感于旧同志散漫无归;新青年之回皇无主;平民劳动者之水深火热,倒悬待尽;官僚、军阀、资本家之天良未泯者,觉悟、愧悔、恐怖而不知所以自救之术与自反之途,毅然献身为前驱向导者。”[④]“双新”党纲进一步明确《中国社会党宣言》提出的“社会革命”的内涵。此时的社会党对党员要求与前此出现了四点不同:第一,废弃《社会党缘起及约章》中不作官吏、议员的“戒约”,允许党员以私人资格从事各种职业。只是“本党首领非至取得政权能实行政见时,不愿加入政界”。第二,虽然必须根本改造资本主义制度,“但对于资本家个人及其事业,并不攻击或妨害之,务用公开的、合法的宣传式、指导式手段,从事于政

---

① 江亢虎:《与孙中山书(1924 年 3 月)》,《江亢虎文存初编》,南京:现代印书馆,1944,第 223、224 页。

② 江亢虎:《对上海劳工各团体演说大要》,《江亢虎文存初编》,南京:现代印书馆,1944,第 192 页。

③ 宫廷璋:《湖南近年来之新文化运动》,大公报馆编:《大公报十周纪念特刊》,长沙:彰文印刷局,1925,第 85 页。

④ 江亢虎:《第二次欧游回国宣言》,《江亢虎文存初编》,南京:现代印书馆,1944,第 190—191 页。

治运动，并及文化运动、劳动运动”。第三，党员必须在思想与行动上公认江亢虎的绝对权威，“听其指挥”。第四，信仰党纲，遵守党章、服从党令外，党员须为年满 21 岁的成年人，且识字，能署名投票。① 江亢虎虽然将新党职责定位为监督、批评、忠告政府，但仍被内务部以“宗旨纵与过激有别，但与现行政治实有立于反抗地位之嫌”，不准重组。②

江亢虎虽不与国民党、共产党为伍，但也寻求地方实力派的庇护。共产国际、苏俄原拟联吴佩孚而后弃吴联孙传芳，吴因此与之交恶。1924 年 10 月，江亢虎函达吴佩孚，一面称其主义皆非“不尽适国情”的民主主义、社会主义及所谓“集共产者”；一面抨击“苏俄北据蒙古，抗衡奉张，南结广州，指挥民党”，将中国变为“赤化侵略、过激宣传”之域”，以此表明与吴氏共立场。③ 可是，吴佩孚新败于第二次直奉战争，焉有实力、精力与江氏相谋？

江亢虎主张“谋智识阶级与劳动阶级之携手”④。“复活”后的社会党，也打算借 1925 年五一节纪念活动，“唤起同情”，再张党势。北京本部议决：(1)在本部事务所招待工界团体代表；(2)借社稷坛开演说大会；(3)函请中央公园城南公园及农事试验场开放一日，由本党派员招待；(4)发行劳动节特刊传单。江亢虎发文，“忠告”工人：“勿轻为流氓、政客、乱党所煽惑，徒快一时之意。”应当从

---

① 《中国社会党复活宣言(1924 年 6 月 15 日)》，中国第二历史档案馆编：《中华民国史档案资料汇编》第 3 辑政治(1)，南京：江苏古籍出版社，1991，第 621、623 页。

② 《内务部关于不准张德钦等重组中国社会党指令稿(1924 年 9 月 29 日)》，中国第二历史档案馆编：《中华民国史档案资料汇编》第 3 辑政治(1)，南京：江苏古籍出版社，1991，第 626 页。

③ 江亢虎：《与吴子玉巡使书(1924 年 10 月)》，《江亢虎文存初编》，南京：现代印书馆，1944，第 228、229 页。

④ 江亢虎：《对上海劳工各团体演说大要》，《江亢虎文存初编》，南京：现代印书馆，1944，第 192 页。

事公开、合法的政治运动，博得大多数人的同情，以图经济制度的根本改造，并宣称中国新社会民主党是工人“诸君前途提携”的好友。①

五卅运动是考验各主义的“试金石”。“五卅”不是一个独立的事件，而是由一系列具有内在因果关系的事件所构成的。② 国共并肩支持罢工，与日、英交涉，全力支持工人与中国民众的正当要求。省港罢工期间，国共合组的罢工委员会，其力量“已因北伐的征调而相当衰微了”，但其势力“还很煊赫动人”：各区支部，“照例布置着铺上红布的大桌子，墙上挂着镶以红布的革命领袖的相片。在桌子旁，有时围坐了工友，热烈地谈着当前政治；或者调解着本区的某几桩劳资纠纷，或者竟是审讯着捣乱分子”。罢工委员会“事实上是一个与国民政府同存的政权，它甚至把司法权都掌握在自己手中了”。有革命青年见此，不禁赞叹：“所谓中国革命中工人阶级的领导地位，我是在那时才首次懂得的。”③

1925 年 3 月，正当反帝渐形高潮时，孙中山谢世，随后国民党内部有人公开要求取消共产党员的国民党党籍。鉴于“‘五卅’以后，共产党的势力，骤然扩大”，孙文主义学会竭力主张，凡是爱国民党者“均应积极主张国民党同共产党分开，都应当努力参加清党运动”，要求与中共实行“友党”合作。其理由有：(1) 两党阶级基础不同，共产党代表无产阶级利益，主张劳农阶级专政，与国民党

---

① 江亢虎：《新社会主义与劳动纪念节（1925 年 5 月 1 日）》，《江亢虎文存初编》，南京：现代印书馆，1944，第 243、246 页。

② 五卅运动包括 1925 年 2 月上海内外棉八厂工人罢工，4 月青岛日纱厂工罢工，5 月初内外棉三、四、十二厂等罢工，5 月 15 日枪击顾正洪事件，5 月 30 日南京路英兵枪杀民众事件，汉口、安东、镇江、宁波、广州、重庆、南京虐杀华人事件，6 月 21 开始的省港大罢工。参见国际问题研究会编《五卅事件》，上海：友文印刷所，1927，第 15—25 页。

③ 王凡西：《双山回忆录》，北京：现代史料编刊社，1980，第 29—30 页。

之全民政治的民权主义相冲突;(2)组织已分化,共产党自孙总理逝世,半年来在各地社会运动及广东政界,尽量排斥非共产籍的国民党员;(3)政治宣传共产主义化,造成许多国民党员怀疑三民主义;(4)工人运动由"为工人利益的政策"转变为"鼓动工潮,促进阶级斗争"一途。针对国民党中反对"开除共产派的党籍"之论调,该学会坚称:开除共产派不会破坏国民革命,不是反对联俄,并非违反总理的革命策略,不会减弱革命势力。[①] 上海的孙文主义学会亦发表宣言,随声附和。[②] 恰在此时,同兴纱厂违弃"五卅"时所订复工条件,打死两名工人,伤数十人,逮捕十余人,而各报馆仍和"五卅"时一样,除《商报》外,噤不敢声。孙文学会借机发布《援助同兴纱厂工会宣言》,宣传:"我们是孙文主义的信徒","我们愿意牺牲一切,与工人以热烈的援助!"孙文主义"是中国工人的好朋友!""中国工人的救星!"[③]其目的就是抢夺"五卅"领导权。

仅就组织方面而言,孙文学会此言不虚。一些地方基层组织实为共产党所掌控。据王凡西回忆:1926 年春末,"那时北京积极的地下工作者,简直没有一个是真正的国民党党员。除了少数几个右派政客之外,那里没有任何国民党组织。我们这些年青学生,可说没有一个人信仰国民党的,甚至对孙中山本人,即使因他的逝世之机人们在此地做了不少宣传,在他头上反革命画上了大量光圈,我们也没有什么敬意。读到他的《三民主义》,常使我们哑然失笑的,但是我们悉数被'加入了国民党'。在某些场合,我们受嘱必须以国民党党员自命。最奇怪的是要制造国民党的会议。记得我

① 愚言:《中国国民党为什么要取消共产派的党籍》,《革命导报》创刊号,1925 年 12 月 26 日,第 11、12 页。

② 《上海孙文主义学会宣言》,《革命导报》创刊号,1925 年 12 月 26 日,第 6 页。

③ 《本会援助同兴纱厂工人宣言》,《革命导报》创刊号,1925 年 12 月 26 日,第 16 页。

入党不久,第一次受命去参加这样的会议,对总理遗像鞠躬,恭聆遗嘱,然后听了一些关于南方情形的报告。可是后来我知道,在那次十几二十人的会议上,只有一个是真正国民党员,其他的都是自己同志"。甚至"有几次更滑稽","邀请参加的真国民党没来,到会的成了清一色的共产党员"。[①] 不过,这个案例也可从一个侧面说明,能深入工人群众中的只有共产党员,而非国民党员。湖南有相信新社会主义之人也感受到了中共成长的迅速,他如此评论:"闻近来共产主义信徒尤盛,盖自陈独秀率共产党加入国民党,凭借国民党势力,孙中山声望,号召更易收效。故湖南国民党之潜势力莫能与夺,而所谓左派即共产派实操其命脉。"[②]据陈公博回忆:"到了民国十四年,共产党的气焰的确咄咄迫人,差不多一切党部和民众团体的下层组织都充满共产党,尤其是军队的党部和政治部更充满共产党。……在广州时候,无日不看见工会分裂,工人罢工,我在农工厅时候,门口排列行打行的工人请愿,是日常司空见惯之事。……共产党要抓工人,势不能不煽动罢工,工人一罢工便势不得不请求援助。共产党把持操纵的总工会便趁势出头,一面派人指导组织,一面予以经济援助,更一面遣派代表至官厅替工人要求;这样经过一次罢工,共产党便多抓到一些工人,或一个工会。……广州既是国民政府的治下,而在那里煽动罢工,那无异乎挑动民众向国民党反攻,而且一个政府最大的作用是安定秩序,现在没有一天不罢工,没有一个工会不罢工,那么政府维持秩序的作用已完全失掉。这样情况慢慢恶化,于是变成共产党是革命的,国

---

① 王凡西:《双山回忆录》,北京:现代史料编刊社,1980,第33—34页。

② 宫廷璋:《湖南近年来之新文化运动》,大公报馆编:《大公报十周纪念特刊》,长沙:彰文印刷局,1925,第86页。

民党是不革命的了。”[1]无政府主义者对中共掌握国民革命中工农力量有这样评断:“国民党下级党部,省党部,特别市党部,特别党部已早为共产党徒之党团政策所操纵。”“凡国民党员有活泼勇敢者,均为彼网罗以去”,“以故工农组织,几竟为共产党所把持”。[2]

“五卅”期间,江亢虎试图与国民党“清党”派结盟。6月3日、11日及11月,他接连三次发表宣言,主张对外国采取“不合作主义”——“对于外人,尤其英人所设立之学校公司银行工厂,一律停止交通,租界各捐一律停止缴付。而纯粹华人自办之教育实业,均应自动恢复。”提出应就“惩凶、赔款、道歉及取消租界苛例等”最低之要求,与英国交涉;希望中共勿趁机“更鼓吹赤化”,“徒增国人无谓之恐慌,并贻外交上不利之口实”;支持“毅然驱除左派过激分子”的清党派,明确表示本党反对帝国主义,“不造成”无政府主义,“不赞成”共产主义,还特派代表参加国民党反帝运动,以示“继今以往,在本党主张相同或相近轨度内,谨认非共产派之国民党为先辈友党,竭诚联络,一致进行。”[3]

经过革命实践,特别是“五卅”的粹炼,共产党以牺牲自己优秀的工人领袖,换得了众多工人群众的信任与接纳。京汉罢工中,施洋、林祥谦被杀;五卅运动中,上海何末彝、刘华死难,青岛李慰农、安源黄静原也献身。共产党员为工人利益、民族利益的牺牲,赢得了工人的追随。正如邓中夏所说:“工人群众觉得共产党是很可亲

① 陈公博:《苦笑录》,北京:东方出版社,2004,第22—23页。

② 矛突:《时事摭评·国共交恶》,《民锋》第2卷第3期,1927年4月30日,第54、54、55页。

③ 江亢虎:《代表中国新社会民主党对上海租界惨杀案宣言(1925年6月3日)》《对沪案第二次宣言(1925年6月11日)》《代表社会民主党对国民党宣言(1925年11月)》;《江亢虎文存初编》,南京:现代印书馆,1944,第248、249、258页。

爱的”,“是革命前线的先锋队”,“知道只有共产党(是)真为工人阶级谋利益谋解放的党”。“不论‘反共产’之潮流是如何高涨,然而愈坚定工人对于共产党的信仰。”当时,除帝国主义反共外,“军阀方面,在南方,杨希闵、刘震反共产,陈炯明、邓木殷反共产;在北方张作霖批共产,吴佩孚反共产;买办阶级大地主方面,广东陈廉伯、陈泰受反共产,上海张誉、虞洽卿、穆藕初反共产;官僚政客方面,研究系、交通系、外交系反共产,国民党中反革命派如邹鲁之流反共产;知识阶级方面,北京一部分大学教授反共产,上海一部分遗少的国家主义派反共产”。但工人并不因此畏惧,仍要求加入共产党。① 1925 年 9 月,孙宗昉代表“上海男女劳工反共同盟会”,赴京上书北京政府临时总执政段祺瑞,攻击共产党“纯粹利用青年学生,勾结少数暴烈工人与多数帮匪,借爱国运动为名,既可鲸吞救济费,又可取得苏俄津贴”,希望政府以法律保障劳资合作、互利,满足沪上厂家及工界稳健派的要求。②

“五卅”期间,1925 年 10、11 月之时,孙传芳入沪、张作霖败退之际,上海大商人、买办不仅拥有保卫团,而且谋得警察厅长之位,替代军阀而占据华界“政治势力”,“对于工人之集会结社及一切爱国运动,压迫得比奉系军阀在沪时尤为利害,尤为惨酷。一方面,着各处为罢工寄来的大批捐款不发给工人,以经济困之;一方面又利用权力公然暗中枪毙工人领袖刘华,不宣布其犯何罪犯,以政治势力压之;再一方面又招集一班流氓组织暗杀团,专门伺击工人领

① 中夏:《五卅后中国职工运动之新现象(续第 1 期)》,《人民周刊》第 3 期,1926 年 2 月 24 日,第 11—12 页。

②《上海男女劳工反共同盟会代表条陈反共办法及毒化工人呈(1925 年 9 月 5 日)》,中国第二历史档案馆编:《中华民国史档案资料汇编》第 3 辑民众运动,南京:江苏古籍出版社,1991,第 113 页。

袖及捣乱工人集会,以法西斯摧残之”。资本家残民猛于军阀。邓中夏指出,上海资产阶级以政治形式“更深刻觉悟而向无产阶级进攻”。[①] 中共阶级斗争由经济性而趋于政治性,与之相关。京汉路工人中有言:“一为共产党运动工人方策之变更,即该党已放弃前此采取之经济关系,如‘增加工资’等口号,鼓动工人,而变为政治关系,以‘无产阶级专政’等口号,怂恿工人矣。”[②]

国民党没能充分利用原本有利的局势,尽可能地赢得工人的支持,其原因与国民党高层不无关联。孙中山坚信中国只有“大贫”“小贫”,无产生阶级斗争的社会基础,从未将阶级斗争视为隐忧。在孙中山的理论中,中国工人所受“本国资本家的压迫小,所受最大的压迫,还是外国的资本家”。中国工人“反对本国资本家,要求减时间,加工价,完全是吃饭问题”;工人不应“驾乎本国资本家之上”,“压迫本国资本家”;工人“最大”的“政治问题”,是“奉行三民主义”,结成大团体,废除不平等条约的束缚,“抬高国家的地位”,最终“抬高”自己的地位。[③] 1924 年 5 月 1 日,孙中山在广州各界集会上,对全国工人代表发表的《工人救国的途径》[④]的训词,集中体现了其有关劳、资、主义的三者关系。“大贫”“小贫”说,在中国有着广泛的市场。北京政府任命的浙江省省长夏超也有此

① 中夏:《五卅后中国职工运动之新现象》,《人民周刊》第 1 期,1926 年 2 月 7 日,第 8、9 页。

② 灵鹊:《改良铁路工人待遇刍议》,《国闻周报》第 3 卷第 13 期,1926 年 4 月 11 日,第 17 页。

③ 中国国民党中央民众运动指导委员会工人科:《中国国民党领导下之工人运动今昔观》,南京:三民印务局,1934,第 6、7 页。

④ 该文还以《中国工人与国民革命》为题发表。见中国国民党中央执行委员会上海执行部于 1925 年 7 月 20 日印行的《中国国民党党员在宣传工作上对于阶级斗争应取的态度》小册子。

言:“中国则贫富本无阶级,虽有少数资本家,实力并不充足,不但不宜摧折,并须尽力培养,与欧西国情迥不相同。”①学界亦有言:“至若强以社会主义之劳资争斗相诘,则今日我国实未配说此种程度。我国现象,仍只有东西家性质之分,未尝形成阶级的状态。即间有少数,亦多属汗血绳头,不然亦由于政治上副产物的生成,而非经济的因果所招致也。”②

对孙中山而言,其最大的敌人就是军阀,最主要的目标就是北伐。马林对此有深刻的观察:“孙中山直到临死,从来没有真正热衷于群众运动的思想。他接受它,但并不真心关注。到一九二三年,他就漠不关心了,他只关心军事问题。”③施存统在说服同人加入国民党时,指摘国民党“至今尚无一个具体的党纲”,“没有严密的组织”,“采用个人独裁制”,更批评国民党“不向群众中去活动,专联结几个有力军阀”。④ 广州商团事件中,陈独秀也曾提请孙中山、国民党左派注意:国民党不是一个“强大的革命党”,也没有一支“革命军队”,广州政府因此“完全建立在反革命的军队、反革命的官僚及反革命的商人阶级之力量上面”;广州政府应该停止联络军阀打军阀的军事行动,国民党应该“到民间去”,以获得工人、农民、兵士等支持,“国民党才有军事行动、建设革命政府的真实力量”。⑤

---

① 《浙江督办公署等关于查禁共产党宣传活动密训令(1925年7—8月)》,中国第二历史档案馆编:《中华民国史档案资料汇编》第3辑民众运动,南京:江苏古籍出版社,1991,第599页。

② 周雪澄:《政府行为与工业之关系》,《工学》第1卷3期,1924年7月,第3—4页。

③ 《马林赴华回忆》,中国社会科学院现代史研究室、中国革命博物馆党史研究室选编:《“一大”前后》(2),北京:人民出版社,1980,第577页。

④ 正厂、存统:《讨论国民党联络及社会主义者的生活问题》,《先驱》第14期,1923年1月9日,第4版。

⑤ 独秀:《国民党的一个根本问题》,《向导周报》第85期,1924年10月1日,第688页。

国民党人中对阶级斗争有所认识的当推朱执信。他曾在上海所主编的杂志《建设》上著文，指斥阶级斗争“可以专由煽动而起”，强调要重视日益增长的工人的力量。朱执信称：“现在中国虽然没有雄厚的资本家，但小资本家的取得的剩余价值的手段，要比欧美的大资本家凶十倍。中国的劳动者虽然没有力量，他所受的痛苦压迫，比别的国民也要多加几倍。”这是中国社会组织的缺陷、改革的真正动力。即使没有野心家，革命也是不能避免的。他还主张应该“扶助”劳动阶级。[①] 可惜的是，1920 年 9 月，朱执信为调节虎门民军与叛军变乱为桂系所杀，国民党此后再无此明智之人。曾任国民党中央工人部长的廖仲恺，热心筹备工人消费合作社，组织过广州工人代表会，指挥过香港、广州沙面地区的工人反帝，时常出席各工会会议，较为了解工人，充分信任工人。但他在 1925 年 7 月遇刺身亡。与中共高层领导人相比，胡汉民、汪精卫等人也没有接触过工人，不可能贴近工人，与工人“打成一片”。汪精卫可能也曾拟借助工党联络工人。1923 年 5 月，工党领袖徐锡麟在沪天后宫召开 300 人大会，“仍希运动工人推翻资本家，联络青年会、少年宣传团，一力宣传劳工制度，以期全国一致为大规模之示威举动”。英捕房会前曾前往禁止，汪精卫奔走护军使署并疏通捕房，“谓劳工系请求民权演说，并无轨外行动”，大会得以如常进行。[②] 但并无例证表明，汪精卫直接运动过工人。

---

① 朱执信：《野心家与劳动阶级（1920 年 3 月）》，广东省哲学社会科学研究所历史研究室编：《朱执信集》下集，北京：中华书局，1979，第 724、725 页。

② 《热察绥巡阅使遵令严加防范工党活动函（1923 年 5 月 22 日）》，中国第二历史档案馆编：《中华民国史档案资料汇编》第 3 辑民众运动，南京：江苏古籍出版社，1991，第 102 页。

三、主义话语下之劳资关系的生产与再生产

劳资关系不仅是历史、具体的，而且是再诠释与传承的话语。国共两党对引起较大社会反响的罢工，都予以持续的关注，并从不同侧面加以解释。

（一）在运动中争夺话语权

中共按照与国民党联合而不放弃斗争的策略，利用一切罢工等时机，宣传阶级矛盾的不可调和性，凸显国民党对劳资关系的负面影响。沙面罢工胜利后，蔡和森抨击国民党右派马超俊等“谄媚帝国主义，欺骗并威吓罢工群众”，动摇工人罢工决心，指出正是中共与国民党左派合作领导罢工，才迫使英国取消警律。[①] 1924 年 4 月，南洋烟草公司分别任命高级职员国民党员邝公耀、李援为工务稽查、副工务长。两人上任后，出台“苛章”30 余条，引起 7000 工人于 9 月罢工，要求取消苛章，开除邝、李。厂方为拆散工人团体，以给返厂者双资、升“散工”为“长工”等条件相引诱，并雇用山东打手威吓工人，贿买巡捕捉拿罢工工人；同时勒令工人于 14 日一律返厂，否则予以开除。2000 余工人不为所动，坚持罢工。资方挟制工人，改选职工同志会为其御用组织，发表 5000 余人具名启事，指称罢工为少数人所煽惑。12 日，罢工工人散发《南洋烟草工人万急呼救》传单，予以辩驳。罢工工人也曾请求国民党上海执行部开除邝、李两人，执行部却置之不理。9 月底，资方开除 1700 余工人，罢工失败。当月，向警予以“振宇”之名发表文章，将国民党上海执行

① 和森：《警告国民党中派诸领袖》，《向导周报》第 85 期，1924 年 10 月 1 日，第 693 页。

部和国民党机关报《民国日报》列为资方的帮凶，警告其不要"叛逆"政纲："国民党改组宣言政纲上，大书特书著拥护工农的利益，要为工农利益而奋斗，现在国民党的右派党员邝公耀、李援帮同资本家把守正不屈反抗奋斗的工人，弄得要死不活了！上海执行部始终不开除违背党纲的叛徒，而且听任《民国日报》上继续不断地登载替资本家助虐的广告。"他还告诫工人，不要因此次阶级争斗的失败而"灰心"，而"要好好团结这两千多极坚决、极勇敢的分子，把他们散布在上海各香烟厂内，将这次罢工所以失败的教训，告诉大家；组织更有力的雄军，机会到来，和资本家再拼个你死我活"。[①] 1925年2月，因薪资矛盾，上海日本纱厂40000余工人罢工。初由内外棉11个厂开始，蔓延到同兴、日华、丰田、大康等厂。中共暗中领导，国民党右派则劝说工人"不要受共产党的煽动，应当劳资协调"。中共在《向导周报》中借"读者之声"，指出国民党右派同"少数几个丧心病狂的工贼、研究系新闻记者"一样，都"逢迎外国帝国主义机关报日文《上海日报》、《大陆报》西报及日本厂主的暗示"；向社会宣明："共产党是工人阶级的政党"，而国民党右派等不过"是工贼，是汉奸，是日本资本家的走狗，是无耻下流卖同胞而陷害工人的恶徒！"[②]中共鼓励工人抗争，强调反抗日本资本家，具有"劳资斗争""民族斗争"的双重意义。[③] 恽代英斥责说："所谓'工团联合会'，所谓'国民党护党党员会'，与日本资本家索性一鼻孔出气，亦想把过激、赤化等名目来摧残这种工人运动。"[④]

---

① 振宇：《南洋烟草资本家打破罢工之恶辣手段》，《向导周报》第85期，1924年10月1日，第695、696页。

② 梁五一：《读者之声》，《向导周报》第103期，1925年2月21日，第864页。

③ 双林：《民族的劳资斗争》，《向导周报》第103期，1925年2月21日，第862页。

④《上海日纱厂罢工中所得的教训》，《中国青年》第70期，1925年3月14日；恽代英：《恽代英文集》下册，北京：人民出版社，1984，第636页。

“五卅”中废约运动高炽,国民党自诩此实乃其宣传、努力之结果。同时,国民党也在思考为什么国民革命中的“对内”进程落后于“对外”进程。国民党临时浙江省执行委员会即有如是困惑:“一年以来,吾党之政治工作在关于国际问题之方面,其效力既如此之伟大,而关于国内政治问题及社会问题,宣传之方针往往不能一致,国民革命工作中,所应破坏与建设之分际,往往不能明了。其尤为重要者,则对于阶级斗争之态度,颇有显明之差异。因此之故,在党员之中,常发生‘左倾’右倾之状况。右倾之错误,即一触阶级斗争,而避之若逸,并阶级二字而不敢纳诸见闻,甚至深恶痛绝。‘左倾’之错误,即在专力于阶级斗争,而忽略了国民革命联合战线之工作。所以然者,皆由对于本党根本之主义,未尽明了故也。其信不立,互信不生,种种纠纷,随之而起,党之组织及活动,因此而生障碍。”如何对待阶级斗争的问题,已经左右着社会动员及建基之上的民权、民生主义的落实。1925 年 5 月 24 日,为统一认识,国民党在中央委员会第三次会议上,按照孙中山学说,议决“关于确定最高原则之训词”,训令全党。其主旨为:三民主义作为救国之主义,必须结合“认识救国必要”的各阶级之革命分子。“革命与反革命之分,不在于阶级之属性,而在于认识与觉悟国民革命。”“于最短时期中,欲以一个统一组织的政党,完成吾国民之历史的任务,则包容各阶级的革命份(分)子,一致进行,实为绝对的必要。”因此,“对于由社会之病理状态,而发生之阶级斗争,吾党惟尽最善之努力,唤起各阶级成员之觉悟,以革命的方法,实现三民主义之国家组织,以防止斗争之害,消弭阶级之别,而非欲奖励阶级斗争”。由此可知,国民党中央拟通过各阶级中的“革命”分子的大联合,实现三民主义的理想,因此主张各阶级间的相互同情、谅解而化解斗争。国民党临时浙江省执行委员会依此训令,召开全体大会，制定宣传标准，“训令全省党员指示宣传工作上对于阶级斗争应取的态度”，并得到国民党中央执行委员会上海执行部批准、训示而通令全党。

宣传标准中与阶级斗争相关者为：

（1）“我同志当确认我中华民国不但在理论上不能踏帝国主义之末运，而在事实上，亦复无构成帝国主义的国家之可能，故对于为帝国主义基础之个人主义的资本主义，须从政治上、经济上，努力防止其势力之膨胀。须知防止个人主义的资本主义之膨胀，即所以防止斗争之害，而为消弭阶级之最初的条件也。”

（2）“吾党对于国民中最大多数之农人工人，应努力促进其觉悟，完成其组织。惟大多数之农人、工人，成为有组织之国民，而后国家之独立、民族之自由可期，真正之民权，乃能实现。在经济上亦惟农人工人结成有组织、有训练之团体，而后能促进资本家与地主之国民的觉悟，以从事于完成三民主义之革命工作。至对于资本家与地主，吾党应努力诱发其仁爱的性能，使其自身知接受三民主义为自救、救国之要道。阻碍农人、工人之组织与训练，为害人、自害之拙策。盖能爱人者，乃为真能爱国之善良国民也。”

（3）“在农业及工业上，如已发现阶级斗争时，吾党在一方面应努力援助农人、工人之要求，一方面努力纠正地主与资本家之错误。盖惟地主与资本家，不对农人、工人取斗争之态度与手段，具仁爱之精神，而后农人与工人，乃能避免斗争之不得已的行动耳。”①

此后，有关建立在阶级合作基础之上的“劳资合作”策略，固化

① 中国国民党中央执行委员会上海执行部编：《中国国民党党员在宣传工作上对于阶级斗争应取的态度》，上海：中国国民党中央执行委员会上海执行部，1925，第4—5、6、12、7、8—9页。

为国民党与南京国民政府的基本国策。

(二)在纪念中争夺话语权

阶级斗争观念在工人间的影响力,固然是中共努力之结果,但在一定程度上也"拜"各派"所赐"。这主要体现在黄、庞"一七""二七""五卅"纪念等宣传方面。

1922年1月17日,黄、庞殉难,引发湖南乃至全国各界的一致声讨,上海、天津、北京、广州等地纷纷追悼黄、庞。当年5月,第一次全国劳动大会决定,将黄、庞牺牲日定为中国劳工运动纪念日。黄、庞殉难,成为工人阶级的一面旗帜。不论政见如何,各派均高度肯定黄、庞的牺牲奋斗精神。国民党与中共一样,在其政治话语中,黄、庞的政治地位比肩国际无产阶级革命家。国民党中央党部1925年1月发起成立"李列纪念一周筹委会",定于15日至22日内,举行各种集会、讲演会,纪念德国无产阶级首领李卜克内西与卢森堡、"世界革命指导者俄国苏维埃政府委员长列宁",以及为"中国工人第一次流血"的黄、庞。要求"凡我党员自应踊跃参加,借表景仰,而资激励"。[①]

各政派也都主张打倒军阀、资本家、帝国主义构成的"三角同盟"。在此基础上,各派登台亮相,借纪念烈士,树立自己的权威,借诠解烈士,宣传自己的政治主张,争夺对工界的领导权。

中共在黄、庞罹难后,赞扬黄、庞是"社会主义青年团底好团员""中国无产阶级最能奋斗的指导者"。[②] 湖南劳工会对此不以

---

① 《国民党纪念黄庞通告》,黄庞编辑委员会编:《黄庞二三周纪念册》,长沙:湖南劳工会,1925,第66页。

② 光亮:《四个死者,一个精神》,《先驱》第15期,1923年1月15日,第1版。

为然。劳工会被赵恒惕以宣扬无政府主义罪名查禁后，劳工会重要分子王光辉、萧同兹、谢作舟、谌小岑、蒯伯赞诸人，逃亡沪汉、津、粤等地分设办事处；驻沪办事处与其他团体合组上海工会联合会，并依托上海工会联合会等相关团体，借势突出其在工界领导地位。劳工会在沪恢复《劳工周刊》，发布《敬告全国工友》宣言，意谓："工人自救之策无他，惟赖工人之大联合。"[①]这一主旨，基本承袭了黄、庞的工团主义。1920年底，庞人铨警告湖南工人：力戒外界引诱，切勿让"不是工界和没有工业知识"之人，替工人成立工会。那种越俎代庖的工会，"替工人谋幸福是宾"，"拿工人做机械是主"；那些人不过拿工人"出风头"，为"个人升官发财"。庞人铨提出两种"救济方法"：第一，工人们要尊重自己的人格，"发展个人的本能"，必须觉悟"凡事须自动自决，莫为他人利用"。第二，如已被利用，宜"跳出黑幕，保全你纯粹的精神和人格，重向光明路上走去"。1921年五一节，他再次提醒工人："五一纪念日，是由民众势力集中的协同团体涌现出来的。""五一"的起源，"全在劳工组合主义"，其"发起人等的志向，全在毫不带政治臭味的纯粹经济运动"。[②] 据与黄爱熟悉的易礼容回忆，黄爱"有无政府主义色彩"，在毛泽东的影响下加入社会主义青年团10余天就遇难了。[③] 黄、

---

① 马超俊：《中国劳工运动史》上册，重庆：商务印书馆，1942，第93页。

② 庞人铨：《我对于湖南工人们的警告和贡献的救济方法》，《大公报》（湖南）1920年11月22日；庞人铨：《"五一"劳动节感言》，《劳工》1921年5月1日；葛懋春、蒋俊、李兴芝编：《无政府主义思想资料选》下册，北京：北京大学出版社，1984，第552页。

③ 易礼容：《党的创立时期湖南的一些情况》，中国社会科学院现代史研究室、中国革命博物馆党史研究室选编：《"一大"前后》（2），北京：人民出版社，1980，第282页。

庞虽然加入中共系统,但其无政府主义思想影响于劳工会也合乎情理。[①] 毛一波就认为,无论是黄、庞的《湖南劳工会成立宣言》,还是其在《劳工周刊》发表有关第一纱厂公有的言论中,“彻始彻终是一个工团主义者”[②]。

1925 年、1926 年的黄、庞殉难日,湖南劳工会于上海接连发起全国最大规模的“黄庞纪念大会”。1925 年,参加大会团体计有:上海煤业职工同志会、船务机械工会、上海纺织工会、江苏驻沪劳工总会、上海履业工会、旅沪湖北工会、上海大学、南洋烟草职工同志会、浙江民生协进会、安徽工界协进会、上海丝厂女工会、上海印刷工会、中华商业联合会、海员工会、茶居工会、中国机器总工会上海部、同济大学、国民党第五区党部第一第二第十三第十四区分部、国民党第三区党部第三第四区分部、中国共产党左派、青年会、无政府党上海部、京汉铁路总工会驻沪办事处、国闻周报社、东南通信社、旅沪湘人讨赵同盟会、各省区公民大会等 80 余个团体,代表工学商界 900 余人出席会议。虽然参加团体众多,但有些观点不一定全合乎劳工会之旨,比如:海员工会代表郑振生、电气工人周斌,赞扬黄、庞是“中国劳动运动的先锋”;丝纱女工徐鸥影强调“劳动革命,是要有准备,有步骤,方可希望成功”;清华学校某教员“谓劳动运动者,应合本国国情,不宜专取欧美学说,以免受隔阂之

① 白瑜与蔡和森、萧瑜、毛泽东先后有同窗之谊,1920 年加入国民党。据其回忆,黄、庞是无政府主义者,但湖南第一纱厂工人罢工,确是毛泽东在幕后指挥工人。见郭廷以、张朋园访问,马天纲、陈三井纪录《白瑜先生访问纪录》,北京:九州出版社,2012,第 11、14 页。中共早期党人包惠僧(栖梧)在《中国劳动问题概论(下)》一文中(《新生命》第 2 卷第 3 号,1929 年 3 月 10 日,第 4 页)仍称黄、庞是无政府主义最英勇的领袖。

② 毛一波:《黄庞思想的一个考察》,湖南劳工会编:《黄庞四周纪念册》,长沙:湖南劳工会,1926 年,第 77、79 页。

害”。而浙江驻沪劳工会代表陈钟柔的发言,颇合湖南劳工会之主张。陈钟柔说:我们工人的同志第一要打倒军阀,第二打倒资本家,第三打倒利用劳动界的假共产党陈独秀。[①]

1926年,湖南劳工会举办的纪念会,参加团体更多。中国国民党中央执行委员会、孙文主义学会、南洋烟厂职工同志会、参战华工会、制墨工会、皮匠工会、人力车夫工会、湖北旅沪同乡会、建国学校、立达学园、民国大学、大夏大学、持志大学、艺术大学、履业工会、粤侨工界联合会、华商烟草工会、安徽劳工会、劳动文艺社、国民党各区党部及各区分部、崇德医大、丝厂女工会、大英烟厂、劳工协会、东南通讯社、民众社、上海互助社、上海新闻社、农工俱乐部、国民党旅沪湖南同志会、南洋大学、青年会、浦东工学、两湖工界联合会、运输总工会、浦东十八间码头工会、小沙渡工人自救会、永安纱厂、恒丰纱厂、怡和纱厂、商务印书馆工会、大中国印刷厂、木业工会、茶点工会、美术专门学校、东南女体师范、中国女子体育、染业工会、中国新闻社、四川旅沪同志会等200余团体,代表600余人出席会议。[②] 此次大会未能如劳工会所愿成为自己的论坛,而是成为国民党的讲坛。此次会议前,国民党发布《纪念黄庞通告》,要求“本党同志一律参加”。大会主席马超俊在讲辞中说:黄、庞“为工人谋幸福,欲为工人辟一光明之路”,“是中国劳动运动的先觉者,也是东亚劳动第一次牺牲者”。我们要铲除“利用劳动者去升官发财”的“扒手”。梁栋在演说中更直白地呼吁:“有为黄庞复仇的决心”,“就请积极加入国民党,中国国民党就是革命党”。大会宣言

① 《三周纪念大会志盛》,黄庞编辑委员会编:《黄庞二三周纪念册》,长沙:湖南劳工会,1925,第58—59、60页。

② 《各地开会情形》,湖南劳工会编:《黄庞四周纪念册》,长沙:湖南劳工会,1926,第90页。

明确告布:“黄庞之死,不仅为工人利益而死,实为国民革命之工作而死。”工人在全体国民中,实占多数,“且最富革命贮能”,“应一致认识国民革命工作为惟一自救之方策”。①

会上各派较量,较为“平和”;会下较量,则相对激烈。邵元冲赞扬黄、庞“精神不死、主义不死”,但将黄、庞“主义”限定为反帝。他说:因帝国主义压迫,“中国的工业才不能发达,中国的小工业家小资本家和中国的劳动界一样的感受到帝国主义的压迫苦痛,所以中国劳动界的敌人是世界的帝国资本主义而不是本国的小工业家小资本家”。② 国民党右派费哲民也认为发扬黄、庞精神,就是“要本着国民党的政纲拥护劳工阶级的利益,扶植农工阶级的发展,对内打倒一切军阀,对外打倒一切帝国主义者在华势力”。③ 同为“西山会议派”的孙镜亚,将黄、庞对资方的斗争,解释为在不出卖工人利益基础上与资本家合作。他说:“黄庞的劳工运动,是本着互助的精神,而绝对不与残酷的资本家妥协。他们了解人类的进化以互助为原则。他们很盼望那些资本家能够改良劳工的待遇,注重劳工的教育,诚心诚意的与劳工互助,却绝对不肯为自己人的利益与残酷的资本家妥协”,决不收受资方贿赂。④ 吴稚青称,只有中国国民党能够“包容各阶级”,其“党纲上有许多拥护劳工的政策”,广东国民党治下“有许多拥护劳工的成绩”。工人纪念黄、

---

① 《各地开会情形》,湖南劳工会编:《黄庞四周纪念册》,长沙:湖南劳工会,1926,第91、97、92页。

② 邵元冲:《哀悼黄庞四周纪念并告全国工人》,湖南劳工会编:《黄庞四周纪念册》,长沙:湖南劳工会,1926,第1、3页。

③ 费哲民:《“一七”纪念与中国劳工运动的继往开来》,湖南劳工会编:《黄庞四周纪念册》,长沙:湖南劳工会,1926,第11页。

④ 孙镜亚:《对于黄庞四周纪念的感想》,湖南劳工会编:《黄庞四周纪念册》,长沙:湖南劳工会,1926,第31页。

庞的最佳方式就是加入国民党，参加国民革命，“打倒资本家”，实现“节制资本”的国家资本主义。[①] 与湖南劳工会同立场者，力图将黄、庞与中共相剥离。有论者称：共产党“以为黄庞两烈士是我们工人所最崇拜的首领，硬说黄庞是他们的同志”；借口“工人的事，应当由我们工人自己来干”，力主驱逐工运中的中共党员。[②]

无政府主义借机宣传黄、庞系其优秀分子，而非共产党员。黄、庞遇难不久，无政府主义者出版《血祭》悼念黄、庞。北京无政府主义者，以黄、庞挚友身份，在其主办的杂志《学汇》上发文，称黄、庞素信仰无政府主义。[③] 巴金以“芾甘”“佩竿”笔名发文，称赞黄、庞业绩无异于日本无政府主义者古田大次郎、俄国虚无党伯恩斯坦，强调“我们的最大敌人是制度”，“我们不仅要打倒杀害黄庞的赵屠，我们还要打倒赵屠所凭借以为恶的制度”。[④] 毛一波以无政府主义立场发声：“在中国的劳动运动中最早而最有革命性且能实行阶级斗争之哲学的人，只有我们可佩仰的黄庞二烈士！”主张尤应纪念他们领导湖南的无产阶级“与资本阶级的斗争的事实”，按照他们所谓“劳资两阶级不容有调和的余地”的主张，与资本家殊死搏斗。他还要求工友不要再被国家主义派所利用，应“自己团结起来去实行阶级斗争”。[⑤]

---

① 吴稚青：《忆——继——团结》，湖南劳工会编：《黄庞四周纪念册》，长沙：湖南劳工会，1926，第 54 页。

② 愚夫：《黄庞四周纪念》，湖南劳工会编：《黄庞四周纪念册》，长沙：湖南劳工会，1926，第14 页。

③ 湖南省总工会编：《湖南工运史料选编》第 1 册，长沙：湖南省总工会，1984，第 144 页。

④ 芾甘：《黄庞死后的第四年》、佩竿：《要认清楚我们的敌人》，湖南劳工会编：《黄庞四周纪念册》，长沙：湖南劳工会，1926，第 19、55、20 页。

⑤ 毛一波：《黄庞与中国劳动运动》，湖南劳工会编：《黄庞四周纪念册》，长沙：湖南劳工会，1926，第 33、34 页。

劳工会不为各种观点所动,仍然坚持经济革命之路。谌小岑主张工人不要将改善生活的希望寄托在政府、资本家身上,应通过募捐,设立工人补习学校、职业介绍所、俱乐部、婚姻介绍、食堂、宿舍,提高生活质量。他更强调工人在待遇、薪资方面要与资方合作解决,即"罢工固为劳动运动一种无上的手段,然当此国家生产事业衰颓已极的今日,对于本国资本家工厂的苟非无理性的待遇,当由工会代表与厂主作善意的磋商解决各项纠纷"。最低工资,本应由政府规定,"但在中国政治不安定的时期,此项工作必由工会与资本家斟酌当时当地生活程度用契约规定为适合"。[①] 正如《黄庞二三周纪念册》中《纪念词一》所呈现的主旨,对湖南劳工会而言,黄、庞仅是代表无产阶级"不丝毫妥协"地"反抗"资产阶级的"社会革命者""劳动运动者""社会革命劳动运动先驱者"。[②]

中共在各方对黄、庞的争夺及解释中,很难说在舆论中占据上风。不过,中共在湖南工界的实际影响力则不容忽视,这也是湖南劳工会"排共"的一个原因。黄、庞遇害后,湖南工团联合会、安源路矿工人俱乐部、水口山工人俱乐部遭解散,工团首领被捕,中共却迎难而上重组工人团体。截至 1922 年 11 月,中共湘区区委领导的工会组织,已有安源路矿工人俱乐部、粤汉路新河工人俱乐部、粤汉路岳州工人俱乐部、水口山工人俱乐部、长沙织造工会、长沙笔业工会等 14 个团体,有组织的工人超过 40000 人,远超湖南劳工会鼎盛时 7000 余人的规模。11 月,中共湘区区委发起组织湖南全

① 小岑:《中国劳工运动今后应取的方针》,湖南劳工会编:《黄庞四周纪念册》,长沙:湖南劳工会,1926,第 48、50 页。

②《纪念词一》,黄庞编辑委员会编:《黄庞二三周纪念册》,长沙:湖南劳工会,1925,第 1 页。

省工团联合会。①

"二七""五卅"是国民党引以为自豪的功绩,"二七""五卅"同"五一"一样,成为国民党塑造自我权威的重要例证。

中共在"二七"发生后,一面指控吴佩孚残杀工人阶级,一面抢先声明正告"工人阶级与国民":"惟有共产党是真正保护劳工、为劳工阶级谋利益而奋斗的党,此外一切标榜保护劳工的党派和势力,都不过是为他们自身的利益或他们阶级的利益而施行的一种政策。"②"二七"后的两三个星期,长辛店支部和北京大学支部即派员到罢工沿线,收集资料、照片,罗章龙据此写成《京汉工人流血记》,并于当年 3 月底在北京出版,以破除北京政府报禁,揭示真相,证明中国无产阶级"确能担当中国的革命、甚至于世界革命的责任"。该书首印 5000 册,后改由广州多次重印,先后在北京、上海、广州发行。前后印制 15 次,发行量达 15 万册,销至中国南北、日本、南洋各地,直到 1930 年代被列为禁书。高君宇在"后序"中明确提出,工人需要共产党的引导。③ 二七大罢工后,蔡和森指责广州革命政府、国民党,因图"友邦"英国的援助,避免"赤化""过激党"的嫌疑,对诸如收回旅大运动、工人阶级的罢工,以至其敌人吴佩孚残杀京汉工人,都"免不掉畏首畏尾""一声不响","不敢出面领导群众,有时且故意躲避"。他指出这种行径不利于国民革命的开展,"不顾及因此要减低劳动群众对他的同情"。④

---

① 湖南工人运动史编写组:《湖南工人运动史》,北京:中国工人出版社,1994,第 134、137 页。

② 《中国共产党为吴佩孚惨杀京汉路工告工人阶级与国民》,《向导周报》第 20 期,1923 年 2 月 27 日,第 157 页。

③ 罗章龙:《京汉铁路工人流血记》,郑州:河南人民出版社,1981,第 3 页。

④ 和森:《中国革命运动与国际之关系》,《向导周报》第 23 期,1923 年 5 月 2 日,第 169、170 页。

国共合作时期,中共在国民党的宣传活动下,也着力传播自己对国民革命的贡献。1926年2月,吴佩孚正由汉口举兵攻豫,中共杭州地委发起“杭州京汉铁路工人‘二七’流血纪念大会”;在告全国同胞书中,宣扬中国工人阶级是反帝、反军阀的国民革命“强有力的新力军”“最勇猛最坚决奋斗最先牺牲的先锋队”“争自由的先锋军”。[①] 1926年,国民革命军总司令部政治部编印、发行《革命史上几个重要纪念日》,内中有关“二七”“五卅”文章,均为中共党人所作,或突出中共作用,或突出工人在国民革命中的主体地位,或传达阶级斗争的理念,基本都反映中共的理论主旨。包惠僧强调,京汉路同盟大罢工是中国劳动组合书记部及北方、武汉支部发起和领导的“中国无产阶级之第一次示威运动”,“不仅为无产阶级之利益而斗争、流血,而且是为中国一切人民争集会、结社自由而斗争、流血”。罢工也表明:“中国劳动运动从此便成为有组织有计划的运动”,“无产阶级的营垒,亦从此初具端倪了”。[②] 俊魁认为,二七惨变开辟了中国工人阶级“直接与军阀间接与帝国主义斗争的新纪元,也就是中国民族解放运动含有阶级斗争的意义史上的第一页”;罢工更“惊醒了全国大多数未觉悟的工人,认识了阶级的观念,与知道本身力量之强大而有力,起而相率加入革命战线”。[③] 树荣表明,“二七”反映出“在革命势力中,工人占重要的地位”,他们

---

① 《杭州京汉铁路工人“二七”流血纪念大会〈为‘二七’纪念告全国同胞〉》,中央档案馆、上海市档案馆编:《上海革命历史文件汇集(杭州、绍兴、嘉兴、温州地区)》(1925年—1927年),上海:上海群众印刷厂,1989,第36、37页。

② 僧:《二七惨案略史》,国民革命军总司令部政治部编:《革命史上几个重要纪念日》,广州:国民革命军总司令部政治部,1926,“二七纪念”第8、9页。

③ 俊魁:《“二七惨变”的真谛》,国民革命军总司令部政治部编:《革命史上几个重要纪念日》,广州:国民革命军总司令部政治部,1926,“二七纪念”第10页。

“为革命分子中富有革命性者”。[①] 到 1930 年代，中共通过中华全国总工会向全国通告：工人阶级是中国革命的领导者，要打倒以蒋介石为首的压迫工人的国民党新军阀。[②]

“五卅”后，共产主义、阶级斗争已在工人中引发强烈反响。1925 年 10 月，安源萍矿局工人俱乐部副主任、工人学校教员黄静原，遭汉冶萍公司经理盛恩颐与其靠山赣西镇守使之构陷而下狱，他们不惧淫威，坚持“一息尚存，必要打倒帝国主义，打倒军阀，打倒资本主义”，而被杀害。黄为湖南彬县人，湘省教职员联合会、学生联合会、工团联合会、女界联合会等，各派代表往安源迎柩回湘。回湘途中在醴陵、株洲均有千余教育会员、工会员及市民迎送及扛柩游行。终抵长沙东站，各学校团体 2 万余人迎柩。各地民众高呼“打倒军阀，打倒帝国主义”，口号不绝于耳。[③] 北京工商协会责备共产主义“利诱”工潮，“因工潮而推原于共产主义之宣传，复因五卅运动而推原于共产主义的宣传”，也从反面佐证了中共阶级斗争的影响力。[④]

中共在纪念、诠释革命史的同时，抓住当下纪念日前后时机，通过支持工人罢工将现实纪念活动推向高潮。1929 年，青岛工人自“五卅”纪念起，开始罢工或怠工，在 7、8 月间形成高潮。7 月 21 日，日商铃木丝厂因工人要求加薪，以停工威吓工人，日商六纱厂经纺织同业会决定，宣告同盟停工三天，取缔不良分子，对于“善良

① 树荣：《“二七”纪念》，国民革命军总司令部政治部编：《革命史上几个重要纪念日》，广州：国民革命军总司令部政治部，1926，“二七纪念”第 16 页。

②《二七纪念全国工人争自由运动》，《劳动》第 22 期，1930 年 2 月 7 日，第 1 版。

③《为工人教育而牺牲者之哀荣》，《教育杂志》第 17 卷第 12 号，1925 年 12 月 20 日，“教育界消息”第 8 页。

④ 实：《共产主义适合于国情》，《向导周报》第 159 期，1926 年 6 月 23 日，第 1565 页。

工人”每日发给饭钱2角。青岛工整会、社会局、公安局包揽调解，接受日厂贿赂7万元。日商以开除223名工人为条件，宣告开工，市党部、工整会禁止工人反抗，武装强迫工人复工。复工后，工人在厂内以怠工反抗，8月4日，日商二次同盟歇业。日本领事向市长吴思豫抗议，要求彻底解散工人纠察队及取缔工人一切活动，禁止工人离开青岛，不再发放免费车票。工人把守工厂表示反抗，日领事调日本海军陆战队驱逐工人出厂，青岛警察第四公安分局予以协助。中方应各日商之请求，派员到各厂向工人宣讲：不要破坏机器，“总要遵从总理劳资合作，阶级调协的遗训”。中共《红旗周报》发表文章，指出“欺骗工人的老骗贼——青岛的国民党，在这两次的停工中完全暴露了他反动的原形”，工人阶级要用反帝、反国民党统治的政治斗争，回应日本与国民党的压制。①

“二七”之后的五年中，国民党对“二七”的宣传长期处于“失语”状态，甚至未参加首次“二七”被难工友追悼会。直到南京国民政府建立后，为了充实其工运的思想资源，才赋予“二七”以“新”的意义。1928年2月，上海特别市党部、南京特别市党部发起两地的“二七”纪念活动。上海纪念大会借上海市党部，到会团体计有：淞沪卫戍司令部改训处、上海工人总会、南洋生瓦惨案后援会、上海县工会、京汉路长辛店工会、南洋烟草职工会、上海市南货工会、制墨工会、内外棉纱厂工会、履业职工会、上海特别市工农部、上海船务栈房工会、上海装订职工会、上海人力车夫工会、南汇县南货职工会、上海旅馆栈业榆埠车站招待工会、沪南洪大染织工会及各区党部代表、报界工会，共1200余人。通过议案：(1)请国民政府奖励“二七”死难烈士精神；(2)优抚被难烈士家属；(3)明令颁布“二

① 维容：《青年工人的阶级斗争》，《红旗周报》第43期，1929年9月2日，第3版。

七”为劳动纪念节；(4)确定工人最低度之生活费；(5)明令查抄吴佩孚、萧耀南家产，补偿被难烈士家属。① 如果说上海会议更加重视工人的政治、经济要求，南京会议则呼吁工人秉持“二七”精神，在国民党的领导下完成国民革命：

> 亲爱的工友们！
>
> 伟大的触目惊心的“二七”纪念，又显然现于我们的眼帘中了，这是我们中国的工友们，初次和军阀短兵相接而惨遭牺牲的日子；这是我们中国的工友们，谋团结起来，求得解放的日子；这是我们中国的工友们，在一切的恶势力之下，扎挣着想求得“做人”的日子，这是怎样地值得我们的纪念啊！
>
> ……工友们！现在的残余军阀，还没有肃清，现在噬人的腐化势力，还正在紧张，现在的工友，还没有解放；现在的民众，还正痛苦，现在的一切和一切，除了在青天白日之下所能够统辖的以外，还是一如故日，而张作霖、张宗昌的屠杀，还要胜过那时的吴佩孚！我们应该怎样兴寐，以竟先烈未竟之志呀！
>
> 亲爱的工友们！来站在本党的旗帜之下，团结起来，推翻残杀我们的残余军阀，完成国民革命！我们高呼着我们的口号：工友们一致团结起来！为“二七”的死难烈士复仇！打倒残余军阀！战胜一切腐化恶化的势力！国民革命万岁！中国国民党万岁！②

① 《上海纪念京汉路“二七”惨案大会》，《中央日报》1928年2月8日，第2张第3面。

② 《南京特市党部宣传部为二七纪念告工友》，《中央日报》1928年2月8日，第2张第3面。

1942年，马超俊出版《中国劳工运动史》，将“二七”完全纳入国民党工运。他以“当事人”的经历，认定“二七”乃“我国工人参加国民党政治运动之始”：“本人于1922年3月以筹建中国机器总会为名，密派党同志冯次亭等10余人，分赴粤汉平汉津浦各路。适平汉路江岸工人，酝酿组织工会，为之首者乃杨德甫、林祥谦诸人。又有徐家棚粤汉路、扬子江机器厂工人首领及律师施洋，拟发起武汉大规模工会运动。”“趁此良机，国民党赖其活泼之宣传”，促进平汉路江岸工会、扬子机器厂工会、徐家棚粤汉路工会成立，这为大罢工打下组织基础。①

关于“五卅”纪念，中共仍借助国民党的宣传活动加强自身宣传。以《革命史上几个重要纪念日》所收文章示例。在对“五卅”的总结中，俊魁认为，沪粤几十万工人的大罢工，“足以证明中国工人确已认识了阶级的观念，确能担负国民革命以至世界革命的任务”。他强调：“历史的实事告诉我们，压迫阶级与被压迫阶级应有这样的不断的阶级斗争。”②郑超麟指出，“五卅”表明“中国工人阶级是国民革命中有力的指导者”。③ 上海大学教授彭述之在第三军军官学校演说中强调：“只有工人是最勇敢最能牺牲的，是革命的急先锋。”④刘少奇在广州召开的第三次全国劳动大会报告中，揭露“大资产阶级”“与帝国主义勾结”，破坏罢工的“反动事实。例如：穆藕初为日人献计，不承认工人增资、组织工会条件，勾结流氓工

① 马超俊：《中国劳工运动史》上册，重庆：商务印书馆，1942，第93—94页。

② 俊魁：《“二七惨变”的真谛》，国民革命军总司令部政治部编：《革命史上几个重要纪念日》，广州：国民革命军总司令部政治部，1926，“二七纪念”第11、13页。

③ 超麟：《帝国主义屠杀上海市民之经过》，国民革命军总司令部政治部编：《革命史上几个重要纪念日》，广州：国民革命军总司令部政治部，1926，“五卅纪念”第9页。

④ 彭述之：《五卅运动之意义》，国民革命军总司令部政治部编：《革命史上几个重要纪念日》，广州：国民革命军总司令部政治部，1926，“五卅纪念”第19页。

贼，捣毁工会，殴打工人领袖；“总商会把持工人救济费，以断绝工人粮食”，“勾结军阀，通缉工人领袖”，封闭上海总工会及各工会。①

国民党与中共相同，一直称包括顾正红在内的死难者为“革命先烈”，但对“五卅”的宣传，完全侧重于国民党的领导之功。1926年，国民党中央党部在广州发布《“五卅”纪念宣传大纲》，申明：“在去年‘五卅’惨杀时候，本党同志，已先后在上海广州等处，为帝国主义所轰击，穿其胸，洞其腹，此外在各省都市中，莫不竭尽劳瘁，奔走呼号，以期唤起同胞，共同奋斗。”“希望各阶级革命民众，一致团结起来，站在本党旗帜之下，决心与我们能力合作”，打倒帝国主义、取消不平等条约。②《沙基惨案宣传大纲》同样突出国民党的领导核心：“我们有总理的主义和策略的指导，有本党组织民众，训练民众，指挥民众，所以能够与帝国主义坚持至一年之久。”③1931年8月，国民党浙江省执行委员会宣传部编印的《国定、本党纪念日宣传大纲集》仍强调“中华民族的觉醒与本党的努力”关系：“五卅及由五卅而起的各地惨案，更是由本党同志的精神与热血煊染而成。其事变的始终，临事的指挥，皆以本党同志为主干，而上海、沙基及各地死难者，又大半为本党的学界党员，与武装同胞。”④1934年，国民党中央民运会工人科主持编辑的《中国国民

---

① 刘少奇：《一年来中国职工运动（续）》，《政治周报》第14期，1926年6月5日，第10页。

② 中央党部：《“五卅”纪念宣传大纲》，国民革命军总司令部政治部编：《革命史上几个重要纪念日》，广州：国民革命军总司令部政治部，1926，“五卅纪念”第31、32页。

③《沙基惨案宣传大纲》，国民革命军总司令部政治部编：《革命史上几个重要纪念日》，广州：国民革命军总司令部政治部，1926，”六二三纪念“第4页。

④《五卅惨案纪念宣传大纲》，中国国民党浙江省执行委员会宣传部编：《国定、本党纪念日宣传大纲集》，杭州：中国国民党浙江省执行委员会宣传部，1931，第139—140页。

党领导下之工人运动今昔观》表示,省港罢工,工人绝对受国民党之指导;高调明示,在此次罢工中,工人认识到国民革命与工人罢工的同一性,即“以为国民政府战争之胜利,即罢工工人之胜利”。[①]

当然,国民党也承认,“五卅”壮大了工人力量,工人又推动了国民革命。1929 年,国民党鄂省党整会宣传部编印《五月革命纪念特刊》,内有文章如是言:“‘五卅’是中国工人要求民族解放,要求生活改良,而得着的一种结果。”“‘五卅’以前的工人,是完全散漫无纪的。‘五卅’以后的工人,才有了组织,才成了国民革命的真实力量,才引起了全国人民的注意! 才惹起帝国主义者的寒心和悚惧。工人们对于国民革命的力量是如此其大,我们岂可不纪念吗?工人们给与我们国民革命的帮助,我们更岂可不感谢吗?”[②]

(三)两个政党、两种主义

中共在国民党四一二反革命政变、“清党”之前,已经调整战略,并灌输于工人。一本写于 4 月 10 日的 14 页小册子告诫工人:“国民党内的多数群众都是革命的。重要的领袖如汪精卫及现在主持武汉国民政府的人如徐谦、孙科、邓演达等也都是革命的;蒋介石的一派人完全是军阀、官僚、买办、昏庸老朽、贪官污吏、土豪劣绅、青红帮一类的东西,现在已经变成公开的反革命了,与西山会议派一样,不能算是国民党员。”工人阶级要拥护国民党领导的

① 中国国民党中央民众运动指导委员会工人科编:《中国国民党领导下之工人运动今昔观》,南京:三民印务局,1934,第 30、32、31 页。

② 皮铁成:《五月革命纪念的两方面》,中国国民党湖北省党务整理委员会宣传部编:《五月革命纪念特刊》,汉口:中国国民党湖北省党务整理委员会宣传部,1929,”论文“第 21 页。

国民政府与北伐军，但要像打倒吴佩孚、孙传芳一样，打倒蒋介石。[1]

最大的政敌，往往共处同一思想阵营之中。国民党左、右派之间的角逐，反帝、反军阀的现实革命目标，为中共提供了与国民党既斗争又合作的可能；而从终极目标来说，与中共革命理论最为接近的无政府主义者，却始终将中共视为“对手”而非“同党”。

1927 年初，国民革命军由广东而至长江流域，渐到黄河流域，沈仲九（天心）发表《敬告中国青年》一书，一方面指责国民党代表资产阶级利益，一方面指出共产党也不“足以谋无产阶级彻底的利益”；强调“只要是有组织的民众，就能实行社会革命。由政党包办的革命，则将无往而不失败，其结果不过造成一种新的专政制度与一种新的奴隶制度而已”。[2] 1927 年 2 月 20 日，国民军由杭州及嘉兴进迫松江，逼近上海，中共指导的上海总工会，发动全沪政治总同盟罢工，策应党军，促孙传芳之覆败。罢工持续近一星期，遭到租界当局、戒严司令部屠斩囚捕，工人受伤、被捕者数十人。加上当局威胁利诱，物价陡涨，码头工人、英界电车工人、邮务工人威迫复工，总工会无奈下令上工。无政府主义者发表文章，指出罢工失败的表面原因是工人漠视“自身阶级团结与行动”，而其根本原因则完全为“‘专无产阶级之政’的领袖们的罪过”。“上海总工会的组织是采取的中央集权，工人的自发的首创精神原不在委员老爷的眼里；他们平日的运动，也只是‘工头’工运，对于一班的工人——不管是组织与教育，都是漠然的。”主张启发工人自身的觉悟而自建组织，以提高对组织的认同及其战斗力。这有其合理性。

---

① 杨光：《国民革命与工人阶级》，出版发行者不详，1927，第 11、13、14 页。

② 天心：《敬告中国青年》，新会：《民钟》社，1927，第 52、73、125 页。

不过,无政府主义者本意并不在此,而在于将中共组织驱离工人组织。无政府主义者斥责说:“总工会的执行委员,自其成立以来,便都是些政党的野心家。”以欺骗工人、牺牲工人,压抑工人“自发的创意力”,以“转移其阶级的观念”为目标。无政府主义者鼓动工人“唱着‘工人的解放运动,要由工人自己来干’的口号,驱除工会内的支配和操纵的野心骗子,整理和严整自己的组织——工会与总工会,训练工人的全体,提起无产阶级的自觉和相互间的休戚相关的联系”。①

1927 年“清党”后,蒋介石解除工人武装,捕杀中共领导人,无政府主义者借劳动大学刊物《革命》,攻击中共。署名“碧波”者,一面鼓励工人武装起义,一面反对中共操控工人,文章说:“我们决不反对工人为自卫起见,万不得已而武装,我们也造(赞)成工人因为打倒一切寄生阶级的所谓强者,万不得已而用武器,可是我们主张的武装却与列宁党的不同。我们主张工人自动地武装起来,自动地保护自己的真正的利益,非如列宁党之欲工人服从他们的命令,完全被动地,木偶似的由他们装饰摆布,专做他们夺取政权的工具。”文章认定上海工人的武装自卫,不是出于上海工人的公意,“上海工人武装自卫,决不是上海真正工人的武装自卫,是上海共产党人的武装自卫,是上海共产党人诱骗工人以保卫共产党人的武装自卫”。②

国共合作既告分裂,原本组织并不严密的无政府主义者明显分化,完成最后谢幕。前有吴稚晖、李石曾等,后有刘石心、区声

① 《上海总同盟罢工事件》,《民锋》第 2 卷第 2 期,1927 年 3 月;葛懋春、蒋俊、李兴芝编:《无政府主义思想资料选》下册,北京:北京大学出版社,1984,第 799、800 页。

② 碧波:《工人武装与工人革命》,《革命》第 1 期,1927 年 5 月 1 日,第 27—28、29—30 页。

白、梁冰弦、黄凌霜等[①]一部分靠拢国民党右派；少数如巴金、朱谦之等坚持主义，以社会研究、文学创作表达自己的理想图景。无政府主义者内部也出现认同危机，甚至对吴、李是否为无政府主义者都产生了分歧。无政府主义者已经面临信仰危机。时人有言："好多青年跟随着我们的叛徒吴稚晖、李石曾等去了。他们不独曲解三民主义和无政府主义而为之撮合成一四不像的怪物，不独在团体中主张直接和国民党取友谊和容忍的态度，不独公然宣言个人加入他们只是一时的策略，而且还今日宁沪、明日赣鄂的为他们奔走以贪图些微的末利。……为了这样，他们更进一点把蒲鲁东这只偶像拾起来，装上阶级协调的心肝，穿上他们'互依主义'与'互助'的冠裳来反对阶级斗争。"[②]无政府党人被迫再发评论，表明"真正代表无产阶级利益"的政治立场。矛突（卢剑波）称："国民党为小资产阶级之表现党，共产党乃图谋'专无产阶级之政'的扒手党"，两党合作纯属"互相利用"。"前者欲利用后者以助长国民革命之声势，后者亦将计就计利用前者之势力地位口号而发展自己之势力，吸收其党员，分化其组织。""前者所求实现之平均地权、节制资本，与后者之建立中央集权的官僚社会主义政治，皆为无政府主义所反对。"两者对无政府主义者而言，皆非同志，亦非友人。[③] 1927 年 8 月 1 日，由"民锋社"改组的"中国少年无政府主义

① 《谭祖荫的回忆》，中国社会科学院现代史研究室、中国革命博物馆党史研究室选编：《"一大"前后》(3)，北京：人民出版社，1984，第 122 页。

② 矛突：《时事摭论·最近的观察》，《民锋》第 2 卷第 4、5 期合刊，1927 年 9 月 20 日；葛懋春、蒋俊、李兴芝编：《无政府主义思想资料选》下册，北京：北京大学出版社，1984，第 807 页。

③ 矛突：《时事摭评：国共交恶》，《民锋》第 2 卷第 3 期，1927 年 4 月；葛懋春、蒋俊、李兴芝编：《无政府主义思想资料选》下册，北京：北京大学出版社，1984，第 804、805 页。

者联盟”发表《中国少年无政府主义者联盟宣言》,向“白色资本帝国主义者与走狗奉鲁系军阀”、共产党与所谓“左派的国民党”、“土产的法西斯蒂”——蒋介石宣战,表明“无政府主义者原是一切政府的仇敌”。《宣言》尤指出,无论是阶级斗争论,还是阶级调和论,均没有顾及无产阶级的利益,“都是充满了十足的独裁欲望而利用无产阶级为其掠取权位的工具”。《宣言》明示要清理门户:“驱逐自己行伍中反无政府主义而投降于任何政党的内奸!”[①]不过,因李石曾、吴稚晖出任国立劳动大学校董,该校带有无政府主义色彩。[②] 1929年,国民党江苏省指导委员会委员李寿雍在江苏《党声》丛刊发文,批评劳动大学是江苏无政府主义者的策源地、活动的总机关。[③]

深具无政府主义色彩的社会民主主义者江亢虎,也放弃了自己的主义,投效蒋介石,自称“不佞实最先反共之人”以博蒋氏好感,高歌蒋氏伟绩:“一年以来,全国大定,丰功骏烈,近古所稀。不佞对公之钦崇,尤有出寻常讴歌外者两事。黄埔训练,自造时机,假苏俄之厚援,用共党之朝气,一旦变作,先发制人。两害取轻,当前立断,此是何等魄力。”[④]

---

① 《中国少年无政府主义者联盟宣言》,《民锋》第2卷第4、5期合刊,1927年9月;葛懋春、蒋俊、李兴芝编:《无政府主义思想资料选》下册,北京:北京大学出版社,1984,第810页。

② 中国劳工运动史续编编纂委员会《中国劳工运动史》第2册(台北中国文化大学劳工研究所理事会1984年增订版)第5编第296页有言:“劳大创办于清党以后,对于麻醉青年之马列主义,力持遏制;在训育方面,有时亦加推阐,致论者有工团主义色彩,校誉因之稍抑。”

③ 孙兆乾:《劳动大学真是无政府主义者活动的机关吗》,《国立劳动大学周刊》第2卷第8期,1929年4月20日,第79页。

④ 江亢虎:《致蒋介石函》(1928年10月),《江亢虎文存初编》,南京:现代印书馆,1944,第286页。

四、阶级斗争与劳资合作

主义必须有相应的工具去表达,有工具才可能实现主义。主义是一套以不同阶段性目标相贯通的、烦琐的理论体系,必须有一个具有可操作性的、化约的理性工具才可能将主义付诸实施。前论各主义,均以劳资问题条贯历史进化论,拟通过解决劳资问题,实现其主义。

(一)无主义则无劳资问题

随着中国近代工业的发展,劳、资社会分层开始形成,劳资关系逐渐构成社会最基本而普遍的社会关系。工人作为弱势群体,虽然疲于劳苦,但也多安于现状。正是党派及其主义,将劳资的经济矛盾视为社会发展的障碍、社会不平等之根源。换言之,正是主义"产生"了劳资问题,劳资关系在主义视域中成为社会问题。中国社会党、中华工党、无政府主义党、中国共产党、中国国民党,将经济关系赋予政治意义,无不将劳资关系归于经济对立的"阶级"关系。如何处理劳资关系,则附属于各种主义的终极目标。社会党主张教育平等、国家资本主义,既要求改善劳方生活及改变私人资本主义形态,又要求保留资本家。工党力主劳资合作,但不排斥以获得劳资合作为目的的劳资斗争。无政府主义派、中共极力主张阶级斗争,国民党则主张在国家资本主义的制度框架下实行劳资合作。与此同时,主义并非各党派之间的"沟壑"。由前述可知,社会党与工党合作过,中共与无政府主义者合作过,中共与国民党合作过,也就是在这三个合作过程中,主义不断地将劳资之间经济关系置换为政治关系,即劳资关系问题彻底等同于主义的认同,不同主义决定着解决劳资关系的不同手段。特别是中共在与国民党的合作中,既阐扬了主义,又壮大了组织,更获得了工人的拥戴。中共之所以能一度为国民党所接纳,即因其能运用阶级斗争策动工人。民国时期,阶级斗争、劳资合作的观念各有其“市场”,两者的较量一直持续到1940年代末。

(二)阶级斗争的革命正义性

实行阶级斗争是否有碍国民革命,在青年中存在一些困惑。时为唐山大学学生的刘治熙提出:“劳动阶级的利益是根本与其他阶级冲突的,他们不遗余力的提倡劳动阶级的利益以巩固其组织,同时就增加了劳动阶级与其他阶级间的恶感,而予其他阶级以深刻的成见。”“不能促成国民革命,反而委顿了国民革命。”“劳资冲突果然是亟应解决的大问题。不过在国民革命未成功以前,阶级问题也无从提起。”①广州国民政府成立后,中共拥戴国民党左派主导的国民革命政府,更加强调阶级斗争是国民革命成功的必要保障。共产党人黄居仁在《广东青年》第3期刊发文章,从“国民革命与社会各阶级的分析”“国民革命的性质与阶级斗争的事实”“阶级斗争与国民革命的力量”等方面,全面、系统地阐释了中共的立论根据,并回答了当时流行且不可回避的问题:“中国社会各阶级同受帝国主义和军阀的压迫和剥削,应该联合全国为阶级的民众共同向我们的敌人——帝国主义和军阀进攻”,为什么要“提出阶级斗争以分散国民革命的力量呢?这不是自杀吗?”黄居仁指出,工

① 刘治熙:《劳动阶级与国民革命》,《现代评论》第2卷第49期,1925年11月14日,第21—22页。

业资产阶级为自身利益，“需要打倒外国资本之压迫，应稍有革命的倾向；但因力量尚较弱，而资金又多与外国资本家、军阀、买办阶级有关系，故不能有革命的勇气”。小商人、手工业及智识阶级在内的小资产阶级，“因受帝国主义及军阀的压迫，生活日趋贫乏而摇动不安定，均有革命要求；然势力不厚，且一遇可以有勾结帝国主义和军阀买办阶级的机会，便易变成反动派的走狗”，“不能成为国民革命的主要力量”。工业无产阶级占据着重要的经济地位，“而易以有坚强的组织与一致的觉悟”，“且最受中外资本家剥削的痛苦，革命的要求最烈，且在数量上又比资产阶级多”，当然成为国民革命的主力军和领导者。工人在广州“商团之变”“刘杨之役”，以及“五卅”中的上海、天津、青岛、汉口、广州、香港罢工，以至安源路矿罢工的表现，都“证明工农阶级真能革命”。贫农及雇农“虽与小资产阶级有相同之性质，但因生活困苦，容易同情于革命，为工人阶级之良好的助手”。因此，国民革命运动“必须以无产阶级为主体、为领导，以学生、农民、小商人及手工业者为辅助者”。他还进一步指出，外国资本横行中国，“军阀、买办、大地主、大商人、官僚政客，都是直接的或间接的依附帝国主义而生存”，而“国民革命就是中国被压迫和被剥削的社会各阶级民众起来反抗”国际资本帝国主义及其依附势力。这决定了国民革命既是对外的阶级斗争，又是对内的阶级斗争。所谓“全民革命”，理论上行不通，事实上不存在。黄居仁同时指出，阶级斗争本身也是促进民众联合的举措。在他看来，中国资产阶级受国际资本主义的侵扰，“时时刻刻都有破产的可能”，也就有反抗的要求。“但是他们的力量很小，只有在工农阶级强迫监督之下，才能走上革命的道路。”在五卅运动中，“上海、武昌的工人和学生强迫商人罢市以反对帝国主义的横暴，就是一个实例”。所以在国民革命中“发展工农阶级的力量，以从事于阶级斗争,不独不能减少国民革命的半点力量,并且能够督促一般游移不定的分子,都来参加国民革命”。文章在结语中强调,阶级斗争作为一个事实,与国民革命互相交织,“在在是阶级斗争,亦在在是国民革命”。要消弭阶级斗争,必须抛弃“诱发资产阶级的仁慈以消弭阶级斗争”的戴季陶主义,“只有促成目前的阶级斗争,根本铲除私有制度,使共产主义社会早日实现”。阶级斗争不是共产党人的专利,而是国民革命本身的内在要求。① 唯有阶级斗争,才能巩固国民革命的各阶级的联合阵线。

即便是坚信国民革命必须以小资产阶级为主体,刘治熙仍承认这一事实:“现在沉酣于劳动运动的人深信劳动阶级的革命性是富足的,劳动阶级的革命力量是伟大的。他们认定中国的国民革命只有农工阶级可以完成,甚至否认其他阶级之革命的可能性。他们抱着这种见地,用尽他们的心力于劳动阶级的革命运动中,七八年来,果然形成一个很显明的阶级,造成一个很坚锐的战队。”②

(三)不断行动的主义才能产生革命力量

主义的可操作性,远比建构理论更为重要。在南京国民政府成立前,中共对工人的深入远强于各党派,即在于此。阶级斗争是中共实现社会主义目标的唯一工具,阶级斗争是中共发动工人的核心主旨及原则,但中共内部对阶级斗争的认识并不完全一致。有人认为阶级斗争不过是一种吸引工人的斗争策略,有人认为阶

---

① 黄居仁:《国民革命与阶级斗争》,《广东青年》第 3 期,1926 年 3 月 31 日,第 5、6、7 页。

② 刘治熙:《劳动阶级与国民革命》,《现代评论》第 2 卷第 49 期,1925 年 11 月 14 日,第 21 页。

级斗争是社会发展的动力。阶级斗争是目的,还是手段?阶级斗争的内在要求又是什么?恽代英主张在中国采纳阶级斗争应有一个适用度。他指出:"我们都知道中国今天还不是劳资阶级剧烈争斗的日子;严格地说起来,中国还够不上说是有了几多资本家;同样的,亦还够不上说是有了几多劳动者。"①不过,"阶级的存在是一件事实","虽然中国的资产阶级和无产阶级的界限没有似外国那样明显,但到处仍然有资本家,有工人,有地主,有贫农"。先施、大新、永安这些大公司都由中国资本家开办。有阶级存在,就有阶级斗争,阶级斗争"愈剧烈,则国民革命愈易成功"。但在国民革命的进程中,阶级斗争应"有些限制","农工阶级还不好提出'打倒资本家'的口号来,虽然是阶级斗争,一方面仍要不妨害各阶级的联合战线,这样国民革命才能成功"。②

与中共的革命目的、革命进程相关,恽代英实际将阶级斗争限定在特殊的时期及特殊的地域,张国焘对此有更清晰的表达。第三次全国劳动大会在广州召开的前夕,从各省来广州赴会的工人代表,来到"自由的广州",迫切希望纾解在北京政府之下所受的政治、经济的痛苦。广州数万坚持省港罢工的工友,遭受了10个月帝国主义的压制,"骤然遇着各省各县来的工农弟兄们,喜愤交集,形成壮烈的举动"。广州的工人学生、军人及一般市民"受着多年的革命薰陶,也是不肯轻松放过这五一节的。所以五一节的广州,必然充满着革命空气"。广州工人普遍向资方施压,资方惶恐万端。张国焘为此发文,要求工人自觉限制其阶级斗争的目的。他

① 代英:《中国的五一节》,《民国日报》(上海)1924年5月1日"五一特刊"第1张第4页。

② 《国民革命与阶级斗争》,《革命生活》第17期,1926年8月25日;恽代英:《恽代英文集》下册,北京:人民出版社,1984,第833、834页。

指出:“广东工人在国民政府统治之下,已经得着许多政治上的自由和经济状况的改善。”因此,在广州这个国民革命的发源地,工人“有两点要注意”:“第一,不要滥用他们已经得着的自由权利;第二,他们的经济状况的改善,也须有一定的限制。”其理由,张国焘如此解释:“因为国民政府是拥护全体民众利益的政府,以完成全中国国民革命为目的。”“为完成国民革命并满足全体民众的要求,工人阶级的要求须受相当之限制。”为了疏导广州地区阶级斗争的风潮,他极力将阶级斗争矛头引向军阀与帝国主义,呼吁:在“五一检阅工人群众革命势力的日子,广东工人群众应以帮助各省工人和全国民众获得他们应有的自由与境遇为主要目的。”“同志们!让这个工人阶级要求八小时工作的五一纪念,成为全民族向帝国主义要求解放的示威日。”①

张国焘还对“阶级”“斗争”两个术语加以限定,反对、防止“有些共产主义者或者表同情于共产主义的人们”误用。他所理解的阶级斗争,专指无产阶级与其对立面资产阶级的斗争。阶级即为无产阶级,不过是在“大工厂、铁路、矿山、大轮船等”处做工的“新式工业的无产阶级”的“简称”。资产阶级则相应地指“大工厂、铁路、矿山、大轮船”的投资、经营者。他以为:“一班手工业者,苦力,一无所有的贫民,就不能统称之为无产阶级,最好称之贫苦民众。乡间佃农半自耕农以至于仅足支持生活的自耕农,并不得称为农民阶级,只得称为贫农。推而至于资本家买办富人地主富农等述(术)语,都是按事实而有一定的界说的,不好随便给他一个笼统的名辞。至于学生教职员,自由职业者等,只得称为知识份(分)子,不好称作知识阶级,因为知识份(分)子并不是一个阶级。至于手

① 国焘:《国民政府下的“五一”节》,《人民周刊》第10期,1926年4月30日,第3、4页。

工工人贫农要求改良生活的事件，许多次都不过是和平的改良运动，亦不宜尽用‘斗争’等字。”[①]

对共产国际、苏联、中共高层来说，革命就是一种打破现实秩序的工具，斗争就是发动工人的最佳武器。1925年3月，恽代英就指出“罢工是给与工人的一种革命的功课”。它既可以唤起工人的阶级意识，加强工人团结，又能形成仿效的效应，因为工人“已经从罢工中间学得了许多实际经验与方法，他们自然会运用”。[②] “清党”后，中共革命进入低潮。但1927年秋冬至1928年上半年，以瞿秋白为首的中共，领受斯大林直接命令，实行盲动政策，“结果加深了革命的失败”。虽然1928年上海工人，特别是交通、邮电工人发动大罢工，影响几达全国，但“正是这个反击，给瞿秋白时代的盲动主义构成了一个辩解的理由。后来事实证明，这时期的工人斗争，并不是‘革命不断升长’的象征，而只是和当时两湖的农民运动一样，是刚刚逝去的那次革命的余波”[③]。1928年7月，中共“六大”批评了这种盲动主义，要求停止武装斗争。中共在上海各厂、商店仍酝酿罢工。[④] 1929年，中共系统发起、参与的上海罢工此伏彼起。中共在《红旗》第43期刊文称：“最近数月来，单以上海一区青工学徒的单独斗争而言，便有如下的事实：如估衣裳业学徒的罢工，药业学徒的罢工，卓群工厂学徒的斗争，浦东老怡和纱厂童工的罢工，浦东英美烟公司童工的斗争。此外的一般工人的斗争中，如闸北丝厂的大罢工，沪西麻袋工人的罢工，码头工人的罢工，汽

① 国焘：《“阶级”与“斗争”的误用》，《人民周刊》第10期，1926年4月30日，第8页。

② 但一：《上海日纱厂罢工中所得的教训》，《中国青年》第70期，1925年3月14日；恽代英：《恽代英文集》下册，北京：人民出版社，1984，第637、638页。

③ 王凡西：《双山回忆录》，北京：现代史料编刊社，1980，第130页。

④ 《反动份子鼓惑工人》，《纺织时报》第615期，1929年7月18日，第58页。

车工人的斗争,青年工人都是非常勇敢热烈的参加。”中共意识到“中国目前的青年运动,很显然是一个日益左倾的形势”,要求全党予以制止。①

此时,中共有人将南京国民政府视为资本家的代言人,予以联合打击。当社会各界热衷工厂法之时,恽代英指出:依靠国民政府实现八小时工作制、实行工厂法,“完全是一个傻子”的“想法”;并以国民政府1928年两次拨款援助丝厂,作为“国民党总是站在资本家方面”的例证;②特别指斥上海市社会局“知道”缫丝业、棉纺业、针织业、毛织业工人工价低廉,却“还要叫我们讲什么‘劳资合作’,还要反对我们为减少工作时间,加增工资的经济争斗,这不是为资产阶级说话是什么?”恽代英宣称:“一切讲‘劳资合作’的都是资产阶级的走狗,都是我们工人阶级的敌人。”③中共在“五一节我们的口号”中提出:“打倒欺骗压迫工人的国民党政府!建立工农民权共和国!”④

1929年10月,共产国际全体执委会认为中国革命的“高潮”快要到来,中国不能独处世界革命高潮之外。1930年5月,“蒋冯阎大战”爆发。主持中共中央工作的李立三等,以为革命时机成熟,6月,召开中共中央政治局会议,通过《新的革命高潮与一省或几省首先胜利》的决议案,坚持“城市中心论”,以罢工迎接革命高潮,结果导致了比瞿秋白时期的“左倾”盲动更大的损失。其实,中共自广州时期,中经武汉时期,再到大革命失败后,内部对阶级斗争也

① 《青年运动的现势与前途》,《红旗》第43期,1929年9月2日,第1版。

② 代英:《“刻薄成家”的丝厂资本家》,《红旗》第11期,1929年1月30日,第19页。

③ 稚宜:《资产阶级自己供认的剥削成绩——上海社会局发表的纺织业工资统计表》,《红旗》第19期,1929年5月1日,第47页。

④ 《五一节我们的口号》,《红旗》第19期,1929年5月1日,第52页。

有存疑。“凡属右派的都倾向‘仲裁’与‘劳资两利’;而左派的则主张在那些部门中同样贯彻阶级斗争。”最终斗争派占据了思想高地。然而,即使在工界积极从事斗争之人,也不禁考量斗争之利弊。上海“沪中”区,系商业繁盛区,1930年,还未被定性“托派”的王凡西,接任该区工作。他自认为属于左派,曾回忆:“对于易燃性极大的店员斗争,我们始终是积极参加或领导的。在当时,为了配合或促成‘快要来到的全国性的革命高潮’起见,我们真是昼夜奔忙,不放过一星半点儿的火种。我们,从中央到区委,甚至还加上江苏地委”,“开上通霄(宵)的会议,策划进行斗争的步骤”。“我们那时往往以数只狮子的力量,去围搏一头小兔。”他希望在全国首要城市上海,“能够爆发出一个革命高潮的信号”。但其思想深处对此也有游移:“站在共产主义者立场上,为了唤起一切劳动者的觉悟,我们自然要尽量发展他们中间的斗争;但从经济发展的角度看,此类阶级斗争往往是悲惨的两败俱伤。”①

至少,中共在上海发动的罢工,未达到预期目标。王凡西有言:“我参加党中央组织部的那几个月中,党虽然尽了一切力量来发动上海工人阶级的斗争,而结果却毫无成绩;我们越想在这个工人阶级的中心地造成高潮,而真正高潮的到来却似乎越发渺茫。我们越积极,工人阶级对我们就越害怕。每一次斗争或示威,几乎都带来了打击和损失的。其实,在我被开除以后,党的‘高潮’路线以加倍的努力来执行,结果也不曾获见成效;反而将党的组织和干部,迅速地摧毁着;等到陈绍禹等代替了李立三,则正如今天刘少奇在八次大会所形容的,使‘国民党统治区的党组织和党领导下的

---

① 王凡西:《双山回忆录》,北京:现代史料编刊社,1980,第123—124页。

革命组织几乎损失了百分之百’。”[①]不过，组织的损失并不代表中共潜在影响的减弱。英电老工会职工“以共产主义抱希望的工人很不少”；法电老工会“很多老工人都以自己参加老工会号召的上海三次武装起义为荣。革命思想深入群众”。在各丝厂的墙上和屋角，也常有“号召根据五卅老工会的精神继续活动”的传单与标语。[②]

其时，除上海、广州外，各地党员革命理论素养普遍偏低。1925到1926年间，北京大学与上海大学“早已成为中共高级干部的供应站”，但北大支部成员“连起码的理论都不具备”。据时任北大支部委员的王凡西回忆：“李大钊主持的北方局很着重这个工作，支部中学习理论的会议开得非常勤。可是事情却并非进行得很满意。当时北京中共地委负责我们支部的教育工作的是陈为人，一个由法国回来的勤工俭学学生。……对于一般的知识和特殊的革命理论都掌握得太少，使我们感到失望。他时常来给我们做理论报告与政治报告，但显然他只是一架惯打折扣的传达机，根本不能完整地把听来的东西传给我们，甚至他自己都不甚了了，以至听者如果不懂而向他发问时，他多半只好支吾以对，有时更坏的，还会摆点架子，怪你多问。”而“北京当时很难买到社会科学的新书籍”，市面上仅有蔡和森编的《社会进化史》一书。[③] 在北京东城部委所属的诸支部中，“流通着阅读的理论书，只有一本郑超麟同志翻译的《共产主义 ABC》和李季翻译的《通俗资本论》。前者尤为一般同志所欢迎，因为浅显易解”；而《通俗资本论》艰涩，“看了也还是不懂”。“我们是共产党员”，“可是思想上没有资格称为

① 王凡西：《双山回忆录》，北京：现代史料编刊社，1980，第123、129页。

② 朱邦兴等：《上海产业与上海职工》，上海：上海人民出版社，1984，第259、290、147页。

③ 王凡西：《双山回忆录》，北京：现代史料编刊社，1980，第23、24、34—35页。

共产主义者,我们并不了解自己为之斗争的那门东西”。[①] 中共高层同样也有食“马”不化之现象。恽代英1928年底到上海任中共中央宣传部秘书长、组织部秘书长等职,负责上海东区工作,曾主编中央机关刊物《红旗》,长期从事国民党上层军政工作,但对俄国革命史的了解仍有限。[②] 中共“杰出的工人运动家”“优秀的职业革命家”,以罗章龙、何孟雄、林育南、李求实等为首的老党员,“多数在江苏省委中负责,有的则是长期的工会工作者”,不以理论而以实践见长,“真正生活在革命中,密切地分享着工人阶级的命运”,对瞿秋白、李立三的革命盲动性予以批评。陈绍禹(王明)出任总书记,“也可以说获得这班人的默许”。陈派上台,以更左的路线、专横作风,“逼反了这群忠诚的革命家们”。可惜的是,何孟雄、林育南、李求实等被捕就义。[③]

尽管中共内部对阶级斗争的理论认识不一,但斗争方式便于理解、易于操作。与之成反证的是,无政府主义的主张似乎也是人类“至善”之主义,但也在各种主义中最无操作性可言。其实,无政府主义者已有人洞察其机要。梁冰弦强调,以无政府工团主义实现社会革命,其前提条件则必须要有一个“革命党”代为“摧毁”顽固的经济、政治组织及“为资本家保阵的政府”。他这样理解政党与工团的更替关系:“革命团体是临时的,工团是永久的;革命团体专任破坏的,工团应任破坏后产业界之处置的;革命团体专事扑灭政治势力的,工团则从事打破经济组织的;革命团体是流动而驱除种种障碍的,工团是固定而处理一地方的生产和分配的;两者是任务不同,合起来就完成了革命的事业。”对于中国而言,“社会革命

---

① 王凡西:《双山回忆录》,北京:现代史料编刊社,1980,第23、24、34—35页。
② 王凡西:《双山回忆录》,北京:现代史料编刊社,1980,第127页。
③ 王凡西:《双山回忆录》,北京:现代史料编刊社,1980,第171、172页。

的方法,是以革命团体来撼动政治之势力,推倒资本家之靠山;以工团来没收私有的财产,兼且做处理地方生产之分配的机关”。[①] 但无政府主义从来不重视组织建设,其与生俱来的弊病,即预示着这一主义缺乏民众的支持。

较之阶级斗争,建基于民生主义之上的劳资合作,是国民党处理国内劳资关系的准则、目标,也是手段,但其缺乏可操作性。有时劳资合作还起到相反的作用。典型的案例是前述1924年南洋烟草公司罢工案件。罢工原因系邝、李为迎合资方而定“苛章”,南洋烟草公司工人中的200余国民党员为争取罢工胜利,请求国民党上海执行部开除邝、李党籍,予以工人经济援助。上海执行部由国民党右派叶楚伧主持,包庇同为右派的邝、李,置其他党员要求于不顾。[②] 劳资合作并非一定带来劳资关系的和谐,有时恰是劳资斗争的引信。就操作意义而言,革命手段比主义本身更为重要。

(四)主义何以有吸引力

在马克思主义的话语中,人类社会是阶级斗争史,阶级斗争是历史发展的根本动力。工业革命后,社会只有资产阶级与无产阶级两大阶级。中国青年社编辑的《青年工人问题》小册子开篇有言:“自从产业革命,机器工业发达,手工业破产以后,社会政治、经济、文化各方面都从根本上发生了重大的变化,其最显著的就是把

---

① 冰弦:《革命的工团》,《民钟》第1卷第7期,1924年3月10日;葛懋春、蒋俊、李兴芝编:《无政府主义思想资料选》下册,北京:北京大学出版社,1984,第702、703、704页。

② 南冠:《南洋烟草罢工与国民党右派》,《向导周报》第84期,1924年9月27日,第686页。

阶级对立的形势弄得十分清楚简单:全社会只有两阶级——有产阶级和无产阶级。"①社会黑暗是资产阶级造成的,只有工人阶级是其对手,工人阶级也是改造社会的主导力量。早期共产主义者接受这一理论,自觉将自身融入工人之中,同时要求工人知识化。施存统曾强调:"我们并不是看见青年工人生活可怜,要我们自命处在特殊的地位去援救他。我们有什么资格和力量援救工人?我们不但没有资格和力量去援救工人,反而是要借工人的解放来解放自己呢!"他要求学生在组织训练工人阶级之时,投身工人阶级运动,并"革除小资产阶级的遗习",完成无产阶级化。② 与早期共产主义者相同,社会党、国民党也有此类观点。江亢虎主张:"当谋知识阶级与劳动阶级之携手。"③周佛海有言:"我常常以为中国的革命,非知识阶级的进步的份子和农工联合,决不能成功。""一定要'穿长衫'投身入'打赤脚的'的队伍之中,为他的利益而奋斗牺牲","得到农工的信仰"。④ 汪精卫在反省国民党的革命未能带来应有的结果时,强调其"最大原因,是革命党和群众还没有真正密切的结合"。但他所提出的方法却失之偏颇:"如今要除去这些现状,惟有使群众明白主义的真面目,惟有群众知道为革命而奋斗,便是为群众利益而奋斗,也便为自己利益而奋斗。"为实现革命党与群众的"真正密切的结合",汪氏还提出了空泛的口号:"第一要

① 中国青年社:《青年工人问题》,上海:上海书店,1925,第1页。

② 存统:《中国的青年运动究竟应该怎样?》,《先驱》第22号,1922年7月1日,第1版。

③ 江亢虎:《对上海劳工各团体演说大要》,《江亢虎文存初编》,南京:现代印书馆,1944,第192页。

④ 周佛海:《黄庞四周年纪念感言》,湖南劳工会编:《黄庞四周纪念册》,长沙:湖南劳工会,1926,第7、8页。

训练革命党自己，第二要向群众宣传。”①

社会党、国民党不过是“口头革命派”，中共方面则采用政治、经济双重渠道与工人沟通，在争取工人经济利益的同时，引导工人的政治革命。具体分工而论，共产党主抓政治斗争，青年团更多负责经济斗争。

中共根据各类统计数据推算，全国青年工人（包括童工）应有430万，占工人总数的40%，他们“最富于革命的精神，他们真是革命的先锋”。② “清党”前，中共是秘密组织，社会主义青年团是半公开的组织。中共之所以能契入工人之中，社会主义青年团功不可没。1920年8月，中共早期党人在上海创建社会主义青年团。不久，北京、广州、长沙、武昌等地也出现了类似团体，与上海相呼应。但因内部杂错马克思主义、无政府主义、基尔特社会主义、工团主义，互起冲突，于1921年5月暂时解散。中共在“一大”后，更加注重青年团的组织工作。当年11月，青年马克思主义者，恢复社会主义青年团，确定崇奉马克思主义。恢复后仅6个月，上海、北京、南京、天津、保定、唐山、塘沽、武昌、长沙、杭州、安庆、广州、潮州、梧州、佛山、新会、肇庆17处成立地方团，全国团员达5000余，大多为工人，学生次之。1922年5月5日，上海临时中央局在广州召开全国大会，成立全国统一组织。“二大”前夕，共青团已在30多地得到发展，仅唐山、安源、水口山、石家庄等处“纯由少数工人组成”外，其他团中青工比例不及1/10。有人对此极为不满，倡导学生领导青工开展“经济斗争”（增加工资、减短工时、改良工厂

① 汪精卫：《中国国民党何以有此次的宣言》，民智书局编：《中国国民党讲演集》第2集，上海：民智书局，1927，第11、12、13页。

② 中国青年社：《青年工人问题》，上海：上海书店，1925，第10、29页。

卫生、反抗工头和师傅的压迫等)。[1] 当时,团中央领导层就青工运动的性质,也存在意见分歧。刘仁静认为,施存统"最大的错误"是"忘记了国民革命是中国无产阶级革命中之历程",武断地只言"无产阶级的社会革命",由此导致"一年以来,本国的地位,上不在天,下不在地,对于学生群众及工人群众都失了托足的根基"。为改变青工困苦,青工运动"只有与小资产阶级联合起来,作国民革命运动"。[2] 刘仁静甚至提出:"须认定本团不是一政治组织,而是一注重青年教育和青年工人生活奋斗的机关。故我们除了政治活动外,我们应当有新文化宣传和青年经济斗争的活动。我们尤其不宜使我们政治色彩太浓……"希望"二大"改变"完全是政治团体"的特性。[3] 1923 年 8 月,青年团"二大"通过《青年工人运动决议案》,检讨了"以前太不与群众接近,尤不注重青年工人运动"的失误,提出应竭力与青年工人建立"密切关系","引导青年工人向资本家行经济奋斗"。此决议案,肯定了施存统的社会革命的思路。青年团在若干地区的工运,取得了一定成绩。1923 年 6 月,陈独秀在代表中共中央向第三次党代会所做的决议中特别指出,"在长沙地区的工人中,团员占 50%",并能开展系列罢工。[4]

青年团与共产党关系密切,诚如青年团人所说:"譬如中国共产党是大哥哥,则本团就是小弟弟。"[5]共产党与青年团有各自的工

---

① 贺易:《第二次全国大会最重要的一个使命》,《先驱》第 23 号,1923 年 7 月 15 日,第 1 版。

② 敬云:《再论学生运动与工人运动答存统》,《先驱》第 25 号,1923 年 8 月 15 日,第 1 版。

③ 敬云:《二次全国大会的几个实际问题》,《先驱》第 24 号,1923 年 8 月 1 日,第 4 版。

④《陈独秀同志代表中共中央向第三次党代表会议的报告》,广东革命历史博物馆编:《中共"三大"资料》,广州:广东人民出版社,1985,第 58 页。

⑤ 光亮:《本团与中国共产党之关系》,《先驱》第 23 号,1923 年 7 月 15 日,第 2 版。

作领域，相互配合。比如，1923 年 6 月中共“三大”《关于劳动运动的议决案》指出，工厂劳动运动应偏于经济方面。其提出口号：男女工资平等，废止未满 14 岁之童工，推翻包工制，星期日休息，“以引起男女工人自身利益之觉悟”。1923 年 8 月，青年团“二大”通过的《青年工人运动决议案》尤为注重经济运动。恽代英（但一）及时提出“要顾及”青年工人的“生活与利益”，“这样，青年工人便会围绕我们而聚合拢来了”；第二步再引导工人组织工会。①

1925 年 1 月，中共“四大”通过的《对于职工运动之议决案》提出，在工人中发展中共势力的具体办法，其核心：第一，为“在国民党中发展劳动群众的左派势力”，必要时中共在“一定区域内”，“亦须领导大产业工人群众加入国民党，使国民党特别的革命化”。第二，对于“已经在国民党名义下的工人组织”，“应尽力从中活动，取得指导权，吸收觉悟分子”，组织中共党支部，组织工厂小组、工会小组，“取得群众信仰，以备彻底改组这种工会”。“尤其在工人与资本家发生经济冲突时，我们应利用此种冲突提高工人的阶级觉悟，指出国民党的本性，使之趋向于自己阶级的政党——共产党。”第三，“竭力设法到国民党的工人部里工作，借此改造国民党的工会为阶级斗争的工会，而筑成统一的工人运动”。② 以此衡量青年团，“四大”《对于青年运动之议决案》指出，青年工人运动是社会主义青年团“最重要的工作”，“然而至今没有一点成绩”，“在一般讲起来，还刚进入组织的时期，而主要尚在宣传的时期”，其原因在于“对于一切议决案没有懂得，以致未能切实进行”。要求社会主义

① 但一：《青年工人运动的注意事项》，《中国青年》第 18 期，1924 年 2 月 16 日；恽代英：《恽代英文集》上册，北京：人民出版社，1984，第 455 页。

② 《对于职工运动之议决案》，中央档案馆编：《中共中央文件选集》第 1 册，北京：中共中央党校出版社，1989，第 347、356—357 页。

青年团第三次大会“对于青年工人运动应有具体的进行方针”，青年团的工作应该是“在无工会或有工会而不受共产党指导的地方，社会主义青年团应利用此种青年机关援助共产党组织工地或获得领导地位”。[①] 同年同月，在青年团“三大”会议上，决定将中国社会主义青年团改名为中国共产主义青年团。青年团“三大”通过了《一般被压迫青年运动的决议案》，该决议案明确指出，青年团“是青年产业工人阶级争斗的前锋，并应是一般被压迫青年解放运动的领导者”。其工作目标“要使青年明了民族革命、阶级争斗、社会革命之意义，及青年工人的特殊利益”；其方法是“在工人运动特别发展的区域”，如安源，及“工人运动公开的地方”，如广东，尽量吸收青年工人入团，发展青年工人文化运动的组织，从教育、娱乐、经济斗争方面进行青工运动。[②]

1927 年 4 月，中共“五大”在《职工运动议决案》中指出：职工运动发展，“使资产阶级受了莫大的威吓，渐次背叛革命（蒋介石叛变），不惜与帝国主义妥协，专力来打击工人阶级以保护资产阶级的利益”。所以他们一方面采取法西斯手段屠杀工人领袖，另一方面组织黄色工会，“提倡分红利制度”，“来缓和工人阶级的进攻”。中共“应该加紧工人阶级的团结，组织工人阶级的武装来抵抗法西斯蒂，动摇资产阶级的政权。同时要极力提高工人的要求，发展经济罢工，揭破资产阶级改良主义的假面具”。中共“五大”要求青年团着力于青工的经济利益。《对于共产主义青年团工作决议案》提出，青年团“夺取广大青年群众的唯一条件要注意他们日常的需要

---

① 《对于青年运动之议决案》，中央档案馆编：《中共中央文件选集》第 1 册，北京：中共中央党校出版社，1989，第 366—367 页。

② 《一般被压迫青年运动的决议案》，中国新民主主义青年团中央委员会办公厅编：《中国青年运动历史资料》第 2 册，内部资料，1957，第 44、45、46 页。

与争斗,用部分的要求具体的口号才能将革命青年群众团结在C. Y.(共产主义青年团)的周围”,要注意青工、童工和学徒的经济斗争工作,改善其生活。①

共青团湖南组织,依此决议案开展工作。1927 年 5 月 7 日,湖南总工会青工委员会“为提高青年工人知识,鼓励他们战斗的勇气”,召开青年工人大会。到会有店员联合会劳动童子团、染业工会及贫民习艺所学徒计 300 余人。县党部青年部长、共青团宁县代表提出“青工最低要求十条”:(1)18 岁以下青工每日工作不得过八小时,停止夜工;(2)禁止青年从事危险及有害身体的工作;(3)与成工工作时间一致,同酬;(4)星期日、纪念日停工给资;(5)因工受伤不能工作照给工资;(6)改良学徒制,酌量技术程度,规定学徒期限,至多不得过两年;(7)师傅应授以完成技术,给最低工资,且酌量技术增加之;(8)学徒出师后,即与普通工人得同样之工资和待遇;(9)改良青工、学徒待遇,禁止虐待、侮辱,尤其不要为私人服务;(10)政府、工会应供给免费的教育、娱乐。②

虽然中共对青年团吸收工人入团的工作一直不太满意,但其工作实绩仍有可圈可点之处。比如:举行追悼黄、庞被害活动;援助二七罢工;参加五卅运动,发起支持上海日华纱厂、内外棉纱厂罢工的募捐活动。③ 北大学生组织的青年团,常对各地工会工人及家属实施补助救济之举,提倡团结罢工,抵抗资本家;张国焘等长

---

① 《职工运动议决案》《对于共产主义青年团工作决议案》,中央档案馆编:《中共中央文件选集》第 3 册,北京:中共中央党校出版社,1989,第 73—74、90 页。

② 《青年工人大会》,《湖南民报》1927 年 5 月 14 日,第 7 版。

③ 施复亮:《中国共产党成立时期的几个问题》,中国社会科学院现代史研究室、中国革命博物馆党史研究室选编:《“一大”前后》(2),北京:人民出版社,1980,第 37 页。

期食宿在长辛店著名工人首领徐荣德家中,以此联络工人。[①] 中共“五大”通过的《对于职工运动之议决案》特别提道:“在最近广州李济琛屠杀工农群众及共产党人事迹中,竟有数名年龄不满 13 岁的劳动童子团员,在就义时高呼‘共产主义胜利万岁!’”

青年团能融入工人,在于中共根据青年团特点开展工作。1922 年 5 月 1 日,社会主义青年团(S.Y.)以武汉中学、中华大学名义,在青年会举行游艺大会,邀请劳动者发表演说。[②] 1932 年 8 月,中央指示共青团广东省委实施“冲锋季”计划,要求“两广团”中的“广西团”“组织领导和发动”以“青工日常的斗争”为主体的“农民、灾民、兵士、学生的一切斗争”,要求团组织主要发动南宁、梧州、贵县的轮船青工、市政(汽车)军械厂青工的斗争。[③]

国民党有关工作,相比中共,不可同日而语。国民党“二大”仍受中共的影响,中共对青年工人工作的重视也影响了国民党。国民党中央青年部发行《革命青年》周刊,鼓动各类青年革命。内中文章,如邵华的《革命青年与农工阶级》,强调国民党的青年工作(包括工人)远落后于工农运动,要促成青年学生团体与青年工人的联系。[④] 1926 年 5 月,邵元冲应蒋介石邀请出任国民党中央青年部长。8 月,中央青年部制定《青年运动大纲》并经中央会议通过。

---

① 《载德关于张国焘被捕及学生联合会活动报告(1924 年 6 月 3 日)》,中国第二历史档案馆编:《中华民国史档案资料汇编》第 3 辑民众运动,南京:江苏古籍出版社,1991,第 593、594 页。

② 《武汉 S.Y.五月份工作报告(1922 年 6 月)》,中央档案馆、湖北省档案馆编:《湖北革命历史文件汇集(群团文件)》(1922 年—1924 年),武汉:中共湖北省委办公厅青年服务队,1983,第 24 页。

③ 《团广东省委冲锋季工作的计划(1932 年 8 月 15 日)》,中共梧州市委党史研究室编:《梧州革命历史文件汇集》,梧州:梧州地区印刷厂,1994,第 193 页。

④ 邵华:《革命青年与农工阶级》,《革命青年》第 3 期,1926 年 8 月 25 日,第 6、7 页。

《大纲》分为青年与环境、青年运动之基础、青年与各种社会运动、青年运动策略四部分，倡组青年团以实现思想、组织统一，开展文化运动、民族运动、工农运动。不过，其内容空泛，不具操作性。[①] 直到1938年，三民主义青年团才成立。但由于三青团与党国体制难以兼容，其既与国民党、国民政府地方组织争夺政治资源，又长期陷入财务危机中，徒增了分裂国民党的可能性，故1947年9月，蒋介石于国民党六届四中全会上宣布“党团合并”。[②] 各地三青团向工人中渗透多始于全面抗战胜利后，虽然也能在部分工厂中建立组织，但这些组织在建立之初即与由国民党、地方政府掌控的工会存在恶意竞争。上海三青团12分团部，于1947年借信和纱厂工会理事长换届之机，以捣毁工会、殴打干事等手段运动工人，以图占据工会主导权，被上海市总工会视为“工界流氓分子”。与青年团相比，三青团根本不可能贴近工人生活，更不可能将自身工人化。

① 曾济宽：《青年运动大纲》，《革命青年》第2期，1926年8月18日，第14—21页。

② 参见李焕江《“革命”的裂解：上海三青团研究（1939—1948）》，硕士学位论文，华中师范大学，2021年，第124—125、129—130页。

第二章　企业生态与劳资关系

影响劳资关系的因素极为复杂而多元。从国际贸易、经济政策、法律，到企业本身的经济状况，均决定着劳资之间或亲和或敌对的关系。不过，劳资双方关系，归根到底还是由企业内部劳资双方之间的相互体认所决定的。陈达曾言："友谊和仇视"乃是测量劳资关系"远近的一个尺度。""这显然包含着心理的因素，属于无形的。"[①]决定劳资间合作或对立的核心，在时人看来，取决于资方对工人的态度。工潮起伏，根本在于"老板是老板""工友是工友"，两者中间横亘着"深阔的濠沟"；就在于老板毫无同情心，全然未将工人当作"人"，工人"自会想种种法子，弄得老板走投无路"，焉能感恩报答老板？[②] 这种具有"心理"特性的劳资关系，既表现为劳方与资方的直接关系，又表现为劳方与资方代理人、企业管理者之间的关系。"一个人事管理得法的工厂，往往能够在无形中防止工

① 陈达：《我国抗日战争时期市镇工人生活》，北京：中国劳动出版社，1993，第 400—401 页。

② 异之：《向老板们进一言》，《工锋月刊》第 2 期，1945 年 12 月 20 日，第 8、9 页。

潮的发生或蔓延。”[①]相对而言,最终决定劳资关系的则是企业家、企业运作、企业文化。

一、车间政治

企业管理是资方通过对雇员的管控、指导,以合于运营流程,产出利润的过程。具体而论,企业管理又是企业主通过管理者与基层工人争取利益最大化的博弈过程,此一过程即西方学者所谓“车间政治”。

(一)严苛管理种恶果

上到总经理、厂长、主任工程师,下到科长、股长、领班、考工等管理层,他们掌握着工人的工作权、考绩权、赏罚权,在很大程度上左右着资方与工人的关系。“车间政治”中充斥着资方代理人与工人间矛盾、争斗。电器工界联合会于1920年曾向社会呼吁,“望资本家顾惜工人”:“现在各处的资本家,当我们工人为无知的蠢人,不但工资少,就是菜与饭也是粗糙的。有一件最苦的事,恐怕诸位不曾经过,就是厂家的账户先生,他监到发工钱的时候,很搭架子,视我们如同犯人,向他白要的一样。这还不算数,还要硬升洋价,硬搭铜元,打折头的钞票,这种苦况,也不算苦。最苦的就是要一天做到夜,只有二三角洋钱,还要自己吃饭。叫我们妻子儿女,或有父母的,如何可以过命?”[②]该联合会之呼吁基本能概括工人对资

---

① 郝如侨:《由工潮想到工厂人事管理》,《中国劳工月刊》第7卷第6期,1947年6月25日,第5页。

② 《电器工界向社会呼吁》,《劳动界》第8册,1920年10月3日,第14页。

方的不满之所在。

工人与管理者之间的关系，最直接地左右着工人与资方的关系。工厂中最低级的管理员，负责以“勤惰”考核工人。他们大多毕业于新式学堂，与工人之间关系往往最为紧张。还是在1920年，湖南兵工厂工人极为反对“学生”出身的管理员（“技手”）以“考工”的“专制手段”“来压制欺弄我们做工人”，将“技手”当作“资本家底走狗”。①

私营企业工人悲苦有甚于公营企业。工厂监工或工头对于工人非殴打即辱骂“却属常事”。1926年6月间，上海发生107次罢工，内中有73次工人在调停中提出“不能打骂工人”的要求。② 1930年3月，青岛天成洋行蛋厂即因工头苛待工人激起停工。③ 丝厂、纱厂女工遭遇更惨。苏州苏经丝厂工人以10岁至18岁女工为多，每日工作12至14小时。“打架”女工年龄最幼，工作最苦，“终日将手泡在热水当中，皮破血流”，夏日旺季更是熏蒸在热汽之中。厂中监工“为忠实的履行其职务，不免有打骂殴伤的事”。1920年6月间，该厂全体工人反对监工虐待而罢工。厂方恰逢“赶货”，乃邀集工人至茶楼磋商，答允了工人提出“不殴打工人”“不辱骂工人”的要求。④ 无锡作为丝厂集中地，虐工事件层出不穷。无锡东门外薛南溟一系的缫丝厂，招募百余名女工，并与之签订了三年契据，规定女工膳宿于厂内，每月仅有3小时出厂时间，以防女工向外界诉苦。女工每人负责20个缫丝眼，劳动强度极高。1936年5

① 本厂一份子：《湖南兵工厂虐待工人底情形》，《劳动界》第12册，1920年10月31日，第5—6页。

② 一青：《群众运动》，北京：北新书局，1927，第87页。

③《两埠工潮汇志》，《劳大周刊》第3卷第9期，1930年4月26日，第15页。

④ 贺岳僧：《中国罢工史》，上海：世界书局，1927，第12页。

月间,女工庄大贞因母丧请假被拒而伤心昏厥,“为虎作伥”的管车们却当面辱骂她。该女工哀愤交加以至病倒,却仍然拖着病体上工,因腹泻污染车间而被管车关禁闭,最后自缢而亡。厂方将女尸埋于厂中煤屑之中,却被厂中工人发现。厂内有工人呼吁为其讨回公道,“为了本身的幸福去向仇敌决斗”。[①] 无锡一丝厂同样在宜兴、栗阳、无锡等四乡招收十七八岁的穷苦女子为养成工,除提供食宿外,前6个月不给工钱。6个月后,养成工每天工作12小时以上,管理20丝眼(普通女工只管6只丝眼),“才有很少的工钱”。工作稍有差错,即遭女管理员殴打。工作主任张娴对养成工更是“开口便骂,伸手便打”。如有养成工稍加分辩,就会被幽禁。养成工被逼上吊之事也时有发生。1936年5月,该厂12位从“虎口里逃出来”的养成工发表“呼吁书”,将管理员比作“雌老虎”“活阎王”,揭露了遭受鞭打辱骂“好象被判无期徒刑的囚犯”般的非人境遇。此时,永盛厂又有养成工被打死,死者父母受到恶势力压迫和金钱的诱惑,只有选择“忍痛的默不作声”。[②]

战时陪都重庆六个规模最大、人数最众的纺织厂都有工人抱怨管理人员不近人情,“时常板起面孔打官腔,不尊重她们的人格,甚至还无故的打骂,就是在生病的时候,也不容易请假”。有些厂的管理员“对待工人确实苛刻,管理是不合理的严紧,剥夺了工人工余的一切自由活动,使工人们养成憎恨管理员的心理”,彼此之间难有好感。[③] 一些工厂中的“规矩”确实有辱人格。重庆有纺织

① 一个工人:《一个丝厂女工的惨死》,《永生》第1卷第11期,1936年5月16日,第269、270页。

② 《劳工生活》,《国际劳工通讯》第21号,1936年6月,第74页。

③ 新运妇女指导委员会编:《战时纺织女工》,重庆:新运总会妇女指导委员会,1944,第52页。

厂《厂规》要求女工“每日进厂后第一次遇到先生时,须行一鞠躬礼敬”。遇厂长工程师巡视车间,不论何时,均须行礼致敬。有管理员称该厂女工们“严格遵守此项规定,进厂调查的社会工作者都得到如此礼遇:“亲身受到不少九十度的鞠躬,甚至当我的眼光刚一瞄到一女工身上时,她就会很快的跑过来正对着我一鞠躬。”“那些脸上毫无表情,硬弯下疲倦的身子的一躹躬礼”,让厂外人士“感到是受着一种冷酷的讽刺而不安!”①

工人所受非人待遇在全国都极为普遍。中国劳动协会宗旨即为工人谋求公正的政治、经济地位,破除工人非人的待遇。1943 年 3 月,中劳协第四届年会时,四川省忠县工会、湖南省芷江县总工会提交《禁止资本家及商人仗势虐待工人以利生活案》,经大会审查通过,并呈请社会部通饬各省市县政府,严禁资本家及商人虐待工人,“无故欺凌”工人。该案中有声讨资方言论:“各地资本家及商人往往眼阔自大轻视工人,动辄漫骂行凶,或狐假虎威,非法关禁、克扣工资,种种虐待不一而足。”②

1946 年后,天津工厂接连裁工、倒闭,“有许多身壮力健的技工脱离了生产阵营”。有东亚毛呢纺织公司工人在呼吁各厂实施工厂法,保护工人各方面权益时,特别强调:工厂要“承认工人是社会生产的动力,应加意爱护工人,接受工人合理的建议,取缔卑视工人为‘奴隶’”。③ 同年,清华大学“国情普查研究所”在上海举行“工厂工人生活调查”,在 201 份取样中有 58 人对直接管理人员有

① 元甄:《纱厂女工在重庆》,《群众周刊》(重庆)第 2 卷第 23 期,1939 年 5 月 1 日,第 790 页。

② 中国劳动协会编:《中国劳动协会第四届年会报告书》,重庆:中国劳动协会,1943,第 50 页。

③ 贾如榛:《我的希望》,《华北劳动》第 1 卷第 9 期,1947 年 3 月 15 日,第 12 页。

异议,内中有40人与领班、工头“相处的感情十分恶劣”,“一致对直接上司采取仇视的态度”。工人眼中管理员的恶习包括:领班“拿官架子”;“管理员没有一点同情心,监督严,派头大”;“管理员没有感情,工作逼得太紧”;领班专和工人作对,“他是老板的亲戚啊!他们只替厂方说话,不管我们苦处”。“最可恨的是工头和领班,他们为了拿资方的钱,总是偏袒资方,欺负劳方。”在工人看来,领班就是资方的帮凶。①

重庆情况同样如此。陈达等对重庆41位车工、钳工等技术工人的调查显示,工人对领班、管理员满腹怨言。时人有谓:“工人爬高了当了领班甚至当了职员,就忘记了工人,忘记了他自己是工人,工人当然恨他,领班中拍马屁的,最为工人所不喜欢。”或称:“我最不满意的是领班报等级时不公平,感情用事。和他感情好,则等级报的较高,否则报的较低。等级的高低和报酬是有关系的。”或说:“领班有黑市费,拍马屁,同情管理员,不和下面的人来往,有架子。”或指出:“许多管理员摆架子,看不起工人,工人也看不起他们,所以有时谈话不对,就要起冲突。”②

外资厂中外籍监工侮辱工人之事更时有发生。1919年2月,上海日华纱厂中日本监工殴打工人引发罢工。③ 日资厂华人工头欺凌同胞的现象尤为可恨。青岛地区日资纱厂有仓口镇的钟渊、宝来、富士及四方镇大康、隆兴、内外棉共六家。厂方将“在厂日久”“能力充足者”提升为“把头”,管理重要机械和工人。把头工资较高,较得厂方信任,“遂不免帮助厂方,抑压工人”。工人对于

---

① 陈达:《我国抗日战争时期市镇工人生活》,北京:中国劳动出版社,1993,第405页。

② 陈达:《我国抗日战争时期市镇工人生活》,北京:中国劳动出版社,1993,第184、185页。

③ 贺岳僧:《中国罢工史》,上海:世界书局,1927,第13页。

把头“多数均怀恶感”，目为“走狗”“工贼”。①

有一则纱厂女工高杏芳的日记，将日资纱厂华人女工头与日籍职员沆瀣一气、欺辱女工的恶行刻画得如此传神：

> 星期日，我到一个小姊姊家里去玩，她是日本纱厂细纱间的哪(拿)摩温。我去的时候她正在和她同厂做的小姊姊谈话，她们看见我进去，便很快活的样子，叫我坐下。……正在这个时候，一个东洋人大摇大摆的跑进来，这两个哪(拿)摩温看见这倭奴就一阵贱笑站起来，叫他坐。这倭奴就靠着这两个哪(拿)摩温坐下了，便叫那个哪(拿)摩温：“红妹！你这两天怎么这样瘦呀！”那个叫红妹的哪(拿)摩温很娇媚的对那东洋人说：“这两天生活难做极哪；小工们一点都不听我的话。”那倭奴便说：“小工不听你话，你为什么不打她们？”那个红妹说：“怎么不打？昨天有一个小工吃饭不掉班，我看见了连我的戒指都打断了！这样贱种打不怕的，阿四你说对不对？”那个叫“阿四”的哪(拿)摩温，因为我在那里不好说什么，只是笑而不答，……倭奴……说：“你打得太轻了，所以他们不怕你，下回用木棍打，假使她们再不怕，你就告诉我，我一定把她们开除！”说到这里倭奴的手就拍在那个叫红妹的身上，叫道：“红妹你不要怕，有我替你做主！”……我回到家便想：这种可恨的哪(拿)摩温，自己住在工房里靠着东洋资本家的势力欺压我们，我们做小工的太可怜了。②

---

①《调查青岛工运活动报告》(1929年10月6日)，中国第二历史档案馆藏，档案号：722-2335。

② 高杏芳：《工厂日记》(二)，《读书生活》1卷第4期，1934年12月25日，第15—16页。

(二)劳资互视:两种立场、两种形象

工人攻击资本家为博取金钱而欺压工人,但工人在资方、管理者眼中,也是金钱至上。1909 年 9 月,上海制造局技工跳厂至外省,总办张士珩认为各厂工匠"所待非薄",又有提拔升用渠道,"尚不思报效而竟妄听诳诱,实属不知自爱",乃刊布告示加以警告:"嗣后如再听诱出省工作,一经访明下落,定行移知该省从严追回,治以应得之罪,决不宽贷。"①张氏以为局方已对技工仁至义尽,工人却"见利忘义"只知谋厚利。全面抗战期间,技工缺乏,各厂竞相以高工资、优厚的津贴招募。一时间,有记者都觉得"一般靠薪水谋生的人,我想恐怕再没有技术工人的待遇更好的了"。但因工资标准提高"已有追不上物价增长的趋势",工厂不断以更高工资招工,结果竟引起了工人流动。"往往有甲厂的工人,今日因乙厂标准高,而跑到乙厂,明日又因为丙厂工资标准高,又跑到丙厂。"②

工人对基本的厂规也不愿遵守。纱厂因工人流动性大,进出厂区需领取工牌,便于管理及发放工钱。1909 年 5 月间,上海杨树浦又新纱厂工人辛杏生、胡金生等五人,认为出入须领竹筹甚为烦琐,群起反对,并因此被判关了一星期。③ 纱厂还有一个不可控的工人随季节增减变动的周期。比如,南通纱厂的工人十之八九兼务农,每逢耕种、收获,即舍工而业农。农事告毕,复入厂做工。"厂中雇用此半农半工之工人,于农事较忙时,每因工人缺乏而关车,礼拜日、晚工及礼拜一日停工者尤多。细纱关车数目多至三分

---

① 《引诱工人》,《申报》1909 年 9 月 5 日,第 3 张第 3 版。

② 毛延祺:《对于〈抗战期间的工人问题〉的感想》,《机工》第 5 卷第 1 期,1941 年 6 月,第 14 页。

③ 《工人吵闹》,《申报》1909 年 5 月 13 日,第 3 张第 4 版。

之一,甚占全部之半。至农闲及发给工资之日,人数骤增逾溢常额。为维持不因缺人停车,不得不雇用逾额之人,是以每人所得工资微薄,而纱之成本已重。"随之产生如下弊病:(1)"人数过多无须多劳,致养成惰性,不易发挥能率。"(2)"所得工资甚微。多数工人不以在厂工作为专业,常自由停工",仅将厂中工作当作个人之补助生活。(3)"不以纱厂工作为专业之工人,技艺难有进步。"(4)"生活程度虽日益增高,厂中以工本已重,无法提高工资。"①浙江省棉织业工人的流动性比所有行业都大,杭州市广生、永新、振华、大丰、盛记、惠民,以及嘉兴之禾兴、鄞县之原丰、顺兴等棉织厂,各部工人跳厂频率之高(工厂愈小,工人流动性愈大),甚至使厂方造送工人名册都感困难。②

不仅纱厂,北平地毯业工人亦进退频繁(2-1表)。依此数据可以判定,燕京厂工人既然可以任意进退,多不注重精进工艺外,临时性工作也不利于培养工人的责任心、纪律性。浙江省火柴厂装匣、糊匣、刷药、整理等女工,缫丝厂剥茧、检蚕等工人,棉织厂粗纺、细纺等工人,棉织厂工人,淀粉厂粗工,卷烟厂包装、整理工厂工人流动也极频繁,丝织厂女工尤甚。③

---

① 朱希文:《南通纺织业现状及今后应有之准备》,中国纺织学会编:《纺织年刊》,上海:逸兴印刷厂,1931,第12页。

② 实业部中央工厂检查处编:《民国二十三年中国工厂检查年报》,南京:新新印书馆,1934年,第4章,第134页。

③ 陈奎:《浙江省第一期工厂检查报告》,《浙江省建设月刊》第10卷第9期,1937年3月,第15—16页"各业工厂工人流动概况表"。

表 2-1　北平地毯业工人入厂、退厂人数表

单位:人

厂数	燕京工厂		仁立工厂
年度	1933 年度	1932 年度	1933 年度
年终工人总数	432	590	426
本年入厂人数	267	459	218
本年退厂人数	425	258	221
每日平均人数	507.5	514.9	412.3

资料来源:实业部中国劳动年鉴编纂委员会编《二十二年中国劳动年鉴》,1934,南京:实业部劳工司,第 3 编"劳动设施"第 263—264 页。

社会学者史国衡亲临战时昆明工厂调查后发现:"工人来路分歧,心神未定,没有养成一种遵循法纪,各安本分的习惯,所以个人生活与团体纪律不容易做到合拍的地步。""以为投机取巧是表现个人的技能",并不以此为耻。① 战时昆明,因跳厂容易,工人们往往不告而别,"不愿意在离职前向厂方交涉或提出改善待遇的要求,他们认为这是浪费时间"。据调查,上海 27 业 166 厂在 1946 年 1 月至 9 月间的工人流动率为每月 3.25%,表明每隔三年工厂全体工人便更换一次,此活动率却仍比昆明低 51.6%。战时工人跳厂率堪"创当时中外工业的最高纪录"。② 迁川工厂联合会不得以曾决议,凡收用跳厂者罚款 500 元,然而事实又不易执行。如此来而即走的工人,对企业不可能产生相属感、责任心。

在资方眼中,工人缺乏应用的职业技能,甚至职业操守。比

① 史国衡:《昆明新工业中之劳动者》(续七),《中国劳动》第 8 卷第 4 期,1945 年 8 月 1 日,第 31 页。

② 陈达:《我国抗日战争时期市镇工人生活》,北京:中国劳动出版社,1993,第 6 页。

如,各企业偷窃成风。1920 年上海工界在对社会呼吁"顾怜工人大苦楚"时,即为这种行为申辩,同时也变相要挟资方:工人"如其苦不出头,不如作暧昧的事,这种也很不在其数"。① 1920 年代的申新一厂工人"常有嬉戏偷惰情事"②。战时昆明国营纺织厂工人还偷盗 4 匹马力的马达,经常随意盗卖几百公斤的铅块、铜线、器材。当地工人报纸广告栏中常刊发各工厂悬赏追缉因盗窃而"逃工"的广告,赏额自数百元乃至千元以上。③ 偷盗是工人仇视资方的变态行为。有工人对此现象有所反省:"我们工人中,最普遍的恶习是贪小利。以在纱厂做工的来说,有少许女工每每喜欢偷窃厂方一些纱线或零碎布头,以及其他物件,……拿到家庭去缝补破衣,胆大的工人甚至偷窃更大的物件。……这样一来,厂方自然不满,有些就用检查人员来对付。工人方面过去因待遇过低、物价高,揩厂方的油,也是不得已的。在我希望工友们有这种习惯的就快些改过。我们要尊重自己,才能得到别人的尊重呢。"④再比如,工人为多赚钱只图速度而忽略产品质量。战时重庆一家生产手榴弹、迫击炮弹引信、地雷的兵工厂,实行计件工资。一些工人求生产量,不注意产品尺寸、规格,造成"许多定货都被退回"。⑤ 一些商铺职员,不关心业务,"总是油腔滑调的在谈笑",甚至轻佻地品评女性

① 《电器工界向社会呼吁》,《劳动界》第 8 册,1920 年 10 月 3 日,第 14 页。

② 郭鉴清、仲祖龄:《申新第一厂参观记》,《钱业月报》第 5 卷第 2 号,1925 年 3 月 9 日,第 35 页。

③ 史国衡:《昆明新工业中之劳动者》(续七),《中国劳动》第 8 卷第 4 期,1945 年 8 月 1 日,第 31 页。

④ 王熊稚:《工人莫贪小利应该尊重自己》,《工人报》1947 年 9 月 4 日,第 2 版。

⑤ 苏金:《一个铁工厂工人的生活》,《工合之友》第 1 卷第 2 期,1939 年 4 月 1 日,第 68 页。

顾客,拿顾客“出气”。[①]

工人在与资方的较量中,常公开或暗中毁坏公物泄愤,此举加大了企业成本。有化名“一叶”者,自办厂以来一直发现厂中工人皆“对公司深滋疑虑,故意毁坏”,“无一能乐业者”。推原其故,“一叶”指出不外五端:(1)对于工作毫无兴趣。(2)对于雇主全失其同情心。(3)“对于所治之工,毫无智识,毫无动机。”(4)“对于环境,不能调和。”(5)“对于责任,毫不感觉。”[②]申新一厂工人“对于机器之保全,物料之爱护,更不经心”。[③]

实际上,工厂制度化必然要以规范化为保障,管理条例一般并非苛则。1947年3月以来,中国纺织建设公司锦州纺织厂“遵守规定努力工作者固居多数,而违背厂规废驰职务者亦不乏其人”。该厂为整肃厂纪,将处罚条款张贴厂门公告。条例规定:(1)凡厂内吸烟、盗窃、斗殴、故意损坏公物、不服从管理调遣、煽动工潮及连续旷工三日者,予以开除。(2)不服从检查、出入厂不佩带工牌、迟到早退者,处以罚金。[④] 条例所戒行为,均为工人日常与资方抗衡所采取的最低成本的方式。

所谓工人道德沦丧,实质上也是工人成为社会剧变受害者的副产品。北京汇文大学经济学教授泰勒(J. B. Tayler)著文称:“现代化工业割断了工人和旧生活的社会联系、内在经济联系、道德法律联系,把他们抛到一个未知的、难以应付的海潮里。……曾经效

---

① 晨文:《贡献于店员者》,《职业与修养》创刊号,1939年6月16日,第16页。

② 一叶:《工人管理法》,《上海总商会月报》第3卷第11期,1923年11月,“商学”第1页。

③ 郭鉴清、仲祖龄:《申新第一厂参观记》,《钱业月报》第5卷第2号,1925年3月9日,第35页。

④《锦州市政府为工人逃避兵役事与中纺锦州公司厂长(王若愚)往来函》(1948年2月),锦州市档案馆藏“敌伪”档案,档案号:88-2-120。

忠过的旧制度消失了，指导他们生活的格言、戒律也在变革中失效了。这些无知、冷漠的工人怎样才能建立起一个新的社会秩序来代替旧传统呢？"[①]社会转型、生产场所的变换，加之生计困苦，工人苟且之事滋生。

工人视企业为资方赚钱工具，就不可能将自己的利益与资方捆绑到一起。1923年，曾有一位小工厂主化名趋理发表文章，将企业的失败归结为工人完全不负责的工作态度。趋理参观过不少国内工厂，发现"各厂工人做工的状态，实在有许多不敢恭维的。就是工人做工的时候，差不多没有一个肯聚精会神的"。他分析工人有"这个毛病"，应该与劳动时间长、"设备不完全"有关，但也强调"劳动者缺乏责任心，恐怕是个最大原因"。他指出，正是由于缺乏责任心，工人"不能发挥劳动能率，不能使生产费逐渐节省"，"不知爱惜机械，不知宝贵物料"。此人"曾听见日本纺织工程师说过，中国纱厂的纱机寿命，至少比日本缩短十年。中国纱厂的车油消耗分量，至少比日本多过两倍。中国纱厂的油花分量，至少比日本多出一倍"。经其"实地试验的结果，机械一层，虽然还没得什么的确证据，而车油和油花的分量，不幸成了事实"。[②]

对这位小厂主来说，工人除了缺乏责任弊病，还漠视厂规。厂规包括劳动纪律及"工作程序"。他说：工人"只管顾着自己个人的历来习惯，虽然经了工程师或是监督者多番热心指导，他们总是抱定'你说你的、我做我的'的主意，丝毫不去理会。若是督促太紧的时候，也不肯专心致意的去理会那程序的缘由，随随便便的敷衍一

① 中华续行委办会调查特委会编：《1901—1920年中国基督教调查资料》上卷，蔡咏春、文庸、段琦等译，北京：中国社会科学出版社，1987，第107页。

② 趋理：《罢工风潮与劳资调和问题》，《太平洋》第4卷第2号，1923年9月5日，第16页。

番”。这种现象不仅存在于工人身上，而且“居首的工头犯得更厉害”。包括工头在内，都仅凭经验而非严格按照规程操作。[1]

工人的技能、效率，乃至工作态度确实也良莠不齐。一则丝厂“打盆”女工的日记有所反映：“我只得忍气吞声的进去了。把茧子拿了过来，胡乱的缫缫，缫好了头，就给做丝人去做了。那做丝人板起了面孔说：‘做得这么慢，还不快点！’我回了她一声，她就把很热的水洒我，当时手上就烫起了几个泡，还骂‘贱货！好好同你说还不听，再不听说话我去告诉账房先生。’后来管车先生来，还把我责骂一番，这时真叫我有口不能开。”[2]“打盆”女工的“胡乱”态度，影响下道工序的效率，不善于与下道工序工人沟通的性格，自然不适应密集化的生产体制。责骂“打盆”女工的“做丝”女工，到当天下午“也受到了管车先生的责骂”，其原因是她“把十三个茧子做一根丝”。[3] 原本每一茧子应该自成一根丝，该“做丝”工只讲进度而不求质量。

纱厂女工因长期劳作，精神疲乏，夜工时多“偷懒”。有同情工人的领班曾这样叙述夜班女工“耍滑”：“（车间）灯光夺目，如同白昼，上半夜还不觉难过，吃了半夜饭以后，眼渐渐酸了，同时墙壁间的罚牌也和法院门口的批示一样挂满了，大半都是这样写着：‘某号工人偷睡罚洋1角’。我……去替她们讲讲少罚点，但是领班先生回答我道：‘她们打瞌睡，假若给考工、稽查看到，我们是逃不了一顿排头的呀！所以我们只有多罚、重罚……’。”考工哨子一响，打瞌睡的工人立即醒来；考工一离开，工人又睡觉。稽查过来又吹

① 趋理：《罢工风潮与劳资调和问题》，《太平洋》第4卷第2号，1923年9月5日，第18页。

② 田秀英：《工厂日记》（一），《读书生活》1卷第4期，1934年12月25日，第15页。

③ 田秀英：《工厂日记》（一），《读书生活》1卷第4期，1934年12月25日，第15页。

哨子叫醒工人,该小领班同女工一道就“这样一而再,再而三”熬到交班。① 其实,工人日复一日地长时间劳作,自然缺少睡眠。有传教士在上海缫丝厂参观时,即目睹这一现象:“她们常为疲乏而睡觉了,竟躺在轮机的旁边,忘记了所爱的婴孩了。所以每逢夜班的时候,你进厂去一看,就看见倦乏的女工,东一个西一个地躺在那里,旁边且有睡醒的小孩子,两眼望着旋转的机轮呢。”②

南通学院纺织科4年制毕业生李式中,刚入职上海振泰纱厂5个月就感叹:“老实说,男工诚然不容易管理,难于应付;可是女工亦殊多奸狡刁滑。”③还有业界人士按纺织厂女工年龄层,分析其从业原因,指出其各自缺陷。有胡良熏者,依其从事纱厂管理工作四五年的观察,归纳出女工特点:15岁至20岁“少年期”女工,涉世未久,身心纯洁、坦诚,受父母之命进厂谋生,对未来无计划,却“生性大都玩皮”。20岁至40岁“中年期”女工普遍“积习较深,难于管理,有时会因少数顽固者作梗,而竟激起风潮”。其入厂动机有二,其一为求工资以敷家用,工作勤奋,“偶有不良之处,被管理者申斥时则俯首从命,绝不敢违”,“管理颇易”,唯颇喜跳厂,以丰收入;其二“是不惯家庭之拘束而来厂,做事大都懒惰,稍受管理者之约束,即起反抗,甚之,竟会侮辱管理职员及激起罢工等行为”。40岁至50岁“老年期”女工“自治力较强,犯规之行为亦极少见”,但“旧习惯颇深”,不易改进技艺,加之手足迟钝影响工效,且“有倚老卖老轻视管理员等举动”。④ 不论是那个年龄段女工,均不具备大工业

---

① 沙鸥:《再谈纱厂生活》,《新生周刊》创刊号,1934年2月10日,第577页。

② 《中国工人概况之调查》,《青年进步》第62期,1923年4月,第29—30页。

③ 李式中:《从离开了母校跑进工厂的一页纪实》,《纺织之友》第1期,1931年4月,第255页。

④ 胡良熏:《纺织厂与女工》,《染织纺周刊》第2卷第7期,1936年9月16日,第974页。

生产所需的必备素质。

甚至慈善工厂中的工人也敷衍行事。在“中华民生改进社”建成(1932 年 5 月)的难民工厂中,工人普遍“好逸恶劳”,管理人员“费了许多嘴舌加以善意的开导”,“一般工人居然以不做事吃饭为羞耻了”。① 资方为雇员举办的福利事业,还诱发了雇员对工作职责的漠视。上海中药堂有职员多次超出规定踢球时间(上午 6 时至 7 时),或擅自外出参加球队的友谊赛;或“上工时手不释卷,看得出神,忽略上门主顾”。诸种有违行规的行为大为资方所不满,上海中药业职工会会长茹慎修对这类职员只能大加劝诫。②

到 1930 年代中期,纺织业内人士仍在抱怨纱厂工人全无责任心、爱厂心,“葬送”了中国实业,致使“华厂不能与外厂并驾齐驱”:“工人迷信外国人,不受本国人的指挥及训练。”“一般从业人员,除少数外,多半取敷衍塞责的态度。不要说在工作上求新发现,增加工作效率了,就是本身职务上应该尽的责任,也以‘揩油’为能事,‘卸责’算门面,没精打采,推过了事。名义上是整整 12 小时工作,但真真用其手脑于工作上的,恐怕还不到一小时。”③更有纱厂女工从家中带衣服、绒线、鞋子“到工场来做”,“有的则带脏衣服到厂内洗,洗净才带回家”。此类占工厂“小便宜”的行为,“耽误了正经的工作”。④ 1934 年 2 月,资本较雄厚的天津北洋纺织厂被迫停工。此事固然与成本较有关,但在经理章瑞庭看来,“全厂工友对于工作成绩,与所定标准,相差太远;废棉废纱,日见加多;本厂工资又

---

① 《中华民生改进社一二八难民工厂概况报告》,《民生》第 1 卷第 1 期,1932 年 8 月 1 日,第 6 页。

② 茹慎修:《会友对福利事业的商榷》,《中药职工月刊》第 1 卷第 6 期,1947 年 10 月 1 日,第 4 页。

③ 张遵时:《本位救厂》,《染织纺周刊》第 1 卷第 24 期,1936 年 1 月 15 日,第 369 页。

④ 王熊稚:《工人莫贪小利应该尊重自己》,《工人报》1947 年 9 月 4 日,第 2 版。

较他厂为大，而用料太多”。[①] 即工厂停工与工人工效低、浪费大有直接关系。工效低，资方损失则无法抵偿。立法院劳工法委员会召集人史维焕，在广泛考察华北工业后发现，工人工资较之前“大半增加至三四倍以上”，但工人效能仍“不能增加”。[②] 大后方的昆厂工人，大多为逃避兵役“被挤到厂里来”，“安心于工作，自然难办到。加以他们在农村过惯了悠游的岁月，散漫迟钝的习气已养成，要他们守时刻，争效率，更非易事”。[③]

甚至可以说，劳动纪律散漫的顽疾，从近代中国企业创立之初，就像魔咒一样附体。资方采取强硬手段对待工人往往并非上策，有时还会将自己置于被动地位。1928 年 5 月 16 日，海军江南造船所所方指认马达部两名技工与两名学徒“有意偷懒，违犯规则”，将四人开除。工会即刻为工人辩解，解释偷懒系小事，“当非无可容赦，尽可赐与反省机会，使其复工谋生”。所方并未改变主意，且再将厂规告示工人。工会则向各机关及警备司令部函控厂方，称此厂规内容“均系片面压迫工友”，尚未经政治训练处及该工会通过，并向党部、市政府、海军总司令部及各工会等申请援助。[④] 资方的说教对整顿纪律无济于事，资方提高工资、福利待遇也只能短期刺激工人，难于长期奏效。战时重庆瑞华玻璃厂堪称中国现代玻璃工业的先锋，经理冯子源对工人纪律同样牢骚满腹。1944 年间，该厂姜姓、陈姓两位工程师曾向记者反映：“瑞华厂工人们的工资一向就比较人家高。这就是我们的对策，而且满以为这

---

① 《停业》，《国际劳工》第 1 卷第 3 期，1934 年 3 月，第 67 页。

② 《立委史维焕畅谈华北工业衰落原因》，《中央日报》1935 年 9 月 7 日，第 1 张第 3 版。

③ 史国衡：《内地新工业中的工人管理》，《新经济》第 5 卷第 11 期，1941 年 9 月 1 日，第 233 页。

④ 《江南造船所工会暗潮》，《中央日报》1928 年 5 月 26 日，第 2 张第 1 面。

样可以解决一切。”“但是不行,相安了一礼拜半个月,同样松懈现象重演了。”师傅们应该在晨7时上班,结果8点才来;规定12点下班,11点就走了。①

利用产销两旺向资方要求提高待遇,是工人的常用策略。但当待遇提高后,由此刺激出来的工作热情很快就荡然无存了。这种现象在大后方普遍存在。一些厂家用奖金激发工作热情,依旧不能根除工作纪律废弛局面,反而导致了“不良的结果”:第一,“把平日工作能力标准,有意降低了”;第二,“没有奖金的工作,不肯做了”;第三,“奖金不能公平,要选择那易做而奖多者”;第四,工人但求数量,不求精度,机器也易于损坏。②

工人中间存在诸般缺陷,加剧了工人与职员之间的对立情绪。部分管理人员贬斥工人冥顽不灵、不可理喻。史国衡1945年在调查昆明国营厂时,就有职员直言:“对付工人不能讲礼貌和劝告,只有以强力约束,如或有越轨行动即以武力从事惩处。”史氏的同学,恰在该厂任职一年,竟说:“我们所谓提高劳工的社会地位没有多大理由”,“工人就是‘小人’,把他们看得太像人,他们反而会不安分、不讲礼”。③

车间政治影响甚至恶化着管理者与工人的关系及劳资关系。各企业都有“工人守规”,约束工人。1920年代湖南省黑铅炼厂《规程》则特别规定,凡“互相争斗口角者”“性情怠惰延误工程者”

---

① 《瑞华玻璃厂——中国现代玻璃工业的先锋》,《新世界》7月号,1944年7月15日,第25页。

② 毛延祼:《对于〈抗战期间的工人问题〉的感想》,《机工》第5卷第1期,1941年6月,第14页。

③ 史国衡:《昆明新工业中之劳动者》(续七),《中国劳动》第8卷第4期,1945年8月1日,第23页。

“不服工目指导者”“出入厂门不服从检查者”均被罚工。[①] 管理工人的规则，难以管理工人。工人不服管理、厌恶管理，以武力相抗也是司空见惯的。1934 年，商办长兴煤矿曾在一段时间内，屡次发生矿工凶殴井下工程人员之事。工人事后向当地法院控告该经理的诉状中有“约束工人，极感困难”几字，可知工人的“武行”全为对抗严厉的管制。[②] 初入职场的学生管理员很快就发现：“工厂罢工，差不多有一大半的责任是负在一般下级职员的肩上的。换言之，就是以职员管理之好坏，而定罢工之有无。”[③]

严苛的管理阻断了劳资关系向好发展。即便是福利设施完备的工厂，仍无法避免工潮，工人跳厂现象仍持续发生。究其原因，劳动问题专家依尚伦，通过对重庆市郊小龙坎工区（内有豫丰、渝鑫、军纱等厂）与南岸弹子石工区（内有申新、裕华厂）各厂长达五个月的考察发现，工人离厂正是“品德不良”的管理职员，依照苛刻的厂规督责工人的直接后果。[④]

但企业中有一道无解的难题，即工人与职员之间存在难以逾越的鸿沟，这种鸿沟并非仅由收入而产生，更主要系由“社会地位”、心理因素而划分。史国衡在昆厂调查中发现，技工个人收入比小职员“实有过之无不及”，但“对于职员的忌诉并不下于别的工人”。原因就在于工人“原来不有了一种自卑之感，处处总想从人家的眼中抬高自己的社会地位，期望愈高，一有不如意的现象则失

---

① 《本厂工人服务规则》，湖南省有黑铅炼厂编：《湖南省有黑铅炼厂厂务汇刊》，长沙：湖南省有黑铅炼厂，1929，“规程”第 24 页。

② 《饬县协助约束工人》，《浙江省建设月刊》第 8 卷第 5 期，1934 年 11 月，第 30 页。

③ 李式中：《从离开了母校跑进工厂的一页纪实》，《纺织之友》第 1 期，1931 年 4 月，第 255 页。

④ 依尚伦：《工人跳厂刍议》，《中国劳动》第 3 卷第 2 期，1942 年 12 月 10 日，第 16 页。

望亦愈大”。昆厂工人与职员徽章式样不同,部分工人不愿佩戴而常与门卫起冲突。医生、职员对工人直呼其名,“都曾引起工人们的忿恨,认为这都是职员瞧不起工人的表征”。管理者与普通工人双方彼此误会、隔膜,矛盾自然滋长且不可化解。昆厂考核股办事认真,因对工人持严厉态度而被认为“摆架子”“官僚习十足”。有位助理工程师因阻止一技工擅拿厂中一块木板修理床头,被技工的几个师兄弟打伤。工人中却有人认为“打得痛快”,“有的说该职员谄上而骄下,他的一顿打是跑不脱的”。史国衡分析指出:“工人没有把工厂看作一个与自己休戚相关的共同体。在工人心目当中,总觉得厂中在他们之外,还有一种和他们利害不同地位不等的一个对象。这个对象就是我们在书中常常提到的‘厂方’,也就是工人们所指的‘职员’。”①这类现象确实不利于管理者与下层工人之间融洽相处。与之成对比的是,民生公司的高低级职员共同娱乐、远足及参观;而且上自总经理下至茶房、水手,从总公司到各分公司及办事处员工,都穿着一色“三峡”布的制服。在刚入职不久的下级职员看来,此类“生活方式”,“很足以表示‘集团生活’的精神”。因此,决定“自强起来”,随着公司一道去“祈求新生活、有意义的生活”。②

工人对管理者的不满,最终转化为对资方的敌视。陈达等人1946年在上海、重庆的调查中发现,诸工人对资方全无好感。譬如,上海工人说:“资本家只管他们自己有生活,一点也不关心工人们的死活,工作做得越多越好,工钱拿得越少越好。资本家板起脸孔,对工人一点笑容都没有,他们把工人当牛马。”“厂里的职员先

① 史国衡:《昆明新工业中之劳动者》(续七),《中国劳动》第8卷第4期,1945年8月1日,第22、23、21、22页。

② 符邦固:《我们的生活》,《新世界》第10卷第9期,1937年5月16日,第29页。

生们,他们高高在上,对工人一点也没有同情心,一点也不考虑工人的意见。""资本家终于是资本家,钱就是他们的命,老板的压迫过于无情感,我们的工作,有了一点差错,就打就骂,总之女工的生活是苦的。""资本家不把我们看作人,好象他们是父母生的,我们就不是爹娘养的。""生意不好时,老板动不动就要发脾气,开除工人。""生活好,就高价拉人;生产不好,就大批裁人。"在有关上海的201份取样中,"大多数人对于资本家都无好感,都是采取恨之入骨的态度。只有少数(大约38位)持相反的意见,对资本家有比较好的印象,那些都是与资本家有或多或少的关系的如亲戚之类。"①重庆工人言论如出一口:"我对于资本家看透了,资本家无处不谋剥削工人。资本家把工人不看成人,只是当他的工具。他要你的时候,表面上非常客气的对待你;他不要你的时候,狰狞面孔就出来了。现在工作时间长,工人生活太苦,资本家则大发其财。"②昆明也有工人称:"资本家与工人各站在一个不同的出发点,永久也不会合作,而劳动者永远受资本家的剥削,作资本家的奴隶。"③

工人提出了一些改善劳资关系的办法,其中之一即有关管理。从人伦关系上看,工人对厂方的要求并不高。1946年上海工人要求资方体谅工人:"只要厂方能把对我们的态度稍为改好一点",工人都能心悦诚服。④ 重庆工人也对调查人员畅谈心曲:工人们有自尊心,行为正直。"工人好面子,只好以用软功对付工人,不能让官僚派来压制。工人的性格是刚强的。""工人上工的时候,主管不必

① 陈达:《我国抗日战争时期市镇工人生活》,北京:中国劳动出版社,1993,第401、404页。
② 陈达:《我国抗日战争时期市镇工人生活》,北京:中国劳动出版社,1993,第183页。
③ 陈达:《我国抗日战争时期市镇工人生活》,北京:中国劳动出版社,1993,第269页。
④ 陈达:《我国抗日战争时期市镇工人生活》,北京:中国劳动出版社,1993,第405页。

去看。主管去看,工人就以为是来监视他的工作。工作时不应该用工作记时表,应该有旁敲侧击的方法,去鼓励工人工作。因工作记时表记好多时间,作多少工作,但工人是同情工人的,大家就相约做慢一点就好。"①社会人员也有如是主张。

其实,代资方行使管理职权的职员,同一般工人因分工不同各有苦楚。从雇佣关系来说,管理人员同基层工人一样均为资方雇员,同处在较为恶劣的生产环境之中。南通学院纺织科毕业生初入上海振泰纱厂,管理钢丝车车间。"一天到晚,都是在纤尘濛濛中过活。因为这样,我起初半月内是病了,病的是呛咳。而且身体亦一天一天的往下瘦弱,恐怕因此伤身。可是现在已因习惯之故而恢复了健康,与常人无异,虽然还不无咳嗽!"②上海沪西纱厂"小厂员"对自己困苦描述得更加形象:"不错!吃吃补食,散散步,听听播音。谁能说这不是有闲的生活呢。可是你如果晓得我们当在温度、湿度都不适合人类生存的车间,在狂吼着像吃人的巨兽似的机器周围,挨过世界仅有的工作时间,拖着两条腿踱到外面来的时候;你也许会说身心的疲劳,绝非什么吃吃补食,散散步,听听播音之类可以恢复的呢。"③但因职员代行管理企业之责而与资方形成一个利益共同体,管理者在薪酬、待遇上又与基层工人有着天壤之别,受到资方优待,故管理者与工人的矛盾,自然转变为劳资矛盾。1942 年重庆兵工署所辖一工厂的厂规约束工人(如工人旷工 1 天罚 10 天平价米),职员则可免责。职员还享有工人所无的津贴、家属贷金等待遇。有一初中毕业生心怀"为抗战建国效劳"的

① 陈达:《我国抗日战争时期市镇工人生活》,北京:中国劳动出版社,1993,第182 页。

② 李式中:《从离开了母校跑进工厂的一页纪实》,《纺织之友》第 1 期,1931 年 4 月,第 253 页。

③ 锦雄:《小厂员》,《染织纺周刊》第 1 卷第 45 期,1936 年 6 月 24 日,第 732 页。

热情入厂数月，难忍待遇歧视，“脑海中生了无限的愤恨与悲观”。[①] 职员本身也自视高于普通工人，有领班（毕业于南通纺科）之言论更有典型性：“领班、副领班们的待遇应该要好些，因为他们等于战场上的冲锋队。直接负生产的责任的，在中国厂还要兼理人事。”正是由于责任所在，他们同样承受着普通工人无从体验的烦苦，“还有代人受过的时候”，以致该领班深感委屈而不可释怀：“我记得有一天早上交班的时候，考工发见油花里面有少的好花衣裳，大责我不是，声色俱厉，令人难堪。细察之里面条子也有，头道粗纱也有，钢丝间那里来的头道粗纱？我却不负这不应负之责任。”[②]加以管理人员与普通工人观念不一，双方关系难以调和。在棉纺厂做领班的南通学院纺织科毕业生，对工人充满同情心，反对罚工资，但他同样认为，工人如犯“不可原谅”的错误，“则教训之，斥责之”；“不屑教诲的去之”。[③] 但何为“不可原谅”之错误，普通工人与管理员认识不一；因此这种教导方式也常为工人所反感。效益永远是企业追求的第一目标，企业总会以牺牲一些工人的利益为代价。据范新度回忆，他在 1935 年 4 月应省府主席何键邀请接任省第一纺织厂经理后，邀请在纺织界“铮铮有声”的、曾任上海恒大纱厂工程师的郑家朴主持工务。郑氏因“这个厂的毛病的确积重难返”，知其改革之难而引退。范氏则大刀阔斧进行改革，用他自己话说是“作风可能严峻了些，不合当时靡靡之风的口味”。他首先黜退 500 余进厂较晚、技术较生硬的工人。范氏任职不过一年，工厂就转亏为盈，工人也初次分得红利，还与中国银行合作

① 宋衡：《要求平等待遇》，《战时劳工》第 3 卷第 3 期，1942 年 3 月 15 日，第 21 页。
② 荫：《从离开了母校跑进工厂》，《纺织之友》第 1 期，1931 年 4 月，第 251 页。
③ 荫：《从离开了母校跑进工厂》，《纺织之友》第 1 期，1931 年 4 月，第 251 页。

兴建起第二家纺织厂。但范氏因管理严格，被工人称为“范心毒”。[①]

资方为减少因工人偷窃、随意离职，或因失误导致的损失，制定了严格的“保人”制度。1931 年 7 月 2 日，建设委员会颁行《淮南煤矿局工人管理规则》，内中第 2 条规定：“各工人来局均须觅取妥保，填具保证书，并遵照局章向管理员司领取工牌，遇检查时立即呈验。”否则，未经上述手续者，不享受工资、待遇。[②] 该《规则》并未对保人提出“苛条”。1936 年 12 月，上海盛德堂药号宣布新的“保证书”规定，其最为诟病者为此 4 条：(1) 第 2 条，“此项保证人应先经本号之认可”；(2) 第 7 条，“被保人充任外场职员者如有配错药方（充任校对失察者应负连带责任）得遵照本市社会局第七十二号布告办理，其所负被害人之一切责任及因此而致本号受有捐失保证人均须完全负责”；(3) 第 9 条，被保人如有亏短，保证人负有赔偿责任，“应按照本号所开款项数目立即履行赔偿，并抛弃申诉抗辩权”；(4) 第 13 条，“遇有保证人函知退保时，被保人须立即另觅其他保证人，填具新保证书，以便更换，候新保手续完妥，旧保方能解除责任，故无论保证人一方面如何宣言，或在报纸登载退保广告，均不生效力”。该药号职工以《规定》“形同卖身之契文”相号召群起反对，并向党政机关申诉，请求施以援手。其理由是：“该项保证书苛刻已极，实越出应保范围”，“苟此风一开，不独同人等之利益及自由，将被剥削殆尽”，此后亦将无人愿为保人，资方更

① 范澄川：《我在湖南、青岛从事纺织事业的回忆》，中国人民政治协商会议全国委员会文史资料委员会编：《工商经济史料丛刊》第 1 辑，北京：文史资料出版社，1983，第 39 页。

②《建设委员会淮南煤矿局工人管理规则（1931 年 7 月 2 日）》，实业部劳动年鉴编纂委员会编：《二十一年中国劳动年鉴》，上海：神州国光社，1933，第 5 编第 39 页。

“可以因保证人不合格为借口而任意进退职工”。①

资方为限制工人“偷懒”，一般采取限制如厕时间、增加定额等方式。1946年重庆江北二十一兵工厂，要求工人挂名牌上工，如厕“要挂号”。工人称：“这就是不好的限制，惟恐工人偷赖，其实工人要劳动过度了才偷赖。”重庆工厂“总是将熟练员工的工效作为全厂达标的标准”，其负面影响也显而易见，“技术低的工人，通常达不到标准，要想勉强达到标准时是很费力气的，技术高的工人亦就多得不了许多工资，而无论技术高技术低的工人，到此时心理已经不满意，大家有机会就转厂了”。②

任意请假或自由出工现象，在工厂中极为普遍。1920年代湖南兵工厂督工科长制定罚工和赏工办法，如“工手”因事请假连续4天，则罚1日工资。如再继续停工，请假几天就多罚几个工。同时规定“凡是全月日夜做工14小时而未经停工一天者，赏工资两天”。因厂方无从判断“工手”请假事由真伪，即使工人请病假仍会被适当罚工。曾有“工手”因病停工19天半，当月被罚工资3天，该“工手”不服，因言语暴烈责问科长而被开除。工人们一致认为罚工办法不合理。对于赏工，工人则抱怨，厂主看待工人“真是比看待牛马、机器还不如！”工人们只有骂“督工科”为“东洋蛋饼”以泄愤。③

---

① 《上海市药业职业工会呈中央执委会附件（上海盛德堂药号小组会全体同人告各界及本业工友书）》（1936年12月29日），中国第二历史档案馆藏，档案号：722（4）-228。

② 陈达：《我国抗日战争时期市镇工人生活》，北京：中国劳动出版社，1993，第686、684页。

③ 本厂一份子：《湖南兵工厂虐待工人底情形》，《劳动界》第12册，1920年10月31日，第6、7页。

(三)社会舆论与政府立场

社会人士从发展社会生产的角度评判,对工人的整体素质引以为忧。1915 年,有犀利之论曰:“今工人徒知庸资多寡,不思艺术精精(进),犹或偷闲停作,耗费材料,其自治心既薄弱,而自信心遂不问,精神无振作之时,而事业少成功之望,虽终日勤劳,其目的仅在啖饭而已。”①战时重庆新运妇女指导委员会创建“工厂服务队”深入纺织业,沟通劳资双方,“为工人服务”。重庆附近大纱厂多是全面抗战后迁川,所招女工除武汉、沙市、宜昌所疏散来的熟练工人外,余者皆来自四川农村。“服务队”既肯定女工天真、纯洁、朴质的品质,也不得不承认其“比较迟钝”“散漫一点”,“还带着深厚的村姑娘的风味”。女工的这种特点与女工入厂的动机应该有直接关联。据“服务队”调查,3100 名女工中,1209 人为生活所压迫,552 人为学习生产技能,156 人为“帮助国家生产”,“余为逃避家庭及婚姻纠纷而来,更有少数是因战事失学,听见‘半工半读’的宣传而吸引来的”。② 在此层面讨论,企业严格管理本应无所争议,不过是保障生产的手段而已。

民国职业教育家杨崇皋通过广泛调查,揭示出“社会风气”对工人素质养成的负面影响:“目前社会上有两种绝对矛盾,使人不能了解的现象。第一是无数的失业者在急切的期待着得到一个职业,而同时一般有业者天天在唉声叹气,不满意于现有的职业。第二是失业者在未得业以前,向人企求职业的时候,是百般顺从,薪水多寡,地位高下,均所不计,甚而至于只要求得一食宿的地方,虽

① 王璨堂:《论工人之缺点》,《励志周刊》第 1 期,1915 年 1 月,第 8 页。

② 新运妇女指导委员会编:《战时纺织女工》,重庆:新运总会妇女指导委员会,1944,第 3 页。

尽义务亦所甘愿。等到得业以后,不多几时,把以前失业时的痛苦完全忘了,不是嫌薪水太薄,便是说事情太辛苦,前途毫无希望,甚至于批评经理怎样不好,同事怎样不能合作,好像样样都不如他的意。”其呼吁“有职业的人,应当要安心努力本业,求本位的向上发展,万万不能见异思迁、心猿意马才好”。① 职业教育家对工人素质的评价较为客观公正。

民国年间,社会也流行同情工人之言论。有舆论指责厂方对工人“简直奴隶都不如”,其例举:工人偶尔坐地休息、互相谈话,就被“任意打骂”;工作稍有差错,轻则罚工钱,重则开除;“大小便都没有自由,不但要限定次数,而且每一次还要限定时间”。② 其立场与工人毫无二致,更多从人性而非“生产性”出发。1934 年 3 月,上海浦东华丰搪瓷厂学徒金光斗暴卒,舆论不仅将厂方,而且将整个工厂制度置于道德的审判席,痛斥其“残暴”:“雇主与工人之间,更无人道。雇主如帝王,工人如犬马。所存于雇主与工人之间者,犬马之道而已。”③

政府部门追求经济增长原本无可非议,但在维护企业生产环境中,时常站在资方一边而打压工人势力。比如,上面谈到的长兴煤矿工人殴打工程师事件,浙江省建设委员会作为投资方,不顾工人如何辩解,直接通过省府转令该县长“切实协助”该矿管控工人。④ 1945 年 10 月间,重庆义成铁工厂工人姜玉吉等六人,向政府控告经理指使工头金某向工人施虐。经理不加收敛,反而再唆使

---

① 杨崇皋:《民生和职业》,《民生》第 1 卷第 16 期,1933 年 4 月 15 日,第 3 页。

② 笑微:《谈上海的劳动妇女》,《女青年》第 12 卷第 5 期,1933 年 5 月,第 24 页。

③ 陈振鹭:《由学徒金光斗的死谈到我国一般雇主的责任》,《国际劳工》第 1 卷第 3 期,1934 年 3 月,第 5 页。

④《饬县协助约束工人》,《浙江省建设月刊》第 8 卷第 5 期,1934 年 11 月,第 30 页。

金某殴伤工人刘锡安,召集厂警强迫姜某等六人写悔过书后,再开除此六人。工人向政府机关请愿,却并无下文。[①] 效率、技术、纪律,政府所关心的方面与资方正相吻合。1936年8月8日,上海市政府同时公布《修正上海市工人服务通则》《修正上海市工商业店员服务通则》,要求市区不适用工厂法之工厂所雇用的工人、学徒及工商业店员均应遵守。《通则》各条款都是针对既有事实而制定的,以《工人服务通则》为例:

……

第2条,工人均须承受雇主及雇主所派定之管理人员之指导及监督。

第3条,工人应遵守受雇时团体协约所规定或与雇主所协订之工作时间,不得迟到或早退。

第4条,工人对于工厂内一切原料货物机件等均宜随时爱护、不得故意损坏耗费并不得私自携带出外。

第5条,工人如有要事请假应得管理人员之许可并定明期限逾期须先续假,否则作旷工论。

第6条,长雇工人未经请假继续旷工满3日或1个月内无故旷工至6日以上或请假期内在他处工作,查有实据者作自愿解雇论。

第7条,工人因事请假,如正值工作紧急时雇主得拒绝之,但婚丧重病不在此例。

第8条,雇主得随时调派工人力所能及之工作,在不减少原有工资范围内,工人不得无故违抗。

---

① 陈达:《我国抗日战争时期市镇工人生活》,北京:中国劳动出版社,1993,第155页。

第9条,工人如因工作上之事故互相发生争执,应即报告管理人员处理不得私自争论。

第10条,凡雇主合法之通告工人均应遵守。

第11条,工人在工作时间遇有亲友探访时,须经管理人员之许可方可得会晤,谈话时间以雇主所规定者为限。

第12条,寄宿工人未经管理人员之许可不得在外住宿。

第13条,工人不得雇主之许可不得带领儿童入工场。

第14条,工人有左列行为之一者,雇主或管理人员得警戒之,警戒满3次者以记过1次论:在工作时间瞌睡者、在工作时间与人嬉笑闲谈致妨碍秩序者、随意唾涕者、懒惰或疏忽工作者、迟到早退满3次者、误毁货物其价值不满5角者。

第15条,工人有左列行为之一者得记过一次,记过满3次者以记大过1次论:……与人争吵谩骂致妨碍工作者、在工作时间内饮酒、在工场内调戏女工者、在工作时间擅离职守者、旷工满3日、未经请假旷工并计满3日者、误毁货物其价值在5角至1元5角者。

第16条,工人有下左列行为之一者记大过1次:……不服指导或监督者、侮辱他人者、殴人未曾致伤者、酗酒滋事者、利用雇主所有原料私做本人或赠与他人之物件及以之牟利者、借故停工或怠工要挟者、撕毁雇主或管理人员之合法通告者、在禁止吸烟处吸烟者、故毁货物查明有据或误毁货物价值在1元5角以上不满3元者、破坏雇主名誉或营业查有实据者。

第17条,工人有左列行为之一者得由雇主分别处分:……工作疏忽出口低劣经两次警戒不改者得酌扣其工资、因工作不慎误损货物其价值在3元以上者除记大过外责令照价赔偿;故意损坏货物查明有据者除按前条处分并责令照价赔偿外如犯至2次得解雇之;殴人致伤者除记大过外得责令赔偿医药费并送法院办理。

第18条,工人有左列行为之一查有实据者解雇之:殴人致重伤者、殴打职员者、偷窃得一切公私物件者、聚众捣乱者、受刑事处分者、患花柳等或其他传染病、吸食鸦片或其他代用品者、在工作时赌博者、丧失工作能力至3个月以上者……在1年内记过9次或记大过3次者。[①]

《店员服务通则》内容与《工人服务通则》相仿,应该说都是保障企业运转的必备条件。1936年7月,铁道部公布实施《国营铁道工厂管理规则》,除规定实际工作8小时、加班不能超过4小时、奖励发明等护工条款外,通篇都是工作守则。例如:"严禁各工匠擅离工作地点";"厂内各工人不得喧哗、饮酒、吸烟、私阅书报、赌博、睡眠、斗殴、聚谈、密谈及一切任意结合,妨害工作,逾越范围,扰乱秩序之行为";"工厂中停留待修车辆及一切附件,不论是否废置,非经主管人员许可,不得任意拆卸"。[②]

除地方性通则外,国民政府社会部还于1947年3月颁发了《各省市厂矿组设劳动效率促进会要点》,对地方工作予以原则性指导。《要点》要求:凡适合工厂法与矿场法第2条规定之厂矿,由各省市社政机关分业、分期渐次督促设立劳动效率促进会。《要点》的宗旨为:"求劳动效率之提高、生产技术之改良,劳动标准之确立及劳动纪律之严整,以促进国家工业建设。"为便于劳资双方沟通,及完成其宗旨,《要点》规定:劳动效率促进会应由劳资双方

① 《修正上海市工人服务通则》,《国际劳工通讯》第3卷第12期,1936年12月,第76—78页。

② 《国营铁道工厂管理规则》,《国际劳工通讯》第3卷第8期,1936年8月,第85页。

会同技术人员及管理人员组成,参加人数比例由各厂矿依实际情形而定。劳动效率促进会必须完成以下几个“原则”性工作:(1)规划劳动效率考查方法与劳动标准;(2)设计各种工作竞赛,以建立劳动奖励制度;(3)拟订各项效率考查表格,以记录工作成绩;(4)设置劳动效率测记人员,专司动作考察及时间考查。为保障各项工作的顺利开展,《要点》特别规定:各厂矿劳动效率促进会每三个月应将考查成果呈报各省市社政机关转报社会部查核给奖。不过,有关劳促会在全国的状况已无从查考,仅能举例一二。中央印制厂北平厂遵照市社会局指示,于同年 4 月 11 日正式成立劳动效率促进会。该会在此后两个月间设立干部人员训练班,制定工作竞赛奖金办法,完成“各种工作程序之兴革及同人对本厂各制度之意见测验”。尽管该会自认为上述工作“推行以来甚着成效”,①但其具体效果同样无法索解。

劳促会为整肃劳动纪律,提高工效,必然会增加工人的劳动强度,很可能会激化工人与管理者之间的矛盾。但现实却并非如此。天津市企业有限公司第一纺织厂(公营)组设劳动效率促进会后,从抓“考勤”“作业实绩”入手,制定“劳动标准”(昼夜两班,每班 9 小时;月标准产量:棉 2 号纱 3 万市斤),根据“工作竞赛之设计与实施”(每月各举行“工作速度”“技术”两种比赛),实行“劳资奖励”(优胜者分三等,分别将工 1 至 3 日),提升产品质量(由纺 2—3 支棉纱改进为 4 支纱),将生产效率由 60%提升至 70%。该厂给社会局的报告还特别强调自 1947 年 10 月起,将每班 8 小时改为 9 小

① 《社会局关于劳资争议、调整工资等问题的训令》(1946 年 1 月 1 日至 1947 年 12 月 31 日),北京市档案馆藏,档案号:J002-004-00426。

时，进而改为9.5小时。[①] 劳资双方竟无冲突，据此推测，工人工资或福利一定有所增加。

另有一例，或许能说明“奖励制度”，特别是“劳动标准”的制定，决定着生产竞赛的成败。政府收回被日本人数度破坏的抚顺煤矿后，设资源委员会抚顺矿务局对其加以管理。因欠薪、欠粮米（代金），粮价不断上涨，工人生活难以保障。矿局又无坑木、炸药、零件，以保障生产进程。经两年来的经营，矿厂产量每日最高4500余吨，每日平均为3500余吨。[②] 为提高产量，降低成本，抚矿于1948年2月匆忙开展“采煤增产奖励周”，结果事与愿违。由于矿局将标准量定为3150吨，低于日平均产量，矿局实际是以较多人力资本维持一般产量。[③] 此次“增产奖励周”自然也只能“匆忙”结束。

二、科学管理

（一）以科学“化”管理：有益劳资双方

近代工厂管理水平滞后，长期影响企业发展。“欧战”，特别是“五卅”后，因国际银贵金贱及抵制外货等因素的影响，棉纱、卷烟、火柴、水泥、机绸和各种小工业应运而生，“渐渐地建设了我国工业

---

① 《（天津市企业公司第一纺织厂）为报组设劳动效率促进会成果报告事致市社会局呈（附报告）》（1948年6月9日），天津市档案馆藏，档案号：J0025-3-005595-018。

② 《抚矿近况及其当前困难之原因》，《抚矿旬刊》第3卷第3期，1948年4月21日，第474页。

③ 郭强：《团体奖励制之检讨（上）》，《抚矿旬刊》第3卷第2期，1948年4月11日，第467页。

的基础"。然而,不科学的管理却"拖了后腿"。从曾管辖 13 所工厂的马尾船政局来看,其因经费不足,停歇了六七所。1919 年 5 月起,督军李厚基停拨经费,各厂无法支付薪金,原 2000 余工匠中有 1000 余人辞职。在职者"对于工作淡淡薄薄地一天一天浑过罢了"。更有飞机制造厂主任不懂技术,只会无理指责工匠。[①] 各厂全无管理可言。近代实业家穆藕初曾指出:中国实业之失败,与"管理法"相关者,一是总理不懂技术、讲排场,人浮于事;二是"间有苛刻之辈,以扣减辛工为能事,但求有形之减者,罔知无形之消耗,盖刻减辛工,大非工人之所乐,工人而不能乐其业,则惰心生,惰则出货迟而成本遂加重,此失业之于过严者"。[②] 直到 1940 年代后期,管理无序仍然是企业的头等"杀手"。周济文自 1946 年冬奉派接替上海被服总厂后,年余以来一直为"工人秩序极坏""工作几陷停顿"所困扰。他深知:"几十年来,国营事业,虽然具有许多民营事业所不及的较优条件,然事实上反往往不及民营事业之有效率,这无疑是一个管理问题。"好在周氏从管理入手,在一年之间将生产力提高了 8 倍。[③] 不仅业内人士感叹管理落后,业外人士同样有精当的批评言论。倪大恩所理解的"管理上不科学化"包括:(1)"工厂的管理工人,向来没有一定的制度,于工人的效力,工人的状况,全不注意,对工人勤惰的考核,更是敷衍了事,遂致劳资纠纷时见发生。"(2)"厂主对于工厂,也不加过问,厂中一切责任都凭着厂长同技师去做,在一般情势下,厂长多半是厂主同股东的亲戚,未必谙识管理方法;而技师又大半是升级的工人,学术缺乏,致出品

① 《马尾船政局工人状况》,《劳动界》第 8 册,1920 年 10 月 3 日,第 11 页。
② 穆湘玥:《藕初五十自述》,上海:商务印书馆,1926,附刊《藕初文录》上卷第 111 页。
③ 周济文:《工厂管理的实验》,《联勤学术研究季刊》创刊号,1948 年 6 月 1 日,第 76 页。

不佳。”(3)“一切工人事务完全交给工头”。工头隔绝厂方与工人之间的联系,“形成了工厂是工厂,工人是工人”的弊端。①

一些学会、团体应运而生。1931 年 5 月,工商部部长孔祥熙发起“中国工商管理协会”,以研究科学管理方法,增进生产效率,实现民生主义为宗旨。② 管理协会会员皆一时工商、金融界名流及劳动问题专家。协会会长曹云祥强调:“管理已成为一种专门科学,而为实业要素之中心。”并将该会具体工作概括为:(1)征集科学管理资料;(2)实地调查工厂;(3)指导厂商,提供咨询。③ 该会成员热心科学管理的宣传。1949 年 3 月 2 日,上海“解放”前两个多月,中国工商管理协会上海分会副总干事、国立交通大学工业管理系夏宗辉教授,还在上海广播电台第 14 次工业管理“空中讲座”中演讲《工业管理与工时研究》。④ 1934 年 5 月,“中国人事管理学会”成立。作为学术团体,该会研究与提倡、改进与推行人事管理,即提倡以科学方法、民治主义、法治精神,“来管理人员”,“务使增加工作效率,增高生产量质,同时主雇与被雇两方,都得到利益”。⑤ 1941 年 12 月 6 日,国立中央大学心理系主任董孝椝博士,在重庆组织成立“人事心理研究社”,社员分布军、政、警、工、医、教育各界。⑥

---

① 倪大恩:《工业家钱承绪先生传略》,《教育与职业》第 172 期,1936 年 2 月 1 日,第 141 页。

②《提倡科学管理案》,实业部总务司、商业司编:《全国工商会议汇编(1930)》上册,南京:京华印书馆,1931,第 2 编第 180 页。

③ 曹云祥:《发刊词》,《工商管理月刊》第 1 卷第 1 号,1934 年 5 月 30 日,第 1 页。

④ 夏宗辉:《工业管理与工时研究》,《公益工商通讯》第 4 卷第 11 期,1949 年 3 月 15 日,第 4 页。

⑤ 编者:《前奏》,《人事管理》第 1 号,1935 年 9 月 15 日,封面页。

⑥《中国人事心理研究社之兴起及其工作》,《新世界月刊》第 12 号,1944 年 12 月 15 日,第 55 页。

地方政府也开始关心以科学化管理发展地方经济、处理劳资关系。1932年,上海市社会局"认定"科学管理"是一个解决劳资间纠纷的一个比较切实的途径"①。广东自1933年春施行"三年施政计划",至1936年春已届期满,省营纺织、建筑业、制纸、肥料、电厂、蔗糖、酒精厂、钢铁厂、造船厂"规模已具",广东省政府开始探索"如何利用科学方法,以减轻成本,增高生产效率",省政府第五科科长兼广东省营工业审核委员会委员张仲新,主张从工效、产品标准化、量才为用、职权简明化、考绩公平、推行成本会计等方面入手。② 1947年9月23日,行政院政务会议通过《经济部纺织事业调节委员会发展纺织工业调节纱布供需实施方案》,27日由经济部在全国纺织生产大会上公布实行。《方案》以"改进纺织技术及工厂管理"为先导,要求纺织业推行经营标准、工厂科学管理及成本会计制度;"拟订工作效率标准及合理化生产程序,举行工作竞赛及成绩奖励,以期提高工作效率"。③

科学化管理既关乎国家宏观经济层面的战略,又是企业内部组织生产的具体办法。在战略角度,工商人士易达成共识。比如,在1930年全国工商会议上,江苏省建设厅提交《促进工业之科学管理化案》,主张政府应着力于集中资本、统一产品标准、提高技术等方面,追随美、欧、日,实行科学化管理。此议案获得大会"照原

---

① 上海市政府社会局:《上海市劳资纠纷统计(民国十九年)》,上海:中华书局,1932,第32页。

② 张仲新:《广东省营工业建设之科学管理问题》,《工程学报》第7号,1936年6月,第6、7页。

③《经济部纺织事业调节委员会发展纺织工业调节纱布供需实施方案》,《联合经济研究室通讯》第17期,1947年9月,第36页。

案原则通过”的决议。[①] 商会代表张子廉提交《改进工商业大纲》议案,强调“采用科学管理固为今日改良工厂管理之最善方法也”[②]。会后,由工商部通令各省市政府主管工商行政机关,召集工商领袖,组织中国工商管理协会分会,研究科学管理法实施方案;由工商部令行各业各厂,“就可能范围,规定工作标准,对于超过标准之工人,按期给以资金”。[③] 科学管理能增进生产效率、消除工业浪费、降低生产成本、改善劳资关系,自然引发工商界人士的关注、采纳;但在企业内部具体如何实施,则因各企业情况不同、各企业家对科学化管理的理解不同而各异。王云五认为:“科学管理法,重视工人之工作兴趣与能力。务使人地相宜,及工作标准之确定,工作标准既定,则超过标准者,可增加报酬;而不及标准者,可调动相宜之工作,或加以适当之训练,使其有求合宜标准之能力。”王氏曾于1930年全国工商会议上,提出《请令行各业各厂规定工作标准以增进生产并减免劳资纠纷案》。寿景伟博士则认为:“(1)依据科学规律,给劳工以适当工作;尤须注意于时间工作及消耗之研究。(2)管理员与劳力,须同甘苦,使劳工发展合理效能。(3)应用科学方法,从事于工人之选择,指导,与训练。(4)管理员与工友对职事,均负相当责任。”[④]

---

① 《促进工业之科学管理化案》,实业部总务司、商业司编:《全国工商会议汇编(1930)》上册,南京:京华印书馆,1931,第2编第30页。

② 《改进工商业大纲》,实业部总务司、商业司编:《全国工商会议汇编(1930)》上册,南京:京华印书馆,1931,第2编第180页。

③ 蠡:《全国工商会议关于纺织业之议决事项》,《纺织之友》第1期,1931年4月,第225页。

④ 李继桢:《科学管理法之管见》,《纺织之友》第1期,1931年4月,第66页。

(二)从"三八制"到全员训练

有小厂主则主张通过裁员、加薪实现增产节资,且取得了实际成效。其办法为裁减一半工人,提高在职者工资。经两个月的"整理",全厂经费由5800余元减至4300余元,产量由不及10吨反增加500余磅。该厂主之所以有此举措,很大部分原因为"使一般劳动者的收支,可以相抵有余"。① 湖南第一纺织厂特在纺纱部添编技术组,将此前四人承担工作,减为三人;将此前三人工作量,交由两人完成。同时,将因减少人员节省的工资的三分之一,分给在岗工人。技术组工人对此"亦颇愿意"。"自实行技术组以来,本年共减少工人达300名,节省工资及津贴,为数甚巨。"②

"三八"制可谓最典型的"减员增薪"办法。战时重庆申新纱厂实行"三八"制,得到工人"要求永久实行"的支持,其工人流动较其他厂为少。申新从中获益颇丰:"做细纱的,有些人每天在12小时制时管18管,现在可以管到22根毛管,有些以前管16根毛管,现在可以管到21根。做绕纱的工人,有些以前12小时内绕30车,现在仍绕30车。做并条的,以前28或29个字,现在可做到33或34字。做钢丝,以前做6个或7个字,现在也可做6个字。"③工人因减少工时,"健康情况更形好转,病疾人数由平均20%减到3%"④。在重庆申新之后,重庆豫丰纱厂随之也试行"三八"制,三年来,

---

① 趋理:《罢工风潮与劳资调和问题》,《太平洋》第4卷第2号,1923年9月5日,第5页。

② 湖南省政府秘书处统计室编:《民国二十四年湖南年鉴》,长沙:洞庭印务馆,1935,第544页。

③ 新运妇女指导委员会编:《战时纺织女工》,重庆:新运总会妇女指导委员会,1944,第38、52页。

④《战时申新在后方培育的新芽》,《新世界》6月号,1944年6月15日,第12页。

1400多名女工、800余名男工“跳厂的风气是改变过来了,特别是女工的流动也渐渐少起来”。①

“三八”制能够在某些地区,主要是纱厂中实施确属特例。立法院劳工法委员会召集人史维焕会同史尚宽,自1935年8月12日起,沿北宁线(天津、塘沽、唐山、秦皇岛、山海关)、平汉线(北平、长辛店、保定府、定县、石家庄、郑州、开封)、正太线(石家庄、陉县、太原等地),考察劳工工时、待遇、设备、管理等项,尤对于开滦、陉县、柳江等处之煤矿、永利碱厂、耀华玻璃厂,及各地纱厂与北平市地毯手工业等,详加调研。9月初,在返京后回答记者提问时,史维焕有言:“至于工作三八制,亦不易施行,但改良工厂设备,则为不可稍缓之事实。”②重庆申新分厂在战时的1941年能第一个实行“三八”制,“完全”是由于主持人章映芬的“坚持”。当时,有人已经指出:“没有战争,便没有三八制的实行。”③在1947年9月召开的经济部纺织工业生产会议上,黄希阁委员指出:“三八制之倡导试验,亦终归失败。”“目前各厂为顾全劳资双方利益,大都以两班十小时工作为标准”,“劳工精力,固难胜任,即产品质量等,不易增进,实得不偿失沉寂制度也”。他因此建议,工时仍以12小时为“一班”,但可划分为10小时工作,1小时教育,1小时休息。出席委员审查后,同意“原案保留”,黄氏的提议得到了同仁们的支持。④

同时也得说明,实施“三八”制,实际上是一项综合改革。天津久大、永利自1927年3月起改行“三八”制,仅五个月即节省人力

---

① 《从原料中心迁出的豫丰纱厂》,《新世界》6月号,1944年6月15日,第19页。

② 《立委史维焕畅谈华北工业衰落原因》,《中央日报》1935年9月7日,第1张第3版。

③ 《战时申新在后方培育的新芽》,《新世界》6月号,1944年6月15日,第11、12页。

④ 黄希阁:《制定合理工作时间采用工训制度规定工资基数实行等级标准促进劳资合作之信念发挥工作之效能使达到增加生产之目的案》,经济部编:《经济部纺织工业生产会议纪录(1947年9月)》,南京:经济部,第84页。

成本。如原一班锅工为7人，每天二班共计14人；改为三班后，每班4人，三班共12人。工人减少，"出产没减少"。工人每天多4小时闲暇，身心既有充分休息，便可参加读书、游艺等活动。支撑"三八"制顺利实施的条件是优厚的待遇。久大工人收入有工资、申薪、奖金、溢盐金、加工津贴等五种。"申薪"即第13月工资，凡入厂一年以上者，"不论工作勤惰"均有此薪酬。唯请事假逾一个月者，须按过期天数照扣。两厂"最纯工资"，除艺徒外，均为每月大洋7元5角。两厂福利"也是国内工厂少见的"。工人医院、工读班和共同贩卖所，由两厂合办。明星小学由久大担费，供两厂职工子女免费入读。久大建有工人寝室40间，病室5间，课堂2间及食堂、厨房、洗衣室、沐浴室、理发室各1间。厂方免费供煤水电灯，按照原价发售日常食品。厂方另建有廉价房屋供家属租住。娱乐方面有户外游戏、新年走会、夏令会、新剧。储蓄、汇款及工友互助会也一应俱全。① 国企中国电工器材汉口分厂，成功实行"三八"制而无工潮发生。其经理薛程功自信地对记者笑答："工潮在我们这里是不会发生的。"他承认实行"纪律和亲爱"式管理，及时"依照物价比例而随时调整"工资，充分保证了工人对企业的向心力。②

全国科学管理法综合实施中的先行者当属上海康元印刷制罐厂。该厂于1922年1月合股成立，资本12万元。1927、1929两年建新厂房，占地5亩，值银6万元。但开办以后，连年亏折，于是并股归项康元独自经营。项氏自1927年接任总经理后，"参照东西各国科学管理工厂，实施科学管理法"。到1931年，该厂成绩颇

---

① 林颂河：《塘沽工人调查》，北平：北平社会调查所，1930。

② 《工厂如家庭工厂如学校实现三八制无工潮发生》，《工人报》1947年5月21日，第4版。

著，每年出品增至60万元，远销华北、华南及香港、南洋新加坡等地，也是洋商公司（美孚、亚细亚、德士古）的主要供货商，成为上海著名的制罐厂。康元厂组织有序，总经理总理一切事务，下有协理、襄理辅助之，次有正副厂各一人，按总经理意志执掌总务处。总务处之下设分部，如印刷部、制罐部、储栈部、会计部、教育部、美术部、化学部、医药部、文书部、统计调查部等。每部中再设分股。总务处中设有计划室，“全厂一切改进计划，皆出诸该室”。[①] 康元的科学管理法，“以发展业务增加劳资福利为目标，而更以增加生产，消除耗费，改良出品，分配工作四项，为达标之纲要”。依此制定出办理预算、成本会计、统计、改良设备、分析工作与工作标准、改良行政、改善劳资关系、改良出品、发展营业等具体计划。该厂管理改革分三个时期：1927年7月至1928年6月为筹备期，1928年7月至1929年6月为试办期，1929年7月以后为实行期。不同时期各有其目标及侧重点。筹备期，“最注意于工长及中级职员训练”。通过“常同工人接触”，管理员与工人形成密切关系，又成为技术能手，易于以身作则，“收潜移默化之效”。试办期，注意各部分头试行，力求每小单位，各尽其能。实行期，则求计划统一，总务处之计划室集中协调各部计划，理顺生产流程。[②]

项康元经过长达两年的对员工的宣传，于1929年实行标准赏罚，“全厂动作乃上轨道”。当项氏召集员工“痛抉”该厂“弊害”时，合座“闻之色然以惊”。项氏又历时两月，遍查文献，准备讲稿，向厂中领袖系统宣讲科学观念，各部领袖则谓科学管理“不过纸上谈兵，施之事实安有是处？”“佥谓科学管理法诚精美，大厂行之有

① 《康元印刷制罐厂》，《国际贸易导报》第4卷第8号，1932年1月，第175页。

② 《康元印刷制罐厂》，《国际贸易导报》第4卷第8号，1932年1月，第176页。

利无弊;若我厂者,规模粗具,设备无多,邯郸学步徒滋笑柄。”项氏从制罐部着手试行,并称此乃“改良现状”,“以言科学管理相去尚远”,从而打消了员工的怀疑。好在实验结果是工效增益两倍有半,“至是始告以凡此种俱为科学管理,事实毕呈,众乃翕然”。项氏“趁热打铁”,厘定厂训(勤、俭、诚、勇、洁),拟订各种问答手册(有吃饭问答、做工问答、做人问答等),务使厂训与个人行为发生影响。又延聘名人随时到厂讲演科学观念,创行补习教育做系统训练。项氏还特别重视给予员工名誉上之奖励,以培养其向上之心。项康元终于用事实赢得员工信任与尊重,并借此出台《组织大纲》,明确总经理、副经理、秘书、协理、总工程师、厂长、营业所长、总稽查、部长、技正、股长的权责;组建厂务会议、工程委员会、储金管理委员会。正是因为项氏深知训练合格员工实属不易,该厂“用人备极审慎”,严格选人,全面考察候选人学历、工作经验、家庭情况、介绍人与保证人、技能、文字、常识、智力、性情、言语、速度、腕力、敏捷、握力、体格。“履历既合再经考验,考验及格仍须填志愿书,察其怀抱,立保证书以备不虞。”以便将人员流失的损失降至最低。①

康元制罐厂的科学管理法具体实施有下列几个方面:第一,训练工人智能。教育部下设管理股、晨校股、自治股、图书股、卫生股、俱乐股负责此项工作。第二,改良设备。第三,制定标准,奖罚严明。该厂未实行科学管理法前,“一般工友,因方法不合,随便行事。工作虽定 11 小时,而求其实际,平均只得四五小时之收效”。实施后,工作时间缩短至 9 小时,工人晚间及星期日均得休息,且

① 《康元厂科学管理实况》,《工商管理月刊》第 1 卷第 1 号,1934 年 5 月 30 日,第 1、2、4、5、14 页。

"反得标准工作十有二小时之效率"。项康元为得到"标准",亲自参与试验,邀工友观察批评,按"工友公认为适中之工作,即为标准数"。奖罚即按每日工作标准量评定。其奖罚金按"每分钟应得工资计算",若超过工作标准三分之一,则有"特奖"。凡少于工作标准三分之一者则遭"特罚"。产品不合格率要求为千分之一。为便于管理,制罐部之各架机械上均插有一张"工作单",详载主工人及助工人工号、货名、件数、做法、每张只数、每分钟动作数、工作时限、申加钟点、共限钟点、实际工作时间、实际停机时间、限制损失、工作奖时、工作罚时、停时应奖、停时应罚、特奖、特罚、共奖、共罚、备注等项。每日工作结束,填呈主管人员交总务处审核。① 第四,提高待遇。职员月薪多者至百余元,少者亦有 30 元,膳宿厂供。工人工薪每月多者至 80 元,少者亦有 12 元,膳宿自备。开办养老储蓄金,员工按月由工薪中提取 5%缴存,厂方按员工存数的 2/3 加贴。职员凡办事谨慎、"进步迅速"者,均有加薪等奖励。全年不请假、不迟到者,年终奖 1 个月工资。至于学生(实为学徒),则以每年考评成绩为加薪之标准。如成绩分数满 60 分者加月薪 2 元,70 分者加月薪 3 元,80 分者加月薪 4 元,90 分者加月薪 5 元。②

康元制罐厂科管化成果非凡。开办之始资本仅 10 万元,10 年间增加了几近 7 倍,改革以来出品销数由 12 万元递增至 80 万元。该厂每年纯利在 1 分 5 厘左右,"核其成本与毛利之相差,因知其纯益之增加,非出于抬高价格,实由于管理得法,营业扩大,成本减轻所致"。上海共有八家制罐厂,康元制罐厂的规模、设备"最有可观",其营业额与另外七家营业总和相埒。③

---

①《康元印刷制罐厂》,《国际贸易导报》第 4 卷第 8 号,1932 年 1 月,第 177 页。
②《康元印刷制罐厂》,《国际贸易导报》第 4 卷第 8 号,1932 年 1 月,第 178 页。
③《康元印刷制罐厂》,《国际贸易导报》第 4 卷第 8 号,1932 年 1 月,第 178 页。

惜康元制罐厂毁于八一三事变的战火中。1939年,项康元在银行俱乐部讲演中,对自己的综合管理改革颇为自豪,特别强调由于厂方为工人"周详的擘画",提供住房、合作社、医院、娱乐设施的生活保障,工人毫无后顾之忧,"精神极好",因而工作效率较高,材料损耗得较少。①

实际上,康元制罐厂在综合性生产革新外,还有一秘籍,我们可称之为商量式的"柔性"管理。时人曾揭开其谜底,且大加赞赏:"它的应付工人确很周到。例如遇有怠惰不善工作的工人或不肖分子,它就能用很充分的理由,如像厂里某部机器或房室遭了毁损,亟待修理等理由,不声张的从事单个的散发工资,而嘱他们暂时停工,等到厂内修理完毕,即行通知来厂上工。它用这种进步的方法,在去年一年里面,虽因种种万不得已的关系,裁去二百余人(全厂共有听说也只有二百多人),而劳资双方的表现,还是十二分地和协,毫没恶感的反映。"且此人将命令式的"硬性"管理,称为"拙劣的方法"。② 康元制罐厂的机制性管理变革,都应该贯穿着这种"柔性"的原则。穆藕初有言:主持人不宜"操切""放任""尖刻""混同","操切则易于激变;放任则养成偷惰;尖刻则大失人心;混同则惰工无所警,良工无所劝,不久同化为工场之蠹物,乌得不归咎于管理之乏术"。③ 项康元的管理改革实践,正与穆氏的主张相契合。

华生电器制造厂通过科学管理法,成为中国电器制造业的龙头企业。华生由叶友才、袁宗耀、杨济川于1916年创办经营。开厂

---

① 项康元:《康元制罐厂的实况》,《会讯》第1期,1939年2月28日,第36页。

② 钢:《如何加强劳资合作的基础?》,《申报》1934年5月20日,本埠增刊第2版。

③ 穆湘玥:《藕初五十自述》,上海:商务印书馆,1926,附刊《藕初文录》上卷第120页。

之初，三人与所雇六七名工人，专造限制表、电流表、电压表及开关。不到半年，出品销售逐渐发达。华生再添置发电机，出品更精良。1919 年，购置母机生产。至 1926 年，工友增至 300 余人，添机至 100 余部，所造各式电扇行销海内外。随企业扩张，1929 年华生推行科学管理法。1933 年，华生于南翔创建电气厂、马达厂、螺丝厂、铸铁厂。1934 年，组织总管理，以协调各厂生产。到 1936 年初，华生在上海的六家电扇分厂，每天平均可造 200 台。南翔的四家厂生产电器、电表、断路器、避雷器、电焊机、家用电具、火车风扇、发电机、铜铁各类螺丝。①

华生奇迹首先源于职工训练的成效。其训练特点是以生活训练激发生活热情，增进对企业的向心力。南翔分厂早晨有早操，业余时间有体育、消防的团体训练。晚间有夜校，不时举办电学讲演。生活训练还包括集体的福利生活。华生在厂旁建工人住宅，配置较完备的日常生活设施，以供家眷寄宿。房租及饭食费用与工资相比，极为低廉。每月每人仅需缴费 6.5 元，工人每天工资至少 6 角，多则 2 元。由于产品畅销，尽管各地闹着减薪风潮，华生仍能保障工人待遇。华生职员约百人、工人 400 余人，自 1929 年实行科学管理法后，“职工团结一致，努力生产。训练方面，精神上都觉得很愉快的”。②

河南卫辉华新纱厂采纳综合改革，在纺织业的“科学管理化”潮流中走在前列。该厂开工八年一直未改善陈旧的工作方法，厂内有南通学院纺织科毕业职员，因主张改良大为同侪所不容，“遂

① 《华生电器制造厂》，《染织纺周刊》第 1 卷第 36 期，1936 年 4 月 22 日，第 572、573 页。

② 《华生电器制造厂》，《染织纺周刊》第 1 卷第 36 期，1936 年 4 月 22 日，第 572、573 页。

往郑州暂避其锋”。[1] 1930 年该厂方逐步改革，而“大见成效”。该厂 1922 年至 1926 年仅有 22400 枚锭子，雇用工人至 1800 余人，但到 1930 年底仅雇工 1450 人。厂方犹表示“工作上仍觉卓有余裕，往后犹可减少”。其具体方法可称为“专业化”分工，是一个环环相扣的过程。首先，该厂将粗纱工人分为甲、乙两等，甲等负责“倒接头”，附带换纱、清洁车身。因工人职责分明，工艺易精，产量品质也有所提高，“每箱纱较同支数之他厂品价高十元、八元”。其次，合理制定给资标准。自 1922 年开工到 1929 年，厂中除摇纱、成包系“论货”给资外，各工人按日给资。“工资与劳力不相因果，致勤者惰，惰者疲。管理者日用十足精神，仍无补于事。”华新屡欲改为“论货”给资，“非工人不易就范，即办事人畏难苟安”。1930 年后，该厂细化给资方法，即精纱车工论亨司（计长度）给资，细纱工按本棍（计件）给资，粗纱车工论亨司和等级给资。再次，制定兼顾质与量的粗、细纱出数。自将粗、细纱工资改为论货后，厂方一方面用“科学方法”定出机器之最大标准能率，一方面以控制质量等级，保证“出数多而良”。最后，重新厘定工时及工资标准。开厂之初工时为 12 小时，1927 年工潮陡起，工时减为 10 小时。1930 年 1 月停工改组，工时定为 11 小时，上午 12 时、夜 12 时，停车 1 小时休息。工资初按铜元支付，上等手艺工人最多每日可得 60 余枚，次则三四十枚，亦有 20 余枚者，每人平均给 40 枚。厂方自认为此工价“在全国中为最廉”。全厂 1800 余工人，每月工资不过 12000 元，每件纱合 8 元左右。至 1927 年，厂方迫于工潮，增加工资，一律改为洋码。工价每人平均在 5 角以上，“一时每包纱工资至 20 元之巨，又为全国中最大者”。改革后，粗纱车工约每日 4 角 4 分，细纱

[1] 陈本元：《我之纱厂服务小史》，《纺织之友》第 1 期，1931 年 4 月，第 258 页。

车工 5 角,摇纱车工 5 角,平均全厂工人每日约合 4 角 8 分。每包纱工资已减至 13 元左右,雇用人数减少 350 余人,论货者的工资反而增加。

通过整体革新,“工资之所得极充分而公允,工人乐于向上”,粗纱每日亨司量已能保证下道工序用量。细纱此前 12 小时每锭出 55 磅(16 支),改革后 11 小时每锭出 55—58 磅。厂方还得到意料不到的回报。“工人劳力与报酬既极公允,对厂方油然生爱护之心,不但工潮从此不生,而‘下脚’更见减少。”原下脚占出纱之 11%左右,回花产量达 15%;革新后下脚不过占出纱之 10%,回花产量减至 12%左右。

与保障工人收入相配套,卫辉华新纱厂还有一些惠工举措。如为工人建有浴室、饭厅、工人补习学校、工人子弟补习学校,兴办工人储蓄,全年不停工赏 15 日工资,女工生育赏 40 日工资,工人免费就诊等。①

不同工业家、企业家都在尝试克服管理缺陷。1929 年,中经胡汉民帮助,由钱承绪联络棉纱、火柴、造纸、面粉、生丝业等组织的“中华工业协会”,更名为“中华工业总联合会”。该会在“建设方面”提倡科学管理。钱氏作为该会委员兼总干事,依托该会于 1933 年同沪江大学合设工业训练班(共毕业三期),为各厂管理人员提供学习机会。1934 年,钱承绪邀集徐新六、韩复榘、胡西园、吴蕴初、蔡声白、郭顺、庄智焕等,在上海筹设中国机器制鞋厂;1935 年以 4 万资本开工,四五十工人,每天产鞋 200 余双,每双可售 5 角。1933 年 6 月,钱氏赴日内瓦参加国劳大会时,曾顺访欧洲最大的捷

① 陈本元:《卫辉华新纱厂之工作今昔观》,中国纺织学会编:《纺织年刊》,上海:逸兴印刷厂,1931,第 236、247—248、249 页。

克拔佳鞋厂。该厂工人46000余人，每天出产八九万双鞋。[①] 以此相较，中国机器制鞋厂产量堪比“拔佳”，应是由于有较为科学的管理体系。

有企业通过生产竞赛方式，提高工人技术水准，规范生产流程、工序，提高劳动强度，增加产能。上海大丰庆记厂长魏亦九，从1929年秋起组织厂内“换纱”比赛。魏氏“借竞争之方式，名利之宣传，直接促进换纱速率，间接增进生产之能力”，因而自认为实现了“近于合理化之工作法”。然一·二八事变后，通过比赛训练出的高手不少都离厂了。1932年6、7月间，魏氏再举行年度换纱比赛。此次比赛的宣传期为两个月，赛期约一个月。用魏亦九的话说，以两个月为训练期，是为换纱工提供足够训练时间。其实，拉长训练期则系变相拉长赛期，魏氏尽得余利。换条例，比赛分三次举行：第一次个人赛，第二次“排”赛，第三次“班”赛。第一次比赛，各取两名获胜者。个人赛，即每“排”常换纱六人，在本排内互相比赛，动作迅速者受奖赏。第一名赏洋1元，第二名赏洋5角。“排赛”，各排挑选最迅速之换纱能手，在本班组内互相比赛，第一名赏洋2元，第二名赏洋1元；荣获第一名之排，其宕倌及摇车亦各赏洋1元。“班赛”，每班组挑选最迅速之换纱能手，与对班比赛，第一名赏洋5元，第二名赏洋3元；第一名所在之排的宕倌、摇车则各赏洋2元。排赛、班赛都分单、双粗纱两组。魏氏“比赛”法，不仅奖优，而且罚劣。厂方通过计算各班内不同“排”的换纱平均速率，比较优劣，成绩最差之排的摇车、宕倌均受严重处分。此举无形中增强了换纱工序的通畅性，提高了换纱工的劳动强度。为切实提高

---

① 倪大恩：《工业家钱承绪先生传略》，《教育与职业》第172期，1936年2月1日，第134、135、137、138页。

甲、乙两班中换纱最慢之排的速度，在赛后一个月再举行第二次比赛，检查其速度有无进步。为能在一个较长时期内刺激换纱速度，按换纱女工的成绩优劣，酌定其标准工资。魏氏的比赛方法所带来的益处，还在于较好地规范了换纱工的操作规程。“换纱比赛时应注意事项”对换纱有严格的要求，如“拨纱时，手起码须紧握纱身中段，以期省而效果大，切不可握在纱身上段，否则，锭子稍有纱头，即不能拨起，且有拨成毛纱之患”。[①] 此次竞赛，单粗纱组第一名为乙班 2932 号许荣弟(年 17 岁)，双粗纱组第一名为甲班 1063 号张五妹(年 16 岁)，[②]两人恰在灵敏、机巧、精力旺盛的年纪，其创造的成绩绝非普通女工所能匹及。

劳动竞赛可能是一种行之有效的促进生产的办法。1939 年 1 月，国民党五届五中全会上，蒋介石交议《工作竞赛制度大纲》，拟开展厂内、工厂间、同行业及城市之间竞赛，“以增进生产，加强工作效率”。[③] 1940 年代，在政府的鼓励下，不仅私企，国企也开展起此活动。1943 年 6 月 1 日，国家总动员会议召开第二次全国生产会议，其中一项决议就是“推行工作竞赛，规定最低生产额，鼓励提高效率”。[④] 国民党第六届中央常务委员会 32 次会议讨论 1946 年度工作计划时，在《工人运动实施纲领》的“计划要点”下的“提高生产效能”项中，列出“倡导工作竞赛运动，鼓励工人自动情绪，提

---

① 魏亦九：《大丰庆记纱厂换纱比赛记》，《纺织周刊》第 2 卷第 42 期，1932 年 10 月 28 日，第 1186、1187 页。

② 魏亦九：《大丰庆记纱厂换纱比赛记(二)》，《纺织周刊》第 2 卷第 43 期，1932 年 11 月 4 日，第 1215 页。

③《工作竞赛制度大纲》，《工作检讨》第 4 期，1939 年 5 月 31 日，第 15、16 页。

④ 重愚：《第二次全国生产会议的收获》，《实业之友》第 1 卷第 7 期，1943 年 9 月 1 日，第 23 页。

高生产效率”一条。[①] 当年,华北地区印刷、机器漂染、植物油制炼、橡胶、卷烟、毛纺织、棉纺织、火柴、面粉、地毯、发电、机器、汽车修配等14种工业,都开展起工厂技术员比赛。[②] 1947年2月20日,社会部训令颁发《三十六年度各省市办理厂矿技术员工工作竞赛注意五事项》,要求各省市依“具有规模之公私营厂矿”情形订定具体办法,将竞赛时间定为当年的3月1日至11月30日。《事项》规定,社会部将奖励优胜者(按等级给予团体优胜者荣誉、荣誉题赠、荣誉奖状;对个人优胜者,授予奖金及荣誉佩章、荣誉奖状),各地应将优胜者照片、自传等报部,以备刊布宣传。[③] 1947年初,天津社会局奉社会部令,召集各大工厂商定竞赛评法,决议以生产质量为标准,“对优胜之团体及个人,将报社会部奖励”。竞赛自12月1日起至20日止,涉及印刷、织染、机器漂染、植物油制炼、橡胶、卷烟、毛织、地毯、报业、面粉、棉织等行业。天津制革厂、汽车修配厂、冀北电力公司、中天电机器厂等15个单位参赛。[④] 1947年9月,在经济部纺织工业生产会议上,众委员决议:继续“采用工作竞赛原则,由各厂组织工作竞赛委员会,主持全厂竞赛事宜。其经营标准分行各厂自定达到规定标准之期间”。经济部原则性同意该案的实施。京沪路自1947年2月起举办轨道工作竞赛,以精度、长

---

① 《农民运动实施纲领及工人运动实施纲领案(第六届中央常务委员会卅二次会议讨论事项第四案)》(1946年6月),台北国民党党史会藏,档案号:一般档案,6.3-56.7。

② 孙蕴培:《举办工厂技术员工工作竞赛的介绍》,《华北劳动》第1卷第7期,1947年1月15日,第31页。

③ 《(中央农工社会部)为各地党政机关纪念五一节日致市社会局代电(附指导办法等)》(1947年4月10日),天津市档案馆藏,档案号:J0025-2-003496-034。

④ 《工厂竞技开始,已参加十五单位》,《华北劳动》第1卷第7期,1947年1月15日,第13页。

度为评判标准。比赛办法规定，凡总成绩在 85 分以上者均可得奖。到 3 月底，经派员考核，评定分数，南京分段以 128.9 分列超等，每千工给奖 150 万元；苏州分段以 117.2 分列甲等，每千工给奖 120 万元；上南分段以 107 分列乙等，每千工给奖 100 万元。未获奖单位中之表现突出的员工，亦得到奖金。3 月全部奖金总计 3800 余万元。经过两个月的训练，各级轨道员工已明确竞赛意义。京沪路为激励低级人员更加发挥自身能力，自 4 月份起改以轨道监工区为参加竞赛单位，竞赛项目则改为维持路线、起道、清道碴、补充道碴、更换枕木、矫正轨节、更换钢轨等七项。每项工作之精度标准，均较前提高。4 月份竞赛办法不同于 3 月份之处，即路局规定完成的工作量，至月终考核时，凡完成规定之工作量，且有 80% 以上符合精度标准者，方有获奖资格。据悉，此次竞赛"对于提高员工兴趣，增进工作效率，颇见成效"。① 京沪路实现了以奖励促进竞赛、以竞赛带动生产的目的。

工作竞赛也曾被政府当作救急之法，不免失去管理中以人为本和科学管理之旨趣。1944 年，蒋介石兼行政院长职，指定重庆市及江北巴县为示范区，实施"人力动员工作"，并举行工作竞赛。"人力动员工作"一是随同管制物价一并"限制工资"，且要在纺纱、织布、针织、染织、印刷、面粉、肩舆、人力车、西服、成衣、木石、油漆等 27 业中达到预期目标；二是从 3 月 1 日起实行"人力节制"，两三个月内即将 3000 余人清离人力车、轿子行业。前者为配合限价，后者实际为扩充兵源。此时实施工作竞赛，无非是分散劳动者的

① 《路闻(一)关于轨道工作竞赛》，《京沪周刊》第 1 卷第 16 期，1947 年 4 月 27 日，第 11 页。

注意力，保证“人力动员工作”的完成。①

纺织业著名经理人、工程师陆绍云——一位“醉心于近代工业组织和管理的学者”“充满学术气味的企业家”②——不仅实施过工作竞赛，更有较为系统的“理论”总结。据调查，全面抗战前，人年均消费布匹为10平方码，到1939年后方机纱、土纱、土布产量合计，除每年数百万匹军用，用于民军人均仅有2码。农本局动员50万乡村妇女从事土纺增纱运动，各省建设厅推行各种改良手纺机运动，农产促进委员会推广手纺运动相继展开。陆绍云则于1939年在重庆创办维昌纱厂。后方小型纺纱厂计有中纺、富华、新民、民治、振新、合川、大成、仁昌、新渝、裕民等共4000余锭，年产棉纱1000余包，而维昌是小型厂前驱、示范。③

维昌占地14亩，简陋平房中安装印度小型纺纱机，精纺部使用“被‘技术主义’所鄙视、又被增产运动所怀疑的那一种葛许机”（陆制成该机图样，交由重庆顺昌工厂仿造），“余则大部采用大型机器设备”。共计细纱54台，纱锭768枚。规模虽小，但“在管理合理化的条件下，一个小型纱锭的生产能力并不亚于大型机的纱锭”。④

陆氏注重从精神层面，激发女工工作的崇高情怀。他的思路是：“只有鼓励起工人的工作情绪和工作热忱，然后能够希望工作效率的高扬以及工作成绩的进步。”要让工人“切身感到，他们的劳

① 《渝江巴示范区限制工资及人力节制工作竞赛概况》，《工作竞赛月报》第2卷第4期，1944年4月15日，第35页。

② 日本“高工”毕业后，充任天津宝成工程师11年，后短期服务于济南鲁平纱厂，再入常州大成纱厂近10年，其间推行过竞赛制度；全面抗战军兴，任职广西纺织厂。见《维昌小型纺纱厂》，《新世界》6月号，1944年6月15日，第27页。

③ 《维昌小型纺纱厂》，《新世界》6月号，1944年6月15日，第27页。

④ 《维昌小型纺纱厂》，《新世界》6月号，1944年6月15日，第27页。

力和全厂的利益是绝对一致的，要让他们切身感到，他们是在从事于伟大的生产事业，而并不是给资本家当牛马赚钱。假如他们生产得多、生产得好，固然社会有利，资方有利，而他们自己也绝对有利”。陆氏坚持推行每日一小时的教育制度，经过文教训练，“从乡村中招来的年青而天真的女孩们的眼睛睁大了，视线望远了”。同时，陆氏推行了一种新的薪资制度，自称为“综合式竞赛制度”。其方法是以工作技术水准（即工作法）、工作能率、清洁及劳动道德（工人品行）四项为竞赛的标准，借此提高技术水准，铲除不良工作习惯，提高劳动效率，完善工人的道德和人品。陆氏与工程师详细记录了每一工人考核结果，以记录牌方式公示厂中，不仅可反映个人成绩，也反映出班组成绩。在此基础上，成绩优良者可获得“相当的级差超额工资”，成绩差者则扣除“微额”工资。工人在这种重奖轻罚的人性化竞赛中，“充满着笑容，情绪提高起来了，劳动逐渐也艺术化了”；其收益也增高了，女工月薪普遍 1000 元，最高者有 2000 元。该厂棉纱品质足以和大型厂媲美。一般小型纱机每锭日出纱半磅，维昌推行竞赛以后，每一纱锭的平均出纱量增加到 0.65 磅，甚至到 0.7 或 0.8 磅。赛前每一个月出纱 20 包，赛后每一月如无停电及其他故障可出纱 30 包。①

当然，维昌的成功表面是竞赛之功，实质还有其背后配套的机制做支撑。纱厂的成功，离不开成本控制。当时大型纱厂每包棉的工缴成本需 2 万元，而小型纱厂中唯有维昌成本为四五万元，其余各厂皆八九万元，官办小型厂成本甚至高达 13 万元。组织合理化是经营管理化的骨架。全厂职员包括经理在内仅有 14 人，组织极为简单。经理之下只分设工务课和事务课，共五六位职员。厂

① 《维昌小型纺纱厂》，《新世界》6 月号，1944 年 6 月 15 日，第 29、30 页。

中不设工头,工务部直接处理工作竞赛与工作记录及技术训练等工作。厂方关心员工生活,能适度为其释放压力。维昌建有两排简陋平房,内中光线充足,卫生设备一应俱全。“天真的女孩子们在庭园中、在宿舍里或则洗濯衣服,或则谈笑休息,或则翻阅图书,几忘其在工厂中了。”①

创办维昌之前,陆绍云已有竞赛经验。据其自述:“拙者昔在苏、鄂、鲁、冀各省管理工厂,恒以工作竞赛之成绩,为给资之标准(同时实行混合竞赛),实施时期前后垂十余年,觉厂务进步之神速。”再行检讨维昌成功的经验,他总结出“综合竞赛法”:“纺织工业,部别繁多,人数众多,机械复杂,头绪纷繁,如何可使职工努力工作,达于合理化之途径而历久不懈软?应之曰:纺织工厂之要件有四:曰增加产额,曰改良品质,曰提高能率,曰节约原料,以上四项非同时并进,殊不足以言合理。而欲同时并进,非实行工作竞赛不为功。”产额竞赛可以增加生产,工作法竞赛可以改良品质,速度竞赛可以提高效率,清洁竞赛可以节约原料。陆氏经验是如果不同时以四项标准为竞赛评判指标,而仅以其中一种标准实施竞赛,“一旦中止,往往故态复萌”。他尤为强调,“综合竞赛必须行之不断”才可能产生效益,“而继续不断的竞赛,必须含有奖惩之原则”。陆氏建议以“等级工资”定奖惩,以综合的工作竞赛之成绩为“论货”给资(以产额为主,以其余标准竞赛为副)方法,“既可使工人自动努力,更可使职员有法可循”。② 这可能是因为维昌工人整体品行较佳,陆氏在其所总结的“综合竞赛法”中并未列入“道德”一项,而是将其列入给资标准之中。由于战时原料供应不足、工人流动

---

① 《维昌小型纺纱厂》,《新世界》6月号,1944年6月15日,第30页。

② 陆绍云:《纺织厂工作竞赛之实施法》,《中国纺织学会会刊》第1期,1943年4月,第56页。

性大,他主张取消个人竞赛环节。[①]

时人曾如此评价苏联的工作竞赛:“不是生产方法的什么奇迹”,“不是一个科学发明”,“仅是以组织和分工的方法,控制时间与空间,节省了不必要的劳力浪费,提高了劳工生产效率”。[②] 这一评价同样适用于当时中国企业的生产竞赛。

王云五于1930年2月出任商务印书馆总经理,于1931年初在商务编译所推行“科学管理法”,以数量考核工作量。其过于机械的节省人力成本的方案,引起该所职工会的极力反对。1月19日,职工会发表宣言,指斥王云五“短期间游历”九国,“贩所谓科学管理法之皮毛,不问国情环境,即欲试行于本馆。同人与王同事有年,深知彼言无一合于科学方法;且编译工作,不能若机器按日计功。王订工作标准,更属苛细,几加增工作两倍。请社会援助,共同对付”。[③]

直到1935年中国人事管理学会第一届年会,王云五以名誉理事身份发表大会演讲,才找到为自己申述的机会。他在发言中说:“兄弟对于商务印书馆人事管理第一个目标,即决不无条件地接受外国人的方法,因为环境不同,运用的时候,当然也不同,不过原理方面是可以采取的。”他特别从人事管理角度,宣讲商务印书馆在一·二八事变后采行的“进、退、奖、惩、教、养、老、死”八字“方法”。概言之,“进”就是通过考试择人,并加以训练以胜任工作。高小毕业、初中毕业、高中毕业者录用后分别“当学生”三年、两年、一年,

---

① 陆绍云:《纺织工厂科学管理法(续)》,《中国纺织学会会刊》第2期,1944年12月,第78页。

② 《苏联工作竞赛的透视和评价》,《新世界》4月号,1945年4月15日,第32页。

③ 《商务编译所职工会反对王云五宣言》,《大公报》(天津)1931年1月20日,第1张第3版。

经隆重拜师典礼，由老职员负责训练学生业务训练（算学、会议、簿记）及普通知识训练。大学毕业生则需要在主管的指导下“练习一年”。“退”，即开除，王云五却如此解释：“我们对于平常其他的处分，一点都不放松。”该警告的警告，该处分的处分，“使他革新自好”。[①] 可以这样理解，因培养可用之人周期较长，该馆不愿意动辄开除，而是以批评代替解雇。“奖”，即奖励，“惩”，即惩罚，奖惩讲求“分明公平”。一·二八事变前“奖励办法不好，得不得与得多少，极不重视”。重开业后，馆方以绩效定奖金、加薪或嘉奖标准，“职工得到奖励金，很当一回事看”。其要诀就是馆方注重“以功抵过”，凡平均功多过少者，仍享有特别奖励。职工因此“很努力于建功，即有过亦极力设法得功用补偿”。“教”，鼓励同人入读补习学校或夜校，学费大部分由馆方供给。月薪 150 元以下的同人子弟由馆方资助学费。1935 年小学名额 1000 人，中学名额 100 人，大学 5 名。商务印书馆总、分馆合计三四千职工，1500 名职工有子女读小学。“养”，职工生病可到指定医院免费诊治，休养期间馆方可支付 2/3 薪水。“老”，提倡个人储蓄，以供退职、退休生活。自 1934 年起，馆方劝导职工储蓄，普通薪水入储，1 元当 2 元计算；100 元以下、50 元以上，1 块当 1 块半；100 元以上，等值储蓄。公司还提盈利用于奖励储蓄，除支付固定利息 1 分外，满三年给年利率 1 分，满五年给年利率 1 分 2 厘。职工放弃休假，所得加班费入储，享有 1 分 2 或 1 分 5 的利息。“死”，以职工保险，保障其家人生活。每一职工可保 10 个月薪水险，月薪 50 元者，可保 500 元险。保费

---

① 王云五：《商务印书馆的人事管理》，《人事管理》第 1 号，1935 年 9 月 15 日，第 23、24 页。

由个人、公司各付一半。[①] 王云五这般重视职工个人储蓄,应该与此前曾遭遇的被动局面有关。商务印书馆编译所、总厂等在一·二八事变中被炸毁致停业,当年8月1日复业后,商务印书馆在不支付退职金的前提下解雇职工,被解雇职工状告王云五等13位董事,讨要67万余元的退职金。"原告人数"竟达1245人。[②]

王云五的演说,应该是对其早年"科学管理化"遇挫的反思及对"科学管理化"的整体"制度安排"。王云五所实行的"人事管理",是将对职工的严格要求与高福利相结合。高福利对职工而言,既是待遇,也是忍受高强度工作而不愿离职的"捆绳"。王云五确实有资格说:"我们唯一的办法,叫他们感觉着进来不容易,也不愿随随便便的出去。所以我们那里,退职的人很少。"[③]为统一观念,营造"人事管理"的氛围,王云五于1935年10月出版《商务印书馆人事管理概况》,供职工参考;稍后在馆中开办业务讲习班,聘请顾炳元等劳动问题专家授课,挑选总、分馆职员到班接受有关营业、印刷及人事管理知识的训练。[④]

企业无非由人与机器构成,能将两者加以调适的就是以组织、规则为核心的有形管理和以企业文化为主导的无形管理。较之于机器,管理在业界人士看来要比机器重要。有人将"人事管理"视为员工的挑选与培训。陶念祖强调纱厂必须招收"生手",易于以技术、道德训练培养具有统一意识、"遵守秩序"的技术能手,绝不

---

① 王云五:《商务印书馆的人事管理》,《人事管理》第1号,1935年9月15日,第24—25页。

②《商务印书馆解雇职工要求退职金六十七万》,《大公报》(天津)1932年9月27日,第1张第3版。

③ 王云五:《商务印书馆的人事管理》,《人事管理》第1号,1935年9月15日,第24页。

④ 顾炳元:《人事管理纲要》,《人事管理》第2卷第1号,1936年10月1日,第1页。

能招聘跳厂而来的“老油条”,以防带坏厂律、厂风。“只求一时开车之便利,招集他厂女工于一处,工作必难一致,秩序不易整齐,管理感极大之困难。因他厂女工,来厂工作,不云机械不惯,即之生活难做。倘再森严管理,则女工必借词自退,虽用总总方法扣留存工,但女工自愿牺牲,而不来厂工作者,时有发现。否则只求开齐,而不注意工作之管理,其生产与工作,何能同潮流竞争?”他主张招募 15 岁至 22 岁、身高 54—56 吋、体格强健、目力与耳力合格的女性。按陶氏训练法,在生手完成一个月的训练后,视成绩将之分初、中、高三级加以专业训练,每级各 10 日。初级教以标准接头法(捻头)、标准生头法。中级教以标准清洁法、落纱规则(落纱须按规定方向、不准碰纱头、筒管不能落地)、倒纱规则(按规定之方向倒纱、生头要在倒纱前、生头不准绕两转)。高级教以交班规则及工厂之常识,并以工作中的礼义廉耻为题,“训话数小时”。按其设想,经此训练后,生手将变成技术精良、“有爱国爱厂之公德心”、“养成服从命令之习惯”的合格纺织女工。① 据时人调查,华北纺织业中也有厂家注重女工训练,该厂所用女工全系重新招考,年龄大都自 15 岁至 20 岁,极少已婚及完全未受教育者。入厂女工必须接受为期三个月训练,每日工作 9 小时,上午上课 2 小时,下午上课 1 小时,课程为纺学或织学、工作法、厂规、常识、国语、音乐、公民等。一切书籍用品及训练期间之伙食,概由厂方供给。厂方还给女工零用钱,第一月 1 元,第二月 2 元,第三月 3 元。训期满后举行毕业考试,成绩最优者由厂方酌给奖品。经此训练,该厂正式女

① 陶念祖:《精纺人事管理之我见》,《染织纺周刊》第 3 卷第 1 期,1937 年 8 月 4 日,第 1840、1841 页。

工,“动作整齐,咸守纪律,能率亦尚佳”。[①] 刘伯文战时被派经营重庆酒精厂,针对员工“对业务本身,精神太不集中”的现象,提出了“员工须灌注全副精神于本厂业务之进展”的口号,并利用“纪念周”讲演,“激发员工的服务道德和穷干苦干的精神”。作为江南汽车股份有限公司的创办人,程学枢推崇的人事管理则提倡“以法为中心”。职业指导专家陈重寅将人事管理归纳为慎重选择、分明职掌、精确考核、认真奖惩、注意福利。[②]

管理学家屠哲隐在人事管理中独重“工头”训练。工头,即车间主任,又称部长。其上为厂长,下有领班或组长,再下为工人。工头介乎工人及雇主之间,非纯粹工人,亦不完全等于雇主一方。工头沟通厂方与工人,“惟工头有时有进退两难之苦衷,若承上意旨而御下严厉,则工人讥之曰‘你想加工钱’,或意敲打或遍贴‘打倒资本家走狗’。工头若约束宽纵,敷衍塞责,则雇主斥之为不尽责、不称职。工头既不见好于雇主,则狡猾者势必与工人暗通声气,以维持其个人地位。从此便为厂方之隐患,或竟因而引起莫大之劳资纠纷。忠厚之工头,则往往懦弱无能,孤立无援,工人嘲之为‘寿头’,雇主讽之为‘饭桶’”。甚至有领班“宁降为工人,誓今生不再任领班”。屠氏深有感触:“中国实业之衰颓落伍,虽有政治、关税、捐税、运输、治安、金融及外货竞争侵略之种种原因,但工厂内部之管理不良,实为最大原因。”复兴企业,离不开三要素:一是节省成本,二是劳资协调,三是标准品质。但大多数企业的改良方法、政策、理想,“往往止于工头,而不传达到各级工人”。厂方技

① 毛翼丰:《华北纺织业调查记(续)》,《染织纺周刊》第2卷第12期,1936年10月21日,第1070页。

②《实业经营中之人事管理问题》,《实业之友》第1卷第7期,1943年9月1日,第14页。

术革新方案,“无论如何之优美妥善,若工头不表同情,即可完全无效”。标准品质、节省物料,更可由工头上下其手。凶暴的工头,足以将雇主与工人间的良好关系、双方达成的雇用条件彻底破坏,进而诱发劳资冲突。而疏懈管理、毫无脊骨者,则被工人鄙视,同样会影响劳资融洽。工头职责决定其为企业中坚,必须具备监督技术程序准确而精练、善于消除纠纷及与各部及总管理处互相合作的能力。总体而论,“工头之管理工人,若不能获得工人之信用,增进工人之自尊心,并发展工人对于工头及公司之忠心,则所有政策或训示,便不能完全施行”。由此,我们可以理解,为什么屠氏强调对工头“必当施以相当之训练,以养成其自信能力,促进其积极精神,并发展其管理才干”。①

程守中曾参与过华生厂科学化管理改革,对工头也深恶痛疾:“工头,则未免相差太远(指知识),即不足以承上,又不足以启下,因工头性质,不过具有特殊势力统辖工人而已,其他能力,谈何容易,此种人无可恃以实施管理者。故目前状态,上有设计之人,中无承转之工长,上下不相呼应一切工作。”提出科学管理必须广纳人才。② 史国衡在调查昆厂后指出,工头因“出身”不同各有长处,却都难以成为厂方与工人之桥梁。他举例说:厂中一个管理员“是工人出身的,工人认为他的经验相当丰富,态度很和睦,常和工人往来,很了解下属的心情,所以颇受工人爱戴,可是厂方认为他出身不正大,带着一般上海‘老头子’的气味,有挟工人以自重的嫌疑。另一个学校出身的管理员,工人认为他很少工场(厂)管理的

---

① 屠哲隐:《工头之训练》,《工商管理月刊》第1卷第3号,1934年7月30日,第17、19、20、21、22、23、27页。

② 程守中:《中国实行科学管理应注意之几点》,《工商管理月刊》第1卷第1号,1934年5月30日,第81—82页。

经验,都是从书本上学来的知识,架子又很大,简直不知道怎样对付工人,然而厂方却认为他正直不阿,一心为厂,要实行标准化,就得引用这类管理人员。这真是上之所重,下之所轻”。史氏希望管理人才能兼具二者的优点。[①]

近代几家大型企业的发展离不开其内部从工头制到工程师制的改革。青岛华新管理制度即经过三变。最初用工务长制,由无锡人吴锦云担任。吴氏原服务于业勤纱厂,乃记账员出身,始终不懂技术,故华新生产调度工作均假工头与机匠。后在管理上改为工务长与总工程师并行制,用常州人李雪真为工务长,聘请留日纺织毕业生史镜清为总工程师。但因生产管理与技术管理分属两类,二者互起摩擦。华新最后实行工务长兼总工程师制,由史国衡一人兼施两职,同时将车间管理员大部分换为棉业传习所学生。此外,设考科,增添技术干部,加强技术管理,建立各种规章制度,产量由最初每锭 24 小时只出 16 支纱 1 磅,到 20 支纱 1 磅有余。[②] 上海永安厂于 1922 年正式开工,到 1937 年发展为有五个纱厂、一个印染厂的上海永安纺织公司;由开办时 3 万纱锭、500 台织布机、1000 余工人,到 1937 年有纱锭 25 万、1500 台织布机、13000 余工人,这骄人的业绩也是随着管理体制从工头制向工程师制转变而得以实现的。该厂在筹建中即聘请曾在英、美专攻纺织的骆乾伯为总工程师,负责永安纱厂设计、生产技术指导、成品质量检验。1927 年后,永安又聘任留学生郭棣活为纱厂工程师,同时招聘

---

① 史国衡:《内地新工业中的工人管理》,《新经济》第 5 卷第 11 期,1941 年 9 月 1 日,第 285 页。

② 周志俊:《青岛华新纱厂概况和华北棉纺业一瞥》,中国人民政治协商会议全国委员会文史资料委员会编:《工商经济史料丛刊》第 1 辑,北京:文史资料出版社,1983,第 30 页。

英、美留学生及南通纺织学院毕业生充任各车间工程师、技术员。①

不同于中国经理人、专家,外国经理人对工头“情有独钟”。1919 年初,怡和纱厂总理克福德将返国,应上海纱厂职员、工人之请到青年会演说,详述中国人工之效能及与外国工人之异同。克福德在中国纱厂理任经理 22 年,先后曾管理过 12000 人。他强调:“验人力之良窳”只需从八个“根本必要之特性”判断,即人品与体质、常识与定力、善通道德、能言语、有远识、具专门能力、有普通学问、有记忆力与心神专注之力。以此观之,克福德对工头多有嘉许之言:“中国工头因无教育上之机会,故比职员人等,于言语、远识、专门技能、普通学问之上,极为缺少。惟其人品、体质、常识、定力,则颇具备。”“以后中国纱厂总理人等,势必由工头等拔充。盖工人等,方知厂中一切始末详细,而彼办事职员,则因常有调动,且自顾身分,不愿考求实事,从底下做起。”②如果考虑到克福德任职外资企业的经验,就可知他所谈的“中国工头”均服务于外资企业而非中国企业,我们因此可以理解为什么民族企业在科学管理化中要废除工头,而外资企业却要保留着工头制。可能正是因为管理机制的差异,民族企业中的工头与外资企业中的工头的综合素质不可同日而语。也可能正是管理机制的不同,中国工人在民族企业与外资企业中的表现也有天壤之别。华资纱厂管理者发现中国纱厂工人还有一个特点,即“日厂服服帖帖工作的工人,一跑进中国厂,就变成嚣张顽固,难以约束了”。有管理者在心理层面解释其

---

① 郭棣活:《上海永安纺织公司是怎样创办起来的》,中国人民政治协商会议全国委员会文史资料委员会编:《工商经济史料丛刊》第 1 辑,北京:文史资料出版社,1983,第 10、12 页。

②《克福德之中国工人谈》,《江苏实业月志》第 3 期,1919 年 6 月,第 3 页。

原因,指出工人"以为大家是中国人,马马虎虎不要紧"。[①]

有业界人士指出,"人事管理仍旧是一门新的科学,而全部人事管理的目的,就在于工厂里树立一种良好的风气,发扬光大之"。这种"风气"即热情、忠恳、合作、负责、乐业、敬业的工作态度。"造成一种风气的基础不外乎:一、精神的,二、物质的。""精神的基础"包括:第一,"要让工人有一个明确的生产目标"。工人入厂之初,厂方不应只以一纸命令派定工作,而应提供图表、样本、工作说明等材料,以便工人有一个确定目标,而且让每一个工人"相信分派给他的工作纵或相当的艰苦,但毕竟可以勉力完成"。第二,"要让工人觉得他是在安定中工作"的。"只要工人努力工作,遵守规则,绝不轻易开革。"同时,厂方应制定职位升迁办法,禁止任意减削工资行为,应发放病休工薪、退职金。至于说到"物质的基础",主要是指厂方应办理福利惠工事业。[②]

福利问题确实事关企业生产的稳定与否。1937 年至 1940 年间,产业界利润较之商业界为高,极大地刺激了产业界的扩大再生产,劳工供不应求。1940 年后的一段时期,产业界利润已落后于一般商业,但在政府的提倡下,国营产业却发展了起来,劳工仍然供不应求。供需失衡逼迫各厂均提高工资以争夺劳工,政府无奈实施工资限价,但仍无法根绝工人跳厂现象。有舆论指出,工人跳厂的主要原因是工资高低不一,但根本原因还是劳工福利设施的缺失加大了工人的流动性;建议政府要求资方在利润中或依资产总额提取一定比例款项用于福利设施的建设。[③] 史国衡更强调"人事

---

① 至速:《感想——中国厂的工人》,《纺织之友》第 1 期,1931 年 4 月,第 263 页。

② 《谈工厂风气》,《劳工日报》1948 年 6 月 10 日,第 3 版。

③ 谢爽秋:《从工人跳厂谈到劳工福利》,《社会服务周报》第 11 期,1943 年 5 月 1 日,第 6 页。

管理与技术管理的联带性”:“工作和生活,却不容我们分别看待了,食宿的问题可以直接影响工人的工作效率,而工作场所以内的事端,也会反映在宿舍和食堂里面。”他把有关工作的分配、监督、训练等问题归之于“技术管理”,“把工作以外的工人生活以及各种活动归之于人事管理”。他在昆厂调查时发现,工人因与厂内管理员争执,会在食堂打碗、摔筷子发泄;工人也会因饭菜不合胃口,而为难厂中工程师。①

隶属于海军总司令部的江南造船所,注重职工福利,并以此为实施“管理科学化”的基础。1947年初,该所32个单位中有员工5500人,内有技术工人379人,美工程师7人,英籍2人,日籍1人。当时,该所没有得到海军方面“一文经费”,也无政府、商人委托造舰船的业务,但却仍办理员工福利,以安定其生计,鼓励其兴趣,改造工人心理,消除劳资纠纷。比如,开办阅览室、中西食堂、理发室、浴室、洗衣室、缝衣室、工人宿舍、合作社;发放生育、教育等补助金;按生活指数支薪(底薪以1937年标准计,最低每日6000元,最高近20000元)。如此,“所方重视工人福利,工人爱护所方,所以这俨然是一个大家庭了”。②

企业增加工人福利,就是要留住熟练工人。新工人虽然工资相对价廉,企业却未必能因此降低生产费用。领导过申新三厂工人自治的老工人胡鸣虎曾发表文章专谈“劳工移动”的损失与补救办法,他指出工人离厂会导致企业损失其所支付的工人训练费,而新招工人能力弱、效率低、生产损耗大,特别是新工人又易损坏工

---

① 史国衡:《内地新工业中的工人管理》,《新经济》第5卷第11期,1941年9月1日,第235页。

② 吕国荫:《我国造船业的魁首——江南造船所》,《新世界》2月号,1947年2月15日,第19、20页。

具,增加工伤医疗费。而新工人往往不习惯工厂生活,“常常半途辞工或开除”,更加剧了人员变动的恶性循环。新工人的产品成本因此较大,货价自然增高,工厂在外货倾销时势必会失去市场竞争力。胡氏主张,企业以较好的福利留住工人,才是企业生存之道。[①]

天津春合体育用品制造厂所实行的“科学管理法”,可称之为“家庭温情型”。该厂规模不大,工人数一般在几十名左右,最多时不过200人。总经理傅泊川,河北安次人,原从事教育,鉴于体育运动用品行业缺乏科学新法、产品供不应求,于1920年创办该厂。春合厂“博采科学新法,研究标准制造”,“出品精良,营业发达”。产品不仅畅销中国、南洋,而且被英、美、法、德、意及国际运联、商联等比赛所选用。[②] 春合的“本厂使命”及春合“厂歌”,[③]蕴涵着管理体制的原则,即以“人性”为管理核心,由此建立一个造就“人”、培养“人”、扶植“人”的“和谐”的生产和生活的群落。南开“啦啦队”队长严仁颖所见春合厂,较为直观:

> 该厂之建筑,极合工业化。在市之西南……空气新鲜,交通便利。……直进厂门,迎壁悬有蓝牌白字,文曰,欢迎参观,

---

① 胡鸣虎:《劳工移动的损失和补救办法》,《染织纺周刊》第2卷第19期,1936年12月9日,第1198、1199页。

② 严仁颖:《春合业务谈》,春合体育用品制造厂编:《春合十四周年纪念册》,天津:春合体育用品制造厂,1935。

③ “本厂使命”:“陶养劳工品格,忠诚服务社会;注重劳工卫生,贡献国人需要;实施劳工教育,辅助体育发展;改良劳工家庭,提倡产销合作。”《春合厂歌》:“春合工厂体育用品制造求绝伦/质料优良坚固耐久法规俱维新/制革科学化缝球合标准/球拍靴鞋艺术精针织球网式样新/全能器械分科制造有专门/历届大会采我品,体育家获冠军/奖予证明书题赠皆名人/畅销中外挽回利权抵制舶来品/三八新待遇职生振精神/劳资齐努力永不落后尘。”见春合体育用品制造厂编《春合十四周年纪念册》,天津:春合体育用品制造厂,1935。

接受指导,(前厂为仓储)……内储各种原料,……皆为国产,……进厂部二门,东为饭厅及授课室,西为招待室、阅报室、游艺室,与工务研究室,旁为职工宿舍及沐浴室。再后为制革、制球、球拍、服装、针织各科,……各科之中心点,有急救室、医药室、养病室、……房屋虽属相连,……工作休息,各无混淆之弊。厂门之南,有体育场,……职工子弟学校在厂之东北……职工家庭工厂,附设该厂之后。厂内职工眷属,皆可入内实习工作,如针织、缝纫、刺绣、球网等科,既免家庭分利之弊,复得充分之技能,减轻工友经济之担负,生活可以愉快。全厂工作时间,每日平均八小时。晨起郊外游行,下午业余,群趋体育场,作各种球类比赛,或田径练习,并有时应外界之邀,作友谊比赛。……每月有例假三日,至时可随意出行,惟不得赌博、冶游……

利用工作之余,作各种有益组织,如每星期举行一次工务研究会,以求货物改良,发明各类新出品。有教育班,教授尺牍、算术及日用常识。体育班,为工余消遣……星期六有演讲会、游艺会,内包括演讲、国剧、话剧、及音乐等,概有专人指导。厂方按期聘请名人演讲,以启发工友知识,增加兴趣。其他组织,有参观团,随时派定地址,前往参观,如市外贫民窟,最大纺纱厂、电灯及自来水公司、轮船码头、模范监狱等。消夏团每年暑期举行,如北平西山、青岛烟台及北戴河等处……并能得到感化者为目标,工友既感生活之快乐,莫不活泼非常,因之工作者皆有自动之进步,厂方亦受相当之益,可谓一举两得。

工友待遇,最少者三十元,最多者五六十元,平均每月每人三十余元。膳宿等费,概由厂方供给。每年中有官假一月,照给薪金。工友倘染病，有厂内医师负责诊治，此项医药费，皆由厂方担负。凡有眷属之工友，皆聚居于厂方建筑之同仁里，年终按每人之工作成绩，分配花红。①

该厂待遇之优，管理之善，在当时实属罕见。由于职工较少，劳资便于直接沟通，工人能够参与厂中决策。《春合体育用品制造厂制造部工务研究会简章》规定“凡制造部职生均为当然会员”。工务研究会“以增进工业研究，发展科学制造，养成锐意求精，忍苦耐劳为宗旨”。该会每月开全体大会1次，每周各科开例会1次。会员如有建议，可随时将建议书交由总务股文牍员妥存，以便开会讨论。② 工务研究会基本与“欧战”后英、德、法、美及其他工业先进国采行的“业务协会”（Joint Industrial Counils，Betriebsrates）相类似，但各自职权不同。工务研究会的重心在生产环节，而“业务协会”重心在整个企业的统筹管理。英国政府于1917年曾设立过一个委员会（以费特利氏为委员长），研究改善劳资关系的方案。该委员会提出了《费特利报告》，在此报告上签名者有许多资本界的领袖和劳工领袖。报告强调：改善劳资关系，必须要保障雇主与工人在发展产业的过程中能够积极地、无间断地合作；政府为此须令各大商业、大厂店设立“业务协会”。1919年德国将设立“业务协会”列入新宪法之中。“业务协会”对于工资、工作状况、管理方法，赋有建议权或审议之权；“对于一切发展业务的计划与手段，如节省原料，裁汰冗员，开除恶劣的工人与管理员之类，亦赋有建议及

---

① 严仁颖：《春合业务谈》，春合体育用品制造厂编：《春合十四周年纪念册》，天津：春合体育用品制造厂，1935。

② 春合体育用品制造厂编：《春合十四周年纪念册》，天津：春合体育用品制造厂，1935。

审议之权”。[1] 工务研究会则无此类权限。

工厂会议作为晚近以来工业界谋求劳资合作的一种制度，被写入 1929 年 12 月国民政府公布的工厂法第十章中，但反对之声也肆起。刘鸿生于 1930 年全国工商会议上提出《工厂法工厂会议之规定不合法理事实请从缓施行案》，得到大会审查会及大会通过。该案指出第十章中第 49 条（工厂会议由工厂代表及全厂工人选举之同数代表组织之）、第 54 条（工厂会议之主席由双方代表各推派一人轮流担任）所规定的劳资共管工厂，尤为窒碍难行。[2] 直到 1946 年 8 月，在社会部召集上海市劳资双方代表及工商业专家征求修改工厂法意见的会议上，资源委员会龚瑞祥代表资方，仍反对将工厂会议列入工厂法。[3] 不过，工厂法经 1932 年修正仍保留了此项内容，并将其作为推行工厂制度的法律依据。从这一角度来看，春合的工务会议在一定程度上履行了工厂法所规定的职责。

此外，春合工厂的独特性还在于一人入厂、夫妻均享有工作权，全家衣食无忧。“凡是一个练习生，一个职工，来到本厂，全觉得如同到了家庭一样。这是厂方对于职工的待遇，造成家庭化，所以都诚诚恳恳服从指导。”“工友既感生活之快乐，莫不活泼非常，因之工作皆有自动之进步，厂方亦受相当之益，可谓一举两得。”[4]

春合职工家庭工厂隶属于总厂制造部，由职工眷属组成，以“提倡妇女职业，改良家庭生活”为宗旨，分针织、刺绣、缝纫、织网

---

① 王世杰：《国民党的劳工政策》，《现代评论》第 7 卷第 165 期，1928 年 2 月 4 日，第 4 页。

② 《工厂法工厂会议之规定不合法理事实请从缓施行案》，实业部总务司、商业司编：《全国工商会议汇编（1930）》上册，南京：京华印书馆 1931，第 2 编第 191 页。

③ 史蒂：《关系工人的一件大事》，《中国工人周刊》第 6 期，1946 年 8 月 11 日，第 3 版。

④ 春合体育用品制造厂编：《春合十四周年纪念册》，天津：春合体育用品制造厂，1935。

四组,工作时间上午3小时、下午4小时。工资按件计价,月终结算。产品由总厂制造部检定股审查优劣,分别等级,照章奖戒。星期日休息,暑假、年假每期以一个月为限。家庭工厂注重提高女工文化素质,所办教育班每晚授以家庭常识、儿童管理法、书法、算术等科目。家庭工厂产品更适应女性特有的灵巧、细致的特性,厂方以此一方面帮助工人全家就业,另一方面将产品线由球类、球拍、球鞋延伸到了球网、锦旗类。同时,家庭工厂又以生产为纽带,促成生活教育的小社区。针织组女工张文兰曾说:“我们住居同在一所大院里,好似一个大家庭。在工余的时候,也有相当的娱乐,可以听听收音机,讲些故事,念念千字课。就是小孩儿,不准吃零食,不准花零钱,不准说谎话,不准骂人。好似厂方规则有点儿过严,可是又想这是改良家庭子女教育,对父母、对社会、对国家,可以说是一件急需的事情,也是社会家庭所应改正仿效,不可忽略的。”①职业女性的专业训练,家庭生活的改善,子女品性教育的强化,在由30余个家庭组成的春合家属区中自然完成。

家庭化之外,该厂管理的最大特点,则是完善人的品性,促进职业道德的精进。据入厂三年的工人钱国珍自述,全厂工人“都履行‘四不’主义:不犯规、不怠惰、不空过一分钟、不妄费一文钱,这是本厂真精神的表现”。“因为厂规的训育,是戒烟酒、戒赌博、戒冶游,使全体职生,都要走入正轨,对学识,对体育,对卫生,对工作,对组织,全都有条不紊。”钱氏到春合以来,戒除了以前所染恶习,不愿再做社会上的“分利的人”,而努力成为一名价值的创造

① 春合体育用品制造厂编:《春合十四周年纪念册》,天津:春合体育用品制造厂,1935。

者。钱氏因此感谢“慈善的总经理”对其本人的培养。①

全面抗战时期,早以组织、管理精当闻名的第三被服厂,同样通过家庭化社区管理,一改该厂在湖南时“乌烟瘴气”的局面,“工作效率大为增进”。据介绍,该厂“工人生活堕落,吃喝嫖赌,不喜欢多做工,喜欢多得钱。得不到钱,就聚众要挟,实行罢工或怠工。有人懒惰成性,设法装病或有事请假,白白拿固定工资,……或偷跑出厂做生意,并经常的互相攻击、吵闹,把一个工厂搅得一塌糊涂”。年轻有为的厂长蒋士亦,上任伊始即以改造工人懒散恶习入手以重树厂风。他以身示范,每天早晨5时起床,率全厂员工跑步、晨操,以驱除懒散习惯。同时,在给工人增薪3/8的基础上,救济五口以上家庭,安排家属入厂工作。蒋氏还设立生产股、消费股,保障全厂基本生活,并设立文化股、教育股,愉悦工人及眷属精神生活。生产股下成立制鞋所,开设畜牧坊、豆腐坊、肥皂厂,发动种菜运动。比如,制鞋所利用未被战火燃尽的布匹、库存、布头制成布鞋,按7元成本售与工人,工人每月至少可得一双。畜牧坊利用米糠养猪数十头、牛数头、羊数十头、鸡百余只,以及兔、鸽,工厂一两月内可供应一次肉食。豆腐坊每晨定时送豆浆,每月收成本费6元。工人以1元1块所购肥皂,在厂外以三四元推销获利。消费股所设供应部,按员工日常生活必需品,向各地大批购办货物,廉价出售给员工。公共食堂专为单身员工而设,每月不过30元左右,六人一桌,三菜一汤。第五,办理文化股。内有“五一”剧团、体育组、文化站、宣访队。剧团开办两年来,共举办50多场演出,每场观众都在1200余人,收入五六万元。宣访队调查工人生活情形,

① 春合体育用品制造厂编:《春合十四周年纪念册》,天津:春合体育用品制造厂,1935。

征求工人对工厂意见，同时实施救济。第六，设立教育股，负责子弟小学、职工夜校、幼稚园、托儿所、工厂补习班；出版《劳动日报》，“就是电文也用白话写出，知识较低的工人，很易看懂”。[①]

还有一种较为成功的“合股”式的管理，即卢作孚在其民生公司中实现的“劳资合作”新模式。1937年上半年民生公司决定增加股本350万元，奖励职工入股，特允将职工1936年度红酬、储金转拨入股，并对职工入股给予入股津贴，“以期全体职工皆能成为公司股东，加倍努力，以增进公司事业之发展”。1936年度公司职工红酬，照章分配为7万余元。公司又拟拨6万余元，作为红酬分配给全体职工。另再提12万元股票，作为特别资金，奖励有特殊劳绩之职工。[②] 此举既未增加职工入股的经济负担，无疑又增强了职工入股的能力。民生公司在职工“经济一体化”的同时，以船教、军训、民职社等形式，保证职工认同公司经营理念，在思想观念及身心方面彻底融入公司。

船教是以各船为单位的培训。教师均为本船船员，但由公司特别聘请。公司原唯练习生才有训练，唯居理货、艺徒、茶房才特为开班，扫除文盲。自1936年4月13日起正式推动船教。[③] 始于重庆方面的囤船，次至渝合、渝涪航线的行船及部分渝宜、渝叙线行船，计船只12艘，囤船21只，学员人数281人，其中一字不识者98人，识几字者183人。第一个学期从4月13日到8月22日。第二学期学员包括61艘船948人（一字不识者268人，仅识几字者

① 尹炎：《一个工厂的革新（第三被服厂访问记）》，《实业之友》第1卷第5期，1943年5月1日，第7、8页。

② 《海事新闻》，《新世界》第10卷第9期，1937年5月16日，第45页。

③ 《十二届股东大会欢迎会纪录》，《新世界》第10卷第7期，1937年4月16日，第21页。

278 人,略识文字者 370 人)。训练步骤分为两期:第一期扫除文盲,第二期开新智识与技术。每期各三个月。民生公司船教对提升低级船员的个人素质、国民素质,以及公司的社会形象大有效果。船教之初,各处职工多有不愿参加者,且颇有烦言:"公司办船员教育是在发疯,我们现在岁数有这样大了,有的也老了,读起书来有甚么用处?认不得字也不很要紧!"入教后,船员"懂得甚么是国庆日、纪念日了,知道怎样才配做个良好国民了,能唱歌,能做算术等等了,船教对于他的智识、道德均有增进"。社会对公司船教也"观感良好"。用公司高级职员话说:"觉得民生公司,不仅在事业上求进展,并且还顾到职工的教育训练;都说这活动,直接自然是为了事业,间接确是帮助社会。"①

黄钟声经理在第三期开学仪式上自信地阐明船教目的:"我们教育的目的","希望你们读了书后,能写会读,只算得我们的第一步的希望。最后,希望你们读了书,能够自强不息。并希望你们在机舱部的,对机器的管理,不但要求达于尽善,而且希望你们对机器有所改进"。② 公司为鼓励船员,不仅给予学习奖,而且在薪金上予以提高。彭代勋在治轮船教第三期开学仪式上,就强调"成绩好了,公司除当面给奖之外,我们的薪金及一切的报酬,还立马可以增高起来"。③ 在涪囤、元通船教二期给奖大会暨三期开学典礼上,学员黎祖华发言:"我们得到公司给我们的奖品,是很感谢,同时也很惭愧的。龚先生、卢经理、漆经理对我们的教训,我们不敢忘记,

---

① 罗昌扬:《一年来的船员教育》,《新世界》第 10 卷第 5、6 期合刊,1937 年 4 月 1 日,第 27、29、31、32 页。

② 甘其民:《彝轮船教第三期开学记》,《新世界》第 10 卷第 9 期,1937 年 5 月 16 日,第 22 页。

③ 李昌泰:《治轮船教第三期开学》,《新世界》第 10 卷第 9 期,1937 年 5 月 16 日,第 25 页。

我们从今以后,当然更要努力读书,并且尽力为公司服务,才对得住公司,才不负各位先生的教训。"①

军训则是以整个公司为单位的不同工种的训练。一般投考进入公司,下自茶房上到职员都需奉调北碚军训。比如,1937 年 5 月的第六期训练,茶房学习科目除有茶房须知("茶房服务动作训练""调回公司的心理训练")、水上新生活、新生活须知外,还有学习理货、水手的科目。军训则有武术昆仑拳、侦探学、模范青年、步兵操典、射击、陆军礼节、手枪学、警察学、违警罚法。受训者从中感受到公司管理层"那种盼望的殷切,简直胜过家长之于子弟"。② 职场新员通过军训,不仅学习了服务技能,而且其思想观念也发生了深刻的变化。从入选 1937 年公司"茶房征文"的文章来看,新员已经具备应有的职业操守、行为规范,更有乐观向上的精神面貌。其文中有如是话语:"大家起来,努力工作,努力训练自已成一个现代的人物!""非用我的全副精力,在个人技能上,力求进步,公司事业上,力求发展,向着光明大道前进不可。"③有加入公司一年的职员,公开表示自已的薪酬虽然仅可维持自己生计,完全无力供养父母、抚育弟妹,但仍然本着公司"辅助社会""便利人群""开发产业"三大目标,热情地努力工作。④ 民生职工普遍承认:"民生公司为劳工提高地位,想出了很多提高的办法,例如读书运动,就简直是为职工开出一条光明的大道。公司既为我们开出了光明的大道,我们

---

① 张善森:《涪囤、元通船教二期给奖大会暨三期开学典礼纪录》,《新世界》第 10 卷第 7 期,1937 年 4 月 16 日,第 37、38 页。

② 周引:《第六期茶房训练》,《新世界》第 10 卷第 12 期,1937 年 7 月 1 日,第 20 页。

③ 张忠贤等:《我的生活记述》,《新世界》第 10 卷第 8 期,1937 年 5 月 1 日,第 30、32 页。

④ 顾濂溪:《我愿以更大的努力来工作》,《新世界》第 106 期,1936 年 11 月(下),第 32 页。

就应该快快踏上去,大步的前进。"[1]卢作孚所追求的"每一个集团的分子,都要为此集团努力拼命,以求生活"[2]的目的,通过船教、军训基本转化为员工的精神动力。

1936年5月,民生在通远门外的巴蜀新村再开办民职社,"意在使职工的家属求得相当的学识与技能,俾能自谋自活,减少职工的负担"。民职社性质为半工半读的学校,每天4小时做工、3.5小时读书。做工是技术的训练,读书是知识的训练。技能训练包括刺绣、缝纫,学习训练包括国语、算术、公民、音乐、国画、习字。[3]此举同样凝聚了职工对企业的向心力。在卢作孚的业务管理理念中,企业管理包括联络及改善职工的家庭生活,"应使家人明了工作人员与事业的关系,与国家整个建设的关系,欣赏其努力与成就,应使家人参观事业,参加事业有关的公共生活,尤其旅行生活与娱乐生活"。[4]

重庆实元号与民生类似,在劳资合股基础上,加以"思想和精神训练"。实元的口号是:"劳即资,资即劳","希望能做到极少职员非股东,极少股东非职员,他们的理论是希望实元号的事业,在感情的方面像一个家庭,在作事上像一个机关,在命令的贯彻上像一个国家。在经济组织的形式上,劳资合一,好像是一个日益增长的投资团体"。

实元号股东制比较特殊,一是限制股权。实元号在1940年前的组织大纲上明文规定,任何股东的投资都不能超过150股,折合

---

① 李则仁:《劳工神圣》,《新世界》第106期,1936年11月(下),第6页。

② 卢作孚:《社会生活与集团生活》,《新世界》第42期,1934年3月16日,第4—5页。

③ 刘正勋:《民职社第二学期开学纪录》,《新世界》第10卷第12期,1937年7月1日,第21页。

④《卢作孚讲业务管理》,《新世界》2月号,1945年2月15日,第10页。

法币2000元;后因物价上涨,又规定股东入股不能超过200000元。二是公司代为保管股票,股东退股只能得到原数的股金。表面上,总经理由全体职工股权产生,但规定候选人必须具备三个条件:一是三级以上的高级职员,二是服务三年以上,三是服务期间忠贞尽职。该号职员等级分类九等三十六级,三级以上的高级职员凤毛麟角,总经理变更的可能性实际并不大。何况,总经理权力"亦不象一般业务组织之大",仅有执行权力,决定大计方针的是总管理处。总管理处负责员工选聘,并随时同新老职员个别谈话,以求意志的统一。在转正之前,新员工必须接受三个月的岗位训练。在享有股权的基础上,加以规训,员工"工作努力",与公司关系良好。①

(三)软管理有硬实效

前述案例都较为成功,但其实企业在实行科学管理化过程中面临诸多困难。程守中曾以自身经验有所总结:(1)企业情形特殊。中国企业多为一二人主持,由小而大,初无所谓计划、组织,"借赚钱机会,逐渐扩充"。企业规模扩大,原有组织、管理方法便难以奏效,管理者虽有实行科学化的动议,"欲一变其积习难返之内容,使之改头换面,颇不易也"。(2)无通盘计划,头痛医头、足痛医足。(3)工痞阻碍。"上海工人,有特殊恶势力,尤其一班坏工人,每借势力以压迫好工人,如你欲找厂内工友来测验,他们就要挟制好工友,不准其发展个人工作能力,并使尽种种手腕来破坏你的计划。"(4)企业往往重感情、"不重事",用人唯亲,埋没真才。

---

①《实元渝的人事制度》,《新世界》2月号,1945年2月15日,第23、25、26页。

(5)以“虚伪”的科学管理欺骗、蒙蔽工人。①

以企业文化塑造和谐劳资关系，是民国时期业内外人士的普遍共识。企业文化可以说是一种涵养企业生产和人际关系的精神、心理和风气。民生公司能独领民族航运业，与卢作孚所提倡的“民生精神”息息相关。卢氏强调创办民生公司的目的是“服务社会，便利人群，开发产业，富强国家”，宣传“人人为事业服务、事业为社会服务；个人的工作是超报酬的，事业的任务是超经济的”。同时鼓励员工只要“忍耐、苦干，就能成为出人头地的时势英雄”。还提出“服务员可以作经理”“船员可以当大付(副)、二付(副)、船主”的口号。随着业务的发展，卢氏确实提拔过一批人。② “民生精神”就是建立于社会进步、企业发展及个人命运紧密相连基础上的事业心。具体而论，营造企业文化应从三个方面入手：一是企业要以福利留住工人，保障企业的稳定性、生产的连续性。二是雇员要有良好的职业操守。三是以劳动竞赛创造一个乐于进取的生产环境。其实，企业文化的建构在很大程度上衡量着科学管理的成功与否。1912 年即有业内人士明示：科学的工业管理法，“工作上之责任，其大部分在于厂主，而小部分乃在工人。一般人恒误会，以为稍增工值，切嘱工人，殚力所事，即为致赢之术”。③ 此言是告诫企业家应充分利用在科学管理中的主导性，通过构建新型的企业文化，引导企业的综合改革和良性发展。1941 年 11 月，化名“士逸”的工业家，将自己治厂心得和盘托出，更好地诠释出“大部分在

① 程守中：《中国实行科学管理应注意之几点》，《工商管理》第 1 卷第 1 号，1934 年 5 月 30 日，第 76、77、79、80 页。

② 童少生：《回忆解放前的民生轮船公司》，中国人民政治协商会议全国委员会文史资料委员会编：《工商经济史料丛刊》第 1 辑，北京：文史资料出版社，1983，第 162 页。

③ 芳擢：《科学的工业管理法》，《进步》第 1 卷第 6 号，1912 年 4 月 1 日，第 3 页。

于厂主,小部分在工人”的治厂理念:

> 性情豪爽的工人,只要你很坦白的对付他,他甚至于可以把自己的心捧给你看。最要紧的,你要公正无私,诚恳亲切。决不可稍存“欺诈”“利用”之心,否则他们会对你怀疑或感觉害怕的。……
>
> 生活的改善,这是每一个工人时时刻刻所希求的。……因为精神生活可以补助物质生活的不足。所以我们把握了这一点,集合智识工人,立即成立职工福利委员会。接着是合作社的组设,子弟小学及职工补习班的开课,新宿舍的建筑,图书室的成立,食米的津贴,话剧平剧的连续演出,篮球排球的不断比赛,墙报月刊之发行……这样以来,鼓舞了工人自动参加各项活动的兴趣,并提高他们生产积极的热忱。过去腐旧自私的工厂,在几个月以内就显得活跃起来了。
>
> 组织也是工厂管理最重要的一环,过去许多人怕工人有组织,怕工人提意见,这是最愚笨不过的,正当的组织,只要你合理的管理,是百利而无一弊的。在这里值得提出的,就是我们将工人分别组成了许多小组(以他们工作性能与工作部门分组),每一小组由他们自动推选组长,主持一切;组长并可代表工人,出席各工场的场务会议,及全厂的厂务会议。过去爬在地板下窃听会议情形的工人,一变而为会议座上的嘉宾。并且事实告诉我们:他们——工人组长——确在各次会议中提供了许多宝贵的意见,由厂方虚心的采纳与实行。
>
> 自治的精神,这里也在充分的发挥着,许多有智识有能力的进步工人,经过我们详慎的考核之后,提拔出来作了工长技士,实行了自己管理自己的崇高理想。因为他们在厂很久,爱

护厂的热忱特别高潮，所以对于工作的推进与技术的改善，也有优异的贡献。“以厂为家”的口号，在这里是不折不扣的实行了。

接近工人也是我们新的管理方法之一，我们认为怕接近工人与故意离开工人，是一个工厂管理者最不可恕的罪行。……我们主张全厂员工密切联络，上下打成一片。小组会议、座谈会、晚会、月下闲谈，这些在生产业务联系以外的经常结合，是联络感情和交换意见的最好机会，许多不必要的隔阂、误会，在这种场合之下，象炊烟一样的消散了。①

尽管如此，该厂在改革中，同样遭逢意外的阻碍，如聚众滋闹、怠工、罢工、出品低劣。该企业家对大多数工人并未采取“恩威并重的陈旧的官僚主义的方法”，而是予以善意说明教育；反之，经“慎重的博取众意后”，将“拨弄是非”的予以开革。由此将上述问题一一解决。②

当然，还有一种特殊的企业文化，在特定时期也发挥了不可估量的作用。重庆申新分厂（庆新）内有百余名职员、500余名男工、近千名女工。高级职员都是江苏人，多是无锡人，次为京沪苏常人。“厂中最通行的是无锡北平话，四川本地工人到厂的第一步，就是要学听无锡话，了解无锡人的习俗。如果不是四周罗列着山峰，满谷迷蒙的云雾，走进了厂子，总以为这是苏常之间。”章映芬任职总务主任，与女工感情融洽，从未发生过工潮。即使豫丰与相邻的裕华发生工潮，申新始终平安无事。③ 战时后方孤独的“乡

① 士逸：《新工厂管理法》，《新工人》第1卷第6期，1941年12月10日，第38页。
② 士逸：《新工厂管理法》，《新工人》第1卷第6期，1941年12月10日，第38页。
③《战时申新在后方培育的新芽》，《新世界》6月号，1944年6月15日，第12页。

情”,固然便于劳资间沟通,但如果没有“三八”制的改制成功,仅用“乡缘”维系的劳资合作关系,应该只能是双方冲突中短暂的“休止符”。据女界名流胡子婴 1940 年调查,当时重庆三个纱厂的福利、工资收入,裕华均好于豫丰、庆新。从吃、住来看,裕华工房是砖墙地板,阳光充足,每间住 8 人。晚餐有馒头、稀饭和干饭。裕华开厂成功,女工收入大有保障。裕华自 1939 年开工后仅半年,已将内迁损失的 300 万元“都挣回来了,职工还有六十个月的红利分得”。从裕华开办 20 年的历史来看,“在人事方面,他们是出名的协调”。豫丰、庆新工房却阴暗潮湿,“膳食也差一点”。胡子婴希望,在后方纱价每包一千五六百元,“纱厂总是赚钱”的时候,“厂方多优待工人一点”。[①] 其后,庆新实施“三八”制,而裕华仍保留原有管理方式,这一差异是决定庆丰、裕华劳资关系截然不同的关键因素。

上述科学管理及相应的企业文化,均聚焦于工作流程及对工人的训练和形塑。其实,还有另一种成功实践,即通过形塑企业管理者而获得企业的持续发展。自范旭东 1915 年创办天津塘沽久大精盐公司,到七七事变前,工厂已增至六厂,并成功投资青岛永裕盐业公司,创办黄海化学工业研究社。全面抗战内迁,久大公司又播迁乐山、自贡。久大公司各工厂顺利开办 30 年来,劳资争议“为稀有之事”。建厂之初,作为总经理的范旭东,摒弃工头包办制,广聘留学生、大学生及专科生,分科主事,以专责成。从经理范旭东,到所有管理人员,均“秉持企业家公正之心思”,本着发展实业的信条,以劳资中间人立场,“用和平灵敏”“创新”之办法,保障劳资双方利益共赢。在具体管理中,慎用股东资金;尊重人格,平等对待各类职工。正由于公司员工情同手足,公司才可能在社会剧变中

① 胡子婴:《产业女工在重庆》,《妇女生活》第 8 卷第 10 期,1940 年 2 月 20 日,第 8 页。

稳定如山。比如,北伐军即将抵达平津之际,少数工人暗组工会,公司则公开予以支持,代为向军警立案。工会成立不仅未碍于公司管理,反益于管理,成为公司与工人沟通的纽带。久大管理层甚至认为,如果劳工能获得公司股权,实现劳工资本化,企业就不可能产生劳资问题。[①] 股份公司中,劳、资、管理者(企业家)三方各有立场、各有利益,劳资关系的确在很大程度上取决于管理者(企业家)的把控。

究其实质,久大劳资关系融洽,固然与管理层坚持"以能服务社会为最大光荣"的企业家精神有关,但也绝离不开企业将盈收转换为职工福利的决定因素。公司设立之初,久大塘沽工厂开办后,先建单身工人宿舍,内设厨房、饭厅。公司承担人工、煤、水费,工人以食品成本价进餐。实施强迫教育,开设工人读书识字班、俱乐部、图书馆,建立武术、球队、戏剧组。公司还设一所医院,约请名医问诊。职工学习、娱乐、就诊皆免费。公司又相继修建工人眷属住室,低价租给工人。创办完全小学一所,免费接受工人子女入读。"求员工之安居乐业,实为办工业者不能忽视之要旨。"[②]离开这一要旨,企业家绝难有效调适良好的劳资关系。企业通过盈利的再分配,提振工人对企业的向心力。

迁川后,久大自贡厂仍竭力举办福利事业。总经理指派管理层三人充任委员,组建职工福利委员会。该会下设教育、康乐、膳食、总务、消费合作社各组。各组负责人三人至五人由选举产生。教育组专管职工子弟学校、明星小学及明星幼稚园;康乐组下分书报、戏剧、歌咏、旅行各部;膳食组专管食堂;消费合作社则专管职

---

① 镜:《久大三十年》,《海王》第16卷第31期,1944年7月20日,第242—243页。

② 镜:《久大三十年》,《海王》第16卷第31期,1944年7月20日,第243页。

工消费。职工储蓄则由会计室经管。子女教育贷金则由公司筹付。俱乐部则负责组织学术演讲、通俗演讲、音乐会及补习班。其中,职工消费合作社吸收工人入股,所售粮食、布匹及日用品,远较市场价格为廉。职工及家属赴市立医院诊治,其全年医药费若不超过其年薪津15%,全由公司报销。公司更按“资二劳八”的比例,代工人存储福利金10元。同人子女接受小学到大学教育者,可向公司请领每人每期600—1600元的贷金。[①] 这一重视工人福利的企业传统,实际上已内化为企业管理的重要组成部分。

三、企业文化与劳资合作

本节拟以个案细化、深化科学化管理中“企业文化”与劳资关系的考察。

无锡申新第三棉纺织厂以废除工头制、实行科学化管理为契机,全面营造企业文化,实现劳资关系的良性发展。

(一)从工头制到科学化管理

自1922年投产伊始,申新三厂即采用工头制,这是由工头招募组织工人从事生产的一种管理方式。工头一般是懂技术、有人脉的工匠。20世纪初的中国工厂中向有“文场”“武场”之分。文场职员负责考核、记工、统计、发薪、管理工人等,一般由资方介绍。“武场”由工头招募的机匠组成,负责装机、维护、保养。各工头通

---

① 《久大自贡制盐厂职工福利事业简述》,《海王》第16年第31期,1944年7月20日,第254页。

过垄断技术，利用人脉，代替资方行使管理权。棉纺厂工头凭长期积累的经验，负责调整纺机转速，检验原料、成品的质量。工头是资本家和工人之间的桥梁，其身份可“资”可“工”，在很大程度上操纵着劳资关系。工头利用帮会、师徒、同乡、戚谊等资源招工，拉帮结派，[①]将重要和待遇较好的职位留给自己的关系人，工人对工头有较强的人身依赖性。“一部分工头往往克扣小工人工资为能事，甚或强迫工人按期酬偿礼物和金钱。就是好一些的，亦多招收女工寄居其家，收其重租，并得随时差遣，视若应尽的义务。”[②]

工人对工头虽然不满，但基本上还是顺从工头，忍受剥削和欺负，以图寻求工作机会和保护。工头帮派势力强大，以工头为首的武场内部关系“十分团结”，文场和大众男女工人“只好忍气吞声的屈服，谁也不敢公开向他们作斗争”。[③] 工人对工头也有无组织的偶发性反抗，还常以“起外号”（如鸦片鬼薛子培、嫖客屠阿兴）发泄对工头的不满，[④]但这种反抗对工头没有实质性的伤害。

随着企业的发展及科学化管理思潮的涌入，荣氏企业参照日本企业进行科学化管理改革，首先从废除工头制入手。申三的改革由楼震旦（楼秋泉）、余钟祥等人主持。他们基本上毕业于新式工业学校，曾在日本纱厂工作，掌握较先进的纺织技术，认同日厂的管理方式。新派认为，是工头制直接导致了机器养护不良、生产

① 上海社会科学院经济研究所编：《茂新、福新、申新系统荣家企业史料（1896—1937）》上册，上海：上海人民出版社，1962，第137页。

② 薛明剑：《办理申新三厂劳工事业的经验》，《教育与职业》第165期，1935年5月1日，第336页。

③ 薛明剑：《我参加工业生产的回忆》，无锡市史志办公室编：《薛明剑文集》上册，北京：当代中国出版社，2005，第512页。

④ 上海社会科学院经济研究所编：《茂新、福新、申新系统荣家企业史料（1896—1937）》上册，上海：上海人民出版社，1962，第335页。

落后、效率低下、工人遭盘剥等现象。1924年1月,楼震旦应荣宗敬之邀担任粗纱间的领班,随后邀请更多的学生入厂,逐渐形成一个“学生职员”的核心集体。楼氏多次建议荣氏废除工头制,荣氏则以时机不成熟搁置。“学生派”又提议与工头比工效:学生派用生产效率较低的美式机器,工头用生产效率较高的英式机器,分头组织生产,以产量多寡定优胜。产量证明学生派的管理方法工效更高,荣氏兄弟便下定决心改革。1925年1月,申三辞退主要工头,但因厂方急于驱逐工头,没有为这些人提供退路,激起工头的强烈不满。工头利用厂中盘根错节的势力,“辞而不退”,为当年申三大工潮种下诱因。

1925年2月,经上海恒丰纱厂经理聂云台介绍,申三聘请大中华纱厂技师汪孚礼担任工程师,以推进科学化管理改革。汪孚礼希望“洗地板”,以旧换新,完全由新职员管理。科学化管理改革后,申三的生产和质量都有所提高,无锡其他纱厂也拟效仿改革。无锡六家纱厂工头担心像申三工头一样失去权力,便组织六厂工人联合委员会,共同反对新派,要求一厂出事,五厂支援。众工头多次在惠山开会,但由于得不到大部分工人的支持,工头势力一度只能蛰伏。后来申新三厂的科学化管理改革延伸到武汉的申新四厂,总公司派楼秋泉介绍丁作霖等人去汉口协助李国伟改革。不久,申四工头带领工人将丁氏等四人殴打出厂。四人回到无锡后,被荣氏派往申二和申五厂工作。申四工头认为“对付新职员,只要动手打,就能解决”,遂写信策动申三工头打击新派。4月21日,以摇纱间领班新派职员孙传缃与某女工关系暧昧为由,工头纠集地痞流氓、本厂及外厂男机工殴打孙氏。总管薛明剑应孙氏要求彻查凶手,拟惩罚闹事工人,工头遂纠集团伙,冲进新派职员宿舍,群殴多名新派职员。六厂闹事工头及工人举行罢工,推举王阿宝等被辞退的工头与厂主进行谈判,要求不再雇佣新派;遭到拒绝后,又要求厂方禁止新派职员和工程师进入机器间,恢复旧有工头制。4月26日,双方经过协商,最终确定解决方案:(1)领班可以介绍工人进厂,但要经过工程师和总管审查;若犯厂规,秉公处理。(2)各领班负责本班工人,将名单报警所备案,发生事故由领班负责。工人们于29日开工。①

响应工潮的机工,一是与原先工头关系密切者,二是被新派"苛刻"对待之人。据申三工人和职员的回忆,新派对工人非常严格,"工人小有不合,轻则罚工,重则斥退"。新派职员与工人的矛盾主要有:延长原来的工作时间,克扣或迟发工资,减少工人人数并增加现有工人的工作量,严厉惩罚旷工、偷懒等行为。新派还敲掉原先女工在工作时间内用来休息的栏凳。新派职员常常动手打偷懒或不听指挥的工人,甚至开除争辩的工人,"造成人心慌乱。大家商量结果,决定进行斗争"。② 按照韦伯的观点,参与工潮的工人属于"前资本主义"的顽固分子,正是科学化管理改革的对象。但学生派在改革过程中简单粗暴的行为,也导致了部分女工在老职员和机工煽动下多次发生小规模罢工。不过,"新职员对待工作好的工人也是好的"③,大部分女工较欢迎新职员。由于设备较好,"断头少",女工"活就轻松";厂中新改的"论货制"(以出产多少计算工资),又刺激女工"可以多做木杆,工资也好提高(实际上工资

---

① 上海社会科学院经济研究所编:《茂新、福新、申新系统荣家企业史料(1896—1937)》上册,上海:上海人民出版社,1962,第161、162、164—165页。

② 上海社会科学院经济研究所编:《茂新、福新、申新系统荣家企业史料(1896—1937)》上册,上海:上海人民出版社,1962,第159、160页。

③ 上海社会科学院经济研究所编:《茂新、福新、申新系统荣家企业史料(1896—1937)》上册,上海:上海人民出版社,1962,第159页。

也提高了)”。①

除1925年殴辱新派职员外，申三厂因科学化管理而引起的劳资纠纷，尚有以下几次：

驱逐新派职员事发后不久，申三电厂工头杜阿兴收取客商煤佣，遭厂方禁止，杜氏便以罢工停电要挟。直到厂方重建电厂，聘请留学生陈祖康为工程师，经过艰难谈判，才将杜阿兴等人驱逐。②

1926年3月8日，申新三厂布厂更调加油工人，机工聚众暴动，殴伤职员，以效法纱厂暴动，要求重行工头制，厂方宣告停工10天。嗣由县署拿办扰事为首者三人，暴动始息。③

1928年10月5日，申新布厂布告：限止15岁以下50岁以上工人做工。有工人殴辱职员，以示抗议。幸经职员让步，未生风潮。④

管理方式的变革，引起了劳资关系的恶化，但申三厂并未因此放弃科学化管理的改革，而是通过柔性方式，与工头较量。为缓和工头情绪，一部分激进的新派职员被调往他厂。汪孚礼留任工程师，主要技术还由新派职员掌握。同时，申三将工头调离岗位，逐渐剥夺其技术权力，减少老机工，并改革工资制度，最终驱逐旧派。

申三精细化的工资制度，进一步改变了工人对工头的依附性。在厂方看来，计日工资(论工制度)易“使勤勉诚笃之人与怠惰狡猾

---

① 《陈步韩访问录》，上海大学、江南大学《乐农史料》整理研究小组选编：《荣德生与企业经营管理》下册，上海：上海古籍出版社，2004，第708页。

② 邹春座：《二、三十年代无锡纺织厂改革封建工头制的斗争》，无锡市政协文史资料研究委员会编：《无锡文史资料》第10辑，无锡：无锡县人民印刷厂，1985，第27页。

③ 上海社会科学院经济研究所编：《茂新、福新、申新系统荣家企业史料(1896—1937)》，上海：上海人民出版社，1962，第313页。

④ 薛李钟瑞：《无锡市各界十七年罢工风潮之回顾》，《无锡市杂志》第13期，1929年4月30日，第20页。

之辈同一报酬,遂使工人养成偷逸劣性”,[①]产品质量难以保障。计件制度优于计日论工制度,但其弊端则是:工人虽然能多劳多得,厂方却不能降低成本;工人生产量增加,厂方工资支出也会相应增加。为此,申三厂在采纳计日、计件工资外,补充了折增制度和补助制度。

厂方设计“补助制度”目的在于:

> 惟就社会习惯,定一最少工资限度及较高工资限度。例如,社会习惯上至少须有四角工资方能生活。苟遇天时气候之剧变,工作感受困难;或因其他关系,而影响及于减少出数,所得工资不能及其生活费时,须有厂方补足次数,以安其心。反是而遇天时气候及其他之关系,工作特别好做时,如预定较高工资为五角,苟其论货之工资应得六角,则除五角应得外,五角外多得之一角,须分若干折为厂有。[②]

所谓“折增制度”,即论工中含论货性质。方法是设定标准时间和出数,在标准时间和出数中设定佣率。这种方法能鼓励劳工努力完成工作,雇主也获利颇丰。

正如加州大学伯克利分校社会学教授迈克尔·布若威(Michael Burawoy)的研究,富于人性化(符合工人意愿)的计件工资制度(包括折增和补助制度)带来的结果就是“资方—工人的冲

---

① 无锡市史志办公室编:《薛明剑文集(续)》下册,南京:凤凰出版社,2007,第603页。

② 薛明剑:《工场设计及原理》,无锡市史志办公室编:《薛明剑文集(续)》下册,南京:凤凰出版社,2007,第606—607页。

突已经减轻,而个人主义也已增加”。[①] 改革工资制度后,工人无须依赖工头,工人与工头关系不再影响工种及工薪标准。

据 1935 年《无锡纺织业工厂概况》记载,较当时无锡其他纺织公司,申三工人工资水平位居上游(表 2-2)。

表 2-2 无锡棉纺厂工资情况比较表(1935 年)

工厂	男工工资(元)/月			女工工资(元)/月		
	最高	最低	普通工资	最高	最低	普通工资
申新纺织第三厂(男计时、女计件)	31.2	13	20.8	28.4	13	20.8
振新纺织厂(男计时、女计件)	39	10.4	14.3	28.6	9.1	13
豫康纱厂(男女均计时)	57	12	15	25	9	13.5
美恒纺织厂(男计时、女计件)	31.2	10.92	15.6	28.6	9.1	14.56
庆丰纺织公司第一工场(男计时、女计件)	74	9.6	24	33.5	10.5	18
庆丰纺织公司第二工场(男计时、女计件)	60	10.2	32.6	38.3	11.7	16.9
广勤纺织厂(男计时、女计件)	80	12	14	21	12	16

资料来源:《无锡纺织业工厂概况》,《江苏建设月刊》第 2 卷第 5 期,1935 年 5 月 1 日,第 60、61、62、64、65、66、68 页。

说明:(1)文中仅记载申三男工计时工资、女工计件工资数据。为方便比较,并未将所有厂的计时或计件工资列出,豫康纱厂仅有计时工资。(2)振新、美恒仅有日工资数据。除假期外,按照每月 26 天计算工资,得出上述数据。

---

① [美]迈克尔·布若威:《制造同意:垄断资本主义劳动过程的变迁》,李荣荣译,北京:商务印书馆,2008,第 66 页。

尽管启动了科学化管理改革，但申新管理层认为“苟厂方再无相当之设施，驱乌合之众，以事生产，欲其出数增加，成本减低，将安可得？”①何况，五卅运动和北伐足令工人不安于工作。申三厂决定培养出一批合乎自己标准的新工人，彻底深化管理体制。

(二)制造工人：养成所制度

汤普森在《英国工人阶级的形成》一书中指出，工业革命期间的大工厂主，总要为工人的纪律问题烦恼，“外作制工人需要接受开导，养成‘井井有条’的习惯，规规矩矩地听从教导，按时完成合同，对偷窃物资材料有犯罪感”。② 申新厂方在管理方面同样认为唯有提高旧式工人的职业道德和职业素养，才可能切实严格管理，从而减少工潮。申三因此开办了职员养成所、机工养成所和女工养成所。

1928 年秋，申三设立职员养成所，邀聘留学英国和日本学习纺织的沈泮元担任主任。该所学生主要由招考录取，也有部分是老职员的子弟。所内教学严谨，监督严格。学生半天在校学习力学、机械学、数学等基础知识，半天赴工厂实习。职员养成所的教师基本由申三的新派职员担任。唐熊源、荣尔仁亲自用英语讲授纺织学，采用美式“习明纳尔”(Seminar)教学法，每节课前都有考试，且时常抽查笔记。张[illegible](1934 年学生)回忆：“郑翔德老师的工厂实

① 申三总管理处：《申新第三纺织公司劳工自治区概况》，《纺织周刊》第 4 卷第 44 期，1934 年 10 月 29 日，第 960 页。

② [英]E. P. 汤普森：《英国工人阶级的形成》，钱乘旦等译，南京：译林出版社，2001，第415 页。

习，一定要描绘机械草图，详记笔记。"①学生的实际操作和成品往往由教师亲自指导和评判。

申三职员养成所的学生待遇良好，有资料表明：

> 第一年月薪八元，另加下脚费六成，即四元八角，每年端午节、中秋节加薪一月，年终加薪二月，即于下脚费内支付，所以每月平均所得为十二元八角……。第二年每月十元，另收下脚费六成，即每月十六元。第三年每月十二元，加下脚费共十九元二角。当时一般月入十五元（如小学教师），即可为小家庭养家活口，故待遇可称不恶。南通纺织学院毕业生初来申新工作者，月薪仅十五元。纱厂领班约二十至三十元而已（未计下脚费）。故按当年标准衡量，我等所得，不可称少。②

职员养成所教学水平类似于大专，最初的四班招录高中毕业生，之后开始招收初中毕业生。这些学生十五六岁，正值人生最重要，也最易受影响和改变的阶段，资方着力灌输其伦理道德、职场操守。申三认为职员的优劣直接关系到整个工厂的命运，要求职员有相当的修养：强健身体、负责治事、精益求精、严以律己、坚忍不拔、爱惜物力、遏制欲念、勤劳谦和、有恒心、利济群众等。申三对职员进行技术和管理能力的双培养，学生毕业后，基本上都担任副领班等职位。

1930年，申三创设"机工养成所"，以培植纺织机械人才为宗

---

① 张棨：《回忆申新职员养成所》，上海大学、江南大学《乐农史料》整理研究小组选编：《荣德生与企业经营管理》下册，上海：上海古籍出版社，2004，第807—808页。

② 张棨：《回忆申新职员养成所》，上海大学、江南大学《乐农史料》整理研究小组选编：《荣德生与企业经营管理》下册，上海：上海古籍出版社，2004，第808页。

旨,“借以养成机工之优良技能,以谋学识经验上之联络”。养成所每班20名,以六个月为期,毕业则派往各厂试用六个月,试用期满即予正式派定职务。招收学生要求在16岁以上20岁以下,身体健康,家世清白,无不良嗜好,有小学程度的文化水平,①以此确保学生有学习与理解能力,能明白事理,安心工作,并避免学生借助复杂的社会关系煽动工潮。申三尤为鼓励工人子弟报名。

机工养成工在养成期间内学膳费均免,每月津贴1元。机工养成所相当于初级机械职业学校,主要课程包含国文、算术、修身、机械大意、规章、各种机械实习等。虽然资方培养养成工花费了大量培训成本,但回报甚好。“养成工招收单纯淳朴、综合一定条件的青少年,从头加以训练,不仅易于控制,而且技术提高快,有利于加强劳动管理和推广新技术。况且养成工不发工资,预备工工资通常比正式工人低15%左右,但几乎都是顶岗生产,因而直接给资本家带来额外好处。”②

薛明剑对无锡劳工调查后发现,以往雇佣男工较多,但男工性情暴躁、不易指挥,且易发生罢工,资方愈发倾向于招收女工。在无锡纱业中,男工占20%,女工占80%;布业中男工占5%,女工占95%。女工是纺织业工人的主体。③ 据1935年调查,申三有男工700人、女工2150人、童工150人。④ 资方管理好女工,即管理好企业。申三为加强管理,建立工人宿舍,要求男女工分开居住。男工“多方造谣,不愿女工分居;女工亦恐不得自由,不愿就范,稍加强

① 申三总管理处:《申新第三纺织公司劳工自治区概况(续)》,《纺织周刊》第4卷第45期,1934年11月5日,第979页。

② 汤可可:《近代企业管理体制的演进——无锡民族资本企业发展历程中的变革性转折》,《中国经济史研究》1994年第3期。

③ 薛明剑:《无锡劳工概况》,《无锡杂志》第21期,1934年11月,第8页。

④《无锡纺织业工厂概况》,《江苏建设月刊》第2卷第5期,1935年5月1日,第60页。

逼，反都迁出厂中宿舍，移居远处”。因工人“误会”，办理工人宿舍半年来，“未见成效”。资方“深知原有工友不可与谋改良”，于1932年设立女工养成所，由顾谷诒主持，“招收远道生手女工，授以教育技术等训练，逐步替代原有工人”。① 招收远道生手女工是当时纺织业的共识。若跳厂熟手工人“为优秀工人，则必得管理员之嘉许，既受上峰乐用，则断无再行跳厂之理，故普通之跳厂工人，大多工作不良，性情懒惰，且利欲熏心，唯钱是视。若一旦雇用之，则不但以自身之怠惰，耽误工作，且每使优秀工人渐染恶习，必致同流合污，且常以加工资之要求而煽动工潮，其贻害于厂方者实非浅鲜”。② 这是考虑到工人的职业素养。

女工养成所招收的女工，必须身体健康、品性温和、“思虑清楚”、“举动灵敏，更以读书二年至四年者为最易”。招收的女养成工，读过几个月书者占44%，读书二至四年者约46%，有五六年学历的人有10%。③ 女工养成所根据文化水平分为高级班和初级班，毕业后按成绩分派到不同等级的训练班。此举无疑增加了女工之间的分化：教育程度的高低决定在工厂的待遇。资方以此转移工人对工种、劳动强度，甚至对剥削的注意力，而使工人更加关心如何提高个人的生产能力。

女工养成所的招考科目包括持久性、记忆力、触觉、辨别、目力、体格检查、谈话等；有两年学习经历者，则加考语文和数学。女工养成所的题目设计科学，针对性强，筛选出来的女工适合从事纺

① 申三总管理处：《申新第三纺织公司劳工自治区概况》，《纺织周刊》第4卷第44期，1934年10月29日，第960页。

② 龚希贤：《纺织厂之劳工训练及工人福利问题》，《纺织染季刊》第2卷第3期，1930年，第177页。

③ 申三总管理处：《申新第三纺织公司劳工自治区概况（续）》，《纺织周刊》第4卷第45期，1934年11月5日，第979页。

织行业。如手指测验，在固定模具中将五种大小薄厚不同的数十片铜片插入，"此种试验，非目力锐利与手腕敏捷相策应者，须时必多"。女养成工由纺织业专职教师授课，以实习纺织技术为主，普通科目仅在实习之余学习。实习最初每天约6小时，以后逐渐增加。学程三个月，前两个月熟悉工种，到第三个月，女养成工已成为熟练工。养成期间不收膳食费，并酌给零用钱。养成毕业后，按技能发给工资，从轻缴纳膳食费。女养成工住集体宿舍，"空气流通，光线充足，窗户、地板皆涂以油漆，清洁雅致，颇为美观"。① 资方还为该所配套营建食堂、娱乐室、调养室、盥洗室、运动场等设施。

以往学界认为，养成工制度是资方剥削工人的一种重要手段，甚至认为资方利用政府力量强征未成年为养成工，②但实际上申三对女养成工的挑选极为严格，且是双向选择。同机工养成所一样，资方要求有保人，要求家长的同意及保证书。学员进入女工养成所，五日内如果反悔，可清算膳食费回家，留下者则需严守规章。资方制定"训育方针"，在职业道德、品行方面，对养成工进行严格管理：

> 1.要有自谋生活的能力。2.要有决意专业的恒心。3.要有革除恶习的勇气。4.要有遵守时刻的习惯。5.要有合作的精神。6.要有诚恳的态度。7.要有爱美的涵养。8.要明白劳动的

① 陆涵若：《申新三厂考试女工养成所新生志》，上海大学、江南大学《乐农史料》整理研究小组选编：《荣德生与企业经营管理》下册，上海：上海古籍出版社，2004，第816、818页。

② 参见上海社会科学院经济研究所编《茂新、福新、申新系统荣家企业史料(1896—1937)》上册，上海：上海人民出版社，1962，第570—576页。

兴趣。9.要得到技术的巧妙。10.不以个人妨碍团体。11.不以团体妨碍个人。12.职务要忠心。13.教法要实行。14.机械要爱护。15.物件要节省。16.遵守秩序。17.维持纲纪。[①]

资方采取直接灌输的手段,对养成工进行"内在强制"。汤普森认为:"如果没有内在的强制,就是计件工资或其他的刺激手段也会最终失去效力。农民赚到了足够的钱,就会离开工业,返回自己的村庄;手工业者则去饮酒作乐。反过来用低工资作为纪律的约束也是无效的。"[②]据薛明剑调查,无锡各纺织厂早期工人多来自贫穷家庭,稍有家产的家庭都不会将子女送入纺织厂。后经过科学化管理改革,不少家庭都愿意子女从事纺织事业。申三女工养成所工人家庭状况良好,其中小康家庭达到32%,清贫者占39%,贫者19%,极贫者仅10%。[③] 这些经济状况较好的家庭愿意选择申三,除了科学化管理改革为申三带来的良好形象,申三丰厚的酬劳可能是另一重要原因。

美国夏威夷大学社会学教授具海根在《韩国工人》中指出,1970年代女工成为韩国工人运动的主要力量。为何以女工为主体的申三没有出现这种现象?据具海根解析,韩国"劳动剥削和以性别为依据的压迫,使得女工的状况比男工更糟"。[④] 韩国女工与男

---

① 申三总管理处:《申新第三纺织公司劳工自治区概况(续)》,《纺织周刊》第4卷第45期,1934年11月5日,第979页。

② [英]E. P. 汤普森:《英国工人阶级的形成》,钱乘旦等译,南京:译林出版社,2001,第412页。

③ 申三总管理处:《申新第三纺织公司劳工自治区概况(续)》,《纺织周刊》第4卷第45期,1934年11月5日,第979页。

④ [韩]具海根:《韩国工人:阶级形成的文化与政治》,梁光严、张静译,北京:社会科学文献出版社,2004,第123页。

工在工资待遇和晋升方面有相当的差距,加上对女工赋予的符号暴力,迫使韩国女工更倾向于通过抗争来改变命运。从上一部分申三男女工酬对比中可知,男女工平均工资均为 20.8 元,换言之,申三基本上不存在以性别为依据的剥削。另外,申三还为女工提供了更多温情的保护。例如,申三特聘金婉范女大律师,"备女工不时之顾问"①。

各类养成工正值人生观、价值观的形成阶段,经过资方的规训,自觉服从资方管理。女工养成前、后变化明显。"招考时所称之乡下大姑娘,已摩登化而作学生装,纱裙短袄,长袜软履、短发垂肩、黑白成行,虽不婷婷,然已楚楚矣。"②与"摩登化"相生的必然是生活方式和心态的变化,而维持这种生活方式则必须以在厂工作为前提。资方对工人的塑造还体现在资方对养成工"资历的回报"。工人将注意力集中在如何提高个人能力得以快速晋升,而非通过帮派、闹事等方法达成目的。毕业后的养成工较少选择跳厂,一方面是因为资方要求缴纳一定数量的保证金,要求服务满三年才能离厂。另一方面,养成工在本厂有较好的晋升途径。职员养成所的学生毕业后,大都担任副领班等职位。诚如布若威所言:"内部劳动市场的另一个特征是岗位培训,这将瓦解以熟练技能为基础的群体的集体性,并促进个体自主性。""资历的回报——更好的工作岗位、改善了的附加福利、工作保障、社会地位等等——产生了对企业及其存亡的一种承诺。"③对工人来说,留在申新,努力

① 丁宜生:《名不虚传之申新劳工自治区》,上海大学、江南大学《乐农史料》整理研究小组选编:《荣德生与企业经营管理》下册,上海:上海古籍出版社,2004,第 798 页。

② 孙尊衔:《观某厂女工养成所后》,《纺织周刊》第 2 卷第 40 期,1932 年 10 月 14 日,第 1128—1129 页。

③ [美]迈克尔·布若威:《制造同意:垄断资本主义劳动过程的变迁》,李荣荣译,北京:商务印书馆,2008,第 110 页。

工作,才是最好的人生选择。

(三)劳工自治事业

1929 年,工商部为改良劳工住宿环境,提案兴办劳工新村,在新村兴办公益事业。申三的劳工自治区是当时的典范。

早在 1926 年,申三就开始以日资厂为范本,尝试兴办劳工自治事业。1931 年,荣伟仁(申五厂长)、李国伟(申四总经理)、荣尔仁等人赴日本考察,总结日本纺织事业"日新月异",能与欧美抗衡的原因,在于"技术优良,管理合法而已"。[①] 1933 年,申三与"中华职业教育社"合作开办劳工自治区,直至 1937 年无锡沦陷,其事业"足树国内工业界模范",[②]成为各厂竞相模仿的对象。申三的劳工自治事业包括劳工教育、劳工福利、生活管理。

申三于 1932 年秋季创设申新晨校、夜校,要求工人入校上课(免费),旨在"普及工人教育,增加工人知识,提高工人道德"。开课时间根据工友上工时间而定,每日 1—2 小时(周日休息)。学程两周至一年。依据学生的文化程度,学校分设识字训练班、公民训练班、技能训练班。识字、公民班教授语文、数学、体育、中西音乐、艺术和公民课,技能训练班开设缝纫、刺绣、造花、机械学等课程。[③] 学校所设课目,均各有意图。技能课既能为工人退休提供良好的退路,也可帮助工人从事副业,增加收入。音乐艺术课程可陶

---

① 荣伟仁:《考察日本纺织厂记略》,《纺织周刊》第 1 卷第 4 期,1931 年 5 月 8 日,第 106 页。

② 薛禹言:《薛明剑先生创新事略》,无锡市史志办公室编:《薛明剑文集》下册,北京:当代中国出版社,2005,第 1174 页。

③ 申三总管理处:《申新第三纺织公司劳工自治区概况(续)》,《纺织周刊》第 4 卷第 45 期,1934 年 11 月 5 日,第 978 页。

冶劳工性情,为工人提供正当的娱乐消遣。体育课“教授国术和球类及紧急集合等运动,以锻炼劳工们的身体,振作劳工们的精神,同时使劳工们认识体育上应用的文字”。① 资方掌控工余时间,有效保证了工人不再“惹是生非”。

为解劳工后顾之忧,申三还开展起劳工子弟教育。办初级托儿所,负责3岁以下孩童保姆哺乳。设中级班,对3—6岁子弟进行教养。1931年申三兴办申新小学,免费接纳本厂职工子弟。“根据实际生活,培养儿童知识、德性”,注重培养学生“健康的体魄、劳动的身手、科学的头脑、艺术的兴趣、改造社会的精神”。②

申三还要求每个寝室或每组推举一识字之人为“小导师”,负责教授“老工人”读写。经各室与各组之间的比赛或测验,“各宿舍里工人的文字程度,竟有蒸蒸日上的情势”。③ 申三还建立图书馆、编辑处、代笔处等。图书馆藏有劳工应用书籍数百种,每日早晚开放,方便工人阅读。编辑处编辑出版《申三近讯》《劳工区概况》《本厂规程》《人钟月刊》等刊物。随着工人文化水平的提高,代笔书信的工人渐趋减少。

总体而言,申三的教育自成体系。从纵向来说,教育机构从托儿所到小学、养成所、劳工补习教育,既可以解决工人子弟受教育的问题,又培养出忠实于本厂的劳工:从小到大都在此厂接受相似的职业道德训练,对企业有较强的归属感;从横向来说,教育内容不仅有职业技能培训,而且有职业素养塑造,努力将工人打造成时

---

① 薛明剑:《工厂注重劳工事业与本身之关系》,《无锡杂志》第22期,1937年2月,第30页。

② 申三总管理处:《申新第三纺织公司劳工自治区概况(续)》,《纺织周刊》第4卷第45期,1934年11月5日,第978页。

③ 姚惠泉:《介绍一个劳工自治区》,《国讯》第84期(旬刊第1期),1935年1月11日,第447页。

代公民。随着工人文化水平的提高,他们对资方的管理也多持理解和支持的态度。

同时,申三为工人提供优渥的福利,包括职工医疗卫生事业、储蓄保险、副业等。

申三同样重视工人的安全和工作环境。薛明剑在《工场设计及原理》一文中曾详细阐述了工场卫生的重要性:“务使于便利职工之外,有怡悦性情之效也。”[①]薛氏强调设备简陋的工场不利于管理,工场环境恶劣易伤害劳工身心,最终影响资方利益。他提倡工场建造新式建筑,工人的抽水式厕所、盥洗室、休息室等各处应保持整洁舒适。据报道,申三的“理发所、浴室、厕所,真是收拾得臭气全无。洗脸的地方,排着编号的面盆、漱杯和面巾,洁白干净,比较懒惰的大学生、中学生和普通的家庭,真是不可同日而语”。[②] 申三劳工自治区有自来水,门窗均有纱网以防蚊蝇,还设有免费浴室,均有冷热水。1936 年,浴室扩充,可以同时容纳 80 人洗浴。厂方要求工人定期洗浴。

工厂内设运动场,厂方鼓励工人参加各类球赛和田径赛等,增强体质的同时培养团体精神,增进职员与工人之间的感情。厂内还开设有音乐厅、电影院,供职工业余消遣。劳工自治区每月举办平剧会、放映电影各两次,节假日举行游艺会。申三还建有七所公园及民众乐园,供工人下象棋、围棋。1936 年,申三兴建大礼堂,“耗资数虽近万,然皆出自全厂职工之自愿自助。其或贫无力者,

---

① 薛明剑:《工场设计及原理》,无锡市史志办公室编:《薛明剑文集(续)》下册,南京:凤凰出版社,2007,第 630 页。

② 姚惠泉:《介绍一个劳工自治区》,《国讯》第 84 期(旬刊第 1 期),1935 年 1 月 11 日,第 446 页。

则皆躬亲畚锸,以代偿其所捐”。[①] 申三从高层领导到小学学童,均参与兴建,申三之凝聚力由此可见一斑。

申三附设医药事务部,目的有四:一是维持职工健康,增进福利;二是根据职工不同的体格来安排其工作;三是处理意外工伤、防治职业病等;四是甄别工人病患是否托病旷工。1933 年夏,厂方另辟新址,聘请两位医师,正式开办职工医院,内设内科、外科、咽喉科、口腔及齿科、眼科、耳科、鼻科等。职工和家属需凭证入院就诊,本厂职工免收药费,家属支付半价药费,公伤者可住院治疗。每年疫季前,医院为工人注射疫针和种痘。据记载,1936 年职工医院共为职工诊治 2030 次,注射预防针 1831 次。[②] 同年,申三医院进一步扩展,引进 X 光、解剖台等设备,成为无锡最完备的医院之一。

同荣氏其他企业一样,申新三厂也设有同仁储蓄部,相当于企业银行。开设定期、活期、零存整取、零存定期、定期取息等存款业务,旨在提倡节俭之风,为劳方提供经济保障。申三初拟规定每位工人必须在储蓄部储存部分工资,后因有工人怀疑厂方动机而设法抵抗,厂方就此便不再强求。申三劳工自治区仿照欧美社会保险办法设保,包括死亡保险、衰老保险、残废保险、疾病保险等,职工可自愿投保,以每月工资的 1%作为保费,基金由厂方补助。

为丰富区民生活,增加劳工收入,自治区开设合作社,举办副

---

① 薛明剑:《申新三厂礼堂记》,无锡市史志办公室编:《薛明剑文集》上册,北京:当代中国出版社,2005,第 56—57 页。

② 《无锡申新三厂劳工自治区念四年概况》,《国际劳工通讯》第 3 卷第 7 期,1936 年 7 月,第 104 页。

业。薛明剑认为消费合作社“可以养成工人的合作精神和团体生活”。① 合作社包括杂货部、日用品和膳食部,生活所需要的油盐酱醋、衣帽鞋袜、化妆品等一应俱全。劳工,特别是单身职工,一日三餐大都包给消费合作社膳食部,每月饭费仅 3.5 元到 5 元不等。② 商店主要有柴行、热水店、膳食店、点心店、裁缝店、理发店、洗衣店、鞋店、临时菜场等。副业有花园和养鸡、鸽、羊、兔场及农场等。据薛明剑计算,劳工自治区的“区民”(在标准工作范围之内品性良好、每月停工不超过 3 日)每月人均进款约 20 元(工资 18 元、奖金 2 元),每月消费约 7.78 元,包括膳食 5 元(最贵的伙食)、房租 0.3 元、工会费 0.18 元、仆费 0.02 元、邮信费 0.1 元、肥皂 0.1 元、衣服 1.5 元、理发 0.1 元、草纸 0.1 元、杂费 0.38 元,每月应余 12.22 元。③ 工人从最初观望到后来积极参与厂方的合作事业,资方成功吸引劳方支持管理,双方之间的关系也更趋和睦,均与这笔还算可观的收入密切相关。

申三还从职工宿舍、奖惩制度、企业精神等方面,形塑企业文化,以引导工人服从、支持资方管理,从而稳定劳资关系。

建设劳工自治区之前,无锡各厂在厂房附近为工人设置住房,收费低廉,但问题亦多:一些工人成为“二房东”;厂方除收取房租外,对工人生活并不过问,以致于“此项工房几成藏垢纳污之所。凡社会一切非法情形,均由此而造成”。④ “一二狡猾的男工,往往

① 薛明剑:《工厂注重劳工事业与本身之关系》,《无锡杂志》第 22 期,1937 年 2 月,第 30 页。

② 姚惠泉:《介绍一个劳工自治区》,《国讯》第 84 期(旬刊第 1 期),1935 年 1 月 11 日,第 446 页。

③ 申三总管理处:《申新第三纺织公司劳工自治区概况》,《纺织周刊》第 4 卷第 44 期,1934 年 10 月 29 日,第 963 页。

④ 薛明剑:《无锡劳工概况》,《无锡杂志》第 21 期,1934 年 11 月,第 19 页。

喜欢姘识异性,且有一人而姘识数人,甚有专取其姘妇工资,而供其挥霍和生活。”因此,申三分门别类办理工人宿舍时,此辈“大事反宣传,其目的就恐失却此项权利”。① 申三不为所动,坚持在厂区建立职工宿舍,包括女工宿舍、男工宿舍、职员宿舍、职工家属宿舍,将生产管理延伸至职工生活,通过改变旧有生活方式,宣传核心价值观念。女子区宿舍分为 8 村,每村 14 室至 26 室,每室住 8 人或 12 人,由厂方聘请指导员安排日常生活。区民在工作之余,参加教育课程;区内设有寝室、食堂、教室、娱乐室、浴室、花园、运动场、报室等。寝室的被褥、床、席枕、衣箱等均由厂方提供。资方还严控工人家属。单身工舍与家属区分开,家属宿舍有 4 村,每 3 幢为 1 组,每组 10 户,每户 4 人。每户有厨房、客厅、凉台、公共储藏室。申三要求每户门牌标明夫妻、家长、兄弟姐妹、子女及保人等姓名,类似保甲制度。劳工自治区宿舍实行严格的作息管理:起床、扫除、早膳、上工点名、夜课、娱乐,均规定具体时间。② 厂方通过时间管理,切实建立独立的工人社区,保证工人能充分休息,全情投入工作。

根据福柯的观点,纪律约束首先需要“规定出一个与众不同的、自我封闭的场所。这是贯彻纪律的保护区”。③ 工厂的职工宿舍便是这样一个封闭区。工人在宿舍区可以互相交流,增进彼此感情,在工作时能和衷共济;同时封闭的空间能方便资方监视、管理工人,掌握工人的思想动向,而且工人也难以和外界发生联系,

---

① 薛明剑:《办理申新三厂劳工事业的经验》,《教育与职业》第 165 期,1935 年 5 月 1 日,第 336 页。

② 申三总管理处:《申新第三纺织公司劳工自治区概况》,《纺织周刊》第 4 卷第 44 期,1934 年 10 月 29 日,第 962、963 页。

③ [法]米歇尔 · 福柯:《规训与惩罚》,刘北成、杨远婴译,北京:三联出版社,1999,第 160 页。

不容易发生工潮。劳工自治区有明确的施行方针、设施纲要、组织系统,旨在指导区民形成应有的道德观念,提高其智识水平,达到自治。设施纲要分宗旨、训练目标和训练方法三层。其宗旨是“改善区民生活,培养良好工友”。[①] 训练目标是通过普通训练使工人具有努力的工作态度和合作精神及健康的身心,并通过特殊训练来引导工人追求健康的生活方式,适应工业生产环境。训练方法除完善工人生活上的各项设施外,多实行积极和间接的劝导方法,不强制、压抑工人。

资方重视规章制度建立,以各种“公约”管理工人。如“膳室公约”,对吃饭的时间有严格规定,“一闻铃声,即当入座,依次坐定,同桌齐集,然后举箸。饭菜不准向厨房自由添换。用膳时不得掷骨壳于地上,并不准高声谈笑。膳室不得提早,过时不得另开,倘有特别事故,当禀告村长,向管理员接洽,警后办理。就食时,偶有不慎,破坏碗碟,应照价赔偿”。[②]

这样高标准的管理,引起工人不满。有工人抱怨“宿舍是牢房,工厂是监牢”。申三劳工自治区还设置尊贤堂、自治区法庭、功德祠,抑制劳资纠纷。申三的自治区法庭有五个裁判委员,均由工人推选,旨在解决工人间的纠纷,若是不服裁决,可向管理处申诉。自治区法庭隔壁设尊贤堂,内中尊奉戚继光、王其勤、岳飞、薛仁贵、关羽等当地先贤或抗击外侮的英雄塑像。工人发生纠纷或不听资方劝告时,厂方往往责其去尊贤堂宣誓。”[③]申三还建立功德

---

① 申三总管理处:《申新第三纺织公司劳工自治区概况》,《纺织周刊》第 4 卷第 44 期,1934 年 10 月 29 日,第 960 页。

② 申三总管理处:《申新第三纺织公司劳工自治区概况》,《纺织周刊》第 4 卷第 44 期,1934 年 10 月 29 日,第 962 页。

③ 陆治:《参观申新三厂的劳工自治区》,《新闻报》(上海)1935 年 7 月 6 日,第 16 版;《申新劳工自治区尊贤堂落成礼》,《人报》(无锡)1934 年 12 月 10 日,第 3 版。

祠，凡因工受伤而亡者、终身在申三工作或工作十年以上而有功绩于申三者，均可入祠。厂方管理委员会每年春秋两季组织全厂职工公祭。上述举措借用中国传统的方法来劝诫工人安于本分，将在企业中努力工作、不惹是生非的职工与传统尊敬的忠良加以巧妙联系，让工人以自觉服务为荣，以不服管理为耻。功德祠更激发了工人在申三长期工作的热情，增强工人对厂方的认同感。"①

劳工自治区提高了申三的经济效益。通过对1933年、1934年纺纱部分出品的消耗、纺纱出数、每件所占成本数、织布部分的生产成本、每匹布的成本比较，薛明剑得出如下结论："在纱厂方面，与一九三三年初办时相比，每一纱锭的生产量逐年增加，由每锭产0.8磅增加到1.1磅；至于开支方面，反逐年减省了十一万元至三十万元有零。在布厂方面，也是出数增加，开支减轻。这种成绩，虽不能说是完全归功于办理劳工事业的结果，但是因为厂方注意了劳工事业，劳方由于生活改善，心情舒畅，才能安心工作，而使生产效率逐步获得了提高。"②工人技术随之亦有进步。1933年每生产1万锭纱需雇450余人，1934年初减至297人，继减至270人。布机由此前每人管理2台，现每人管理4台。成本减少的同时，工人收入反而增加。工人每日平均工资也由原3角7分，增至4角5分9厘。申三更获得20万元的折旧和盈余。薛明剑曾说："我们研究其原因，不得不归功于安定劳工生活和改进劳工技能的效果。"③

---

① 《申三劳工区建功德祠》，《人报》（无锡）1937年1月10日，第3版。

② 薛明剑：《我参加工业生产的回忆》，无锡市史志办公室编：《薛明剑文集》，北京：当代中国出版社，2005，第532页。薛明剑在《办理申新三厂劳工事业的经验（完）》一文中指出：1934年较1933年初办劳工事业的时候，全年出品的消耗要省19万有零。见《教育与职业》第166期，1935年6月1日，第419页。

③ 薛明剑：《办理申新三厂劳工事业的经验（完）》，《教育与职业》第166期，1935年6月1日，第419、420页。

资方秉着劳资合作的精神，与劳方共同解决劳工自治区建设的资金问题。经费最初来自厂方的“举债”，其主要部分还是园艺、畜牧等副业与下脚料的收入、罚工款与没收的工人保证金、生产竞赛的奖金、工会会费。房租也是经费的重要来源。取消“二房东”后，厂方每栋工房可收入 8 元，较此前增加了七八倍，但工人所支付的房租与旧时“差不多一样”。此外，工人曾每人每月贡献 1 天加班工资。申三学校的教具、课本等来自工人自愿捐助。当然，申三劳工事业也得益于社会捐赠。劳工医院、尊贤堂均由此而建。[①]

申三劳工自治区在当时被奉为劳资合作的楷模，“外部参观者更络续而至，莫不誉为‘苏省工厂自治之模范’”。[②] 媒体和新闻人士相携参观、大加报道。上海《新闻报》记者陆诒评价申三劳工自治区为“劳动界仅见之成就”。1934 年中央工厂检查处会同省建设厅致函该厂总管理处：“深望供诸全国工厂，使彼等有所观摩，如此不仅造福全国工人，间接影响了国家前途，诚非浅鲜。”1936 年，国际劳工局伊士曼及中国分局程海峰赞其曰：“尤以关于工人福利事业之自治区，足树国内工业界模范。”[③]据报道称，劳工自治区一改以前工人的精神风貌：“在这种优良的环境之下，工人身心大见不同，和他或她谈话，终是笑嘻嘻的，大多数人的脸上，表现着健康之征。”报道对劳工自治区的食堂和宿舍管理也赞不绝口：“踏进劳工进膳的场所，桌凳碗箸，都放得一丝不苟，好像比有的大中学校的

---

① 薛明剑：《办理申新三厂劳工事业的经验》，《教育与职业》第 165 期，1935 年 5 月 1 日，第 337、338、339 页。

② 《〈新无锡〉关于申新三厂劳工事业的报导》，上海大学、江南大学《乐农史料》整理研究小组选编：《荣德生与企业经营管理》下册，上海：上海古籍出版社，2004，第 736 页。

③ 薛禹言：《薛明剑先生创新事略：为纪念父亲诞辰九十周年而作》，无锡市史志办公室编：《薛明剑文集》，北京：当代中国出版社，2005，第 1174 页。

膳堂高明多了”,“里边放着上下层的小铁床,铺着洁白的床单,温软的被褥,这都是厂方供给的,工人每月每人只须纳费四角。楼板上竟是纤尘不染,你如果赤着脚跑,决不会污秽你的脚底!就是床底下,墙面上,门窗上,都是干净得异乎寻常!尤其是几间模范室,我想可以叫一班少爷小姐见之而红脸”。[①] 劳工在当时身份卑微,为社会所鄙视,一方面是因为劳工多是无智识阶层,另一方面也与其污秽邋遢的形象有关。而媒体刻意渲染劳工自治区的整洁有序,无疑提高了劳工的幸福感和自尊心。

申三自治区与沪西公社等其他劳工新村有所不同。沪西公社建在工厂集中区,接纳各厂工人,拟通过改善劳工住宿条件,带动社会改良。申三自治区则是以本厂为单位,形成一个相对封闭的“生活共同体”,有利于稳定劳资关系。第一,共同体有公认的指导方针、公约等,便于资方从时间和空间上限制工人的行为。第二,资方为工人提供在当时来说相当可观的工资和福利,并通过职业教育将工人及其下一代与工厂的命运联系起来。资方以教育塑造劳工的价值观,提高工人的知识水平和素质,以利于劳资双方沟通。第三,资方通过建造尊贤堂、功德祠等机构,激发出工人的荣誉感和对厂方的认同感、归属感。申三自治区与其他劳工新村的最大区别在“自治训练”。(1)设室长与组长。每室或每组内推举一室长或组长,领导全室或全组工友,在共同生活之中,“实行自治,使生活上正轨”。(2)设村长与区长。每村举一村长,领导全村工友自治,区内公举一区长,领导全区工友自治。[②]

---

① 姚惠泉:《介绍一个劳工自治区》,《国讯》第 84 期(旬刊第 1 期),1935 年 1 月 11 日,第 449、447 页。

② 薛明剑:《办理申新三厂劳工事业的经验(完)》,《教育与职业》第 166 期,1935 年 6 月 1 日,第 412 页。

申三建立劳工自治区，整合了各种可以利用的力量，从多方面减少了劳资矛盾爆发的可能。工会成立之初，被工头掌控，收缴的会费被工头一伙拿去挥霍，引起工人不满。兴办劳工自治事业时，资方要求工会将收缴的会费全部用于自治事业的建设，架空工会权力，巧妙避免了与工人的矛盾，还缓解了资金压力，可谓一石二鸟。除此之外，县党部对申三的劳工自治事业也提供了许多帮助。据薛明剑的记载，无锡县党部重视劳工，能“深入劳工区服务，颇能博得劳工之同情，故近年无锡各工厂之得安然改进者，未始非党务人员努力工运之效也”。县党部还设立社会服务处以及工人教育馆，到无锡各厂指导工运，并提供劳工教育。① 这是申三劳工自治事业成功强有力的政治保证。

1937 年无锡沦陷，申三厂遭日军炸毁，“劳动界仅见之成就”的劳资合作事业也戛然而止。通过对申新三厂 1922 年到 1937 年劳资关系的考察可知，企业内部环境机制对构建和谐的劳资关系至关重要。申三建立伊始采用工头制，工头垄断技术，并利用自己的人脉关系，控制企业用人权。工头虽然为工人提供工作和一定程度的保护，但其对工人的剥削也令工人不满，此时的劳资关系体现为工人对工头的自我保护性顺从和象征性反抗。随着科学化管理改革的推行，资方利用新派学生废除了工头制，但由于改革的急速进行，激起了几波较大规模的工潮。1925 年工潮后，厂方建立职员养成所、机工养成所、女工养成所，培养有技术、服从管理的新式工人。此时劳资矛盾趋于缓和，新式工人带动原先的工人从对抗走向顺从。资方通过提高工人职业素养和职业道德，改革工资制度，将工人的注意力集中在个人生计与晋升上。内在强制和外在强制

① 薛明剑：《无锡劳工概况》，《无锡杂志》第 21 期，1934 年 11 月，第 22 页。

有效地保证了劳资关系的和缓。1926 年开始的劳工自治区建设是申三制造稳定劳资关系的重要方略,资方通过建立“共同体”性质的劳工自治区,对工人开展教育,提供良好的福利待遇,塑造企业文化,在获得可观经济效益的同时,还赢得工人的理解同情、对厂方的归属感及社会的赞誉。对劳资双方来说,劳工自治事业的成功实现了双赢,此时的劳资关系更加和谐稳定。

申三在管理中逐渐形成了自己独特的企业文化,这是劳资双方互相磨合的结果。申三劳资双方的互动落脚点在“合作”。合作不是简单地避免矛盾,而是通过劳资双方的努力而达成共识。以申三劳工自治区为例,合作事业并非简单的“企业办社会”,从资金到各项事业的开展,均是劳资双方共同参与的结果。资方通过教育,提高劳方的智识水平,使劳方明白资方的措施对自己的益处,打造出双方沟通的平台,最终得到劳方信任。劳资合作办事业,最大的好处是双方均无太大压力。若是资方承担所有的资金成本,小企业便无法开展;若对劳方要求甚多,则不免有剥削沉重的嫌疑,容易激发劳资双方的矛盾。

申三企业内部良好环境机制的构建,营造出申三劳资双方各安其事、良性互动的合作关系。企业除保证工人享受较好的福利待遇,还着力与工人共同构建内部良好环境机制,以保障工人在独特的企业文化中能充分享有安全感和归属感,最终实现劳资双方的共赢。申三创建的企业文化与劳资合作互为因果的模式,直到 1949 年初仍在延续,并受到时人的推崇及极高的评价:“厂方倘能在工作时,用科学方法指导工人工作,而在工余时,用活教育的方法施行劳工教育,使工厂家庭化、学校化;视工人如子弟、如同学;不苛责、不放任;责之以理,爱之以道;全厂之中,不问职员工人,都能工作相共,游乐相俱,则工厂的生产效率,一定可以增进,一切劳资纠纷,自然也就无从发生了。”①

与申新三厂同系的申新四厂,曾借1933年大火后的重建时机,主动修好劳资关系。一年内重建厂房,大力推进工人福利。因男女工人约2000人,85%为女工,特在厂房后建有由长廊相连的单身女工宿舍,包括卧室108间、浴室12大间(4个大池和86个盆)、洗室28间、课室3间、饭厅5大间、娱乐室1大间,共住1056人,占女工总数53.7%。一改原厂外宿舍臭气熏天的环境。凡宿舍内一切器具被褥,均由厂方供给;厂方每月提供津贴洋200元左右。食堂保障住宿女工一日三餐(一粥二饭)及住外女工615人的午餐,厂方代办饭菜(二荤二素),膳食成本合洋4元,厂仅收洋3元6角,厂方每月至少提供津贴洋600元。厂方聘舍监管理,严格规范起居(晨五时半起,11时午膳,晚8时半就寝)。除生活要求外,厂方还要求入住女工必须参加每日工余(日、夜)学习,授课半小时,内容为国语、数学、英文、常识。所有书籍笔墨由厂方免费提供。按识字与否,分为初、高级两班。经一年补习,女工不识字者由总数的70%,减少为38%。厂方还办一所医院,在宿舍旁设疗养院一所(可收容病人50名),聘男女医士各1人。重患者则送著名医院治疗。医药费悉由厂方负担。1935年1至6月,厂医院诊治4850人次(724元),送外就医15人(416元)。厂方也在春秋两季安排全厂种痘。在娱乐方面,厂方准备篮球、排球、无线收音机、风琴、乐器,聘女教员1人,帮助工人提高体育、音乐技能。每月放映电影1次。申新四厂还仿效申新三厂,开办“工作员养成所”,通过测试(简单计算、知识测验、感觉测验、记忆测验),招收体格健康(身高

① 歌风:《漫谈申新三厂》,《纺织建设月刊》第2卷第2期,1949年1月15日,第110页。

54 吋、体重 85 磅以上,天足、无残疾、无视力及听觉无缺陷、无神经病与传染病),年龄在 16 岁至 25 岁的纺织女工,免费提供膳宿及用品书籍,按月酌给津贴。自 1934 年 4 月开班,每月 1 次,到 1935 年 9 月为第 17 次。养成期初为三个月,后改为四个月。训练包括技术实习与讲堂教授,实习占 80%,讲堂占 20%。课程设公民、国语、纺织学、工作法、音乐、体育等。第 1 届到第 14 届共招收 1287 名女工,毕业留厂者 945 名,占学员总数 73%。有关托儿所、劳工储蓄、劳工保险、福利自治会等项目,也列入计划。

申新四厂顶着洋货倾销、高息贷款压力,举办惠工事宜,照理说应该能得到工人支持,但实际上,还是有工人盲目反对,也有部分工人挑拨劳资关系。这对亲身参与办理惠工事务的高级职员章剑慧来说,其遭受的困难竟然比管理生产更大。①

在此,我们也必须看到,历史是吊诡、无情的,良好的企业文化,不一定会带来良好的劳资关系。甚至有相反的案例表明:即使企业没有良好的文化,但在特殊时期,劳资间仍然可以达成合作关系。有两个案例,均发生在世事难料的上海。

案例一:1947 年 4 月,仅有 85 名工人的上海五洲软管厂亏损,资方欲歇业。总工会派员劝导资方继续营业,并提出“劳资合作”办厂方案。具体而言,工厂实行自治,组织自治会协助厂方管理业务。劳资双方签订契约,规定每月超出一定产量的收入,仅部分作为经理等酬金,余则悉由工人分派。出乎资方所料,自采取合作工厂制后,工人“以休戚相关,努力工作,生产日增”。每日产软管 5 万余只,较此前产量增加了 1 倍,工人收入亦较前增加了 2 倍

① 剑慧:《汉口申新第四纺织厂之劳工概况及其惠工设施》,《劳工月刊》第 4 卷第 10 期,1935 年 10 月 1 日,第 2、3、4、5、6、7、8、9 页。

以上。①

案例二：1948 年上半年，整个制造业普遍性“休克”。由于技术工人薪资较高，且因行业特点决定的生产周期长达两月，上海机器工业更难存活。加以各业生产萧条，绝少有厂商订购新机器，各机器厂决定将业务转为修理。然而，轻工业厂商正拟借故停厂，以规避与生产相伴的劳资冲突及亏损，若有机器损坏，自然不愿修理。机器制造厂面对狭小的业务量，只有发挥内缘性潜力，将工厂改为“劳资合作厂”，做到账目公开、劳资共同管理，以机制的变革活化职工生机。②

相反的案例说明了企业文化对构建和维持良好劳资关系的有限性。劳资合作根植于企业管理。企业管理归根到底是人的管理及企业文化的营造，而企业文化则有赖于其内部生产、生活环境与相关机制的全面建立。上面两个特例不过始开劳资合作之端，长久而真切的合作前途难估。

① 风：《劳资合作的模范》，《中国劳工月刊》第 7 卷第 6 期，1947 年 6 月 25 日，第 2 页。

② 《机器工厂抢救危机纷组劳资合作厂》，《现代经济通讯》第 197 号，1948 年 7 月 20 日，第 3 页。

第三章　劳动行政管理与劳资关系

劳资关系根本上是利益再分配的关系。劳资行政管理,即职能部门依据时局,或推动、监管法律及法规的实施,或临时出台政令,弥补法律与法规之所失,以适时调适、平衡劳资利益。

一、人力资源管控

民国初年,权力机关多以警政、治安而非以行政方式干预劳资关系,常设机构中也无专门部门执司劳资事务。第一次世界大战后,国际劳工局成立,有力推进了国际保工事务的发展,北京政府迫于国际劳工局的压力,始组设相应的主管机构。1922 年 11 月,国务会议通过农商部提出的《设立保工专管机关》议案,决议由外交、内务、农商、交通 4 部会同筹办。随后,内务部之保工科、农商部之劳工科、交通部之惠工科同时成立。农商部劳工科曾颁布《暂行工厂通则》《禁止黄磷火柴令》《劳工抚恤规则》《检查工作办法》《工会组织条例》。1927 年 6 月,张作霖就任北洋军政府陆海军大元帅,改农商部为农工部,重颁《工艺同业会规则》《监察工厂规则》。

与北京政府相抗衡的南方政权，自孙中山1924年改组国民党，主张全民革命、扶助农工后，即设工人部。1927年3月，国民党二届三中全会在汉口召开，议决增设劳工部，任命苏兆征为部长，以期消弭工潮，但尚未发挥作用，该部就因“宁汉合流”而解体。1927年8月，南京国民政府成立劳工局，管理全国劳工行政事务，指导、监察各省农工厅及各地农工行政机关事务。首任局长马超俊在成立大会上发表劳工局工作方针，强调“要使全国工友享适当的人生生活”，厉行农工教育，救济失业工人，整理工会组织。[①] 阅半年，国民政府撤销劳工局。1928年3月，工商部组设劳工司，主持劳动行政，但各部职权范围内的劳动行政，皆归各部自行管理。朱懋澄任劳工司长。[②] 1931年1月，工商部与农矿部合并为实业部，下辖劳工司，综办全国劳工行政。此外，铁道部、交通部在中央政府体制内具有相对独立的劳动行政权力。省市劳动行政则分属农工厅、民政厅、建设厅及社会局主理。国民党因“革命”传统，其先后组建的从中央到地方的民众训练委员会、民众训练部，以及各级党部，同样有权干预劳资关系。[③] 除上述常设机构之外，党政机关还会组建一些临时性机构。比如，1926年10月，国民革命军抵达武汉，引得工潮迭起，武汉商业团体联合电请蒋介石设法救济。11月29日，政治委员会乃召集工商及政府、党部代表，成立“湖北劳资问题

---

① 王清彬等编：《第一次中国劳动年鉴》，北平：北平社会调查部，1928，第三编“劳动设施及政策”第94、95页。

② 朱懋澄，四川资中县人。留学比、德、英各国，机械学士、造船学士、土木学士。时任国民革命军总司令部西文秘书，及黄埔同学会励志社管理委员。见《工商部的三司长》，《中央日报》1928年4月15日，第2张第1页。

③ 参见田彤《民国劳资争议研究（1927—1937年）》，北京：商务印书馆，2013，第62—68页。

临时委员会”,对调停无效的劳资争议加以仲裁。①

包工制、劳资协约、薪酬与待遇是诱发劳资冲突的“痼疾”,不断挑战着劳动行政的底线。各职能/权力机关各怀意图,与此“痼疾”相长,不断调适劳资之间的利益分配。

(一)包工制

从权责来看,各类机关以调整劳资关系为其要务,而包工制却是主管机关难以剔除的“顽疾”。各行包工制,情况殊异,尤以矿业、码头、轮船、建筑业最为普遍。包工制作为一种管理方式,即包工头通过合约,或承包公司行栈业务、组织生产,或为雇主承揽招雇工人、管理工人事务。前者如码头、装卸、采矿业,后者则如纱厂业。在码头业,包工头雇挡手(有如经理)、跑码头(统计货物、征集工人、控制装卸时间)、拆账头(指挥工人),管理装卸业务。工人工资由拆账头代表工人同挡手论价,多由拆账头给付,拆账头工资与工人等同,“只吃一份空额”。包工制在码头业极为普遍,1930年代初,上海47个码头(浦东32个、南市7个、虹口8个),均由包头领管。而在租界内的外资工厂所采纳的包工制下,工人则不能支配自己的工资收入。据上海工部局1924年调查,上海租界内童工共有173272人,身体、精神均遭受创伤。公共租界内之外资工厂包头,每月仅给付所招雇童工父母2元工银,而其与厂方所定包工价却为每月6元,其在每名童工身上,每月可获利4元”。② 包头所招工人,一般在三年内都要将工资交给包头,包头则供给工人每年两

① 王清彬等编:《第一次中国劳动年鉴》,北平:北平社会调查部,1928,第三编“劳动设施及政策”第261页。

② 其颖:《上海的童工问题》,《向导周报》第110期,1925年4月,第1011页。

套衣服，及日常食、宿，每日零用钱。公共租界内外资工厂包工，在1936年5月，每日仅有零用费2角，膳食又“极粗劣”。1936年5月，据上海公共租界调查，该界内有21家外资厂、2家华资厂采用包工制。外国商船公司也会通过包工头雇用海员，海员工资由包头发放。①

各类包工头，均以减扣工资自肥。1934年，马家沟包工头，违背劳资协约相关条约，侵吞“七九纪念工资”内应属于工人的1/30部分，总计600元。工人原本应得大洋8角，因包头中饱私囊却仅得4角。②

当包工头操控工会后，更以工会内部“制度”压制工人。1931年12月23日，国民党四届一中全会召开第二日，南通大达码头杠运工会向大会诉怨，“请取缔码头上工头抽剥工人权利并重新组织工会”。③

包工制遭到社会各界诟病及包工的反对，源自包工头普遍对属领工人的盘剥、欺凌。时人有曰：上海最大包工头贾福记贾柏馨、李荣记李庆余、张锡记张尔国、桂记陈宪章，“作恶亦特甚”，“积数十年之残酷的剥削，其财产除秘不告人者外，各家均已数十万或数百万，这便是工人的血汗结晶”。④ 更有论者称：“我们社会里的包工者，都是不劳而获的人，包工制是不劳而获的制度。”⑤1933年9月，上海自来水厂将一向雇“外场”负责安装、修理、拆除网管的

---

① 《上海公共租界工厂包工调查》，《国际劳工通讯》第21号，1936年6月，第70页。

② 《马家沟煤矿包工剥削工人》，《大公报》（天津）1934年9月14日，第3张第9版。

③ 《南通大达码头杠运工会呈四届一中全会文》（1931年12月23日），台北国民党党史馆藏，档案号：会议记录/4.2/8.17。

④ 张铁君：《取消包工制的支票怎样兑现》，《劳工月刊》第1卷第6期，1932年9月15日，第26页。

⑤ 湛然：《中国的包工制》，《独立评论》第1号，1932年5月22日，第15页。

业务改为包工制，包头却将工资减半，引起工人罢工，分向市政府、市党部、社会局请愿，要求取消包工制。①

包工头与资方共同盘剥工人，也借资方以强力任意惩戒工人。1937 年 5 月 4 日，沪公共租界内鸿昌丝织厂工人 500 余人，要求厂方改善待遇、取消包工制，厂方竟招数十“印捕”，以“铜包头之籐鞭，向工人乱击”，伤 230 余工人。② 更有包头任意停止包工工作，以惩戒工人。

外企中的中国工头，往往掌握用人大权，为一己私欲，在劳资之间拨弄是非。英租界“布林洋行”为美国人布林所经营，内设皮件工厂，有男女工人 200 余人。1932 年 7 月间，因包工头魏某领工资后，时有吞蚀、拖欠，“以致出品恶劣”。厂方知悉其隐情，意欲撤换魏某。魏某反向工人宣称公司有意拖欠工资，工人不明就里，群向布林质问。魏某更从中挑拨，致工人愈加激愤，欲以武力解决。厂方态度亦极强硬。后经工部局一面派督察员、巡捕前往制止工人暴动，一面命令厂主将工资完全发交工头，并要求工头全额下发工人，一场风波始告平息。③

各级党政机关中，有对包工制深恶痛疾，屡屡下令取缔者；但也不乏宽宥，甚至“纵容”包工制者。1931 年 8 月初，上海中兴煤矿公司租赁和兴公司码头，新换包头张德华怂恿和兴公司“贬价承揽”，引起同业间相互低价竞争，众工友不甘受包工头摆布，推举 13 人出面立约“自揽自做”，以合作经营模式废除包工制，并向党政机关求援。社会局却立意维持包工制，其调解办法规定：原有领工、

---

① 《包工制》，《国际劳工》第 1 卷第 4 号，1934 年 4 月，第 77 页。

② 《沪鸿昌丝织厂五百余工人请愿》，《中央日报》1937 年 5 月 5 日，第 1 张第 4 版。

③ 《布林洋行皮件工人停止索薪》，《大公报》（天津）1932 年 7 月 21 日，第 2 张第 7 版。

工人由张德华继续雇用,“应服从张德华”,领工、工人待遇仍照向例。[①] 1933 年 12 月中旬,浦东荣麟码头终止由裕昌煤号租用合约而行自办,并委华伦洋行招标雇用工人,原承包裕昌的“李鸿记”,先后阻止陈廷章、邵友溪应标。有仇安泰者以工人代表名义承办,与“李鸿记争执甚烈,货物停止上下,几将动武”。经党政机关调处,荣麟码头、工人、承租人“签订草约”,“实行废止包工制”。不过,其结果实质上仍是包工制,只是在形式上给予工人一定自主权罢了。“草约”规定:(1)原有上下货领工十二人及原有全体工人,均照常雇用;(2)“请求社会局暂行指定原有全班上下领工十二人为工人代表”;(3)工人代表负责招雇工人、管理工人及指挥工作,有监督拆账之权,但“无经费开销之义务”。[②] 更有甚者,蚌埠河下粮杂驳运工头高桂芬、张福等,在当地政府的保护下胆大妄为,为将十余万工人的“保存金”据为己有,不仅“擅自”开除要求发还“保存金”的 28 位工人,还行刺国民党中央民众训练部所派调查纠纷案情的调查员。[③]

其实,包工制较为复杂,包工头并非都极力压榨工人。从码头工人所得工资与包工头所得包价比例来看,既有“李荣记”的 6∶4,也有周金山等人的 10∶1、10∶2、10∶3 分成(表 3-1)。

① 《包工制》,《国际劳工消息》第 5 卷第 2 期,1933 年 8 月,第 73 页。

② 《包工制》,《国际劳工》第 1 卷第 1 期,1934 年 1 月,第 96 页。

③ 《处理蚌埠河下粮杂驳运工人纠纷经过》,《中央民众训练部公报》第 10 期,1936 年 11 月,第 59 页。

表 3-1　码头工人所得工资与包方所得之包银额比较表

码头名称	商别	本会区别	总包工头姓名	包工头姓名	挡手姓名	货物名称	公司行栈所给工资数目	工人所得之工资数目	比例
老三井	日	一	李荣记	张尔国	刘星伯	煤（每吨分为8箩）	每吨上下均5角；每箩上下洋1角2分5厘	每吨上下钱960文、每箩上下钱60文	6∶4
新太古	英	一	汤文彬（买办）	—	王义德	杂货	前后栈上下每件4分4、外卸货贴水（即酒资）每件钱110文	上钱38文、下钱30文	10∶2
招商华栈	国	一	金信三（买办）	—	吴安湘	杂货	前后栈上下每件洋4分4，贴水前栈钱160文、后栈钱180文	前栈上货48文、后栈上货56文，下货钱40文	6∶1
新泰同	国	一	刘洪声	金志成	徐阿定	煤炭	上下每吨银3钱	每2个合1扛，一日约扛15吨。每扛全日工资钱3200文	10∶2
招商局浦东杨家渡	国	二	何国梁	—	—	米、麦、豆	上下货银各3分6，下货贴水钱130文，过浮桥另加1分	楼上约300步钱30文，楼下约200步钱20文，下货钱35文	10∶2
招商局浦东杨家渡	国	二	何国梁	—	—	油（每件400斤）	上洋1角5分，下洋2角	上每件64文，下每件112文	6∶1

续表

码头名称	商别	本会区别	总包工头姓名	包工头姓名	挡手姓名	货物名称	公司行栈所给工资数目	工人所得之工资数目	比例
东省铁路栈(即元益栈、三栈)	国	二	周金山、徐登开、王殿祥	王二矮子、任小严	—	木:大件 16 石、小件 8—9 石	(大小一律)上下每件洋 2 角	上每件 60 文、下每件 90 文	10:1
大阪	日	二	李荣记	—	—	红木、花衣等杂货	上下每吨银 6 分	上每件 160 文,下每件 50 文,下贴水 130 文,工人净得 40 文	10:5
同春福	日	二	陈桂记	—	—	同上	同上	同上	10:5
大仓	日	二	曹章记	—		同上	同上	同上	10:5
太古	英	四	—	—	王阿松	米、麦、豆油、面粉、饼等	每吨 1 角 3 分	—	—
内外棉	日	五	李荣记	—	周朝珠	棉花	洋夹上下每件各 8 分,郑州上下每件各 1 角 5 分,草廉上下每件 3 分	洋夹上下每件 80 文,郑州上下每件 140 文,草廉上下每件 35 文,外空份二,另有九扣	8:2
内外棉	日	五	李荣记	—	周朝珠	棉花	大纱上下每件各 4 分,直贡箱上下每件 7 分,草包上下每件 1 分 3 厘	大纱上下每件 45 文,直贡箱上下每件 70 文,草包上下每件 13 文	8:2

续表

码头名称	商别	本会区别	总包工头姓名	包工头姓名	挡手姓名	货物名称	公司行栈所给工资数目	工人所得之工资数目	比例
中国银行	国	五	李宗纲	—	—	黄纸板	上下每件各1角2分,贴水每件50文	上下每件各120文	3∶1
中国银行	国	五	李宗纲	—	—	米、面粉	米每件□分,贴水每包2文;粉每包1分,每1000包1元	米每件30文,粉每件1文	5∶1
上海银行	国	—	韦鲁生	—	—	黄纸板、杂货包	纸板每件1角4分,杂货包每件4分、贴水20文	纸板每件13文,杂货包每件4文	10∶3

资料来源:张铁君《取消包工制的支票怎样兑现?》,《劳工月刊》第1卷第6期,1932年10月1日,第27—28页。

实际上,包工头也能在一定程度上保护所雇工人的基本权利。比如,招商局浦东杨家渡码头总包工头何国梁,承包米、麦、豆装卸业务,用发放铜牌(100枚)的方式管理工人。凡交纳洋100元者即发给铜牌,列为“固定工人”。他规定无牌者参与工作,必须将所得工资的一半交给固定工人。此举确实能保障忠诚于梁氏的工人获得较为稳定的工作权及稳定收入。南京市社会局也曾通过码头工人登记,向下关搬运工人发放“牌证”、号衣,以稳定码头秩序。①

此外,作为一种管理、生产方式,包工制独具责权分明、效率较高与规范有序的特性。若取消了雇主与工人中间的包工头,也就

① 《码头工人登记》,《中央日报》1933年9月28日,第2张第3版。

消解了包工制的优长。京沪、沪杭甬两铁路局的上海麦根路货站装卸工人，曾自建合作社随办业务，却因“办理不善，影响行运”。1933年12月，铁路局令其撤销，并依照铁道部颁布的《承办装卸铁路货件办法》，“另召妥当商人承办”。因中央民运指导委员会、铁道部干预，虽未能恢复包工制，但铁道部拟定《麦根路装卸工人承办人办理简章》，要求工人推派代表遵章办理，“对客商货运，尚能迅速装卸改除积习”，原有“合作社”也改为“工人装卸事务所”。[①] 这实际上是将商人承办的包工制，改为由工人承办，但工人缺乏包工头的人脉，工人间纠纷难泯，如京沪、沪杭甬两路上海北站装卸工人合作社中的工人就纠纷不断。1935年8月，京沪、沪杭甬两铁路局以“整理名义”，取缔上海北站装卸工人合作社，恢复包工制。工会整理委员会不服，状告到中央民众运动指导委员会。虽经民运会调解，铁道部部长顾孟余在回函中只是敷衍性地“指令京沪沪杭甬妥慎处理”而已。[②] 由此，可以理解，政府何以从未出台过相关法律限制包工制。工程师李为骏对包工制有过客观的评价，他认为主办工程者招商承办人，可免去招募工人手续及省除一切人事管理烦琐事项，免除自办超过预算、超过工期之可能，免去采购材料的费用及手续；主张“在现在社会组织之下，包工制似一时尚不能取消，仍须继续采用”。李氏同时指出，包工者多出身于“作头”，“除极少数之顾全信誉者外”，常偷工减料、剥削雇工，甚至再行分包，以投机获利。对于包工制中难免存在的若干缺陷，李氏强调，除严格规范承包合同、施工规范外，应推行针对包工制的劳

① 《包工制》，《国际劳工》第1卷第1期，1934年1月，第95、96页。

② 《京沪杭甬两铁路局取缔装卸工人合作社、恢复包工制纠纷案、调查报告、工人请愿书》，中国第二历史档案馆藏，档案号：721-49。

动立法，限制包头对工人的剥削。①

当然，党政机关也无力与包工制较力，每遇劳资纠纷其举措多虚张声势，难有成效。1931 年初，中华海员工业联合会整理委员会，反对地方痞棍“勾结帝国主义者及资本家，包雇海员，媚外虐待”；但从外交部、实业部到上海市政府、社会局，对此涉外纠纷只能空喊“从严取缔”而无应对实绩。② 开滦煤矿五大矿区，各由场主雇用四五十名包工头，包工头再雇工人百余名。工人每天工作 8 小时产煤 2 吨，仅得 5 角有余；包工头则按每吨 8 角向场主收取费用，每日在 1 名工人身上即可获利 1 元以上。1933 年，工会取消，包工头推出“三级包工制”，层层分包，工人收入更减。1934 年 1 月，工人不堪包工头盘剥，发动大罢工。经党部调解签订的和解条件中，虽然列有“限期取消大包以下各级包工制”，但却肯定“大包”的“合法性”。轮船业中亦盛行包工制。公司、局方每月将工人工资各 30 余元交给工头，工头再发给工人，除了少数一二技术骨干月薪有 20 余元，余者每月仅数元。“甚至有不给工资者，则专赖聚赌之抽头钱为生活”。1934 年 1 月，中华海员工会拟订《整顿海员之意见书》，以“打破包工制度”为第一要旨。然痼疾何解？1933 年，中央严令包工头交出包工合同，有意打压包工制，可终未收实效。太原绥靖主任阎锡山，对山西限制人身自由及诱骗窑工消费的“黑窑”包工头，饬令各县查办，也为潜势力所阻挠。③

---

① 李为骏：《谈包工制》，《工程周刊》第 5 卷第 9 期，1936 年 4 月 14 日，第 99、100、101 页。

② 《市政府取缔外轮包工人》，《申报》1931 年 1 月 13 日，第 4 张第 14 版；《海员总会呈准打破包工制》，《申报》1931 年 2 月 9 日，第 3 张第 10 版。

③ 吴至信：《中国包工制之现有形态》，《劳工月刊》第 5 卷第 8 期，1936 年 8 月 1 日，第 1、2、4 页。

实业部劳工司长康健飞为“谋增进工人本身福利”，拟先从产业界、再由职业界打破包工制，主持制定《实业部直辖国营产业装卸工人管理规则纲要》9项。[①] 该《纲要》由实业部于1935年10月12日公布，中心主旨为：(1)“不得沿用包工制或类似包工制之方法以及码头上旧有之不良习惯”；(2)各国营产业机关应设置专门机构，直接管理码头装卸工人，专管人员必须了解厂法规，经呈部核准后再行任用；(3)指定的各班组负责人必须行为端正，无包工前科；(4)工人工资概由产业机关直接发放，“须用当地十足通用货币不得折扣短少”。[②] 实业部拟先由国营工厂示范，若有成效则普遍推行。但其“美意”再遭夭折。直到1945年5月，国民党“六大”制定的“劳工政策纲领”中仍有“取缔包工剥削制度”条款。[③] 打击包工制，何其难哉。

包工制之所以难以被清除，劳动专家吴至信的分析切中要害。(1)“包工头之潜势过大，党羽四布，甚或交接地方绅要为之庇护。工人虽欲反抗而结果反受其害，即雇主欲加改革，亦每受其牵制，地方官吏为秩序起见，亦求苟安一时，几有不敢捋须之势。”(2)在论件制生产中，雇主借包工头之威镇压工人，既可代为管控，又可节省成本、增加效率。(3)在没有建立起“正当”的职业介绍制度时，包工制便于雇主借助包工头招工，求职者往往通过帮会听命于包工头。(4)包工制与工人秘密组织“帮”关系密切，不取缔“帮”，不可能单独废除包工制；即使在形式上废除包工制，工人实际上仍

① 《实业部谋打破包工制》，《国货月刊》第11期，1935年11月15日，第29页。

② 《实业部直辖国营产业装卸工人管理规则纲要(民国二十四年十月十二日部令公布)》，《水产月刊》第2卷第6期，1935年11月1日，第66、67页。

③ 《劳工政策纲领(三十四年五月十七日第六次全国代表大会通过)》，《中央党务公报》第7卷第6期，1945年6月15日，第39页。

受包头之操纵。鉴于繁复内情,吴氏主张“分期淘汰”,“可免严重之反抗”。①

必须指出的是,包工头对工人的剥削程度与其成本控制有关。福公司在堪睿克为总董期间,曾拟订“包工合同”(自1913年11月起至1914年5月止),将公司风险转嫁于包工头:“每井发给辘轳一架,此外所有一切井上井下工人工价、应用家具、材料等项,皆由包工人完全自备,不得借故要求。所出之煤炭由包工人送到,从井口起公司指定地址在一百尺以内不再另索工价。井上井下工人如遇不测所受之伤致命与否,包工人情愿代公司担认一切责任,不向公司要求抚恤银两,惟井下因做工而受伤之工人,包工人可以送至福公司焦作医院调治,公司不向该包工人索取医费。”“如公司有责任之人员嘱办某事,凡系合理及保合同内应尽之义务,包工人自然情愿立即遵办,不得推故拖延。凡所雇工人等类,如公司以为品行不端及有别项违法情事,由公司吩咐开除者,包工人情愿立将开革不用。”“如期内查有违背合同章程情事,可以随时将此合同注销。”“不论何种损失,包工人皆不得向公司借故要求赔偿。”“井上井下煤炭全是公司产业”,“所有取出之煤,公司享有完全主权”。② 该合同是否生效、实施,不得而知,但仍有助于从侧面了解包工头所受到的雇主公司的苛待。包工头作为雇主公司与工人之间的中介,投入如此之大,必将压低工人工资。此个案也说明取缔包工制以实现护工目的,仅取消包工头本身无济于事,其根源则在于权力机关能否撼动处于利润链顶端的雇主的利益。从这一角度来看,各级党政部门为声誉、主义,一致主张废除包工制,却口惠实不至,

① 吴至信:《中国包工制之现有形态》,《劳工月刊》第5卷第8期,1936年8月1日,第5、6页。

② 《福公司交来收买民窑暨包工原合同底稿》,手写刊本。

确有其难处。就是在最开化的上海,直到1948年,“不开明的资方”仍然采纳包工制。国民党系工运者对此一筹莫展,只能将此恶俗喻为“吸血虫”和“待割的患病盲肠”,呼吁保护工人的正当权利。①

(二)劳资协约

劳资纠纷往往因资方违反双方协约而起,为此,管理机关极力维护双方协约,以杜绝工潮。南京国民政府建制之初,各级党部重视“在场监订”劳资协约。1928年5月,上海工会整理委员会成立,资方欲借工会改组之机,毁废劳资契约,“致惹纠纷”。工会整理委员会呈请国民政府,转令上海市政府通令劳资双方“遵守已经验订之条约”。中央政府第144次常会为此议决:“凡劳资双方之条约,经政府党部并民众团体在场监订者,须一律遵守。”②工商部亟欲了解各地工厂资金、组织规模、产品销路、劳工待遇状况。8月,工商部为调查各地劳资关系,函请省市政府搜集各地劳资双方所订立之合同。③ 当年,实业部将所征集到的全国劳资新旧合约,编为《各地劳资新旧合约类编》,分发给各地方政府,作为调查劳资关系之参考。④ 1931年12月,南京市社会局出于“以便劳资双方遵守,借免纠纷”的目的,规范劳资协约“标准”。据社会局调查,当年全市

① 邵心石、邓紫拔主编:《民国卅七年上海市劳工年鉴》,上海:大公通讯社,1948,“序言”第4页。

② 《劳资条约不得毁废》,《中央日报》1928年6月26日,第3张第2面。

③ 《北平特别市关于搜集劳资双方所定合约的训令及社会局调查工厂、工人生活情况的训令》(1928年8月15日至12月30日),北京市档案馆藏,档案号:J002-004-00001。

④ 邢必信等:《第二次中国劳动年鉴》,北平:北平社会调查所,1932,第三编第71页。

18起劳资纠纷“类皆起因于劳动条件之争执”。“本市各业,大抵均未订立劳动协约,即有少数订立者,审核其内容,亦多有未合”。该局“为防止本市纠纷之发生,及划一各业劳动协约,特制定《南京市劳资双方订立劳动协约标准》,通饬本市各工会、同业公会及各工厂办理。”《标准》要求劳资协约“应酌实际情形”,载明雇用及解雇手续、工作时间、工资额度、工资给付规定、休息规定、津贴与抚恤、奖励及惩戒、工人福利、协约修正或废止、劳资双方行规习惯。其中,特别规定:协约草案须经协约团体会员或代表大会通过,并由当事人双方或一方呈请社会局批复后方可生效;如需修正协约,“应由当事人双方或一方提出具体意见,呈经社会局召集当事人双方代表,会同修正”。[①] 1932年4月,社会局将《标准》呈请市长石瑛批复,并在市府核准备案(当年6月)前即擅自颁行。[②]

管理机关还拟增加保工条款,修订不利劳方的“苛例”,消除劳资纠纷的诱因。劳资间常为星期日是否休息、是否带薪休假争讼,1930年2月19日,中央常会议决通过《工人每年停工日期及休假给资办法》,并由中央训练部训令各级党部知照。《办法》规定:工厂每年停工日期,除“应依革命纪念日、纪念式之规定”的1月1日、3月12日、3月29日、7月9日、10月10日、10月12日,增加五一节1日,共计7日;“日工”周日休假给资,“应按照依法有效之团体协约或工作契约办理,无协约、契约者,应按照系长雇或短雇而

① 《京市社会局规定劳动协约标准》,《中央日报》1931年11月28日,第2张第4版;南京市社会局编:《南京社会特刊》第3册,南京:文心印刷社,1932,第86、94、95页。

② 《核准劳资双方订立劳动协约标准案》,《南京市政府公报》第109期,1932年6月15日,第35、36页。

定”。[①] 但这一办法却引起了厂方疑问:(1)若订有团体协约或工作契约载明休假日期不给工资者如何办理? (2)若长雇者须给工资,短雇者就可以不给工资吗? (3)劳资双方无契约,互相默定不给资者,应如何办理? 国民党青岛特别市党务指导委员会常务委员李翼中等函中央执行委员会,征询意见。中央秘书处回函:(1)工资依日计算者,除7天革命纪念休假给资外,星期日休假应依照契约规定办理;(2)周日给资方面,长雇工(雇用7日以上者)给工资,短雇工不给工资;(3)除革命纪念日给资外,假日给资仍按原惯例办理。[②] 1935年2月,中常会核定工厂休假日期,决议依《工厂法施行条例》第9条,规定休假日除劳动节外,应照修正《革命纪念日简明表》,加上孔子诞辰纪念,共计休假6日。[③]

某些行业中劳资契约中的“旧俗”,久为劳方诟病。南京市旅馆业、洗浴业职工,“负有收支或保管银钱及其他贵重物品之责任”,依行规,凡入业职工都需交纳“巨额”保证金,以防员工舞弊、偷窃。此惯例固然有利于行业维护声誉,降低业主风险,但“巨额”保证金,却加重了劳方的经济负担。劳方身无存款,唯有借贷,但“工资所得,不足值付利息,使有业者等于无业”。更有业主将职工保证金移充流动资金,一旦经营失败,职工既失保证金,又失业。南京大世界、振华旅馆及民乐池等职工,都曾因保证金问题发生过劳资纠纷。南京市社会局接受劳方请求,拟具《南京市工商业雇主受取工人保证金办法》,杜绝流弊。《办法》规定:保证金款额每人

---

① 《中训部通令公布工厂每年停工日期》,《中央日报》1930年2月20日,第2张第4版。

② 《青岛市日工休假日给资办法工会运动劳资纠纷调查报告表》(1930年4月5日),中国第二历史档案馆藏,档案号:722(4)-490。

③ 《中常会核定工厂休假日期》,《国际劳工通讯》第6号,1935年3月,第92页。

至多不得超过100元;雇主于受取工人保证金时,除填给收据,"应将保证金以雇主及工人名义存储于妥实银行或钱庄,至解雇工人时如数退还";"雇主如将工人保证金移充流动资金时,应觅具殷实铺保负保证退还之责,并协商给付利息"。① 为督促此《办法》的实施,"消弭劳资纠纷",南京市社会局于1933年1月23日,召集该市浴堂业职业工会、旅业同业工会的劳资代表谈话,并函请市党部、警察局派员出席。社会局强调,若不遵守该法,社会局将予以严厉处罚。②

党政部门动机固佳,落实则万难。何况契约不可能给资方实质性的约束。按理说,工会虽经改组,但劳资双方并无明文废止,双方原订契约,仍应继续生效。但直到1931年初,仍有报界资方借口工会改组而不承认原有劳资契约。上海市党部民训会2月9日应工人要求,向资方声明"倘资方故意破坏,本党当予以保障","倘敢稍违,定予严究不贷"。③ 上海南货业劳资协定条件规定工时为12小时,但各店有时仍强令职工超时服务。1929年8月初,上海南货业职工会呈报市社会局,请求主持公道。10日,社会局分别令商民协会、南货业分会及职工会:"切实遵守"劳资协约,"资方不得强令工人延长工作时间,劳方不得干预资方所定营业时间"。④

尽管此类维护劳资协约之举,对平息劳资纠纷并不如预期,但职能部门仍以此为化解工潮的一根"稻草"。1930年10月28日,国民政府出台团体契约法。"团体契约"即"谓雇主或有法人资格之雇主团体与有法人资格之工人团体,以规定劳动关系为目的所

---

① 南京市社会局编:《南京社会特刊》第3册,南京:文心印刷社,1932,第85页。

② 《工人保证金受取办法》,《中央日报》1933年1月24日,第2张第3版。

③ 《市党部保障旧有劳资契约》,《申报》1931年2月10日,第4张第13版。

④ 《社会局对商店职工工作时间之批令》,《申报》1929年8月11日,第4张第14版。

缔结之书面契约”。该法要求主管机关保护工人利益。如其第4条规定:“主管官署发现团体协约条款中,有违背法令或与雇主事业之进行不相容,或与工人从来生活标准之维持不相容者,应删除或修改之。”第11条规定:雇主指派工人在假日或原定工时外继续工作者,必须给予工人不超过二倍的加成工资。[①] 但这一法规缺乏可操性。1932年初,全国各地工厂劳资冲突屡见不鲜,各地党部、社会团体、市政机关,依各劳动法规加以调解,仍无转机。国民党中央执行委员会以为,劳资争议在于劳资双方责权不明,议决:“应令由劳资双方,订立协定,将双方之要求确定明文,俾各有所遵守,协调进行,不致再发生工潮,或解雇纠纷。”并于4月15日,特令实业部,转令遵行。实业部奉令后,再转各省建设厅、社会局,通告各厂劳资双方,尽快订立双方信守之协约。[②] 青岛市政府“为保障劳工,协调劳资起见”,于1933年11月9日布告各工厂,凡劳资契约及一切厂规,均须呈准,始为有效。各厂先后呈送规约,经社会局核准施行者,计有冀鲁针厂雇佣契约、学徒规约及保章,茂昌蛋厂雇佣契约,洪福木厂学徒规约,运销牛业工人服务规约,利生铁厂修正工人学徒服务规约,公共汽车公司员工服务规约,售票员训练规约,繁荣促进会游艇部员工服务规约等。[③] 1936年2月,杭州市政府“查市内各大工厂,虽有工人遵守规则之订定,但内容多未尽善,劳资纠纷及怠工风潮仍时有发生”,要求各工厂“严密草订”工

---

① 中国第二历史档案馆编:《中华民国史档案资料汇编》第5辑第1编政治(3),南京:江苏古籍出版社,1994,第144页。

② 《实业部令饬各工厂劳资双方订立协定》,《中央日报》1932年4月16日,第1张第3版。

③ 青岛市政府秘书处编:《青岛市政府三年来行政摘要(自二十一年至二十三年)》,青岛:青岛市政府秘书处,“社会”第7页。

人通则。[①] 为配合工厂法的实施,实业部搜集并审查各地工厂规则,一些流弊“浮出水面”:厂规内容“与工厂法及有关法令,多有未合”,与工时、例假、抚恤津贴、契约终止、工资给付、学徒膳宿医药津贴等规定抵触尤甚;“且该项厂规,未经呈准主管官署,为数甚多”。1935 年 10 月,实业部饬令各省府务须依照工厂法及有关法令严格审核各厂规,要求“主管官署不宜听任工厂自由订定,或于呈报时率而核准”,以便劳资双方循守。[②] 1936 年 8 月 8 日,上海市政府又出台《修正上海市工人待遇通则》《修正上海市工商业店员待遇通则》,规定:“本市区内不适用工厂法之工场其雇主待遇工人均应遵守本通则”,“凡本市区工商业雇主待遇店员均应遵守本规则”;要求雇主与工人、店员间订立的工作契约,必须包括工作性质、时间、雇用期限、工资定额这四方面条款。其具体内容仿行工厂法,比如,规定雇主不能干涉工人或店员加入依法组织之工会或团体,要求工作时间原则上不得超过 10 小时,终止契约前应提前预告雇主,因公致残补偿等。[③] 1936 年 12 月 25 日,国民政府终于出台劳动契约法,明确保障工人利益。内中规定:“劳动契约之条件依当事人双方之合意定之,但违反法令、团体契约或服务规则,于劳方有不利者,其不利之部分无效。”“报酬过少,与劳动之比有失平衡”之契约无效,并规定 1 个月试行期。[④]

但是,劳动契约法的出台也很难改变雇员在雇佣关系中的弱

① 《杭州市府草订各厂工人通则》,《国际劳动通讯》第 17 号,1936 年 2 月,第 43 页。
② 《实业部令各省府严审工厂规则》,《国际劳工通讯》第 3 卷第 11 期,1936 年 11 月,第 41、73 页。
③ 《修正上海市工人待遇通则》,《国际劳工通讯》第 3 卷第 12 期,1936 年 12 月,第 73、74、75 页。
④ 叶云笙主编:《广州工商年鉴》,广州:工商年鉴出版社,1947,第 68 页。

势地位。正在该法出台前后，上海盛德堂药号小组职工向党政机关、各团体及各界同胞求援，反对资方擅改原有契约，“狡猾剥削同人”。资方于1935年农历八月主要改动了两点。一是原契约规定工时至多不超过12小时，该堂店却将工时延长至14小时。二是按例每年端午节、中秋节各给假10日，年关节假20日，每年40日假期；如照常工作者，工资加倍。此项办法原为店主于1931年起因营业发达酬答工方终岁辛勤而自愿实行，现营业有增无减，却取消旧例。1936年11月28日，该小组集会商议办法，此举却被资方诬为罢工。经工会代表及公安、社会等局代表、同业公会代表亲自到场劝解，终无效果。①

此次劳动契约法颁布的更大意义在于“劳工债权之优先清偿”。1936年，厂、场倒闭引起了大量积欠工资的清偿纠纷。上海市总工会提出：“工人之债权纯以汗血辛苦所得，且为全家生命所寄，与其他债仅性质截然不同”，强烈要求从立法层面保证其最优先之受偿权。行政院予以采纳，咨立法院审订。立法院于12月4日通过此项原则，议决编入劳工契约法第29条，即“劳动报酬于雇方破产时或其前一年内已届给付期者，对于雇方财产有最优先请求清偿之权”。但此种规定，只限于劳动报酬（工资），至于因雇佣关系而成立之债权，如保证金、储蓄金及“预存工资”等则无最优先受偿权。不过，这在程海峰看来，仍是“中国工运之立法”的成功之例。②

不能否认，劳资协约实是保障工人权益最基本的法理工具。

---

① 《上海市药业职业工会呈中央执委会（附件）》（1936年12月29日），中国第二历史档案馆藏，档案号：722（4）-228。

② 程海峰：《一九三六年之中国劳工界》，《国际劳工通讯》第4卷第5期，1937年5月，第13—14页。

1937 年 2 月，天津社会局通过调查工人工资发现："天津各种工业劳动工人，除有团体的协约或其他方法，以确定其工资者，尚能维持个人生活及家庭负担外，其余率皆不合最低工资所列之标准。"出于维护工人生计之目的，社会局制定了两项工资标准，作为劳资团体契约的补充：其一，"成年工以维持其本身，及足以供给无工作能力亲属二人之必要生活为标准"；其二，"童工工资，不得低于成年工最低工资之半数"。[①]

劳动行政部门还通过行政命令，取消"隐性协约"，从而消除"可预见性"的劳资纠纷。按厂店旧习，农历正月总结账时，厂号常借故解雇工人。1934 年 2 月 9 日，上海市党部、社会局联衔布告，严禁各业资方"狃于积习"开除工友，深望劳资之间"切实合作，互相拥护"，不起纠纷。[②] 同月 13 日，南京特别市执行委员会、市社会局会衔布告资方，不得"借口年节，开除工友"。[③]

"逐利"是资本的特有属性。凡一产品"抢手"，众商必跟进生产。但生产上的"聚集"效应，极易导致随生产过剩而来的停厂。资方无力支付工资，极易引发劳资纠纷。管理部门因此会调控工厂生产，以消除又一种"可预见性"的劳资纠纷。1934 年，因丝销路畅达，无锡丝厂一时大兴。除华新、锦记、永泰、隆昌、永盛、永吉、乾甡、乾泰等八家自建厂屋，自装丝车外，德昌、余记、大成、庆丰盛、庆余、信义、和丰等七家，则租厂经营。当年 5 月 17 日，江苏建设厅"为杜绝丝厂商投机开厂"，保障劳资"免除"即将到来的纠纷，订定《取缔租办丝厂暂行办法》，规定"凡租厂营业，须按车数缴纳

① 《天津社会局调查工人工资》，《国际劳工通讯》第 4 卷第 3 期，1937 年 3 月，第 29 页。

② 《党政会衔布告严禁年关解雇工友》，《申报》1934 年 2 月 10 日，第 4 张第 13 版。

③ 《京党政当局取缔废历年不得借口年节开除工友》，《中央日报》1934 年 2 月 14 日，第 2 张第 3 版。

保证金”;并令无锡县府转行丝厂公会,转饬各厂“限一星期内,一律遵办。如有故违,即令公安局取缔”。所谓“保证金”,即“租办”者向政府交纳用于停厂时支付给工人的补偿款。各“租办”业主一时恐慌,函请陈丝厂同业公会,转呈县府暂缓实施该法。“一俟营业转机,经济稍裕”,再遵章办理。① 无锡县政府此举,实际是代表工人与资方签订“保障”契约,实属善计。1933 年 4 月中旬,暨南大学历史社会学系学生曾赴该地调查工业情况,获悉:两年前丝业兴盛时,全境丝业工人约有 5 万人以上,但现因多数厂家倒闭,维持者缩小生产规模,全境工人竟减少至万余人。缫丝业几全为女工,由于劳动力市场供过于求,与厂家没有契约关系。“资方为避免一切手续之麻烦及契约之拘束,即不订契约,亦不无工人可雇。”工人为生计,只能委曲求全,不可能“顾到将来的利害去和资方订立约书”。②

以上诸种管理及政、劳、资间的博弈多是针对“定期契约”而论的,“无定期契约”在经济大环境较好的时期有可行性,但到企业产品滞销、原料费昂贵、洋货充斥市场的时期,其漏洞即易凸显出来。社会部于 1947 年 10 月出台《解雇无定期契约劳工修正办法》,指示上海等各地劳资评断会遵照办理。《办法》加强了政府对资方任意解雇工人的管控,保护工人利益,规定工厂因不可抗力局部歇业 1 个月以上或全部歇业,或工人不能胜任工作,或工人已完成规定的任务,必须呈报主管官署,请示解雇工人;未经核准者,不得擅自解雇。《办法》要求工厂在局部歇业或全部停厂时,应该按照被解雇工人当月工作及在厂工作年资比例,发放遣散费:(1)在厂工作

① 《劳动行政》,《国际劳工》第 1 卷第 6 期,1934 年 6 月,第 60—61 页。

② 国立暨南大学社会调查团编:《无锡工厂调查报告》,上海:国立暨南大学印刷所,1933,第 11 页。

未满三个月者,发给遣散费半个月;(2)在工厂工作已满三个月未达一年者,发给遣散费一个月;(3)在厂工作满一年未满两年者,发给遣散费一个半月;(4)在厂工作满两年未达三年者,发给遣散费两个月;(5)在厂工作三年以上者,发给遣散费三个月;(6)如原有协约者,仍按照协约办理。该《办法》还根据资方经济状况、企业特点及工人表现,对资方进行适度保护:(1)工厂因营业亏损确实无力维持,经主管官署查实者,其遣散费之标准应由劳资评断委员会酌予减少;(2)“工人违背经主管官署核定之工厂规则,情节重大而确有证据时,工厂得开革工人,不给遣散费,并呈报主管官署备案”;(3)“凡因季节时令关系,不能全年开工之工厂于复工时,仍由原有工人工作者,不得视为终止工作契约,而要求发给遣散费”。① 不过,在各类企业全面破产之时,此《办法》已无可操作性。

(三)薪酬、待遇

劳资冲突最易因工资、待遇而起,党政机关往往应颁布条例,规范劳资双方权责,为二者沟通提供政策性依据。全面抗战期间,大后方遭敌机轰炸,生产无定时,工人懈怠,厂方动辄扣薪。1941年9月3日,社会部会同经济部公布《空袭时工厂停工复工及核给工资暂行办法》,对空袭时期厂工管理实行约定,满足劳资双方要求。主要条款有:(1)工人听到警报即停止工作,但凡能在5分钟到达防空洞者,俟紧急警报响后始停工;(2)放工1小时前解除警报者,立即恢复工作;(3)凡遵照规定复工者,厂方照给工资,“计件

---

①《解雇无定期契约劳工修正办法》,《公信会计月刊》第11卷第5期,1947年11月,第95页。

给资工人在空袭时间内之工资,应照前一日同时间内工作件数之标准核给之”;(4)遇连日空袭或厂方因空袭受有损害5日内不能复工者,“得视工厂经济情形及工人所得工资多寡,酌给工资三分二或二分一”;(5)工厂遇袭无法恢复工作时可以解雇工人,但应发给遣散费。[①] 此办法旨在尽量保障工人利益。10月9日,社会部再次会同经济部颁布《工厂矿场工人遭受空袭损害暂行救济办法》,对遇空袭受害工人给予优抚:(1)工厂、矿场除照给被炸受伤者工资外,还应负担其医药费;(2)工人伤残丧失全部或部分工作能力,厂方还要发放残废津贴,其数额不得超过三年之平均工资,至少不得低于一年之平均工资。月工资以最后三个月之平均工资为标准。[②]

大后方物质匮乏,米珠薪桂。特别是1941年后,出海口被封锁,海外物资断绝,而后方产量减少,加之沦陷区的扩大,大后方物价飞涨。劳资间因薪酬纠纷迭出,政府以限价通令控制物价。然而物价高低全由生产成本所决定,薪酬不降低,物价终不可能走低。1941年1月15日,行政院出台《平定工资实施办法》,剥夺了工人对工资的议价权。《办法》规定:(1)“平定工资应照工厂法第二十条规定,以工人所在地之工人生活状况为标准”;(2)“根据当地粮物价格情形参照各业工人享受之待遇及其各别收入以物价指数与工资指数之平均比例为基数,分别拟定法定工资率”,法定工资率则随粮物价格下降指数,结合消费指数比例再行规定。出于公平,《办法》要求有关法团及党部共同参加审议平定工资。为防止工人因平定工资而产生抵触行为,《办法》规定,法定工资公布

---

① 《空袭时工厂停工复工及核给工资暂行办法》,社会部编:《劳工法规》,重庆:社会部,1944,第78页。

② 《工厂矿场工人遭受空袭损害暂行救济办法》,社会部编:《劳工法规》,重庆:社会部,1944,第78—79页。

后，雇主不可擅自解雇工人，劳工不可随意辞职；特别警示："工人不得任意跳厂，工厂亦不得接受跳厂工人或唆使工人跳厂"。[①] 政府出台《办法》实际上就是打算"一石两鸟"，既稳定物价，又平定持续不止的工人跳厂现象。早在1939年，时任新生活运动促进总会妇女指导委员会生活指导组长的黄佩兰即提出以"划一工资"方法防止重庆纺织女工跳厂。[②]

但此法是否真能平定工资？工厂法第20条明文规定：工人最低工资率之规定，应以工人所在地之工人生活状况为标准。正如舆论所言，由于区域习惯、生活水平、家庭人口数量各异，以及物价波动大、工资与实际购买力的脱节等因素，平定工资"无论在原则上方法上均有许多值得慎重考虑的问题"。但行政院仍决定先从重庆试办。[③] 试办从人力车、码头搬运、渡船、泥、木、油漆等业开始。这种违背市场内在规律的措施，当然遭到抵制。仅人力车业，被发现违反规定的车夫就达千余人。[④] 同时，资方在技术工人紧缺的大后方，在严防工人跳厂时，也从未停止挖工。有资料表明，重庆市郊的多家棉纺厂的资方，表面上开会议定防止工人跳厂办法，而会后则互相争抢工人。[⑤]

国营厂矿对此啧有烦言，1942年4月，中央突然违背前议精神，制定发表《国营事业员工特别奖励办法》，以奖励国营农工矿业员工。《办法》规定在每年度盈余中提出不超过30%份额充作员工

① 宁生：《关于平定工资》，《中国劳动》第2卷第3期，1942年7月10日，第23页。
② 黄佩兰：《改善重庆纺织女工生活增加战时生产的一点意见》，《妇女新运》第1卷第3期，1939年6月，第7页。
③ 宁生：《关于平定工资》，《中国劳动》第2卷第3期，1942年7月10日，第20、21、22页。
④《报告·社会》，《重庆市政府公报》第36期，1942年9月30日，第9页。
⑤ 依尚伦：《工人跳厂刍议》，《中国劳动》第3卷第2期，1942年12月10日，第15页。

工资及福利。奖金分三种:(1)普通奖金,最多不超过最后1个月薪资之3倍;(2)年终奖金,在同一机关服务3年以上者,按年增发,但不超过1月薪金;(3)特别奖金,不超过1个月薪金之2倍。为保障奖励实施,《办法》还规定:各业无盈余者,则由主管机关在员工福利基金项中配拨,奖励职位重要而成绩优良者。[①] 这一方法固然有刺激生产的效果,但由于各厂矿效益不同,奖金不同,实际上工人收入亦不同,有悖平定工资目的,也会刺激工人跳厂。

不过,政府限制工薪的总体意图并未改变。1942年12月,行政院通过《限制物价实施办法》,国家总动员会议第26次常会通过《限制工资实施办法》,两个《办法》互相关联。前者以1942年11月30日各种重要日用品价格为评价标准,[②]于1943年初实施,是后者实施的基础;后者要求在"实施限制物价之地区同时"限制产业、职业工人的工资(正工及津贴),为限制同业攀比,该《办法》规定:"同一地区内同一性质、等级之工资应力求划一。"因当时技工奇缺,"即以一般的劳工而论,跳厂亦是平常的事情"。工人为更高工资而跳厂的现象较为普遍,雇主也以较优雇用条件暗中挖雇。昆明规模最大的七个工厂中,自1941年初至1943年终,每月最低流动率为6.3%(厂中工人于一年零三个月内全部更换一次),最高率为21%(工厂工人四个半月内全体更换一次)。"劳工们如果不满意于厂方的话,他们立刻离厂他去,非但不致失业,且往往得着较优的雇用条件。"[③]该《办法》特别规定:"工资限制后,凡雇主未

① 《国营事业员工特别奖励》,《新工人》第1卷第9、10期合刊,1942年5月1日,第81页。

② 经济部:《本省限制物价实施办法(十二月一日经济部小组讨论结论)》,《建设研究》第8卷第5期,1943年1月15日,第78页。

③ 陈达:《我国抗日战争时期市镇工人生活》,北京:中国劳动出版社,1993,第6页。

经合法手续擅自改雇或挖雇他厂场工人,及工人未经合法手续擅自跳厂、场转业者,主管官署应视情节处罚之。”以此限制厂方“隐蔽”地以高薪争抢技术工人。为能切实限制工资,《办法》明示:“管制工资之主管官署,在中央为社会部,在省为社会处(未设之省为民政厅),直辖市为社会局,在县(市)为县(市)政府。”[①]1943 年 1 月 28 日,“为协助稳定物价制定战时工资办法”,行政院核准公布《暂时管制工资办法》16 条,明确规定:“本办法适用于产业工人及职业工人。”其条款在《限制工资实施办法》基础上,特别增订:“工资(注:正工及各项津贴)限制后不得擅自增加,如有违背情事,雇佣双方同受处罚”,依《妨害国家总动员惩罚暂行条例》裁制。同时重申,工资限制后,主管官署将处罚擅自解雇或挖工雇主及跳厂工人。[②] 依上述《办法》,工人再难有转厂机会,只能固守一厂,厂方对工人的管辖权相对增强。

1943 年 4 月 8 日,行政院公布《非常时期厂矿工人受雇解雇限制办法》,制止厂方借端开除工人。《办法》核心内容为:(1)凡工人因病丧失工作能力,或年龄逾 50 岁体弱,或有违厂矿规则者,厂矿经呈报主管官署可予以解雇;(2)凡厂矿部分歇业,或因不可抗拒力而停工一个月以上者,呈报主管官署才可解雇工人。为保障管理,《办法》特别规定:主管官署在中央为社会部、经济部、财政部、农林部、军政部、交通部,在省(市)为省(市)政府县(市)为县(市)政府。[③] 纳入战时体制的国营工厂较好控制,民营工厂中的挖工、跳工现象仍难禁止。针对民营工厂,政府又出台了《非常时

① 《限制工资实施办法》,社会部编:《劳工法规》,重庆:社会部,1944,第 33 页。

② 《战时管制工资办法》,社会部编:《劳工法规》,重庆:社会部,1944,第 32 页。

③ 《非常时期厂矿工人受雇解雇限制办法》,社会部编:《劳工法规》,重庆:社会部,1944,第 36、35 页。

期民营工厂员工奖金办法》,规定:各厂年度奖金必须由纯利中提取,并呈请经济部核准;对进厂不满三个月者、年终时已离厂者、临时雇用者,均不给付奖金。[①] 从1942年到1945年间,实施上述管制的地区计有渝、蜀、滇、黔、秦、陇、闽、粤、桂、湘、鄂、赣、浙、皖、豫、晋、西康、青海、绥远、新疆等20个省市。以业别而论,"尤以产业工人工资管制收效甚大"。[②]

管控薪酬对各类行业职工带来的影响异常悬殊。大后方职业工人(码头苦力、人力车车夫)工资上涨较产业工人为高,但这不表明其生活比产业工人更富足,现实情况则正相反。职业工人单打独斗,要应对行市疯涨的市场,一些产业工人则可依靠企业补贴,在一定程度上抵消了市场的冲击。例如,同样是24元法币,兵工厂工人因有厂方低价供给保障,可购粮8市斗,而车夫只能从市场上购米1斗。[③] 如此而论,管控薪酬办法的不断出台,是建立在国营(特别是军事企业)工人生活基本平稳的基础上的。如此公私偏心,再加上恶性通货膨胀,物价自然不可能平稳,工资亦水涨船高。以重庆为例,较之1937年1月,至1940年底,食料类、衣料类、燃料类分别上涨9倍、12倍、17倍。其中,"中熟米"1936年每担11元,1940年底达150元。外省所产棉毛织品、肥皂、火柴、五金电料、棉纱等上涨达十数倍。[④] 1944年4月,重庆物价指数连跃至300倍以

---

① 《非常时期民营工厂员工奖金办法》,社会部编:《劳工法规》,重庆:社会部,1944,第79、80页。

② 蔡喆生:《五年来劳动管理工作概况》,《社会工作通讯》第4卷第3期,1947年3月15日,第13页。

③ 宁生:《关于平定工资》,《中国劳动》第2卷第3期,1942年7月10日,第22页。

④ 王萇琪:《联营专卖研究与实践》,重庆:正中书局,1943,第27页。

上。[1] 日伪政府发表的数据，反映国统区物价上涨趋势更大。诸如：1941 年底旧币发行达 140 亿元，到 1942 年 7 月底，达 225 亿元，一般物价较战前增加了百倍。重庆通胀同样异常严重，物价约增 40 倍，而技术工人、普通工人薪水仅分别增加 29 倍和 16 倍。[2] 时有学者根据 1942 年底限价标准，通过估算 1943 年度重庆产业工人、职业工人的消费指数及实际收入指数指出，重庆工人阶层原来生活程度已相当低，当限价后，工人每月实际所得“除维持相当低之生活程度外未必有余”；强调：“限价以来物价受工资之刺激，实不如工资受物价刺激之甚。更可知物价不能稳定实为管制工资之最大阻力。”[3]工人趋于赤贫，物价仍上涨。

1943 年，重庆市党部与社会局、工务局、警察局、三青团重庆支团部、市参议会、市商会、市总工会、迁川工厂联合会、裕华纱厂产业工会、市工人服务总队等 11 个单位，共举行过 19 次会议，讨论织布业、纺纱业、煤矿业、毛巾业、机械业、面粉业、油漆业、针织业、印刷业、成衣业、西服业、斗量业、挑水业、猪鬃业、毛毯业、染织业的“工资”及拨船业、渡船业、板车业、运输业的“运价”。[4] 由此可见，工资划一困难重重。蒋介石颁订物价管制方案后，重庆市党部组训处吴茂荪出任“重庆市物价评议会”副主任委员（社会局于 1943 年 4 月设立），会同有关机关及工商团体，仅于 1943 年 4 月至 12

① 行政院编：《第三届国民参政会第三次大会行政院工作报告补编（三十三年五月至七月）》，重庆：行政院，1944，第 14 页。

② 《渝方恶性通货膨胀》《重庆物价暴涨》，《中央经济月刊》第 2 卷第 12 号，1942 年 12 月，第 81 页。

③ 汪龙：《限价一年来重庆工人之生活费用与工资》，《四川经济季刊》第 1 卷第 3 期，1944 年 6 月 15 日，第 262 页。

④ 唐润明主编：《中国战时首都档案文献（战时政治）》，重庆：西南师范大学出版社，2017，第 463 页。

月，即召开“平抑物价”工作会议17次。[①] 频繁的会议本身就说明物价难平。

平定、限制工资能否有效防止工人跳厂？跳厂的一个根本原因，是制度所导致的工人，特别是技术工人的稀缺。兵役法中与本主题相关的缓役条款有5条。(1)各工矿技术员工，应予缓役；普通工人应录用36岁以上壮丁，适龄者才须应征(1939年3月13日经济部军政部会同核定)。(2)凡军用工业国防工程，如国营尚桐煤矿公司、东林煤矿公司、金佛山官磺军硝工厂所雇工人民夫，除有特别技术外，一律限定雇用年满35岁以上之壮丁(1939年4月军政部呈奉军事委员会核准)。(3)兵工署各工厂技术普通工人，凡在编制以内，一律视为现役军人，按照军法管理；临时工不得缓役(1939年4月、7月军政部核定)。(4)军需所属厂、场工人，在编制内者，无论技术、普通工人，不限年龄，一律缓役；临时普通工人年龄在36岁以下者，以抽签方式决定应征与否。(5)铁路、轮船、汽车、运输机关技术员，准予缓役；普通工人36岁以上者，准予缓役(1937年9月军政部解释)。[②] 依此法，各厂矿与交通运输业36岁以下普通工人、军需厂矿36岁以下临时普通工人、军事国防工程35岁以下普通工人及兵工厂临时工(18岁至45岁)，均须应征服役。其后果是工人被迫辞职、隐匿，或逃回沦陷区，或因逃避兵役被刑拘，甚至影响了厂矿的正常运转。资源委员会昆明炼铜厂

---

① 唐润明主编：《中国战时首都档案文献(战时政治)》，重庆：西南师范大学出版社，2017，第465—466页“重庆市1943年度评价会议概况表”。

②《增修兵役法规释疑汇编(民国三十年七月军政部、内政部编印)》，中央训练团兵役干部训练班编：《兵役法规汇编(一)役务》，重庆：军学书店，1942，第154、155、156、157页。1939年《修正兵役法施行暂行条例(1939年6月)》规定：年满18岁至45岁(除免役禁役者外)，均服国民兵役。

因熔炼及制砖不需特别技术,其技术工人仅占1/10。资源委员会机器制造厂工人总数427人,但技工仅167人,"抽丁"确实妨碍了生产。[①] 据工人领袖赵班斧报告,流进至内江一带,"各地不肖保甲,时有违法敲诈,甚至强拉盐工后,用绳捆绑,押送兵役机关,作为依法中签之壮丁,盐工胁于淫威,均不能安心工作"。[②] 1943年9月,重庆警察局审查237家工厂,核准技术员7523人可缓役。再如重庆等地,据警察局1940年8月报告,适龄壮丁"本土极少,客籍者流动性极大",实行"抽签"后,多迁徙他乡。[③] 有统计表明,至1942年底,重庆市郊各民营工厂436家有技工11762人,[④]而缓役人数仅占63.96%。加之,1943年6月出台的《由陷区域来后方之壮丁服兵役办法》规定:凡自沦陷区寄居后之壮丁有兄弟两人者,"无论其原籍有无兄弟",以现寄地为准,除"负有家庭生活,暂予缓征"外,均应服役。[⑤] 重庆地区整个劳动力市场的稳定性被破坏殆尽。

劳动力减少,工资上涨实属必然。重庆劳动工资,1937年时,每天5角;1938年仅7—8角,但自1938年5月后,工资达1元5

---

① 《资源委员会黄开禄视察在滇各厂矿劳工状况的报告(1939年7月)》,中国第二历史档案馆编:《中华民国史档案资料汇编》第5辑第2编财政经济(7),南京:凤凰出版社,1997,第458、471页。

② 中央银行经济研究处编:《卅一年上半期国内经济概况》(密件),重庆:中央银行经济研究处,1942,第309页。

③ 《重庆市警察局历次关于办理役政的报告(1940年8月—1943年9月)》,重庆市档案馆、重庆师范大学合编:《中国战时首都档案文献(战时动员)》下册,重庆:重庆出版社,2014,第885、880页。

④ 马雄冠、叶竹:《后方民营机器工业过去及现在概况》,《西南实业通讯》第8卷第1期,1943年7月31日,第9页。

⑤ 《由沦陷区域来后方之壮丁服兵役办法(三十二年六月十七日军委会及行政院核准》,《资源委员会公报》第5卷第3期,1943年9月16日,第10页。

角。[①] 技术工人跳厂更为严重，工作却松懈。1942 年四川省劳资争议为 55 次（关系工人数 19664 人次），内中“要求增加工资”者 49 次。1943 年的争议全为“要求增加工资”，涉及 30156 人。据统计，1944 年四川省所有工厂 1190 家，工人 29279 人。[②] 以此推算，几乎全省的工人都借机抬高身份。

全面抗战胜利后，物价报复性跳涨，各业工人迫于生计，要求调整工资，劳资纠纷颇盛。中央政府于 1945 年 10 月颁行《收复地区调整工资办法》，饬令各地方政府依据当地工人生活指数，“合理”调整各业工资。不久，外货倾销，国货成本居高，减工停工“猖獗”，中央政府再颁行《复员时期民营企业工资调整办法》。其原则为：（1）根据工人生活必需品的种类、数量，来编制工人生活费指数，并以此作为调整工资之准则，以“安定工人生活”；（2）“顾及厂方负担能力，即为稳定与发展我国工业起见，务求工业产品成本不致因工资而更行增高，迫使各厂减工、停工，更加增工人失业人数。”不过，劳、资中均有人对此并不认可。工人认为底薪太低，厂方则称无力负担依照指数调整的工资，双方自然难解纠纷。[③] 仅上海，1946 年全年罢工停业就有 282 件，关系职工 499619 人；劳资纠纷 1434 件，涉及职工 584305 人。[④]

1947 年 2 月 16 日，由于金价刺激，物价剧烈波动，中央颁行《经济紧急措施方案》，规定：由上海、南京开始，严格限制大城市大

---

① 王荩琪：《联营专卖研究与实践》，重庆：正中书局，1943，第 28 页。

② 四川省档案馆编：《抗日战争时期四川省各类情况统计》，成都：西南交通大学出版社，2015，第 69、67 页。

③ 蔡喆生：《五年来劳动管理工作概况》，《社会工作通讯》第 4 卷第 3 期，1947 年 3 月 15 日，第 14、15 页。

④ 郝如侨：《物价猛涨不已下的上海劳工》，《中国劳工月刊》第 7 卷第 5 期，1947 年 5 月 25 日，第 8 页。

米、面粉、棉纱、布匹、燃料、盐、食糖、食用油等日用品价格上涨限度。按1月份生活成本指数冻结工资,不得调整工资基数。政府还准备向各工厂配拨粮食、燃料、棉布,由厂方按1月的平均零售价销售给雇员。① 冻结工资的原因,是蒋介石认为"劳工工资衡以战前物价,其实在所得已增涨数倍,较公教人员及军事待遇优厚甚多"。② 上海市社会局显然无力完成所谓的"配拨"任务,自称为配合《紧急措施方案》之实施与"安定工人生活",规定厂方每月按当月价格与1月价格差价,发给工人米、油、盐、糖、煤及布匹六种定量实物之差额金。此项被社会公认的"惠工"办法实行了三个月,至5月指数解冻始止。③ 此类措施将提高工人生活水准的任务强加在原已经营无方的资方身上,能否奏效,不言自明。何况在警察监控下,上海日用品价格在3月份短暂稳定后,自4月恢复涨势,大米越发短缺。5月份生活费指数比4月份上涨了70%。④

由于工人极度困苦,1947年5月,全国经济委员会通过《上海市工资调整办法》,决定有条件地恢复生活指数。上海市政府发表的5月份工人生活指数为23500倍,是1月份(7945倍)的2倍有余。厂商以不堪工资负担为由,推举上海工业协会理事胡伯翔、颜耀秋进京向全国经济委员会、经济部、社会部请愿,要求恢复战前较低的底薪,更希望在解雇工人时不按"评断会"规定支付半个月

① 张嘉璈:《通胀螺旋:中国货币经济全面崩溃的十年(1939—1949)》,于杰译,北京:中信出版集团,2018,第401—402页。

②《蒋主席对经济紧急措施方案谈话》,《联合经济研究室通讯》第10期,1947年2月,第60页。

③ 上海市社会局编:《上海市社会行政统计(中华民国三十四年九月至三十六年十二年底)》,上海:上海市社会局,1948,"总说明"第5—6页。

④ 张嘉璈:《通胀螺旋:中国货币经济全面崩溃的十年(1939—1949)》,于杰译,北京:中信出版集团,2018,第402、406页。

到三个月工资。中央拒绝了资方请求，各代表返沪后召集全市工业同业公会代表谈话，再会同市商会代表向市长吴国桢、社会局长吴开先继续请愿。上海市总工会也向政府请愿，反对资方动议，要求维持原议。该会理事长水云祥通过“大公社”记者制造舆论，强调：(1)生活指数是根据54种物品之市价“合理”编制；(2)因通货膨胀，工人实际购买力下降(2月份30万元工资，可购米3石；现100万元工资，仅可购米2石有余)；(3)资方确有亏损，劳资双方应根据经营状况相忍协商；(4)工厂应依靠政府的工业借款、外汇等支持，克服困难，不应压低工资成本。中国劳动协会书记长沈鼎也向“大公社”记者表达了同样观点。此时劳资纠纷逐渐增加，从6月1日到10日间，纠纷达50余件，有工人罢工、怠工，有资方停业、关门。开业厂商普遍取消加工，延长工作时间，停开夜班。吴市长发表严正声明，强调不能同意工协要求，即恢复战前底薪。其理由是：依照工资调整暂行办法，本来有按级折扣规定，目前底薪虽较战前为高，但经按级打折，等于恢复战前底薪。同时警察、社会两局会衔布告，严禁关厂停业、罢工、怠工，否则“定予依照维持社会秩序临时办法，从严究办，决不宽贷”。到6月底，劳资争议高潮才“可以说完全过去”。①

1947年6月，上海市成立民食调配委员会，9月开始办理户口米之配给。仅1947年12月份一个月，社会局就为工厂3197家、366489口，配米计719785市斗；另外，为职业工人87231人，配米174462市斗。配米之外，社会局还配油、煤。产业工人1918户、258394口，得到配油507773市斤。社会局也两次为产业工人配煤

① 邵心石、邓紫拔主编：《民国卅七年上海市劳工年鉴》，上海：大公通讯社，1948，第50—51、52页。

球(第 1 次 1236 户、192803 口,配 192803 市担;第 2 次 2549 户、331479 口,配煤 331479 市担)。[①] 这些商品的配购价格比公开市场价格低 5%—30%。但好景不长,因战事悬隔,城市难以从产地调配日用品。[②] 好在工人生活困难有所缓解,劳资关系一度和缓。根据谷正纲于 1948 年 1 月 30 日在参政会驻委会报告中所言,经行政强力干预,《调整工资办法》收效显著:1947 年上海、天津、汉口、重庆、广州等七个城市劳资纠纷案件 2398 件,因工资发生者仅 660 件,因福利待遇而起者 350 件,两者合计不到案件总数的 50%。而且七个城市的纠纷呈逐步减少的趋势。1 月份案件 184 件,所涉工人 70606 人;到 11 月,案件数仅 35 件,关系工人 9597 人。[③]

不论谷正纲提供的数据是否可靠,不容忽视的是,自生活指数解冻后,上海工商业发生了"伙计笑,老板跳"的怪现象。社会购买力极弱,工厂出品滞销,原材料堆积,人工激增,资方进退维谷,关厂则机器闲置、工人失业,继续开工则赔本无疑。沪市工业协会曾一度派人到首都请愿,要求生活指数分期解冻。1947 年 5 月 31 日,生活指数解冻后第一个发薪日,因各工厂发放工资,市场银根突紧,华股受其影响大跌,大部分药厂、针织厂、化妆品厂都周转不灵。工人指数解冻后,5 月份指数比 4 月几乎涨了 1 倍,工厂开支大增,产品因价高而无销路,工厂老板叹喟:"工业的真正危机到临了!"几家大百货公司的每天门市部收入,"只够付全柜职员伙食费"。当局公布的生活指数,工人是 23500 倍,以此数字计算,如果

---

① 上海市社会局编:《上海市社会行政统计(中华民国三十四年九月至三十六年十二年底)》,上海:上海市社会局,1948,"总说明"第 3—4 页。

② 张嘉璈:《通胀螺旋:中国货币经济全面崩溃的十年(1939—1949)》,于杰译,北京:中信出版集团,2018,第 406、409 页。

③ 谷正纲:《最近社政设施及救济工作概况》,《社会工作通讯月刊》第 5 卷第 2 期,1948 年 2 月 15 日,第 2 页。

一个工人底薪为30元,其工资收入可达70万之多。“事实上,一般技术工人的底薪,尚不止此数。”舆论有言:“本来,解冻生活指数是对工商业一大威胁;然而,当局为了消除工潮的发生计,不得不生这个‘剜肉补疮’的办法”,“可是:谁又料到‘救了田鸡饿死蛇’呢?”①

其实,如果依照真实底薪(表3-2)推算,一些资方甚至无力支付高额的工资成本。以罐头食品业为例,底薪达600余元,乘以指数23500,工资将达到1400万以上。由此可以理解为什么资方会不断要求恢复战前底薪。

表3-2 上海市重要工业工资底薪(1946年底)

单位:国币元

业别	1937年6月		1946年12月		业别	1937年6月		1946年12月	
	最高	最低	最高	最低		最高	最低	最高	最低
热水瓶业	70.00	2.00	130.00	9.50	织带业	12.00	5.00	67.00	27.00
公用事业	100.0	13.50	123.00	30.00	内衣制造业	30.50	5.00	66.00	12.00
印刷业	100.0	10.00	122.00	24.25	金属冶铁业	—	—	65.00	42.00
卷烟业	105.0	10.00	115.20	12.00	骆驼绒业	24.00	10.00	64.00	18.00
机器制造业	99.00	6.00	114.00	21.00	棉纺业	39.50	18.00	63.00	27.00
印铁制罐业	80.00	12.00	96.50	18.00	修筑民船业	21.60	18.00	55.50	46.50
丝织业	40.00	12.00	96.00	18.00	肥皂业	47.00	6.00	55.00	27.30
橡胶业	40.00	6.00	90.00	30.00	造漆业	42.00	18.00	55.00	25.00
电工器材业	42.00	3.00	90.00	21.00	照相制版业	—	—	52.30	27.63
搪瓷业	45.00	6.00	88.00	10.00	制革业	30.00	10.0	51.00	20.00
玻璃业	60.00	6.00	87.00	9.60	制帽业	25.00	12.00	50.00	25.00
化工业	77.00	7.50	81.00	23.00	制药业	50.00	12.00	49.50	26.40

① 《生活指数解冻后工人笑老板跳》,《大报》1947年6月3日,第1版。

续表

业别	1937 年 6 月		1946 年 12 月		业别	1937 年 6 月		1946 年 12 月	
	最高	最低	最高	最低		最高	最低	最高	最低
毛纺织业	45.00	9.00	80.00	22.50	毛巾被毯业	—	—	45.00	21.50
手帕制造业	16.00	5.00	75.00	15.00	火柴业	—	—	45.00	12.60
制针业	60.00	10.00	75.00	16.00	五金制造业	—	—	40.00	15.00
针织业	45.00	5.00	74.00	23.70	饮料业	20.00	3.00	470.00 (2)	40.00 (2)
制钉业	36.45	15.00	72.00	22.50	机制煤球业	40.00	10.00	320.00 (2)	80.00 (2)
造纸业	60.00	12.00	72.00	15.00	铁器制造业	60.00	15.00	800.00 (2)	150.00 (2)
制盒业	20.00	4.00	72.00	12.00	罐头食品业	50.00	8.00	620.00 (2)	150.00 (2)
染织业	66.00	14.26	72.00	6.00					

资料来源:上海市社会局编《上海市社会行政统计(中华民国三十四年九月至三十六年十二月底)》,上海:社会局,1948,第 77 页。

说明:(1)底薪以月计算;(2)依实得之工资。

各地政府也根据劳资冲突具体起因,而适当用行政手段予以干预。1946 年,中共以要求“年终资金”相号召,策动上海电力工潮。上海市政当局随后针对各业状况,订立各业年终资金发放办法,规定以一个月为原则,仍允许营业不振的各业资方可“酌量办理”。上海电力公司、上海自来水公司、上海电话公司、上海煤气公司、英商电车公司劳资双方均表认可。上海棉纺业工人居各业工人之首,其纠纷势必影响该市各业。丝织业因亏折,资方仅答应发给 10 日或 15 日工资为年赏。社会局鉴于棉纺业普遍盈利,经与厂主洽商,将年终奖定为40天、50天、60天三个等级。① 1947年11月,社会局成立"年终资金处理委员会",由中央农工部副部长陆京士任主任委员。12月,市社会局评定会成立,呈请市政会议通过实施《处理年奖办法》:(1)年奖以1个月工资为原则,若营业不振,厂商可减少发放额,若亏蚀,厂商可不予发放;(2)公营、公用事业由主管机关核办;(3)服务不满1年者,依比例核减,但不得低于1/12;(4)年终奖按当月生活指数计算,或依原有惯例发放;(5)厂商可分次拨发年奖;(6)劳资因年奖而争议,应申请社会调处,无法调解者,应提请劳资评断委员会裁决,劳资双方不得有违法行为,不得有异议。由于政府干预,棉纺业、公用事业的争议在"大原则上都已解决"。②

党政机关本着"劳资合作"的宗旨,希望借上述举措,平衡劳资双方权利,平息纷争,但其效果常遭非议。时人早已对此有所解释:"调解的人,假使略为粗心一点,不被资方诬为'共产党',必被劳方骂'反革命'。国民党是主张'劳资合作',然而'扶助劳工'也是国民党政纲之一,从事调解之人,如果只记着'扶助农工',而忘了'劳资合作',……成为鼓吹阶级斗争。如果只记着'劳资合作',而忘了'扶助农工',结果亦恐徒为资方所利用,民生主义还有实现的可能吗?"③

其实,政府机构除在包工制、劳资协约、薪酬及待遇方面,试图站在"中间"立场平衡劳资利益外,还曾有过组织"劳资合作"型工

① 邵心石、邓紫拔主编:《民国卅七年上海市劳工年鉴》,上海:大公通讯社,1948,第49、48页。

② 邵心石、邓紫拔主编:《民国卅七年上海市劳工年鉴》,上海:大公通讯社,1948,第50页。

③ 张廷灏:《三机关的任务和关系》,《农工商周刊》第2期,1928年2月7日,第2页。

厂的实践。倘若这一实践切实开展,劳资之间围绕着包工制、劳资协约、薪酬与待遇而产生的冲突,很可能会消失于无形。1946年11月,“国民参政会”一众参政员曾提交《请政府利用接收敌伪工厂实行劳资合作制度以发扬民生主义议案》。当时,经济部在苏浙皖区接收敌伪工厂计有552单位,“其现存可用部分之价值经初步估计约1270亿元,其中原料及成品占600亿元,固定资产550亿元”。政府拟将拨归自行经营者外的价值120亿元之工厂“标售与民营”。故《议案》强调,现后方企业或“毁于战事”,或缺乏资金、设备简陋,均无资金“承购此标卖之产业”,这些被标卖的企业,势必会“落入暴利商人与特殊阶级”手中;因此,建议将接收之敌伪工厂中有关国防重工业交由国营者,其余一律奖励民营,并以“劳资合作制度”经营,实现振兴实业,“以期劳资问题的根本妥协”。其办法主旨是:由政府公开招募或企业界发起招募,劳工股与资本股各半承购工厂经营。[①] 上海市经行政院批准,经过1946年的筹办,1947年3月20日,经上海市社会局工商辅导处及中蚕公司、全国合作代销处指导,“劳资并合”的“合作绸厂”,在接收敌伪庆德、江商、久保三绸厂的基础上成立。资本定1亿元,中蚕拨股3000万元,合作供销处出股2000万元,余为劳方股本。该厂有专织外销绸缎机100台,5月下旬正式开工。[②] 这应是国内劳资合作办厂的具体典范。不过,这种合作制工厂毕竟是特殊环境下的产物,尤须政府出资代工人预垫股金,不具备普遍性。即便这种“合作体制”能化解三种“痼疾”,因其特殊性也很难推而广之。

---

① 《关于国民参政会建议用敌伪工厂实行劳资合作制度以发扬民生主义的代电》(1946年11月2日),青岛市档案馆藏,档案号:A0021-003-00230-0098。

② 《劳资成一体合作绸厂已开工》,《蚕丝杂志》第1卷第6期,1947年7月1日,第21页。

二、工厂检查

工厂检查是一种重要的劳工行政。所谓工厂检查，即政府动用权力，监督劳资双方遵守政府所颁行的有关劳动法规，共享应有的权利，共尽各自的义务，从而实现劳资协调、工业持续发展。合理、有序的工厂检查制度及实施，既可嘉惠劳方，又可减轻厂主的意外损失，此乃关系社会安定与人道主义的宏旨。

（一）中国政府主导的工厂检查：以检查代整改

工厂检查乃劳动行政之首要事务，劳动法规的实施，有赖于工厂检查的监督。中国劳动法规的制定及工厂检查的实施，端赖国际保工运动的推动。1922 年，国际劳工大会第四次会议建议通过实行《工厂检查制度案》，欧美各国和日本先后实行。1923 年 3 月，北京政府农商部颁布《暂行工厂通则》，其第 24 条、25 条，对工厂检查略有所规定。同年 10 月，国际劳工大会通过《设立工厂检查制度建议》，其中有关检查范围、检查员职务与权利之性质、工厂检查组织、检查报告等条款，对中国创建工检制度多有借鉴。[①] 1927 年 10 月，北京政府将《暂行工厂通则》改为《工厂条例》，以张作霖名义公布。内中第 9 章规定：工厂应受地方行政官署检查，其最高职权属于农工部所派的工厂监察官。当年 11 月，农工商部制定《监察工厂规则》27 条，由张作霖以大元帅名义指令准予备案。这一规则所定检查内容包括安全卫生、工人待遇及抚恤、工作时间、幼工

① 《设立工厂检查制度建议》，《国际劳工消息》第 2 卷第 6 期，1932 年 6 月，第 131—138 页。

及女工保护、学徒等方面，堪称我国第一个实施工厂检查的法则。该《规则》特别赋予工厂检查官以行政权力，规定：工厂检查官一旦认定有工厂妨害工人健康、影响地方安全、违背法律命令、违反机械安设规定，或认为工厂"目前或将来可以发生灾害者"，可在"一定期限内停止其全部或一部工作"。北京政府颁布此类法规，并非徒博盛誉。

在地方立法层面，1927 年春，受国民革命影响，湖北政务委员会制定《湖北产业监察委员会条例》，拟聘请有工商学识及素负人望者为委员，检查厂主是否遵照法规(1926 年底制定的《临时工厂条例》23 条)、工厂与工会双方协定之条件及工人勤怠等。《条例》规定：厂主、工人均不得妨害委员检查工作，"违反者以妨害公务罪论"。① 有论者认为工厂检查的实施始于湖北。②

1928 年 1 月初，北京政府农商部为"亟应切实实行"《工厂条例》及《监察工厂规则》，"借以外维国信，内益民生"，特派本部工厂监察官汤鹤逸赴天津考察各厂设备及工人待遇；训令天津总商会妥为接洽监察专员，并转行知照各会员厂。③ 上海的工厂调查也随即展开，各厂家不明就里，惧怕泄漏商业秘密者有之，"以为无关轻重，任意玩者"有之。④ 总体而论，上述各条例、规则，均因政局变动而成具文。⑤

国民政府在工厂法正式出台前的 1929 年初，颁布了由工商部起草的《工厂卫生条例》，期以"科学方法"管理工厂，实现"厂中之

---

① 程海峰：《中国工厂检查》，《劳工月刊》第 3 卷第 4 期，1934 年 4 月 1 日，第 3 页。
② 王公维：《工厂检查》，《建筑材料月刊》第 1 卷第 6 期，1947 年 6 月 15 日，第 12 页。
③《部员考查工厂》，《大公报》(天津)1928 年 1 月 7 日，第 7 版。
④《敬告上海市各工厂》，《农工商周刊》第 2 期，1928 年 2 月 7 日，第 3 页。
⑤ 王清彬等编：《第一次中国劳动年鉴》，北平社会调查部，1928，第三编"劳动设施及政策"第 188、203 页。

工作情况须适合卫生,使工作者得加增其工作效率”。天津响应较早,由市政府于2月28日训令社会局将《工厂卫生办法》下达至津沽工业界。[①] 1930年11月,在全国工商会议上,众代表通过了卫生部提交的《为促进工业生产应行倡办劳工卫生之初步方案》,以及青岛市社会局长杨津生提出的《拟制定劳动保护法以调协劳资而救济失业案》。[②] 1929年12月、1931年2月,工厂法、工厂检查法先后公布,却迟迟不予实施。实业部、内政部拟让“劳工卫生委员会”组织规章,于1931年8月2日呈请行政院审核。卫生署长刘瑞恒、参事金宝善,实业部劳工司长严庄、科长祝世康,是该委员会当然会员,余者由实业、内政两部遴选。[③] 直到1931年10月1日,国民政府为配合实施工厂法,始命令实行工厂检查法。为严肃检查,工厂检查法第18、19条明确规定:对拒绝检查的工厂、拒绝检查员询问的工人及工会职员,分别处以200元、100元以下之罚金。[④]

工厂检查必须有合格的检查员才可能推行。1931年4月,实业部公布《工厂检查人员养成所规则》《工厂检查人员训练办法》,在上海设立“工厂检查人员养成所”,咨请各省市政府,考选合格人员,送所训练。养成所共开办两期,第一期学员24人,第二批学员37人,于是年8月毕业,返回原省市委用。[⑤] 上海、北平、汉口、天津、青岛、威海等市,江苏、安徽、山西、河北、湖北、江西、山东、浙江等省,先后派员入养成所受训,但各省“多以经费关系,未能逐步进

① 《工商部颁布工厂卫生办法》,《大公报》(天津)1929年3月1日,第3张第12版。

② 实业部总务司、商业司编:《全国工商会议汇编(1930)》上册,南京:京华印书馆,1931,第2编第193、195页。

③ 《劳工卫生委员会以刘瑞恒等为当然委员》,《中央日报》1931年8月3日,第2张第4版。

④ 顾炳元:《中国劳动法令汇编》,上海:法学编译社,1932,第114页。

⑤ 邢必信等:《第二次中国劳动年鉴》,北平:北平社会调查所,1932,第三编第69页。

步”。这些工厂检查员被分派到各省市后,“非但不能完全任用,且时有被裁撤者”。比如,汉口市选送的养成所第二期毕业生包君远,回籍却“久闲未用,屡请无效”,赋闲半年之久。实业部为此训令汉口市政府“迅予任用,以便工作”。①

为保证工检员具备必要的素质,鼓励工检员勤勉工作,实业部制定《工厂检查员任用及奖惩规程》10 条,于 1932 年 9 月 2 日公布施行。《规程》规定:“各省市检查员之任用,须曾经训练合格者,且须呈请实业部加委,以昭郑重。”当年,实业部制定《实施工厂检查状况调查表》,印发各省市政府填报,以明各地工厂实情,为实施工厂检查提供依据。② 为总理、协调全国工厂检查,并指导、监督各省市工厂检查员,1933 年 8 月 15 日,实业部正式设立“中央工厂检查处”。该处辖事务科、检查科、卫生科,设检查员 8 人,劳工司长李平衡出任这一工厂检查最高机关的处长,程海峰为检查科长,卫生署技士王世伟充任卫生科长,王莹、刘巨壑为检查员。③ 不过,相对于已经开展的工厂检查,这一机构的设立,过于滞后。

国民政府开展工检得到国外劳动问题专家的直接指导。1931 年 2 月,有感于工厂检查“事属创举,不无问题”,实业部部长孔祥熙致函国际劳工局,邀请国际工厂检查专家来华相助。④ 国劳局即派外交股主任波恩(C. Pone)博士与英国工厂检查长安德生(Kame Andersen)女爵士二人,于 1931 年 9 月先后到华。⑤ 波恩与安德生

---

① 《公牍实业部批劳字第 1303 号(中华民国二十一年五月十七日)》,《劳工月刊》第 1 卷第 3 期,1932 年 6 月,第 109 页。

② 实业部劳动年鉴编纂委员会编:《二十一年中国劳动年鉴》,上海:神州国光社,1933,第 3 编第 4、6 页。

③ 《工厂检查处昨成立》,《中央日报》1933 年 8 月 16 日,第 2 张第 3 版。

④ 《中国工厂检查报告》,《国际劳工消息》第 2 卷第 6 期,1932 年 6 月,第 55 页。

⑤ 程海峰:《中国工厂检查》,《劳工月刊》第 3 卷第 4 期,1934 年 4 月 1 日,第 7 页。

的在华调查历经两个月，主要走访了上海市区及租界50多家工厂，着重考查雇佣大批女工与童工的企业，包括棉、纱纺织业的缫丝工厂、烟草厂及火柴厂、橡皮厂、编制工厂、漂染厂、印花厂等。两者主张从使用动力的企业开始实施工检，以"适合"人道目的。两人还重点从中央工厂检查事工之组织、地方工厂检查事工之设立及施行、检查事工之初步程序及主要目的等方面提出具体建议。他们主张实施工检必须划清中央与地方工检机构的权限，按中国自身习惯法实行工检，建立检查员与工人及雇主间的良好关系。同时，两者更强调"非以缓慢之方法不能解决"中国工厂检查问题，建议"分段""分区"以获得工检"平稳之进展"。具体来说，工厂法中有关童工年龄、工作时间、夜工等规定需要延缓，而保障工人的最低限度休假、改善工厂安全设备等条款，则须立即施行。[①] 返回欧洲后，两人向国际劳工局提交了《中国工厂检查报告》，内中建议将中国工检分期进行：第一期接洽厂方经理与登记工厂簿册，第二期检查员从工厂安全卫生与灾害预防方面着手进行检查，第三期再执行工作时间、休假、童工年龄等劳工福利条款。《报告》认为第二期、第三期工作应到1933年底完成。[②] 此后，国民政府"对于工厂检查制度之推进，在技术方面，屡得国际劳工局之协助，而尤以《工厂安全及卫生检查细则》之拟定，获得该局之协助特多"。[③]

中央工厂检查处成立前，上海、青岛、北平、威海卫特区，以及浙江、江苏、山东、河北、湖北、福建、云南诸地，业经实施工厂检查。

---

① 包华国：《波安两氏对于以工厂检查实行工厂法之备忘录》，《劳工月刊》第2卷第10期，1933年10月1日，第89、90页。

②《中国工厂检查报告》，《国际劳工消息》第2卷第6期，1932年6月，第55—68页。

③ 国际劳工局中国分局编：《国际劳工组织与中国》，上海：国际劳工局中国分局，1948，第129页。

南京市及河南、广东、察哈尔、山西、湖南、陕西等地的工检，则由中央工厂检查处指导督促始办理。①

上海市政府较早重视工业安全。1931 年 8 月 22 日，市政府核准施行《上海市社会局工厂管理审议委员会简章》，要求该委员会负责审议各业工厂设备及改进管理的方法。为能够了解实情，《简章》特别规定："必要时得由社会局延请各业专家列席会议"，或"请社会局令有关系之工厂管理员或工程师及工人代表等列席陈述意见"。② 上海自 1932 年 9 月 1 日起，已由检查员开始检查市区工厂。工检后，各工商业团体以工商业凋敝为由要求暂缓。社会局长于 14、15 两日，分别会见上海市商会李如璋、上海国货工厂联合会、华商纱厂联合会张则民，以及国货橡胶制品业、饼干糖果罐头业、印铁制罐、印铁制罐业、华商皂业、搪瓷业、火机轧花业、电机丝织业、丝光棉织业、华商卷烟厂业、化妆品业、面粉厂业、针织业、丝厂业等各公会代表，表示"工厂检查员执行检查时，对于事实问题，自当兼筹并顾。厂方有困难情形，亦请向检查员尽量提出"。众商表示谅解。③ 租界外各厂检查于 1933 年 1 月顺利完毕。5 月 6 日，上海义和橡胶厂、康元制罐厂、大新橡胶厂、天厨厂、天原电化厂、家庭工业社、大中华橡胶厂、永和实业公司等，召开工业安全协会筹备会。6 月 17 日，该协会召开成立大会，振兴纺织厂、义和橡胶厂、炽昌新胶厂、天厨厂、大中国橡胶厂、家庭工业社、五和织造厂、天原电化厂、永和实业、平安实业工厂、亚蒲电器厂、春华发记橡胶

---

① 实业部中央工厂检查处编：《民国二十三年中国工厂检查年报》，南京：新新印书馆，1934，第 4 章，第 1 页。

② 《上海市社会局工厂管理审议委员会简章（1931 年 8 月 22 日）》，实业部劳动年鉴编纂委员会编：《二十一年中国劳动年鉴》，上海：神州国光社，1933，第 5 编第 81 页。

③ 《社会局召集各业解释工厂检查意义》，《申报》1932 年 9 月 17 日，第 4 张第 15 版。

厂、商务印书馆等单位派代表出席。其宗旨为:防止工业灾害,改善工厂卫生状况。[①] 此后,该资方协会聘请专家拟定《橡胶业安全卫生设施建议书》,分发橡胶工厂;组织会员厂开展清洁卫生工作。[②] 1933 年下半年,社会局田和卿倡议工业安全运动。上海工检势头较好,却因租界工厂检查权纷争升级,相关工作陷于停顿。[③] 到 1934 年,上海市原已委任的 22 名工厂检查员,因各种原因停职、辞退,最后仅余田和卿、沈日升等 8 人。[④]

福建省也于 1932 年派员实施检查,并加派精于机械及工业的技正 2 人分赴办理检查工作。[⑤] 南京符合工厂法的 32 家工厂,至 1932 年前,"其中卫生或安全设备有欠完善者,均经督促改良"。[⑥]

但从全国范围来看,直到 1933 年底,工厂检查的推展都较慢,工厂检查效果不彰。仅威海卫特区及江苏、河南两省,呈请实业部,分别加委检查员。已填报《实施工厂检查状况调查表》者仅江苏、浙江、河北、云南、四川、安徽、河南等七省。青海、陕西、甘肃、宁夏等四省,则以该省无大规模之工厂,"无从查报",咨复实业部。[⑦] 工厂检查处处长李平衡对工检进展极为不满,称"无可讳言的至今还是毫无表现"。他对工检前景也较为悲观,依李氏所言,实施工厂检

① 《会讯》,《工业安全》第 1 卷 1 期,1933 年 7 月 1 日,第 1、2 页。

② 《本会组织经过和工作概要》,《工业安全》第 4 卷第 2 期,1936 年 4 月,第 171、172 页。

③ 韩钧衡:《我国工厂检查推行经过及其概况》,《劳工月刊》第 4 卷第 1 期,1935 年 1 月 1 日,第 2 页。

④ 实业部中央工厂检查处编:《民国二十三年中国工厂检查年报》,南京:新新印书馆,1934,第 4 章第 1、8 页。

⑤ 实业部中国劳动年鉴编纂委员会:《二十二年中国劳动年鉴》,南京:实业部劳工司,1934,第 3 编第 18 页。

⑥ 南京市社会局编:《南京社会特刊》第 3 册,南京:文心印刷社,1932,第 86 页。

⑦ 实业部中国劳动年鉴编纂委员会编:《二十二年中国劳动年鉴》,南京:实业部劳工司,1934,第 3 编第 4 页。

查有六大“困难事实”。第一，中国工业“尚属新兴”，“一般经营工业者，或则只知以营利为目的，绝不愿多耗金钱从事设备；或则资本薄弱，在营业上且不敷流通之用，于是而不得不因陋就简”。一般工厂普遍设备不全。如果依照工厂法的规定加以严格检查，“则势必以积重难返而无法遵行”。第二，民族工业不仅在国际市场上无竞争力，在国内“亦以受外国工业之压迫而恒处于不利之地位”，一年来各地纱厂、丝厂之相继闭歇即为例证。民族企业“尚在勉强支持者亦已左支右绌，正仰望着政府之救济”。政府难施援手，却希望企业加大设备投入，“直不啻缘木以求鱼”。第三，外资工厂恃不平等条约，拒不接受中国政府的检查。仅单方面对民族企业实施工厂检查，华资工厂“必将因工厂法之多所限制而更难与外资工厂相争竞”。第四，中国政府无力对租界内华商工厂实行检查，引起其他华商对工厂检查的抵触。第五，工厂检查人员缺乏必要的专门知识，不明利弊而随意劝其改置或增设。第六，作为实施检查的最高机关，中央工厂检查处无下设分处或分所，事权不统一。①

李平衡的观察是整体性的认识，工厂检查遇阻，各地情形实各异。1934 年 7 月 26 日，天津社会局将津市分为东、西、北三区开展工厂检查。实施之初，中区曾发生“若干阻力”。厂商对官方派员往查，每多惮烦。一部分规模较小的织布厂、制袜厂、铁工厂等厂主，指责工厂检查“增添捐税，或有不利于商人之作用”。其实，津市工厂检查员之间，在应对哪些工厂实施检查的问题上也存在分歧。8 月上旬，社会局召开工厂检查员会议，统一认识，议决：

(1)检查员对市区合于工厂法第 1 条“凡开发动机之工厂，平

① 李平衡：《中国工厂检查实施的前提》，《国际劳工》第 1 卷第 1 期，1934 年 1 月，第 7、8、9、10 页。

时雇用工人在三十名以上者"之规定的厂家,予以切实检查。同时,对"不尽合工厂法第一条之规定"的"较小工厂",亦随时检查,但无须呈报最高主管机关。(2)根据铁工厂特殊情况,细化其分类:第一,使用发动机,工徒除外,熟练工人达30名者;第二,有发动机,工人、工徒共达30名者;第三,无发动机,而预备有发动机,工人、工徒合计达30名者。① 据当月调查,天津大小工厂1200余家,但合于工厂法第一条者仅98家。但到年底又有裕元纺织公司、北洋火柴公司、嘉隆面粉公司、聚成义布厂、恒源纺织公司、北洋树脂厂、福庆提花工厂等7家厂因亏损先后停工。至1935年3月,全市合于工厂法第一条之工厂计有91家。天津社会局工检主要从工厂记录、童工女工、津贴抚恤、灾变伤亡、学徒契约、有关法令等六个方面入手。② 其中,医疗方面,除个别大型工厂有医疗设备,被检查工厂中,委托医院办理者15家,委托医生者36家,同时委托医院及医生者6家。遇有工人伤病临时送医院者33家。另有寰球印刷局、立兴帆布厂等3家则对工人伤病不负医疗责任。③

工厂检查开始后,中央主管机关对工厂检查的步骤乃无明确而统一的认识。中央工厂检查处检查科科长程海峰,于1934年1月赴沪与工商管理协会张素民、机制国货工厂联合会程守中等,研商具体办法,初步确定以8年、四期完成全国工厂检查。同月,中央工检处草拟《工厂安全卫生调查规程》,以此深化工检。④ 但中央工检处,又鉴于工厂生产"落后""衰敝",按"劳资双方之环境与

---

①《工厂检查实行后发生阻碍》,《大公报》(天津)1934年8月8日,第3张第10版。

②《天津市工厂检查报告书》,《劳工月刊》第4卷第7期,1935年7月,第1—3页。

③《天津市工厂检查报告书(三续)》,《劳工月刊》第4卷第10期,1935年10月1日,第1、2页。

④《工厂检查》,《国际劳工》第1卷第2期,1934年2月,第85、86页。

需要”,于当年3月制定《工厂检查实施程序》,“乘循序渐进之原则,将工厂法各条款,按其缓急与难易而厘定”,以15年为期完成。该项程序,分五期共28节,经实业部准后,该处将其程序函送各省市政府,转饬主管官署,按期推行。各期要点:第一期包括工厂记录及童工、女工、学徒的待遇与抚恤、灾变死伤;第二期关于安全、卫生设备、学徒人数的限定;第三期检查童工与学徒工时、周末与纪念日休假、工人补习教育;第四期检查童工年龄、女工分娩假期;第五期关于成人工时、工人特别休假。[①] 与工厂检查相配合,1934年4月29日,实业部中央工厂检查处设立“安全卫生研究委员会”,聘请委员26人,其中程海峰等5人被指定为兼任常委。[②]《工厂检查实施程序》看似细化了工厂检查各环节及要求,似乎有利于工厂检查的推展,但其实不然。

工检第一期内,1934年9月,上海太乙麦精粉厂发生爆炸,实业部通咨各省市政府“切实推行工厂检查,遇有设备未臻完善之工厂,应即依法执行,以策安全”。[③] 中央检查机关较为完整,但地方机关则不健全。各地工厂检查进展滞碍,与其检查机构不健全有直接关系。“各省市政府,因经费关系,有以原任他项职务人员兼充工厂检查员者,有委派工厂检查员而未依法呈部加委者;亦有委派合法人员而地方工厂较多,检查员人数较少,不克兼顾者。”中央工厂检查处为消除此室碍,于1935年间决定:(1)地方工厂检查员,不得兼任他职;(2)各省市委用工厂检查员,须一律呈部加委;

①《工厂检查程序》,《国际劳工》第1卷第4期,1934年4月,第79—83页。
②《工厂检查》,《国际劳工》第1卷第5期,1934年5月,第89页。
③《实业部通咨切实进行工厂检查》,《申报》1934年10月17日,第3张第10版。

(3)增聘合法检查员。[①] 自1934年4月至1935年12月止,已实施第一期检查的有上海、天津、青岛、北平、南京、汉口等市,江苏、浙江、山东、河北、山西、察哈尔、河南、陕西、湖北、湖南、安徽、广东等省,以及威海卫特区。全部完竣者,已十之八九。"惟第一期工作,不过工厂记录、童工、女工及学徒工作事项,以及学徒契约等,既属比较容易推行之事,又非工检行政之主要部分。其最主要而最艰巨之部分,乃第二期之安全卫生检查。"鉴于多数省市第一期工作将完毕,中央工厂检查处采纳国际劳工局所拟蓝本,又制定《工厂安全及卫生检查细则》73条,于1935年12月呈准实业部公布施行;成立安全卫生研究委员会,集各地专家为工检提借咨询。[②]

1936年是计划中的第二期工厂检查程序开始之年。当年1月,中央工厂检查处举行全国工业安全卫生展览会。4月,中央工厂检查处又制定《建筑工厂审核办法》,呈实业部饬各省市遵行。检查范围由私营工厂而扩及国营铁路工厂,由普通工厂而扩及矿场。不过,实施矿场检查者,仅河北、河南及湖南三省。国营铁路工厂,因实业部已于前一年9月间得到铁道部同意,故1936年5月由中央工厂检查处直接派员的检查进展顺利。当年工业灾害,共2724件,死伤总数3976人。[③] 1936年11月,中央工厂检查处派出科长王莹、检查员刘铨,分赴鲁、冀、苏、浙、湘、鄂、平津、沪、汉口、青岛等省市,详细指导工检,并协助青岛、汉口两市,举办工业安全

---

① 《中央工厂检查处整饬各地工厂检查》,《中国实业》第1卷第9期,1935年9月15日,第1771页。

② 赵光庭、王莹:《工厂检查之已往与将来》,实业部中央工厂检查处编:《工业安全卫生展览会特刊》,南京:实业部中央工厂检查处,1936,第48页。

③ 程海峰:《一九三六年之中国劳工界》,《国际劳工通讯》第4卷第5期,1937年5月,第26页。

卫生展览。①

有省市渐将工厂检查落在实处，工厂也无须耗费巨资。青岛颁行《工厂消防设备及训练办法》《管理工厂医药设施暂行办法》，即为一例。前者要求工厂“按照需要”酌配药沫灭火器、灭火枪弹、消火粉、消防水龙、水桶、砂桶、水井、水池、自动洒水器，雇用工人300名以上者，组织消防队；工人不到300人者，应设消防管理员。后者要求雇用300人以上厂家，在厂内设给药室，储备急救药品，并聘请医生坐诊；工人不满300人者，应设急救箱，但需特约医院，并联合数厂共同聘请医师。② 南京市政府成立公共安全检查委员会，“管理取缔全市工厂暨一切不合法之公共场所”。1936年5月15日，该委员会检查全市戏院、茶社、浴室、戏场、水炉灶、旅馆、酒菜馆，以及不合工厂法第1条规定之工厂等；并由首都警察厅、社会局等机关会衔布告，通知全市各受检商号、工厂，于受检时“不得托词矫饬违抗”。③ 1936年5月，北平市社会、卫生两局组成工业安全卫生委员会，负责指导、宣传。该会9名委员中5人为社会局、卫生局所指定，余者为工厂厂长、经理、工程师及工业安全卫生技术专家。④

1937年3月初，上海工厂检查所又按照工厂检查细则，实施第1期工厂检查，注重工厂记录、女工、童工、津贴及抚恤、灾变、学徒

---

①《中央工厂检查处派员各地工厂检查》，《国际劳工通讯》第3卷第12期，1936年12月，第83页。

②《青岛市工厂消防设备及训练办法》《青岛市社会局管理工厂医药设施暂行办法》，《国际劳工通讯》第3卷第11期，1936年11月，第74、75页。

③《南京市举办公共安全总检查》，《国际劳工通讯》第21号，1936年6月，第44页。

④《北平工业安全卫生委员会章程》，《国际劳工通讯》第21号，1936年6月，第81页。

契约及待遇等方面,预计3个月内完成。[①] 但因七七事变,相关工作停止。

在中央工厂检查处的努力下,铁路工检亦提上日程。汉口市有平汉路管理局主办之修理机车厂三家,均合于工厂法,但以国营企业直辖铁道、市政府非其主管官署为由,拒绝向汉口市政府造册。汉口市政府就两个问题,即铁路工厂是否不受地方官署管辖,以及国营工厂应否依法按实业部颁布之表格,向地方主管官署按期填报,于1935年1月,函请中央工检处予以解释。中央工检处转呈实业部。2月,实业部指令,按工厂检查法,该国营厂仍受工厂检查机关之检查。中央工厂检查处奉令后,函复汉口市政府,并呈请实业部转咨铁道部,通饬所属各路局遵照办理。5月,汉口市政府函复中央工厂检查处,内称:平汉路管理局奉铁道部指令,国营各路机厂依法免受实业部检查。直到9月,中经实业部、铁道部会商,汉口市政府才决定各铁路工厂由中央劳工行政机关派工检员检查,届时铁道部派员会同检查。依1936年1月统计,全国铁路附设工厂合于工厂法者,计平汉路、北宁路、津浦路、京沪沪杭甬路、正太路、胶济路、平绥路、广九路、陇海路、南浔路、粤汉南局、粤汉路湘鄂段、新宁路、浙赣路共50厂。1936年5月,中央工检处始派刘铨、秦宏济两人分赴各路工检。此次铁路工检如同许多省市工检一样,多是有关工作时间、休假状况、工人宿舍、安全卫生、机械布置之粗略调查。[②]

1937年6月,中央工厂检查处与铁道部商洽办理全国铁路工

---

① 《上海市工厂检查所实施首期工作》,《国际劳工通讯》第4卷第4期,1937年4月,第53页。

② 详见实业部中央工厂检查处编《中国工厂检查年报》,南京:实业部中央工厂检查处,1936,第739—743、745—773页。

厂第 2 次检查,力谋铁路机工安全,所涉铁路有津浦路、北宁路、平绥路、平汉路、正太路、陇海路、粤汉路、浙赣路、京沪沪杭甬路、南浔路。① 同年 7 月,实业部公布《地方工厂检查所组织大纲》,规定在"工业发达之省市或县",由中央工厂检查处依照《中央工厂检查处组织章程》,函请地方政府设立工厂检查所(由各省市主管厅局直辖、受中央工检处指导);地方工检所每六个月应将工作计划及工作报告,经省市主管厅局转送中央工厂检查处查核备案。② 不过,全面抗战的烽火很快打断了势头渐盛的工厂检查,近代史上工检最红火的时代落幕。

行文至此,应对战前工检效果做出评价,但这实属不易。工灾有火灾、倾跌、触电、爆炸、轧伤、击伤、灼伤、撞伤等各种类型,由于各种工灾统计出于社会局、工部局、民间工业安全协会等不同机构,各统计数据之间并无可比性,难以反映历年工灾的变化趋势。即使同一单位所统计的数据,同样难以反映工灾变化曲线。如果再考虑到各地工厂经营盈利、亏折的状况,各统计数据间则更无比较的可能。1935 年沪公共租界工部局发表的《工厂卫生调查报告》即有类似的解释:"去年各工厂虽因受不景气影响而纷纷裁员,然工灾经报告者反较往年为多,计去年为 2301 起,而 1934 年则为 1788 起。然此并非谓去年工人发生意外事件较往年增加,实因调查方法已较前进。盖以前仅凭厂主之报告,而今则医院捕房等对于工人意外事件,一经发觉,即予报告。"上述 2301 起事故中,有

---

①《全国铁路工厂第二次检查》,《国际劳工通讯》第 4 卷第 6 期,1937 年 6 月,第 30 页。

②《地方工厂检查所组织办法大纲(二十六年七月二十九日部令公布)》,《实业部公报》第 344 期,1937 年 8 月 14 日,第 21 页。

1615起由医院报告。[①] 同时,也很难评估全国各地工检的成果之优劣。比如,在中央工厂检查处编制的《1935年中国工业灾害统计》中,上海市、天津市、北平市、青岛市、南京市、广州市,以及江苏、浙江、安徽、山东、河北、山西、绥远、察哈尔、河南、湖北、湖南、四川、江西、贵州、云南、广东、广西、福建、陕西、甘肃、宁夏、青海等地,共发生爆炸、火灾、灼伤、触电、矿灾等工灾2655起,内中死亡1506人,死伤总计5629人,损失10272000元。其中,上海一地即有2254件工灾,约占全国的84.9%,内中死325人,死伤共2821人,损失2852000元。[②] 上海作为最大的工业基地,工灾占全国绝大多数实属正常。

对工检的评估应该根据四点:一是时人评价,二是固有积弊是否革除,三是恶性事件发生的频度,四是工检的重点及其目的。据此,可以认为战前工检总体效果欠佳。1933年2月,上海闸北永和橡胶厂因检查疏忽而留隐患,发生蒸缸爆炸,财产与人事损失合计99900元。该厂涂光车间与蒸汽间毗连,肇祸不过迟早而已。[③] 上海各厂安全设备较内地"略见进步,但离周密尚远",火灾、锅炉爆炸、厂房倾塌等工业灾害"仍层出不穷"。[④] 当年3月29日,汉口申新又遇大火。该厂为"国人自办之最大企业机关",资本300万元,分设纺纱、织布、堆栈三部,有男女工人4000余人。是日,全体工人参加"七十二烈士"殉国纪念大会,放假1日,仅留工头1人、工人4

① 《上海工部局工厂安全卫生报告》,《国际劳工通讯》第3卷第9期,1936年9月,第65页。

② 《民国二十四年中国工业灾害统计》,《工商管理月刊》第3卷第4期,1936年4月30日,第76、79页。

③ 《工厂灾害预防及其救济》,《大中国周报》第1卷第9期,1933年3月13日,第6页。

④ 《上海童工生活》,《国际劳工通讯》第3卷第11期,1936年11月,第48页。

人,大火后虽无人员伤亡,但钢丝间、粗纱间、细纱间、摇纱间、梳棉间,以及其他房屋480余间,悉成灰烬,损失占资本总额的70%。劳动问题专家陈振鹭尖锐地指出:“沪汉各大工厂灾变,其为自作之孽明甚。”科学进步,“防灾方法,应有尽有。倘能先事预防,何至失慎”。[①] 虽然在正泰、永和锅炉爆炸后,社会各界“深感工厂设备之简陋不周,影响国内工业安全至为巨大”,工厂检查“成为朝野一致讨论之鹄的”;但还有数十万矿工的全国大小矿场900余家的检查,却“尚无眉目”。1933年5月16日公布的《矿业监察员规程》,仅重视调查及矿场重大事故的救济而已。[②] 比如,焦作一地符合工厂法第1条规定的中原煤矿公司的窑下设备“亦欠完整”,空气极差,“工人多面黄肌瘦,憔悴不堪”。[③] 1934年实业部中央工厂检查处编著的《工厂检查年报》,开篇便表达了对现行工检的不满:“年来国内各地工业之凋敝,已臻极度,大多数工厂濒于破产,倘再使增加负担,似乎势有不能;但同时各地工厂灾变事件层出不穷,劳工之牺牲生命者年有惊人之数,工厂设备而过于简陋,自亦不容漠视。在此种矛盾状态之下,我国工厂检查之性质,遂日行严重而繁复。其实,实施工厂检查,决不是单为劳工着想,工厂设备之改善,不仅足以保持劳工身体之健康而增加生产效率,且可防止工厂发生灾变而减少厂方之损失。其直接间接所予厂方的利益,自不在少。在此我国轻工业正普遍发展,劳工数量日见增多之际,倘再不

---

① 陈振鹭:《厂灾与失业》,《大中国周报》第2卷第3期,1933年4月10日,第5、4页。

② 凡白:《中国工厂与矿场之检查问题》,《劳工月刊》第2卷第8期,1933年8月1日,第33、38页。

③《几个工业区域的劳工状况鸟瞰》,《劳工月刊》第2卷第11期,1933年11月1日,第61页。

实施工厂检查，纵不为劳工福利计，我国工业前途，亦必受重大之阻滞。”①

1935年6月，实业部依据工厂检查员报告及上海工部局、各省市重要报刊记载，编制、发布工厂及矿场《二十三年全国工业灾害总检讨》。从中可以看出：随当年工检工业灾害总数走高，伤亡人数也居高不下（表3-3），1934年爆炸案有27次，死亡932人。当时各省市合于工厂法的工厂计6344家，依此计算，全年39%的工厂都发生过工业灾害。以直接损失（赔偿、津贴、抚恤未计入）5737000元估算，平均每厂损失904元。“足见工业灾害，已成目前极严重之问题，殆为振兴工业莫大之障碍。”②而1935年的工灾绝不止于中央工厂检查处所统计的2655件，据该所估计，真实的灾害情况更为严重，灾害次数应达18032次以上，死伤人数在22568人以上，损失为21736000元以上。③

表3-3　1934年全国工业灾害各月份统计

时间	发生次数（次）	死亡人数（人）	受伤人数（人）	死伤总数（人）
1月	148	25	153	178
2月	94	40	163	203
3月	104	37	123	160
4月	143	597	100	697

① 实业部中央工厂检查处编：《民国二十三年中国工厂检查年报》，南京：新新印书馆，1934，“序一（李平衡）”第1页。

② 王莹：《二十三年全国工业灾害总检讨（续完）》，《劳工月刊》第4卷第8期，1935年8月1日，第8、9页。

③《民国二十四年全国工业灾害统计及估计》，《工业安全》第4卷第1期，1936年2月，第57、58页。

续表

时间	发生次数(次)	死亡人数(人)	受伤人数(人)	死伤总数(人)
5月	171	301	542	843
6月	178	123	294	417
7月	188	172	203	375
8月	272	127	347	474
9月	308	103	298	401
10月	280	117	296	413
11月	265	61	231	292
12月	318	185	373	558
总计	2469	1888	3123	5011
灾害:火灾、撞伤、轧伤、灼伤、跌伤、击伤、压伤、触电、爆炸、水灾、窒息				
地区:上海市、天津市、青岛市、汉口市、南京市、广州市,江苏省、浙江省、安徽省、山东省、河北省、山西省、河南省、湖北省、湖南省、四川省、江西省				

资料来源:王莹《二十三年全国工业灾害总检讨(续完)》,《劳工月刊》第4卷第8期,1935年8月1日,第3页。

工检最大的失败在于资方藐视安全,以逐利为第一急务,只重眼前利益,而无长远规划。有言论称,"不必谈人道而应谈功利","又何必斤斤于工业工人之保护与工厂检查?"陈宗城指责过这一观点的荒谬。① 若厂方以利为先,草菅人命之事怎么可能避免呢?上海市商会在《致国货橡胶制品业同业公会函》中称:1933年初震动全国的正泰、永和惨案,"实由于资本家企图多量生产不惜牺牲工友之性命而所致者也"。橡胶厂通常所用的汽锅热度均以30℃为限,而该厂为提高产量,将汽锅热度升至43℃以上,致锅内压力

① 陈宗城:《我国现行工厂检查制之观察》,《国际劳工》第1卷第2期,1934年2月,第15页。

过大爆炸。[①] 1936年4月,六河沟煤矿淹毙7人的惨案,就是矿师明知复兴井已"出水",却仍然强迫工人下井作业之恶果。[②]

厂商因财力所限,只能敷以警示,而难以根本改造。1934年2月,沪市机制国货工厂联合会,"鉴于各工厂欲改善安全设备,固非有充分之财力及人才不能办到,但各厂在机器间、原料间、制造间等,能悬挂特种标识,警惕工人,俾免因不慎而肇巨祸,实属轻而易举。特制就铁牌数千块,上绘当心火及注意危险等警惕字句,并有浅近易知之白骨枯髅之图等。业已开始印制,决分赠各会员工厂,以期减少灾变"。[③] 据汉口市政府1934年的调查,仅颐中烟厂、南洋兄弟烟草公司汉口分厂、既济水电厂、汉口电灯厂、申新第四纺织厂、福新面粉厂等为"设备最好者","其余各厂,大都资本微薄",市政府只有"分别劝导警诫,就可能范围内逐渐改善"。[④] 1936年5月,由南京市社会局、工务局、卫生事务所举办的第2期全市工厂检查,历时1个月完成,共检查19家厂,包括印刷厂11家、砖瓦厂3家、面粉厂1家、机器厂3家、化学厂1家。"由于建筑工厂时均未经过检验之故","关于安全方面,能与工厂法相符合者,极为少数"。但市政当局认为"目前令其全部改装,事实上颇多困难,故暂时令其设法装置保护物,以策安全"。[⑤]

按工厂检查标准,大量小型工厂并未被列入工检范围,其中不

---

① 《上海市橡胶工业同业公会关于会员正泰、永和两厂因汽锅爆裂发生火灾死伤工人惨案的有关文书》,上海市档案馆藏,档案号:其66-1-79。

② 《中国国民党中央执行委员会民众训练部指令2118号令六河沟矿区工运特别员李光月》,《中央民众训练部公报》第4期,1936年5月,第9页。

③ 《工业安全》,《国际劳工》第1卷第3期,1934年3月,第71—72页。

④ 陈绍博:《汉口市工厂劳工概况》,《汉口商业月刊》第2卷第11期,1935年11月10日,第22页。

⑤ 《南京第二期工厂检查》,《国际劳工通讯》第21号,1936年6月,第43页。

乏潜藏各种工灾隐患者。据上海市社会局科长田和卿1931年6月至10月的调查,在纺织工业、化学工业、食品工业、印刷工业、机械工业、电器工业、日用工业、其他工业(玩具制造、文具仪器制造、乐器制造、制盒业、机制造绳业、水泥业、砖瓦业、石业、锯木业、水电业等)中,不满30人之工厂,占58%;合乎工厂检查者占42%。[①] 1934年间,南京各业工厂,雇工人数计30名以上者,约30家;而工人在30人以下者,有90余家。前者中雇工达百人以上者,只有大同面粉公司、扬子面粉公司、首都电厂、利宝冷气厂、宠铁砖瓦厂等。工厂多不明工厂检查之目的,南京市社会局为广泛宣传,编印《中央工厂检查处为举办工厂检查告国内各工厂书》下发厂商。[②] 1935年,天津市不合于工厂法之工厂"为数过多,除每业抽查十数家"外,"大部均未经过相当之检查"。此类工厂"资本均甚微弱,规模亦甚狭小",[③]天津市社会局在其第一次工检报告中,承认不合工厂法之小工厂"诚为津市生产之大隐忧"。[④]

随着工检深入展开,厂主常"钻"法律"空子",规避工检。各省市工厂,"时有滥用临时工人,使厂内平时雇用工人人数,不满30人,以避免工厂检查"。1936年10月,中央工检处严令取缔临时工人。[⑤]

工检内容过繁,有碍于工检切实展开。立法院劳工法委员会

---

① 田和卿:《我国工厂检查应取的途径》,《劳工月刊》第3卷第1期,1934年1月1日,第24页。

②《南京市社会局拟具工厂检查实施计划》,《中央日报》1934年10月8日,第2张第3版。

③《天津市工厂检查报告书》,《劳工月刊》第4卷第7期,1935年7月1日,第1页。

④ 刘冬轩:《天津市社会局工厂检查第一期第二三次工作报告》,天津:天津市社会局,1936,第9页。

⑤《中央工检处取缔临时工人》,《国际劳工通讯》第3卷第11期,1936年11月,第42页。

召集人史维焕，于1935年考察华北工业，遍访北宁线的天津市、塘沽、唐山、秦皇岛、山海关，平汉线的北平市、长辛店、保定府、定县、石家庄、郑州、开封，正太线的石家庄、陉县、太原等地，重点调查开滦、陉县、柳江等处之煤矿，永利碱厂，耀华玻璃厂、纱厂，北平市地毯手工业等。其结论是："中央所订工厂法，事实方面，颇不适用。至于工作三八制，亦不易施行。但改良工厂设备，则为不可稍缓之事实。甚望实业部对工厂卫生、建筑、设备等，应加以严密检查，俾工人健康方面，确有保障。"①相反，有的城市工检能切合实际。南京工检注重专项检查与治理，有利于生产环境的改善。1935年9月间，南京工厂卫生实施指导会，派四名医师轮流至工厂检查厕所设施、阴沟埋设、厨房纱门之装置、房屋空气流通等，对不合格者令饬改进。② 实行工检颇有名气的威海卫，在出台的《威海卫工厂最低限度设备条件》中，仅规定在发动机上安设钢网、在锅炉上安设压力表及气阀、厂房加开门窗、消防器械加贴标识等条款。③ 这对资方来说并非较大负担。

工检有令难行、执行不力，与政府的劳工行政有关。1934年法租界太乙麦精厂发生爆炸后，有论者指出："实际劳工行政组织之未臻完善，以及劳工行政之不曾健全，因而影响工厂法之未严格实行，并致劳工本身单受法之牵累而不能食法之恩惠。"并强调不应把太乙事件"归咎于租界当局阻碍我方工厂检查"之结果，事件本身"亦即政府对于劳工行政实施未力之结果"，政府不应推诿

① 《立委史维焕畅谈华北工业衰落原因》，《中央日报》1935年9月7日，第1张第3版。

② 《南京工厂卫生指导会之最近工作》，《国际劳工通讯》第13号，1935年10月，第78页。

③ 实业部中央工厂检查处编：《民国二十三年中国工厂检查年报》，南京：新新印书馆，1934，第4章，第73页。

责任。[1]

工厂检查机构的组建滞后于工检的实施,组织系统不健全,同样不利于工检的指导。以上海为例,直到 1937 年 2 月,上海市社会局才奉市政府令,筹备“上海市地方检查所”,拟以田和卿为所长。[2] 李平衡说过:“中央工厂检查处为实施检查之最高机关,其下面的基础必须从速确立,如设立分处或分所等,在纵的方面可以统一事权,而横的方面可以发展工作。”[3]

地方管理部门缺乏必要的重视。以天津为例,1928 年社会局成立之初,举行过第 1 次天津市工商业总调查,50 余工作人员历时 1 年编制《天津工商业》一书。但到 1932 年,该局经费缩减为 970 元,调查员仅剩 2 人,相关工作“无形中停顿”。[4] 湖北为水患所困,工厂检查消极开展,中央多次催促,乃继续办理。河北省更以“经费短减”为由,意图回绝中央检查处的督促。[5]

各地政府所能投入工检的经费极为有限。各省市大抵无专款用于工检,用人行政俱受限制。中央工厂检查处于 1935 年 5 月呈准行政院通令各省市政府及威海卫管理公署于年度概算内列入工检专项经费,但各省市多以年度预算早经确定,不予追加。1935 年 12 月,各省市开始编造 1936 年度预算,中央工检处复请实业部转呈行政院,令饬未将工检费列入年度概算之省市政府,须一律列入;并转呈国民政府令饬主计处在审查各省市年度概算时,对于未

① 秉先:《太乙厂惨变之善后急策》,《勇进》第 3 卷第 5 期,1934 年 9 月 1 日,第 617 页。
② 《上海市工厂检查所成立》,《国际劳工通讯》第 4 卷第 3 期,1937 年 3 月,第 29 页。
③ 李平衡:《中国工厂检查实施的前提》,《国际劳工》第 1 卷第 1 期,1934 年 1 月,第 10 页。
④ 天津市社会局编:《天津市工业统计(第二次)》,天津:天津市社会局,1935,第 1 页。
⑤ 韩钧衡:《我国工厂检查推行经过及其概况》,《劳工月刊》第 4 卷第 1 期,1935 年 1 月 1 日,第 5 页。

列入工检经费者,一律饬令追补,否则不予核定。[①] 中央工检处所呈虽转化为中央政府命令,但实际并无积极效果。

从实际情况来看,经费不足确实严重影响工检进度与实效。安徽省甚至无法为路璞提供差旅费,保证其按时入读上海工检员养成所;为此其曾呈报实业部予以津补。[②] 1934 年 3 月,中央工厂检查处派检查科科长程海峰,赴江苏考察工厂检查的办理经过。据其考察报告 ,江苏省近年来因无专款,工检无法迅速展开。从检查机构的建设、维持及工检进度来看,江苏、山东、河北(附天津市)、湖北(附汉口市)都曾出现压缩经费、裁撤机构的现象。江苏有较完备的规划,但因财政枯竭,工检迟滞。山东经费紧缩,1933 年下半年的工厂检查并未举行。1932 年 3 月,河北省(附天津市)政费核减,将工厂检查员一律裁撤。湖北省原本因水患、匪患,至 1932 年 10 月才开始工检,又限于经费人力,“未能推行尽利”。[③] 矿场及铁路工厂检查异于一般工检,鉴于矿场工人安全状况堪忧,中央工厂检查处于 1934 年 10 月,呈请实业部分咨各省市政府,转饬主管厅局会饬所属工厂检查员,一并检查本区域内合于工厂法的矿场。经统计,河北、察哈尔、陕西、山西、河南、山东、安徽、江苏、浙江、江西、湖北、湖南、广东、广西、云南、四川各省合于工厂法者,总计 110 矿,涉及 137643 人。虽经中央工检处迭函催办,但因工检员甚少,到 1936 年,仅有河南、湖南两省向中央工检处

---

① 实业部中央工厂检查处编:《中国工厂检查年报》,南京:实业部中央工厂检查处,1936,第 109 页。

② 《实业部指令劳字第八四五号(中华民国二十年十月二十二日)》,《实业公报》第 43 期,1931 年 11 月 5 日,第 44—45 页。

③ 南京实业部中央工厂检查处编:《民国二十三年中国工厂检查年报》,南京:京华印书馆,1934,第 4 章第 89、179、190、202、205 页。

提交矿场检查报告。[①] 在1936年度工检中，中央工厂检查处发现"各省财政均颇困难，行政经费未能增加，即事业费增加亦属不易"。相反，上海有较充裕经费，工检才能展开。比如，1936年，社会局在原有工检预算每月3000元基础上，再增加了2000元。[②]

在经费短缺的背景下，实业部仍于1936年12月14日公布实施《修正工厂检查员任用及奖惩暂行规程》，拟定了虚高的工资标准（表3-4）。此举既不现实，又加重各地政府财政困难。

表3-4 工厂检查员一等及二等其俸给表

等别	一等									
级别	一	二	三	四	五	六	七	八	九	十
俸额（元）	360	340	320	300	280	260	240	220	200	180
等别	二等									
级别	一	二	三	四	五	六	七	八	九	十
俸额（元）	170	160	150	140	130	120	110	100	90	80

资料来源：《修正工厂检查员任用及奖惩暂行规程》，《国际劳工通讯》第4卷第3期，1937年3月，第19页。

陈宗城比对日本工厂与工检员数额比值（工厂27000余家、检查员300人），明确警示：按中国工厂20000家核计，即使仅需四五十工检员（各省工检员不过二三人），但因为工检员"不直属中央"，

① 实业部中央工厂检查处编：《中国工厂检查年报》，南京：实业部中央工厂检查处，1936，第655、663页。

② 实业部中央工厂检查处编：《中国工厂检查年报》，南京：实业部中央工厂检查处，1936，第30、25页。

过高的俸给标准在地方上“仍恐难行”。[①] 如按工检员最低薪金标准,众工检员工资额所占工检经费的比例也不低。南京工厂检查所1936年11月成立时,常年经费预算仅核定为7000元。[②] 1936年度《南京市工厂检查经费概算书》中所列全年经费7140元,官俸达4140元,约占总额58%,但从事工检者仅2名检查员及2名事务员(余为雇员1人、仆役1人)。[③]

地方政府主管官员对于工检,缺乏决心。上海市社会局科长田和卿曾指出,要完成工检的一个基本条件,即“政府主管人员对于工检,首先应有极明确认识,然后须报有最大的决心来实施,方能生效;否则纵有精密的计划和完善的法规,也是无益”。[④] 上海市公安局从1935年7月即开始筹划检查工厂消防安全,但直到1936年1月仍未有确切检查的时间表,其推脱理由是“惟以各该厂须改善之处甚多,故稍行展期”[⑤]。

专业人才匮乏同样是一个绕不开的问题,工检不单纯是劳工问题,实涉厂房建筑、设备安装、制造、机械、医药等专门技能与经验。李平衡曾指出:“过去工厂检查人员养成所二班,均以三月之期,草草了事,受训练人员所得既属有限,其智识技能之不敷用,自

---

① 陈宗城:《我国现行工厂检查制之观察》,《国际劳工》第1卷第2期,1934年2月,第20页。

②《南京工厂检查所成立》,《国际劳工通讯》第3卷第12期,1936年12月,第83页。

③ 实业部中央工厂检查处编:《中国工厂检查年报》,南京:实业部中央工厂检查处,1936年,第21、22页。

④ 田和卿:《我国工厂检查应取的途径》,《劳工月刊》第3卷第1期,1934年1月1日,第29页。

⑤《上海市公安局继续检查工厂消防》,《国际劳动通讯》第17号,1936年2月,第48页。

在意中。而人材之缺乏，遂使工厂检查加多了一种困难。”①战时重庆工检如果说稍有进展，则与工检人员素质较高密切相关。

工检之失还在于缺乏必要的惩罚程序、机制及相应的执行能力。陈宗城在反思此一问题时指出，工厂检查不能与工厂调查混为一谈，工厂检查是适行法律，“遇着违法之时，总须有个制裁”。但1931年10月国民政府颁布的工厂检查法，“对于此点似乎没有明白的规定”。该法仅第12条、13条对违反工厂安全与卫生事项有所规定：

> 第十二条，工厂如有工厂法第四十四条所定之情事时，工厂检查员应即报告主管官署核办（按工厂法第44条所指乃系工厂之安全或卫生设备有不完善时得令限期改善或停止使用）。
>
> 第十三条，关于工厂之安全或卫生事项有须立时纠正者，工厂检查员应加纠正。工厂或工人团体不服从前项纠正时，工厂检查员应即报由主管官署核办。

但这种“纠正”“核办”，是由主管官署用警察手段，还是通过司法机关提出诉讼，则再无相关规定。除此之外，有关违法雇用童工、违法延长工时，依工厂法须处以50元以上300元以下之罚金，检查员是应该主动向司法检察官起诉，还是报告主管机关，或由主管机关自行决定起诉或以行政手段处理，也无明确规定。②

---

① 李平衡：《中国工厂检查实施的前提》，《国际劳工》第1卷第1期，1934年1月，第8页。

② 陈宗城：《我国现行工厂检查制之观察》，《国际劳工》第1卷第2期，第1934年2月，第17页。

1933年,实业部所订《工厂检查员执行检查步骤》,将其工作职责列为:向劳资双方解释“未明”之处;劝告有“不合法令”之厂“依法纠正之”;警诫“不接受劝告”的劳资双方;依法惩罚“不依法改善者”。[①] 但此《检查步骤》仍缺乏可操作的执法程序,无法实现对违法者的制裁。所谓“警诫”“惩罚”,难以奏效。党政机关都无法以有效手段对工厂加以干预,遑论并无实权的检查员。1934年,工厂检查员发现马家沟煤矿包工头侵吞工人应得的“七九纪念工资”,责令其补偿,但包工头拒不允发。[②]

逐渐推展的工检,因战争而中止。战时大后方急于恢复生产,几年来根本无暇顾及工检。1937年7月到1940年底,工业调整处协助迁移厂矿448家,技工12000人。大后方工业基础薄弱,据国民政府经济部统计,1938年前国统区工厂只有590家。但到1942年,工厂数量激增至3758家,资本总额达20亿元,工人有24万余人。此数据已与1933年、1934年间上海工厂数相当。其中,工厂数量增长以四川为最,1938年前不过240余家,到1942年底止,已增至1600余家。5年来增长近7倍。其次为陕西,1938年工厂数为70余家,到1942年底,增加了4倍以上。后方工厂有一大“特质”,即公营、民营厂矿规模悬殊。上述3758家厂中,公营不过600余家,民营则达3100余家。但民营厂家,泰半规模甚小,资本有限,公营厂家则占优势。从资本看,平均而论,公营厂家每厂200万元,民营厂家则不及20万元;以工人论,公营厂平均百余工人,民营厂

① 实业部劳动年鉴编委会编:《二十二年中国劳动年鉴》,南京:实业部劳工司,1934,第3编“劳动设施”第217页。

② 《马家沟煤矿包工剥削工人》,《大公报》(天津)1934年9月14日,第3张第9版。

则为50余人。[1] 工业规模的膨胀式发展，催生了国统区工厂检查，但大量民营企业的存在又制约着工厂检查。1941年初，社会部准备接办前实业部奉命终止办理的工厂检查，于2月核准《社会部工厂检查员服务须知》，以约束工检员行为规范。其"一般守则"主要内容：(1)检查员应拒受劳资任何一方之银钱或礼品；(2)检查员应拒绝参加劳资任何一方之宴会；(3)严禁泄露任何关于工厂内生产方式、生产程序及生产情况之秘密；(4)除因执行职务外，不得泄露或干涉任何工厂内之经济或财政状况；(5)检查员不得兼营他业或兼职；(6)不得与任何工厂发生经济关系；(7)不得任意破坏厂方与工人之感情；(8)不得擅许厂方或工人之要求；(9)不得参加厂务或工人团体之组织活动。其"工作进行"则为：(1)检查员对于服务区内的工厂每半年最少应检查一次；(2)入工作场所执行职务时应与厂主人员同往，但得依厂方之同意单独入内检查；(3)厂主拒绝检查时，检查员应耐心协商以达入厂检查之目的；(4)必要时请当地警卫机关派员协助；(5)应尊重工厂厂规；(6)检查员应特别注意工厂安全及卫生设备，如有所建议须随时向厂方人员提出；发现违反工厂法，应向厂方提出质问、劝告，并呈部；(7)检查员须设法协调劳资双方之感情。[2]

1941年初夏，社会部拟招考数位工检员，出于慎重考虑，通过笔试、口试与体格检查招录工检员。报名条件要求，报考人须于国内外专科以上学校毕业或有10年工厂工作经历。社会部招录的第一批工检员，一半是刚毕业的大学生，另一半是大学毕业后入厂

① 经济部统计处编：《后方工业概况统计(民国三十一年)》，重庆：经济部统计处，1943，第3、4、5页。

② 《社会部工厂检查员服务须知》，社会部编：《劳工法规》，重庆：社会部，1944，第52、53、54页。

工作数年者，其学科背景包括工科、理科、社会科学等。经过7月的业务训练、8月及9月的中央训练团党政训练班受训结业，工检员分赴重庆江北、南岸、沙磁等区，自1942年2月至1943年1月，检查过渝市及迁建区一带的工厂200余家。检查项目包括厂名、厂址、业别、历史、组织、经费、设备、原料、安全、卫生、福利、工资、工时、童工、女工、学徒等。检查员每星期向主管官署呈报一次，其检查尤注重复查，以便向厂主提出劝告，而“厂主是多半接受的”。对于设备、待遇良好的工厂，工检员在复查时，“多半是鼓励他们，希望他们能够精益求精，努力不懈”。1942年，社会部招考第2批工检员。1943年，社会部计划将工检推行到川省各市县，并决定将工检推行至大后方。①

到1945年底（表3-5），工厂检查已经推展到重庆、成都、万县、泸县、宜宾，以及川省以外的贵阳、昆明、西安、兰州，检查行业包括重工业的冶炼、机器制造、玻璃业、化工业，也有纺织、造纸、皮革加工、食品生产等轻工业。检查内容既有安全设施、生产设备检查，也包括童工、女工、学徒雇用及工时、工资、例假等。1945年工检还对厂矿分别复查6次，涉及厂家1425家，总复查次数达3083次。其中，劝告厂家改进安全设备1064次、卫生设备1648次、福利设施3241次，实施整改者基本达半数。

① 张天开：《重庆市工厂检查一周年》，《社会服务周报》第11期，1943年5月1日，第4页。

表 3-5 工矿检查检查厂矿数及劝告效果(1945 年)

(1)初查工厂数				(2)检查矿场所	
地点别		业别			
地点	厂数(个)	业别	厂数(个)	地区及性质	矿场数(个)
重庆	215	冶炼	29	嘉陵江煤矿	92
成都	108	机器及纺织品制造	305	贵州煤矿	1
万县	87	土石玻璃制造	42	云南个旧锡矿	1
泸县	106	建筑工程	4	云南明良煤矿	1
宜宾	7	化学工业	179	甘肃煤矿	23
贵阳	120	纺织	184	甘肃玉门油矿	1
昆明	138	造纸及印刷	43		
西安	79	皮革毛皮制造	20		
兰州	141	饮食品制造	135		
		公用事业	36		
		其他	24		
总计	1001		1001		119

(3)复查厂数及次数		
次数	厂数(个)	复查总次数(次)
总计	1425	3083
一次	580	580
二次	405	810
三次	217	651
四次	105	420
五次	86	430
六次	32	192

续表

(4)劝告效果			
劝告事项	劝告次数(次)	改善次数(次)	改善次数占劝告次数比例(%)
总计	7447	3761	50.5
安全设备	1064	582	54.7
卫生设备	1648	896	54.4
福利设施	3241	1534	47.3
其他	1494	749	50.1

资料来源:社会部统计处编《社会福利统计年报(民国三十四年度)》,重庆:社会部印刷所,1946年,第48页。

说明:其他包括童工、女工、学徒、工时、工资、休息、例假等事项。

1946年8月,经济部成立工矿检查处,重整相关工作。1947年初,又出台工厂矿场检查法草案,对工矿实施强制检查。该法第10条规定:"工矿检查员为执行职务,如必要时得请当地行政官署或警察官署予以协助。"①为适应战后工业新环境,1947年社会部组织专家着手修订1931年出台的工厂检查法。值得注意的有几点:第4条"应特别注意安全卫生及我国政府批准之国际劳工公约所定事项",将工检与国劳组织要求相结合;第15条保障厂矿企业申诉疑议的法律途径,规定"工矿检查员如发现工厂矿场之安全卫生及其它设施,有与法规定不合时","得向厂方矿方提出书面劝告",厂方若"有异议,得于接到通知书后十日内,向主管官署提出申辩";第18条"工厂、矿场如拒绝工矿检查员进入厂矿检查者,处二百元之下罚金"。但以此区区200元的罚金警示企业重视工检,毫

①《奉颁法令规章案(社会劳工)》(1946—1948年),台北"国史馆"藏"资源委员会"档案,典藏号:003-010101-0033。

无效果可言。

全面抗日战争时期,后方工检效果并不理想,工业安全状况普遍较差。1942 年初,重庆《工人读物》特刊发《工业安全运动》一文,刊物编辑将参加相关工作的体会写在《后记》中:"只可惜'工业安全运动',随着抗战而销声匿迹很久了。"同时希望以此文"把'安全第一'的火炬,再热烈的燃烧起来"。① 经济部办理工检之初,即强调"为推行顺利起见,于检查事项,仅依工厂法规定较易推行者为限","检查员于实施检查,遇有工厂设施,尚未尽合规定时,取劝导方式为原则"。② 昆明只有国营工厂有消防水龙,"大多数的工厂并未曾注意火灾,仅有简单的设备"。机器伤人事件司空见惯。中央机器厂工人被车床伤手指"时有所闻","铸工部的烫伤更多"。对于机器传动部分,工厂通常毫无防护。③ 不过,工厂为应对流行肺病,一般较为重视医疗卫生条件。1942 年 5 月,社会部统计处调查,重庆工厂有职工 27686 人,建有劳工医院 68 所、劳工学校 28 所、食堂 106 所、宿舍 110 栋,开办劳工保险的有 27 家厂。④ 昆明一般大工厂才设有诊疗室,但各工厂普遍为工人注射霍乱、天花、猩红热等流行病疫苗。⑤

全面抗战复员后的工检,进度、成效甚至比战时更差(表 3-6)。专业人士过少仍是其一重要原因。1946 年工检处成立时,包括总务

---

① 《编者几句话》,《工人读物》第 1 期,1942 年(原刊误印为 1932 年)2 月 1 日,第 36 页。

② 《经济部举办工厂检查》,《广东省银行季刊》第 1 卷第 4 期,1941 年 12 月 31 日,第 157 页。

③ 陈达:《我国抗日战争时期市镇工人生活》,北京:中国劳动出版社,1993,第 250、14 页。

④ 《重庆市工厂检查(民国三十一年五月)》,《统计月报》第 75、76 期合刊,1942 年 11—12 月,第 65—66 页。

⑤ 陈达:《我国抗日战争时期市镇工人生活》,北京:中国劳动出版社,1993,第 14 页。

科、工厂检查科、矿场检查科、技术室等科室在内只有50余人。工检科内除检查股外,尚有法令编译股、宣传设计股。因人员"殊感太少,工检工作难于展开"①,1948年后职员才增加到64人。②1947年12月14日,社会部始开办工矿检查员训练班,各学员赴中国科学印铁制钢厂、上海水泥公司龙华厂、资委会天原电化厂、晶华玻璃厂、申新防治第九厂等企业实习,并对各工厂提出了具体的整改意见。③ 另一原因是国民政府忙于"内战",各企业则在通货膨胀、洋货倾销浪潮中艰难挣扎,原本应在经济平稳期才可能有效开展的工检,自然不可能实施。社会部组织训练司编印的"工训"宣讲材料也承认工厂检查遭遇困难(包括无法统计工业灾害及职业病状况),且将原因归纳为:"战后工业重建,工厂对安全卫生福利设施,以及工人待遇尚无法尽力改善。"④这实际上就是承认各厂矿根本不具备"工检"的基本条件。

表3-6 历年工厂检查检查工厂数

单位:个

业别	总计	1942年	1943年	1944年	1945年	1946年	1947年
机器及金属品制造业	965	62	147	232	305	142	77
化学工业	762	54	148	210	179	84	87
冶炼工业	175	20	42	28	29	42	14
土石玻璃制造业	258	8	47	88	42	50	23

① 《我国工矿检查实施情况》,《社会工作通讯》第4卷第11期,1947年11月15日,第13页。

② 《中央工厂检查处》,中国第二历史档案馆藏,档案号:11(2)-7040。

③ 《社会部工矿检查员甄宗甲》(1947年),上海市档案馆藏,档案号:Q22-34。

④ 社会部组织训练司编:《中国重要劳工问题简答》,南京:社会部组织训练司,1947,第6、7页。

续表

业别	总计	1942 年	1943 年	1944 年	1945 年	1946 年	1947 年
纺织工业	788	23	119	168	184	128	166
造纸及印刷业	242	8	49	63	43	22	57
饮食品及烟草制造业	455	12	33	74	135	59	142
橡胶皮革工业	91	5	15	30	20	21	—
交通用品制造业	38	—	20	11	—	—	7
公用事业	149	8	31	11	36	31	32
服用品制造业	45	—	2	11	—	5	27
饰物文具仪器制造业	84	—	7	2	36	27	12
建筑工程业	30	—	2	—	4	4	20
木材制造业	34	2	—	4	5	—	23
家具制造业	7	3	—	4	—	—	—
其他工业	177	—	24	28	24	37	64
总计	4300	205	686	964	1042	652	751

资料来源:国民政府社会部统计处编《社会福利统计年报(1947 年度)》,南京:社会部总务司印刷所,1948,第 44 页。

1947 年 5 月 16 日,上海市政府成立“工厂卫生委员会”,可以说是对工厂检查的重要补充。该会业务包括:工厂卫生设施之建议、审议、推行、督导及考核,工厂卫生医疗检验及药械供应,工厂安全设施之协助,职业病调查与预防,促进试办健康保险,工厂卫生经费之筹划、预算分配、审核。① 当年,上海市政当局抽查本市 1589 家工厂(含 149651 名工人),符合工厂法的工厂有 530 家(含

①《国内工讯》,《中国劳工月刊》第 7 卷第 6 期,1947 年 6 月 25 日,第 14 页。

工人 135628 名工人)，不合乎工厂法者有 1059 家(含工人 14023 人)[①]。合乎工厂法的工厂关乎 12 万工人的安全生产。依此推断，工厂检查倘若确能扎实开展，应该能规范并引导上海工厂的科学发展，保障工人生产安全。

(二)租界工厂检查：有检查无实效

中国现代性工厂散布各地，但约四成位于上海公共租界。[②] 中国政府主导的工厂检查，在租界内受阻于领事裁判权。上海工人数量之多足以影响全国工检。1930 年代初，据国际劳工局估计，全国工人约 40 万人，上海一区即有 16 万人。其实上海工人数量远高于这一数字，有统计表明，沪纱厂 61 家、丝厂 66 家、卷烟厂 68 家、器械汽机厂 55 家、印刷厂 42 家、船厂 5 家、铁厂 34 家，即有 24.6 万人以上。[③] 截至 1936 年 10 月，上海公共租界共有大小工厂 3421 家。[④] 另有统计表明，沪公共租界外资工厂 215 家(公用事业除外)，工人总计 61326 人，其中男工 23081 人，女工 36457 人，14 岁以下童工 1788 人。[⑤]

1923 年，北京市政府公布的《暂行工厂通则》原定同样适用于租界内的工厂，上海公共租界却以“有碍其行政权限”为由，极力反

---

① 邵心石、邓紫拔主编：《民国卅七年上海市劳工年鉴》，上海：大公通讯社，1948 年，第 35 页。

② 朱懋澄：《工厂法的施行与工厂检查》，《教育与民众月刊》第 8 卷第 5 期，1937 年 1 月 28 日，第 744 页。

③《关于工厂法规之报告》，《上海公共租界工部局年报》(第 3 期)，上海：工部局华文处译述，1932 年，第 44 页。

④《上海公共租界工厂调查》，《国际劳工通讯》第 3 卷第 11 期，1936 年 11 月，第 43 页。

⑤《上海公共租界华工分类统计》，《国际劳工通讯》第 21 号，1936 年 6 月，第 46 页。

对。而当国民政府宣布实施工厂法时,上海公共租界工部局则“赞成工业法规之原则,并表示有意酌量进行,冀达检查工厂之目的”。①

租界内因特殊原因,工厂、居民区杂处,“每有弄堂房子,改为工厂,殊不适宜,或本身易致火险,或有被邻居影响之危,且多数工人健康大有妨碍”。② 大多华人工厂皆租赁厂房,自置厂屋者,不及总数的1/3或1/4。其招租充资本者,仅为资本总额的20%,余皆以机器、原料、产品抵押向银行借贷,无财力购买安全设备。③ 投机性经营,使厂商缺乏应对风险能力。特区工检尤为迫切。1929年,工商部劳工司司长朱懋澄在第12次国际劳工大会上提出议案,要求在华外资工厂服从中国政府执行劳工法。④ 1931年11月,实业部次长赵锡恩,邀集上海市社会局及租界当局(公共租界工部局董事长麦克诺登、总裁费信惇,法国驻沪总领事克恳兰,法租界公董局维尔迭),进行非正式会议两次,协商租界内工厂检查事项。在11月3日的会议中,诸方达成以下原则:(1)上海各工业区域只应有一种劳工法规;(2)该项劳工法规应由工厂检查人员在同一方法下实施。为保障上述两原则“在上海之法律及行政现状下实施”,11月6日,各方一致同意如下原则:(1)公共租界与法租界允许任用由中国政府所训练及推举之工厂检查员,检查租界内之所有工厂,工厂检查员应随时受中央检查人员之督察;(2)租界内检查员

---

①《关于工厂法规之报告》,《上海公共租界工部局年报》(第3期),上海:工部局华文处译述,1932年,第44页。

②《工厂检查问题》,《申报》1933年10月10日,第7张第25版。

③《管理工厂事务股报告》,《上海公共租界工部局年报》(第7期),上海:工部局华文处译述,1936年,第59页。

④ 朱懋澄:《工厂法的施行与工厂检查》,《教育与民众月刊》第8卷第5期,1937年1月28日,第746页。

应按期向中国政府及租界当局报告检查结果;(3)市政府、公共租界及法租界内之工厂检查员,应每月集会一次,以协筹改进之道。[①] 实业部遂将工厂检查交涉转交上海市政府办理。上海市政府再接再厉,定于12月11日邀请租界当局继续会商,岂料日本领事突然向市政府提出"取缔抗日运动"之抗议,一时沪上形势紧张,会商只能作罢。不久,又因一·二八事变,特区工厂交涉暂停。此后中外工厂检查交涉可谓荆天棘地。

1932年12月,公共租界工部局决议自办界内工厂检查,并决定修改《洋泾浜地皮章程》第34条附则[②],以获得工厂检查权。1933年3月15日,中国工厂检查协会、上海市商会、机制国货工厂联合会、上海国货工厂联合会及各工厂同业公会等10余个团体,抗议特区当局违法越权。[③] 租界当局罔顾中国人的情感,于1933年4月19日,由纳税人特别会议通过此案。依此修正案,凡在租界内设厂均须向工部局领照,并遵行工部局制定的管理规则。27日,上海市政府向驻沪各国领事提出抗议:地产章程并无关于管理公共租界内工厂的"明白规定",饬令界内工厂领照一议,实为越权。[④] 上海租界纳税华人会、市商会等上海法团也表示反对。中华国货维持会、上海市民提倡国货会更认为工部局此举"不独侵犯主

---

① 此表述为中国官民之立场。1933年《上海公共租界工部局年报》称:"上述两次非正式会议时所表示之各项意见,均未经正式认可。"见《工厂检查与租界(上海租界之报告)》,《劳动季刊》第2期,1934年7月10日,第176页。

② "租界以内如有人开设市场、小菜场、旅馆、俱乐部、寄宿舍、唱曲所、戏馆、马戏场","各项生意均须取得工部局所给执照,所有各执照捐银之数由纳税人会议定"。见劲奇《上海租界与工厂检查》,《劳动学报》第1期,1934年4月10日,第198页。

③ 《工厂检查协会昨召工商业团体会议》,《申报》1933年3月16日,第4张第13版。

④ 《工部局图夺检查工厂权》,《申报》1933年4月28日,第3张第9版。

权，破坏法律”，而且“剥削国人营业之自由，不啻限制设厂，摧残国货生产，实施新经济侵略之政策”。[①] 上海轮船木业等78个工会联名宣言，反对特区当局“蔑视我国主权”。[②] 实业部3次派劳工司第四科科长包华国赴沪接洽。费信惇、领事团领袖克银汉先后拜访上海市市长吴铁城。克氏征询吴氏外商注册问题，吴氏告以外商如不向实业部注册，在法律上不能取得法人之地位，如有纠纷发生，不能以公司之名义提起诉讼。[③] 又经租界当局与市府谈判，公共租界总裁费信惇提出依照工部局办理中央印花税及卷烟税成例，设立检查股，由工部局警备处节制，中方予以否决。

至7月，上海市政府秘书长俞鸿钧与费信惇议定草案7项，达成租界工检之共识。草案要点为：(1)设检查员7人，由中国政府委派4人，由工部局委派3人；(2)该检查处在上海市政府、上海公共租界工部局秘书长所组织之特别委员会下执行任务；(3)检查员须具有中英文之知识，中国劳工法及运用的知识，工业化学或建筑学、卫生工程学或统计学、电器工程、机械工程等知识及经验；(4)检查员委派之前，须有6个月的试用期；(5)检查员工资由中国政府与工部局共同支付；(6)检查处根据中国工厂法规执行职务，对于租界内任何国人所设之工厂皆可前往检查；(7)任何工厂法规在中国各部实施有效时，须同等实施于租界，如有违反工厂法规者，则交由上海特区法院执行处处理。不过，8月初，工部局董事会就否定了“俞费草议”。费氏再与市府交涉，修改前此草案：(1)检查员名额改为双方各4人；(2)外商设立的工厂不接受华人检查员的

---

① 《两国货团体反对工部局检查工厂》，《申报》1933年5月1日，第4张第13版。

② 《上海市工会为工厂检查宣言》，《国际劳工消息》第1卷第3期，1933年3月，第80页。

③ 《美总领昨访吴市长洽商工厂检查问题》，《申报》1933年5月3日，第2张第12版。

单方面检查;(3)在试办1年期内,应先行实施工厂法中之卫生安全部分;(4)检查员应受工部局秘书处指挥,但发生争议时由两方秘书长调处决定。中方对第(1)(3)项明确表示赞同,余皆不予以反对。9月,工部局董事会开会,原则上赞成修改后之新案,唯对于检查员之指挥监督问题,主张由工部局完全指挥监督。中方则主张维持原议或由双方以同等人数组织委员会行使指挥监督权。租界当局固执己见,特区检查再现"死结"。①

1933年10月10日,中央工检处李平衡处长对外界称:中国决定依照工厂法开展租界工检,已由实业部令沪市派员前往租界内各工厂实行检查,如租界当局出面干涉,"则当再行交涉"。②

租界内华人厂商因反对工部局工检,而自行组织工业安全协会及分会。1934年1月间,已有商务印书馆、商务印书馆家庭工业社、中华书局成立安全分会。该会规程要求各厂主任命职员、工头或领班为指导员、安全员,并以每月10日为"安全日"巡查各厂。③

租界工检受阻,中方借国际劳工大会讲台,博取国际舆论的支持。1931年第15届、1933年第17届、1934年第18届大会,中国代表在发表演说时,均向大会提出实现租界工检问题,其主旨是:"中国工人准备以强有力之行动,来促醒在华设立工厂之外国资本家,使其必须遵守中国政府之劳动法令,解决这一部分劳工的生活问题。"④但并未能实现预期目的。

租界工厂检查权久悬未决,而租界当局常派员检查属地工厂。

---

① 劲奇:《上海租界与工厂检查》,《劳动学报》第1期,1934年4月10日,第196、197、198、200、201页。

② 《工厂检查》,《国际劳工》第1卷第1期,1934年1月,第85页。

③ 《商务印书馆等相继成立安全分会》,《申报》1934年1月17日,第3张第12版。

④ 《第十五届国际劳工大会中我国劳工代表杨有壬演词(1931年6月6日)》,《国际劳工消息》第1卷第1号,1931年10月,第83页。

1935年1月间，上海市社会局出于主权考量，训令市商会转饬所属各公会，如再有此类检查，应予拒绝。①

随后中国政府鉴于租界灾害迭出，不得不“出让”了租界工检主导权。1936年5月，俞鸿钧又与租界当局几度磋商，“意见接近”；6月15日，双方共拟《关于上海公共租界内施行工厂法之协定草案》九条，实业部“认为尚属可行”；6月24日，工部局董事会通过草案，其要点如下：(1)中国工厂法在公共租界内与在中国境内者同样适用；(2)在工部局内设检查处，中国及工部局所派检查员人数各半；(3)检查员须通晓中英双语、中国工厂法，具有工业化学、建筑、卫生、工程、电气工程、数学工程等经验与学识；(4)检查员任期为六个月；(5)中国方面与工部局各负担中国籍、外籍检查员薪水；(6)检查应遵照中国工厂法；(7)法庭审理程序亦遵照中国工厂法；(8)工部局赞同将检查报告呈报中国政府；(9)本大纲期限定为三年。② 此草案既保障了中方主权、司法权，也给予了工部局在租界内一定的行政权限。但驻沪领事团(领袖领事英国驻沪总领事白利南)却以若工厂法适用于租界，即部分废除了侨民的治外法权，“不啻将享有领事裁判权各国之条约特权，予以局部废除”为由，否决了这一方案。9月16日，俞秘书长再致函费氏，强调中国实行租界工检合乎法理与事实：“查有条约国侨民领事裁判权之享受，本不能拘束我国行政权之行使。工厂法系一种行政权规，实施工厂检查，为我国国家行政权之行使，衡以法理，按诸条约，虽享有领事裁判权者，实均无借口抗争之理由，且事实上，以往各外籍工厂，发生工潮，亦大都依我国劳资争议处理法处理。此即为外籍工

① 《特区当局越权检查工厂市商会函各业拒绝》，《国际劳工通讯》第6号，1935年3月，第48页。

② 《上海租界工厂检查办法》，《国际劳工通讯》第21号，1936年6月，第43页。

厂适用中国法律之先例。”[①]11月初,费氏“希冀缓和华方之领土主权与各国之领事裁判权之异见”,向俞鸿钧建议:“根据中国工厂法,由工部局自拟实施检查之法则,并由工部局列为章程之一,对区内各工厂,不问其厂主之国籍何属,一律实施。如此,工部局自可于其自有权限范围之内,实施实业机关方面之管理。”[②]后来,淞沪战起,中外共同主办租界工检之事遂行延搁。

上海租界及其毗连区域工业发展很快,需要强有力的管理,但工部局在租界内无权处理劳动事务,“自是引起批评者之责难”。[③] 费信惇是租界中的务实派,正是在他的一再坚持下,华人才于1928年进入工部局纳税人会。华董、华委选举程序是,由公共租界华民社团将选举出的华董及华委名单交外交部,由外交部照会领事团,复由领事团知照工部局。[④] 因此,华人进入纳税会本身应该是工部局与中国政府间的一种合作形式。

在租界工检问题上,工部局与领事团的态度实有不同。尽管工部局1934年曾有言:“此事有一种或恐无法解决之根本困难,即在中国方面,主张主权。在本局方面,欲保持公共租界内所有行政权之完整。”“本局之欲令工厂领照,以其为一种易于实行之行政方法。但华人则认为本局之意,在将公共租界内之行政事务,坚决把持。”[⑤]比较1934年租界工检七条与1936年租界检查办法九条可

---

① 《上海租界工检交涉续志》,《国际劳工通讯》第3卷第10期,1936年10月,第47页。

② 《上海租界工厂检查新办法》,《国际劳工通讯》第3卷第12期,1936年12月,第83页。

③ 《工厂检查协会宣言租界检查主权所关》,《申报》1933年3月14日,“号外”第2张。

④ 费唐:《费唐法官研究上海公共租界情形报告书》第1卷,上海:工部局华文处译述,1931,第252—253、254页。

⑤ 《工厂检查与租界(上海租界之报告)》,《劳动季刊》第2期,1934年7月10日,第177页。

见,工部局总裁费信惇较为务实,只要有一定的行政权,他甚至同意以中国法律处罚租界内有违工厂法之厂商,这实为部分否定了领事裁判权。时国人强调此草案乃中国政府与工部局妥协之结果:“中国政府之委曲求全,为大多数工人之幸福计,不惜与工部局之意见妥协;而工部局亦深体谅中国政府之苦心,予以谅解。”①国人也承认租界当局有开展工检的诚意:“租界当局亦深知租界内各工厂之一切设备及卫生等,殊欠完备,与工厂安全关系实大,鉴于我方严重反对,拟谋一折衷办法,以资妥协。”②应该说,费氏在工检方面愿意与中国政府合作,并乐见其成。1936 年 5 月,俞鸿钧与费氏草签协议,经费氏坚持,工部局董事会才“于激烈争辩中决定通过”。③ 1936 年,工部局参加全国工业安全卫生展览会,所属管理工厂事务股将自制工业灾害展板送展。④ 同年,工部局工厂事务处将中国工厂法中关于工人健康及安全的全部条文,印刷 5000 份,分给各厂。⑤

费氏手下还有同情中国工人的劳动问题专家,推动着特区工检。工部局实业组主任海德女士与路易·艾黎极为同情中国工人。海德曾先后在澳大利亚、英国,以及日内瓦从事研究及劳动管理事务,熟知西方劳动法,也曾于 1928 年在上海考察工厂状况。⑥ 海德强烈要求与中国政府达成一个工检协议,以“逐步提高

---

①《实部科长吴开天谈租界工检继续交涉》,《申报》1936 年 7 月 29 日,第 3 张第 10 版。

②《检查工厂案租界当局力谋妥协》,《申报》1933 年 5 月 7 日,第 4 张第 13 版。

③《沪特区工厂检查协定草案商决》,《中央日报》1936 年 6 月 25 日,第 1 张第 3 版。

④《管理工厂事务股报告》,《上海公共租界工部局年报》(第 7 期),上海:工部局华文处译述,1936 年,第 60 页。

⑤《上海工部局工厂事务处报告摘要》,《国际劳工通讯》第 4 卷第 2 期,1937 年 2 月,第 38 页。

⑥《关于工厂法规之报告》,《上海公共租界工部局年报》(第 3 期),上海:工部局华文处译述,1932 年,第 44—45 页。

企业内的工作环境的健康与安全”。在中外交涉悬搁后,她又主张“依靠委员会的权威与良好的愿望,用教育手段促进雇工参与工厂的改进”。路易·艾黎原为消防处防火督察,自1933年至1938年任工厂检查员,“是少有的几个对中国劳动问题钻研颇深的外国人之一”,欣赏中国工人为生存而斗争。美国劳工问题专家威尔士(Wales)曾这样评价他们的工作:“公共租界工人是幸运的”,他们有海德和艾黎“作大胆尝试,维护工人的福利”。①

费氏极为重视租界工检,支持工部局在租界内开展工厂安全卫生的检查与整改。1933年七八月间,工部局向界内中国厂商发出警告:“谓为设备不周,易生危险,须限期改进,否则勒令停工。”实业部对此非常重视,令上海市政府派社会局检查被警告停工之厂,“如确系设备欠妥,则即令限期改进”。② 俞鸿钧在与费信惇会谈时,要求费氏“慎重警告工厂”:“市政府为顾全工人福利,免除公众危险着想中,对工部局警告工厂,固表同情。惟租界工厂管理之权,属于我方。《洋泾浜章程》附则第34条所定意义其狭,只限工部局可以取缔危险建筑物而已,工部局殊不能援此作为根据,对租界华工厂任意加以警告,希望此后出之慎重。”③俞氏此言,实际委婉地承认了工部局对界内华资工厂的实际检查权。

1933年2月21日,公共租界内的正泰橡胶厂所用“日本劣货”锅炉爆炸,“为上海空前之惨剧”,“声声闻于数里之外,强烈火焰,四处延烧”。正泰为上海几大橡胶厂之一,专制橡胶制品的原料及橡胶鞋,有第一、第二两厂。此次失慎者为第二厂,其工人400余人

① Nym Wales, *The Chinese Labor Movement*, New York: The John Company, 1945, p. 74.

② 《沪工厂检查事宜工部局定期讨论》,《中央夜报》第332号,1933年8月21日,第1版。

③ 《费信惇昨访俞鸿钧》,《申报》1933年9月24日,第3张第10版。

中,死81人,伤70余人。正泰财产损失、抚恤金等高达180750元。据上海市社会局统计,在一·二八事变中,橡胶业财产、人员损失281700元,正泰损失占其损失的64%。① 惨案发生后,中国方面将祸原归于"租界当局之阻挠,中国政府未能实施工厂检查",进而呼吁"中国政府施行工厂检查于租界,在保护工人立场上,为急不可缓"。② 工部局总董贝尔亲临现场、目睹惨况,但回避中国主权问题,徒言:"此种惨祸,唯有以适当之工厂法救济之。地方当局,若能尽速厉行工厂安全条例,则工人受福匪浅。"③锅炉爆炸危害甚大,工部局自1934年下半年开始锅炉检验。1935年底检验出82具锅炉存有隐患,其中6具"不堪使用"。到1936年底,公共租界内工厂中锅炉半数经精密检验,至少约有260座。1936年全年颁发锅炉合格证书120张。为减少火警及爆炸危险,工检员随时视察工厂,令厂方注意工人安全,在"可能范围内"改良齿轮、皮带及起重机等各种电机设备,并加装防护器具。1936年工厂意外事件2200起,其中致死者95起,"较前年略见减省"。④ 1936年5月,工部局订定《装置蒸汽机与其他汽压机规则》,依该项规则,工部局对于租界内所有工厂的蒸汽机与气压机均有检查之权,而租界内新设工厂需装置蒸汽机、气压机,则必须由工部局认证的工程师从事安装。认证内容包括机器产地、材质、铰钉焊、工作压力、温度范

① 《工厂灾害预防及其救济》,《大中国周报》第1卷第9期,1933年3月13日,第3、5页。

② 陈振鹭:《应注意之特区工厂检查权》,《大中国周报》第2卷第2期,1933年4月3日,第5—6页。

③ 陈振鹭:《工厂大灾变后之特区工厂检查权》,《法律评论》第10卷第49期,1933年9月10日,第3页。

④ 《上海工部局工厂事务处报告摘要》,《国际劳工通讯》第4卷第2期,1937年2月,第38页。

围、自重。为认定“合格”工程师的资格,工部局特成立了审查委员会,对工程师进行认证。该会“时时以经认可工程师之姓名,吾交工部局,以昭公允”。该委员会委员包括万国商会3人、中国商会1人、日侨商会1人、雇主联合会1人。[①]

1933年2月24日、6月16日,公共租界内橡皮工厂又失慎,工部局认为整顿橡胶厂刻不容缓。5月11日、18日、19日,工部局火政处3次警告义源橡胶厂停产,限3星期内迁厂。[②] 6月17日,工部局通令26家橡胶厂,“其厂所不合用者,一律停止开工”;又以厂房无法与民居隔离、厂屋结构“不堪载重”为由,勒令宏大、义源、大德、天星等6家橡胶制品厂迁移。橡胶厂发生爆炸,主要因用于硫化橡胶的石脑油与磨光车间碎屑遇火爆燃。工部局根据各厂产品、工艺特性,并未令其余20家橡胶厂迁移,而是令其中17家厂按工部局要求限期改造。7月25日,上海机联会呈实业部请予对工部局提起抗议,机联会以检查员不谙厂情而质问工部局。7月31日,工部局再致函义源、中国乒乓公司,警告勒迁,工部局工检也促使华商自我完善工厂设备。上海机制国货工厂联合会开常会,拟联合各国货厂商聘请专家,自行“指导改良”,“则工部局亦无可施其技,同时厂商、劳工可免失业”。[③]

工部局重视对厂房结构、安全通道的检查。1933年9月20日,工部局警告兴祥棉织厂,其“木头铅皮房、阁楼之建筑,均未得工部局允许”,且太平门堵塞不利于逃生。21日,工部局再警令新

---

① 《上海租界工厂检查办法》,《国际劳工通讯》第21号,1936年6月,第43页。

② 《工部局管理工厂第一声》,《申报》1933年7月4日,第4张第13版。

③ 《工部局述取缔橡胶厂宗旨》,《申报》1933年7月29日,第3张第11版;《工厂检查之纠纷》,《国际劳工消息》第5卷第2期,1933年8月,第86页。

亚化学制药二厂，即刻修改“于工厂安全有特殊之障碍”的铁门。[①] 1934 年 3 月 21 日，工部局致函保定路勤丰染织厂，称其锅炉间、原料房、织造等处所之设施，“均不合于工厂使用”，“为顾全公众安宁起见，应即设法改善”。[②]

公共租界内工厂安全保障积弊积重难返。据悉，自 1927 年至 1932 年 6 年中，仅公共租界之火警就有 2404 次，中国工厂死伤 400 余人。[③] 据工部局 1933 年统计，当年界内因触电、爆炸、高空坠物致伤亡的事件达到 212 起，占总 283 起死伤事件的 3/4；工厂火警占火灾总数的 61.7%。[④] 1934 年 12 月、1935 年 1 月，租界内工灾分别有 179 件（致命 6 件）和 186 件（致命 11 件）；[⑤]1935 年，即使大小工厂或纷纷倒闭，或以减工、扣薪、延长工时维持开工，仍有 2201 件。[⑥]

虽然工厂检查中对童工列有专条，但厂商对童工实无措施。据上海市社会局调查，沪地工厂劳工总数 226718 人，中有女工 136665 人，童工 27090 人。童工以 12 岁至 14 岁为多，被国际禁止的 12 岁以下的幼年童工，在上海仍普遍存在，最小的童工甚至只

---

① 《工厂检查纠纷》，《国际劳工》第 1 卷第 1 期，1934 年 1 月，第 86 页。

② 《工厂检查》，《国际劳工》第 1 卷第 4 期，1934 年 4 月，第 76—77 页。

③ 孙晓楼：《为工厂检查问题告租界当局》，《法学杂志》第 6 卷第 4 期，1933 年 4 月，第 692 页。

④ 陆东野：《上海租界内工厂检查问题之研究》，《社会半月刊》第 1 卷第 1 期，1934 年 9 月 10 日，第 59—61 页“二十二年内工业上发生工人死伤人数”表、第 61—62 页“二十二年内工厂火警所占之百分率”表。

⑤ 《上海公共租界工业灾害月报》，《工业安全》第 4 卷第 1 期，1936 年 2 月，第 65—67 页。

⑥ 《二十四年度上海公共租界工业状况》，《工业安全》第 4 卷第 2 期，1936 年 4 月，第 175、176 页。1935 年灾害数比 1934 年多，其中 1615 件均为医院报告。但不能认为 1935 年工业灾害较之 1934 年大幅上涨，更可能的原因是 1934 年很多灾害未上报。

有六七岁。童工主要分布在纺织、缫丝、橡胶、火柴业中,厂家对童工多不供应膳食,每日平均工资最高为5角,最低2角,供膳食者最高工资不到4角5分。童工工资低廉,却要付出超长工时(橡胶业11小时、皂烛业10小时、织业13小时)。① 上海工部局工厂事务处与雷氏德医学研究院合作,为工人体检,常赴工人宿舍指导清洁卫生。鉴于童工常于夏季患脚气病或因营养不良而患病,1937年1月,事务处与研究院租用民房置办童工食堂,初以50人为限。该食堂全年约需费8000元,其中2520元由各厂主支付,3480元由雷氏德医学研究院捐助,余2000元则由工部局列入1937年度预算支出。②

法租界亦自办工检。上海美亚九厂于1930年取得法租界工董局颁发的执照开工。1933年7月,其因将300余工人分昼夜开工,被工董局以"妨碍于附近居民之安宁",勒停夜工。21日,中华工业联合会代美亚九厂提出抗议:(1)美亚九厂附近的中华橡胶、百代制片、振兴与天翔毛绒等厂,"每夜均在工作,未闻同时有禁止明文,于待遇上显不平等";(2)美亚已领有执照,租界不应破坏契约;(3)停开夜工,致一半工人失业,影响治安;(4)要求工董局赔偿、负担停夜工损失及迁厂费用;(5)美亚是华资厂,倘若妨害居民夜间安宁,也应由中国法院办理,捕房无权干涉。③ 工董局此举不符合中国工厂实情,自然遭到反对。

法租界重视锅炉安全,却属实绩。1934年4月6日,工董局派卫生局局员率同救火会员,携检查机械,到法租界鸿兴袜厂检查锅炉,后又通知厂方每年应缴检查费洋70元。其方法是将锅炉打小

---

①《上海童工生活》,《国际劳工通讯》第3卷第11期,1936年11月,第47页。

②《上海工部局改良童工膳食》,《国际劳工通讯》第4卷第2期,1937年2月,第54页。

③《工厂检查纠纷》,《国际劳工消息》第5卷第3期,1933年9月,第76页。

洞,输入冷气至 120 磅,以验炉身压力。经测试,检查员“认为满意”。实业部函请上海市政府向法租界当局提出严重抗议。① 事有巧合,9 月 1 日,法租界太乙麦精厂第三厂兼批发所,“因酒精蒸溜(馏)器的出气管逸出酒精气体,遇工人铁锤打击铁管产生火星”,发生爆炸。厂主及工人 7 人罹难,28 人受伤。② 接着鸿兴厂锅炉又爆炸。机制国货工厂联合会之特种委员会指出,太乙事件是因工董局非法限制中国工检而致,“设当时能容我国充分检查,此事决不至于发生”;鸿兴事件则因警务处“毫无学识”,留下隐患。③ 1935 年 1 月,法租界警备处通告各厂,除法租界工董局或警务处派员外,“拒绝任何机关调查工厂”。机联会“誓死反对”,派代表程守中、顾锡元赴法租界纳税华人会请愿。机制国货工厂联合会又发起组织“法租界工厂检查案特种委员会”,④期以防止租界当局染指中国主权。

针对租界当局实施的工检,中国方面只能被迫相抗。最突出的实例为 1936 年 9 月 18 日,上海市社会局兼代局长潘公展签发《上海市锅炉检验暂行办法》27 条。其核心内容为:第 1 条,“凡工厂置备锅炉,非经依法登记之机械技师检验,并发给检验合格证书后,不得使用”;第 3 条,“凡工厂于本办法施行后,新装置或改装锅炉,应于事前将锅炉种类、式样、用途、工作压力、装置地位及其对于其他工作场所之关系,备具图说,呈报本局,经审查核准后,方得开工。其已装锅炉,亦应具备图说,呈局审查”。⑤ 实际上,此 27 条

① 《工厂检查》,《国际劳工》第 1 卷第 5 期,1934 年 5 月,第 88 页。

② 秉先:《太乙厂惨变之善后急策》,《勇进》第 3 卷第 5 期,1934 年 9 月 1 日,第 616 页。

③ 《法租界调查各工厂各厂表示反对》,《申报》1935 年 1 月 25 日,第 3 张第 11 版。

④ 《法界警务处通告及其反响》,《国际劳工通讯》第 6 号,1935 年 3 月,第 48 页。

⑤ 《上海市锅炉检验暂行办法》,《国际劳工通讯》第 3 卷第 10 期,1936 年 10 月,第 44 页。

只能表明政府态度,而并无实施的基础。

经过中方几年来的抗争,1937年6月22日,国际劳工会议终以130票通过劳方代表朱学范所提出的《关于上海租界工厂检查法决议草案》。[①] 但随后的上海沦陷则彻底终结了中国在租界行使工厂检查主权的一切可能。

三、沪公共租界人力车改革

劳资之间存在着由行业属性决定的互为关联的机制,制约着行政管理机关干预劳资任何一方权益的可能。始于1934年5月、止于1942年底的人力车改革事件,在一定程度上为这一论断提供了例证,此案例能进一步释证劳资关系差异之成因,特别是主导差异的机制性因素。我们既应注重不同性质的行业、企业中劳资关系的特异性,又要揭示长期存在的、决定劳资关系样态的若干互相关联的根本因素,注意以劳资间的机制异同来划分劳资关系的类型。

(一)矛盾纠葛终难成

上海公共租界工部局自1925年限定车额、实行"保捐"与"代捐"制以来,与人力车商相安共处。但1933年因工部局力行人力车改革,车商与工部局反目,同时引起了车商、承放人、车夫之间的一系列利益冲突。

1933年,工部局接受扶轮会壁克等人建议,拟改革租界内公用

① 《国际劳工会通过我国提案》,《西北文化日报》1937年6月23日,第3版。

人力车的运营体制。此举旨在提高车夫待遇,限制或取消承放人对人力车行业的操纵,即通过规范化管理,最终取缔人力车市场。9月间,工部局组织人力车委员会,委任西董麦西(为主席)、哈理士、贝伦次及华董江一平、朱懋澄为委员,研究改革人力车的方案。阅4月有余,经18次会议磋商,1934年2月7日,该会向工部局提交调查报告及革新建议16项。其要义略为:(1)自1935年1月1日起,逐年按比例收回车商牌照。当年抽减2000张,发归私人组织的新公司经营,取消包租额;自1936年1月1日再抽收2000张牌照,此后工部局继续收回500张,交与"负责团体"组织合作社经营。(2)实行真正车主登记。(3)车夫每日24小时车租由小洋14角减为8角。(4)规定乘客车资起价小洋1角,每英里2角,每小时6角。(5)取缔残旧车辆,改良公用车辆式样、设备。(6)公用人力车照以10000辆为限额,车夫登记仅限40000人。① 而后工部局又声明:凡车照及磁牌,均为局方之财产,如有私售者,概不承认。②

消息传出,舆论大哗。此议案是对车商的挑战。据上海报纸1934年3月上中旬报道,车商(主)及车夫对此均不满意。上海市人力车业同业公会责成新任常务理事殷芝龄等,向工部局具呈反对收回执照另组公司的"不合理主张",指摘车委会调查不切实际。③ 上海市人力车业同业公会特区办事处,也代表车商致函工部局袁履登、虞洽卿、贝淞荪、徐新六、胡立嘉等华董,指责工部局拟收回车牌之主张"侵及纳税合法车商之领照营业"。④ 上海特区公用人力车商代表813人召开大会,发表宣言,坚决反对工部局逐年

---

①《工部局人力车委员会之报告》,《申报》1934年2月13日,"号外"第3版。

②《国内之部·劳动行政》,《国际劳工》第1卷第4期,1934年4月,第76页。

③《人力车业公会至工部局函》,《申报》1934年3月8日,第3张第12版。

④《人力车商呼吁》,《申报》1934年3月14日,第3张第11版。

收回车照之动议,并强调车主长期以来自觉改良车辆、救济车夫(夏季施茶,冬季施米,设时疫医院)。[①]

改革人力车之建议,原为改善车夫生活,却不为车夫所认同。特区人力车夫代表陈国樑等上书工部局总办,指斥改革方案"徒有名称":第一,因包放制度,"减少车租"将导致车夫无车可拉而失业;第二,以英里计距离、以时间定车资,易导致车夫与乘客产生纠纷;第三,提高起价,更易导致车夫无人可拉(将迫使乘客选择车资仅几枚铜元的电车出行)。[②] 另有车夫强调,4 万人力车夫执照难以满足 8 万车夫的需要。

车业的反对之声没有动摇工部局改革车业的决心。3 月 14 日下午,工部局召开警务、车务委员会联席会议,讨论人力车委会所拟建议书,决议除第 1 至第 3 条(收回车商牌照另组公司经营)外,其余 13 条照章通过。工部局一方面坚称于"最短期内""使人力车营业,得上正轨";一方面变换柔性手段,向车商表示"暂不实行抽减车照"。同时,工部局加大力度规范车辆制式,限制车夫兼营货运,并要求巡警凡遇车辆破损、装运铁木及脏物,立即撬下车牌,予以扣留。当时每日所撬车牌多达百余块,甚至数百块,许多车夫被迫歇业,而车租却要照缴。车夫代表陈国樑等上书工部局,谴责车改违背救济车夫之本意,反将车夫逼上"铤而走险"的绝境。

工部局不为所动,逆势而为。1934 年 5 月 9 日,人力车务委员会(又称"人力车管理处")成立,专项实施车改计划。工部局董事麦西任管理处主席,朱懋澄、王志仁为委员。管理处的第一件工作,便是决定于 10 日验视 5.5 万名车夫(公用车按 1 车 4 夫、私车

---

① 上海市人力车业同业公会编:《上海工部局改革人力车纠纷真相》,上海:文化印刷社,1934,第 25 页。

② 《人力车夫代表上工部局书》,《申报》1934 年 3 月 9 日,第 3 张第 11 版。

按1车1夫比例)的体格。身体不合格者,拒绝给照。29日,管理处又布告车商:已制定公用人力车标准式样,即日起凡破旧之车遵照修理。车商闻讯惊骇,称大部车辆刚除旧换新,如应工部局要求再行改制,车商原备的车壳等配件将报废,车商无异于破产。人力车业同业公会特区办事处立即召集全体会员紧急大会,决议在原车基础上改涂黑漆、扶手包棉、车内加衬布,并以此定为新式车样,报请管理处采用。6月21日,人力车业同业公会特区办事处,派代表殷芝龄等3人向工部局总办钟思请愿,要求人力车务仍归工部局车务处办理,"免车委会不明内容,强人所难"。同业公会同时函请华人纳税会、公共租界及法租界市民联合会施以援手。

一时之间,工部局与车商还打起了"新闻战"。车委会朱懋澄、麦西、王志仁,适时邀集各报记者,宣讲人力车革新计划。朱氏强调:(1)现车夫月入仅9元2角3分,难敷家庭之需,唯有减低车租;(2)车夫领取执照后,遇违规,警捕只需抄录执照号码以备提起公诉,不再随意撬牌、殴打车夫;(3)改良车辆式样,务求经济、耐用、舒适;(4)执照须车主自领,以防转售车牌;(5)规定车价,是为增加车夫收入,而非强制实行。6月7日,工部局布告开始请领车主证书。人力车同业公会特区办事处随即通过"新新社"记者,对工部局车改13条予以辩驳。其理由是:(1)车辆除成本外,加之维持费、验捐、修理、意外事故费、承放人酬劳金,以及收入小洋支出、大洋折耗,每辆车余金不满3元;(2)车委会仅调查车夫50家,其结果失真,且车夫收入以勤惰有别;(3)责令车主代向车夫征收互济会费小洋1角,倘车夫拒缴,该费用必将由车主支垫;(4)车夫流动性极强,车夫归里,无照者不得拉车,将使车辆停搁;(5)现令车主领证,实为“逼迫”车主履行各项苛条。[1] 6月24日,人力车业公会又吁请法租界纳税会予以援助。7月15日,江淮公所主席成燮春鉴于车夫多为同乡,特请华董虞洽卿出面调解,向工部局接洽推迟实行新章。人力车公会代表顾松茂等则携呈赴上海市政府请愿,要求其代为向工部局交涉。[2]

正当车商与车务委员会僵峙之时,沪市南北市同业公会、上海市商会、公共租界纳税华人会、法租界华人纳税会、其他各同业公会、各同乡会、各团体一致声援车商。车商代表殷芝龄往谒工部局总办钟思数次,促成8月3日及6日召开的2次车商代表与工部局非常(对等)会议。双方约定,车商于7日起领取执照,工部局新章将于13日实施。[3] 8月6日会议达成的协定(新章)的具体条款包括:(1)自本年8月15日起,公用人力车每日最高车租,定为大洋7角8分。车主在预缴人力车夫互助会捐款每车每月大洋1元5角之后,可于车租外向车夫另收每车大洋7分。[4] (2)车主向工部局陈请发给车主证书及车辆执照,截至本月13日。(3)车主协助人力车务委员会编制真实车主名单,解决车辆所有权之争执。(4)车夫互助会增选车商、车夫为理事。(5)新式公用人力车,参照车主及车夫等各方面建议打造。试用后,如有意见,仍可修改。[5]

车商为息事宁人而让步,遵照修正新章纳捐领照。当然,新车

---

① 上海市人力车业同业公会编:《上海工部局改革人力车纠纷真相》,上海:文化印刷社,1934,第43、44、45、47、48、49、54、56、57、58、59页。

②《人力车公会代表昨晨向市府请愿》,《申报》1934年8月2日,第3张第12版。

③《人力车纠纷案解决》,《申报》1934年8月7日,第3张第11版。

④ 车租与车主代收互助金共计大洋8角5分,按时价,合小洋11角,铜元16枚。大洋7角8分,合小洋10角。

⑤《工部局召开董事会议,追认解决人力车办法》,《申报》1934年8月8日,第4张第13版。

主登记领照之规定,则不再生效力。岂料8月9日7时许,200余人自称车夫,号称“人力车呼吁团”,在郑发珠的带领下,向车委会请愿,沿途人力车夫陆续参加,请愿人数达千余之众。部分车夫执小旗、标语,勒令公共租界内其他车夫停业,并将车胎放气。请愿者反对车主代表参加互济会,要求成立纯由车夫组成的互助会,并要求进行车夫登记;反对工部局与车商妥协,要求全面彻底实施车改16条。警方得车商公会报讯,制止骚乱,逮捕103名闹事者。自9日上午10时至次日午夜,沪市车业维修、停运等损失总计5万余元。上海人力车同业公会紧急声明,搅乱治安者显是“新车主”唆使的假车夫及游民,呈请警政机关依法究办。车夫代表也具函车委会,指认请愿领导人概非车夫,以借机反对车夫登记。

8月6日的“对等会议”,只是缓和了车商与工部局之间的争执,对更换车样及车夫登记等问题,双方仅约定将来解决,但标准、原则如何,双方并未讨论。特别是对于车主与承放人之间如何在原订契约框架内酌减车租等问题,也无具体协商。车业再度发生纠纷,实源于此种种未定之因素。

10月初旬,工部局制定标准车式,陈列于车务处,责令车主更换新车。10月19日,人力车同业公会特区办事处认为此举违背8月6日对等协议。车业公会则造出样车,呈请工部局采用。工部局态度强硬,坚持原定政策,派探捕强撬车牌,凿去不合格车辆的钢印,禁止旧车营业。

正当车商与工部局争持之时,11月初,工部局又制定了车夫登记办法,规定登记时限起自11月19日、止于12月15日,额定车夫4万人(每车配车夫4人,其中3人由车主选择,1人为自愿报名者)。11月16日,人力车工会陈国樑等赴工部局请愿,再次反对车夫登记;且以新车价昂、车夫遇事故难以赔偿为由,反对更换车式。

11月23日,殷芝龄与工部局车委会主席麦西换文,其目的是既要保护车主利益,又要转嫁自身损失,并插手车夫事务。换文的主要内容是:(1)车夫完全由车主自选;(2)破旧车应允换旧式新车壳,以1000辆为限;(3)车主可向车夫加征合法或于车夫有益之费用;(4)增聘车主代表1至2人,充任人力车互助会董事;(5)新式车辆应每半年验车1次。麦西先后两次回函,部分同意殷氏意见:(1)车夫登记名额不以4万人为限;(2)允许350辆旧车换现有新配件;(3)准许试办新式车辆,对不合规范车辆暂不撬牌;(4)新车每4个月验车1次;(5)互助会试行8个月后再论改选董事之事;(6)凡预缴车夫互济会捐款每车每月大洋1元5角之车主,可于车租外,向车夫另收每辆每日大洋7分。车行可向车夫征收欠款、储蓄、膳食等费。[①] 工部局与车商达成谅解,换来4个多月的和解期,车改引发的纠纷似乎告一段落。

岂料车商为减少成本,又开始反对采纳新车制式,反对车夫登记。特区人力车公会为此于1935年5月11日和29日两次召开车主大会,推殷芝龄、后绍庵、顾松茂、王坤一、陆德声5人同工部局交涉。[②] 公共租界人力车夫也于5月28日召开"临时紧急会议",一致强调:新式车辆"笨重异常,我们车夫拉不动,吃勿消"。[③]

截至1935年5月底,车改进行整一年,对比车改原有蓝图,其成绩却少得可怜。工部局人力车管理处呈交董事会的报告,仅能总结出3点:(1)人力车夫每月承租15班者,收入"可多得□元□

---

① 上海市人力车业同业公会编:《上海工部局改革人力车纠纷真相》,上海:文化印刷社,1934,第110、113、128、135、136、143、145、146、149页。

②《人力车委会违反规定特区车主昨晨开大会》,《申报》1935年5月12日,第4张第13版;《人力车主大会》,《申报》1935年5月30日,第3张第11版。

③《人力车夫昨开紧急会》,《申报》1935年5月29日,第3张第12版。

角之谱”;(2)人力车夫登记总数达32015名;(3)人力车管理处向车商提供造价在百元之内的新车图样。① 实际上,第3点未能得到车主及全部车夫的认可,第1点更值得怀疑。不过,相应工作仍在开展。到1936年7月,原有车夫登记者计36045人,新领执照者4992人;市面已有新式人力车1921辆。② 是年底,新式车已有4122辆。③

此后,工部局将车改重点放在减车、车夫登记方面。1936年9月初,工部局提出减少500辆人力车的建议。当月7日、10日,上海特区人力车夫代表陆绍德,与全沪五区车夫代表陈阿二两次召开五区车夫代表大会,动员车夫抗议减车。④ 工部局减车计划中辍。

同年12月,工部局为消除人力车界对车委会的敌意,易其名为“人力车管理事务所”,委派医务处司徒宾为办事主任。机关虽改名,然一切工作仍循人力车务处所定计划。1937年2月3日,工部局董事会决定自当月20日始正式抽签裁减人力车484辆,保留9500辆。5日,殷芝龄、顾松茂等百余人召开五区代表联席会议,“誓死反对”减车案。同日,陈国樑组织召开五区车夫代表大会,抨击工部局此举“毫无理由”。⑤ 15日,殷芝龄代表特区人力车公会,赴工部局请愿,要求展缓3个月实行。⑥ 工部局接受车商建设,决定从6月1日起开始是项工作。此次减车形势出现转机,车主愿意

---

①《工部局人力车管理一年成绩》,《申报》1935年6月13日,第3张第12版。
②《公共租界现有人力车夫四万余人》,《申报》1936年7月24日,第4张第14版。
③《工部局人力车委会三年来工作回顾》,《申报》1937年1月18日,第4张第16版。
④《全市人力车夫反对减少车辆》,《申报》1936年9月8日,第4版第13版;《特区人力车夫代表大会》,《申报》1936年9月19日,第4张第13版。
⑤《反对裁减人力车辆,车主车夫分别集会》,《申报》1937年2月6日,第4张第15版。
⑥《减少人力车公会要求展缓》,《申报》1937年2月16日,第4张第15版。

按比例减车。3月2日,已有车主400余人向特区人力车公会上交车主证书,以备抽签。① 作为回报,8月初,工部局总办费利浦函告车主公会主任殷芝龄,同意自10月1日起由车主主导车夫登记。车主闻知,"莫不欣慰"。每车所配4名车夫均为"长班"(每月至少拉车15班),悉由车主介绍,可保障登记车夫"足够支配拉车人数"。② 因有车主配合,人力车减至9500辆。此后,工部局的车夫登记工作仍遵从车主利益。1938年12月,工部局虽然通告车主将于1939年1月至2月间换领新车夫执照,限定重行登记车夫额定38000名,但也申明凡缺少车夫之车主可补行新车夫登记。③

工部局出于安全、舒适之考虑,于1938年11月,又出台新的人力车标准(以马棕替代棉靠背,以铁条脚蹬代替搁脚布),要求自1939年1月1日起,车商如换新车,一律依照此车样,但也允许各制造厂于1月1日出售已完工的现行车辆。④ 工部局对车商的宽容,得到车业的认同。其时部分车商不以为意,在改换新车时仍未采用改良车样。人力车同业公会特区办事处于1939年1月10日发表通告,要求车商执行新规,以免因车样不合格而停运。⑤

对工部局而言,取缔现有由众车主经营的方式,代之以公司化管理,是其改革人力车业的终极目的。因此,工部局制造人力车公司化的舆论,一再压缩现有车夫数额。1940年12月初,工部局通知人车力同业公会,规定每车由3人轮值。⑥ 此次换发车夫新照,工部局将车主所雇"长班"车夫的标准由15班增加至20班,致大

① 《租界裁减人力车登记四百余辆》,《申报》1937年3月6日,第4张第15版。

② 《工部局将重行登记人力车夫》,《申报》1937年8月3日,第4张第15版。

③ 《人力车夫于下月起重行登记》,《申报》1938年12月20日,第3张第10版。

④ 《人力车改良式样》,《申报》1938年11月28日,第3张第10版。

⑤ 《人力车公会通告改换新车》,《申报》1939年1月14日,第4张第15版。

⑥ 《人力车会开会,讨论车辆人数问题》,《申报》1940年12月16日,第3张第10版。

量车夫因达不到标准而失业，加之“一部分车夫因事离沪，或则改营他业”，到 1941 年 2 月 1 日登记日截至期，登记车夫还未达到 28481 人的限额。为保证车主生意，工部局拟于 3 月 10 日起开始新车夫登记。① 此事在车主、车夫的抵制下，再无下文。1943 年 1 月，英美声明取消在华治外法权及有关特权，租界在“法理”上被废除，工部局宣告结束，车改自然结束。

（二）打破劳资之间固有的关系链

人力车运营模式一般采用“包放”制，即承放人（包头）从车主（商）处承租车辆，再转租给车夫，并为车夫提供食宿，车夫则向承放人交纳租金。倘若要增加车夫收入，进而取缔人力车业，就必须完全打破车商、承放人的利益链，打破车主、包头与车夫之间长期形成的“生产共同体”。因此，人力车委员会将降低车租、筹办公司经营，作为限制或结束车主、包头对车夫经济盘剥的手段。这两点切中车商要害，导致车商极力反对。

据车委会 1933 年调查，公共租界内有人力车 9990 辆，分属于 1909 人，少者有车 1 辆，多者有 291 辆。换言之，这 1909 名车主及大量包头掌控着 10 余万车夫及其家属的生计。通过层层转包，车夫所要承担的租金已远超车主的要价。公共租界的大包头转租小包头的车价一般是每天（24 小时）小洋 8 角半，小包头则按每天小洋 9 角半租给车夫。1933 年 2 月，小包头竟将租价涨至 14 角（大洋 1 元 1 角）。公共租界车夫不得已联合沪东、沪西、闸北、沪南、

① 《人力车变更登记，失业者万余人》，《申报》1941 年 2 月 27 日，第 2 张第 7 版。

法租界的车夫,具呈市政府及行政院请求主持公道。[①] 直到当年8月,其减租要求仍未得到各界实力支持。人力车委会就是在这一背景下,开始人力车业的前期调研。

经车委会测算,车主每车每月可得租金33元,除去每月负担的公共租界、法租界、华界捐费共计5元1角8分,以及管理、修理、折旧、房租费用外,再加上闲置之损失,车主每月可净赚21元至23元不等。再减去承放人之酬劳,车主净得14元。其时打造一部新车需83元5角,至多不过95元5角。依此计算,每车常年利润可达300%。通过对55家公司车夫的调查,车委会发现,车夫每一班(12小时)所得,除付租金外,仅余大洋5角9分左右。但车夫每月仅能拉15班或稍多几个班次,因此车夫月净收入仅约为9元2角3分,多者不过17元5角。55家中仅有13家车夫的收支约可相抵,余者时常负债,而向租车人借贷。车委会最初的设想是将每日车租定为8角,从而将利润控制在15%之内,希望通过压低车租,砍掉大、小包头的利润,逼迫其放弃人力车市场,保障车夫免受层层盘剥。[②] 车商则辩称该报告并未考虑车辆运营成本(执照、材料、维持、意外事故处理费),更未考虑车辆闲置时间,而高估了车商收入。[③] 车商反驳工部局的另一原因,是减租终致车夫失业。殷芝龄与总董贝尔晤谈时有言:车商减租为每日每辆小洋8角,“当无十分困难”。但包头与车商的合同规定,每辆车租约小洋9角,由包头招收车夫,供给其宿舍,每日收租小洋十三四角。如果包头只能向车夫收8角,“不但无以为生,且须每辆每日损失小洋一角”,车夫大有被包头驱逐、索欠之虞。殷氏建议,车租标准宜采“折中办

① 《人力车租价高涨》,《申报》1933年2月28日,第3张第12版。
② 《人力车委员会之报告》,《申报》1934年2月13日,“号外”第3页。
③ 《人力车业公会至工部局函》,《申报》1934年3月8日,第3张第12版。

法”,定为小洋12角。“包头除付车行小洋九角外,尚余小洋三角,当可维持开支生活。”[①]众车商也一致认同这一标准。在车商看来,“救济车夫,不尽在车资之多减,而确在增进其智能”。车夫习惯挥霍而“向承放人欠租”,“即不取车租,终无积蓄之可能”。[②]其意为减低车租应有底线,与其保护车夫,不如从保护车商开始。车夫原本应该支持减租,却也反对此举,是因惧怕减租引起车商停止租车业务。

工部局立意革新,在对车业持续“唱衰”的同时,亦有所变通。1934年5月间,工部局布告车商:自本年8月1日起,将车租改为小洋10角;自1935年1月1日起,车租最多不得超过小洋8角。[③] 1934年4月,安诺德接替贝尔为工部局总董。车商突然以此为契机,拟推翻曾由贝尔主导的减租计划。6月下旬,车商借上海市商会名义,反对减租至8角。殷芝龄等向工部局要求维持12角车租标准。[④]此时,人车夫对减租方案“表示赞助者,更形加多”。6月25日,人力车夫643人集会,联名具呈工部局,表示减租“以免车商擅专蒙蔽,而援数万车夫”。[⑤]直到8月6日“对等会议”,总办钟思才将每日每辆车租“坐实”为大洋7角8分(合小洋10角)。小洋换大洋,车商要承担潜在的兑换亏折。这一标准还是以车商预付每月每辆1元5角车夫互助会费为条件。

但因缺乏有效的监察,车租是否真正降低颇值得怀疑。1935年6月17日,有车夫赴人力车务管理委员会诉说苦情:在华界、公

---

①《人力车问题事态日趋严重》,《申报》1934年3月21日,第3张第9版。

②《人力车商说明减租意见》,《申报》1934年3月22日,第3张第12版。

③ 上海市人力车业同业公会编:《上海工部局改革人力车纠纷真相》,上海:文化印刷社,1934,第50页。

④《特区人力车商昨日请愿无结果》,《申报》1934年7月18日,第3张第11版。

⑤《人力车夫拥护车委会计画》,《申报》1934年6月28日,第4张第13版。

共租界、法租界3处捐照之车商,其车租每日每班车“恒在十二三四角之间”[①]。因车商按每班而非每车收租,小洋“十二三四角”这一租价已比车改前1933年2月车租涨了1倍。既然实际车租难以平抑,工部局还是决定继续降低车租。1936年初,工部局规定自4月1日起,再次减低车租至国币7角(约合小洋9角)。特区人力车公会迭派代表向市党部、市政府、市商会、纳税华人会、工部局请愿,要求彻底取消减租之成议。4月间,车商一度停止出赁车辆,意图要挟工部局,但不久后即就范。车商多明则“听命”,暗则征收高额车租。同时,工部局加大对溢收车租之监管和处罚力度,六七月间,收缴车商4张执照。当然,监管确实大有难度。比如,有车夫状告车商溢收车租,却又接受车商贿嘱而拒不到局作证,车委会只能对车商严厉警告,却无法收回执照。[②] 据1937年人力车委会3年来的工作报告可知,工部局执法实绩实为有限:曾扣留执照1个月者13张、扣留2个月者8张及吊销4张执照。[③]

1937年11月,上海沦陷,物价持续上涨。1939年2月,车商公会以五金原料价格飞涨为由,未经工部局核议,自行将每日每车租金增至国币7角7分(约合小洋10角)。[④] 稍后,车商向工部局要求加租2成。4月7日,工部局组设人力车加租问题委员会,调派人员前往各车公司、五金号及人力车公会、承放人处调查车租、原料价格。14日,公共租界全体车夫一致反对车商公会加租,要求减租三成。其理由:一是八一三事变以来,南市、虹口、闸北交通阻断,营业区域缩小,车夫收入较战前大减,缴纳车租后,“甚至不能

① 《人力车夫昨向人力车务管理会请愿》,《申报》1935年6月18日,第3张第12版。
② 《公共租界现有人力车四万余人》,《申报》1936年7月24日,第4张第14版。
③ 《工部局人力车委会三年来工作回顾》,《申报》1937年1月18日,第4张第16版。
④ 《人力车租价核准增加》,《申报》1939年2月9日,第3张第9版。

一饱”;二是车商有隐性收入。自1937年以来,租界取消车照9500辆,原本每辆车照1元2角,车商公会每月可少开支11400元,20个月以来,已结存228000元。[①] 经近两个月的“彻底审查”,加租问题委员会驳回车主加租请求,工部董事会以此议决不准加租。[②]

当时,自来火、自来水、电力、公共汽车、电车、出租汽车等公用事业,均已涨价,独工部局限制人力车车租。既然不能“合法”增加车租,车商就转而增加乘客车价,将经济压力由车夫转嫁到市民。当然,这一时期车商仍私加车租,车租恒在法币9角4分。工部局为“杀一儆百”,依工部局交通章程第34条[③],对三民公司、日新公司、中国安步公司及个人车商12户提起诉讼。11月23日,特一法院违禁庭鉴于车主初犯,判罚众车主各100元。[④]

1940年初,车主增加车租的愿望终于达成。1月15日,工部局公用事业委员会考虑到每辆新车成本已由100元上涨至145元,议决自2月1日起,准予人力车租由每日7角7分增至8角3分。为补偿车夫所失,该委员会将最低车资由每半英里8分增至1角。[⑤] 同年底,人力车配件价格续涨,工部局同意自1941年1月1日起将车租最高额增至1元4角(内包括代收应由车夫缴纳的互助费1角2分),并再一次将车资提高到每半英里最低1角5分。[⑥]

工部局原本想通过减车租,压缩利润空间,从而拆解车主、包头与车夫的“生产链”,让车夫可以直接在车主处租车;但由于无法

---

① 《人力车商加租车夫反对》,《申报》1939年4月16日,第3张第9版。

② 《人力车租不准增加》,《申报》1939年6月3日,第3张第11版。

③ 凡违章多收车租者,其第一次得处罚金100元;以后则每24小时处罚金25元。

④ 《人力车行主人剥削车夫罚锾》,《申报》1939年11月24日,第2张第8版。

⑤ 《人力车加租核准,车资亦加价》,《申报》1940年1月26日,第3张第9版。

⑥ 《明年元旦起人力车资提高车租增加亦经局方核准》,《申报》1940年12月29日,第3张第9版。

监控车主、包头私抬车租，在对阵中败北。

为配合减租目的，车改要求车主予以登记。由于层层转包，捐照人不一定就是车主，因公共租界捐照限额为9990辆，私相转售者"甚多"，一张捐照高达750元。[①] 实行"真正车主"登记的目的，就是限制转包。车务委员会成立后，即发相关通告：自8月起，凡请领公用车执照者，非持有人力车务委员会所给之车主证书，工部局概不发给车照。工部局要求车主必须在7月21日前领取证书。但部分车主拒绝请领证书，车务处发放的车主证书数远不及计划的700份。工部局再布告，"如现有车主之陈请不足额时，准备接受新车主之陈请书"，再次申明请领日期为7月25日至29日。其意在以新车主登记向老车主施压，逼其就范。工部局尝试先确定车主身份再允其申领捐照，而车商则认为出资捐照者亦为车主。1934年7月19日，殷芝龄往访工部局总裁费信惇；17日、30日，古沃律师代表人力车业同业公会特区办事处致函工部局总办钟思，均要求推迟车主登记时间。工部局决定将捐领执照时间延迟两周。

形势原本开始向利于工部局方面发展，却因工部局不适时推出"车夫登记"而不利于车改。此时，工部局公布《车夫章程》《黄包车夫领照办法》，要求车夫体格强健，严格限制车夫转让执照、转租车辆，严令车夫到指定地点候客等，又引起车夫反对。特区人力车商借势召开临时代表大会，议决不领证照，与车夫结成反对新章同盟，指斥工部局此举无异于"排斥车友出卖劳力"。[②] 工部局力主的车夫登记，就是限制车夫人数，紧缩人力车劳动力市场，从而扼制车商在庞大人力车"后备军"中任意挑选车夫而操纵车租。工

---

① 《工部局人力车委员会之报告》，《申报》1934年2月13日，"号外"第3页。

② 上海市人力车业同业公会编：《上海工部局改革人力车纠纷真相》，上海：文化印刷社，1934，第60、61、64、65、66、72、74、78页。

部局未曾预料到这原本是“离间”车夫与车主关系的措施，在客观上，反倒将车主与车夫的利益捆绑得更紧。为缓和矛盾，直到1936年1月15日后，车委会才严查车夫登记，凡未经登记车夫，处罚1元5角，并扣车。①

筹组人力车公司的前提，是必须完成“减车”计划。由此不难理解人力车委员会为何将这一相关联的举措列在其16项建议的前3项。但实际上，直到1938年，人力车才减少了400余辆。1934年启动车改时，之所以未能实施且长期搁置减车计划，一个原因自然是车商反对，第二个原因则是车委会华洋委员之间存在意见分歧。这一分歧还直接诱发了1934年8月9日的车夫“暴动风潮”。时人认为，“风潮”起因在于：有车夫误以为“对等会议”的新章已生效，按11角缴付车租而为车主所拒，又被拒租车辆，无业可操，遂走极端。严格来说，这一点不过是“风潮”的“导火线”。其实，请愿者确是以郑发珠组织的车夫为主体。机缘巧合，郑氏通过“风潮”为自己，也代车委会中的华董表达了内心诉求。8月6日，即“风潮”前三天，钟思与殷芝龄达成的《新章》并未列入朱懋澄所极力主张的“减车”、组建人力车公司的建议，这才是“风潮”暴发的真正原因。朱懋澄作为民国时期著名保工主义者，与郑发珠多有交往，郑发珠自然支持朱氏的主张。因此，郑氏在所发传单中呼吁“拥护朱懋澄抱有饭大家吃的主义”，并告诫车友支持人力车务委员会，“打倒奸商与工部局之妥协”。而呼吁团发起人之一朱树翘——前青年会中学校长，也是由朱懋澄安排“指导”车夫的。人力车“风潮”中的传单即为朱树翘所起草。这时的朱树翘正通过朱懋澄拟为“友人”组建新人力车公司请领营业执照。时舆论所称“风潮”起于

① 《特区人力车夫昨晨突与互助会冲突》，《申报》1936年1月10日，第3张第12版。

"新车主"的唆使,也并非空穴来风。[①]

直至1940年10月,工部局又拟组建人力车公司。其设想是以众车商合组股份公司,规定车商合法股息及红利,遇不敷开支时可如电车公司一样随时增加车资。[②] 这与车改最初以新公司代替车商的经营思路完全相悖,但也是一条将混乱的人力车业改造为较有序的公共交通事业的可行方案。其原因也好理解,要知道工部局从总董到总办、总裁已换几任。接到工部局征求意见函后,公共租界若干车商联名向工部局提出具体计划和建议。工部局虽称尽快核准车主建议,[③]但此事又再无下文,应该是经济形势不稳所致。自1939年初开始,物价启涨过快,1941年底、1942年初,物价更是涨势剧烈。以上海华籍工人生活指数为例,据工部局统计,其已较1936年增长18倍,即1元价值仅等于1936年的5.61分。社会各阶层生活成本也在持续增长,乘坐人力车对普通人而言已过于"奢侈"。[④] 人力车市场转为"买方市场",车商疲于维持车业,工部局对车改只能抱以观望态度。

(三)以车夫互助会重构车夫与车商的经济关系

车夫在经济上,对车商,特别是包头有一种强烈的人身依附关系。上海人力车夫收入低,难以养家,兼及贩卖、搬运、拾荒等"副

① 上海市人力车业同业公会编:《上海工部局改革人力车纠纷真相》,上海:文化印刷社,1934,第43、119、121、123页。

② 《人力车将成为公共事业》,《申报》1940年10月10日,第3张第11版。

③ 《人力车主谋取专利特权》,《申报》1940年12月7日,第2张第7版。

④ 《加了十八倍人力车显已列入奢侈品》,《申报》1942年4月27日,第1张第4版。

业”。[①] 车夫在经济上不能独立，是其尤为依附包头的根本因素。但这种人身依附关系，对车夫来说确实还有一丝“温情”(可向包头借款、可欠租)，包头客观上保障了车夫有车可拉。人力车委员会有意淘汰承放人，重构车主与车夫的直接雇佣关系。其报告中有言：承放人“与车主无公务上之关系，并使车夫因之车价增加”。此论触怒1500余名承放人，他们向工部局辩称：(1)承放人为车夫提供设备、宿舍；(2)车夫积欠车租、意外损失费，车夫无力赔偿，则全归承放人补足；(3)沪上工潮迭出，但10余万车夫数年未曾“有此不良现象”，全因承放人“维持之力”。在承放人看来，承担相应“义务”，“当然”享有“权利”。[②]

工部局在车改中，试图推动车夫互助会的发展，建立车夫与互助会之间的新纽带，以代替车夫与包头原有的经济联系，谋求车夫的经济自主而使其摆脱车商的控制。

车商针对车委会强烈的护工动机，采用主动对策，宣示其护工主张，一可占据护工主导权，二可博得社会同情。1934年3月中旬，车商大会通过《改善车夫待遇案》，拟从当年1月1日起至1935年1月1日止，筹设1所可接纳200人的车夫医院、4处车夫新村，到1939年底建成车夫新村20处，居2万车夫。3月下旬，殷芝龄等向工部局表示，人力车公会愿意在“折中减租”的前提下，筹设医院、车夫新村，开办车夫训练所，以期“实效毕臻”，最终实现车夫向车主直接租车的目的。[③] 车商之提议只不过是抛出一个与工部局

---

① 《上海黄包车夫收入调查问题的讨论》，《复旦大学社会学系半月刊》第2卷第10期，1931年11月1日，第29页。

② 上海市人力车业同业公会编：《上海工部局改革人力车纠纷真相》，上海：文化印刷社，1934，第23页。

③ 《人力车商说明减租意见》，《申报》1934年3月22日，第3张第12版。

谈判减租额度的筹码，有舆论指斥殷氏之提议无经费支持，不过“虚伪改良”，车商转而调整策略。人力车业同业公会召集车主会议，决议自7月1日起，每车日租金减为12角（内包括承放人所得）；决定缓建车夫新村、医院等“形象工程”，拟在租界、华界开办5家为期3个月的免费施诊给药所，设立施茶亭。上海市人力车业同业公会特区办事处还专发通告，宣称“车主时时刻刻将车夫摆在心上”，告劝车夫勿受外界挑拨。①

1934年5月，工部局又采纳人力车管理处建议，拟创办独立的“车夫互济会”，办理医务、洗浴、住宿、合作社、子女教育等福利事业。其会费，拟于人力车每一班（1天2班）征收小洋半角，由车主在工部局规定车租外附带征收，车主每月每车向互济会预交大洋1元5角。凡车主续领车照，必须持此项交费收据，工部局对于合作之车主，优先发给执照。此项附征之费即自车租减为小洋10角时实行。如此，自8月1日起，车夫每日付车租小洋10角，加附捐小洋1角，共计11角，较原14角减少3角，同时，车夫享有互济会提供的各项福利。② 工部局设立互济会，显是为了替代车商所拟办的各种保工计划，进一步削弱车主存在的合理性，为最终取缔人力车市场扫除障碍。人力车业同业公会极力反对管理处强迫车商代为向车夫征收每日每辆1角救济费，甚至要求取消管理处。殷芝龄等晋谒工部局总办，特别强调公会已向各车主征集5万元，用于救

① 上海市人力车业同业公会编：《上海工部局改革人力车纠纷真相》，上海：文化印刷社，1934，第41、42页；《沪公共租界改革人力车风潮将扩大》，《大公报》（天津）1934年3月24日，第1张第14版。

② 上海市人力车业同业公会编：《上海工部局改革人力车纠纷真相》，上海：文化印刷社，1934，第50、51页。

济车夫。[1]

7月13日,人力车夫互助会正式成立。工部局委派麦西、朱懋澄、王志圣为基金委员,复由该委员延请热心社会事业、富于经验之李登辉(复旦大学校长)、博金斯(妇女联合团体委员会秘书)、塞维斯(华洋义振会秘书)、特德能(美国圣书公会)、应书贵(上海青年会会计)、仇子同(杨树浦社交中心部秘书),共组管理部。会费仍按最初设计,即车夫每日捐小洋1角(每月30角,合大洋2元3角),经车主代收,车主每月每车交大洋1元5角。[2] 车商收小洋,向工部局交大洋,其亏折不小。车商对这一点也有烦言。6月间,小洋兑换大洋,即由12角涨至14角才可兑大洋1元。[3] 工部局要求车商交大洋,即让车商承担车夫所交小洋的亏损,以保障会费不致"缩水"。8月1日,车业同业公会顾松茂等向上海市政府请愿,称工部局要求代缴每车每月大洋1元5角是变相征收"附税",违背了《洋泾浜章程》之规定。[4] 同时,车商要求推派2名代表进入互助会,以监督捐款用途。5天后,在"对等会议"中,车商与车委会达成协议:(1)车商按大洋代收车夫捐款,车商公会答应预付当月互助会费15000元;(2)增聘已登记的车主及登记的车夫各2人为委员,由江淮公所主席成夑春代表车夫;(3)互助会暂办8个月。该协议解除了车商以小洋兑换大洋之忧,给予车商在互助会中的用款监督权。车业同业公会根据协议,以车主每车每月应预付1元5角标准,按10000辆车计算,立即由其所存救济费项中抽出15000

---

① 《人力车改革案,市商会与同业公会之意见市商会函》,《申报》1934年6月22日,第3张第11版。

② 《人力车夫互济会工部局着手组织》,《申报》1934年7月18日,第3张第11版。

③ 《人力车改革案》,《申报》1934年6月22日,第3张第11版。

④ 《人力车公会代表昨晨向市府请愿》,《申报》1934年8月2日,第3张第12版。

元由工部局保管，以待车主代表入职互助会后使用。① 随后，殷芝龄、顾松茂增补为互助会理事，理事计达12人。因成燮春以年迈事烦力辞未就，车夫登记一直未完成，互助会中实际并无车夫理事。互助会增设理事部，又由理事部组织干事部，敦请张登瀛为总干事，负责一切会务。11月间，陈国樑提出该会“组织之种种设施情形，不但与救济车夫事实不符”，而且管理人员本身就有人力成本，担心“将来车主必定借口停止助费”，主张工部局将互助会拨归劳资双方管理。②

互助会自1934年11月，开始兴建诊所、课室、阅报室、浴室、茶室、游艺室、食堂、理发室。1935年2月6日，东嘉兴路总会所揭幕。到同月底，互助会还在北区、西北区各设成1处中心学校及车夫子弟学校、车夫日夜学校、寄宿所。③ 3月中旬，工部局正式批复互助会组织章程，再次明确当前的工作主要是为车夫提供医药、浴所、廉价宿舍、学校、阅书室，兴办演讲及娱乐活动，将来再开办储蓄银行、合作商店，实现残废救济。④ 到4月，互助会又建成车夫“自助餐”食堂，全日营业，最低饭资仅铜元几枚。车夫宿舍备有铜床、厚絮被、白被单、木棉枕、厚垫褥、储藏箱，条件颇佳，然自开办以来，居住1月、1周者，只占入住车夫的百分之一二。究其原因，车夫多以“不敷食用为词”。互助会为此将房费调整为：住1月，铜

---

①《工部局召开董事会议，追认解决人力车办法》，《申报》1934年8月8日，第4张第13版。

② 上海市人力车业同业公会编：《上海工部局改革人力车纠纷真相》，上海：文化印刷社，1934，第136页。

③《工部局整顿人力车之经过》，《申报》1935年2月8日，第5张第19版。

④《人力车夫互助会组织章程经工部局核准》，《申报》1935年3月13日，第4张第13版。

元150枚(一次缴清);住1天,铜元8枚;租住20天以上者,送10天。[①] 另有统计,到1935年3月时,互助会已开办日夜学校初、高级两班(平均学生260人左右,4个月毕业),设置代书处、问字处,开办诊疗所(1934年11月及12月两月间就诊者共1034人),建成洗浴室(暂定会员一星期可来洗澡一两次,并由该会供给毛巾用具)。[②] 虽然互助会确有成效,但陈国樑等仍坚持要求收回互助会,由劳资双方自行办理。[③]

车商原本答应互助会试办8个月,但已逾时限而工部局仍未有所表示。特区人力车公会于5月11日召开车主紧急大会,议决改组互助会,自6月起不再缴纳会费。大会宣言指斥互助会工作"类皆铺张扬厉,徒壮观瞻,借以位置私人,聊为点缀门面,将聚敛血汗所得之金钱,只供有名无实之挥霍,而于车夫急切需要事项,未有若何表示"。并责备互助会主席麦西剥夺了车主委员顾问会务的权力,强调车夫互助"应由车夫与有关系之车主参酌,断非行政人员所可自如操纵"。[④] 车主希望以此掌握互助会的主导权。此时,车夫又对互助会事务发起声讨,一时与车主结成同盟军。5月28日,公共租界人力车夫代表40余人召开临时紧急会议,批评互助会仅注重车夫下棋、吃茶、看报、听戏等无益的"表面娱乐",提出要发放寒衣、施材、放粥、教识字等"真实救济",更反对互助会将捐款用于支付委员薪酬。[⑤] 5月29日,特区人力车公会召集500余人

① 《人力车夫互助会》,《申报》1935年4月16日,第3张第12版。

② 《上海人力车夫互助会概况》,《国际劳工通讯》第7号,1935年4月,第129页。

③ 合作:《人力车夫要求市府向英工部局交涉》,《申报》1935年4月8日,第4张第13版。

④ 《人力车委会违反规定》,《申报》1935年5月12日,第4张第13版。

⑤ 《人力车夫昨开紧急会》,《申报》1935年5月29日,第3张第12版。

参加的“全体车主大会”,继续讨论互助会费问题。作为“指导者”出席的市党部赵尔昌,在讲话中指责车业公会向互助会拨付15000元“殊属非法”。大会决议将互助会基金交各界名人保管,强调车主要求未解决前,一致不缴互助费。①

此时,有些车夫也对互助会的工作寄予厚望。6月17日,车夫代表卞庆忠等要求车务管理委员会向登记车夫发放草帽1顶、草鞋1双、衣裤1套,并于沿路设施茶缸,为车夫注射防疫针。② 互助会理事部特于28日开会,出台“夏令服务救济办法”:(1)自7月至9月,在公共租界内增设茶缸20只;(2)免费给会员提供痧药水;(3)新建3处诊所;(4)于闸北、南市增设廉价浴室数所;(5)继续家访,推行生活、疾病救济。③

互助会在贬多于褒的氛围中,于成立一年之际,对外公布工作实绩。以到总会所、西区分会、南共分会、南市支会的车夫人次统计,计诊疗所29466人,日夜学校26059人,社会教育78174人,互济案(给米、给旧衣裳、重病送医、小额借款、给患重病者回乡川资、解决纠纷)1507人,寄宿舍(自1935年2月起)23907人,沐浴室74070人,书报室79218人,饮茶室152559人,游艺室67608人,食堂(自1935年4月起)3702人,车夫家庭巡回诊疗1530人。为回应车商、车夫要求公开账目的呼声,互助会虽然未对过去一年的经费支出予以公示,但公布了下一年度支出预算:(1)社会保险、救济及医药费6815元,占总支出50%;(2)行政费3390元,占25%;(3)教育及运动费1153元,占8%;(4)沐浴费1415元,占10%;(5)茶及游艺费440元,占4%;(6)寄宿设备费390元,占3%。该会每月

① 《人力车主大会反对缴互助费》,《申报》1935年5月30日,第3张第11版。

② 《人力车夫昨向人力务管理会请愿》,《申报》1935年6月18日,第3张第12版。

③ 《人力车夫互助会扩大救济工作》,《申报》1935年6月29日,第3张第11版。

收入约为 14885 元,支出为 13603 元。[1] 由此可知,互助会工作并非仅以“表面娱乐”就能否定,互助会也在通过预算明确工作重心。

8 月 9 日,即一年前车夫罢工风潮的同一日,公共租界内各马路及闸北、南市一带突现“上海人力车夫互助会宣言”传单,意图引发车夫骚动,将互助会引入绝境。内中大意:互助会已准备米 2 万担、衣 4 万件,以 50 万元特设借银部,等候全体车夫前来总会领取、借贷。当日下午 1 时半,有多名车夫手持传单到总会及南市分会,要挟互助会总干事张登瀛照单发放物品。捕房接到互助会报案,拘捕散发传单者 1 人。据供称,此乃朱凤祥以报酬唆使而为。其时,互助会正举行理事常会,朱凤祥、徐竹林等到会,要求公布该会账目,索要传单上所列各物。[2] 联系前文所述朱凤祥与朱懋澄的关系,以及朱凤祥曾是上年“风潮”的领袖之一的背景,此次传单事件极有可能是由朱懋澄所策划的。作为护工闻人,其目的就是寻找机会将车主挤出互助会,阻止车主及部分车夫代表陈国樑所主张的劳资合办互助会成为现实。8 月 21 日,朱凤祥、徐竹林等 9 人向华董虞洽卿请愿,并函工部局代理总办费利溥及华总巡姚曾谟,要求出任互助会主席。[3] 官方则以“静候解决”的回复敷衍了他们。

此后的 4 个多月,互助会、车商、车夫似乎相处平和,实则各方矛盾日益聚集,终至车夫暴乱。1936 年 1 月 9 日上午,朱凤祥一派,即人力车夫协会 500 余人,集合于总会门前,派代表 50 余人入内欲与总干事张登瀛接洽,引起车夫与互助会职员的打斗。捕房得报,派大批探捕前往平乱,将正副总干事及车夫代表带走询问。

---

① 《上海人力车夫互助会一年来成立经过报告》,《申报》1935 年 8 月 5 日,第 3 张第 10 版。

② 《人力车互助会昨日有人破坏》,《申报》1935 年 8 月 10 日,第 3 张第 13 版。

③ 《特区人力车夫昨向华董虞洽卿请愿》,《申报》1935 年 8 月 22 日,第 3 张第 11 版。

下午7时,有失业车夫500余人于南市集合,声称援助请愿车夫,随后分头赴各马路拦阻公共租界人力车,将车胎放气。1月10日上午,一些车主惧怕车辆被毁,停止放车,计约3000辆闲置。罢工车夫10000余人,会同失业车夫2000余人,四处滋事。① 车夫暴动的原因,似如车夫强行张贴在总会墙上的"布告"所言:"工友们呀!我们生意不好,年关将到,费用很大,向老板借钱不肯,所以今天要向互助会借年关费用,若不答应,惟有不交会费三个月,作为真真救济。"②而其根本原因,应该是车夫协会未能争得互助会的主导权而意图泄愤。

互助会为堵住反对者之口,唯有大力发展车夫福利事业,其在医疗方面确有进展。到1936年2月底,已建有5个诊疗所,内有医师、护士20余人。自1934年11月10日至1936年2月底,会员及家属就诊人次达141312次,到车夫家中巡回问诊达6459人次。③

既然难以入主互助会,特区人力车夫协会就创建新的组织,以代替互助会的功能。经党政机关支持,车夫协会于3月27日举办人力车夫福利会筹备会议,议决:经费由各区承放人分担,举办"窃车保障""车辆安全保险"。④ 从车夫协会预设的福利会经费来源看,车夫协会开始筹划与承放人合作。不过,车夫协会所办保险还只是预案,与互助会拟实施的车夫残废保险一样,实际一时并无操作的可能。

实际上,此时互助会保工事业,已经赢得社会某种程度的信任。车夫间出现各种纠纷,均请该会衡情酌理,互助会由此设立纠

① 《特区人力车夫一部分罢工》,《申报》1936年1月11日,第3张第13版。
② 《特区人力车夫昨晨与互助会冲突》,《申报》1936年1月10日,第3张第12版。
③ 《人力车夫互助会对车夫疾病医药情形》,《申报》1936年3月10日,第4张第13版。
④ 剑平:《人力车夫福利会》,《申报》1936年4月10日,"本埠增刊",第1版。

纷调解处。调解处由解决车夫间纠纷，而至解决车夫与包头、车夫与捕房的纠纷，颇得各方满意。[①] 尽管如此，改组互助会的呼声却一直持续不断，但工部局态度强硬，互助会仍一如既往地开展会务。

1936 年 4 月间，车商又向工部局提出改组人力车互助会。工部局明确答复：现有组织中已有车夫、车商、市商会、纳税华人会、民众代表与人力车务委员会各方代表，互助会理事会可以代表各方意见；强调在新办法未采纳前，本局仅将车照发给愿意合作、缴纳会费的车商。[②]

车夫中还有一派对互助会组织形式耿耿于怀，而欲改造。1936 年 7 月初，互助会候补理事周维高提出，互助会理事应由党政机关人员、公团领袖及慈善家担任。车夫不宜担任理事，以免因“智识薄弱，易受人利用”，引起“阶级斗争”。经费不宜取于车夫，应由车商、工部局、慈善家捐助。[③] 周维高暗指朱懋澄等为利用车夫之人。

9 月 14 日上午，陈国樑等 300 余人又至工部局，要求“会务应行交还人力车业劳资双方自行办理”，声称互助会榨取车夫血汗钱，以供内部人员挥霍，“车夫一点利益都沾不到”。[④] 朱懋澄则借助报纸，用数据向社会表明：互助会堪称“远东唯一之劳工福利机关”。他告知外界，仅本月 7 日至 13 日内，车夫到会次数计 64837 次，其中到诊疗所看病者 3914 人，请医生外出巡诊者 24 人，接受生

---

① 《人力车互助会纠纷调解处之成绩》，《申报》1936 年 6 月 11 日，第 3 张第 12 版。

② 《人力车问题联席会议》，《上海公共租界工部局公报》第 7 册第 19 期，1936 年，第 193 页。

③ 《人力车互助会》，《申报》1936 年 7 月 7 日，第 4 张第 13 版。

④ 《人力车夫代表请愿》，《申报》1936 年 9 月 15 日，第 3 张第 11 版。

育辅导者163人，听演讲及阅览图书者15555人，施米279次，沐浴人数13602人，饮茶者20047人。朱氏在谈话中尤为强调“真实车夫”对互助会工作“无不表示赞同”，称当年5月初，支持该会工作并表示愿付会费的车夫“在数日之间，竟有三万人之多”。① 车夫经济窘困，一遭疾病，则无力问医而影响拉车，因此互助会将医药救助作为首要工作。实际上，此项工作成效最为显著。到1936年底，互助会建成5处诊疗所、1所医院，车夫住院，其餐饮、医药皆由医院免费提供；重疾患者，由互助会出钱转入专门医院治疗。自1934年12月起至1936年9月底，车夫会员及家属赴诊疗所、医院就诊共计321534次，护士巡回看护7179次，注射防疫针2834人，种牛痘6951人，产妇指导312次，住院治愈者325人。②

1937年初，又有一派车夫要求国人自办车夫福利。特区人力车夫代表陆绍德、卞长元等120余人向外交部驻沪办事处请愿，要求设立上海人力业救济会，建设16所子弟义务学校、3所慈善医院及车夫训练所，救济整个上海的车夫。其经费由车主按每车每月1元1角5分提供。③

车主不甘于拱手出钱，而由互助会操纵车夫福利，也在寻找对策，以掌握兴办车夫福利的主导权。1936年6月至7月间，经车商会员大会及执行委员会议决，由车商组织车夫福利会，开展车夫及子弟教育，经费以入会之南北市特区车辆每月缴纳3角为主要来源。④

---

①《工部局车委朱懋澄答问》，《申报》1936年9月26日，第4张第14版。

②《人力车互助会医药卫生事业》，《申报》1936年11月19日，第3张第12版。

③《特区人力车夫代表百廿人昨晨向外办处请愿》，《申报》1937年1月14日，第4张第15版。

④《本市人力车同业公会发表车夫识教一年计划内容》，《申报》1937年2月22日，第3张第10版。

其实,仅从经费方面来看,即便是车主集团也无法承担车夫教育工作,遑论负责整个福利事业。比如,1937 年 7 月,车商公会在上海市社会局的支持下,推行为期一年的车夫识字计划;拟开办 65 所识字学校,教授 65000 人。其经常费(教师公薪、工饷、办公费、房租)、开办费(课桌椅、黑板费)、临时费预计 67802 元 4 角。① 碍于经费无着,车商只好函请互助会共同办理此项宏大计划。②

经费同样是互助会的命脉。自 1934 年 8 月互助会成立,互助费均可正常收取,且随物价指数上扬而有所调整。正因有经费支持,互助会工作才得以顺利开展。据 1939 年 10 月互助会总干事仇子同报告,近一年来,互助会中、西诊所分别接待病患 105942 及 1340164 人次;自设医院收住院病人 7897 人,送合作医院治疗计 9215 人;救济案 3990 件,保险案 328 件;子弟学校学生人数达 111894 人,成人教育班学员为 32273 人。经潘序伦会计师查核,这一年来的总收入有 144985 元,支出计有管理费 21257 元、救济费 19295 元、保险费 11540 元、教育费 11677 元、医药费 61443 元、沐浴费 6225 元、饮茶费 2575 元、车夫换照费 5477 元。③ 同样因有经费保障,租界收回后,人力车互助会因其福利车夫,得以继续存在。至少到 1947 年 2 月,互助会仍在服务车夫。

工部局最初的车改 16 条中,并无"互助会"条款,但互助会却在车改发轫之初即成立,也是人力车务委员会唯一的下辖机构。工部局运用行政杠杆及经济杠杆,将车商代车夫预缴会费作为颁发捐照的必要条件,在很大程度上为互助会开展系列福利事业提供了经费保障。互助会没有被对手打败,也得益于此。互助会造

---

①《本市人力车夫强迫识教计划》,《申报》1937 年 3 月 7 日,第 3 张第 12 版。

②《人力车夫识字教育问题》,《申报》1937 年 2 月 26 日,第 3 张第 10 版。

③《人力车夫互助会议》,《申报》1939 年 10 月 4 日,第 3 张第 10 版。

福车夫功不可没,但车夫属赤贫阶层,首要需求当为衣食。车夫收入即使在车改后确有略涨,也难抵通货膨胀所带来的贬值。以1942年为例,上海物价指数已较1936年上涨18倍,据统计,华籍工人五口之家,若想维持1936年的生活水准,必须有月薪约1800元,而其时平均实际月薪仅373元。① 普通工人生计尚且如此,车夫家庭生活更是难以为继。车夫及其家庭的出路无非回乡、流浪,或按惯例继续向原有承放人借贷求生。如此而论,互助会不可能打破车夫原有的生存方式,车主、包头仍然主宰着车夫的生活。

(四)车改难行的两种机制

人力车业是民国时期市镇交通的重要组成部分,车主、承包人、车夫共同支撑着整个行业。整个车改历经几任总董、总办、总裁的更替,也经历车务委员会的成立到撤销,却并未中断过。毫无疑问,车改的每一个环节、每一个举措,自始至终都是工部局与车商博弈的产物。工部局对车业由硬性管理变为柔性监督,给予车商一定的自主权,减轻车商部分负担,车商是此次车改的最大赢家。据车商言,车辆由每2个月验车1次,改为4个月1次,每车每月可少损失1元;不再撬牌,无须停运,平均每车每月少损失4元。此类增收多少可弥补车商因更换新车而增加的成本。“特准试办新车”,促使车商联合开办制车厂,进一步降低了成本。允许车商合法收取必要费用,则更为密切车商与车夫之间的经济关系;其中,车夫向车商借款是维持劳资关系的最重要纽带。保障车主介

① 《加了十八倍人力车显已列入奢侈品》,《申报》1942年4月27日,第1张第4版。

绍车夫的权利,也有利于车主掌控车夫。[①] 工部局在人力车改革方案中,又以威权形式规定车商保护车夫的义务,如要求车商预支车夫互助会会费;同时,以赋予车商上述诸多权益换得车商同意减少车租。

工部局在此次改革方案的出台过程中,不断让渡自己的经济利益及管辖权力。车夫原本是车商的经济对立面,但绝大多数却在车改风潮中与车商共进退。由国民党中央党部民众运动指导委员会批准成立的人力车工会(其代表是陈国樑),时与车商共同对阵工部局。如果考虑到这一点,改革的结果只能表明,改革前的人力车业的劳资关系实为一种较为稳定、相对和谐的责、权、利关系,改革只能修补而不可能根本改变这一传统的劳动力市场。公共租界内的人力车改革,旨在调整工人、车商和承放人之间的利益分配,确保车夫合理的收益,却遭到三者的一致反对。

既然车改如此有利于车业劳资间利益趋同,有利于"劳资合作",那么就很好理解为什么在车商、车夫向党政机关请愿反对车改时,党政机关却从不"在场"。车改中硕果仅存的"互助会",因行党政护工职能,更为其所推崇。1936 年 7 月,国民党中央民众训练部农工商科科长张剑白,对人力夫互助会给予了极高的评价:"该会目的在维护人力车夫利益,并注意车夫德、智、体、乐各项事业之设施,设备颇周,成绩亦佳。"中央民众训练部则致函上海市党部、市政府及南京市党部、市政府,希望以此为范本"斟酌当地情形,妥议办法",先行办理。[②]

---

① 上海市人力车业同业公会编:《上海工部局改革人力车纠纷真相》,上海:文化印刷厂,1934,第 151、152、154 页。

②《筹组沪宁黄包车夫福利团体》,《中央民众训练公报》第 6 期,1936 年 7 月 25 日,第 98 页。

上海一地的其他行业也不大可能容纳大量无甚劳动技能的贫民,拉车无疑是这类贫民留在上海谋生所需"门槛"最低的行业。车夫中除部分是以拉车为固定职业外,大半皆为苏北农民,每年4月至9月"双抢"时期,流动性极大。人力业季节性明显,忽而车不胜拉,忽而车辆闲置。工部局交通问题委员会于1924年至1926年即有减少人力车数量的计划,其迟迟不能实施的原因除涉及车商利益外,与劳动人力的"弹性"需求适为相关。因此,改革定案实际上就是同意放开车夫市场,故对车夫身体素质等要求也就置而不论了。为保障人力车业在与上海公共电、汽车业的竞争中不至于败北,并保障两个市场的并行,进而保障车夫就业机会,工部局最终放弃了预案中上调车价的条款,只是在车改后期因物价全面上涨,才适当调整车价。总之,工部局取缔车主对人力车市场的操纵、淘汰人力车市场的终极目的未能实现,只是在改革中最大限度地护工、抑资,但这又客观上密切了劳资双方的合作。一切改革,似乎又回到了原点,但车夫从车改福利中仍可受益。

任何机制都在一定的社会经济基础之上发生效应。人力车夫是中国近代以来一个较为特殊的群体,他们以肉体充任运输机器,劳动强度大,但收入却难以维持自身及家人的生计。据学者1936年估算,在北平、上海、南京、天津、汉口、成都、广州、开封、杭州、福州、青岛、无锡、武昌、长沙、苏州、重庆、太原、徐州、唐山、常州、芜湖、安庆、汉阳、南昌、张家口、济南26个主要城市中,人力车达158283辆,车夫有377556人。按民国时期公认的每家平均人口4.7人计算,以全国50万人力车夫计,则至少有200万至250万人要靠拉车维持生活。从收入来看,上海、天津、北平、成都、无锡等地,每车每班最高车租为6角4分,最少为1角1分,一般在2角至3角之间。按昼夜两班计,每月每车均付租金在12元至18元之间,即每一车夫每月支付6元至9元的车租。车租外尚有车捐,亦为车夫直接或间接所担负。北平、上海租界、天津租界,每月车捐分别为1角5分、6角5分、洋9角。上海车夫平均净收入,每月只得17元7角,若以四口之家计算,每人每月只有4元4角生活费。① 这一统计与上海市社会局调查结果基本相同(表3-7),车夫生活苦不堪言。

表3-7 上海车夫之最高最低及平均收入表

收入总数与净数	最低	最高	平均
拉车所得每月总收入	6元1角	28元1角1分	17元8角8分
拉车所得每月净收入(付去车租后之收入)	3元4角1分	17元5角	9元2角3分
拉车所得每日总收入	4角7分	1元7角7分	1元1角2分
拉车所得每日净收入(付去车租所余之收入)	3角3分	1元1角6分	5角9分

资料来源:上海市社会局调查《上海之人力车夫》,《劳工月刊》第4卷第8期,1935年8月1日,第2页。

另据北平中华教育文化基金会董事会社会调查部访谈调查(表3-8、表3-9、表3-10、表3-11),镇江人力车夫全家生活费每月需13.15元,加上服装、杂费等,全家平均每月支出为15.17元,而车夫每月收入(除租车费)仅有13元3角,不敷尚有1.87元。车夫只能以典质与借贷生存,“大多家庭生活皆居于生活线下”。车夫“所入不够缴租亦复不少”,欠租3日,便被车商拒租。车夫家人

① 谷士杰:《中国的人力车夫问题》,《劳工月刊》第5卷第4期,1936年4月1日,第3、8、10页。

“吃的大都为粥、菜根,穿褴褛的衣裳,住潮湿的草房”,其子孙大多以拾荒、乞讨为生。①

表 3-8 人力车夫每月净收入

人数(人)	9	10	42	26	10	1	2	100	m = 13.3
收入数(元)	1—4	5—9	10—14	15—19	20—24	25—29	—	共计	md = 12.5

资料来源:赵宏弼《镇江人力车夫的生活调查》,《江苏研究》第 1 卷第 2 期,1935 年 6 月 1 日,第 3 页。

说明:上表统计,m 是平均数,md 是众数,即次数最多之数。以下三表亦同,不再赘述。

表 3-9 人力车夫全家每月生活费

家数(户)	4	14	30	27	10	0	5	100	m = 13.15
生活费(元)	1—4	5—9	10—14	15—19	20—24	25—29	30—34	共计	md = 12.5

资料来源:赵宏弼《镇江人力车夫的生活调查》,《江苏研究》第 1 卷第 2 期,1935 年 6 月 1 日,第 3 页。

表 3-10 人力车夫全家每年服装费

家数(户)	5	16	27	19	13	14	3	3	100	m = 16.9
服装费(元)	1—4	5—9	10—14	15—19	20—24	25—29	30—34	35—39	共计	md = 12.5 每月 = 1.2

资料来源:赵宏弼《镇江人力车夫的生活调查》,《江苏研究》第 1 卷第 2 期,1935 年 6 月 1 日,第 3 页。

① 赵宏弼:《镇江人力车夫的生活调查》,《江苏研究》第 1 卷第 2 期,1935 年 6 月 1 日,第 4 页。

表 3-11　人力车夫全家每年杂费

家数(户)	27	28	28	9	5	2	1	100	m=9.85
杂费(元)	1—4	5—9	10—14	15—19	20—24	25—29	30—34	共计	md=10 每月=0.82

资料来源:赵宏弼《镇江人力车夫的生活调查》,《江苏研究》第 1 卷第 2 期,1935 年 6 月 1 日,第 3 页。

从上面列举的全国大致情况来看,车夫及家人生活无着,虽然上海公共租界工部局降低了区内车夫所付租金,但区内车夫及家人的生活水准还是不能得到根本改变,仍生活在贫困线以下。

贫困是车夫的“固有属性”,寻求“庇护”是其唯一生存手段。车夫与车商、承放人之间构成了生活共同体、利益共同体、生产共同体。切实可行的车改,应该由工部局给予车主经济补贴或减税,要求车主承替包头直接管理车夫。可惜的是,工部局的原则是取之于车业、用之于车业,始终难为车改提供经费。舆论对此颇有烦言:“救济车夫的经费中,车商应该缴纳 1 元 5 角,不但未慷慨解囊,并且还从每个车夫的头上,每月再搜刮去 6 角大洋(车夫每月向车主纳 2 元 1 角,而车主只向工部局缴 1 元 5 角),什么人道主义?简直是猫哭老鼠的滑稽戏!”①1936 年 10 月,工部局例会决定停办车务委员会,有华籍委员提出互助会费不应再由车商代向车夫征缴,而应由工部局从执照费中拨充。② 实际上,工部局从未履行过这一决议。车改启动前后,工部局年收人力车税达 24 万元,

① 《上海公共租界人力车问题的发生经过与现状》,《民生》第 2 卷第 24 期,1934 年 8 月 15 日,第 10 页。

② 《上海租界工部局停办车委会及改组互助会》,《国际劳工通讯》第 3 卷第 11 期,1936 年 11 月,第 51 页。

远在电车、公共汽车业之上,[①]完全有能力贴补车商或互助会。当然,这笔收入也是工部局向车商妥协的重要原因。

车改难以推进,全碍于两种机制:

一是"劳动力市场—车业"。车夫多因农村经济萧条而流入城市,他们缺乏谋生的技艺,却又有着极强的流动性。公共租界车夫9/10来自江北盐城、阜宁、泰州等地,多在上海居住达10年以上。但终年居沪以拉车为固定职业者,实占少数。大部分如"候鸟"般春去秋来,全视农村收获而定。[②] 唯有人力车业能随之扩大或减小营业规模,因其投资成本较低,又可按月缴捐照。这说明人力车市场存在的合逻辑性及现实性。否则,"要废除人力车,无疑是驱迫无数穷苦车夫陷入生活的绝境"。[③]

二是人力车业中的"车主—承放人—车夫"间的"习惯性"契约。三者之中,承放人发挥着"中轴"作用,负责具体经营,帮助车主应对人力车市场不断扩充、紧缩的压力,代为缴纳罚款、赎回被扣车辆等,为车夫提供最基本的生存条件。在这一关系链中,车主乐得拱手让渡经营权,维持承放人的代捐业务。在这个意义上,"劳资合作"绝非能徒托空言,而是为劳(车夫)资(车主、承放人)之间的特定机制所左右。有时论不明就里,以为取消包头并非难事:"我们以为车主倘肯暂时稍为让步,牺牲一点私利,在和包头间契约年限未满之前,自动减轻若干车租,使包头不至吃亏,待契约到期,再行取消,自然不至发生什么枝节了。"[④]车主一般多为社会

---

① 《上海公共租界人力车纠纷真象》,《中国社会》第1卷2期,1934年10月15日,第76页。

② 《工部局人力车委员会之报告》,《申报》1934年2月13日,"号外"第3版。

③ 行安:《改革人力车问题》,《人言周刊》第1卷第9期,1934年4月14日,第175页。

④ 行安:《改革人力车问题》,《人言周刊》第1卷第9期,1934年4月14日,第176页。

名流，有“闲钱”，图谋利，却不可能亲自管理。车主领袖殷芝龄最为典型，其获有哥伦比亚大学硕士及纽约大学教育哲学博士学位，身兼国立东南大学、私立南方大学、国民大学教授，被誉为“教育先进”“社会贤达”，深得车业“个中三昧”，当然要维护车商整体利益，在与工部局谈判中哓哓置辩。殷氏背负骂名，受到道德“审判”也就“理所当然”了。时论有言：“殷博士却用了他的高等教育来设法阻止改善人力的计划。殷博士快醒悟罢，多挣钱当然是不妨，但是，在人力车车夫身上去挣钱，是一件不人道的事啊！”①车改不可能将承放人驱离人力车业，在这一如此环环相扣的利益链条中，承放人决定着车业的存在与否。

工部局从大刀阔斧的车改，到与车商的妥协，其实就是对这两种机制，特别是第二种机制逐渐有所认识的过程。车改之前、之初，人力车特别委员会空有热情，难切实际。诸如提高车价、调整新车式样、要求车夫登记等，都是这个包括朱懋澄在内的理想主义小团体的“杰作”。殊不知，车价高，无人坐，车夫生意萧条；车重，车夫难拉；未能登记的车夫，何以为生？一旦认识到了这重重制约机制，人力车特别委员会就主动向工部局董事会提出解散车务委员会。既然无法改变这重重机制，工部局对车改只好得过且过，互助会的福利事业正好装点其门面。工部局为了数额不菲的捐税，一旦车夫不足额，即刻就会满足车主申请，此举断非仅为车主利益。车主向车夫收取的会费多于其代缴的会费，此差额是工部局酬其代收之劳，无异于一笔变相的“车租”。车主在车改中常以“受虐者身份”声称要讨回“公道”，实际心里万悦千歌。在整个车改中，车夫仍然具备“暴民政治”的特点，但与其他产业、职业员工不

① 《殷芝龄与人力车》，《平民月刊》第10卷第5期，1934年5月，第4页。

同，其“暴力”所向不是资方，反而是声称护工的车委会。大到市场环境、小到产业与行业内部经营状况，甚至建立在情感之上的相互体认，均可决定劳资双方或亲和或敌对的关系。不过，若干机制性、结构性要素则根本制约着劳资关系的“裂度”，而不以外界意志为转移。

较之公共租界当局，法租界工董局整顿人力车市场，同样受到车商、承租人、车夫的联合反对。法界当局并未设置车夫互助会等组织，对工人予以必要的补偿。其改革动机更多出于整顿区内秩序，而非调适车夫与车商间的关系，更非提高车夫待遇。1934 年初，在沪市法租界公董局限制人力车照会 17000 辆后，一部分车有车无照，无法营业。叠经市商会上海市人力车业同业公会、法租界纳税华人会援助，分别向法当局请求救济，但无效果。3 月 9 日，无照车户 200 余人，往市政府、市党部、法租界纳税华人会请愿。① 4 月 30 日，部分车主以“生计顿告断绝”，向党政机关、市商会、车业公会、法租界纳税华人会等各机关团体请愿救济。经法租界纳税华人会委员的斡旋，法租界当局又增发 136 张车照。② 但如此少的车照无法满足车商、车夫之需求。1935 年 8 月 6 日晨，约 7000 辆人力车，24000 名车夫，因反对法租界当局实行登记新律，而发动总罢工。是日 9 时，千余名车夫欲赴法公董局请愿，在华法交界之斜桥，与法捕房 100 余名武装法捕及越捕发生冲突。车夫被逮捕 3 人，伤数十人。余者向华界溃退，公安局闻讯，加派大队警士赶至协助法捕房，维持秩序，并将受伤车夫送至医院，平和秩序始告

①《国内之部 · 劳动行政》，《国际劳工》第 1 卷第 4 期，1934 年 4 月，第 74 页。

②《国内之部 · 劳动行政》，《国际劳工》第 1 卷第 5 期，1934 年 5 月，第 55 页。

恢复。①

1945年底,重庆国民政府行政院指示交通部拟具废除人力车的规划,训令于1946年1月开始全国禁用,限3年内完成。1946年,国民政府交通部、社会部两部拟具《禁止使用人力车实施要点》,要求通过限制人力车夫与车辆登记名额、停止人力车辆与配件生产等办法,在三年内逐步淘汰以至禁绝人力车。② 上海人力车夫首先反对,组成请愿团赴南京,呼吁取消成命。1946年,重庆公务局以"人力车既不人道,又不科学,也不经济",宣布限期废除人力车,但社会局却以"最好是大家自己想法子"的态度,对待人力车夫的失业问题。8月7日,全市2万余人力车夫召开"反对废除人力车大会",响应上海车夫的行动,要求政府将取缔人力车的期限展期到1952年。车商则一致支持车夫要求。③ 武汉市政府决定以三轮车代替人力车,同样引起了车夫的极力反对,人力车数量反而骤然增加。时车夫需交车行押金为2至3万元,日夜两班缴纳车租1500元。但"一般平民,多为生计所迫,一时不顾往日面子,缩紧腰带,挺起胸膛,垂头钻进'人畜并行'的人力车群里,充当人力车夫。"据调查,汉市人力车夫14500人,内有校官、营长等退役军人十余人,中学生数十人,商人三四百名,士兵退役失业者四百余人,还有知识分子数人,甚至有数人"曾参加广州国民党第一次代表大会",余多为复员返汉失业者。④

参照上述两种机制,这一事实再次说明,人力车行业是一个

① 《沪法租界人力车夫因反对登记总罢工》,《中央日报》1935年8月7日,第1张第3版。

② 《取消人力车》,《和平日报》1947年1月8日,第5版。

③ 《渝人力车夫集会反对限期废除人力车》,《人民日报》1946年9月8日,第1版。

④ 陈述之:《人力车夫生活写真》,《和平日报》1947年2月10日,第5版。

“合理存在”的劳动力“蓄水池”,具有随经济涨落而缩小或扩大的特性,能容纳大量农村外流人口、城市失业者长期或短期以拉车为生;而人力车行业内的劳资“共利”关系也决不容这一行业消失。

第四章　保障体系与劳资关系

保障体系对工人来说，是工资之外的各种福利，本质是对工人贫困生活的一种变相的经济补偿；而对资方而言，是保育组织生产经营的制度性"设计"，本质是政府的政策和法规的导向，对国民政府、国民党而言，是一种国家治理、社会管控方式，具有浓厚的政治属性。福利对企业而言，则是泛化和细密化的生产管理，具有极强的经济属性。政府主导的福利，是社会财富的再分配。企业主导的福利，自然是企业内部财富的再分配。民间主导的福利事业，严格而论，应属于慈善范畴。福利的本质，就是一种由福利主办者与福利享受者所形成的社会关系。在社会上，表现为政、党、民的关系；在企业内部，表现为劳资关系。

近代中国缺乏基本的社会保障机构，威权政府理应出资兴办，但却将此义务推诿于资方。在逻辑链条上，唯有良性的生产环境，才能保障企业的生存、发展，企业才有能力承担社会责任，工人最终才能受益。其根本就在于政府是否能为企业发展提供必要的经济条件。但实际上，政府保商不力，企业在原料、市场、融资、生产各方面一直面临着诸般困难；即使如此，企业仍然在不同程度上为工人举办不同形式的福利事业。如此而论，企业在“剥削”工人的同时，也在遭受着国家与工人的双重“剥削”。

一、工人福利保障的规范化

北京政府工商部于1913年曾提交了《推广模范工厂及养成职工案》，该案提出由各地公共团体、工厂设立职工养成所、职工补习所，教授技艺、技术，以谋手工业、机械工业的发展，但此案未通过审读。[①] 中国社会福利则滥觞于民间社团与基督教“事工”。1919年，“工业研究会”自成立后，即筹设工人补习夜学1所，以开通工界智识，招收学员40人，免收学费，无偿提供书籍、笔墨。各科教员除会员外，聘学界知名人士义务任教，公民常识、英文、理化、国文、珠算、机器说明诸课，分别由宁波工厂理事黎叔、工业学校教员竺廷琅、工业学校教员戚才敏、左与宽、第四中学教员林书青、工业学校主任教员（北京大学工学学士）王思成讲授。[②] 由高凤池、鲍咸昌、邝富灼等“热心基督徒”创办的商务印书馆，到1920年底已开办养真幼稚园、尚公小学、商业补习科、青年励志会、医疗病房储金团。该馆设立之女工“保产金”，则更具特色。先施公司员工的食宿、洗衣、床位则均归公司专员料理。[③]

随着1920年代“劳工神圣”之声鹊起，工界对自身的生存环境提出“保障性”的要求。上海电器工界联合会曾向社会呼吁“急设

① 工商部编：《推广模范工厂及养成职工案》，《工商会议报告录》，北京：共和印刷有限公司，1913，“议决案（未决案）”第2、3页。

② 《地方通讯（宁波）·工业研究会之进行》，《申报》1919年9月21日，第7版。

③ 张英魂：《基督徒与实业》，中华续行委办会编：《中华基督教会年鉴》第六期，上海：中华续行委办会，1921，第124、126页。

劳动教育社”“多设职业学校”“设工人储蓄机关”“设公共花园与游览场”。① 辛亥革命后，北京政府侵蚀各业，尤以电信业为攫取财源之地，借此滥借债款高达 7 千万元，根本不重视职工待遇。② 1920 年，交通部次长、曾任暨南学堂首任堂长的郑鸿年，提出“职工教育”之名，创办铁路职工教育。他拟以教育启导职工“明白社会情形”“国家大事”，以改变“饮酒、赌博，以至于豪纵、偷贼”的生活状态，而追求身心健康的生活方式，最终实现生产的“进化”。但这种惠工善举，却为当局所不容。1922 年，北京政府怀疑郑氏动机不纯，明令予以通缉。直至 1926 年，北方铁路职工教育仍被认为“含有政治运动之意味”，或“含有个人利用之成分”③。北京政府既阻碍惠工事业，却又无改善劳工生活的“保育政策”。曾发起民权大同盟、组织过《现代评论》社的王世杰，已经对政府大为失望：“就吾国政治现状看去，暂时我们是不能希望国家实行任何保育政策以改善劳工生活的。”④

所幸近代意义的社会福利事业的先导，开始与“劳工神圣”的呼声相伴而生。1922 年 3 月，刘淑菴、钟嗣庭在天津创设新民工读学校，招收 12 岁以上 15 岁以下失学者。学生半工半读，通过卖书报等收入维持学校开支，且无须支付学费、制服费、书籍及笔墨费。学生所得甚至还可有助家庭开销。⑤ 1924 年，天津出现女星学校，专门免费招收平民女性。中华职业教育社以淞沪区工人占居民

---

①《电器工界的呼吁》，《劳动界》第 8 册，1920 年 10 月 3 日，第 13、15 页。

② 郑硕贞：《关于交通职工改良待遇的经过及今后计划的进行》，《自求》第 17 期，1930 年 8 月 1 日，第 24 页。

③ 郑鸿年：《职工教育之原则及其实施程序》，《国闻周报》第 3 卷第 27 期，1926 年 7 月 18 日，第 23、24 页。

④ 王世杰：《工会条例问题》，《现代评论》第 2 卷第 40 期，1925 年 9 月 12 日，第 7 页。

⑤《新民工读学校之发轫》，《益世报》1922 年 3 月 22 日，第 3 张第 10 版。

70%以上,为全国工厂中心,乃有创办淞沪工业补习教育之义举,教工人识字,训练工人职业技能,增进工人品性。创办者强调:“劳工问题日见重要,社会立法既非所望于今之政府,是则惟有赖于社会团体之出而提倡。”①然而,在政府不予创导、民间力量疲弱的国情之下,一些地方厂商只能自行办理工人福利事业。商务印书馆及其子公司北平京华印书馆,在酬恤、同人疾病扶助、同人子女教育扶助、同人米贴、同人储蓄、印刷所女工哺儿、同人俱乐部、补习夜校方面,出台了相应章程,给予员工病退、诊疗、就学、济困、娱乐等保障。比如,职员月薪在10元以下者,其子弟入夜校全免学费。1926年,京华印书馆还每年拨银币1万元,办理疾病扶助基金。凡月薪在百元以下者,一旦病休即可得到该基金的资助。②

与北京政府分庭抗礼的国民党,在《中国国民党宣言》中将“改良劳动者之生活状况”列为“经济政策纲领”的核心。其“二大”再次通过《扶助工人决议案》,要求“励行工人教育,补助工人文化机关之设置”;到三全大会二中全会时,更有改善工人生活、改良工作制度的决议。但广东地区政局动荡,加以国民党全力北伐,有关工人的福利事业并未由纲领、决议转化为具体的措施。国民党统治区的工人福利事业,基本上由工会独自办理。直到南京国民政府建立后,才出现国家福利、企业福利、工会福利、社会福利的多元化发展态势。

---

① 瑜:《工业补习教育运动》,《东南论衡》第1卷第24期,1926年11月27日,第2、3页。

②《北平特别市政府关于劳工储蓄保险章程的训令(1928年10月8日至11月8日)》,北京市档案馆藏,档案号:J002-004-00002。

(一)中央、地方政府重视

政府机关的倡导、示范是福利事业发展的重要推手,国民政府定都南京后,工商部劳工司首发其端。自 1928 年 4 月任职到 1930 年 9 月辞职,劳工司司长朱懋澄不遗余力地改善劳工生活,创办劳工新村,提倡劳工教育。其改良劳工住宅的计划呈准工商部长孔祥熙,由部咨行各省采纳。工商部为实验改善劳工居住问题,于 1929 年底特向财政部借拨南京造币厂旁约 30 亩的空地,交由祝高记营造厂承包兴工劳工新村。所建村屋要求防火、防疫,且式样简朴,适于工人廉价租住。[①] 至 1931 年上半年,新村造屋计划数量扩大到 300 余间,新村内床椅、娱乐设施均由实业部配置。其租金颇廉,每间房屋月收租金仅 2 元。[②] 1930 年,工商部劳工司出版《劳工新村设施大纲》,提供了具有建设性的实施方案。其建设"新村"的目的是,根据友爱、互助、清洁、俭约、节制等原则改善劳工生活,养成闾里自治,"达到建设健全的新社会"。具体而论,即改良劳工的家庭状况,补授劳工与劳工子女的教育,办理劳工卫生医药的设施,改良劳工闾里的环境,养成劳工善良的风俗习惯,训练劳工自治和四权的合用。《大纲》提出,新村由政府扶助,由政府与人民团体鼓吹。政府指定国内大都市、商埠建筑新村,并以公地划拨、土地征收、款项补助、规定年限免收房屋税捐等方式予以协助。同时,政府鼓励厂方、店方负担经费,加以地主建筑、地方筹募,以及私人捐助、工人合作,力促建成新村。《大纲》在新村道路、沟渠、风景等方面,提出详细的建筑标准。比如,屋基最低限度要高出平地

---

① 《首都劳工新村已兴工建筑》,《中央日报》1929 年 12 月 5 日,第 2 张第 3 版。

② 《劳工新村》,《中央日报》1931 年 4 月 6 日,第 2 张第 4 版。

1尺以上，四周通以地沟，以免积水潮湿；屋顶用瓦或铅皮，四墙用砖（或以竹片织成坯底、外敷黄泥石灰），窗宜高大、三面透光；村屋每栋无论大小，均须粗备卧室、厨灶、食堂、畜圈、园圃；新村必须有水源、公园、运动场，且要植树。《大纲》要求新村必须附设小学、劳工补习学校、图书阅报室、演讲厅、娱乐室、医院、浴室、公园、运动场、家庭工艺场、救火会、消费合作社、保育所、孤寡残废院诸种设施。①

工商部在关注劳工住房的同时，也关心工人卫生。1929年冬，工商部会同卫生部，组织劳工卫生委员会，在无锡设立工厂卫生试验区，于工人聚集地分设诊疗所。② 1932年2月4日，实业部、内政部会同公布《修正实业部内政部劳工卫生委员会规程》，重申两部关于工厂卫生建议、筹划劳工卫生状况之调查及改善、拟定各项劳工卫生章程标准的工作要求。③

在时人看来，合作是兴办劳工福利的必由之路，也是工人共同应对生活困难的一种选择。实业部成立后，编印《合作运动方案》《消费合作实施方案》《消费合作浅说》等材料，分发各地政府，以广兴舆论。④

在中央机构中，与工商部、实业部推行福利事业不分伯仲者，当为交通部。该部成立后，另设一交通职工事务委员会，专门负责调查职工生活及工作状况，筹办职工消费合作、储蓄保险、职工补习教育及子女教育、娱乐等福利工作。针对电信业，交通部还于

① 工商部劳工司编：《劳工新村设施大纲》，南京：京华印书馆，1930，第1—2、3、4、6页。
② 邢必信等：《第二次中国劳动年鉴》，北平：北平社会调查所，1932，第三编第72页。
③ 实业部劳动年鉴编纂委员会编：《二十一年中国劳动年鉴》，上海：神州国光社，1933，第5编第94页。
④ 邢必信等：《第二次中国劳动年鉴》，北平：北平社会调查所，1932，第三编第73页。

1927 年组织电政职工改良待遇委员会。1929 年 4 月,交通部为推展劳工教育,颁布《交通职工补习教育暂行规程》及其子女教育的暂行规程。

中央各部都将教育视为改造劳工生活的突破口,但对如何推行却无一致意见。1929 年初,国民政府参考全国教育联合会议决《实施劳工教育案》,制定颁布《工人教育计划纲要》,以期提高工人书写能力,补习工人常识,造就工人高尚人格,成就"健全的革命工人"。其中规定的教育形式包括整日学校、半日学校、晚间学校、黎明学校、星期学校及读书班。①

1934 年 6 月,国民党中央召开全国民众运动工作讨论会,议案中特列《倡导劳动保险合作案》《筹设儿童寄托所案》。前者经讨论决定,各省市党部及各特别党部应领导提倡,在工业发达与经济较为繁荣之城市率先实施,并由中央民众运动指导委员会函达实业部核议。后者也经大会讨论通过,并由民运会函各工业区政府试办。②

七七事变后,国民政府在大后方又推出保工政纲,以利战时生产。1938 年 11 月,国民政府适时颁布《战时保护劳工方案》,以实现普及劳工教育、安定劳工生活的目的。普及劳工教育,包括强令各地主管机关普设劳工识字及补习学校,严厉督促雇主履行劳工教育之法定义务,侧重战时智识及政治训练;安定劳工生活,包括严厉督促各种劳工福利设施之施行及保护法令之彻底实行。③

国民党建政南京后,地方政府同样逐渐将工人的福利事业提

① 《工人教育计划纲要》,《陕西教育周刊》第 58 期,1929 年 1 月 15 日,第 15、16、17 页。

② 中国国民党中央民众运动指导委员会:《中国国民党全国民众运动工作讨论会报告书》,南京:中国国民党中央民众运动指导委员会,1934,第 7—8 页、12 页。

③ 《战时保护劳工方案》,《新工人》第 1 卷第 6 期,1941 年 12 月 10 日,第 2 页。

到议事日程上来。上海特别市政府出于平息工潮之目的,主张办理劳工福利。在诸种福利设施中,市政府最关心劳工住宅、消费合作社,依其所言:“惟模范工村及消费合作社二端,对于解决现代工潮,关系至为密切。”1927 年下半年,市政府拟创设新村、消费合作社外,还计划设立公立失业介绍所、劳工补习教育机关、劳工保险、劳工储蓄及劳工银行。[①] 1935 年 4 月 17 日,市长吴铁城为谋加惠平民,特呈准中央筹巨款,办理福利平民事业,邀中外名流,组织上海平民福利事业管理委员会。该委员会主席由吴市长出任,委员包括俞鸿钧、潘公展、吴醒亚、李明、吴蕴斋、简又文、朱懋澄、丁淑静、船津一郎等个人委员,以及祥兴洋行、德国商会、西侨青年会、天主教会、上海电力公司、英美烟公司、亚细亚人寿保险公司、上海自来水自来火公司、万国储蓄会、救世军等单位委员。前岭南大学校长、广州青年会总干事李应林为总干事。该会成立之初即向沪西电力股份有限公司借款 150 万元,其中 100 万元用于建筑模范平民住所,50 万元用于举办与人力车夫有关之事业。[②] 该会在草棚区附近征地 161 亩,建筑平民村 4 处 978 栋,内中公共卫生设施一应俱全。[③]

北平特别市福利工作侧重维持工人的基本生活和提倡工人教育。1928 年成立市立职业介绍所、市立平民借本处、市立人力车夫休息所 18 处(每处年经费 133 元)。其中,平民借本处预计每年救

---

① 《本局最初拟订之行政计划大纲》,上海特别市农工商局编:《上海特别市农工商局半年刊(十六年七月至十二月)》,上海:上海特别市农工商局,1928,“计划”第 6、7 页。

② 《劳工福利》,《国际劳工通讯》第 8 号,1935 年 5 月,第 157 页。

③ 朱懋澄:《改良劳工住宅与社会建设运动》,《上海青年》第 35 卷第 35 期,1935 年 10 月 23 日,第 9 页。

济平民250余人。[1] 1930年时,北平特别市社会局已成立惠工学校及第一、第二、第三劳工夜校。[2]

天津福利事业的工作重心是幼儿养育、工人医院建设。1932年7月,天津市政府依据《工厂法施行细则》第2条规定,通饬全市较大规模工厂一律设立工人托儿所,保育各厂双职工子女;并颁布《管理工厂卫生暂行条件》,派员指导、监督、规范工厂托儿所的运营。[3] 1932年9月,天津市政府鉴于市内14家大工厂"卫生设施均不完备",指定市立第二医院为劳工医院。[4]

青岛市政府的兴教工作最为扎实。1930年11月,青岛市颁布《青岛市职工教育委员会简则》,拟由教育局2人、社会局2人、市训练与部民训会代表各1人、职业教育专家3人组成。政府要求各工厂均须设立职工教育委员会分会,办理职工教育。[5] 1931年3月,青岛市职工教育委员会奉市府核准成立。委员初为社会局2人、教育局2人、市党部2人、职业教育专家1人。嗣因党部代表久不莅会,委员会改组为社、教两局各派3人,以及劳工教育专家3人。[6] 再拟订《职工教育委员分会简则》,与各方商洽设立分会及职工学校。1931年11月21日,社会、教育两局呈市府核准实施

---

① 《社会局关于预防工业危险调查工会组织等、工人工资等问题的函及市政府的训令》,北京市档案馆藏,档案号:J002-004-00016。

② 《社会局任免惠工学校及第一、第二、第三南城劳工夜校校长的令》(1929年),北京市档案馆藏,档案号:J002-001-00039。

③ 《工人托儿所各大工厂准备设置》,《大公报》(天津)1932年7月19日,第2张第7版。

④ 《津市政府注意工人卫生》,《大公报》(天津)1932年9月11日,第2张第7版。

⑤ 实业部劳动年鉴编纂委员会编:《二十一年中国劳动年鉴》,上海:神州国光社,1933,第5编第139、140页。

⑥ 陈克曜:《青岛市最近对于劳工教育之实施》,《劳工月刊》第4卷第9期,1935年9月1日,第1、2页。

《青岛市职工补习学校学生奖惩暂行简则》,根据职工入学情况分别给予奖罚。《简则》规定:凡获得市职工教育委员会颁发奖状、奖章者,分别由主管分会商请厂方酌加工资或提升职务,或由主管分会商请厂方配给资金。惩戒包括罚停工资(由主管分会通知厂方执行,至多不得超过3日,罚款移存主管分会专为职工补习教育之用)、暂停工作(至多不得超过5日)、记过(记过3次以上者停工作1日)。奖励标准为:(1)每期或每月不请假、不缺席者;(2)每期成绩在甲等者;(3)敦品勤学者。与此相对,凡每期或每月缺席时数逾授课时数2/3以上者,或学业不勤、成绩劣等者,或品行不端者,均应给予惩戒。① 青岛市政府而后又准备全面铺开此项工作。至1932年12月,包括市立沧口、四方职工补习学校,总计有职工学校17所,男女工人入学人数3000余人(占全市工人总数的10%)。②

1932年10月18日,青岛市政府又核准成立劳工生活改进委员会,隶属于社会局,委员23人由社会局5人、工人团体7人、合作卫生储蓄各项专门人才7人、热心劳工福利事业者4人组成。③

以省而论,广西、江苏、河北、湖北的省政府较早注意公办福利事业。1928年3月9日,广西农工厅事工处处长叶光华,召集工会代表会议,明确表示:农工厅不仅要对工商尽到"排难解纷的职责",更要建设"民主主义的设施"。即设立劳工学校,举办劳工职业教育,开办劳工儿童教育院;设立劳工银行或劳工借贷处,指导工人组织信用合作社、消费合作社及赎卖合作社;建立失业工人习

---

①《青岛市职工补习学校学生奖惩暂行简则》(1931年11月21日),青岛市档案馆藏,档案号:A000567-00214-215。

② 实业部劳动年鉴编纂委员会编:《二十一年中国劳动年鉴》,上海:神州国光社,1933,第3编第134页。

③《青岛市劳工生活改进委员会组织简则(1932年10月18日)》,第69—70页,青岛市档案馆藏,档案号:A000481。

艺所、劳工医院、建筑劳工寄宿舍。[1] 1928年5月1日,江苏省农工厅开办合作社指导员养成所,聘请教职员20余人,招收学员百余人。中央党部代表叶楚伧前来参加典礼,表示祝贺。[2] 河北省政府于1929年3月公布《职工俱乐部计划大纲》,希望厂主、店主、经理等竭诚赞助实行,将劳工教育纳入三民主义正轨。该俱乐部除娱乐工人外,还开办寿险互助会、失业救济会、消费合作社、婴儿看护所、代写书信处。[3] 1929年12月,湖北省政府农矿厅训令(矿字第134号)公、民各矿,切实办理工人教育,要求将办理经过具报以备考核。有别于工厂、商店自行筹办工人教育,矿场的工人教育设施规定由省市县政府之劳工行政主管机关筹拨经费举办。[4] 1930年,粤省市党部会同广州市政府,筹建劳工医院。[5]

上述政府惠工事业,实际上也是配合国民党的政纲而实施的。比如,1935年11月5日,第四届中执会第六次全体会议通过《努力生产建设以图自救案》,强调"推进劳资合作",要求注意劳资保险、职工教育、消费合作事务。[6]

(二)社会各界舆论与示范

早在1916年,时在美国康奈尔大学土木工程系学习的李垕身,

---

① 《广西农工厅召集工会代表讨论扶助劳工办法》,《中央日报》1928年3月23日,第2张第2面。

② 《苏农工厅合作社指导养成所开幕》,《申报》1928年5月3日,第3张第10版。

③ 《职工俱乐部计划大纲缘起》,《河北工商月报》第1卷第5期,1929年3月15日,第127、134页。

④ 《命令》,《农矿月刊》第5期,1929年12月15日,第62页。

⑤ 《粤省市党部筹建劳工医院》,《中央日报》1930年10月24日,第2张第4版。

⑥ 荣孟源主编:《中国国民党历次代表大会及中央全会资料》下册,北京:光明日报出版社,1985,第267页。

也即后来的知名工程技术专家、沪宁沪杭甬铁路管理局局长即提倡以职工教育,改变中国工人性情卑劣、艺能拙陋的弊端,培养有实力、有智识、有道德的"完全之工人"。① 大企业家穆藕初,强调实业种因于教育,其所谓教育包括道德教育、科学教育。前者有利于责任心与公共心之养成,"机械心之拔除";后者包括秩序规定力、观察力、推论力、判断力之养成。② 在1930年召开的全国工商会议上,职工教育也是重要议题。南京市社会局局长黄曾樾提出《励行职工教育案》,强调"改善工人生活更应以提高工人智识为前提";要求切实开办工人补助夜校、童工及学徒补习、工人子弟学校、职业教育学校,设立工人图书馆,以此推动工会法、工厂法的实施。③ 工商部汉口商品检验局局长吴健则提出《拟请施行职工教育案》,主张劳工司设立职工学校,免费开课,授以党义及浅近之科学,减少工人"为非作歹之时机",改变工人因"知识幼稚"而易受外界"邪说所惑""挑拨"之弊,消除劳资冲突之乱萌。④ 中纺公司上海第一厂厂长吴欣,作为资深业界人士,其有关工人教育与劳资关系的言论似乎更有代表性:"工人教育程度之低浅,诚为劳资合作之极大障碍。因彼等缺乏理解,盲从附和,造成许多纠纷,故提高工人教育,即可减除劳资间之障碍。"⑤

---

① 李垕身:《职工教育》,《科学》第2卷第4期,1916年4月,第372、373页。

② 穆湘玥:《藕初五十自述》,上海:商务印书馆,1926,附刊《藕初文录》上卷第123页。

③ 实业部总务司、商业司编:《全国工商会议汇编(1930)》上册,南京:京华印书馆,1931,第2编第191页。

④ 实业部总务司、商业司编:《全国工商会议汇编(1930)》上册,南京:京华印书馆,1931,第2编第177页。

⑤ 吴欣:《由上海纺织工人待遇说到劳资问题》,《工业月刊》第3卷第10期,1946年10月号,第5页。

上述主张多从企业与工人关系立论，而从工人与国家关系立论也有之。有人呼吁实施劳工教育，养成劳工服务精神和生产技能，“以谋社会经济的宽裕”，“求得社会生产的发达”，进而走上发展国家资本主义的道路，实现三民主义，步入世界大同。[①] 1932年6月7日，实业部劳工司司长李平衡在报上发表文章，公开宣布实业部拟设立劳工教育推广委员会，在工业城市中建设劳工学校、工人子弟学校。[②] 1934年7月，中国劳工教育研究社创刊《劳工教育》，提出若要挽救民族危亡，“不外增进国民的民族意识，发展生产建设事业”，但强调其前提是必须以劳工教育为先导，培养“健全”的劳工。[③] 北平东北行健学会主张通过教育，加强劳工心理改造，促进其生产技术的改进，提高其政治意识，造就深明中国次殖民地国情、有现代观念、能运用民权的公民。[④] 有学校因开办工人学校而得到社会赞誉。广州私立真光女子中学附设四年级制工人夜学，指派41名教员，教授国文、作文、算术，其宗旨是：“使校内的工人得着普通的智识，而可以实用，养成有良好之人格。”[⑤]

除有关劳工教育舆论外，社会上同样流布着各种有关劳工福利的主张。工商部部长孔祥熙在青年会刊物上发文强调“吾国劳工，生活甚苦”，提出改善劳工生活“首在增进其经济能力，改良其卫生状况”；其具体方案为广设诊治机关、娱乐场所、劳工新村、教育机关，开展劳工储蓄、健康保险，组织合作社。[⑥] 1930年代，中华

---

① 杨放：《实施劳工教育刍议》，《劳工月刊》第1卷第2期，1932年5月15日，第79页。

② 《李平衡谈劳工教育》，《中央日报》1932年6月8日，第2张第3版。

③ 《发刊词》，《劳工教育》创刊号，1934年7月1日，第1页。

④ 铁模：《中国劳工的教育问题》，《行健月刊》第5卷第3期，1934年9月15日，第17页。

⑤ 《工人夜学概况》，《真光校刊》第2卷第2期，1933年11月10日，第120页。

⑥ 孔祥熙：《训政时期之劳工行政》，《青年进步》第133册，1930年5月，第9页。

改进社创办《民生》杂志，提倡劳工福利。中国国民党“二大”关于工人运动决议案中，即有“改良工厂卫生，设置劳工保险”之决议，但劳动保险法迟未出台。关于工人因工作而伤亡者，仅在工厂法中有数条极简单的说明，并无可操作性。至于工人失业、卫生、老废等问题，更无相当之法律保障。工人在工厂中遭遇伤害后，亦未能获得充分援助。劳动问题专家祝世康，在《民生》上撰文，呼吁实施劳动保险。① 前劳工司司长朱懋澄也在《民生》发布《劳工新村设施大纲》，描摹工人生活的前景。新村具体承担的社会使命，不仅是为劳工提供安适方便的住所，更是改良劳工家庭状况，补授劳工与劳工子女的教育，办理劳工卫生医药的设施，改良劳工闾里的环境，养成劳工善良的风习，培养劳工自治和“四权”的意识与能力。②

1930年全国工商会议中的一些议案，充分反映了社会的护工之声。工商部汉口商品检验局局长吴健，提出有关工人保险的办法提案，为社会所广布。王若僖、青岛市社会局代局长杨津，提出在物价飞涨、民生凋敝之时，尤需实行强制劳动保险(疾病、灾害、衰废、孤寡、失业)与普及职业介绍。劳动问题专家陈达提议兴办失业救济(职业介绍所、国货制造与销售)、健康保险。上述提案均由大会审查、讨论通过。③

基督教团体的舆论作用亦不容低估。1931年5月下旬，上海女青年会抓住政府准备于8月1日实行工厂法之契机，邀请上海女青年会全国协会、妇孺救济会、妇女参政会等10余个妇女团体集

---

① 祝世康：《劳动保险》，《民生》第1卷第17期，1933年5月1日，第10页。

② 朱懋澄：《劳工新村设施大纲》，《民生》第1卷第24期，1933年8月15日，第14页。

③ 实业部总务司、商业司编：《全国工商会议汇编(1930)》上册，南京：京华印书馆，1931，第2编第191、192、200页。

会,讨论妇女教育问题,并敦请上海市社会局顾炳元演说劳工重要计划。[①] 1930年代天主教徒在其舆论阵地《新北辰》上,宣讲工人福利等问题。黎正甫从教育平等的角度,强调劳工固有受教育的权利。他所希望的劳工教育,不仅是识字、职业培训,而且是"人格"教育。工人以此"知道怎样做人"及"应得的权利和义务"。[②]

社会越动荡,舆论越将平复手段寄托于福利事业。1943年3月,社会部部长谷正纲在中国劳协大会发言中强调,在加强劳工组训的同时,要全面推进衣食住及智识、技术等各方面的劳工福利。[③] 全面抗战复员后,内地工人失业日甚一日,工价增长远在物价之后,劳资关系紧张。有舆论提醒资方,举办福利事业可以调剂、解除工人生计困难,工人因此便会"卖力"工作,劳资纠纷也会随之减少。[④] 中纺公司青岛第六厂厂长徐缄三,于1946年指出,工业发展的主要障碍是劳资失调,避免劳资纠纷只能借助于改善劳工生活、提倡劳工福利、灌输劳工常识、训练劳工技能等手段。[⑤] 社会部劳动局河北区劳动调查站副主任袁责夫强调"想要发挥生产的效能","一定要对劳工的福利上注意,增进工人的工作情绪,才是治本的办法"。"资方虽然其名为劳工谋幸福,而自己的实际幸福也就随之到来,岂不是名利双收吗?必如此,才是劳资合作的真

---

① 《妇女团劳动研究大会》,《申报》1931年5月26日,第3张第9版。

② 黎正甫:《劳工教育问题商讨》,《新北辰》第5期,1935年5月15日,第477、478页。

③ 中国劳动协会编:《中国劳动协会第四届年会报告书》,重庆:中国劳动协会,1943,第19页。

④ 姚培勋:《劳工福利的推进问题》,《中药职工月刊》第1卷第2期,1947年6月1日,第3页。

⑤ 徐缄三:《我国劳资问题与世界大势》,《工业月刊》第3卷第10期,1946年10月,第10页。

精神”。[①] 举办福利事业是劳资亲善的开始。社会部天津职业介绍所所长何清儒强调:资方向工人表示“诚恳的善意”固然应“借着人情的关系,采取和善的态度”,但最“切实”和“主要的方法”,“还是注意工友的福利”。唯其如此,资方才可获得劳方的同情、好感,产生“感戴的心理、信任的态度、合作的精神”。[②] 田亚丹,曾任汉口市公安局副局长、汉口市总工会常务理事、汉口市参议员,时为国民大会代表、立法委员,1948 年 7 月,在其主编的《劳工日报》一文指出:在物价飞涨时期,除随时调整工人生活指数以计算工资外,“欲进一步提高工人对工作的情绪,势非再度加强注意工人福利问题”;具体而论,要筹办工人新村,设立工人诊疗所,筹设工人乐园,开办工人补习学校、工人子弟学校。[③]

(三)以福利为工具

国民党中央执行委员会还将改善、提高工人福利列入工人训练的范畴,希望以此促进工人运动的开展。1928 年 7 月 9 日,国民党中央第 154 次常务会议通过《中国国民党中央执行委员会民众训练计划大纲(修正案)》。其中,“民众运动目前的纲领”中“关于工人”部分,列有如下条款:制定劳动保险法、疾病保险法、灾荒救济法、伤害赔偿法、死亡抚恤法、年老恤金法,以解工人后顾之忧;组织工人合作社,减轻工人生活上之负担;设立工人实习学校、俱

---

① 袁责夫:《劳工福利与生产之关系》,《华北劳动》第 1 卷第 9 期,1947 年 3 月 15 日,第 9 页。

② 何清儒:《劳工福利与劳资协调》,《华北劳动》第 1 卷第 8 期,1947 年 2 月 15 日,第 9 页。

③ 田亚丹:《关于工人福利问题》,《劳工日报》1948 年 7 月 18 日,第 1 版。

乐部，增进工人知识技能及精神上之修养。[①] 1931 年 1 月，中央执行委员会训练部所发布的《工人训练暂行纲领》第 4 节“训练实施”部分要求“举办社会事业”：“依照工人在社会生存上之需要为标的”，在“可能范围内”酌办保险机关、工人医院、合作社、储蓄会、学校、书报室、俱乐部、运动场等设施。[②] 1934 年 1 月 13 日，中央民众运动指导委员会修正《工人训练暂行纲领》仍沿用上列条款。[③] 在《国民党中央民众训练部订定之工人运动实施纲要》的“工作要点”第 7 条“改善经济生活”中，照例列有福利、社会保险、劳工住宅、托儿所、劳工储蓄、失业救济等条目。[④]

国民党中央执行委员会针对特种行业颁布的训练纲领，同样重视工人的福利事业。1930 年 9 月出台的《铁路工人训练暂行纲领》，明确规定了公、私铁路工人的“训练原则”为：“以铁路工人在社会生存上之需要为出发点，而养成其为民族社会服务的能力与精神”，进而促进交通事业的发展。与之相应，训练“指导方针”中特订“关于改善生活者”条目，即协助改善工人待遇，鼓励工人节约及储蓄，提倡工人合作事业，指导工人得到正当娱乐。[⑤]

1940 年 10 月，重庆亟须组织劳力完成产业动员任务，制定《推进渝市工运方案》。该方案提出，自 11 月 1 日开始筹设工人消费合作社、工人福利社，开办工人食堂、宿舍、浴室、书报室、补习学

---

① 中国第二历史档案馆编：《中国国民党中央执行委员会常务委员会会议录》(5)，桂林：广西师范大学出版社，2000，第 287、288 页。

② 《工人训练暂行纲领》，《中央党务月刊》第 30 期，1931 年 1 月，第 112 页。

③ 《工人训练暂行纲领(二十三年一月十三日中央民众运动指导委员会修正)》，《国际劳工》第 1 卷第 7 期，1934 年 7 月，第 91 页。

④ 中国第二历史档案馆编：《中华民国史档案资料汇编》第 5 辑第 1 编政治(3)，南京：江苏古籍出版社，1994，第 112—113 页。

⑤ 《铁路工人训练暂行纲领》，《中央党务月刊》第 26 期，1930 年 9 月，第 45 页。

校、诊疗所及开展人事咨询等业务;明确消费合作社周转资金由社会部贷给,股本由社员筹募(每人缴股金2元),只能经售日用必需品及工人应用物品。①

1942年4月10日,中央组织部部长朱家骅在该部直属工矿党部召开的工人组训谈话会上强调,企业家必须“特别关切”工人的福利,以安定、合理改善工人的生活。② 1942年12月,时任社会部部长的朱家骅在《本部组训工人方针与现状概略》中,尤为强调在有关“劳工行政方针”中,一定要“以福利事业与工人组织配合推进,以安定工人生活,增进生产效率”。③

在上述有关政策、言论中,国民党官方已将工人福利作为工人训练的基础、保障及起始点。在这一点上,工人领袖极为赞同。深入工厂、长期亲身参加工运的张少峰曾特别强调:“作工人运动而忽略了建设工作,工人利益,没有获得,工人对本党的信仰,渐会失掉,或者反对本党却未可知。”其所谓“建设工作”即注重工人教育、工人保险、救济、工人储蓄金、工作介绍。④ 1945年5月1日,社会部副部长马超俊,鉴于国民党的工运“惟辄偏重组训工作,其有关社会安全之劳工福利事宜,尚鲜实际上之措施,遂使工运效果不无感受影响”,爰集各地劳资“优秀分子”、劳动问题专家,以及国民党中对工运“具有成绩”者,共同发起组织“中国劳工福利协会”,以求战后建设的发展。该会的一项重要工作就是“辅导各项福利之实

① 《推进渝市工运方案》,《国际劳工通讯》第7卷第11期,1940年11月,第20页。

② 朱家骅:《发展工业与企业家》,中央组织部编:《工运与工训》,重庆:中央组织部,1943,第9页。

③ 《社会部长谷正纲呈复加强组训工人之方针与现况案(1942年11月1日至1943年1月21日)》,台北“国史馆”藏“国民政府”档案,典藏号:001-055-0355。

④ 张少峰:《中国国民党工人运动的理论及方略》,北平:中国书局,1929,第65、66、70、71、72页。

施，对各工厂应办福利事业，予以切实指导，并就经济可能范围，随加辅助，务使工人福利事项，得普遍均衡之发展”。[1]

（四）法律、法规中的福利

法律将工会的功能定位为“自我组织”与“自我管理”。1929年10月21日公布的工会法中有关“工会之职务”条款，要求工会开办职业介绍所、储蓄机构、医院诊治、托儿所、图书馆及书报社，办理劳动保险及生产、消费、购买、信用、住宅等各种合作社，设立恳亲会、俱乐部等娱乐场所，[2]通过互助事业，营建工人自身的生活环境。1933年6月15日，第四届中央执委会第75次会议通过《修正工会法原则》，在原有工会法规定的工人福利方面，增加失业救济一项。[3] 1947年5月29日，立法院通过的工会法同样赋予了工会举办储蓄、劳工保险、医院诊疗所、托儿所、生产消费购买信用合作社、住宅合作社、工人教育、娱乐等职能。[4] 工人福利由此在法律上成为工会组织最重要的一项工作。

国民政府又以法律形式，要求资方配合工会开展工人福利事业。1929年12月30日出台的工厂法，专将“工人福利”列为“第七章”，规定：工厂应全部担负童工、学徒补习教育的费用，酌量补助

---

① 《社会部副部长马超俊呈中国国民党总裁蒋中正为成立中国劳工福利协会请赐拨补助俾利会务进行借谋工运发展（1945年8月14日）》，台北“国史馆”藏“国民政府”档案，典藏号：001-055-00002-008。

② 实业部劳动年鉴编纂委员会编：《二十一年中国劳动年鉴》，上海：神州国光社，1933，第5编第3页。

③ 《修正工会法原则》，《中央党务月刊》第59期，1933年6月，第1640页。

④ 《工会法（立法院三十六年五月廿九日例会通过）》，《农工月刊》第3期，1947年6月15日，第16页。

失学工人补习教育费用;“在可能范围内应协助工人举办工人储蓄及合作事宜”,提倡工人正当娱乐。[①] 1932 年 12 月 30 日,修正工厂法在第七章“工人福利”部分增加了“工厂应于可能范围内建筑工人住宅”一条。同日公布的《修正工厂法施行条例》第 20 条,要求凡雇用女工之工厂应设哺乳室,并应尽可能地设置托儿所。[②]

1936 年 5 月 5 日,宪法草案公布,为社会立法、行政执法确立了最高原则。内中明确规定:“国家对于劳工应予以特殊之保护,以改良其生活,增进其技能,救济其失业。”“凡人民之因服兵役、工役或公务而致残废或死亡者,应救济或抚恤之”,“从事劳动之妇女儿童,当有特别之保护”。[③] 从此,劳动法规立根于国家大法之上,劳工保护具备了法理上的正义性。但全面抗日战争的爆发,推迟了将宪法精神落实到行政实施层面的进度。直至 1947 年 1 月 1 日公布的宪法,才重新对保障劳工及社会安全提出具体规定。根据宪法规定,国家不但要保障人民的工作权,还要实施社会保险,实施妇女及儿童福利,推行保健事业及公医制度,以保障人民的生活。国民党中央党部农工部副部长陆京士,借此机会呼吁工人加紧自我教育,启发民主政治热情。[④]

推进劳工福利的关键是经费问题。1943 年 1 月 26 日,社会部呈拟《职工福利金条例》,经立法院经济委员会会同劳工法委员会、刑法委员会审查,由立法院议决通过。该条例规定:“凡公营私营

---

① 张廷灏:《中国国民党劳工政策的研究》,上海:大东书局,1930,第 203—204 页。

② 实业部劳动年鉴编纂委员会编:《二十一年中国劳动年鉴》,上海:神州国光社,1933,第 5 编第 64、68 页。

③ 程海峰:《一九三六年之中国劳工界》,《国际劳工通讯》第 4 卷第 5 期,1937 年 5 月,第 23 页。

④ 陆京士:《工人自己的节日:谈今后中国工运的方向》,《申报》1947 年 5 月 1 日,第 2 张第 7 版。

之工厂矿场或其他企业组织均应提拨职工福利金，办理职工福利事业。”《条例》要求各工厂矿场或其他企业设置职工福利委员会，负责保管、使用福利金；并强调职工福利金不得移作他用、福利金有优先受清偿之权；同时，警诫各企业如不提拨或提拨福利金不足额，“除由主管官署责令提拨外，处负责人以一千元以下罚锾”，[①]以法律形式要求企业主保护劳工权益，为福利事业出资。1943 年 9 月，经济、法制、财政三专门委员会审查通过的《非常时期工厂矿场工人伤病津贴及死亡抚恤条例》规定：对于因执行职务而致伤病暂行不能工作之工人，除负担医药费用外，并给工资 2/3 之津贴；如 6 个月未痊愈，津贴减为 1/2，满 1 年仍未痊愈者则停止其津贴；致伤病或为残废之工人，除医药费用及治疗期间津贴仍照前条规定外，并按残废之轻重给予 1 年至 3 年之工资。[②]

在工会法、工厂法颁布后，一些专项法规也随之面世，将上述法律条文具体化。

在教育方面，工商部在 1928 年曾制定《工人教育计划纲要》，1932 年 2 月 4 日，实业部会同教育部公布施行《劳工教育实施办法大纲》，将劳工教育分为识字训练、公民训练及职业补习三种类型，要求厂场公司、商店等雇用工人 50 名以上者应设劳工学校或劳工班，要求“各地方教育行政机关督促当地农工商及各业厂场公司、商店等负责完成”前述三种训练。对各厂场公司、商店于此纲要公布六个月内不遵照办理者，予以处罚，并仍限定于两月内筹设成

① 《职工福利金条例》，《立法院公报》第 124 期，1943 年 3 月，第 54、55 页。

② 《国民政府训令立法院为非常时期工厂矿场工人伤病津贴及死亡抚恤条例经国防最高委员会决议通过令仰遵照审议（1931 年 9 月 14 日）》，台北“国史馆”藏“国民政府”档案，典藏号：001-012141-00010-015。

立。[1] 1934 年 5 月下旬，实业、教育两部劳工教育设计委员会依据《劳工教育实施办法大纲》规定，会商筹设劳工教育实验区，指定上海、无锡、青岛、天津、汉口等工业中心先行试办；并于 5 月 31 日，会同公布《劳工教育奖励规则》。《规则》规定，凡厂场、公司、商店等公私团体所办之劳工教育，每年训练工人总数达到 200 人、300 人、400 人、500 人、600 人、1000 人以上者，分别对应奖励 1000 元、1500 元、2000 元、2500 元、3000 元、5000 元的经费及奖状。[2]

铁道部也于 1932 年 1 月 28 日公布实施《铁道部实施铁路职工教育计划纲要》，从补助教育（职工教育总馆、职工教育馆、职工教育分馆、职工游息所）、学校教育（职工高等学校、职工技术学校、职工公民学校、职工识字学校）两方面入手，其中特别将职工识字教育列为重点突破工作。[3]《纲要》规定，识字学校不仅要教识字、写字、注音字母，而且要教授简单的生活知识。1932 年 5 月，铁道部设立职工教育委员会。同年 6 月 29 日、7 月 5 日，铁道部先后公布实施《铁路职工学校教育实施暂行通则》《铁路职工补助教育实施规则》，明确职工公民学校、职工识字学校及职工教育分馆、职工游息所，均隶属于铁道部职工教育委员会，经费由该委员会编造预算呈请部长批准指令各路局拨给。[4]

在地方政府中，青岛市政府、浙江省政府单独为劳工教育立法。1931 年 10 月，青岛市施行《工厂职工补习学校实施办法》，规

---

① 实业部劳动年鉴编纂委员会编：《二十一年中国劳动年鉴》，上海：神州国光社，1933，第 5 编第 82、84 页。

②《劳工教育奖励规则草案》，《广东省政府公报》第 268 期，1934 年 8 月 20 日，第 1 页。

③ 实业部劳动年鉴编纂委员会编：《二十一年中国劳动年鉴》，上海：神州国光社，1933，第 5 编第 85、88 页。

④ 实业部劳动年鉴编纂委员会编：《二十一年中国劳动年鉴》，上海：神州国光社，1933，第 5 编第 69、90、91、92、93 页。

定本市工厂均应设立职工补习学校，各校经费全由工厂担负，“有特殊情形时，政府得酌予补助”。各厂工人须一律入校补习，如有借故规避者，由市职工教育委员会通知该工厂酌予惩罚。① 1932年9月，浙江省教育厅、建设厅会同令准杭县施行《劳工教育实施办法》。

在储蓄方面，地方政府中，北平特别市于1928年10月初曾训令公司、厂场颁布劳工储蓄章程。国有企业中，铁道部较早注意到工人储蓄问题。1931年12月28日，铁道部“为策励员工工作，安定员工生活”，公布了《铁道部直辖国有铁路员工储蓄通则》。内中规定按职员、工匠、警、役薪资数额（公费津贴、房金一律除外）扣储蓄金。月薪达20元、100元、200元、300元以上者，分别对应的比例为2%、3%、4%、5%。同时，路局按员工月薪数额分别提出一定金额作为职工补助金。20元、50元、100元、200元以上月薪，提补比例为5%、4%、3%、2%。月薪不到20元者，其提存比例为5%。《通则》还规定储蓄满10年者，可得其名下储蓄金本息的1/2；凡退休、自行离职者，均可领取储蓄金本息与补助金。②

1932年4月1日，行政院公布《工人储蓄暂行办法》，规定：由工厂或工会附设工人储蓄会，呈请主管官署（在市为市政府、在县为县政府、在军工厂为军政部）核准，并转呈实业部备案；“凡工厂之工人均应加入工人储蓄会”。《办法》还特别规定储金存于工厂者，工厂破产时“应将工人储金先行发还”。③ 1936年12月18日，

---

① 实业部劳动年鉴编纂委员会编：《二十一年中国劳动年鉴》，上海：神州国光社，1933，第5编第140页。

② 实业部劳动年鉴编纂委员会编：《二十一年中国劳动年鉴》，上海：神州国光社，1933，第5编第96、97页。

③ 实业部劳动年鉴编纂委员会编：《二十一年中国劳动年鉴》，上海：神州国光社，1933，第5编第94、96页。

行政院颁布《工人储蓄暂行规程》,修正1932年公布的《工人储蓄暂行办法》:(1)新规程适用于公司、商店矿场之工人;(2)储金之存储处所原仅泛指“殷实银行”,新规程则将此限定于中央信托局或邮政储金局;(3)删去工人储蓄会免纳一切税之规定。① 行政院公布的《办法》较之铁道部,较乏操作性,且侵夺了工人储蓄会原本应免纳的税金。湖北省政府奉行政院令于1935年1月,颁布《工人储蓄暂行办法》,训令所属各县市政府遵照办理。②

在强制保险方面,1932年,实业部制定完成了《强制劳工保险法草案》,拟启动工人的伤害保险、疾病保险。《草案》所谓“被保险人”包括两类:一是适用于工厂法之工厂或适用矿业法之矿场所雇用之人,二是“凡从事含有危险性或有碍卫生工作之受雇人,经主管官署之指定后,亦得为被保险人”。但工作不满1月之临时工及年薪超过1200元之职员则不具备被保险人资格。《草案》要求业主及被雇用者(被保险人)合组的保险社为保险人。业主每月为被保险人缴纳伤害保险费、疾病保险费,保额分别为被保险人月薪的4%和3%。工人仅需缴纳其月薪的1%和2%。实业部、省市主管官署及县政府,应令业主限期组织或联合组织保险社,同时“国库及地方金库对于各保险社得酌与补助”。无正当理由而逾期未成立者将被处以500元以下之罚金。③ 此草案经行政院通过,并送立法院审议,但未完成立法程序而停留在纸面上。1935年8月10日行政院公布《简易人寿保险章程》,拟由人寿险开始,推进保险业。

---

① 程海峰:《一九三六年之中国劳工界》,《国际劳工通讯》第4卷第5期,1937年5月,第26页。

②《湖北省政府颁布修正工人储蓄暂行办法》,《国际劳工通讯》第6号,1935年3月,第43页。

③ 实业部劳动年鉴编纂委员会编:《二十一年中国劳动年鉴》,上海:神州国光社,1933,第5编第134、135、137页。

1947 年,社会部再制定《社会保险法原则草案》,经国民政府国务会议讨论以《社会保险法原则》之名通过。原则将保险种类分为健康保险、伤害保险、老年遗族保险、失业保险;规定伤害保险费由业主负担,其他保费由业主及被保险人分担。政府并未出台针对工人的保险条例,而是在全社会推行复合险种,这相较于工人的单一险种(伤害、疾病)来说,无疑给予了工人更多人身安全的保障。

在职业介绍方面,职业介绍所是为调剂劳动者之供给与需求而设,但中国原本极少此类机构。以南京而论,由传统荐头行更名而来的佣工介绍所。佣工介绍所,即为职业介绍所,过去均在首都警察厅注册,并由警厅规定取缔规则,目的在于保安正俗,取缔引诱女工卖淫和介绍买卖及典押人口之事,对于调剂劳工之供给与需求问题均未顾及。[①] 青岛市依照工厂法原则,先于中央机关在 1931 年 4 月公布《市立职工介绍所介绍职工简则》,宣布免费为求职者服务。为救济失业工人,1931 年 12 月 3 日,实业部公布施行《职业介绍所办法》,规定此前"凡代谋工作代调剂劳工之供给与需要者,得依本办法设立职业介绍所";并将介绍所分为国营、公营(工会、同业公会、公益团体所设,不以营业为目的)、私营(商人所设,以营业为目的)。《办法》要求职业介绍所必须向地方主管官署(在市为市政府、在县为县政府)呈请登记。为配合工厂法实施,该《办法》要求登记介绍工作者必须年满 14 岁,有某种职业知识,有相当体力与经验。《办法》还规定公营介绍所不得收取介绍费,商业性介绍所介绍费须由主管官署核定,介绍费须在工作契约订立后由劳资双方均摊。《办法》严禁欺诈、诱惑、胁迫求职者之行

---

① 南京市社会局编:《南京社会特刊》第 3 册,南京:文心印刷社,1932,第 117 页。

为。[①] 该《办法》拟保障求职者以较低代价找到合乎自身特点的工作。1932 年 2 月、6 月，南京、北平也先后公布施行《南京市职业介绍所登记规则》《北平市职业介绍所登记规则》。1932 年 4、5 月间，贵州、宁夏分别将《贵州省公营职业介绍所组织大纲》《宁夏市职业介绍所章程》咨送实业部备案。

在消费合作方面，1931 年 1 月 15 日，铁道部最早公布《国有铁路员工消费合作社通则》，并于同年 2 月 3 日修正。国有铁路员工消费合作社由社员自行认购股份组织，由路局派员指导，凡铁路职员均为合作社社员。为保障社员平等权益，《通则》规定社员股权不与所认购股份等同，凡任购者均仅有 1 票选举权、表决权。合作社所采办物品经由本路运输者可免运费，经过其他路者应缴纳半价运资。合作社物品售价标准，是按原购入价加以各项运费、保管等的开支，不能较市场降低 15%以上。[②] 铁路工人工种较多，收入差别较大，该《通则》的目的在于保障不同行业工人同享经济权利，特别注重社员民主权利的平等。

1931 年 4 月，实业部制定《消费合作实施方案》，规定 9 人以上即可集股办社，年满 16 岁者认购社股即为社员；消费合作社的营业目的以供社员日常生活上一切需要为主，不许贩卖烟酒、奢侈品等非必要品；要求合作社之间的协作，“非必不得已时不得向私人批发商赊买”。该《方案》还从组织、经营、管理、盈余结算、开办程

① 实业部劳动年鉴编纂委员会编：《二十一年中国劳动年鉴》，上海：神州国光社，1933，第 5 编第 29、20 页。

② 实业部劳动年鉴编纂委员会编：《二十一年中国劳动年鉴》，上海：神州国光社，1933，第 5 编第 132、133 页。

序等方面予以原则性指导。[①] 烟酒消费是工人日常支出,但实业部所定《方案》却将烟酒列为“非必要品”而加以限制经销,并不切合工人实际需求。不过,这一方案并未实施。其后,实业部以合作事业“关系劳工经济生活,至为重大”为由,令主管司拟具《合作社法草案》,函送立法院审议,并以该法公布“似不宜再缓”,呈特行政院转咨立法院迅将合作社法议定转呈公示。[②] 1934 年 3 月,国民政府公布实施合作社法,对生产、消费、金融合作予以总体规范。但迟至 1935 年 8 月,《合作社法施行细则》始公布施行。

在保育方面,上海市社会局 1928 年 8 月至 12 月业务报告第 4 编“劳工行政”第 5 节专列“婴孩寄托室”一节,规定:“已婚女工,每因婴孩牵制,致减少工作效率。故婴孩寄托室之设,实不可缓。第以市库支绌,未能举办,爰先饬令市内大工厂自行设备,以惠女工。并拟具规则十条,呈奉市政府第 813 号指令核准施行。”《上海特别市工厂附设婴孩寄托室规则》规定:市区内工厂有已婚女工满 50 人者应附设寄托室,室内应配备站桶、座椅、睡床、摇篮、浴盆、玩具,开办费与经常费概由厂方担负。[③] 这可能是地方政府中最早提倡托儿所的法规,但没有切实执行。实业部以各工厂已婚女工,每以子女牵累,工作效率减低,儿童乏良好保育,智能健康亦有妨碍为由,于 1936 年 4 月 2 日,依据《修正工厂法施行条例》第 20 条规定,公布《工厂设置哺乳室及托儿所办法大纲》,饬各省市令工厂遵照设置。按大纲规定,凡是平时雇用已婚女工达 100 人以上的工

---

① 实业部劳动年鉴编纂委员会编:《二十一年中国劳动年鉴》,上海:神州国光社,1933,第 5 编第 106、111 页。

② 《国内之部·劳动行政》,《国际劳工》第 1 卷第 5 期,1934 年 5 月,第 54 页。

③ 屠哲隐:《南洋烟厂哺乳室》,《工商管理月刊》第 1 卷第 6 号,1934 年 10 月 30 日,第 106、107 页。

厂,都应设置哺乳室,其未满100人者,应与附近工厂联合设置;凡是平时雇用已婚女工达300人以上的工厂,除设置哺乳室外,还应设置托儿所。其未满300人者,应与附近的工厂联合设置。哺乳室专寄托6星期以上、18个月以下的女工子女。托儿所专寄18个月以上、6岁以下学龄前的女工子女。1937年1月,实业部公布《工厂设置哺乳室及托儿所须知》,对室内外环境、家具、卫生设施及保姆、看护、助理员、佣妇挑选标准均有相应要求。①

二、福利事业的推展

劳工福利在全面抗战前后各具特色。

(一)全面抗战前:以公营企业、政府主导

在劳工教育方面,特种行业中,邮工子弟学校主要集中在上海、南京,其他地方尚未普及。② 与邮政同属交通部管辖的电话业的职工教育,比邮政业的发达。1930年7月前,广西、山西、江苏、河北等电报局,交通部所属的南京、苏州、镇江、天津、北平、太原等电话局,杭州、济南、北平等邮政局,都开办了职工教育补习班。交通部也在上海闸北、南市分设第一、第二交通职工子女小学校,内附设职工补习班各两班。③

---

① 实业部劳工司:《工厂设置哺乳室及托儿所须知》,《人事管理》第2卷第3号,1937年2月1日,第54、55页。

② 怀宁:《为邮工子弟教育向大会进一言》,《中华邮工》第2卷第1、2、3期合刊,1936年3月15日,第10页。

③ 郑硕贞:《关于交通职工改良待遇的经过及今后计划的进行》,《自求》第17期,1930年8月1日,第29页。

国有铁路在教育事业方面投入较大,成绩卓著,难有匹敌者。以胶济铁路为例,1930 年度教育经费预算总计 158400 余元,较上年增加 28300 余元。路局所属青岛初级中学,青岛、高密、坊子、济南初高级小学及张店初级小学,毕业生共计 470 人。其中,中学生 41 人,高级小学 141 人,初级小学 329 人。①

1932 年春,铁道部开始筹办铁路职工学校。数额较大的教育经费中,仅铁路沿线 6 处职工识字学校运行费每月就需 1200 元。平汉路局每月拨款,在沿线设 16 处工人子弟学校。陇海路也在党部支持下,设工人补习学校于徐州、商丘、开封、洛阳、陕州、潼关等地。②

总体而论,1932 年至 1934 年,京沪沪杭甬、津浦、平绥、正太、南浔、湘鄂、道清、北宁、平汉、陇海、胶济等国有铁路的职工教育都稳扎稳打(表 4-1)。

表 4-1　国有铁路职工受教育人数路别统计

单位:人

年度入学与毕业人数		路别											
		京沪沪杭甬	津浦	平绥	正太	南浔	湘鄂	道清	北宁	平汉	陇海	胶济	共计
1932年度	入学人数	1514	2416	1338	678	130	642	10	—	—	—	988	7716
	毕业人数	111	615	128	126	24	51	27	—	—	—	425	1507

① 胶济铁路管理委员会编:《胶济铁路接收八周纪要》,青岛:胶济铁路管理委员会,1931,"总务(教育事项)"第 36、42 页。

② 铁道部参事厅第四组编:《铁道年鉴》第 2 卷(下),上海:汉文正楷印书局,1935,第 1239、1235、1226 页。

续表

年度入学与毕业人数		路别											
		京沪沪杭甬	津浦	平绥	正太	南浔	湘鄂	道清	北宁	平汉	陇海	胶济	共计
1933年度	入学人数	900	1922	961	452	95	532	209	—	1338	—	1081	7490
	毕业人数	66	308	23	182	—	16	47	—	544	—	329	1515
1934年度	入学人数	949	1908	846	668	91	437	194	1340	934	—	—	7367
	毕业人数	61	—	—	308	—	148	53	80	—	—	—	650

资料来源:《国有铁路职工教育统计》,《国际劳工通讯》第17号,1936年2月,第116页。

其中,京沪沪杭甬路职工学校原或租赁民房,或借用扶轮学校公益社房屋,颇不敷用。路局于1934年即计划分建南京、闸口、白沙、上海、吴淞五地的职工学校。①

在铁道部扶持下,1935年,镇江、西安、连云港扶轮小学及塘沽扶轮小学分校陆续开办。截至1935年底,已有中学2所、小学59所,学生已达2200余名。原有59所扶轮小学内又设中学职业班,职业班每年毕业生1000余人,无力升学者居半数。当年,铁道部又饬天津、郑州两中学,添设职业班。铁路部当年拨款扶轮存款28800元,购置各种急要仪器、标本模型等。② 平汉路1933年7月组织职工教育委员会,到1935年6月底,陆续设立识字班48班,公民班10班,入学职工数2275人。津浦路自办员工子女学校,自

① 《添修京沪沪杭甬路职工学校校舍之计划》,中央统计处编:《中国国民党指导下之政治成绩统计(民国二十三年六月份)》,南京:中央统计处,1934,第150页。

② 《铁道部二十四年度之劳工行政计划》,《国际劳工通讯》第17号,1936年2月,第45、46页。

1930年到1932年先后设7所;1934年1月,成立大汶口连镇员工子女小学2所,同年10月成立浦镇新马桥员工子女学校2所。陇海路1935年在开封车站开办车务职工训练所、养路职工教养所。①

1936年1月,铁道部强制要求各路局在两年内完成职工识字教育,并于部内设立职工教育咨询委员会,研究增进职工智识技能及工作效率的方法。交通部于5月下令全国邮电局于暑假后办理初、高两级职工教育补习班(两年制)。② 到1936年底,胶济铁路在四方、济南、张店、坊子、高密、青岛六地开办的职工学校的已毕业学员(高级班、中级班及识字班)计2998人。实际入校职工数量至少应该是毕业生人数的2倍以上。胶济路六地第7期职工学校入校生为863人,实际毕业生仅387人。③ 铁路局还在全国许多城市再设扶轮中小学,收纳路工子弟。

路局党部也参与工人教育。比如,1936年,平汉路特别党部指导工会开办全路各站员工子弟学校18所,均于筹备成立后,移交该路管理局主办。④

南京市社会局重视工人教育,但效果与其计划相差较远。1929年间,社会局依照《工人教育计划》规定,派员与市教育局会商筹设本市工人补习教育,议决:(1)由规模较大之工厂(工人30人以上)先行创办工人补习学校,然后再普及全市;(2)教育局担任起

---

① 铁道部秘书厅编:《铁道年鉴》第3卷,上海:商务印书馆,1936,第1010、1016、1019页。

② 程海峰:《一九三六年之中国劳工界》,《国际劳工通讯》第4卷第5期,1937年5月,第20页。

③ 胶济铁路管理委员会编:《胶济铁路接收十四周纪要》,青岛:胶济铁路管理委员会,1937,第12—13页间"胶济铁路各职工学校各期毕业学员人数统计表""胶济铁路各职工学校第七期入校生及毕业生比较表"。

④ 铁道部秘书厅:《铁道年鉴》第3卷,上海:商务印书馆,1936,第1194页。

草有关工人补习教育初步计划及经费预算等的工作，社会局负责调查各厂职工状况、召集较大规模工厂经理会商实施职工教育等事项。1930年2月14日，两局召开筹设工人补习学校会议，出席者有京华等10余厂代表，工人团体指委会代表，教育局、社会局负责人共17人，通过《南京市设施工人补习教育初步计划及经费预算》，拟定3月1日为筹备期，3月底为补习学校开办日期。4月4日，社会局派员赴各厂店调查，除济丰酒厂开课外，余者如源盛、同泰、立成、大陆、公孚等厂以工人太少或无场地等原因，并未着手筹备。[①] 第二平民工厂自市府接收以来，设立工友子弟学校。1929年呈准社会局设立1所普通小学，书籍用品均由该校供给，凡是该厂工友子弟、无力求学者，概将入学，唯入学后不得无故中途退学，否则追缴书籍用品费。该小学学生仅有63名。[②] 南京市教育局也出台《商人补习学校招生简章》，招收商店职工，"授以商业上必须之智识，以增进生活技能为宗旨"。《简章》规定，年龄在14岁以上40岁以下，具有小学毕业程度者均可报考。此种学校学程为6个月，入录者可免费就学，但中途退学者必须追缴学杂费大洋10元。课程包括国语、党义、算学、簿记学、统计学、本国商业地理、广告学、消费合作社组织法、经济浅说、商事要项、简易英文、商业会话。为鼓励学生一心向学，《简章》特别规定"凡毕业学员之成绩优良者，得由本局函知其服务商店奖励"。[③]

北平市社会局与厂、公司合作办学进展顺利。北平社会局委

① 南京市社会局编：《南京社会特刊》第3册，南京：文心印刷社，1932，第97、98页。

②《市立第二平民工厂力图改进》，《中央日报》1929年4月16日，第2张第4版。

③ 南京市社会局编：《南京社会特刊》第3册，南京：文心印刷社，1932，第108、109页。

派校长管理第一、第二、第三劳工夜校的教务。[①] 劳工夜校师资年富力强,有履行职责之资质。比如,27 岁的第二劳工夜校校长贺世灏,先后毕业于内政部警官高等学校、民国大学;36 岁的教员李翔,毕业于师范讲习所。[②] 同时,社会局还与电灯公司、丹华火柴公司、市政府汽修厂、财政部印刷局、电车公司、邮务管理局、燕京地毯工厂、自来水公司、报行工会、电话总局共同办理第一至第十工人学校,[③]并通过选派校长,加强对工人学校的管理。

青岛市政府首先在所属机关开办工校,而后再推广职工补习学校。1931 年初,青岛市政府及所属机关开办工役补习学校,教员由各部门长官指派,每周授课至少 8 小时,课业用品由各主办机关免费发放。[④] 在此示范影响下,市政府于 1932 年、1933 年内先后指导成立茂昌蛋厂、振业火柴厂、山东烟公司、新制杆厂、新大纶袜厂、胶澳电气公司等 21 校,并指导蛋会工会于市区及四方、沧口各设一劳工学校。以上各校,共计 55 班,男女学生 2127 人。[⑤] 另有统计表明,青岛市自 1932 年 9 月至 1933 年 4 月,先后成立新生制杆厂、新大纶袜厂、胶澳电汽公司、鲁东火柴厂、信昌火柴厂、华北火柴厂、兴业火柴厂、贯华冻粉厂、明华火柴厂九厂职工补习学校,

---

① 《社会局任免惠工学校及第一、第二、第三南城劳工夜校校长的令(1929 年)》,北京市档案馆藏,档案号:J002-001-00039。

② 《私立业余日文讲习所、明达补习学校、韩民女子职业补习学校和市立第二劳工学校关于呈报学生、教职员名籍表和推荐校长的呈文及社会局的指令》,北京市档案馆藏,档案号:J2-3-486。

③ 《市政府关于调查工人学校、劳工夜校及劳工教育机关概况的训令及社会局、教育局的公函(1929 年)》,北京市档案馆藏,档案号:J002-003-00013。

④ 《青岛市政府及所属各机关工役补习学校通则(1931 年 3 月)》,青岛市档案馆藏,档案号:A000567-00208。

⑤ 青岛市政府秘书处编:《青岛市政府三年来行政摘要(自 21 年至 23 年)》,青岛:青岛市政府秘书处,“社会”第 5 页。

各校经费均由各厂自筹。但从学生人数与教员数来看,工人入学率普遍不高。①

各工业城市的政府组织,均努力开展工人教育。1935年3月,上海市社会局、教育局组织劳工教育设计委员会,拟有筹设劳工学校计划书,经市府核准,令劳工教育财务委员会拨款筹备。② 到1936年10月已办理劳工学校16处。此外,缫丝业、卷烟、造船、皂药、水电、印刷、造纸、火柴等产业公会出资设立工人子弟学校、工人补习夜校、劳工夜校等15校。③ 广州自成立民众教育第二区委员会以来,除开设民众学校4班外,此时遵照部令,决意在各工厂内开办劳工学校夜班。办法已呈到市府,商请各机关协助,并与工厂方面接洽,广东纺纱厂已准在该厂内开设。④

在诸省工人教育中,浙江各地较有成绩。截至1933年12月,经核准报部共有184个产业、职业工会。自《劳工教育实施办法大纲》颁行以后,浙江省经建设、教育厅会令所属遵照办理,嗣以各县市政府及所属厂场局处未能切实遵办,复由建设厅会同教育厅令饬所属拟具推进劳工教育方案或具体实施办法。到1933年12月底,余杭、汤溪、镇海、浦江、昌化、遂昌等县及浙江省的水利局,因工厂、公司及大商店反映工人四散无法筹设;富阳、兰溪、温岭等18地市,正筹议办理;分水、青田、寿昌、天台、玉环、景宁等县及杭州市、鄞县、衢县之一部、浙江省水产品制造厂,则由劳工教育与民众学校或其他形式夜班混合办理;钱塘江义渡办事处,浙江省公路管

① 与上所述各厂补习学校对应学生数分为33、35、129、24、20、110、20、8、30人,教员数为1、1、7、1、1、2、1、1、1人。青岛市政府编:《青岛市行政纪要》,青岛:青岛市政府,1933,第3编"社会"28—29页。

② 《劳工教育》,《国际劳工通讯》第7号,1935年4月,第123页。

③ 《童工》,《国际劳工通讯》第3卷第11期,1936年11月,第48—49页。

④ 《劳工教育》,《国际劳工通讯》第7号,1935年4月,第124页。

理局之修车厂，浙江省农业改良总场所属之棉场、稻麦场，杭州缫丝厂，建德、丽水、天台等林场及长兴煤矿场，已设置劳工学校或劳工班。①

在储蓄、保险方面，作为工人福利的储蓄、保险，之所以能实施，均离不开资方的相助。1928 年 9 月底，北平特别市丹华火柴公司、自来水公司、电灯公司、大东公司、电车公司、双合盛啤酒制造公司、老天利珐琅工厂、中华印字馆、慈云工厂、燕京地毯工厂、永增铁工厂，以及华安合群保寿公司、新华储蓄银行、金城银行、北洋保商银行、中国银行、交通银行、大陆银行、农商银行，都订立了劳工储蓄暨劳工保险章程。丹华公司实行团体保险办法，自 1927 年 7 月开始，即与东方人寿保险股份有限公司签订投保合同。丹华公司为工人一次全数缴足保费，工人年交保费洋 6 角，如身故可获赔保款银洋 60 元。② 实业部鉴于各地工厂工人随意花销，一旦失业遂多沦落，提倡节俭，于 1935 年饬所属转令各厂办工人储蓄会，唯多数工厂尚未办理。该部以此举关系工人福利甚巨，势不容缓，业于 1936 年 3 月训令中央工厂检查员，随时劝导劳资双方成立储蓄会，俾双方互沾利益。上海市申新纺织公司所属之各纱厂及永安等纱厂，均已早有此储蓄会，多为同仁储蓄会。③

在社会保险方面，南京、汉口两市于 1935 年 12 月开办寿险。1936 年简易人寿保险法颁行，该法虽非严格意义上之社会保险，但以保额不高，“最适于劳工阶级”，“似可视为我国社会保险之先

---

①《浙江省之劳工团体与办理劳工教育之概况》，《浙江省建设月刊》第 7 卷第 10 期，1934 年 4 月，第 4、5 页。

②《北平特别市政府关于劳工储畜保险章程的训令（1928 年 10 月 8 日至 11 月 8 日）》，北京市档案馆藏，档案号：J002-004-00002。

③《实部两惠工计》，《染织纺周刊》第 1 卷第 29 期，1936 年 3 月 4 日，第 464 页。

声”。1936 年 3 月 2 日、7 月 1 日，苏、浙、皖、赣、湘、鄂、沪七省市，以及粤、闽两省先后启动。社会保险较有成绩者，当推上海公共租界人力车夫互助会所举办的车夫保险。凡会员残亡，给洋 40 元，局部残废，赔偿额减半。自 1936 年 5 月 1 日开办，至 9 月底，赔偿 112 件，其中死亡赔偿占 95%，残废赔偿占 5%。[①] 整体而论，所谓社会保险完全不可与某些企业同日而语。民生公司创设职工互助保险委员会，于 1937 年 1 月 1 日起开始实行。具体办法，以优待低薪者为原则：以薪金多少定保额高低，最多者保 1000 元，最少者保 200 元。薪金少者，公司给予保费津贴，保 200 元者年应纳保费 2 元，公司可补贴 1 元，职工本人年只纳保费 1 元。月薪 11 至 20 元者，公司津贴保费 1/3。月薪 21 至 30 元者，公司津贴 1/4。31 元以上者，公司不给津贴。此保险开办尚未及半年，即理赔因病、工伤款 300 元、500 元、700 元不等。职工由此信任公司，“安心替公司服务”。[②]

在失业救济方面，普遍实施的失业救济方案乃为小本借贷。实业部于 1936 年 6 月曾令各省市设立小本借贷处。据社会局 1936 年调查，上海工人家庭中，收支相抵的至多不过 1/3，其余 2/3 入不敷出，以借贷为生。上海市社会局设立贫民借本处，贫民可觅保借本，以 20 元为限，分期还款，周息 8 厘，可是限于资本，全年的贷款不过五六万金，每月也不过四五千块钱。[③] “就各地观之，政府举办借贷事业，在近年颇为活跃，而银行界亦渐乐于投资。”1936 年

---

① 程海峰：《一九三六年之中国劳工界》，《国际劳工通讯》第 4 卷第 5 期，1937 年 5 月，第 20 页。

② 孙传祥：《职工互助保险》，《新世界》第 10 卷第 5、6 期合刊，1937 年 4 月 1 日，第 39、40 页。

③ 蔡正雅：《上海的劳工》，《光华半月刊》第 5 卷第 3、4 期合刊，1936 年 12 月，第 38 页。

间，政府开始倡行小本借贷者，有南昌之合作委员会（资本 2 万元）、汉口市政府（资本 2 万元，月息 8 厘至 1 分，每户贷款以 30 元至 500 元为限）、武昌市政处（资本 3000 元，月息 6 厘至 8 厘，每户至多 10 元）、杭州市政府（月息 8 厘，每户至多 30 元）、广州市政府之家庭工业贷款（资本 1 万元，月息 4 厘，每户可借 30 元至 300 元）等之低利贷款。当年湖南建设厅 50 万元分配各县举办低利贷款、广州市政府 10 万元平民贷款等计划，也都在筹备之中。一度停办的广州市社会局的小贩借贷（资本额 2472 元，贷款分 5 元、10 元、15 元三种无息贷款），于 1936 年内恢复。此外，青岛、南京、镇江、衡阳、湘潭，以及中山、常州、新宁、宁远等县仍继续借贷事务。①

在政府之外，非政府机关也在办理低利或免利贷款。南京市贫民贷款所，原名贫民借贷所，附属救生局，于 1928 年改隶社会局。1929 年 5 月救济院成立，基金 1 万元，隶属社会局，专为扶助谋生力拙之贫民，无利借贷，分 10 个月抽还。1930 年 9 月该院改组，有设立工艺基金流通处之计划，意在扩大对一般无资产有技能者之扶助。② 于 1935 年底或 1936 年内开办，纯粹属于救济性质的有上海慈悲因利局（无息，每人可借 5 元）、汉口之民众教育馆（每人 2 元至 5 元），兼有牟利性质者有新华银行的职工放款（最多每人 100 元）、天津市民银行附设的小本借贷处、中山民众实业银行的小贷款（每人可借 5 元至 100 元，月息 6 厘）等。程海峰对此类贷款的作用有明确精当论断："综观各地贷款救济情形，举凡可借数额较大者，恒需物产保证，殊不便于平民或失业工人；至于仅须信用保证者，其可借数额每在 20 元以下，尤以不足 10 元者为多，谓有此款

① 程海峰：《一九三六年之中国劳工界》，《国际劳工通讯》第 4 卷第 5 期，1937 年 5 月，第 21—22 页。

② 南京市社会局编：《南京社会特刊》第 3 册，南京：文心印刷社，1932，第 143 页。

即足以谋生养家,殊难尽信。且因借款用途之监督不易,更不得视为救济失业之善策。”正是因为政府缺乏有效应对失业之措施,1936年3、7、8月间上海才出现橡胶业失业工人的国货贩卖团、上海失业店员的中国国货救济失业团、市民生活改进社。各团体均在国货工厂购货后向市民推销,因市民消费能力有限,其推销所得难以维持失业者生计。①

真正的失业救济,不应该只是“生活性”救济,而应该是通过“生产性”救济,扩大就业率。内政部、实业部为救济失业民生,特会同拟定《县市设立民生工厂办法暨县市政府劝办工厂考成条例草案》,于1932年9月27日通咨各省市饬属办理。《草案》鼓励县市政府、人民集资经营,根据各地土产及失业人数,拟定工厂之种类及规模;明确强调按照《特种工业奖励法》《人民投资建设事业保障奖励规则》《小工业或手艺奖励规则》予以奖励。② 南京平民工厂向为社会局派员主办,自沪战后市库支绌,该厂遂停办,全厂工人失业。社会局为救济工人,转将该厂改为商办,商会接管市有平民工厂房屋及机件,另组平民工厂管理委员会管理厂务,筹募资本3000元。社会局与商会会商签订的《南京市社会局监督市商会承办平民工厂规则》规定,平民工厂原有工人“如无怠工及违反厂规情事,承办人不得任意辞退”。③ 1932年10月16日,平民工厂正式开工,收容工人40余人。④ 但因商会资金拮据,该厂开工仅1年2个月即停办。与此同时,南京缎业等28业共同筹设三益实业社,

① 程海峰:《一九三六年之中国劳工界》,《国际劳工通讯》第4卷第5期,1937年5月,第22页。

② 《内实两部昨通咨各省市筹办民生工厂》,《中央日报》1932年9月28日,第2张第3版。

③ 《救济失业工人平民工厂即将开工》,《中央日报》1932年6月24日,第2张第3版。

④ 《平民工厂重新开幕》,《中央日报》1932年10月20日,第2张第3版。

收容男女童工数十人,专织毛巾,“每日可出品三四十打,成绩甚佳”。①

在劳工住宅方面,上海大多数劳工的居所拥挤不堪,往往数家合住在弄堂里一栋平房或二层之楼屋中,余则栖身于草棚与破旧船只中。据朱懋澄统计,1926年间全上海约有草棚5万户,住人20万。1930年上海市政府统计,住草棚者22000户;至1935年7月,棚居者20504户,内有男性45598人,女48524人。棚房区易染病,时有疫病、火灾。1936年6月12日至9月19日,草棚火灾12起,焚1124间,无家可归者5000人,死伤数十人。营建工人住宅实因此引时人关注。朱懋澄建成第一个新村后,中外人士数百人参观。最早的响应者为上海市市长张群、社会局局长潘公展,两人相继于1929到1930年间建平民住所3处。3处分别可容纳100家、400家、300家。每户均享用一大间,屋顶用瓦,四增为砖,地面水泥铺制。不过,朱懋澄却认为这几处住所因“人数过多,社会服务人员指导方面,难勉力有不逮,收效殊少也”。继任市长吴铁城于1935年10月拨经费100万元,在市区四郊兴建平民村多所。南京市市长马超俊也在同年筹拨280万元,拟兴劳工住宅。同年6月,汉口也完成了第一贫民宿舍建设,内设床铺366位,每晚宿费铜元6枚。② 当年杭州平民新村首批138间村舍也如期落成。

无锡江苏省立教育学院丽新路工人教育实验区,也成立较早,自成立以来对于工人教育之理论与实验,“均有相当贡献”。1931年夏,该区为“使工友获得向上的趣味的节俭的生活,以竟工人教育之全功”,设立妇女工友寄宿舍。该舍设立旨趣,在于指导工友

---

① 《京市毛巾工厂成立》,《中央日报》1932年9月11日,第2张第3版。

② 朱懋澄:《改良劳工住宅与社会建设运动》,《上海青年》第35卷第35期,1935年10月23日,第5、8、4页。

本互助合作之精神，营造节俭、向上的生活。凡该区工人均可入舍寄宿，每人每月只需纳费洋6元3角，即可享受住宿、膳食、灯火、茶水及生活上一切必需用品，并得到该区职员的生活指导，以养成节俭、储蓄的生产习惯。该宿舍内设工友会食堂、工友浴室，以便工人以较低费用享受清洁卫生的生活。①

到1930年代中期，各地普遍营建工人住宅，舆论一时有言：工人新村"在近数年，几变成都市建设之一重要标的"。截至1936年6月，南京市政府建成平民住宅5处；杭州市政府在7月前已花费7万余元建成2处共351间工房；汉口市府奉行政院院长蒋介石手谕，亦有出卖公债20万元以建劳工住宅的计划；武昌螃蟹峡500间贫民住宅计划，在1936年内已完成一部分。②

南京市人力车夫合作社筹建"黄包车夫新村"，经呈请市府，要求核拨基础，当局除谕令社会局积极举办人力车夫合作事业救济失业外，特饬工务局派员会同该社会局负责人，勘查地址。③ 广州1934年来极力筹设各种平民住所，如平民宫、平民宿舍等，更增设劳工安集所两处。得第一集团军陈济棠总司令协助，广州市市长刘纪文拨经费3373元，建成第一、第二劳工住宅两处，于1935年5月1日举行落成典礼。④ "一般贫苦工人，得所归宿。"第一劳工住宅内分单身、家庭两种户型。家庭房有16间，单身床铺有300张。住宅中蚊帐、毯席、面盆一切用具，均由公家供给。单身宿舍每月

---

① 《苏省工人教育之新设施》，《浙江教育行政周刊》第2卷第49期，1931年8月8日，第10页。

② 程海峰：《一九三六年之中国劳工界》，《国际劳工通讯》第4卷第5期，1937年5月，第22页。

③ 《劳工住宅》，《国际劳工通讯》第15号，1935年12月，第154页。

④ 《广州市建第一二劳工住宅五一节开幕》，《国际劳工通讯》第9号，1935年6月，第185页。

收8角,家庭式一厅一房每月收费4元。[①] 京沪沪杭甬两路局与赡养储金委员会会商决议,在南京、吴淞、闸北三处投资建造工人住宅,基地则由该局供给,唯酌收地租。其中,吴淞一处立即招标建造,限期75天完工。[②]

在托儿所方面,因工厂招用女工渐多,女工养育后代问题越来越得到关注。中国托儿所远溯于南洋兄弟烟草公司工人托儿所及沪江大学、沪东公司与女青年会合办之劳工托儿所。此前民初上海商务印书馆总厂设置的女工哺乳室,仅在厂门旁小屋内摆几个矮凳,雇一老妪照料,称不上正式托儿所。南洋兄弟烟草公司聘请朱懋澄为劳工顾问,设立哺乳室,聘请看护、保姆各1名,照料幼儿。女工每隔两三个钟头可哺乳1次,每次以15分钟为限。[③] 1933年2月,上海市儿童幸福会兴办第一劳动托儿所,所寄以警界子弟为多,余则为工友,规模甚小,仅能寄养30名儿童。[④] 1935年4月,实业部根据《修正工厂法施行条例》第20条内有工厂雇用女工者,应设哺乳室及托儿所之规定,特制定此项工厂设置托儿所的办法大纲,以便通饬各地工厂遵照办理。[⑤] 此后,开办托儿所渐成风气。青岛原有慈幼托儿所,1935年8月,青岛教育、社会两局在四方教育馆开办青岛市立四方劳工教育馆托儿所,其宗旨为:"招收劳工幼年子女,以教养兼全之生活,使父母得专心从事于生产劳动。"1936年青岛复在西岭工业区添设贫民托儿组。1935年为儿

---

① 《劳工福利》,《国际劳工通讯》第8号,1935年5月,第168页。

② 《劳工住宅》,《国际劳工通讯》第15号,1935年12月,第153页。

③ 《南洋兄弟烟草股份有限公司哺乳室规则》,《民生》第1卷第22期,1933年7月15日,第13页。

④ 《上海第一劳动托儿所》,《国际劳工通讯》第7号,1935年4月,第126页。

⑤ 《实部拟制定工厂托儿所办法》,《国际劳工通讯》第8号,1935年5月,第31页。

童年,南京市颁布《实施劳动托儿所计划大纲》,其具体设想为:将全市分为4区,每区设1所,每处收容50名儿童,“维护儿童,使不因其父母之职业关系而妨碍其教养,协助劳动民众,使不因养育儿童,而妨碍其生产能力为宗旨”。该《大纲》对接收儿童规定如下条件:(1)父母均有职业者;(2)有职业的单亲家庭;(3)有弟妹在2人以上者。托儿所收费较低,全托每月6至12元,半托每月2至5元,暂托每日3角8分6。初定每所开办费约2000元,经常费以50名儿童计算,约为740元。① 1936年,杭州劳动托儿所也开园了。当年所办之托儿所,除南京外,收费大都低廉,广州的日间婴孩托儿所则完全免费。②

在消费合作社方面,若公立企业对员工的管理较为规范,其消费合作的组织能力自然较强。1931年1月,《国有铁路员工消费合作社通则》颁行。《通则》提出以职工自愿入股为原则,在路局指导下,合资开办消费合作社,为社员提供日常生活用品。《通则》规定社股金额每股至少国币2元,至多不许超过20元;盈余20%为公积金,10%为职员酬劳。③ 但1930年5月1日,胶济路局即成立消费合作社筹备委员会,开始招股承办。工整会负责招募股金,每股国币5元,职工限购50股。在6月10日至8月10日第1次招股期中,有1200余人入社,股款额达8000余元。④ 到开办第6期(1935年7月至1936年6月)时,入社职工6742人,股本增至102950元,

① 《托儿所》,《国际劳工通讯》第15号,1935年12月,第156页。

② 程海峰:《一九三六年之中国劳工界》,《国际劳工通讯》第4卷第5期,1937年5月,第23页。

③ 《国有铁路员工消费合作社通则》,《胶济日刊》第20号,1931年1月28日,第3、4页。

④ 胶济铁路管理委员会编:《胶济铁路接收八周纪要(1931年)》,青岛:胶济铁路管理委员会,1931,“总务(优待工友事项)”第34、35页。

营业总额有 1603435.22 元,纯益计 53514.93 元。①

到 1934 年底前,胶济、陇海、道清、湘鄂、津浦、正太六路均已先后成立消费合作社,营业尚称良好。铁道部于 1935 年劳工计划中,饬令平汉、北宁、粤汉南段、广九、南浔等路遵照部颁,从速筹备。② 湖南省公营第一纺织厂所办消费合作社运营顺畅。消费合作社原有南货、百货、屠宰、机米四部,但因私人承包中饱且不卫生,合作社又增设伙食部。自 1933 年 7 月至 1934 年 6 月结算,获纯利 3702.318 银元,其分配方法如下:20%为公积金,10%为理、监事及职工酬金,5%为公益金,65%为社员交易红利。至 1934 年下半年,业务愈见发达,获利数千元,合作社拟再增设缝纫、药业两部。③

(二)全面抗战后:以工会为主导

全面抗战后,大后方政府机关因经费支绌,一般仅承担督促、监督、指导之责,各厂矿(特别是公立)及工会只好依靠自身能力创办福利事业。国营企业较注意营建福利事业。资源委员会昆明机器制造厂,出于防止熟练工人跳厂及树立经济建设规范的目的,设置了设备齐全的厂内宿舍,免费供给无眷属工人居住,内有专人管理;另建有小型医院、员工子弟小学(1938 年度经费预算达国币

① 胶济铁路消费合作社编:《胶济铁路消费合作社第六期结算报告书(1935 年 7 月至 1936 年 6 月)》,青岛:胶济铁路消费合作社,1936,第 1 页。

②《铁道部二十四年度之劳工行政计划》,《国际劳工通讯》第 17 号,1936 年 2 月,第 44 页。

③ 湖南省政府秘书处统计室编:《民国二十四年湖南年鉴》,长沙:洞庭印务馆,1935,第 542 页。

2400 元)。该厂以职工共同出资、同为股东的方式,开办厂内消费合作社,其宗旨为:“互助公平原则贩卖日用必需品等,以便利机器制造厂员工及其属眷。”对困难工人,该厂代其创立“强制储蓄制度”,建立技工、练习生借款渠道。资源委员会中央电工器材厂,更以工人福利阐扬国营企业特有的“劳工原则”,此原则有二:(1)“设法消除劳资阶级对立之斗争观念”;(2)“采用社会保险之原理”。针对第一原则,该厂于 1939 年 4 月成立职工进益会、职工体育工,强制要求职员与工人共同入会,参加音乐、体育、娱乐、学术等活动;针对第二原则,该厂 1938 年 12 月公布施行“电工器材厂工人保健金章程”,生病及分娩的保健津贴为工资的七折。保健金来自厂方每年 1000 元的津贴及工人每月缴纳工资之千分之五的款项。资源委员会昆明炼铜厂则于 1939 年 7 月以“米贴”方式提高工资的购买力。厂方统一采购盐、粮食、燃料,再以批发价售给工人。就厂方本意来说,举办各种福利就为免授工人以口实,“以求减少工潮”。①

1941 年 6 月,社会部公布《示范工会实施办法》,内有“关于福利事业”专条,要求组建生产、消费、购置信用住宅等合作社,举办工人食堂、浴室及寄宿舍,创立互助金制度,筹办工人讲习学校及工人子弟学校,筹设诊疗所及托儿所,筹办工人俱乐部等娱乐体育设施。② 社会部相关文件表明,截至 1942 年底,重庆附近各厂矿福利设施已渐具规模,交通、工矿部门福利设施之改进较为明显,比

① 《资源委员会黄开禄视察在滇各厂矿劳工状况的报告(1939 年 7 月)》,中国第二历史档案馆编:《中华民国史档案资料汇编》第 5 辑第 2 编财政经济(7),南京:凤凰出版社,1997,第 459—461、466—468 页。

② 《示范工会实施办法(三十年六月二十一日部令公布)》,《社会部公报》第 2 期,1941 年 7 月,第 40 页。

如:云南个旧锡矿、四川盐工及各国营公路,均设有专管福利事业之机构。后方各重要工业区,亦拟筹设劳工福利事业实验区,以便集中人力财力,推广劳工福利设施。劳工保险已在川北盐工中推行,劳工教育亦正规划推进。社会部为配合工人组训,实施了示范工会制度,补助其经费,指导其举办各项福利互助事业。[①] 地处湖南的第三被服厂于1943年成立工人福利委员会,开办子弟小学、职工夜校、工厂实习班、幼稚园、托儿所。[②] 裕华纱厂对于职工福利,素来极为重视。1944年元旦,成立职工福利社,由员工充该社推行人员。该厂成立子弟小学、托儿所、中西医疗所、合作社(包括洗衣部、织造部、理发室、洗染部)、俱乐部,组织平剧队、话剧队、歌咏队、运动队、篮球队、排球队、乒乓球队,职工宿舍堪称完善。裕华尤重视工人教育,工会和教务委员会合作督办女工补习班、男工补习班各1班,分中级班、识字班教学,工会职员和外聘教员任课。[③] 昆明一地因工厂分散郊区,各工厂必须为工人提供免费住所,否则不易招到工人。在陈达所调查的42个工厂中,有25个厂的工人全部入住厂宿。不过,仅有云南、裕滇两家纺织厂宿舍是两层楼房,余者多为泥地平房。[④]

中国劳动协会在重庆各工业区、成都、西安、洛阳、桂林兴办工人福利社、托儿所。1943年至1945年间,中国劳动协会在重庆创

---

① 《社会部长谷正纲呈复加强组训工人之方针与现况案(1942年11月1日至1943年1月21日)》,台北"国史馆"藏"国民政府"档案,典藏号:001-055-0355。

② 尹炎:《一个工厂的革新(第三被服厂访问记)》(上、下),《实业之友》第1卷第5期,1943年5月1月,第7、8页;第1卷第6期,6月1日,第19、20页。

③ 王开元:《裕华纱厂通讯》,《职工通讯》第3卷第10、11期合刊,1944年11月,第48页。

④ 陈达:《我国抗日战争时期市镇工人生活》,北京:中国劳动出版社,1993,第243、244页。

办49所补习学校。[①] 中国劳动协会先后开办重庆申新纱厂第一劳工托儿所(1945年1月15日)、成都工业合作协会军毯劳工托儿所(1945年5月17日)、宝鸡申新纱厂劳工托儿所(1945年10月15日)、重庆军政部纺织厂第二劳工托儿所(1945年11月),招收女工子女。托儿年龄自40天至6岁。重庆第一劳工托儿所收容80名幼儿,成都劳工托儿所收容火柴厂女工子女60名。培根火柴厂饲养奶牛,将鲜奶半价供给成都托儿所;中国劳协向重庆第一劳工托儿所捐赠鱼肝油。各所开办经常费由中国劳动协会拨发。[②]

政府尽管能力有限,但还是抽调经费,以图造福工人。1943年11月29日社会部"为改善工人生活,促进工人福利",公布《重庆市工人福利社组织规程》,设立重庆市工人福利社。[③]

全面抗战胜利后,收复区面临着厂场难以迅速恢复生产、营业的困局,加以工人由后方回流,工人失业情况严重。收复区地方政府全力开展工人失业救济及辅导就业工作,但因经费所限,效果不佳(表4-2)。

表4-2　1945年9月至1946年底收复区各地工人失业救济及辅导就业人数

地区	救济人数(人)	发放金额(元)	辅导就业人数(人)
上海市	120000	1000000000	52896
天津市	99729	571975000	137077

① 朱学范:《我的工运生涯》,福州:福建人民出版社,1991,第113、114页。

② 康寿庄:《中国劳动协会劳工托儿所》,《妇女》第7期,1946年7月,第10页。

③《社会部重庆市工人福利社组织规程》,《社会部公报》第12期,1943年10—12月,第46页。

续表

地区	救济人数(人)	发放金额(元)	辅导就业人数(人)
青岛市	22822	11306496	—
北平市	39801	7944400	—
南京市	42	—	—
广琼区	13264	121256643	6369
淄博区	75000	40000000	43238
武汉区	32000	7367000	35782
枣庄区	6750	10000000	—
浙江区	1597	—	405
河北区	541	—	—
江西区	250	—	—
江苏区	—	—	764
总计	411796	1769849539	276531

资料来源:《工人失业救济及辅导就业》,《农工月刊》第3期,1947年6月15日,第15页。

说明:救济部分除现金外尚发放面粉及其他。

上海因其特别的工业地位,颇受政府关注。截至1945年11月,据社会部特派员办公处公布,全市有失业工人81684人,除以实物做解散费外,共发救济金622963032元。仍有卷烟、码头失业工人5万人,有待救济。已复工工厂,计纱厂12家,计工人10000余人。① 战后广州的经济状况在社会局局长黄仲榆看来:"未脱险境,

①《社会部京沪派员发表关于失业工人救济状况》,《金融周报》第13卷第7期,1945年11月,第25页。

人民生活苦恼,实我国有史以来未历之艰困。”1945 年复员之初,广州市社会局成立社会服务处,建筑劳工宿舍 2 所、平民宿舍 3 所;于 1946 年再召集各工农团体会商,筹组农工福利机构,以指导各社团原有福利设施。[①] 大量工人返沪,萧条的企业却无法容纳劳动大军。上海市社会局局长吴开先于 1946 年 12 月初,召集市总工会、工业协会、市商会等各常务理事举行座谈会,寻找安置失业工人的良策。同时,市政府设置工人招待所暂时安置工人 1000 余名,仍有 800 余人流落街头。而招待所内卫生条件欠佳,11 月 10 余名工人幼童因天花而死。[②] 昆明“劳工生活能够安定的仅占极少数,大半是失业流离的”,市政府成立劳工福利会,以救济失业工人。但因筹备劳工福利会的基层干部为国营工厂技工,先后复迁内地,加以经费有限,该会成效极为有限。[③]

战争结束前,社会部曾制定《实施职工福利金条例》及有关法规,推动公营工厂、矿场及其他企业举办职工福利事业,并函请经济部转饬所属办理。战争结束后,社会部提出各收复区的劳工福利事业必须配合复员工作积极推进,“以改善劳工生活,安定社会秩序”。1945 年 11 月 29 日,社会部为配合复员推进收复区劳工福利事业,函咨经济部转饬所属惠予协助,其公函要求除东北九省及察哈尔、热河、绥远、河北、山东、山西、台湾等省情形特殊,暂行缓办外,各省市应行办理的事项如下:(1)收复地区各省市社会行政机关,应调查敌伪经营或民营工厂、矿场雇用工人在 50 人以上者,

① 黄仲榆:《广州市社会行政之检讨》,《社会行政》第 2 卷第 1 期,1947 年 1 月 20 日,第 1、2 页。

② 《讨论救济失业延期下周召开》,《申报》1946 年 12 月 12 日,第 2 张第 5 版。

③ 陈子圣:《劳工福利会成立一周年感想》,《劳工月刊》(昆明)第 6 期,1947 年 5 月 1 日,第 14 页。

并将调查结果迅即递报备查;(2)收复地区各省市社会行政机关应调查敌伪组织或人民团体举办之劳工福利事业机构,并将调查结果连同接收处理情形递报查考;(3)收复地区各省市社会行政机关应密切配合经济复员,切实推行职工福利金条例及其有关法规,督饬各工厂、矿场提拨福利金,分别组织职工福利委员会,筹设职工福利社,举办各项福利事业,以促进劳工福利,并依照规定将有关章则递报本部查核;(4)收复地区已成立之省市社会行政机关,应常派员前往各工业地区或重要城市督导各类工厂、矿场办理职工福利事业,以期切实收效。经济部部长翁文灏于1946年初训令资源委员会予以实施。[①] 为应对物价上扬,1947年国民政府颁布《福利金条例》,社会部颁布《职工福利金条例实行细则》《职工福利委员会组织规程》《职工福利社设立办法》等法规,以便切实开办福利事业,改善工人生活。[②] 1946年2月,蒋介石手谕社会部、救济署,加紧推进工人的工作介绍与救济工作。4月,《社会部善后救济总署救济失业工人合作办法草案》《复员期间领导工人运动办法草案》出台。前者拟以修复铁路公路、举办水利工程等工赈容纳失业工人;后者拟厉行伤害赔偿及死亡抚恤、保险,加强劳工福利设施建设,普及劳工消费合作社、托儿所及初级学校;并规定兴建住宅、购置医药设备,经费应按《职工福利金条例》筹拨,不足部分由政府资助。[③]

---

① 《奉颁法令规章案(社会劳工1946年至1948年)》,台北"国史馆"藏"资源委员会"档案,典藏号:003-010101-0033。

② 姚培勋:《劳工福利的推进问题》,《中药职工月刊》第1卷第2期,1947年6月1日,第3页。

③ 《社会部长谷正纲呈国民政府主席蒋中正为遵谕研拟复员期间领导工人运动办法及与善后救济总署洽商救济失业工人合作办法两草案呈请鉴核(1946年4月15日)》,台北"国史馆"藏"国民政府"档案,典藏号:001-055000-00002-011。

地方政府中以北平、天津、上海的福利事业较有政声。北平市长熊斌上任年余，将全市划分为12个区，招集失业产业工人（登记者达38740人）组成合作社，将平粜麦153760斤、玉米38440斤、杂豆153760斤、谷子78880斤、食盐76880斤，按每人限购杂粮11斤、食盐2斤的标准，仅以国币96元向社员发售。同时，将社会部拨给北平的救济金国币3000万元中的730万元，转发给3650名失业工人。此外，还拨发工人紧急贷款及工人子弟奖学金各200万元。① 天津市政府则扎实推进福利事业的组织建设。1946年初，天津各业工厂有1796家，内中规模较大、雇用工人在50人以上者（最多不过千人）约75家，仅为总厂数的1/24。这些较大厂家的福利事业"极为落后"，仅少数厂家"略有简单之设备"。为造福职工，社会局特拟定《各工厂推进职工福利事业须知》，并油印140份分发恒源纱厂、北洋纱厂、东亚毛织厂、法国电灯房、颐中烟草厂等各厂，并派员督导，以期在短期内按照部令指示各点完成。《须知》要求"各工厂之职工福利事业应以工厂主管人及职工双方代表主持办理为原则"，职工福利委员会由职工双方各推代表组成。② 福利事业中，以合股成立的消费合作社与职工基本生计最为攸关。1947年9月初，天津澡堂业职业工会华清池分会即募到股金129万元，成立由129人组成的职工消费合作社，开始经营大米、面粉、杂粮、煤炭、肥皂、毛巾、布匹、毛呢等货品。③

1946年4月，上海市社会局奉市政府训令，按照中央宣传部、

① 北平市政府编：《光复一年之北平市政》，北平：北平市政府，1946年，第7页。

② 《（天津市社会局长胡梦华）为发职工福利法规及各工厂推进职工福利须知等事致各工厂训令（附呈各工厂福利须知等）》（1946年6月13日），天津市档案馆藏，档案号：J0025-2-003559-006。

③ 《（天津市社会局长）为成立合作社登记事致华清池职工消费合作社代电（1948年11月10日）》，天津市档案馆藏，档案号：J0025-2-002927-004。

三青团中央团部、军委会政治部、社会部要求，召集有关机关会商，议决成立由该局、经济部资源委员会所属中国纺织建设公司、工务局、卫生局、市商会、总工会合组“劳工福利视察团”，以两日时间考察国营、民营纺织、机械、化工、橡胶、烟草 5 类企业（31 家厂）的工人生活、工厂卫生、工厂安全、福利设施状况。其中，国营纱厂计有中国纺织建设公司第七、第十四、第十六、第十九厂；民营纱厂计有申新纺织九厂、统益纱厂、仁德纺织厂；国营机械厂包括日亚钢业厂、亚细亚钢业第一厂和第二厂、上海机器厂第一厂；民营者有益丰铁工厂、安泰铁工厂；国营橡胶厂有大中华厂，民营者为红星、华丰、义生、三泰等厂；国营化工厂为美利酒精厂、上海油脂工业厂、中央电工器材厂、上海第一厂及第三厂，民营者为永和实业公司、中国化学工业社；国营烟草厂计中华公司第一厂及第二厂，民营者计华成、中国、光明、兄弟、新华新记、中国福新、乐华等厂。上述各厂均为上海地方经济之柱石。经调查发现，纺纱业劳工福利“较为发达”，机器、化工、电器各业福利“多付阙如”，“工人最低限度之福利，亦谈不到”。社会局以普惠计，调整工作方针，拟双管齐下：一方面由该局会同有关机关、团体，筹措专门经费，“直接办理”消费合作、储蓄保险、各区工人福利社、劳工医院；另一方面依照中央颁布的《职工福利金条例》，“督导”雇用职工或工人 50 人以上的公司、行号，成立职工或工会福利委员会，办理工厂安全、一般卫生、工人教育、女工福利，“适应各业工人之特殊需要”。[①] 1946 年 6 月，由劳资双方与劳工行政主管官署合组的“上海市工人福利委员会”（主任委员为陆京士）正式成立。其业务包括协助工厂设立劳

① 社会局劳工处惠工课：《上海市社会局劳工福利视察团工作报告》，《社会月刊》创刊号，1946 年 7 月 5 日，第 64、65、70 页。

工子弟小学 46 所、劳工诊疗所 8 间、合作社 23 所、托儿所 9 所;会同社会局、卫生局推进工厂卫生设施,充实沪西劳工医院(不是专门为劳工服务)设备;成立劳工电影教育放映队,在假日到各厂巡回放映教育片、新闻片。1946 年夏,上海市工人福利委员会,会同上海市社会局,合筹上海市各工厂员工消费合作社。1947 年,该社成立,社员一度达到 6610 人。因社会局改行在各工厂推行合作社组织,当年 8 月,该社匆匆结束。不过,合作社相关工作进展亦有限。至 1947 年底,在规模较大的 200 家工厂中,仅有 43 家成立了工人合作社,内中以纺织、染织业为主。1947 年 6 月,上海市工人福利委员会和中国劳动协会合办上海诊疗所,为工人免费送诊给药。该诊所获市社会局设备经费补助,与上海各产业职业工会密切合作,安排巡回诊疗车每日上、下午分别到沪西工人福利社及沪东四区丝织业产业工会设站应诊;后又在沪东沪区工人聚集区设 8 个分站。7 月至 12 月诊疗人数总计达到 27745 人。同年夏,地方党政机关合组"社会福利事业委员会",集资筹划第二劳工医院。该项具有 X 光检测设备及 260 个床位的工程,顶着通货膨胀上行压力,[①]竟于 1948 年如期完工。

基本同时,以工会为主导的工人福利事业同样出现一定起色。据统计,到 1947 年 12 月底,由各工会合组的工人福利委员会计有上海市卷烟福利委员会、上海市沪西区棉纺业产业工会联合福利委员会、上海市沪东区棉纺染工人福利委员会、上海市机器染织业工人福利委员会、上海市水泥木工职业工会福利委员会、上海市针织业工人福利委员会。各工会单独组织者也有 53 家,内有码头运

① 邵心石、邓紫拔主编:《民国卅七年上海市劳工年鉴》,上海:大公通讯社,1948 年,第 25—27、29 页。

输工会、丝光漂染业、酒菜业锡帮、宁帮、京川扬帮、苏帮、冷作业、四区丝织业、成衣业、大中华橡胶厂、中央造币厂总管理处、西服业、旅馆业、招商局南市造船厂、中纺第一机械厂、浦东电气公司、永安纺织公司、中纺公司、正泰橡胶厂。各福利委员会均下设工人福利社。① 1947 年初,上海市社会局奉社会部部令,会同总工会、工人福利会、市党部等机关,开始视察各产业、职业工会的组训工作、福利事业,并于 5 月 1 日由社会局局长吴开先向中药职工会等 33 个工会颁发优等奖。②

此时工人教育只有铁路系统尚能维持。粤汉铁路局参照交通部颁行的《职工教育通则》,成立职工教育委员会,以长官教授僚属为原则,以促进政教合一为宗旨,于 1946 年冬开始筹设沿线大站职工学校。由衡阳以北着手,渐次推进至衡阳以南。1947 年内先后成立武昌 5 校、岳阳 3 校、长沙 3 校、株洲 1 校、衡阳 5 校、郴县 3 校、乐昌 1 校、韶关 2 校、广州 7 校,合共 30 校。内有识字班 29 班、公民班 27 班、技术班 18 班、选修班 6 班,共 80 班,入学职工 2572 人,兼任授课人员 383 人。各单位行政主管兼任校长,各单位职员兼任职员。各校授以基本常识及应有之工作技能,“使各职工在路为良好技工,在社会为标准之公民”。粤汉路职教工作,在全国各铁路中尚属首创。③ 内地工人教育无论在数量还是在质量上都让青年人不满。职业青年认为上海“应有一个比较健全的职业补习学校”,教授化工、电机、土木、纺纱、农业、电信、速记、工商管理、科

---

① 邵心石、邓紫拔主编:《民国卅七年上海市劳工年鉴》,上海:大公通讯社,1948,第 28 页。

② 《志本会奖状》,《中药职工月刊》第 1 卷第 2 期,1947 年 6 月 1 日,第 4 页。

③ 徐锡巽:《一年来职工教育工作概要及今后改进意见》,《粤汉半月刊》第 3 卷第 1 期,1948 年 1 月 1 日,第 12 页。

学管理等课程,以训练青年的头脑,增进青年的学识,使其“适存于这个原子的时代里”。①

有的大型国营企业能继续承担职工的福利。有25000余职工、位于太原的西北实业建设公司,所涉行业包括钢、水泥、煤炭、电气、化学、棉纺、卷烟、造纸、制革、火柴等。在全面抗战时期,职工薪资是计口授粮,全发实物。全面抗战胜利后,为统筹职工福利,公司于本部成立职工福利委员会,各厂组织职工福利社,负责筹建职工食堂、职工宿舍、浴室、理发所、运动场、俱乐部、诊疗所、农园、书报室、职工子弟学校、职工训练班、托儿所、询问代笔室。经过1947年的建设,西北炼钢厂、西北机车厂、西北修造厂等26家大厂均建起规模较大的食堂、宿舍;其中,炼钢厂食堂可容纳500人就餐,其宿舍床位达1500人。职工补习教育、职工子弟学校也是当年的建设重点。以西北炼钢厂而论,其职工教育规模较大,工友训练班可容纳2500余人;公司有医院,各厂有诊疗所;医院分内、外、齿、耳鼻等10余科,每日就诊人数少则四五十人,多则百余人;工伤均免费诊治。②

全面抗战胜利后最大的棉纺工业,当为国营建设公司。整个企业在敌产基础上重建,各类工厂密布全国,仅上海即有纱厂17家、制麻厂2家、机械厂2家,印染厂6家、毛纺厂5家,各厂工人计47919人。到1947年4月,各厂设有劳工福利委员会,建有理发室(公司支付水电费)、哺乳室、托儿所、康乐室、卫生室。总公司每届夏令均备有急救药品,分发各厂。总公司还在沪东、沪西建纺织医院2所,凡中纺工人皆可凭证就诊。中纺还在沪东、沪西设员工子

① 沉浮:《希望恢复第四补校》,《中国建设》第4期,1946年1月1日,第84页。

② 周象升:《一年来职工福利工作之总检讨》,《西北实业》第3卷第6期,1948年1月1日,第54、55、56页。

弟小学 7 所,由厂内高级职员兼任校务主任。总公司集股(每股定价 10 元)在全市成立 37 家员工合作社,规定一般工人至少认购 200 股,并举办息借周转金(月息 3 分),以解工人无资之虞。总公司还发行提倡股(每股 1 万元),承购职工极为踊跃。合作社经销日用品、食粮,按进价酌加开支售出。①

有些厂商也帮助工人稳定生活,以促生产。1947 年武昌纺织一厂开设工人宿舍、工人子弟学校、合作社、工人家眷宿舍、阅报社。② 汉口粮食业职业工会,因物价波动,及征募该会教育基金,呈请市政府召集劳资双方,洽商调整工资。1947 年 5 月 30 日,各粮食行号、厂栈代表不仅同意按照目前物价指数提高薪酬,并乐于帮助工会筹设子弟学校征募基金,而特别予以工资待遇,决定自 6 月 1 日起实施工资及教育基金:缝包每石 920 元、量衡每担 490 元、笆枕每担 300 元。③

与此同时,工会开始自救。1947 年 10 月 6 日,鄞县织布业职业工会召开第二届第二次会员大会,出席会员百余人,县政府、县党部、总工会等代表 10 余人列席。会议决议:筹备消费合作社,会员以 2 万元积储,聘请医药顾问,以此保障会员卫生健康。④ 颐中烟草公司在战后"没有得到胜利的待遇",工会自寻生路,开办合作社,"举凡工人日常所需要的东西应有尽有"。该社资金较多,仅周转金即有 2000 余万元。工会还先后开办了国剧社、音乐会、国术

① 《中纺员工的福利事业》,《中国劳工月刊》第 7 卷第 5 期,1947 年 5 月 25 日,第 11、12 页。

② 《武昌市府重视工人福利商请纺一震寰两厂改进工人生活》,《工人报》1947 年 8 月 12 日,第 4 版。

③ 《发扬劳工文化粮食工会创办子弟学校》,《工人报》1947 年 6 月 1 日,第 4 版。

④ 《织布工会大会决议呈请县府调整底薪》,《大报》1947 年 10 月 7 日,第 4 版。

组、图书室、理发室、诊疗所、俱乐部。①

据社会部发表的数据显示，截至1947年底，全国各省市社会救济机关有180单位，儿童福利机关计1997单位，劳工福利机关达1718单位，职业介绍机关有622单位，福利机构已由实验研究阶段进入示范推广之阶段。② 福利事业似乎走到了历史的高峰。但在此国民经济日益崩解的大背景下，福利事业完全被视为“救贫”的手段。1948年9月，全国总工会代表大会决议通过了《维持劳工最低生活，组织劳工合作社案》，③其案由：“劳工生活不能独立养家糊口，全赖厂主与顾主之雇用，终年所得尚难维持最低生活，且遇工厂关门即告失业，既有专门技术，亦无事可作，改就他业，更属不易，生活绝望，前途堪虞，补救之道，惟有实施各种合作与合作工厂之建设。”社会部原则上同意此案，并通令各省市实施。④

三、福利事业成效及劳资态度

（一）公营企业、政府主导与工会主导对比

劳工教育无疑是福利事业中辐射面最大的部分，其中铁路员

① 阮子平：《颐中工会领导者吴树林同志》，《华北劳动》第1卷第8期，1947年2月15日，第17页。

② 《全国社会福利工作进入示范推广阶段》，《社会工作通讯》第5卷第3期，1948年3月15日，第33页。

③ 原案由四川省总工会代表秦起藩等提出。见《（青岛市社会局）关于请各地合作机构指导各级工会组织劳工合作社并请各地金库尽贷款的代电（1948年8月19日）》，青岛市档案馆藏，档案号：A0021-003-00018-0090。

④ 《保障劳工最低生活社会部采用全工大会决议各地分业组织劳工合作社》，《新湖北日报》1948年9月27日，第2版。

工教育又是其主体，能大体反映劳工教育的概况。1934 年 1 月 10 日，铁路职工识字学校校长会议在铁道部大礼堂召开。据铁道部职工教育委员会委员长邓飞黄报告，两年来成立职工学校 28 所，招收学生 9390 人（已毕业 1500 人），按照“以技术教育为主，以公民教育为辅”的部颁教育宗旨开展教学。其办学仅从建校数、学生人数看成绩不俗，但当时 10 万铁路职工中不识字者“至少也有 7 万人”，①以是观之，铁路职工教育也仅能说刚刚起步。而后各路教育事业有发展之势，都离不开路局的经费投入、局方管控。比如，1935 年 6 月，平汉路局每月拨付 1115 元，常年经费 14220 元，工人入学人数达 2275 人；沿线员工子弟学校有男女学生 3418 人，每月总经费 6390.5 元。平汉路职工学校 1934 年学生数达 978 人，经常费达 25332 元。津浦路职工学校入学数达 1519 人。铁路局局长自任职工教育委员会主任委员，直接管理其事务。路局还每年补助子弟学校 29760 元。②

但总体上劳工教育的效果参差不齐，有的确实值得商榷。1930 年，南京市民众不识字者有 20 余万人，以商店职员为多。但当年南京市立各区民众学校劳工补习教育人数总计才 809 人（男 586 人、女 223 人）。③ 1932 年 7 月间，实业部劳工司司长李平衡在接受《中央日报》记者采访时介绍，实业部正拟以全力完成劳工教育。依其计划，全国 120 万劳工，按每年训练 30 万计算，4 年后全国工人即可完全受教育。④ 以此计划衡量，全国劳工教育的规模远

---

① 秦柳芳：《铁道部召集铁路职工识字学校校长会议经过》，《教育与民众》第 5 卷第 7 期，1934 年 3 月 28 日，第 1329 页。

② 铁道部秘书厅编：《铁道年鉴》第 3 卷，上海：商务印书馆，1936，第 1010、1013、1016、1017 页。

③ 南京市社会局编：《南京社会特刊》第 3 册，南京：文心印刷社，1932，第 106、110 页。

④《实业部劳工司近讯》，《中央日报》1932 年 7 月 29 日，第 2 张第 3 版。

未达标。据清华大学国情普查研究所 1946 年调查,重庆 34 个厂没有一个为工人设立正规的学校,只有技工中等技术学校。昆明有 11 家厂开办了工人学校,参加者达 1637 人,约为 11 个厂工人总数的21.5%。这些学校仅有公民教育,没有职业教育或技术教育。[①] 昆明一地的劳工教育,存在着厂方灰心、工人兴趣不高的现象。时人曾如此分析其中原因:第一,劳工教育方法上错误。各厂举办劳工教育人员,“有的对教育一知半解,有的根本不懂”,“不管工人之兴趣及程度”,所选“教材亦多为工人所不愿接受者”。第二,厂方对工人教育态度之错误。“个别厂认为与工厂生产无关,费厂方之人力物力财力消耗”,“一些厂方公然认为工人文化水准之提高与厂绝对不利,故敷衍塞责”。第三,工人意识上之不正。一是认为厂方此种笼络工人的政策,“充其量,不过识字而已”;二是有些人,“虚荣心作祟”,“为了得到学位上之虚名”,宁愿参加业余中学学习。第四,工人工作之繁重,又有家庭之拖累。第五,教授内容与生产工作脱节。[②] 上海的工人教育同样处于低水平状态。1947 年,上海市社会局调查了 240 余家工厂(以棉纺业居多),仅 23 家工厂开办了补习班,总共 59 个班。内中教员 90 人,学生总数不过 3000 余人。由于中纺公司设有专门机构负责办理,其补习教育最为正规。普遍而言,虽然厂方应工人要求举办补习班,但工人往往报名者多,能坚持学习者少。[③]

按劳工教育专家的意见,已经展开的职工教育必须改弦更张。

---

① 陈达:《我国抗日战争时期市镇工人生活》,北京:中国劳动出版社,1993,第 19 页。

② 傅嗣骏:《昆明劳工教育问题》,《劳工月刊》(昆明)第 6 期,1947 年 5 月 1 日,第 12 页。

③ 邵心石、邓紫拔主编:《民国卅七年上海市劳工年鉴》,上海:大公通讯社,1948,第 58 页。

1947年,有王伯条者,曾在济南、武进、临城从事铁路职工教育6年,总结铁路职工教育以识字班、公民班、技术班互为进阶的经验,批评现行全国职工教育忽视职业培训,主张职工教育应根据不同工种、工作性质而开课,恢复职工教育的本来功能,而将有关扫盲、公民教育的工作交给民众教育学校。[①] 王氏希望能集中稀有的人、财、物,全力推展职业常识和技术培训,福利劳资双方,或可刺激资方承办职业教育的热情。

工人子弟教育,除铁路系统外,同样规模较小。据上海市社会局1929年调查,全市有工人子弟学校20所,学生1500余人。[②] 平均每校学生不过六七十人。尽管如此,但子弟学校毕竟为工人子女提供了就学机会,减轻了工人家庭负担。要知道当时邮工工作相对稳定,收入比一般工人为多,但对于子女教育所需费用"亦深感无力负担之苦"。其家中"如有一二子弟入普通中学肄业,每年所需数百金,尚有何力堪以担负?"[③]

工人教育以外,其他团体福利的实效难得社会满意。1936年,上海市社会局局长蔡正雅这样评价该市工人福利事业:少数工厂,尤其是纱厂,虽有工房供给工人居住,收费较廉,但不能普遍惠及全体劳工。"劳工医院,只有规模较大的工厂,容有医药设备,或指定医院,免费诊治,或雇用医生,驻所照料。""为救济失业工人而设的平民工厂,有社会局筹设的平民工厂和上海民生社筹设的一·二八难民工厂,可是都因经济无着而停顿了。"职业介绍所也没有

① 王伯条:《职工教育亟应推进》,《中国劳工月刊》第7卷第6期,1947年6月25日,第3页。

② 蔡正雅:《上海的劳工》,《光华半月刊》第5卷第3、4期合刊,1936年12月8日,第38页。

③ 怀宁:《为邮工子弟教育向大会进一言》,《中华邮工》第2卷第1、2、3期合刊,1936年3月15日,第10页。

切实的效力。工人保险、工人储蓄等设备，更没有什么成绩了。“社会给与劳工的，有些只似杯水车薪的一些些，不能使工人普受其惠，有些还是一张空头支票，无补于实际。”①

再看工人的住宅问题。劳工新村固利于工人廉租，但工人与新村关系仍是房客、房东的关系，工人没有产权；此外，新村开办费不菲，虽然上海、南京、郑州的市政府多相继仿行，且规模较大，但从数量及普及率来看，新村远不能满足劳工所需。社会服务家傅清淮，时在南洋烟草公司从事营建劳工福利工作，对劳工新村的建设提出建议：(1)应由政府、工厂或社会机关三方共同办理，由政府、工厂提供经费，或借贷或劝募；(2)实行新村合作化，一方面帮助工人积置房产，另一方面可以让投资者有利可图而不断投资新村建设。其办法是：“办理的机关，以房价、地价、捐税、保险、修葺管理等费，合计为根据，规定房的月租。在规定年限以内将建筑费和地价的本利收回时，其房屋及地皮总归租房人所有。”②

全面抗战前，至少国营产业工人因公共福利较佳，劳资关系相对融洽。据中央民众训练部统计交通部、铁道部、财政部、实业部及各省市政府调查结果，1934 年 7 月至 1935 年 6 月间，铁道部所属北宁、京沪、胶济、正太、沪杭甬、广九、广韶、湘鄂、平汉、平绥、津浦、道清、陇海、吉长、吉敦、洮昂等 18 路，交通部所属各地邮电机关及招商局，建设委员会所属首都戚墅堰电厂、电机制造厂、长兴淮南两煤矿，财政部所属北平印刷局、中央杭州两造币厂，军政部所属北平制呢厂，实业部所属上海酒精厂，以及各地方的官营事

① 蔡正雅：《上海的劳工》，《光华半月刊》第 5 卷第 3、4 期合刊，1936 年 12 月 8 日，第 38、39 页。

② 傅清淮：《建筑“劳工新村”的建议》，《民生》第 1 卷第 18 期，1933 年 5 月 15 日，第 9、10 页。

业，“纠纷绝少”。具体纠纷则有：招商局1件，津浦路蚌埠站2件，济南、徐州、沧州、浦口等站各1件，胶济路青岛站1件，京沪、沪杭甬路2件。交通部、铁道部、财政部、实业部所属单位，江苏、浙江、安徽、江西、湖北、四川、福建、广东、广西、贵州、云南、河南、河北、山东、山西、陕西、甘肃、绥远、察哈尔等省，以及南京、上海、汉口、广州、北平、天津、青岛等市的国营产业，合计只有纠纷11件。①

战后复员阶段，原有福利性的机构、设施废而未兴。比如，华北第一工业城市天津，人口1723000人，工人占总人口20.509%，但工厂中的福利机构，“健全的恐怕不多”。东亚毛呢纺织公司工人贾如榛曾诉苦，公司子弟学校不过是“虚应其事”，“我们工人每月所得的月薪，只能维持最低的生活，怎能供给子弟到学校读书？可怜一般活泼天真的工人子弟得不到培养，而在马路上去拾煤渣”。他希望，“在这和平复兴的新春”，政府要确实执行劳工政策，关心福利事业。② 物价涨幅趋升，工人因要求提高工资、待遇而与资方发生冲突。有论者希望天津当局速开办工人福利社，以安定工人生活，维护社会秩序，提高生产效率。③

不过，上述状况也并不能完全概括各地、各业的情形，各地工人教育实际上各有其突破点和特色。比如，山西省于1936年1月实行劳工生产教育，江西于10月实施百业教育计划。当年办理较善的还有上海市社会局监督办理的两季丝厂工人识字学校、南京市社会局举办的工人强迫教育。随着新生活运动的推行，特种行

---

① 《国营产业工人纠纷事件统计表(1934年7月至1935年6月)》，《中央民众训练部公报》第6期，1936年7月25日，第71、72—74页。

② 贾如榛：《我的希望》，《华北劳动》第1卷第9期，1947年3月15日，第12页。

③ 阮子平：《我们建议当局设立工人福利社——为津市三十余万工人服务》，《华北劳动》第1卷第9期，1947年3月15日，第3页。

业工人开始受训。杭州之茶房训练(1936年11月1日起,1937年1月20日止)、合江之庸工训练(1936年11月开学训练1月),都是当时的典型。南京市在1936年5月内训练工人"夏令卫生",受训者达17000余人;7月起分期训练理发、茶社、酒馆的侍役,训练科目包括卫生、新生活、违警及自治常识等。①

省营企业湖南第一纺织厂的工人待遇在1930年代颇得盛名。该厂建有裕民小学,免费招收工人子弟200名,1933、1934年两年的毕业学生有75人。另开办工余补习学校(10个班),工人凡粗识字者,即令入校补习。每日2小时课程,学程4年。1933、1934年毕业学生4班。其工余图书馆经不断采购,到1934年底已有万有文库、小学文库等图书3100余本,并订有《通俗日报》《大公报》《国民日报》《申报》《武汉日报》《中国日报》。该厂在寓教于乐方面同样颇有进展。1933年、1934年,厂方添设花园、乒乓球室,安装收音机1部,组建话剧、平剧、汉剧、音乐、舞蹈、国术、球类运动的团体。该厂开展的卫生保健、疾病诊疗也有效果。1933、1934年两年,建工人疗养室、哺乳室,开展防疫、清洁运动,两年内三四千工人无传染病发生。②

由于社会福利机构的缺失,国企承担了更多的工人福利事业。1946年9月,资源委员会冀北电力有限公司北平、天津、唐山等分公司呈报各该厂工会,请求改进员工福利原则17条,其内容包括

---

① 程海峰:《一九三六年之中国劳工界》,《国际劳工通讯》第4卷第5期,1937年5月,第21页。

② 湖南省政府秘书处统计室编:《民国二十四年湖南年鉴》,长沙:洞庭印务馆,1935,第542、543页。

工人生活诸方面。[1]

北宁线唐山到塘沽段的久源精盐厂、永利制碱厂，青岛华新纱厂劳工教育也是为数不多的呈一时之盛的案例。久源、永利两厂于 1929 年在党政调解下达成协定，规定工人月薪最低 50 元，而后借资方补助，建立工人子弟学校、消费合作社、工人俱乐部，堪为“河北省之佼佼者”。[2]

青岛华新是青岛 9 个纱厂中唯一由国人自办的纱厂，自 1929 年 9 月 1 日起设立职工补习学校，委任技师兼工务长史镜清为校长，每月拨 400 元经费。1932 年遵照部颁《劳工教育实施办法大纲》，开办识字训练班、公民训练班。是年夏，华新特设纺织专修班。到 1934 年，已培养了数千名学生。其中，1933 年即有学生 1323 人。据时人调查，补习既融洽师生感情，更提高工人工作效率。[3] 到 1936 年时，在常务董事周志俊的领导下，全厂资产约值 600 万元，有职工 2200 余人，每年用于福利事业款两万数千元，每一职工年享有福利费 10 元。其时厂中福利事业包括完全小学 1 所、幼稚园 1 所、劳工学校、职员进德会、消防警卫队、俱乐部、医院、寄宿舍、工人储蓄等。劳工学校设纺织专修班（本科 3 年制、预科 1 年制）、职业补习班（2 年制）、公民训练班（6 个月）、识字训练

---

① 内容包括：婚丧费、退休费、福利保险费、年度结账、员工宿舍、子弟学校或教育补助金、冬季给煤、工会经常费、年奖、年终考勤优秀增新升级、制服、培植员工学识及技术教育办法、卫生及娱乐体育办法、医药费、年假，规定解雇员工应于三个月前通知工会，并不得以此空额再行雇用。《冀北电力有限公司关于所属工会请求改进员工福利的代电》（1946 年 1—12 月），北京市档案馆藏，档案号：J002-004-00243。

② 《河北省工人运动概况》，《国际劳工通讯》第 10 号，1935 年 7 月，第 96、97 页。

③ 《华新纱厂职工补习学校设施概况》，《青岛教育》第 1 卷第 9 期，1934 年 2 月 1 日，第 41、43 页。

班(6个月)。时有学生330余名,早晚授课1.5小时。学额由厂方按各部人数分配,强迫入学。每日凡不到校者,扣当日工资的1/4。工人既经入学,“非常明白大势,劳资更易合作,效率增加,厂中获益很大”。医院位于职工宿舍区内,免费治疗外伤,住院酌收膳费。宿舍区有工房700余间,职员与工人同区而居,“以示大同”,职员住房价格稍高。工人每月每间房费8角(包括水、电费),较之青岛市价便宜一半以上。厂方为鼓励工人储蓄,按年利9厘给息。个人存款最多者已有四五百元,工人即使失业,亦不至于束手无策。①

除公立团体、政府主持的福利事业外,唯有海员工会、中国劳协等根基较为牢固的团体才有能力办理团体福利。海员生命悬于波涛,尤需生命保障。中国海员工业联合会广东支部于1935年10月成立保险部,规定工友缴基金10元后,每月纳帛金(保费)大洋1角,6个月后,因公或因病而亡,或致残,即可领丧葬费、休养费小洋200元。1936年11月,海员特别党部正式成立海员储蓄保险会,与邮政储蓄金汇业局接洽全国10万海员的团体保险办法。在中国劳协在各地所办托儿所中,儿童每日进午餐1次、点心2次,免费或酌收少许费用。餐点费占经常费的大半,据1945年11月成都劳工托儿所统计,每名儿童每月1餐2点费用为5000元,即间接补贴各儿童家长(女工)5000元,时每女工在厂日得200元左右。因有优质育儿机构保障,女工生产效率提高。手工制造的火柴工厂,自从中国劳动协会在内设立了托儿所后,女工的摆架、装盒数目突增。女工们“每天收入增加,晚间总会带着微笑的面孔接回去她们的孩子”。② 1946年时,工人福利由工会承担。时昆明建筑业、人力车

---

① 关锡斌:《青岛华新纱厂福利设施概况》,《人事管理》第11、12号,1936年8月15日,第35、36、37页。

② 康寿庄:《中国劳动协会劳工托儿所》,《妇女》第7期,1946年9月1日,第10页。

夫业、印刷业等28个团体开办了职业介绍、义务诊疗(有中医义务诊疗所10处,委托本市著名中医担任义务医师;西医方面,由会商请本市惠滇医院、昆华医院、红十字会医院等6处,免费为贫病会员诊治,自实施以来,数万会员,无不称颂)、储蓄、工人子弟学校、工人俱乐部。战时,个人作用大于体制功效。昆明市总工会理事长顾致中,兼任省参议会秘书长、省党部执行委员,长袖善舞,"故有上述良好成绩"。①

一般而论,工会自主开办福利事业,列诸法律,深得工人所愿,但建树实为有限。工会组织自1930年工会法颁布后,全国无纵向的组织,又因各地依法改组的工会受限制太多,在工会数量锐减的同时,工会举办团体事业有些勉为其难。据中央民运指导委员会1932年调查,工会中举办团体事业的以上海、天津两地为多。上海67所工会中,举办团体事业者有15所,多以教育、合作、救济为主,并无有关卫生、保险、储蓄等事务。其主要原因在于:(1)工业衰败,工会经费难免艰窘;(2)资方不愿赞助工人团体事业;(3)工人缺乏相关知识,无力办理;(4)党政机关未能给予必要的监督、指导。②

尽管如此,到1935年中期,上海市81个工会已有42个附设劳工事业。其中,17个工会开办工人子弟学校,4个工会开设劳工补习学校,5个工会开办施诊,7个工会实行劳工抚恤。但与工人生计关系最为密切的合作社,却仅有1个工会办理。此外,还有体育会(1个)、俱乐部(2个)、图书室(1个)、劳工储蓄(1个)。③ 虽然

---

①《昆明工运动态》,《工商新闻》第15期,1947年2月10日,第4版。

② 中央民众运动指导委员会编:《二十二年工人运动概观》,南京:中央民众运动指导委员会,1934,第21、23页。

③《上海市工会之惠工事业》,《劳工月刊》第4卷第10期,1935年10月1日,第10页。

数量增多,但在种类上并无大的突破。北平工会开办团体事业的能力,也远达不到该市党部工训的要求。1935年2月,鉴于工会举办团体事业“为数尚少”,北平特别市党务整理委员会训令北平市工会,“必须举办关于切合工人实际需要之各种团体事业”,并发布《中国国民党北平特别市党务整理委员会管理本市各业工会举办团体事业条例》(2月8日第93次谈话会通过),要求该市各工会以会费的2/10至5/10用于团体事业。《条例》规定,各工会必须在此《条例》公布之日起三个月内以“最低限度”举办一种团体事业。《条例》还列有奖励或惩处条款,比如:“成绩优良者”可获得津贴每月5元至20元、资金一次10元至30元、奖品、奖状、奖令等奖励。但如届时不办理团体事业或“成绩不良者”,分别予以停止工会一切活动,或“停止津贴或取缔该项团体事业及令其改组”的处罚。①

较之产业工会,职业工会的福利事业成绩更少。商店店员普遍散漫,工会负责人工作时间长,无暇奔走联络会员,“会员间情感,亦始终隔着一条鸿沟”。职工会组织不健全,许多应依法举办的福利无法落实。相反,产业工人因组织较好,其享有的法律规定权利,比职业工人多。上海市总工会理事长水祥云曾为职业工人发言:“同属工人,政府应同样给予保障与权利。”②

有关合作社的成绩,主要体现在全面抗战时期大后方的生产合作社的出现。有党志英者,原为印刷工,1938年8月失业后流亡到宝鸡,偶然在街上看到“中国工业合作协会西北区办事处”门前

① 《中国国民党北平特别市党务整理委员会训令北平市工会》,《国际劳工通讯》第6号,1935年3月,第90、91页。团体事业包括:工人补习班、工人子弟学校、技术研究室、注音符号传习班、工人诊疗所、合作社、书报室、俱乐部、储蓄会、刊务,其他如游艺会、恳新会、演讲会、辩论会、小组训练会、体育会、运动会等。

② 《水祥云先生》,《中药职工月刊》第1卷第4期,1947年8月1日,第14页。

广告:“号召失业工人及流亡后方的难民,组织合作社。”其以“无限的欢欣”与该办事处卢主任接洽。在该主任资助、策划下,党志英与该处职员共赴西南采购印刷机,于1939年创办西北印刷合作社,由流离失所的“无家人”,“变成神圣劳动的工作者了”。[①] 同年4月,流落重庆的印刷工王铁琴与众友人,应中国工业合作社川康区办事处的邀请组建印刷工业合作社。经办事处人员辅导,众人在制定合作社章程、预算书后,再向工协会贷款800元,从而顺利接收维新印刷社,赴泸州采办新设备,成立重庆印刷合作社。[②]

当时,一些机构已替代工会而成为团体事业之主体。唐山市是华北工业要区,工人达数万之众,矿工尤多,但各矿区并无完备工人教育、娱乐设施。1921年夏,唐山警察局鉴于矿区失学子弟过多,地方教育薄弱,请准省令在矿区各分署附设贫民学社,聘优秀警察任教。后因主官忽视,学生人数由350人减至110余人。宁武自1930年任职唐山特种公安局以来,“循革命精神,力图发动社会,领导民众”,对工人及子弟教育甚为关心,与杨天贵、王宪之、徐传楹等八人,组织了唐山、马家沟、林西、赵各庄、唐各庄五矿区的惠工事业董事会。在开滦矿局的赞助下,各矿区组织惠工事业促进社,推行以“生活即教育,社会即学校”为原则的工人教育,该社的宗旨是:“普及唐山各矿区内工友及子弟之教育,提倡工余正当娱乐,并培养工友健全思想。”1932年改组贫民学社为4所完全小学,收留学生570余人。学校以“教学做”合一原则,寓教于乐。惠工事业促进社还成立了唐山矿区工友俱乐部,聚集2929名矿工,开

① 党志英:《一个无价的帮助》,《工合之友》第1卷第3期,1939年4月15日,第82—84页。

② 王铁琴:《重庆印刷合作社》,《工合之友》第1卷第3期,1939年4月15日,第105、106页。

办工友识字班、新剧社、魔术团、武术团、娱乐会、影戏团、工众图书室、娱乐室、问字代书处,贯彻“生活即教育”理念。俱乐部通过放电影、通俗演讲、壁报等方式,提倡正当娱乐。①

工人福利本身作为工人训练的组成部分,更是出于加强政治认同、改造国民性的需要。但国民党的工人训练,常包含“反共”的意图。在1930年全国工商会议上,山东省农矿厅提出《拟于劳工教育教材内特别添置“共祸”浅说及“铲共”歌谣以期培植劳工纯正思想案》,主张在工人教育中添加“共祸”浅说,对于童工尤宜多制“铲共”歌谣。此提案为大会所通过。② 1930年工商部劳工司出版的《劳工新村设施大纲》的目的,即为在改善工人生活过程中,完成改造国民性、实现对工人的管控。《大纲》要求新村设管理委员会为行政管理机关,其下设公社、自治联合会,分别为新村之服务与训练机关和全体村民的自治机关。新村的管理机构为公社,负责办理教育及演讲、自治政权训练、公共组织训练、卫生设施、医疗卫生设施、日常生活及礼仪风俗习惯指导、休憩及娱乐、职业指导、警卫指导、公益设备等社务。自治联合会由每户或数户推举1人为代表组成,负责订立自治规约。《大纲》还为规约提供了必备条款,例如:劳工入住须缴验凭证及志愿书或保证书;有外来住宿一夜以上者要报告自治联合会;保持公私卫生;爱护建筑物;严禁吸食鸦片、赌博、斗殴、偷窃、迷信及一切伤风败俗之事。上述各项,须在劳工迁入时的志愿书或保证书内注明,以资防范,而免事端。③《青

① 刘大作:《唐山市各矿区惠工事业促进社工作概况》,北平:东亚印书局,1934,第2、6、8、14、16、28、30、32、44页。

② 实业部总务司、商业司编:《全国工商会议汇编(1930)》上册,南京:京华印书馆,1931,第2编第189、190页。

③ 工商部劳工司编:《劳工新村设施大纲》,南京:京华印书馆,1930,第7、8、9页。

岛市劳工生活改进委员会组织简则》同样强调生活训练。《简则》规定该会负责“调查工人家庭生计状况;整饬卫生清洁;劝导节俭储蓄;指导办理合作,提倡正当娱乐,纠正工人不良习惯,劝止吸食鸦片及有伤风化等行为”。该委员会要求工人住户每十家为一组推选一组长,直接秉承委员会的指导,担任该会所派各项事务;同时,组长每月须向住户演讲1次,“俾其向工人住户传递以收宣传之效”。① 1935年,上海市市长吴铁城在平民福利事业委员会成立大会上,郑重指出:建筑平民住宅是达到“建立一种新的社会秩序,以奠定国家之基础”的“最有效方法”。② 杭州平民新村公约规定:不服用洋货、不吸香烟、不吸鸦片、不聚赌窝娼、不演唱淫词秽曲、不无故大声叫喊、不互相打骂、不放纵家畜妨碍公众、不毁损公物。③ 战时重庆一铁工厂开设“时事解释”“唱歌”等科目,教授“我们中国为什么会变成半殖民地”,“又讲过为什么最后胜利必属于我,抗战中工人的责任是什么等等”;唱歌课教唱《工人之歌》《游击队歌》《保家乡》等。④

各种娱乐设施的配置,目的就在于寓教于乐,改造工人品性。沪江大学教授、社会学家钱振亚,曾这般描述工人娱乐方式:“一般工人日常所举行之娱乐,不消说,打麻雀,非常盛行。其次,如扑克、牌九等含有赌博性的玩意儿,均成为他们的普通嗜好,亦可以

---

① 《青岛市劳工生活改进委员会组织简则(1932年10月18日)》,青岛市档案馆藏,档案号:A000481。

② 朱懋澄:《改良劳工住宅与社会建设运动》,《上海青年》第35卷第35期,1935年10月23日,第8页。

③ 《劳工福利》,《国际劳工通讯》第8号,1935年5月,第165页。

④ 苏金:《一个铁工厂工人的生活》,《工合之友》第1卷第2期,1939年4月1日,第69页。

说是他们的唯一娱乐。”①通过学校教授，工人淬炼了自身品性。中华邮工函授学校初级学员曹华堂、应祥祺在命题作文《说知识与道德对于人生之需要》中，分别写道：“人之处于社会，能独立生存者，莫不具备丰富之知识与高尚之道德。”“事业之成功，重在实际工作，坚忍耐劳，并具有百折不挠之精神，而后事能成，业能兢。”②

（二）劳资双方均有褒贬

各种团体福利毫无疑问有利于工人，但内中若干项目却并不一定为某些工人所接受，最明显的例子在工人教育方面。铁路职教较为正规，但职工就学积极性并不一致。1931 年 9 月，北宁路局令挑选司机、司炉等前往新站入学学习三个月，天津站车房司机、司炉等百余人，于 1932 年 9 月 12 日列队赴分事所请愿，要求分事所与路局交涉收回原议。工人不愿入学之理由：“揆诸局方本旨，原在提倡工人教育，惟司机等对于行车，均系数十年实习之经验，驾轻就熟，较之入学已超出数十百倍。况工人等年齿已增，行车虽有经验，求学实乏此脑筋，似乎多此一举。”③津浦路员工也不愿入校学习，1932 年 12 月 12 日，铁道部部长顾孟余曾训令津浦路管理委员会转饬各分段段长及机厂切实劝导职工入学。④ 一些路局工人入学人数远低于员工人数。1934 年年中，铁道部职工教育委员

① 钱振亚：《工人娱乐》，《民生》第 1 卷第 18 期，1933 年 5 月 15 日，第 7 页。

② 《中华邮工函授学校学员国文成绩》，《中华邮工》第 2 卷第 8 期，1936 年 10 月 31 日，第 86、88 页。

③ 《北宁路工人昨晨结队赴工会请愿》，《大公报》（天津）1932 年 9 月 13 日，第 2 张第 7 版。

④ 《铁道部指令第 7592 号（令职工教育委员会）》，《铁道公报》第 430 期，1932 年 12 月 16 日，第 2 页。

会，以职工学校现值年度届满为由，派员考察各路办理成绩。调查结果表明，各路共有 23 所学校，其中，京沪沪杭甬路各校学生均在 60 名左右，以闸口职工学校为最佳。湘鄂路各校学生多则 70 名，少则 40 名，除安源职工学校有校舍外，余则设备简陋。正太路三处，以石家庄办理最为完善，成绩特优。①

工人本身对相关福利的认识、理解也需要时间。朱懋澄曾忆及 1926 年模范新村建成之时的处境，“最初三个月间，一般劳工，乐意迁入者，殊不踊跃，彼等因不明该村之用意，故大多数观望不前”。此等房屋一般每月收费 6 元，新村仅收 3 元，工人“乃为不解”。工人还“嫌屋中太亮，空气太多，恐有不利，有以为房屋门户方向不吉，更有以为新村规则，似过严厉，故直至第 3 个月底，尚有 4 栋房屋，未曾租出”。直至第 4 个月，工人态度才为之一变，争先恐后申请入住。经过 10 年建设，村友始养成清洁习惯，戒除了赌博、吸食鸦片、酗酒等恶习，教育程度有所提高，并养成互助服务精神。② 工人储蓄自然有利于帮助工人节省开支，但有工人认为厂方利息过低而要求发还储蓄金。据陈达调查，1945 年 7 月至 1946 年 3 月所选重庆 68 家厂中即有 1 家工厂工人因此与资方发生冲突。③ 昆明工人在战时生活的重压下，实也无储蓄能力。工人不习惯储蓄，“年轻力强的工人，决不愿抛却眼前的享受，而打长远的主意。最好的工人也不过在有钱时，多买一些衣物，这种办法是普遍的，因为急需用的时候，多的衣物可以出卖。”储蓄最大的困难，在

---

① 《铁路职工教育之推进》，《中国国民党指导之下政治成绩统计（民国二十三年七月份）》，南京：中央统计处，1934，第 135 页。

② 朱懋澄：《改良劳工住宅与社会建设运动》，《上海青年》第 35 卷第 35 期，1935 年 10 月 23 日，第 7 页。

③ 陈达：《我国抗日战争时期市镇工人生活》，北京：中国劳动出版社，1993，第 146 页。

于工资贬值。在陈达调查的42家厂中,开办储蓄者仅4家。个别厂强制提存工人工资,在物价高涨之时,实际降低了工人的购买力。①

按照有关法规,工人同样需为自身福利付出金钱,但这种代价也可能会转变为负担。《职工福利金条例》规定:“每月于每个职工薪津内各扣0.5%。”②实业部也令各工厂提付工人工资,举办工人储蓄。但低收入工人为福利支付费用已影响到其日常生活。朱懋澄统计过,新村月租三四元,虽然平均普通劳工家庭能负担,但对于有工资减缩情况及每月收入在20元以下的家庭,“此数似嫌过大”,这部分工人只能负担一二元房费而已。③

福利是资方付给工人薪酬以外,再出资为工人举办的衣、食、住、行、乐、育等各种事业,直接嘉惠工人。资方对工人福利的态度影响着工人福利的发展。一些资方原本就不愿工人接受教育,以免其“浮躁”。1930年2月,南京邵宝兴木作店店主故意为难工人,阻止其入工余学校。④ 1935年,湖北裕华纱厂甚至不顾省公安第八分局劝诫,阻止本厂工人参加星期日上午的公民训练。公民训练是蒋介石行营令饬之事宜,裕华纱厂却力阻其成,⑤对于一般工人学习更为反对。当然,在产业落后的中国,缺乏市场竞争力的资方,确实存在着不愿因工人福利开支而增加生产成本的观念。时

---

① 陈达:《我国抗日战争时期市镇工人生活》,北京:中国劳动出版社,1993,第259—260页。

②《职工福利金条例(1943年1月26日国民政府公布)》,《立法院公报》第124期,1943年3月,第54页。

③ 朱懋澄:《改良劳工住宅与社会建设运动》,《上海青年》第35卷第35期,1935年10月23日,第7页。

④ 南京市社会局编:《南京社会特刊》第3册,南京:文心印刷社,1932,第106页。

⑤《公教会函裕华特许工人请假受训》,《大光报》1935年8月13日,第2张第6版。

人有如是评论:“他们的思想和信念是与中国生产事业同样的幼稚,只知道用很拙笨的压力,去督促工人不要偷懒来增加生产”,并不关心工人精神的娱乐和福利。“政府虽将劳工教育娱乐载在法规明文公布,要他们去实行,也认为是一纸空文,得敷衍则敷衍了事。如果要他拨出一部分生产剩余,来举办关于劳工教育、劳工娱乐的事业,认为这是逾外的损失。”①

仅从成本核算来看,有些资方确实有推卸责任之嫌。从工厂设置哺乳室、托儿所的成本和托费来看,资方、工人均无负担。实业部劳工司曾以千人纺织厂为例,推算其生育女工至多不过300人,若工厂设置分别可容纳40人、80人的哺乳室和托儿所,其床、椅、衣橱、玩具、卫生设备、被单及看护费用总计要600余元,每月运营费计八九十元。如果千余工人均摊建设费、经常费,每人支出分别不过6角有余和八九分钱。② 以办学成本而论,小型补习学校的投入也不大。如北平市社会局第二劳工夜校校长,每周授课12学时,薪金20元;普通教员每周授课12小时,薪金14元。两人均讲授国语、算术、习字、常识、三民、珠算、作文等全部科目。③

但政府也不应忽视资方生产能力,不考察市场行情,“一刀切”地将应该承担的福利责任全部推给资方。比如在“工人教育”方面,1929年公布的《工人教育计划纲要》规定:“工厂、公司、商店等工人教育经费完全归工厂公司、商店等负担。”④1930年,南京市政

---

① 高澜波:《实施劳工教育之我见》,《劳工教育》创刊号,1934年7月1日,第5、6页。

② 实业部劳工司:《工厂设置哺乳室及托儿所须知》,《人事管理》第2卷第3号,1937年2月1日,第56页。

③《私立业余日文讲习所、明达补习学校、韩民女子职业补习学校和市立第二劳工学校关于呈报学生、教职员名籍表和推荐校长的呈文及社会局的指令》,北京市档案馆藏,档案号:J2-3-486。

④《工人教育计划纲要》,《陕西教育周刊》第58期,1929年1月15日,第20页。

府推出《南京市设施工人补习教育初步计划及经费预算》,要求厂店职工在30人以上者要办理补习学校、阅书报处、问事处,布置格言标语;不满30人者要添置阅书报处、问事处、正当娱乐之设备,张贴格言标语。指令开办经费“应由厂店筹划”,“经常费由各工厂商店自行担负”。① 补习经费包括经常费、开办费两部分。《预算》规定经常费每月23元、开办费67元(黑板、保险灯、阅书报处、报夹、格言标语牌、娱乐设备、留声机、乐器)。② 1932年2月,由实业部与教育部联衔公布的《劳工教育实施办法大纲》,同样规定劳工学校不许收取学费及其他费用,开办费、运营费由厂方负责筹措。③ 1936年初,上海市社会局及识字教育委员会,施行劳工识字教育,要求不论是否为丝厂同业公会之会员,各厂均须缴付劳工识字教育经费。经推算,各丝厂每车间需负担劳工识字教育经费国币5角。④

在“职工福利”方面,实业、司法两部于1934年2月25日曾会同规定工厂等处罚金办法,要求厂方“以罚金40%为拨充工人福利事业之固定标准”。⑤ 1943年1月,国民政府公布《职工福利金条例》,规定:(1)创立时,就其资本总额提拨1%至5%;(2)每月比照职员工人薪津总额提拨2%至5%;(3)营业年度结算有盈余时,就盈余项下提拨5%至10%;(4)下脚变价时提拨20%至40%。但该

① 南京市社会局编:《南京社会特刊》第3册,南京:文心印刷社,1932,第99页。

② 南京市社会局编:《南京社会特刊》第3册,南京:文心印刷社,1932,第99、100、102页。

③《劳工教育实施办法大纲(民国二十一年一月)》,赵嶰山主编:《劳工教育特刊》,盐城县劳工教育委员会,1933,第123页。

④《劳工教育》,《国际劳工通讯》第17号,1936年2月,第118页。

⑤《劳工杂讯》,《国际劳工》第1卷第3期,1934年3月,第74页。

《条例》又规定：第1、3点"于不以营利为目的之公营事业不适用之"。[①] 旨在保护公营经济体，只适用于民营企业。同年11月20日工会法重行修订公布，增加第25条有关福利金之规定："工会为举办会员福利事业，应由雇主依法提拨职工福利金。"[②]

由企业承担工人福利，确实也可能拖累、拖垮企业。1933年，实业部劳工司致函纺织工业协会，征询施行强制劳工保险法草案的意见。该协会在回函中一方面说"对于劳工保险，在原则上自无不赞同之理"，另一方面却说"劳工保险，不如暂缓"。回函曰："在目前我国社会经济状况之下，此项法规，遽行实施，恐收效未易，而流弊滋多。近年以来，因经济颓败，外竞压迫，日趋艰苦，停工减产，时有所闻，筹谋维护，尤且不遑，劳工保险，似非急务。查现在工厂，对于工人福利，业已力谋改进，因工受害，均有抚恤，卫生设备，渐具规模，虽未足以与欧美比拟，然较诸占民众最多从事于耕种之农民，其乐苦已不可同语。是以近年农民群趋都市，卒致农事荒芜，农村破产，如再不致力于农民生活之改善，而惟亟亟于劳工待遇之提高，又何异诱农民之去乡，促农村之崩溃。故在欧美诸国，整个社会，同等进步，工人保险，自属要图。现在我国多数民众，欲求做工，犹不可得，于斯时而施行劳工保险，能毋有缓急失宜之感，且国内外商工厂甚多，或持治外法权，或持租界保护，对于我国法令，向不奉行，劳工保险，自难强其实施。如仅迫令华厂照办，值此厂业岌岌欲堕之际，更迫使较我岁增加一重负担，是不啻促华

---

① 《职工福利金条例(1943年1月26日国民政府公布)》，《立法院公报》第124期，1943年3月，第54页。

② 史尚宽：《工会法之修正与工会组织之加强：新旧工会法之比较研究》，《组织》第2卷第14期，1944年2月11日，第4页。

厂覆灭而已。”[①]由学人而为实业家的李烛尘,曾任永利制碱公司副总经理、久大盐业公司总经理、工业复员协进委员会负责人、天津工业会理事长,有言:“我人既是穷国,所以一切培养民智民生,如教育及各种社会福利事业,国家都无钱多办。”“而各种对工人的福利事业又需责工厂为之,其规定内容实出吾人理想之外。在平时已难为力,况值此生产凋敝之日,更何能负担如此重荷。”[②]在经济动荡之时,资方不愿出资办理工人福利,也在情理之中。吴欣虽然认同这样的观点:厂方在“至少限度”上应“常常举办演讲会”,同时“不可吝惜”工人福利的保障,由此“诱导工人思想纳入正轨”,“使工人与厂密切联络,宛如一家人”,“当觉在厂工作,比在家闲居为乐趣,于是爱厂之心油然而生”,但仍主张“工人教育乃整个政府之责任,原非厂方所应担负者”。[③]

政府之所以将工人福利压在资方身上,是因为认为以福利消除劳资隔阂是资方应尽的义务。比如,1947 年 3 月,社会部劳动局河北区劳动调查站副主任袁责夫发表文章,明确讲道:政府颁布种种关于劳工福利的规章,但“徒法不能以自行”,“还希望工厂的负责人士,发挥自己的理性,站在利己利人的立场上,改善劳工福利,进而增进生产效能,做一个道地十足的劳工理想的主管人员,能使工人从事工作,不带强迫印像”。[④] 1947 年 5 月,社会部以近来各地劳资时起纠纷,为谋劳资“合理解决”,规定了评议工资要点,其

---

① 《本会请缓行劳工保险法》,《纺织时报》第 993 号,1933 年 6 月 8 日,第 4 版。

② 《编后》,《工业月刊》第 3 卷第 10 期,1946 年 10 月,第 31 页。

③ 吴欣奇:《由上海纺织工人待遇说到劳资问题》,《工业月刊》第 3 卷第 10 期,1946 年 10 月,第 5 页。

④ 袁责夫:《劳工福利与生产之关系》,《华北劳动》第 1 卷第 9 期,1947 年 3 月 15 日,第 9 页。

中特别强调:“工人有合理之待遇,始可求其安心工作,故应督导工业同业公会,转知各业会员,切实举办工人福利设施,改善工人生活,共谋产业之发展。”“工资之评议,除参照主要日用品价格评议外,对工人职务技能及服务年度,亦应兼顾,同一地区,同一业别,性质等级,工人之工资,务求趋于一致。”①

相反,各级、各地政府投入工人福利的经费极为有限,直至1940年代,情况依然如故。比如,1931年10月颁行的《青岛市工厂职工补习学校实施办法》明确规定:“各校经费全由工厂担负,有特殊情形时政府得酌予补助。”②重庆作为战时工业建设中心,产业、职业工人密集区,工人福利尤不可缺失,但直到1943年7月1日,社会部才正式成立工人福利社,且开业两个月来,还“未能取得工人普遍认识与兴趣”。该社开办经费仅200余万元,却准备开展“人事”(职业介绍、法律顾问、医药顾问、卫生顾问、兵役问题咨询、警章解释、人事咨询、旅居向导,邮政代办、公用电话、信件留转、产妇登记、贫苦儿童救济)、教育(工人补习班、工人子弟小学、女庸训练班、阅览室、时事导报、劳工生活指导、收音广播、各种讲座)、康乐(医疗室、劳工俱乐部、电影义演、卫生宣传)事业。③ 1945年8月,马超俊因发展工人福利“渺无基金,业务推进殊多困难”,呈请总裁蒋介石,要求拨助中国福利协会基金500万元。此呈经社会

---

① 《减低成本提高工资切实举办工人福利》,《工人报》1947年5月22日,第4版。

② 实业部劳动年鉴编纂委员会编:《二十一年中国劳动年鉴》,上海:神州国光社,1933,第5编第140页。

③ 康国瑞:《重庆市工人福利社的回顾与前瞻》,《社会工作通讯》第1卷第10期,1944年10月15日,第26、27页。

部部长谷正纲签呈后送达蒋介石,[①]但并无下文。有的特别市可能得到了国民政府的资助,但拨款仅能救急而已。上海市政府自1946年3月起,至该年底,共获得由行政院训令中央银行预支拨款138873000元(每月13807300元),用于该市社会局开办工人福利会业务。[②] 据陆京士所言,1947年底全国共有劳工福利设施(食堂、宿舍、诊疗室、学校、浴室等)1073个,工人福利社及福利委员会71个。[③] 另有权威统计表明,至1947年6月底,各地办理工人福利厂矿数为13564所,各厂矿办有工人补习学校325所。但如果按当时在社会部登记的有组织的工人总数4930996人[④]均分,上述福利设施对于庞大的、生活在底层的工人群体来说仍是杯水车薪。

据社会部不完全调查统计,1945年度浙江、安徽、江西、湖北、湖南、四川、西康、陕西、甘肃、青海、福建、广东、广西、云南、贵州15省及重庆市厂矿福利设施(表4-3),远不能满足职工的需求。省市职工348656人中,仅有6300人能享受福利待遇,受惠率为1.80%。其中职员及工人受惠率分别为9.88%、1.32%。除去安徽、西康、青海三省不合常识的统计,职工受惠率以甘肃为最高(16.13%),接下来依次为湖北(4.57%)、江西(3.57%)、广西(3.36%)、陕西(3.24%)、湖南(2.15%)、云南(2.05%)、四川(1.27%)、

---

① 《社会部副部长马超俊呈中国国民党总裁蒋中正为成立中国劳工福利协会请赐拨补助俾利会务进行借谋工运发展(1945年8月14日)》,台北"国史馆"藏"国民政府"档案,典藏号:001-055000-00002-008。

② 《(总统府)内政门、社会类、劳工纲、劳工运动》,台北"国史馆"藏,典藏号:055-0482。

③ 陆京士:《一年来劳工运动的检讨》,邵心石、邓紫拔主编:《民国卅七年上海市劳工年鉴》,上海:大公通讯社,1948,第100页。

④ 社会部组织训练司编:《中国重要劳工问题简答》,南京:社会部组织训练司,1947,第5、6、4页。

贵州(0.62%)、浙江(0.25%)、福建(0.12%)、广东(0.01%),重庆(1.80%)也只能排在云南之后。虽然上海等工业发达中心的厂矿福利设施相对完备,但从国统区的范围来看,下表大略能反映全国厂矿职工难以享受福利设施的状况。

表 4-3 呈报职工福利设施之公司行号厂矿职工人数(1945 年)

单位:人

行政区划	职工人数			办理职工福利之职工人数		
	总计	职员	工人	总计	职员	工人
总人数	343646	22998	320648	6300	2075	4225
浙江	23747	154	23593	60	30	30
安徽	175	58	117	38	21	17
江西	8367	1459	6908	299	114	185
湖北	2561	327	2234	117	40	77
湖南	3907	488	3419	84	40	44
四川	61955	3802	58153	789	339	450
西康	210	—	210	13	—	13
陕西	38778	2818	35960	1257	416	841
甘肃	9769	1278	8491	1576	319	1257
青海	46	—	46	9	9	—
福建	40793	1173	39620	47	25	22
广东	23401	59	23342	2	1	1
广西	8620	609	8011	290	90	200
云南	37442	5600	31842	767	313	454

续表

行政区划	职工人数			办理职工福利之职工人数		
	总计	职员	工人	总计	职员	工人
贵州	47082	317	46765	290	35	255
重庆	36793	4856	31937	662	283	379

资料来源:社会部统计处编《社会福利统计年报(民国三十四年度)》,重庆:社会部印刷所,1946年,第45页。

实际上,全面抗战复员后,后方工业关停厂,收复区企业迟不开工,劳工福利事业更显凋敝。1946年底,国民政府主席重庆行辕民事处总结重庆地区一年工潮时指出,该区工厂除豫丰纱厂、民生公司等少数公司外,"甚少注意举办福利事业"而"有成绩者";报怨厂方不能"抱远大眼光忍一时牺牲"而开办福利事业,"以使工人生活安定,工潮即可于生活安定中消弭无形"。①

政府将福利事业不加区别地诿之厂商,也引起了体制内的批评。青岛市社会局劳工股主任陈克曜指出,"工厂办理工人教育,无疑是制度的失败"。依他所见,大多数厂主"希望工人永久愚蠢,永久贫穷",因此,顽固者"索性抗命不办",巧猾者"办个名存实亡"。其所办工人学校,也教工人识字,"但稍涉新思想的,都给它锢蔽"。陈氏主张,在劳工教育上,政府不能依赖厂方,而应直接办理,"国家的事,不应该诿之商人"。② 这一主张虽未引起普遍共

① 《国民政府主席重庆行辕民事处编印"重庆区一年来的工潮"(1946年12月)》,中国第二历史档案馆编:《中华民国史档案资料汇编》第5辑第3编政治(4),南京:江苏古籍出版社,1999,第91页。

② 陈克曜:《青岛市最近对于劳工教育之实施》,《劳工月刊》第4卷第9期,1935年9月1日,第13—14页。

鸣,但确具警醒意义。

我们可以将政府、资方、工会等主办的福利称为"团体福利",将民间开办的福利称为"社会福利",社会福利事业由于极不成熟和弱小,不可能形成近代社会稳定的一个支点。1931 年,南京市具有社会性质的生产合作社仅有中华国民家庭生产合作社、南京市妇女缝纫合作社两家。[①] 北平市小本借贷处资本少,用于工人的也少。其 1935 年 10 月贷款数额及户数,总计放出 277013 元,共 18163 户;但受益人以商业占第一,农业为第二,工业为第三。[②] 上海市儿童幸福会 1935 年 3 月所办第一劳动托儿所,托儿能力仅 30 人,却"以服务警界为多"。[③] 广东女权会 1936 年 11 月筹设妇女职工训练所,训练理发店女职工,但其经费亦只能办理一期而已。[④] 上海市兴业信托社投资 15 万元,于 1935 年 4 月建成浦东平民住宅,供"一般中下阶级得以自由租赁",但规模不过百余间,内中容纳工人家庭数量极为有限。[⑤] 水祥云曾如此评价:"就一般劳工福利设施而论,亦属有限,且此种事业本身亦不能作为解决劳动问题之主要措施。"[⑥]

其实,福利不可能阻滞劳资矛盾冲突的根本原因在于,福利只是对贫困生活的补偿,无助于对工人"吃饭"问题的解决。整个民国时期,绝大多数工人都在为"吃饭"而挣扎。"吃饭"问题,也是国民政府致力解决而又无解的难题。

---

① 《京市合作事业进展迅速》,《中央日报》1931 年 6 月 29 日,第 2 张第 4 版。

② 《北平市小本借贷处十月份统计》,《国际劳工通讯》第 15 号,1935 年 12 月,第 153 页。

③ 《托儿所》,《国际劳工通讯》第 7 号,1935 年 4 月,第 126 页。

④ 《女工(妇女事业)》,《国际劳工通讯》第 3 卷第 12 期,1936 年 12 月,第 92 页。

⑤ 《劳工生活状况》,《国际劳工通讯》第 7 号,1935 年 4 月,第 121 页。

⑥ 水祥云:《劳工问题在将来》,《劳工问题论集》,台北:协林印书馆,1985,第 63 页。

四、资方的经济困境

由于政府职能的缺失，资方被赋予了“办社会”的职责。如果资方的生存环境极为稳定也就罢了，然而，实际上资方外有国际市场的压力，内有政府为资方设置的重重障碍。政府与其声称对办理职工福利事业成绩优异者“酌予资助金”，[①]不如切实为企业发展创造必要的外部条件。

（一）国民党保商、政府损商

南京国民政府初建便采取一切手段敛财，骤然没收中兴煤矿，后虽发还，但中兴煤矿之存煤已被变卖几尽。在沪筹款“其唯一之方法在搜寻新税，不顾民生。朝增一税，夕发千百之债”。[②] 国民政府同时拟以统税代替各省的特税，其初衷为免病之举，孰料其后果竟如上海市市长黄郛于1927年9月要求财政部取缔卷烟统税时所言：“烟商之苦痛未除，而呻吟反甚于往昔！”[③]有刘念曾者，曾投身征收界八稔，时任京烟酒事务总局第二科副科长及征收股主任之职已四载，还获得财政部四等金质奖章，对税收之乱也叹喟：“党派互谋利益，视税收为己产。”[④]

保护商民是国民党的政纲，国民党一再以废除苛捐杂税宣示

---

① 《国民政府明令公布职工福利金条例训令直辖各机关通饬施行（1943年1月26日）》，台北“国史馆”藏“国民政府”档案，典藏号：001-012141-00010-006。

② 上海市档案馆编：《陈光甫日记》，上海：上海书店出版社，2002，第50页。

③ 《请财政部救济华商烟厂营业案》，上海特别市农工商局编：《上海特别市农工商局半年刊（十六年七月至十二月）》，上海：上海特别市农工商局，1928，第69页。

④ 《刘念曾条陈整理国税意见》（1928年7月），中国第二历史档案馆藏，档案号：613-197。

民众。国民党中央于1926年10月召开各省联席会议,通过《中国国民党最近政纲》,即明确表示要废除厘金;订定新税额,废除苛捐杂税;设立国家银行,"以最低利息开发工农商业";禁止征收正税之外的不正当附税。[①] 南京国民政府初建,虞洽卿等组织上海商业请愿团要求关税自主、免除杂税,实现"政府与人民协力共谋发展"。[②] 1928年8月11日,第二届中央执行委员会第五次全体会议予以通过。[③] 1934年1月23日,第四届中央执委会第四次全体会议通过《确定今后物质建设及心理建设根本方针案——关于物质建设部分》,强调改订赋税捐纳制度,以保育工农事业之发达。同月25日,该会议通过《改革政制推进政治以实行三民主义案》,申明"为求民生之发展,应积极扶助农村,开发交通,扩展工商业,厉行关税自主,财政公开,并废止苛捐杂税"。1934年12月14日,《第四届中央执行委员会第五次全体会议宣言》重申"废除苛捐杂税,以苏民困"。同日,四届中执委第五次全体会议通过《对于党务政治报告之决议案》,肯定了各省苛捐杂税之渐次废除"有相当之成绩"。[④] 1935年11月,《中国国民党第五次全国代表大会宣言》在有关"裕经济以厚民生"方面宣布,"振兴工业,凡一切与国利民福关系重大之事业,应以国营为原则","对于一般工业,则应力除与民争利之弊害,并与以积极之扶助与保护,协调劳资关系而助其

① 一青:《群众运动》,北京:北新书局,1927,第153、154、155页。

② 《虞洽卿函三商会请愿五中全会》,会文堂新记书局编:《党国名人重要书牍》,上海:会文堂新记书局,1929,第126—127页。

③ 荣孟源主编:《中国国民党历次代表大会及中央全会资料》上册,北京:光明日报出版社,1985,第542页。

④ 荣孟源主编:《中国国民党历次代表大会及中央全会资料》下册,北京:光明日报出版社,1985,第228、225、243、245页。

发展”。[①] 尽管国民党做出了若干保证，但商民并未得到应该享有的商业环境。江西“清匪”，江西省商人承担了额外的“清匪善后捐”，但国民政府并未兑现保商承诺而取缔此捐。1935 年 3 月 9 日，在江西省全省商联会成立大会上，即遵从各县镇商会要求，议决通过《撤销“清匪善后捐”》一案，[②]向政府表达不满。

全国厘卡除东三省及晋、甘外，计有 690 处。广东最多，有 115 处；山东最少，仅有 14 处。[③] 国民政府实行裁厘的决心很大。厘金原为地方收入，田赋列为国家收入，北京政府也沿袭此例。1928 年南京国民政府在规定地税时，将厘金改为国家收入，将田赋划为地方收入，而裁厘的损失则由中央承担，以便于实施裁厘。据财政部统计，裁厘后财政部每年将损失厘金 8000 万元、常关 775 万元、复进口税 540 万元、子口税 360 万元、铁路货捐 154 万元、邮包税 107 万元，综计年 9936 万元。当此金融恐慌、库藏空虚之际，军需政费最为紧要，一旦大宗款项骤减，而新税又未举办，财政实属困难。但政府顾念厘金秕政妨害民生，为“实现革命政策，解除民众痛苦”而决然裁厘。当然，国民政府也拟整理田赋、开办营业税，以补库收之不足。国民党中央委员会第三届第四次全体会议议决裁厘，并由行政院转饬财政部办理。1930 年 12 月 15 日，财政部宣布自 1931 年元旦起督饬实行裁厘及类似厘金之一切税捐（由厘金变名之统税、统捐、专税、货物税、铁路货捐、邮包税、落地税，及正杂各税捐中之含有厘金性质者，又海关之 50 里外常关税，内地常关税、子口税复进口税等），并将应裁项目令饬各机关恪遵办理；同月 23

---

① 荣孟源主编：《中国国民党历次代表大会及中央全会资料》下册，北京：光明日报出版社，1985，第 295 页。

② 《江西省全省商联会成立》，《国际劳工通讯》第 7 号，1935 年 4 月，第 81 页。

③ 《裁厘声中全国厘金之调查》，《中央日报》1929 年 4 月 29 日，第 1 张第 3 版。

日,又通电各省按时执行,“不得以任何理由,请求展期”;并训令各省财政特派员、各省财政厅、各铁路货捐局、各市财政局、各海关监督、总税务司、各邮包税局、各常关监督等征收机关,自 1931 年 1 月 1 日起关闭各种名目的征收机关,“如有饬词延宕,巧立名目,阳奉阴违,自便私图者,是居心破坏党国大计,法律具在,断不宽假”。①

国民党中央力主撤除厘金,奉行之地“殆及半数”,但直到 1933 年上半年,西南如川滇,西北如陕甘,仍沿旧习,“节节稽征,税额奇重”。号称业已裁厘的省份,巧立名目,“为变相之厘金者,亦属不在少数”。如江西瓷器业有产销税(后改为特种营业税),江苏则于各处收猪捐,冠以营业税名,而实则逐处设卡,按头征收,“稍不如志,扣货拘人”。上海市商会作为一个较为稳健的商人团体,对此已无可容忍,曾一再呈财政部请予制止,而各地“仍以短期暂办为词,并未停征”。此外,如鱼税、渔业税早奉明令裁撤,而渔业建设费,又突然施行于沿江、沿海各省。该商会同仁感叹:“近年以来商民为苛捐请愿于当局,而能俯顺舆情,有良好之解决者,百不得一。盖以计吏只知国计盈虚,而于民瘼未遑顾恤。”无奈,该商会于 1933 年 6 月 25 日召开第四届会员代表大会,提出拟请中央制止裁厘后各省市新设类似厘捐之新税。②

更有地方政府,如江苏省议会,在旧有厘金未裁、新章营业税未办之时,为裁厘后筹抵补收入,竟通过《筹备营业税征收登记费暂行章程》,由此引起常熟、东台、宜兴、南汇、兴化、江浦、宝应、海

① 《财部决心如期裁厘》,《中央日报》1930 年 12 月 24 日,第 1 张第 4 版。

② 铎:《苛捐杂税:上海市商会呈文书后》,《民生》第 1 卷第 22 期,1933 年 7 月 15 日,第 4 页。

门、昆山、南通、金坛、苏州等地41县商会的反对。[①] 政府对各地苛征也加以限制。安徽省主席陈调元在裁厘之后，抗命征收盐、米捐税，是其被监察院弹劾的重要原因之一。[②] 据报载，安徽裁废竹木、夏布、纸张、瓷器、药材税及附带于其上之市政烟酒二成附加税后，地方收入年短缺200万元，原本行政机关已积欠政费四五个月，财政厅与市政府即裁员减政，以济时艰。[③] 裁厘减少地方财政收入，陈氏始有此加税之举。

配合裁厘，国民政府开始试行营业税，这直接将企业置于破产境地。比如，1928年、1929年纱价高涨，16支纱每件高达260余元，而政府又不征出产税，湖南第一纺织厂"成本较轻"，两年共盈余183万余元。1930年国民政府厉行出产税（每件8元有余），省府抽收产销税（每件2元），原料、产品出厂入厂，均须完税，遂致成本加重。[④] 中国烟草业巨擘南洋兄弟烟草公司沪厂，于1930年初被迫停厂的一个重要原因就是捐税繁重。在简玉阶暂将工厂停闭，并托他厂代为生产卷烟后，工人强烈要求复工并发起工潮。上海市社会局责令该厂定期开工，简氏不服，上书国民政府行政院辩解。当年3月1日，中华国货维持会在给国民政府、国民党中央的电呈中要求，"解除连年苛税，以期恢复三年前征税之原状"。同月25日，福建促进国货公会委员长陈培锟电呈国民党中央党部、国民政府、行政院、财政部、工商部，予以声援。工商部部长孔祥熙实知

① 《提议苏省府所拟征收营业税登记费与部颁大纲不合请转呈国府明令制止案》，实业部总务司、商业司编：《全国工商会议汇编（1930）》上册，南京：京华印书馆，1931，第2编第253页。

② 《监察院弹劾皖盐米捐土税烟照案》，《中央日报》1931年4月28日，第2张第4版。

③ 《赣省裁厘后举办新税》，《中央日报》1931年1月23日，第2张第3版。

④ 《湖南第一纺织厂》，《实业杂志》第209号，1935年9月30日，第2页。

无法为该厂减税，只能与上海市政府商量能否满足简氏停厂之要求。[①] “文”请之外，1930 年 7 月，青岛商人还因反对新加捐税（印花税）而捣毁大港货物统捐局。[②]

正式裁厘后，营业税更是严苛。如据浙江营业税定章，假如第一年所报营业额为 100 万元，而年终实际营业额达 150 万元，则此 50 万元固须责令补税，且次年必须照上年实际额 150 万元报税。如次年实际营业额减至 100 万元，也仍须按 150 万元报税，多收税款例不发还。此种“只知为政府收入着想，而不为商家着想”的“不公”的营业税则，逼商作假。宁波棉业领袖翁济初为避税而少报营业额，被处罚巨款，因而向商会建议呈请主管机关修正税法及减轻罚则。[③]

财政部公布的棉纱两级统税，不利于华资企业的产品竞争。按“本色棉纱”征收统税办法，以 23 支为粗、细纱分界，凡在 23 支以下者（粗纱），每 100 斤征收统税国币 2 元 7 角 5 分；凡在 23 支以上者（细纱），每 100 斤征统税国币 3 元 7 角 5 分。有数据表明（表 4-4），此种统税税率级差过少，“华商纱厂显较日厂为不利”。中资纱厂提请政府将棉纱统税改为四级：以 33 支以上为第一级，每担征税 6 元；23 支至 32 支为第二级，每担征税 5 元；13 支至 22 支为第三级，每担征税 4 元；1 支到 12 支为第四级，每担征税 3 元。[④] 希望以此逼迫日厂提高纱价而降低竞争力。华商棉纱出厂

① 《南洋兄弟烟草公司停业补救办法（1930 年 2 月 12 日—1930 年 6 月 17 日）》，台北“国史馆”藏“国民政府”档案，典藏号：001-114031-A001。

② 中共青岛市委：《青岛七月间三次斗争情形（1930 年 8 月 9 日）》，中央档案馆、山东省档案馆合编：《山东革命历史文件汇集》甲种本第 5 集，济南：北坦小学印刷厂，1995，第 102 页。

③ 《宁波商界一致主张请求修正营业税法》，《上海宁波日报》1934 年 8 月 6 日，第 1 版。

④ 《纱厂请求改订统税税率》，《纺织之友》第 3 期，1933 年 8 月，第 C156 页。

价原就比日商高，如上海每包工价约10元，天津最多，甚至达到20元，而日本仅为7元。① 华商安能与日商相较量？1933年11月汉口之棉纱交易，日纱占3/4，华纱仅占1/4；棉布交易，日商占3/5，华商只占2/5。②

表4-4　统税税率

单位：%

支数	中国纱厂	在华日厂
19支以下	55.8	14.1
20支	26.9	48.1
21支以上	17.3	37.8

资料来源：《纱厂请求改订统税税率》，《纺织之友》第3期，1933年8月，第C156页。

1937年4月，中政会决议加税案，将棉纱统税由两级改为四级。即17支以下每百公斤征税5元，17支以上每百公斤征税5元7角5分，23支以上每百公斤征税7元5角，32支以上每百公斤课税10元。通过新、旧税率比较可知（表4-5），粗纱不再如此前"吃亏"，增加细纱统税，即以是项税款补助华厂。但华商纱界认为平均增加61%的税率，"似乎太重了些，恐怕要妨碍到国厂的生存"。③ 华商纱厂呈请财政部免增棉纱统税，并提议棉纱统税改为

① 《天津棉纺业衰败之原因》，《纺织时报》第991号，1933年6月1日，第2381页。
② 李建昌：《武汉棉纺织业之劳工》，《实业统计》第3卷第3号，1935年6月，第211页。
③ 翥：《我们对于棉纱统税加税的信念》，《染织纺周刊》第2卷第34期，1937年4月7日，第1497、1498页。

按纱锭数量征税。①

表 4-5　新、旧税比较表

纱别	旧税(元)	新税(元)	增加之百分率(%)
10 支内	4.54	5	10
17 支以上	4.54	5.75	27
23 支以上	6.2	7.5	21
32 支以上	6.2	10	61.3

资料来源:翥《我们对于棉纱统税加税的信念》,《染织纺周刊》第 2 卷第 34 期,1937 年 4 月 7 日,第 1497、1498 页。

该方案本为财政部于 1935 年 4 月拟订的,但因其时棉纱市价太跌、日籍纱商反对而未实施。自 1935 年 11 月实行法币政策后,经济状况好转,纱价高涨,"较前二年又高出三分之一,棉纱业无不获利",财政部趁机实行加税,纱商较易接受,并预计改为四级税制后,年可征收 520 余万元。②

财政部为充裕国库,除棉纱外,尚拟增加卷烟、火柴、水泥统税,其中火柴业税率增加 20%。③ 棉税摧折企业,火柴统税同样碍商。土制火柴原是广州较有规模之产业,1924 年全盛时期有大小百余家厂,后因工资突增、洋火大量输入而纷纷倒闭,至 1932 年只存 30 余家。至 1934 年政府增加统税后,土制火柴成本更重。土产

① 《华纱厂请免增棉纱统税》,《银行周报》第 21 卷第 14 期,1937 年 4 月 13 日,第 4 页。

② 《国内要闻:财部提议棉纱统税增税理由》,《银行周报》第 21 卷第 14 期,1937 年 4 月 13 日,第 5 页。

③ 《国内要闻:财部决增四种统税》,《银行周报》第 21 卷第 14 期,1937 年 4 月 13 日,第 5 页。

火柴每笠(1200盒)负担税捐4元8角(计原料税约1元,统税3元8角),连同原料成本及工资,成本8元余,而洋火柴售价仅2元8角。当年土制火柴业积压了价值180余万元的成品,台山之球江厂、广州之公益厂、江门之文明厂、花地之大益厂、市桥之广中兴厂不免倒闭,共计百余万元的资本亏折。余者11家则持续停工,尚有100余万元之存货无法销售,10余万工人失业。① 火柴统税的提高,更加剧洋火走私,土货价高而滞销。

自卷烟业改统税后,国货横遭严重摧残。据南京市社会局局长黄国樾所言:洋货如仙女、翠鸟、情人、美人伞、哈德门等牌每箱减税23元,大炮台、小炮台、司令等牌每箱减税33元,大前门牌每箱减税81元,加立克牌每箱减税180元。其加税者只大英仙岛、双刀等牌,每箱加税2元余。而国货卷烟,时髦、仁贵、石印、三宝、飞虎、宝神等百余品牌均一律加税,无一减少。其结果是“外货因减价而销路锐增,国货因加价而销路缩小”。② 1937年4月5日,卷烟统税正式加增。依规定:凡5万支烟登记价在800元以上者为第一级,征税800元;登记价在400元以上至800元者为第二级,征税400元;登记价在200元以上至400元者为第三级,征税200元;登记价在200元以下者为第四级,征税100元。③ 外商中上等烟销路畅旺,华商下等烟销路畅旺。第二级、第三级税率均以登记价的最低级别而定,实为对洋商的保护。

---

①《国内劳工消息(2月份)·失业》,《国际劳工通讯》第6号,1935年3月,第129、130、132、135页。

②《取销新改试办之卷烟统税三级税率恢复七级旧税率以维国家案》,实业部总务司、商业司编:《全国工商会议汇编(1930)》上册,南京:京华印书馆,1931,第2编第240页。

③《国内要闻·财部决增四种统税》,《银行周报》第21卷第14期,1937年4月13日,第5页。

面粉业同样为税所困。裁厘后,天津机制面粉中华粉售价3元7角,每袋亏损银洋1角,而南美粉售价不过3元二三角,北美粉、日粉皆在3元以内。[①] 华粉岂有市场? 1933年10月,上海面粉业停工者达十数家,占全沪半数,其一重要原因同样是"抽税太重"。[②]

正式裁厘前,商民就忧心新征各税会成为工商业之巨大障碍,不幸为其所言中。而且统税征收因其范围所限,不仅不能恤商困,反而对洋厂更有利。比如,染织厂用量甚大的火酒,自列入统税范围后每箱征税5角有余,但征收范围仅限市区而豁免特区。上海染织公会以此项税制"殊非公允,且有破坏整个统税条例之嫌",特具函财政部苏浙皖区统税局迅予纠正。[③]

1928年财政部裁厘会议议决各省征收营业税办法大纲,规定营业税税率以千分之二为最高,万分之五为最低。按此规定,以上各类税率已不合保商之旨。政府虽曾应上海机制国货工厂联合会建议,取消原料税,但政府所失已为过高的统税所补回。在第一次全国工商会议上,众代表通过了减免华商设备材料工具之税捐、增高外货成品进口税、撤销洋货返税办法、确定棉纱一物一税制、豁免机制仿造洋货税厘、工业保护法等系列决议,[④]但这些决议一直停留在纸面上。华商希望政府在大力扶植民族企业的同时,培育国家税源。比如,全国华商纱厂即提出由中央、中国、交通三银行担保,每年向英国分期付款购买纱锭50万枚、布机1万台,并由政

---

① 《市商会电请救济华粉厂》,《申报》1931年1月31日,第4张第14版。

② 《国内之部·停业》,《国际劳工》第1卷第1期,1934年1月,第92页。

③ 《市区特区分别征免染织公会请纠正火酒税》,《染织纺周刊》第2卷第10期,1936年10月7日,第1035页。

④ 蠡:《全国工商会议关于纺织业之议决事项》,《纺织之友》第1期,1931年4月,第226页。

府拨发国币500万元补助纺织机器厂生产织机,以此增加生产能力,抵抗外来势力。[①] 京沪沪杭甬路局曾奉铁道部指令,与津浦铁路订定运输棉花由南京到上海整车联运特价,[②]但该计划因全面抗战而停摆,政府努力降低运费的护商善举就此夭折。

除生产环节中的营业税、统税外,国民政府还筹办消费税,代偿国内通过税。1928年财政部规定举办的消费税计有16种之多,油、黄豆、棉花等皆列入其中。从1929年1月至2月,上海总商会联合上海80余商业团体反对此"压迫民族,阻碍民生,剥夺民权"的恶税。[③] 福州商帮则以禁运货物出口相抵制。[④] 浙江省政府订定绸缎营业税,照营业税额征收千分之十五,杭州绸缎业公会以为课征过高,召集紧急会议议决电请立法院、财政部准予减为千分之二,并推王延松、骆清华等八位代表赴京浙两地各主管机关请愿。[⑤]

国民政府为配合新税制,也有利商之举措。原公司、商号、商标各项注册,均按照应缴注册费额附收教育费三成。实业部为"轻商民负担",于1931年1月宣布自2月1日起一律免予附收各项教育费,[⑥]财政部也保障了生产原材料的零税率。对于麦、粉,财政部

---

① 《华纱厂请免增棉纱统税》,《银行周报》第21卷第14期,1937年4月13日,第4页。

② 按规定:计津浦铁路段内运程在300公里以内者减15%,在300公里到600公里者减20%,在601公里及以上者减30%,均各照该项棉花原定等级之普通运价折算。由天津起运直达浦口者,仍按800公里运价折算,京沪路段内一律各照该项棉花原定等级之普通运价核减20%。以上两段内运价,一并适用联运递远递减办法。《两路棉花联运特价》,《染织纺周刊》第2卷第10期,1936年10月7日,第1035—1036页。

③ 《八十余商业团体反对消费税宣言》,《申报》1929年2月28日,第3张第13版。

④ 《财政部举办特种消费税之反响》,《银行周报》第13卷第9号,1929年3月12日,第25页。

⑤ 《绸商请减营业税》,《申报》1931年1月25日,第4张第13版。

⑥ 《商标注册不收教育费》,《申报》1931年1月25日,第4张第13版。

曾咨各省市解释办法第一项规定，如厂家采购是用于生产而非销售赢利，则各省市免征营业税，由中央征收生产统税后即可通行全国。[①] 财政、交通两部审核、出台了《修正往来内地邮包征收关税办法》，规定来往内地货物，经过一处通商口岸者，海关一概免予查验征税；经内地陆地或铁路各处邮寄之邮包，如经过处所不在海关征税以内，则均免查验征税。当时邮局所收手续费高达海关所估税额的70%。[②] 1933年、1934年之交，上海丝厂大半停工，财政部拟定救济办法，呈请行政院鉴核，再由行政院密令实施。办法第一项即交由上海市政府斟酌减免地方一切丝茧及厂丝捐税。[③] 但因挽救丝业危机也非减税即能立竿见影的，此事也无下文。其实，就学理而言，征税原则不外两点：一是应采取收益原则，二是华洋商人应同等纳税。然而政府无力调查企业所得，更没办法全部收回关税之权，只能仓促出台应急性税则。但随苛刻税则的实施，企业倒闭，工人失业，劳资关系恶化。

（二）民企崩溃、公营企业乏活力

全面抗战时期，大后方企业因经济统制政策、苛捐杂税、通货膨胀，同样倍受波折。陈维稷曾在南通纺校、上海交大纺织系任教，出任过重庆民治纺织厂工程师、中国纺织建设公司厂长。据他回忆，即由沿海迁至内地的纱锭约30万，能勉强维持开工者仅有

---

① 《财政部咨转上海面粉厂公会请免征分事务所售粉、收麦营业税办法（1933年1月1至1933年12月31日）》，北京市档案馆藏，档案号：J001-005-00093。

② 《财交二部核定邮包征收关税办法》，《申报》1934年2月22日，第2张第11版。

③ 《该部驻上海市调查员姜豪刘国泽调查特种社团青年团体、民众运动和报告我党组织宣传工人罢工情形》，中国第二历史档案馆藏，档案号：722-89。

十几万锭。[①] 政府为发展工业,颁布了工业奖励法、《特种工业保息及补助条例》、《非常时期工业资助暂行条例》、《资助工业技术补充办法》、《小工业及手工业奖励规划》、《小工业贷款暂行办法》、《小工业示范工厂暂行办法》,但由此建成的工厂数与游资相较,成绩"渺小"。当时,重庆私人游资就达 3 亿元以上,华侨每年汇款返国也不下三四亿元。其原因则在于政府不能贯彻执行其保工、促工之准则,例如:1942 年液体燃料管理委员会禁止商人购买汽油输入;桐油茶叶等特产统制收购价格,未能保护生产者的成本;1939 年江西工商管理处登检所禁止苎麻、牛皮等货品的省际流通;黄金的收购官价以 1 盎司合美金 35 元计算,每两仅 700 余元,但采金成本则逾千元,采金者自然改业。[②] 政府在大后方,急于加紧西部大开发,提倡"企业精神",希望金融家、企业家、技术专家能抛弃个人私欲而全力投入国防企业。[③] 但在这种"恶商"环境下,政府所愿岂能实现?

企业的被动局面,远离战时经济的要求。"为实现蒋委员长增加生产的积极措施",力求增产、运输、金融、税法、技术等诸多方面的融通合作,以解除经济困难,1943 年 6 月 1 日,国家总动员会议召开第二届全国生产会议。这次历时 9 天的会议与第一届生产会议的举行(1939 年 5 月 9 日)已经间隔 4 年。参会人员包括国家总动员会议、行政院所属八部及有关署会、各省政府主管长官代表及各重要产业团体、公私厂矿代表、各业专家等共 289 席,提出议案

---

① 陈维稷:《中国纺织工业的今昔》,中国人民政治协商会议全国委员会文史资料委员会编:《工商经济史料丛刊》第 1 辑,北京:文史资料出版社,1983,第 2 页。

② 吴琢之:《发展实业与动员民力》,《实业之友》第 1 卷第 1 期,1943 年 1 月 1 日,第 3、4 页。

③《社论·加紧西部建设工作》,《国民公报》1939 年 2 月 3 日,第 2 版。

447件。闭幕日,蒋介石致训,希望大会“不仅在消极的解决当前生产事业困难,并且要积极树立战时生产计划”,建立战后经济建设基础。工业资本、产业资金、租税等问题,为其时企业界最关切者。大会鉴于产业界所持财产“虚值增加”,提议:“重估固定资产,并依增值提存折旧准备;并预防战后物价跌落的影响,重估工矿业资产后政府税收上所受损失,主张开办特种资本税,以资弥补。重估资产增值部分之税款,请政府以补助费名义发还各工矿。”为吸收产业资金,大会主张设立产业证券市场,发行产业证券,组织工业票据承兑所;并主张工业贷款应集中于与国防有关及民生必需之生产事业,同时扩大贷放额,延长贷放期。大会的另一重要建议,即制定工矿业合法利润,保障再生产:“请政府对必需工矿产品之价格,依成本及合法利润重行规定,以后并得随时调整。生产事业之合法利润,以不低于非生产事业投资之利润为原则。”①虽然以上建议都没能形成“文件”,但国民政府加大了对工矿业的贷款力度。1944年度,仅冶炼业贷款就达5亿元。但这并未能挽救企业颓势。这固然有厂家仅图分润工贷、银行只求应付公令的原因,但最大原因应该是政府未能开辟钢铁用途,以致冶炼厂仓库盈满。最后“贷额完毕,冶炼各厂,仍多出于停工之一途”。②

全面抗战复员后,企业面临着更为严酷的经济环境。国民政府内迁,全力筹备、营建收复区,实质上是抛弃了曾经所依靠的大后方企业,任其自生自灭。这些企业大多由爱国工业家,在没有政府提供搬迁费、川旅费、建厂费情况下,动员职工,不避千里顶着炸

① 重愚:《第二次全国生产会议的收获》,《实业之友》第1卷第7期,1943年9月1日,第23、24页。

② 薛明剑:《重庆民营机器工业之危机及救济方法》,《中国工业》第23期,1944年1月,第11页。

弹之险而至后方重建。受制于战时统制经济的企业,长期在成本高于售价的状态下运营,为保障"国防民生之所需,竟能在如此刻苦条件下随量供应"。而战争结束后,政府竟对后方企业无通盘规划,"各种工业不独有随战事同时结束之势,甚至欲结束而不能,其进退维谷不知所措者,十居八九"。各厂减员,或局部停业,"已引起罢工及暴力纠纷"。钢铁业领袖余名钰,呼吁政府"从速订货,收购成品,维持各厂开支;同时分期调遣员工,往收复区各厂工作",既可维持政府信誉,更可保护工业基础,以避免出现工人向厂方要求薪资各费,"而厂方借贷无门"的情况,这势必会"由纠纷而起暴动,甚至捣毁器材,流血牺牲,亦无以解决问题"。[①] 1945 年 8 月,全国工业协会总会及重庆分会、迁川工厂联合会 3 个团体,"面对停产售厂还债危机",召开临时会员大会,决议:(1)请政府拨 100 亿元救济各工厂;(2)请政府宣布经济政策,实行后方工厂免税之优先;(3)请政府收购各厂产品及旧机器。[②]

虽然政府应后方工业家要求,先后核准工贷 50 亿元、40 亿元,予以救济,但有论者指出,徒恃一二笔类似"慈善"性质的工贷,只能"给各厂商打打吗啡针,刺激一下,如何能保持久长?"更无补于企业改良生产技术、管理方法及增加销路。"工业化的前途,仍然渺茫"。[③] 其言不幸成谶。到 12 月,仅重庆,已有中国兴业公司等 16 家大型钢铁、机器、电器及化学工厂宣布停业,有舆论指出:"由此看来,当局对战后工业化政策,尚缺乏诚意。"舆论强调,复员不

---

① 余名钰:《后方钢铁工业之末日(1945 年)》,重庆市档案馆、重庆师范大学合编:《中国战时首都档案文献(战时工业)》,重庆:重庆出版社,2014,第 441、440、444 页。

② 《工业界请求救济》,《大公报》(重庆)1945 年 8 月 26 日,第 1 张第 3 版。

③ 廷:《短评·救济工业与扶植工业》,《国民公报》1945 年 11 月 27 日,第 3 版。

应“只顾收复区”、只“繁荣”收复区，而“遗弃”后方的全面抗战基地。[①] 中国战时所形成的工业体系，已然在国民政府政策错误导向下崩解。

在后方企业面临倒闭、收复区工业亟待恢复的情况下，国民政府于1946年颁布的公司法将中国企业置于被动境地。该法第7条、第192条规定，外国在华设立的分公司，不必呈报资本额，其本土母公司可不营业。外国公司据此在本国可完全免税，在中国的分公司亦可少报资本以逃税。立法委员马寅初在1946年5月17日的座谈会上，向工商界厂长、经理、工程师及教育文化界人士、新闻记者百余人发表讲演，严正抨击公司法，指出：“中国经济的真正命运，实在已经到了很危险的程度！我们经济的命脉与人民的生活，完全给美国人抓去了！”“中国经济等于亡给了美国！”[②]上述规定加剧了美货的倾销。在上海市场，美货价格一般是国产品的1/5至1/3，上海罐头业、皮件业、呢绒业，甚至经济部接收开工的7家纸厂，均要求裁员、停业。[③] 美国“骆驼”等牌香烟占据市场，广州99家烟厂中有80余家关门，规模最大的经济部所属东南烟厂也告停工。韶关200余家烟厂，90%以上关门。四川卷烟厂在战时有327家，但仅1946年4月就倒闭230家。宁波复业与新设烟厂43家，也有30余家歇业。甚至天津英商颐中烟草公司，也因无法抵制美烟而停工。美国布匹则经中纺公司倾销内地，四川2万家织布厂中约有16000家停机断杼。炼乳业低价侵入上海，牛奶业只得

① 廷：《短评·光复区工厂复工与后方工厂停业之对比》，《国民公报》1945年12月23日，第3版。

② 《马寅初氏发表演说：我们经济命脉与人民生活完全给美国人抓去了！》，《人民日报》1946年6月17日，第1版。

③ 《美国商品倾销上海工业危机严重》，《人民日报》1946年6月25日，第1版。

屠宰乳牛。① 大批美货还渗透到华北、西北。平汉沿线大小县镇皆流行"美货狂","DDT"和美国"苏打粉"等商品充斥着保定市场。西安市面充斥口红、香水、玻璃、衣物、咔叽布等物品。② 1946 年上半年入超数额达 4100 余亿元,随之而来的是厂矿倒闭、工人失业。上海原有民营工厂 3419 家、国营工厂 636 家,而倒闭的民企达 2597 家,国企 566 家。四川矿厂 4000 家,倒闭 1200 家。重庆钢铁业几乎没有一家可以幸存,第一区机器业 642 家,部分开工者仅十余家,倒闭者则为 630 家。成都制纸、化学、染织、机械等部门共 80 家,倒闭 43 家。云南厂矿民营 42 家、国营 10 家、省营 20 家,而倒闭民营厂 23 家、国营厂 6 家、省营厂 5 家。昆明工厂倒闭在 90%以上。无锡丝厂 80 余家,倒闭 75 家。从机器工业到手工业,从重工业到轻工业的大面积倒闭,带来了失业狂潮。上海战前工人为 1000000 人,而复工人数不及 128000 人,失业或转业人数约占 87%。广州失业人数达 50000 人。昆明失业人数有 50000 人,占全市 1/6。成都失业人数达到 100000 人。湖南锑产地锡矿山各厂无一开工,十余万矿工失业。③ 上海工商界特组请愿团于 1946 年 8 月 9 日抵南京请愿,要求:(1)改善金融措施,挽救金融危机;(2)实行进出口连锁制度,并补贴出口业,实行高价收购;(3)拨放工业救济贷款 20 亿元。④ 到 1947 年底,华北工业中心天津的工业 90%已陷于崩溃。据天津《商务日报》11 月 11 日至 12 日所引统计数字,

---

①《官僚买办资本猖獗美货泛滥民族工业受致命打击》,《人民日报》1946 年 8 月 13 日,第 1 版。

②《民族工业奄奄一息美国经济侵略的血手伸入蒋占区大小城镇》,《人民日报》1946 年 8 月 23 日,第 1 版。

③ 徐厂:《国民党区的经济危机》,《人民日报》1946 年 9 月 29 日,第 3 版。

④《官僚买办资本猖獗美货泛滥民族工业受致命打击》,《人民日报》1946 年 8 月 13 日,第 1 版。

全市共有大小工厂5000余家，保持全部开工的仅占1%，局部而经常开工的占4%，40%的工厂已陷入停工状态，其余55%的工厂则均处于半停工状态中。津市工业全部产销数，最多也不过等于全部开工时产销量的1/10。塘沽永利化学厂日产仅八九十吨，不到战前产量的1/3。①

此时，迁川复员企业更面临着资金缺乏的困局。迁川工厂联合会理事长胡厥文于1946年5月28日对外称，全面抗战期间迁川工厂300余家，在辗转迁徙途中损失惨重，仅在湘桂一带即损失320亿元。胜利后，政府却只允补助1%（4亿元）。现各厂因经济困难，只迁回一小部分，而原厂址多已毁损，无法复员，留川工厂则多变卖机器勉力维持。胡氏曾将其新民、合作、天中三家厂内迁至渝、桂，机器损失1/3，所制造军火占民营工厂产量一半。只身回沪的胡氏感慨："我办了三十年工厂，从没有碰到这么多困难。在抗战中什么苦也吃够了，总有一个目标，为了胜利，所以还有勇气战胜一切困难。现在感到八年的心血完全白花，苦也白吃了。"他因此呼吁停止内战，实行政治民主化，保留仅存的"薄弱的工业基础"。②

与此同时，政府出现财政赤字。1946年9月10日，财政部长俞鸿钧承认，5月国家支出15000亿元，收入仅为2500亿，另有12500亿元是用发行现钞弥补的。③ 通货膨胀的结果，就是工商业实际资本日益稀释，大部分工业成品出售收入已无法维持单纯再

---

① 《美蒋摧残下民族工业垂危蒋区棉织业完全破产》，《人民日报》1947年12月9日，第1版。

② 《官僚资本与美货泛滥市场上海民族工业危殆》，《人民日报》1946年6月12日，第1版。

③ 徐厂：《国民党区的经济危机》，《人民日报》1946年9月29日，第3版。

生产。上海《经济周报》亦批评:“政府以通货膨胀将工商业帐面的泡吹得很大,把资本吹为假盈余,造成‘虚盈实税’。这实际上是在没收工商业的资本;再没收下去,工商业的资本都没收完了。”①为了筹款,政府只好大肆收税。1946 年 8 月 16 日,政府公布《新货物税条例》,规定自 10 月 1 日起开征 13 种货物税,其中卷烟、薰烟叶、洋酒、啤酒、火柴、糖类、棉纱为旧货物税,早已开征;麦粉、水泥、茶叶、皮毛、锡箔及迷信用纸、饮料品为旧统税,年前已停征,此次又恢复;真正的新税,只有化妆品一种。② 货物税是间接税,其课税方法为生产课税,值外货倾销、国内产品濒于绝境之际,增税只会削弱国内产品的竞争力。此前,政府为体恤出口商,曾明令出口免税,但此次新定皮毛税竟达到 15%。③ 1948 年初,修正营业税法出台,规定制造营业税中与国防民生有关的都要减半征收。其有关国防者有焦煤、石油、柴油、酒精、冶炼、动力机器、水泥、橡胶、化工酸碱、科学仪器;其有关民生者有面粉、棉麻纺织、制糖、制革、制药、医疗、器材、造船、作业工具机械、造纸、肥田粉、食油、机动车。④ 但此规定在通胀之时只是具文而已。

税累冗杂,企业无法立足。浙江省政府在复员后开征布厂营业税,又命令追征 1945 年以来的所得税、利得税,仅年余鄞县一地布厂报闭者已有 20 余家。⑤ 1946 年 11 月 16 日开始,政府征收修路费,计每吨货物每公里缴纳 50 元,平津两地开汽车每辆须缴纳

① 史江:《蒋管区民族工业危机加深》,《人民日报》1947 年 12 月 29 日,第 2 版。
② 泽:《论新货物税》,《联合经济研究室通讯》第 6 期,1946 年 10 月,第 1 页。
③ 樵:《调整捐税刍议》,《联合经济研究室通讯》第 8 期,1946 年 12 月,第 4 页。
④《制造营业税减征之范围》,《联合经济研究室通讯》第 22 期,1948 年 1 月,第 14 页。
⑤《棉织业公会函请商会转请减轻营业税》,《宁波日报》1946 年 10 月 16 日,第 3 版。

“买路钱”36000元。车户因向公路局要求减免而遭拒绝，只好集体停驶。[①] 以天津一家小造胰厂为例，该厂每季营业额4000万元，所负担之所得税、营业税、印花税等各项捐税即达688万元之多，为其营业额的1/6强。政学系的天津《大公报》亦批评：“资本实值因在通货膨胀中逐渐消失，即其盈利部分也几乎被重税苛捐剥蚀净尽。”[②]自1948年初，财政部修正《营业所得税办法》，规定各地税收机关可酌定税额，强令工商业提前缴纳税款，并限期于接到通知后1个月内一次缴足，逾期不缴者处以相当于税额20%至300%之罚款或勒令停业、强制追缴。各地卷烟税也增加了100%至300%不等，重庆各卷烟厂商因此面临破产危机。[③] 1948年5月初，天津货物税局提高“三十七年度春季营业税征收标准”，规定按照新税率调整。计食粮类（包括磨坊及面粉厂）增加4.3倍，其他食物如油业等增加3.8倍，酱园、面食、干鲜物、茶业等为4倍，燃料业增3.2倍。该市卷烟业同业公会即因卷烟税苛重，不堪负担，曾于上月初再度向津市货物税局请愿并抗议。[④] 但江苏省政府反而责令徐州市政府及税捐稽征处，要将该市1948年下半年的营业税总额提高到每月法币1000亿元。该市工商同业公会以已难于负担春夏两季营业税为由一致宣告辞职。后经参议会疏通，下半年税额减半。[⑤]

此外，商民苛杂繁多。天津一地摊派计10余种，如所谓“征兵安家费”即达900亿之多，建筑营房费600亿元，加强城防工程费

---

① 《蒋政府竟征收“买路钱”平津汽车集体停驶沪市行厂三千家将停业》，《人民日报》1946年12月5日，第4版。

② 史江：《蒋管区民族工业危机加深》，《人民日报》1947年12月29日，第2版。

③ 《蒋匪加征许多税进一步压榨人民》，《人民日报》1948年2月4日，第2版。

④ 《沪津工商业倒闭日多火柴肥皂纺织各业无不蚀本减产》，《人民日报》1948年6月6日，第2版。

⑤ 《徐州工商业界反对横征暴敛》，《人民日报》1948年9月30日，第2版。

1600 亿元,保安团费用 3340 亿元,军队过境招待费 100 亿元,联合国募集儿童救济基金 20 亿元,仅以上六项即共达 6560 亿元。① 四川地方政府实行川盐加收所谓“戡乱建国费”,计每担达 10 万元,总数约 10000 亿元之巨。江苏常熟政府向过往车辆、船只增收“防江费”,计货车每辆须缴捐 120 元,20 吨以上船只每艘 50 万元,10 吨以上 20 万元,10 吨以下 12 万元。武昌“戡乱委员会”亦于 1948 年 4 月 8 日起,征收所谓“国防工程捐”,将所有住户划分甲乙丙三等,依等级强迫征收数十万元不等,各商店则按营业情形勒收。货贩客商在重税之下,也均蒙受惨重打击。如一只猪自长江以北运往上海,至肉商零售时止,仅各种“自卫特捐”“绥靖特捐”“屠宰税”等就达 100 万元之多,而“营业税”“所得税”“印花税”及临时增加的捐税,尚不计在内。②

高额捐税也就罢了,政府还实行统制经济。1948 年 1 月 2 日,全国花纱布管理委员会成立,统制棉花和纱布的购买、运销和经营权。各民营纺织厂产品原来就有 70%以上为当局强迫收购,此政策一开,各厂全无营业自由,更无自主采购原材料的自由,无法保证原料的储藏。2 月初,上海各棉商召开新闻发布会,反对政府的棉业统制政策。③ 宁波各纺厂原棉一直有赖沪地采购,自政府实施纱布管制后,纱厂无法往沪购棉,而宁波本地棉又被经济部花纱布管理委员会所委托的纺建公司大量收购,宁属当地纱厂只得停工。④ 统制经济全部限制民营企业的生存空间。1944 年,国防最

① 《蒋区工业趋向总崩溃张垣仅十分之一开工》,《人民日报》1948 年 4 月 12 日,第 2 版。

② 《沪津工商业倒闭日多火柴肥皂纺织各业无不蚀本减产》,《人民日报》1948 年 6 月 6 日,第 2 版。

③ 《上海棉商奋起自救抗拒蒋匪管制》,《人民日报》1948 年 2 月 6 日,第 2 版。

④ 《和丰纱厂原料枯竭决定 7 月 1 日停工》,《时事公报》1948 年 6 月 25 日,第 3 版。

高委员会通过的《第一期经济建设原则》表明:“政府事业不应过多,只包括邮政事业、电讯交通、兵工厂、法币厂、主要铁路、大规模水力发电所。”政府除独占事业外,还鼓励私人资本。在国家与民间合营的企业中,政府的利益应只限于股东的资格,但事实则正相反。民营大华航空被行政院毫无理由地吊销执照,被要求将所有飞机以每架2万美元售与中央航空公司。中国石油公司作为一新成立的托拉斯,经营石油的生产、精炼、运输、进口和出售。孔祥熙的金山公司、陈纳德的航空公司的规模及资本都不亚于中石油。有评论指出:“凡是有利可图的事业,不是都已经被官僚的贪欲的手所攫取,就早被政客利用了国库的公帑来垄断专营,私人的企业,差不多都被排挤打倒。”经济学家陈豹隐也说,政府当局“差不多把统制当成了独占”。“利用统制经济这个名词,假公济私,垄断专擅,却使国库和真正从事生产者,都受到极大的损失,这真是一种罪恶,尤其是国家民族的罪人。”①稍后中国纺织集团、华北钢铁公司的成立,更是包揽了主要的纺织业、钢铁工业。华北钢铁公司下辖石景山钢铁厂、天津炼钢厂、唐山制钢厂、龙烟铁矿及其他各厂矿。再以湖南为例,该省173家银行全为公营性质,专从事投机活动,而不以扶植工矿企业为使命。长沙交通银行囤积稻谷不下20000石。中央办理的华中钢铁厂、云湖煤矿公司、华中水泥厂,省属的观音滩煤矿公司、醴陵煤矿公司、湖南水泥厂、冷水滩金矿局、黄金洞金矿局、湖南机械厂,操控90%冶炼业,该省原有锑、锌、铅等采矿公司超过135家,工人达数十万,均因机械落后、资金不足,无法竞争而衰败。公营企业还控制着电器材料、油料等物资。② 工

① 论评:《统制经济与民主》,《联合经济研究室通讯》第5期,1946年9月,第2、3页。
② 高鹰:《湖南官僚资本的分析》,《新时代周刊》第15期,1948年9月20日,第6页。

商专家洞察国民经济衰颓的根由，极力主张大力发展私营企业。1946年7月1日，经济部召开计划委员会，委员吴蕴初、赵棣华、李烛尘、胡厥文、章乃器等18人曾提出书面意见，指出工业“主力仍赖民营”，政府必须从速废除阻挠私人企业发展的法令，予其资金支持。①

（三）企业倒闭、劳资之间的契约关系解体

由于民营企业的崩溃，公营事业缺乏活力，行政院院长张群于1947年8月13日发表关于《外人来华投资及技术合作》的正式声明。宣称将中国一切重要工业部门都列入与美国资本及技术“合作”的范围，并重申外资在华营业“与同类民营事业之权利义务同一待遇”。② 在此情形下，民营企业更无起死回生的希望。

“强买”“强征”是欺商的又一手段。1948年10月间，粮食部以迅速贬值的金圆券照“限价”每袋7.7元，向武汉福新面粉公司订购面粉70000袋，而当时一袋面粉成本即需20元，该厂即因不堪赔累被迫停工。同月，上海建康路一家铜锡号不愿以“限价”出售产品，为保留最后的一点血本，被迫忍痛将上好的铜器锡器一一打碎。③ 1947年底，国民政府将总动员“实施办法”第19条加以修正，规定各地“主管机关”可征用民间车辆、船舶、航空器材、修理工厂、码头、机房等为战时服务。平、津两市商营汽车已完成登记，随

---

① 《挽救工业危机奠定工业建设基础意见书》，《联合经济研究室通讯》第5期，1946年9月，第49、50页。

② 《蒋家朝廷彻底卖国声明美国人可投资一切工业》，《人民日报》1947年8月21日，第1版。

③ 《伪金圆券膨胀不已蒋区停业失业严重》，《人民日报》1948年12月16日，第3版。

时征用。①

滥发通货、苛捐杂税、统制政策，引起了工商界的极度反感。1946年12月，上海市书商业同业公会提出减税，得到重庆、长沙、汉口、衡阳等地广泛响应。同时，毛纺业、制革业、新药业等都有同样要求。② 1948年3月底，上海经济界召开题为“当前工商业的实际困难”的座谈会。合作五金厂经理胡叔常抱怨：“自订货到交货所得的售价，远赶不上成本，而且再也买不进原料，利润根本谈不上，但是机器业只能订货，这有什么办法呢？”汉阳手帕厂总经理许资新针对征捐举例说：“以一件纱来说，战前纳印花税六分，而现在却要缴十四万元，差不多达到九百倍，已远超出一般物价的倍数。”启明染织厂经理褚尚一对政府所谓《三十七年度所得税六倍借缴办法》无奈地说：“三十七年度照例是收三十六年的所得税，现在为了财政目的，硬叫三十七年度的所得税先以去年的六倍缴，这成什么话！卅六年度的营业是一回事，卅七年度的营业又是一回事！”对花纱布管理委员会及中纺的统制原棉，许资新无奈地说：“我们同业各单位，现在有三个月原料存量的不到百分之一点二。”上海机器厂总经理颜耀秋悲观地说：“这样维持下去，终有一天会逼得当经理的只好逃亡的。”兴华制茶公司副总经理孙晓村则对争取政府相助之难，义愤难平：“四行、二局、四联总处、财政部金融管理局、输出入管制委员会，还有经济部、行政院大大小小有十数个之多，凡有所请求，十大庙非处处烧香不可，等到你奔走得精疲力竭，但结果还是一点没有。”③1948年，北平煤炭商更是反对该市财政

① 《蒋匪加征许多税进一步压榨人民》，《人民日报》1948年2月4日，第2版。

② 樵：《调整捐税刍议》，《联合经济研究室通讯》第8期，1946年12月，第5页。

③ 《上海民族资本家沉痛控诉：蒋匪滥发纸币苛杂繁重使民族工业不能再生产》，《人民日报》1948年6月6日，第2版。

局自5月1日起开征“煤炭捐”,并与拦阻运煤强收煤捐的警察发生冲突,且停止运煤以示抗议。江苏嘉定商号于5月一致罢市,反对苛税勒索。①

应该承认,政府也曾从积极方面为企业贷款,但规模与贷款数额均小,根本不可能抵偿统制经济、苛税所带来的负面影响。较有代表性的贷款,一是1946年经四联总处贷出30亿元,月息3分4厘,一年后始还本付息。各大工厂贷款由川建厅办理,手工业贷款由蓉市政府办理。② 二是1947年1月间截至申请的渝市工商紧急贷款,仍由四联分处所办理。申请者500余家,核准贷款者300余家,贷款数约40亿元。重庆市银行也办理过信用小额贷款,申请者有1000余家,核准者400余家,款数3亿余元。③ 但其效用如时人所言“以重庆为中心的后方工业,胜利以后,已遭到了破产的命运”,政府的紧急工贷,“好如病人临死前的兴奋剂一样,并没有将他救活”。④

至1947年、1948年,工商危机更有甚于以往。据上海《经济周报》报道:重庆战时工业约占内地工业的1/4以上,1945年底,重庆工厂登记的累进数共1694家,但至1947年10月重庆工业协会登记的会员厂家(包括迁川工厂)只有345家,其中全部开工的仅2/3,其余均在半停顿状态之中。嘉陵江区的大小煤矿在战后开工达110家,但1947年即有20家关门。当年,肥皂厂有9家歇业,电工器材工业停业2家,18家面粉厂中有4家停顿,60余家卷烟厂有

---

① 《蒋区商人的纷起抗税平煤商停止运煤嘉定城商号罢市》,《人民日报》1948年6月17日,第2版。

② 《蓉工业贷款共三十亿元》,《联合经济研究至通讯》第3期,1946年7月,第24页。

③ 《渝市紧急工贷告一段落》,《联合经济研究室通讯》第9期,1947年1月,第28页。

④ 贺正煊:《贵州西南冷落的工业区》,《工业月刊》第5卷第9期,1948年9月1日,第24页。

一半停工,12 家酒精工业中有 6 家时断时续地生产。[①] 到 1948 年旧历新年前,平津两市开工工厂仅有 20%,且均只开工半天。天津市橡胶业 54 家中除 10 余家停业外,勉强开业的各厂产量亦均已缩减至两年前的 1/10。青岛共有大小工厂 1500 家,倒闭歇业者达 1200 家。开封各业商号倒闭者有 500 余家,沈阳 3000 余家商号中倒闭者 2000 余家。张家口大型工厂仅 1/10 开工,3000 余家商号只有 1/10 营业。广州各业商号有 30% 面临倒闭危机。江西各业工厂倒闭达 93 家。天津一部分工厂,上海纱厂、五金制品厂 50 家,为求生存,纷纷逃港。[②]

面对恶性通货膨胀、法币贬值的境况,1948 年 8 月 19 日政府发布《财政经济紧急处分令》,规定自即日起以金圆券代替法币为本位代币,强制将黄金、白银和外币兑换为金圆券,并实行限价(实际执行至 10 月 1 日止)。政府曾以违反限制物价"法令"的罪名,在上海、南京、北平、天津、汉口、广州、南昌、杭州、贵阳、长沙、成都、西安、兰州、青岛、济南、徐州、开封等城市,逮捕金融、银楼、粮食、百货、饮食、文具、药房、鞋帽、旅馆、理发、浴室等各行业的商人、小贩 900 余人,公然抢夺黄金、白银、外币。仅青岛一地,即有 200 余人被捕。上海百货公司的经理、16 名金店老板、7 名鞋店老板、100 名肉商、6 名货栈经理,都成为牺牲品。甚至鸿兴证券号负责人杜维屏(杜月笙之子)、申新纱厂负责人荣鸿元、纸业公会理事长詹沛霖、棉布业巨商吴锡麟、永泰和烟行总经理黄以聪等也先后

---

① 《重庆千六百工厂倒闭了五分之四》,《人民日报》1948 年 6 月 4 日,第 2 版。

② 《蒋匪帮公开掠夺民营工商业青岛工厂几全部倒闭》,《人民日报》1948 年 4 月 14 日,第 2 版。

被捕。①

发行金圆券及对工商界的强硬态度，不仅将相关企业置于死地，也将各工商人士推向政府的对立面。严格限制民营银行收兑、持有或保管黄金、白银、银币及外币，而要求其必须向中央银行折换及储存，则逼迫行庄将资产汇至广州套汇港币，再汇往香港。自9月2日到7日的6天之内，约有160万金元（金圆券）自上海流入广州。② 同样，因冻结物价，商人囤积货物，市面缺货。同时，成品售价按8月19日价格，但原料价格却未在管制之列，厂家赔累不堪。比如8月19日20支纱1包售价22亿元，但棉花每担售价已涨达5亿元，照成本计算，则每包纱赔累6亿元之巨。再如，进口器材原料价格突增，厂家无法经营。19日以前，进口商结汇1美元兑换法币800万元，币改后1元美金合法币1200万元，加以进口税又有增加，各工厂所需之器材进口较之过去增加费用55%。③ 上海、天津各民营工厂因限价政策，缺乏原料，只能就原有存货生产，原料耗尽，生产停止。上海毛绒纺织厂因无法购进羊毛，虽正值秋冬季节开工仍不足五成。④ 上海市的机织、造纸、造漆、榨油、肥皂、制革、搪瓷、调味等业，均已面临停工的险境。无锡、苏州、常州、江阴、常熟五地的染织布厂，棉纱、染料均由上海供给，因政府禁止商人自行购运物资离沪，各厂只得减工、停工。天津北洋、恒源等厂减工15%，华新纱厂也无法正常开工。⑤ 1948年9月前后全国各厂

---

①《蒋匪公开进行大劫掠从人民手中夺取黄金白银外币物资》，《人民日报》1948年9月11日，第1版。

②《蒋贼公开抢劫商业行庄商民识破阴谋大量资金逃往香港》，《人民日报》1948年9月16日，第2版。

③《天津工商界一片诉苦声》，《人民日报》1948年9月20日，第2版。

④《上海天津民营工厂普遍减工停工》，《人民日报》1948年10月8日，第2版。

⑤《蒋区民间工业遭到无穷灾难》，《人民日报》1948年11月8日，第2版。

原棉储备多者不足1月之需。与民营工商业的冻结物价相反,“公营事业纷纷涨价,税额纷纷调整”。时人愤言:“发行金圆券管制经济,带给人们的不是幸福,而是工商业的窒息、民生的凋敝”;“这种严重可怕的凶潮,将吞噬社会的一切”。[①] 因此,国民政府至10月1日也不得不开放金、银及外汇市场,并取消限价政策。此后,物价上扬、金圆券贬值如脱缰野马。

工潮也随之汹涌澎湃,涉及国营企业。资源委员会所属天津八大工厂,因厂方减低工资,于1946年11月17日起同盟罢工1周。接着两橡胶工厂及天津中纺公司第四厂工人,同时掀起了工潮。青岛经济部所属东亚烟草公司全体700余男女工人,也自11月中旬罢工。[②] 随工商业减产、停工而来的,就是因解雇及工人要求复工引起的劳资纠纷(表4-6)。

表4-6 上海市劳资纠纷案件原因比例统计

年月	因解雇及复工	因要求改善待遇	因工资
1946年11月	45%	21%	17%
12月	39%	32%	—
1947年1月	34%	—	—
2月	56%	—	—
3月	46%	18%	18%
4月	44%	28%	—
5月	40%	27%	20%

① 克夫:《经济面临新危机》,《新时代周刊》第18期,1948年10月16日,第1页。
② 施绛:《旧历年关前蒋管区的经济危机》,《人民日报》1947年1月25日,第4版。

续表

年月	因解雇及复工	因要求改善待遇	因工资
6月	33%	—	42%
7月	48%	—	16%

资料来源:倪惠元《略论劳资争议》,《工商管理》第1期,1948年1月15日,第28页。

资方除承受如此之多的负担外,为购买劳动力还需支付难以承受的工资、红奖、年赏。1947年1月,重庆市社会局提交该市劳资评断委员会议决,规定凡工厂有盈余者,必须于农历腊月二十八日前发放红奖,其标准为普通工人全年工津总数的65%(相当于237天的工资和津贴)。① 这一决议并未顾及不同厂家的盈余是否能满足分配的实际情况。因物价上涨过快,为保障职员、工人生活,1947年2月19日,国防会通过《民生日用必需物品供应办法实施细则》,②要求以实物形式支付工资。上项决议与《细则》根本未顾及不同厂家的实际盈余和运营情况,难于推行,反而"助长"了工人向资方索取相关待遇的动机,激化了劳资矛盾。在豪门资本的垄断之下,资方需要依靠借贷(2—3角利息)来缴捐纳税,对工人的年赏"实是力不从心"。1947年12月12日,尽管上海市社会局

---

①《年终工人红奖办法规定》,《联合经济研究室通讯》第9期,1947年1月,第26页。

②《民生日用必需物品供应办法实施细则》规定:(1)米或面,职员每人每月中熟米8市斗或2号面粉2袋;工友每人每月中熟米4市斗或2号面粉1袋;(2)布匹每半年配售1次,职员每人夏季漂白布5丈,咔叽制服料1丈5尺;冬季蓝布5丈,棉质制服料1丈5尺。工友夏季漂白布1丈5尺,冬季蓝布1丈5尺。(3)燃料:职员每人每月煤球200斤,工友每人每月100斤。(4)食盐:职员每人每月4斤,工友每人每月2斤。(5)食糖:职员每人每月2斤,工友每人每月1斤。(6)食油:职员每人每月3斤,工友每人每月1斤。见《联合经济研究室通讯》第10期,1947年2月,第47页。

召集各工会代表及工业协会代表组成的“年赏纠纷处理委员会”，通过了“各厂工人年赏以一月最低不得低于十二分之一”的标准，资方仍无法兑现，劳资相持角力，该委员会不得不于1948年1月18日宣告结束。有报道称：1947年12月及1948年1月以来上海以“年赏”或“年终资金”问题为中心而发生的劳资纠纷有上百起。其中，申九暴动事件最为不幸。申新九厂女工6000余人、男工800余人为“年赏”，于1月30日要求厂方除在每人4斗的代办米之外，每月另发配米2斗和相当数量的煤，并于当晚怠工。2月2日厂方停止供应工人伙食，总工会、社会局、工人福利会、警察局、警备部先后派人劝导工人。最后，军警600余人包围该厂，施放催泪弹，攻入厂中，打死3名工人。此次冲突至少损失了457亿元。①

在困顿之时，工资对资方来说无疑是一大重负。据时人1947年5月说，随“内战一天比一天的凶”，交通隔阻，市场日益缩小，原料紧张，可是“工资月月在涨”。一个十二三岁的女孩子，“每月收入竟比简任官为多”。“可是，在物价节节上涨，政府无力控制的环境下当然不能也不敢加以管制，工厂当局为仰体政府的意旨，也只好看着生产成本中的工资月月上涨，而无办法。”②

新运妇女指导委员会战时深入重庆六大纺织厂协助管理，对企业家产生颇多同情：“现在办工厂的人，也经常的碰着许多困难，这些困难有时不是厂方本身单独所能解决的；因此希望如经济部、社会部、中央党部组织部等，都能够予以充分的扶持与协助。”以增

---

① 荒漠：《上海劳资关系现状》，《国讯周刊》第450期，1948年1月，第3页。

② 朱章：《工业家们！起来抗争！》，《工业月刊》第4卷第6期，1947年6月10日，第1页。

加生产力量,稳固建国的基础。① 非专业人士都明白的浅显道理,在中国却无可实施的可能。金融家钱永铭早在1930年全国工商会议上,就将孙中山《建国方略》中提出的国家奖励、保护私人企业的主张具体为几个原则:第一,"凡属各种实业,其地位已至对外贸易程度者,政府应奖励其输出,并免除其负担原料上之捐税"。第二,"外货有屯并性质者,政府应以法令限制其输入"。第三,"凡属中外商人,以资本在中国国内经营工商业者,政府应保护华商或保证其在最低限度下与洋商受同等待遇"。第四,"凡以资本经营金融机关而其业务已发达至某种程度者,政府应令其为某种工业上之投资"。第五,"凡以资本联合经营转运企业者,政府应予利便"。② 此案颇得与会代表支持,获议案审查会及大会通过。但政府始终未能满足实业家的愿望。资方在市场上处于被外国操纵的劣势,在税收方面也得不到政策性的倾斜,更无融资渠道,加以权贵资本的压制与侵夺,难逃破产的命运。

---

① 新运妇女指导委员会编:《战时纺织女工》,重庆:新运总会妇女指导委员会,1944,第54页。

②《拟请政府速颁工业保护法案以利民生而重生产案》,实业部总务司、商业司编:《全国工商会议汇编(1930)》上册,南京:京华印书馆,1931,第2编第23页。

第五章　劳资团体与社会网络

劳资双方作为社会基本形态,两者的关系也由生产场域辐射到社会网络。劳资关系就是社会关系。即使同一业界、单一厂商的劳资关系,也很难不与各自社会关系网络发生联系。工人与资方都有同行业、不同行业横向组织,亦有相关的纵向组织。工人团体与资方团体间有合作、有对立,工人团体内部与资方团体内部同样有合作、有纷争。尤需注意如下现象:红色工会可能不“红”;黄色工会可能不“黄”;挑战党政机关的更可能是那些其首脑任职于党政部门的团体。职工会、同业公会是劳资共同参与、对话的合组团体,其对劳资关系的影响需具体分析。基督教青年会等团体则始终关爱工人生活,改造着工人的观念意识。劳资双方与国外劳资团体也有一定的交往,甚至结为同盟。国民政府拟通过国际组织,促进国内劳资关系的改善,工人团体则独立向国内工会组织寻找“外援”。

一、工会与商会

(一)工会与同盟罢工

工人组织在罢工中广泛援引其他组织,以增强实力;同时关心、参与其他社会阶层的各类运动,且以政治运动为主。工人正是通过五四运动而崭露群体的力量。1919 年 6 月 5 日,为响应北京商学界罢课、罢市行动,上海南市、闸北首先罢市、罢工,要求罢免曹汝霖、章宗祥、陆宗舆,释放被捕学生,南京、杭州、天津、武汉、厦门各地工人接续而起。上海运输、电话、电车、纱厂、丝厂工人及商务、中华印刷厂、南洋烟草公司、英美烟厂 10 余万工人,一致行动。北京政府深知无法抑制民愤,遂于 6 月 10 日免曹、章、陆职务,释放被捕学生,各地罢工风潮始次第平息。此后,工人参与政治运动的"惯性"不可遏止。

在反帝运动中,工人更加团结。1916 年 1 月,驻华法国代理公使图谋将天津法租界邻接老西开地方强行纳入法租界,并在同北京政府交涉过程中命令军队强行占领。天津召开市民大会,议决该市法国人所雇用的中国劳动者一致同盟罢工。1923 年 3 月 25 日,上海市民为收回旅顺大连湾而发起外交示威运动,吴淞大中华纱厂工人组织救国团,男女工人千余人参加。① 再如内外棉共 12 个厂同盟罢工,掀起五卅运动;1927 年 2 月 18 日至 24 日,上海工人同情"北伐",举行全市总罢工反对孙传芳一系。贺岳僧有言:"五卅"罢工后,中国的罢工运动,"渐由经济斗争的方式,而转入民

① 唐海:《中国劳动问题》,上海:光华书店,1926,第 362、363 页。

族政治的运动”。[①]

此类运动还突出地表现在收回电报权方面和抗议美军暴行的正义斗争中。清政府与英国大东电报公司签订的海底电报专线条约将于1930年12月31日到期,1928年10月,国民政府交通部、外交部等部门成立“国际电信交涉讨论委员会”,开始与外商谈判,以收回水线(海底电缆)自办国际电报业务。至1930年12月31日,交通部电信交涉委员与英商大东等水线公司签订《协定大纲》。中方不断退让,竟将原定给予外商水线登陆期限由3年延长至14年。因电缆由福州入海,福建电信工人首先发难,联络江苏、河北电信工人,于12月22日同赴行政院请愿,同时由南京到上海寻求上海工界援助。1931年1月下旬,上海邮务工会、上海报界工会、商务印书馆工会等40余工团,发表《援助电信工友请求纠正国际电信交涉协定大纲运动宣言》,极力主张彻底收回外商水线登陆权。[②] 国民政府只好将任职15年之久的交通部电政司长庄智焕作为替罪羊撤职,以消工愤。[③] 1946年9月中旬,上海人力车夫臧大咬子被美国水兵拳毙,激起全市公愤。28日,沈钧儒等发起“美军退出中国周”,组织“臧大咬子惨死后援会”。上海人力车职业工会要求协助进行案件诉讼,严惩凶手。劳动协会理事朱学范、上海市总工会理事长朱祥云等,向报界发表谈话,表示愤慨和声援。人力车夫向报界控诉美兵不付或少付车资、痛打车夫的事实。截至10月6日,《文汇报》已代收67万余募款,“捐献者大多数为各业工

---

① 贺岳僧:《中国罢工史》,上海:世界书局,1927,第59页。

② 《本埠各工团发表纠正电信交涉宣言》,《申报》1931年1月26日,第4张第13版。

③ 林木桂:《关于收回福州大东电报公司营业权和川淡水线的斗争》,《党史研究与教学》1984年第2期。

人,且有失业困苦之工人”。[1]

同行业间的同盟抗争最为普遍。同行业间的声援一般来自同一市县。1920 年 6 月 16 日,苏州机缎工人万余人因奸商贩米出洋致米价暴涨,发动同盟罢工,要求增加工资。同时,上海日商在杨树浦之第一、第二、第三纱厂工人,亦因米贵要求增资而暴动,打破厂中玻璃及灯泡。两次罢工均达到增薪目的。[2] 1928 年 2 月初,上海华洋布业资方依其旧习,于农历年关开除大批工人。华洋布业职工第九分会代表 150 余人,在闸北召集全体会员代表大会,议决:(1)推派代表向资方交涉;(2)组织失业团,向各机关请愿;(3)每人捐助月薪 20%,以救济失业职工。[3] 1947 年 10 月,鄞县织布业假大光明戏院召开第二届第二次会员大会,出席会员 500 余人,县政府、县党部、总工会等代表 10 余人列席。大会决议:工作时间超出 10 小时,须按 30%比例增薪;各厂应优先录用会员;国庆节应照常发工资。[4] 1948 年 6 月 10 日,鄞县针织业工会出于保障工人生活的目的而成立。在成立大会上,会员代表 200 余人做出如下决议,呈请县政府核准施行:(1)在女工生产期内,资方应保留其原有职务,酌给生活费用;(2)男女工友,如出残次品,资方应视其情节予以处分,不得任意解雇;(3)工人因病假或事假,在半月内有权介绍替工代为工作,厂方保留其职位。病假者应由资方酌给医药费。[5]

有些行业具有跨地域性,同业间的援助声势浩大。1930 年 4

---

① 《美军惨杀车夫臧大案沪劳工界激烈抗议》,《人民日报》1946 年 10 月 24 日,第 1 版。

② 张韶舞:《工人运动的方案》,《新生命》第 1 卷第 6 期,1928 年 6 月,第 5、6 页。

③ 《上海的工运》,《中央日报》1928 年 2 月 6 日,第 2 张第 3 面。

④ 《织布工会大会决议呈请县府调整底薪》,《大报》1947 年 10 月 7 日,第 4 版。

⑤ 《鄞县针织业工会昨举行成立大会》,《时事公报》1948 年 6 月 11 日,第 3 版。

月初,青岛大英烟公司工人,因未能就提高待遇与资方达成协议而持续罢工。当局出于维持地方自治的目的,逮捕了9名工人。9日,工方向政府请愿,市党部派员劝导其先行复工,不料却与工人纠察发生冲突,40余名男女工人因此入狱,制烟、印刷两工会遭到解散。上海英美烟厂工会得此消息,即用“快邮代电”致青岛特别市党部请其援助,言辞之间不无谴责之意:“产业革命时期,劳资斗争,为事实上不能避免之事。而况英美烟厂,为帝国主义资本家,工人痛苦,尤须顾念,方不失总理扶植劳工之本旨。乃今以工友不肯无条件复工而被捕,工会因复工不成而被封。吾知英帝国主义资本家,势必气焰日张,我青岛英美工友无噍类矣。”[①]1930年震动全国的邮政大罢工,是国营事业中较为典型的同盟罢工。当年5月1日,全国邮务总工会与全国邮务职工总会提出恢复津贴、取消各级邮员名额之限制、采纳巩固邮基的方案,未能得到交通部的完全同意。22日,上海邮务职工会首先罢工,北平、天津、济南等地先后响应;后经实业部部长陈公博、上海市市长吴铁城及上海各界领袖调停,罢工始告结束。[②] 1947年12月9日,全国邮务总工会在沪举行第五次全国代表大会,根据1947年6月修订的工会法,将会名改为中华民国邮务工会全国联合会。郑州邮局全体工人借政府在法律上承认总工会的时机,举行罢工,要求增资。河北邮政局职员1600余人于8日绝食一日,支持郑州邮工的罢工。[③]

各行业工人之间,往往结成同盟,抗拒资方的摧残。1928年2月初,上海先施、永安、新新三家公司开除部分工人,绸缎业职工会

---

① 《两埠工潮汇志》,《劳大周刊》第3卷第9期,1930年4月26日,第15页。

② 林颂河:《九一八以来之中国劳工运动》,《国际劳工》第1卷第2期,1934年2月,第5页。

③ 《郑州邮工罢工河北邮局绝食响应》,《人民日报》1947年12月14日,第1版。

第二分会及纸业职工会,都发表宣言,为三公司工友声援。[①] 1929年8月初,英商自来水厂工人400余人,提出“最低有限度的条件”,要求改良待遇,厂方则漠视工人要求,还撤毁工会,强迫热心工会之人离厂,且拟以百余俄人代替中国工人。商务印书馆工会、新新职工会、华成烟草工会、三友实业社工会、全沪纺织联合会、华洋印刷工会、西式木器工会、装订工会、天成电机工会、文记电机工会、祥大纺织工会、永泰雪茄烟厂工会、第一织造工会,发表宣言全力援助水厂工人。[②] 1930年5月,上海电车、汽车工人同盟罢工,沪东瑞镕铁厂部分工人、美亚八厂几千工人及湖州15家丝厂一致同盟罢工,强调“公共租界汽车电车罢工的胜败,就是我们大家的胜败”。[③] 1932年5月初,淞沪停战协定签字后,三友实业社仍无意复工,且将机器转至杭州分厂。三友工人向上海市社会局请愿,经社会局多次调停,资方仍拒不开工,且以武力殴捕工人。8月18日,三友工人以绝食相抗。第四区卷烟业产业工会,特召开100余人参加的临时紧急代表大会,决议呈市党部、市政府、三友实业社即日开工,以维持工人生计;必要时命令所属各厂会员罢工援助。九区皂药业工会代表傅怀深等、出版业工会代表及军服业工会代表,各携牛奶、慰问函以劝工友停止绝食,此举反使三友工人绝食的决心更加坚定。[④]

还有一种同盟罢工,则是同一行业中的不同企业之间的协同抗争。青岛的华北、鲁东、华鲁、四华火柴厂,因工人在同一个时期迭向厂方要求改良待遇,未蒙采纳,工潮屡起。1930年3月21日,

---

① 《上海的工运》,《中央日报》1928年2月6日,第2张第3面。

② 《各工会援助水厂工会罢工宣言》,《申报》1929年8月8日,第4张第14版。

③ 兆雨:《上海水电工人的同盟罢工》,《劳动》第31期,1930年5月14日,第3页。

④ 《三友厂工潮市府决付仲裁》,《申报》1932年8月23日,第4张第13版。

四厂刷沙部工人,因要求增加工资不遂罢工,厂主随之宣布停厂。四厂失业工人约150余名,至市党部请愿,要求“即日复工”“不得开除工友”,“未开工前,给与生活维持费”。24日,经政府调解,资方向12名退职工人各发遣散费11元,并准27日复工。[①]

全面抗战复员后,法币崩溃,物价陡涨,工人无以求生,国民政府又以“紧急措施”,严禁工人增资、怠工及罢工要求。在政策高压下,各主要工业城市的同盟罢工规模较全面抗战前更大。上海工人于1947年2月下旬发起“生活指数解冻运动”,获得部分调解工资的胜利。广州在是年2月出现失业狂潮,警察局公布失业人数为20万,为该市总人口的1/4至1/3。生活于半饥饿状态中的在业工人,也开始了要求增薪的罢工运动。2月13日,东亚烟厂全体男工最先罢工。起因是工人要求在原有2200至3600元日薪的基础上增薪100%,却为资方所拒。翌日,市社会局以给每位工人赈米5斤及分配给工人7至9位参议会名额为条件,安抚工人。各业工人却不为所动,3000革履业工人接续罢工。粪溺清理、酸枝花梨、木炭业等几个工会热心援助。皮革每双16万元,除去成本,即使依照工人要求的“加九计工值”,资方每双仍可溢利53000元,却坚决不同意加薪。丝织业1500余工人要求增资100%,资方以解雇相威胁。其后,全市报纸排版工人、公共汽车工人又罢工。而后制香业、钟表业、木屐业、石印业、洗染业、木炭业、餐室业、理发业、毛刷业、弹棉业、屠牛业、制造衡器磅称业、铁闸业、玻璃业、海味凉果业均要求增资。自2月底至3月上旬,30个行业20余万人卷入罢工,大多数罢工达到了部分增资的目的。虽然工人工资仍远落

---

① 《两埠工潮汇志》,《劳大周刊》第3卷第9期,1930年4月26日,第15页。

后于生活必需品的涨价,但罢工却瓦解了“紧急措施”。①

工会在援助工人失业方面颇有成效,特别是各类总工会性质的跨行业工会,自是联络各工会、维系工人同盟的核心力量和主导力量。1935 年 9 月,上海总工会成立以朱学范为团长的“上海总工会国货推销团”,倡行“推广国货销路,发扬国货信誉,救济失业工人同志生活”。② 1945 年 7 月至 1946 年 3 月中,重庆劳资争议共 348 次,内因解雇工人而起争议有 218 件,工人大量失业。重庆共有工人 132000 名,仅 1945 年 11 月一个月,失业人数就达 60000 人。中国劳动协会全力救济失业工人,于 1945 年 11 月 5 日发起募捐,共得捐款 1712 万元。该会理事长易礼容提出了“在业工人救济失业工人”的口号,发动全体会员援助失业工友。时工人请愿团认为政府救济方案有欠完善,200 余人向社会部请愿。11 月 11 日起至 12 月 13 日,中国劳动协会在城区、江北、南岸、沙磁、化猫设立 5 个救济站,以每日 400 元的标准向失业工人发放善款。③

工人在劳资冲突中,得到其他社会阶层声援的事例屡见不鲜,这实际上是一种建立在更加广范的社会基础上的工人同盟。1928 年 8 月,北平各工会尚未得到中央整顿命令时,北平军方竟以“莫须有”罪名,突然以武力解散国民党党部指导之各工会。北平市学生联合会顾念“革命缔造之艰难”,首先发难,指斥军方“摧残民众,滥使职权,目无中央,蔑视党纪”,呼吁“全国革命民众”共同坚决反

---

① 崔嵬:《广州的工潮》,《正报周刊》第 33 期,1947 年 4 月 12 日,第 5、6、7、8 页。

②《上海总工会举办国货推销团救济失业工人》,《国际劳工通讯》第 13 号,1935 年 10 月,第 90 页。

③ 陈达:《我国抗日战争时期市镇工人生活》,北京:中国劳动出版社,1993,第 142、164 页。

对,“不达到维持中央威信、巩固民众组织目的不止”。[①] 1930年3月,南京下关英商和记工厂发生的劳资纠纷,原本已于4月1日由市党部民训会、社会局会同派员调解完结,工人达到加薪目的。不料于3日开工时,忽有部分工人鼓动工人互相殴打,警察厅派警弹压。钟南中学、东方公学学生,误以为有6名和记工厂工人被英国水兵枪杀,特组织后援会,散发传单,组织演讲队,分头宣传。5日上午,东方公学校长陆自衡,率领学生代表及学生160余人,到市党部请愿,为和记工人被殴一事伸张正义。5日下午,教育部及南京市教育局,特召集各校校长紧急会议,劝谕学生勿为妄举。[②] 工人之间的支持,反映了利益一致性;学生等团体的支持,则反映出社会对工人社会价值的认同。

工人结盟集中表现为工会联合运动。较早的工会联合运动,发生在1919年2月间青岛和上海日资企业中。时青岛大康纱厂、内外棉、富士等厂工人起而组织工会,影响至上海的大康纱厂、日华纱厂第三、四工场、东亚制麻厂等上海所有的日本厂家,众资方阻止成立工会,各厂工人极力维权,大有组成总同盟罢工之势。日方只得派代表,经总商会副会长方椒伯、日清公司买办王一亭、交涉使许沅、淞沪警察厅长等调停,与工会代表磋商。[③] 1922年5月组成的上海各工团执委会、1922年10月23日成立的广东总工会、1924年8月成立的上海工团联合会,是较早诞生的工会联合体,规模庞大。广东总工会包括120余个工会;上海工团联合会包括中华海员工会、上海机器工会、南洋烟草职工同志会、上海船务栈房工会、上海丝纱女工协会、上海纺织工会、西式木器工会等32个工

---

① 《市学联反对北平封闭工会宣言》,《申报》1928年8月22日,第4张第14版。

② 《和记工潮中学生请愿》,《中央日报》1930年4月6日,第2张第3版。

③ 贺岳僧:《中国罢工史》,上海:世界书局,1927,第19、20页。

会,会员总数达30余万人。[①] 全面抗战复员后,全国县市地方总工会,合法完成组织者达800多个单位,省级及特别市总工会有30余个。全国各省市已有3/4成立工会总组织。1948年行宪国大代表开会时,各省市总工会和铁路、公路、矿务、矿业、中华海员等特种工会全国联合会,合组全国总工会。[②]

(二)商人组织化

民国以来,成立较早而又富于特色的工商组织,应该是"全国生产协会"。当时北伐势如破竹,长江流域旗帜易色,湖北、江西工潮继起。在北方工商人士眼中,"劳资双方已臻短兵相接时期",为防止"将来思想激荡",劳资相冲突,以致有碍产业前途,其特将维护产业视为要图。1926年12月12日,北方实业、金融各业在天津集会,发起筹备生产协会。到会120余人,代表90余个机关,推定矿业李伯芝、银行业卞白眉、化学工化范旭东、纱业陶兰泉、面粉业杨星园、电业沈俊予等六人为筹备员。此次大会发表宣言,声称工商界人士发起团体的目的,在于努力发展生产,谋求国家民族的生活。该协会以全国经营生产事业和辅助生产事业之公司(如交通、市政、金融各业)为基本会员,凡农工商界同人中,赞成该会宗旨者皆可入会。协会事务主要有:第一,调解工商纠纷,为政府提供决策意见;第二,奖励、介绍科技发明与改良,培养实业人才,提倡劳工教育;第三,寻求国际经济之互助。[③]

---

① 马超俊:《中国劳工运动史》上册,重庆:商务印书馆,1942,第95、99页。

② 张剑白:《宪政时期的工会运动》,《农工月刊》第2卷第2期,1948年8月15日,第18页。

③ 蔼庐:《生产协会述评》,《银行周报》第10卷第49号,1926年12月21日,第1、2页。

国民政府建都南京后，商人运动同工人运动一样也经历了停止、整顿与重启的过程，其相同行业组织的各业公所、同业公会及跨行业组织商民协会、商会自然也伴随着解散、整理、改组的过程。1928 年 7 月 9 日，国民党中央第 154 次常会通过《中国国民党中央执行委员会民众训练计划大纲(修正案)》，其中仅有商人运动的纲领，全然重在保护、扶持商业经营者，而忽视经营者、手工业者的权益。运动纲领主要包括：(1)制定商会法、商店法、店员服务法，保持商人、店员独立之组织；(2)组织运输、批发合作社，促进商业发展，“预防商人额外损失”，杜绝企业者之剥削；(3)奖励投资，保护交通及国外贸易之安全及便利。[1] 比照“商人”纲领，此修正案实际上剥夺了工业家的运动权利及被保护的可能。此后，这一状况有所改变。1929 年 8 月国民政府先后颁布商会法、工商同业公会法，确定了商业团体地位和组织架构。稍后《商会法施行细则》(1929 年 11 月)、《工商同业公会法施行细则》(1930 年 1 月)先后公布。新商会法强调两点：第一，商会建立在同业公会之上。依组织程序，应先有同业公会，而后才可组织商会。第二，党部与政府分工组织、管理商业团体。党部司指导组织之职，同业公会须向党部申请，经党部许可、指导方能组织。政府负监督之责，同业公会经市党部许可后，尚须经过当地政府备案，始能正式成立。社会局受命于政府，对于商会同业公会，负有专责。上述规则遵循的依旧是国民党“二大”通过的《商民运动决议案》所规定的商人组织“当

---

① 中国第二历史档案馆编：《中国国民党中央执行委员会常务委员会会议录(5)》，桂林：广西师范大学出版社，2000，第 288 页。

以党员为基本会员”、直辖党部[1]的准则。

与政府法律相配合,国民党中央于 1929 年 6 月、1930 年 3 月相续颁布《人民团体组织方案》《训政时期民众训练方案案》。依工商同业公会法及《人民团体组织方案》,凡旧有商民协会及各业公所,均应改组为同业公会。以南京为例,该市商会始建于 1907 年,民国元年后,其业骎盛。1927 年国民军底定南京,有商民协会及各业分会之组织。1928 年,上述组织分别改组为商人总会、店员总会、摊贩总会,更由此三个总会产生商民协会,与工商部特许之总商会同时存在。连同下关、浦口之商民协会,鼎足而立。训政开始,该市总商会、商民协会与浦口商会,同时遵令结束,另由党政机关指导监督,改组同业公会,于 1931 年 4 月 22 日筹备成立南京市商会。其时,各业同业公会合法成立者有 91 业,经登记合格的店号会员 6900 余家,店员人数有 20570 余人。[2]

商人组织的改组也加剧了商人之间的矛盾,特别是一般下层职员与店东之间的矛盾。1929 年初,北平茶行商会吴德泰、东西鸿记茶店、张一元、文记等,“自成立店员会之后,即不受经理之约束。每日不论昼夜秘密开会,并约号外会员来号开会,出入随便”。众店员在商号内占一部分房屋,据为办公地点,悬挂木牌,文曰“商民协会分会办公处,闲人免进”。又未经店主同意,强行在店门外悬挂木牌,上书“店员总会第几分会”。该组织经有党部背景的商民协会(该会即在党部办公)秘密指导成立。据绸缎洋货行商会称,自店员公会成立后,每当商民协会到商号,无论何时,店员即紧闭

---

① 《国民党“二大”会议关于商民运动决议案记录(1926 年 1 月 18 日)》,中国第二历史档案馆编:《中华民国史档案资料汇编》第 4 辑上册,南京:江苏古籍出版社,1986,第 492 页。

② 南京市社会局编:《南京社会特刊》第 3 册,南京:文心印刷社,1932,第 26、27 页。

店门。商家启闭门板原有习惯定时,随时关闭店门,自然影响营业。而众店员自成为会员后,一反常态,歧视同人,以店东为敌,“对于经理主事之人即加以种种轻侮之对待,如随意出入莫能诘问,以及漫帖各种标语,使经理主事之人无法忍受”。更有被辞退之铺伙,自行加入店员公会,投以匿名信,要挟焚烧店面。时有传闻,商民协会扬言店东如不遵立店员公会,即为反革命,令其着绿坎肩游街示众,并抄没家产,店东闻之“不寒而栗”。店东赴市党部陈诉店伙违规行为,商民协会主席竟面斥其非,要将该店东游街示众,并交公安局以土豪劣绅律治罪。该经理惶恐失魂,复有民训会员谓枪毙示儆,该经理于惊骇之余,泥首哀恳,答应立即将辞退之店员全部复职。此经理因惊致疾10余日,始省人事。2月11日前后,北平总商会将店员恶行状告到北平市政府、中央政治会议北平临时分会,希望其能维护市面平稳。社会局局长赵正平接市政府训令,即刻函公安局“依法究办”。民训会则站在会员立场,告知总商会“对于党务有意见,应直接陈明本会或指委会察核办理”,并函请赵正平此后不再受理此类事件。① 党政部门不仅未能调适商人上、下层之间的矛盾,反而激化了矛盾。

1932年4月4日,国民党中央党部下设的民众运动指导委员会正式办公,在工运方面“使劳资双方开诚协作”的同时,也注重严密商人组织,调整商人组织机能,“俾得集中商人力量,扩张国货销路,发展海外贸易,以为经济困难之解除”。② 以往各项民众法规,大多先由国民党中央决定原则后,“或交立法院遵照修订,由国民

① 《社会局关于制止店员集会、调解工会间纠纷的函及北平市特别市政府的训令(1929年1月19日—1929年6月12日)》,北京市档案馆藏,档案号:J002-004-00013。

② 中央民众运动指导委员会编:《中国国民党第五次全国代表大会中央民众运动指导委员会工作总报告》,南京:中央民众运动指导委员会,1935,第3页。

政府颁布施行;或由前中央训练部遵照修订,呈经中央常务会议决议施行”。该会成立后着手修订商会法、工商同业公会法,改变商人团体“无纵的组织之规定”,允许摊贩加入商会。同时,民运会提倡国货、抵制日货。商会数量因此开始增长。到 1934 年 6 月,江苏、浙江、安徽、江西、福建、广东、广西、湖南、湖北、四川、贵州、云南、河北、河南、山东、山西、陕西、甘肃、宁夏、绥远、察哈尔、青海、新疆、辽宁、吉林、黑龙江、热河 27 省及南京、上海、汉口、青岛、北平、广州 6 市,有县商会 852 个、市商会 26 个、区镇商会 334 个,商会总数有 1212 个,计有公会会员 11990 人,商店会员 57407 人。同样是上面 27 省及 6 市有工商同业公会 10990 所,其中县公会 6637 个,市公会 1054 个,区镇公会 1087 所;会员总数 261528 人,代表总数 93642 人。从数量来看,商人组织远较工人组织为多。据中央统计处 1933 年 12 月统计,全国工会 3101 个,会员数为 917515 人。商人组织数量虽多,但“各地商人团体组织,以受年来天灾人祸之影响,多数未能臻于健全”。[①] 比如,工商业同业公会与商会之组织已各有单行法,政府立法已规定工商业同业公会并非隶属于商会,但“各地商会类多不明法理,每误认工商同业公会为其附属团体,来往公文,函令纷投;甚或任意侵蚀公会职权,非法把持改选,以为延长商会职员之寿命”。[②] 经过整顿及各业同业公会联合会、各省商会联合会的组建,一年后,从数量上看,商人组织减少了,但似乎仍比工人组织更注重组织建设。据中央民运会统计,至 1935 年 6 月,全国商人团体数比工人团体多了近乎 1 倍,但会员数远少于工

① 中央民众运动指导委员会编:《中国国民党最近指导全国民众运动工作概要》,南京:中央民众运动指导委员会,1934,第 1、14、30、34、37、60 页。

② 中央民众运动指导委员会编:《中国国民党全国民众运动工作讨论会报告书》,南京:中央民众运动指导委员会,1934,第 53 页。

人团体(表5-1);南京、上海、汉口、广州、天津、北平、青岛等市商人团体数同样多于工人团体数(表5-2)。从20个省份来看,仅有江苏、浙江、安徽、湖南、河南、福建、贵州县商人团体数目少于工人团体(表5-3)。

表5-1 全国人民团体分类百分表

团体类别	团体数(个)	占比(%)	会员数(名)	占比(%)
农	31074	65.011	3610233	69.403
渔	52	0.109	16095	0.310
工	3647	7.630	1077646	20.716
商	7028	14.703	89845	1.727
妇女	304	0.636	15788	0.304
特种社团	5693	11.911	392230	7.540
合计	47798	100	5201837	100

资料来源:中央民众运动指导委员会编《全国人民团体统计》,南京:中央民众运动指导委员会,1935年,第3页。

表5-2 七大市人民团体分类百分表

团体类别	南京				上海			
	团体(个)	占比(%)	会员(名)	占比(%)	团体(个)	占比(%)	会员(名)	占比(%)
农	29	6.15	5234	8.92	18	2.62	30000	72.60
渔	1	0.20	378	0.62	1	0.15	1001	2.40
工	46	9.75	17802	30.36	95	13.80	—	—
商	82	17.30	6195	10.54	161	23.40	10354	25.00
妇女	1	0.20	680	1.16	—	—	—	—
特种团体	313	66.40	28361	48.40	413	60.03	—	—
合计	472	100	58650	100	688	100	41355	100

续表

团体类别	汉口				广州			
	团体（个）	占比（%）	会员（名）	占比（%）	团体（个）	占比（%）	会员（名）	占比（%）
农	6	2.42	3263	3.32	4	71.96	—	—
渔	—	—	—	—	—	—	—	—
工	33	13.36	71500	72.82	40	19.61	—	—
商	152	61.60	10867	11.06	108	52.94	—	—
妇女	1	22.22	—	12.80	1	0.49	—	—
特种团体	55	—	12576	—	51	25.00	—	—
合计	247	100	98206	100	204	100	—	—

团体类别	天津				北平			
	团体（个）	占比（%）	会员（名）	占比（%）	团体（个）	占比（%）	会员（名）	占比（%）
农	—	—	—	—	17	10.90	149109	82.12
渔	—	—	—	—	—	—	—	—
工	20	16	25961	73.00	22	14.10	13037	7.19
商	75	60	5171	14.60	71	45.55	9707	5.34
妇女	—	—	—	—	—	—	—	—
特种团体	30	24	4325	12.40	46	29.45	9714	5.35
合计	125	100	35457	100	156	100	181567	100

续表

团体类别	青岛				备注
	团体(个)	占比(%)	会员(名)	占比(%)	
农	—	—	—	—	上海团体数688因有3同业公会联合会合计在内。七市总计团体数1949;会员数438311
渔	—	—	—	—	
工	15	26.35	20518	88.74	
商	33	58.00	2015	8.70	
妇女	—	—	—	—	
特种团体	9	15.65	593	2.56	
合计	57	100	23126	100	

资料来源:中央民众运动指导委员会编《全国人民团体统计》,南京:中央民众运动指导委员会,1935年,第6页。

表5-3 各省人民团体分类百分表

团体类别	江苏				浙江			
	团体(个)	占比(%)	会员(名)	占比(%)	团体(个)	占比(%)	会员(名)	占比(%)
农	8060	90.83	555585	59.70	3701	62.68	521965	83.46
渔	13	0.15	3047	0.33	9	0.15	6601	1.06
工	193	2.18	346232	37.20	378	6.40	59595	9.52
商	109	1.23	235	0.30	1125	19.05	—	—
妇女	15	0.17	904	0.11	48	0.81	3106	0.50
特种团体	484	5.45	24354	2.62	644	10.91	34176	5.46
合计	8874	100	930357	100	5905	100	625443	100

续表

团体类别	安徽				江西			
	团体（个）	占比（%）	会员（名）	占比（%）	团体（个）	占比（%）	会员（名）	占比（%）
农	880	66.42	103435	66.69	684	37.69	—	—
渔	—	—	—	—	—	—	—	—
工	209	15.77	42570	27.45	379	20.88	19900	—
商	108	8.15	—	—	622	34.27	—	—
妇女	1	0.08	—	—	6	0.33	—	—
特种团体	127	9.58	9083	5.86	124	6.83	—	—
合计	1325	100	155088	100	1814	100	19900	100

团体类别	湖北				湖南			
	团体（个）	占比（%）	会员（名）	占比（%）	团体（个）	占比（%）	会员（名）	占比（%）
农	453	35.26	393850	84.87	2267	66.46	442002	61.12
渔	2	0.16	—	—	—	—	—	—
工	103	8.03	31374	6.76	361	10.58	124794	17.26
商	532	41.49	17767	3.83	152	4.46	—	—
妇女	2	0.16	118	0.03	33	0.97	2306	0.32
特种团体	191	14.89	20933	4.51	598	17.53	154022	21.30
合计	1282	100	464042	100	3411	100	723124	100

团体类别	四川				河北			
	团体（个）	占比（%）	会员（名）	占比（%）	团体（个）	占比（%）	会员（名）	占比（%）
农	596	18.29	—	—	4495	86.16	434514	80.51
渔	——	—	—	—	6	0.11	836	0.15
工	700	22.50	—	—	112	2.15	78980	14.63
商	1244	39.98	—	—	145	2.78	—	—
妇女	21	0.66	—	—	48	0.92	3589	0.66
特种团体	577	18.56	—	—	411	7.88	21798	4.04
合计	3111	100	—	—	5217	100	539717	100

续表

团体类别	河南				山东			
	团体（个）	占比（%）	会员（名）	占比（%）	团体（个）	占比（%）	会员（名）	占比（%）
农	2014	80.50	158704	76.73	5396	83.69	448300	87.64
渔	—	—	—	—	7	0.11	1592	0.31
工	131	5.24	35395	17.11	158	2.45	42516	8.31
商	57	2.28	—	—	554	8.58	—	—
妇女	23	0.91	1508	0.73	10	0.15	745	0.15
特种团体	277	11.07	11216	5.42	323	5.01	18356	3.59
合计	2502	100	206823	100	6448	100	511509	100

团体类别	陕西				甘肃			
	团体（个）	占比（%）	会员（名）	占比（%）	团体（个）	占比（%）	会员（名）	占比（%）
农	10	10.76	—	—	24	23.30	181683	97.71
渔	—	—	—	—	—	—	—	—
工	6	6.45	—	—	3	2.91	174	0.09
商	12	12.90	—	—	14	13.59	—	—
妇女	1	1.08	—	—	3	2.91	100	0.05
特种团体	64	68.80	—	—	59	57.28	3982	2.14
合计	93	100	—	—	103	100	185939	100

团体类别	青海				福建			
	团体（个）	占比（%）	会员（名）	占比（%）	团体（个）	占比（%）	会员（名）	占比（%）
农	9	13.64	15164	73.30	520	57.08	97553	65.79
渔	—	—	—	—	9	0.99	2640	1.78
工	8	12.12	3572	17.27	162	17.78	37372	25.20
商	9	13.64	—	—	72	7.90	—	—
妇女	1	1.52	26	0.13	15	1.65	1170	0.79
特种团体	39	59.08	1925	9.30	133	14.60	9550	6.44
合计	66	100	20687	100	911	100	148285	100

续表

团体类别	广东				广西			
	团体（个）	占比（%）	会员（名）	占比（%）	团体（个）	占比（%）	会员（名）	占比（%）
农	743	28.53	—	—	122	42.07	8556	44.58
渔	4	0.15	—	—	—	—	—	—
工	324	12.45	—	—	43	14.83	10593	55.42
商	1115	42.85	—	—	116	40.00	—	—
妇女	37	1.42	—	—	9	3.10	—	—
特种团体	380	14.60	—	—	—	—	—	—
合计	2603	100	—	—	290	100	19149	100

团体类别	云南				贵州			
	团体（个）	占比（%）	会员（名）	占比（%）	团体（个）	占比（%）	会员（名）	占比（%）
农	484	51.36	28941	41.37	—	—	—	—
渔	—	—	—	—	—	—	—	—
工	40	4.25	5401	7.72	14	32.56	2,185	33.67
商	226	24.00	17007	24.31	6	13.95	—	—
妇女	14	1.49	1286	1.84	—	—	—	—
特种团体	178	18.90	17316	24.75	23	53.48	4304	66.33
合计	942	100	69951	100	43	100	6489	100

团体类别	察哈尔				绥远			
	团体（个）	占比（%）	会员（名）	占比（%）	团体（个）	占比（%）	会员（名）	占比（%）
农	445	74.79	19209	74.84	125	47.71	13166	49.17
渔	—	—	—	—	—	—	—	—
工	8	1.34	1726	6.72	24	9.16	2854	10.23
商	63	10.59	1876	7.31	65	24.81	8651	31.00
妇女	—	—	—	—	14	5.34	250	0.90
特种团体	79	13.29	2857	11.13	34	12.98	2989	10.71
合计	595	100	25668	100	262	100	27910	100

资料来源：中央民众运动指导委员会编《全国人民团体统计》，南京：中央民众运动指导委员会，1935年，第4—5页。

上述各地商人团体数量涨幅较大。以浙江为例,1933 年 12 月,该省各市县镇立案商会有 48 所、未立案商会有 75 所,各市县立案工商同业公会有 213 所、未立案同业公会有 97 所。而该省各市县工会仅 293 所,内中立案者 189 所。[①] 此后,商人团体的组织发展更得到国民党中央民众训练部"推动"。1935 年 12 月 17 日,该部正式接收前中央民众运动指导委员会开始工作。中央民众训练部于 1936 年 7 月国民党五届二中全会对此有总结:"一部分商人或感于生活之困难,无暇顾及团体活动,或因别有作用,不愿受团体之拘束,因此有若干商店,往往不愿参加同业公会成为会员。后经本部呈准中央制定制裁办法,强制加入,以期商人组织统一,力量集中。"是为其一。其二,"党部与政府之间对于商人团体组织之准驳,往往意见不能一致,致使一般商人无所适从。一团体之成立,往往多费周折,徒延时日,于整个工作之进行,亦有重大之影响"。后经该部规定,"凡经本部复核备案之人民团体章程,政府机关认为有修改之必要时,须先函征党部同意"。商人团体之组织由此"或较便捷"。到国民党五届二中全会时,也即中央民众训练部正式成立 6 个月后,据该部视察结果表明:"商人团体组织似健全,工人团体次之。"[②]

到 1936 年 8 月,南京工会与商人组织数量均减少,商会多于工会状况仍然延续。工人组织有总工会 1 所、产业工会 1 所、职业工会 32 所。商会内有市商会 1 所、同业公会 53 所。[③] 到 1936 年 10

① 《浙江省工商团体统计表》,《浙江省建设月刊》第 8 卷第 5 期,1934 年 11 月,"统计"第 1—17 页。

② 中央民众训练部编:《中国国民党第五届中央执行委员会第二次全体会议中央民众训练部工作概况报告》,南京:中央民众训练部,1936,第 36、50 页。

③ 《南京市人民团体数量统计表(1936 年 8 月)》,《中央民众训练部公报》第 7 期,1936 年 8 月,第 53、54 页。

月,上海工会、商会数量均有所增加,但工会增幅不如商会大。工会包括总工会1所、职业工会63所、产业工会39所、铁路工会6所,商会中有市商会1所、同业公会联合会1所、同业公会246所。①

直至全面抗战时期,大后方的工人组织与商人组织相比仍缺乏有效的组织。1945年,西南联大社会学教授李景汉在分析昆明工、商团体的总体状况后指出:“昆明的工人团体较商人团体尤不整齐。商业团体可由行帮一变而为公会,且知识与教育程度较高,而经济的能力亦远超过工人。”②商人团体组织性强于工人团体,应该与战时商人运动有关。1940年5月16日,《督导重庆市商人运动实施方案》在第五届中央常务委员会第147次会议备案,其原则为:“灌输本党主义及革命精神,深入商人团体,以提高一般人之民族意识,并鼓动其抗战情绪”;吸收工商界“优秀份子”入党,“巩固党的基础”。③

与商人团体相比,工人组织存在两大弊病。一是工会会费有限,有些工会却将有限会费“内耗”掉了。日常经费关系到组织健全与否,以1947年北平市粪夫工会为例,其各项清单中,工会负责人费耗较多。其“薪工”项下,于理事长、孙常务理事、金常务理事,各月入10万元、10万元、30万元;干事22人,少则3万元,多则20万元,共计232万元。“杂支”项下,仅两部电话的月费就达18.6万

① 《上海市人民团体数量统计表(1936年10月)》,《中央民众训练部公报》第8、9期合刊,1936年10月,第43、44页。

② 李景汉:《对于昆明市工商团体的检讨》,《社会建设月刊》第1卷第4期,1945年10月,第77页。

③ 《督导重庆市商人运动实施方案》,《中央党务公报》第2卷第21期,1940年5月25日,第42页。

元。再加上缴总工会会费 10 万元,经费已所剩无几。[①]

二是劳工无组织意识,这是根本制约工会的因素。比如,1947 年汉口市启新照相馆职工张国威等人,已入职数月,屡经照相业职业工会劝导入会,却置之不理。该会只好以保障政治法令为由,于 8 月间呈请市政府以剥夺张某等人的工作权相胁迫。[②]

商人组织原是工商实业界通称,1947 年 10 月 27 日,国民政府公布工业会法,同时废止工业同业公会法,自此互为依存的工商业便正式分家。1948 年 3 月 27 日,社会部公布《工业会法施行细则》。依该法,工业会的任务为生产改良、会员合法权益保障、技术原料合作、工业品调查、同业纠纷调处公断、公益事业举办、劳资合作之促进及纠纷之协助调节、协助推进政府经济政策、参加各项社会运动。按规定,"同一区域内合于工厂法所定标准之工厂,不论公营或民营,除国营专供军用之工厂外,均应为工业同业工会会员"。工业会在县市、全国机构分别称为某县市同业公会、全国某某工业同业公会联合会、全国工业总会。与同时期工会法的规定相比,工业会机构中并无政府委派的名额。[③]

不过,商人团体内部问题亦多,不乏组织松散者。全面抗战复员后,各地仍存在店员组织归属的纠纷。商店店员不愿与店东同处一个工商同业公会之内,在国民革命后纷纷组织职工会,但没有店员组织的单行法规予以保护。1929 年 8 月、10 月,国民政府公布商会法、工商同业公会法及工会法,规定店员并非工人,均须加入

---

① 《北平市粪夫工会章程、理监事简历表、代表会议签到簿、常务会议记录和稿簿等(1947 年 4 月 1 日—1948 年 8 月 31 日)》,北京市档案馆藏,档案号:J005-001-01606。

② 《鄂省总工会展期成立》,《工人报》1947 年 8 月 29 日,第 4 版。

③ 《工业会法》,《联合经济研究室通讯》第 18 期,1947 年 10 月,第 24、27 页。

同业公会,不许另组工会;1930 年 7 月,工商部修正、公布实施商会法及工商同业公会法,其主旨都是禁止店员自行组织职业工会,这一限制曾引起了一些地方党部、工会的诘责。1931 年初,中央党部与实业部会商修改《工商同业公会法施行细则》,仍维持原主旨,仅适当增加店员加入同业公会的比例。“训政”开始,上海等地职工会纷请国民党中央训练部确定职工会组织。中央训练部则认为虽然职工会有相当历史,但如再允许其存在,“同业公会与职工会,难免形成对峙之局,亦即各以其团体为斗争之工具,员东双方,均蒙不利”。中央训练部强调,同业公会本是“员东协调之团体,其目的在增进同业之公共福利,而非为任何个人或一部分人谋一己利益”;“店员系补助商业主体人”,“在商法上为商业使用人,其性质与店东同属商人,自应与店东混合组织同业公会”。中央训练部甚至认为员、东共组工商同业公会,更益于员、东两者之间关系融洽。[①] 这一系列法规强行将店东、店伙捆绑在一起,反而制造出新的矛盾。[②] 1932 年 12 月 20 日,第四届中央执行委员会第三次全体会议通过决议案中,在“民运指导方面”特别强调:“商人运动向多纠纷,应从店东、员工之隔阂,指导其趋向于共同利益之维持,从权利之争持进而为责任之分担。”[③]1936 年 6 月,上海市 40 余业职工鉴于各业同业“一切权威悉操于资方之手”,更为配合政府检举商人贩运私货,呈请中央当局迅颁职工单行法规,恢复职工团体组

---

① 《中训部处理职工会之办法》,《民国日报》(上海)1931 年 2 月 20 日,第 1 张第 1 版。

② 详见田彤《民国劳资争议研究(1927—1937 年)》,北京:商务印书馆,2013,第 207—209 页。

③ 荣孟源主编:《中国国民党历次代表大会及中央全会资料》下册,北京:光明日报出版社,1985,第 187 页。

织，并组织上海市各业职工检举走私委员会，[①]以图报复资方。

全面抗战复员后，蛰伏已久的店员不仅主张别立职业工会，而且筹组成风，再度引发各地店员组织归属的全局性纠纷。1946年7月，芜湖县总工会请求安徽省社会处将店员划归工人团体。该处竟不依法裁断，反向社会部呈报此案。社会部重申，店员性质"与店东同属商人"，依同业公会法应参加同业公会。[②] 更典型的案例则发生在江苏吴县。1946年8月，吴县出现百货业店员筹组"职工会"，或各业店员"纷纷加入所属各职工会"的情况，吴县商会向镇江社会处、吴县政府（8月30日）、江苏省社会处，甚至南京社会部（10月18日），层层呈控此举违法，指出店员曲解"职工"二字为"职员"与"工友"的略称，强调店员"系辅佐商业主体人经营商业"，"自不能视同以劳力换取工资之工人加入工会"。1946年9月，社会部发布《店员不得隶属工人团体令》，但店员并未因此停止筹会。1947年5月，吴县商会请求江苏省商会联合会施以援手。从吴县商会与各关系方往来函中，可见问题的关键是店员以职工会"提出种种"，反对资方"自由"调度店员。更令其不安的则是吴县总工会在背后对店员的支持、鼓动，而吴县地方政府"又未能严加取缔"。1947年11月，王晓籁代表中华民国商会联合会，致函吴县商会，重申依现行法店员不能加入工会，但他也不得不承认："商业从业人本身独立之组织本部正在研议中，一俟决定，即可通饬实施。"[③]店

① 程海峰：《一九三六年之中国劳工界》，《国际劳工通讯》第4卷第5期，1937年5月，第14页。

② 《社会部代电：店员不得隶属工人团体令（1946年9月25日）》，上海商会商品陈列所编：《工商必备》，上海：上海工商月报社，1947，第112页。

③ 《店员不得加入工人团体案》，马敏、肖芃主编：《苏州商会档案丛编》第6辑（上册），武汉：华中师范大学，2011，第504、505、506、507、508页。

员本质上受雇于店主,其自组独立团体,无可厚非。不过,由此定会造成同业公会的离散。

另外,因架构混乱,其组织客观上还存在工人组织与商人组织相混合的状况。战时昆明的一个时期,用李景汉话说,“工会与公会的差别,尚未划分得很清楚”。昆明市总工会成立时,曾将市商会的6个公会划入总工会。① 汉口市书笺业工会“有少数半资半劳之会员”,在1947年该会改选中没有获得理监席位,少数“纯资方人员”如天顺纸庄、裕泰等纸店,起而反抗,利用职业会员重组工业公会。② 也有一种情况,即资方为操控工人而投身工会。1947年8月,汉口市马车职业工会代表卢海清等30余人,以资方把持工会,“侵夺工人权益”,联名呈请市政府劝令资方退出工会,“以符组织法令,而重工会健全”。③ 为此,1948年3月3日行政院核定《工业会法施行细则》,规定:“不合于工厂法所定标准之工厂,得准用商业会法之规定,依该法组织商业同业公会。”④

当然,商人组织的内部纷争同样不可避免。1947年3月30日,汉口市印刷业同业公会全体理监事集会,商讨会费征收问题而无结果。该会会员多拒不缴纳会费,致使一切工作,无法推进,会务陷于停顿,同业公会处于自行解散的境况。⑤ 同年4月13日,汉口市拟组建同业公会理监事,会议因讨论会员等级及相应权利有

① 李景汉:《对于昆明市工商团体的检讨》,《社会建设月刊》第1卷第4期,1945年10月,第77页。

② 民声:《书笺工会决请当局取缔资方非法工会》,《工人报》1947年9月17日,第4版。

③《马车工人代表要求资方退出工会》,《工人报》1947年8月26日,第4版。

④《奉颁法令规章案(社会劳工1946—1948年)》,台北“国史馆”藏“资源委员会”档案,典藏号:003-010101-0033。

⑤《会员拒纳会费印刷业将开会》,《工人报》1947年3月31日,第4版。

反对意见，而演为桌椅齐飞的“全武行”。①

商人组织自成立后，以调适劳资关系为使命。1928年2月，上海洋装订书业全体工人，因要求各资方承认并实行补充条件而罢工，数十工人还至友文印刷所内搜查，声言要逮捕店主陶晓春。该业商民协会筹备处，以工人在劳资调节会调解期内遽行罢工及其粗暴行为实属违法，呈请主管机关严行查究，并发表宣言，请各界予以公正裁决。②

商人组织间同样有跨地域的合作。1927年，广州咸鱼栏职工联合会，以维持生活为由，提出加薪及改善待遇，经农工厅传集双方加以调处。东家谭文康初虽到案，后屡次抗传不遵，农工厅派警拘传东家到案，而东家到案后又因毫无诚意被短暂扣押。店伙可以抽收出店银，每担抽卖客出店银一分五厘，买客出店银一分。因东家不允增加出店比例，店伙提出将东家所抽每两六厘之外佣均分。农工厅以东家已有货客之折扣，若将外佣半数分与工人，断不至于影响营业为由，劝店东在外佣六厘中抽出二厘给工人。同时，农工厅让店东自行雇请柜面及卖、买手。东家对此不予接纳，案件悬而不结。广州市商协会咸鱼分行，以农工厅派出武警帮助“败类工人”为由，状告省政府，并通报上海市商民协会。上海市商民协会旋而向广东省政府发出“代电”，要求秉公办理。此案的处理办法于1927年8月17日正式由省政府委员会批复，店伙除获得原有出店比例外，还获得外佣抽头、伤残恤赡费，其工资还大幅上涨，其原有工资6元1角至9元者增加至35元。工人同时保证：“倘日后生活程度增高，须增改条件，仍应呈报政府调处。如有罢工，工会

① 《营造业公会大会昨演全武行桌椅齐飞》，《工人报》1947年4月14日，第4版。

② 《上海的工运》，《中央日报》1928年2月6日，第2张第3面。

须先七日通知该业东家。”①

毫无疑问，最富盛誉的全国性商人组织莫过于同业公会性质的上海华商纱厂联合会及以后的中国纺织工业公会联合会。华商纱厂联合会由申新荣宗敬、恒昌祝兰舫、苏纶刘柏森等于1917年3月发起，1918年3月正式成立，1942年底解散。首任会长为张謇，副会长为聂云台。该会是以上海民营棉纺织业为主体的全国性行业组织，其骨干穆藕初于1928年出任过国民政府工商部常务次长。1945年8月28日，中国纺织工业公会联合会在重庆成立，束云章为理事长，李升伯、荣尔仁、杜月笙、苏汰余为常务理事，李国荣为常务监事。② 1946年该会迁至上海，杜月笙出任理事长。此外，在战时的重庆，上海企业家在迁川工厂联合会、全国工业协会（1943年5月）中都占据了主导地位。

全国性同业公会中影响较大的还有中华民国水泥工业同业公会，该会原称“全国水泥工业同业公会”，成立于1947年3月5日，1948年2月1日遵照社会部训令易名。启新洋灰公司、中国水泥公司、上海水泥公司、上海建亚水泥厂、广东西村士敏土厂等18个单位正式入会。颜惠庆作为启新洋灰公司代表，膺选为该会理事，承理事会推为第一届理事长。水泥工业同业公会的工作纲领包括：（1）“生活”方面，原材料之共同购入或处理；制成品共同加工或发售；呈请政府拨给低利货款，尽量配给必需之原材料。（2）“运销”方面，改进运输及减低运费之交涉与建议；国产水泥销路之推广；防止外货水泥倾销。（3）技术方面，制订制造标准，成立联合试验所。（4）研究方面，训练及培养技术及管理人才，拟议水泥税则

① 《农工厅呈缴该厅判决咸鱼行劳资纠纷条件请核示案》，《广东省政府周报》第4期，1927年8月21日，第36、38、39、40页。

② 《追记中国纺织工业公会联合会》，《新世界》6月号，1946年6月15日，第25页。

及相关法规。该会成立一年来，主要工作就是请求政府核减税额。自1946年10月征收水泥货物税后，税务署对于厘订税额，“向能一本税收商情，兼筹并顾之原则，从宽核定”。若干税局，秉此宗旨，尽量采纳该会意见。但1947年下半年后，政府以军事紧急，需用浩繁，“不仅税额时时调整，而其所增比率，每有出于厂商负担能力以外者”。该会鉴于水泥销路渐窄，“往往成本激涨不已，而售价反趋下游”，乃一再据陈实情，恳请税务当局免予连连增改，以维工业。[①]

（三）劳资团体合作

商人组织与工人组织之间虽有分歧、争斗，但也因利益相关而结为同盟。在反对“洋资本家”方面，双方易于共同合作。1925年4月，青岛日本大康纱厂工人，因百物昂贵，乃组织工会，要求厂主增加工资，日本人却不仅持手枪搜查工人寄宿舍，而且令中国官厅拘捕工人代表。工人遂提出承认工会、每人每日加大洋1角、取消押薪制度、免收房费等要求，限厂方24小时答复。胶济铁路总工会、上海纺纱工人联合会与青岛商会，分别发表援助宣言并给予工人实力应援。[②] 在接续的五卅运动期间，上海中华全国外交大会、学生团向天津地区募款，各厂商积极捐资，天津总商会则负责汇集所属厂商及各界善款转汇沪总商会，转交罢工团，以维持罢工工人生计。[③] 1927年9月，上海英烟公司工人因要求加薪而罢工。适逢

① 中华民国水泥工业同业公会编：《中华民国水泥工业同业公会年刊》，上海：中华民国水泥工业同业公会，1948，第4、5、6、10页。

② 《青岛日资纱厂大罢工》，《政治生活》第38期，1925年5月1日，第1版。

③ 《（天津总商会）捐助上海罢工团款事与大沽造船所同人代表马荣庭等往来函件（1925年11月4日）》，天津档案馆藏，档案号：J0128-3-0006059-041。

国民政府与该公司洽谈卷烟统税而无进展之时，工统会将要求公司缴纳统税作为工人罢工的重要诉求。上海卷烟同业工会、上海烟兑业职工会400余人，曾于10月30日共同集会，援助英美烟公司工人。①

相同的经济利益，更易于两类团体相互声援。1930年4月，浙江省总工会第一届会员代表大会决议，请求中央在酌予豁免工人所得税同时，也豁免理发、缝纫、箍桶业的营业税及所得税。② 1935年初，上海纱布交易所垄断棉纱，纱厂成纱一件，其时价往往不及原料之成本，遑论工费税息？整个纱业濒于破产，工人有失业之虞，全体厂商呼吁取缔棉纱交易所。上海十区棉纺工会、上海总工会于2月相继呈市党部转呈中央，令饬财政、实业两产部迅派大员莅沪彻查，请求取缔交易所花纱投机，改变全国纱厂"竟操之少数投机家之手"的状况。③ 1946年3月23日，立法院通过所得税法，按照第二条第二类"薪给报酬所得"规定，凡从事"业务或技艺报酬所得""薪给报酬之所得"之工人、店员等都需交纳"薪给所得税"。④ 上海直接税局通令各工厂扣除工人此项所得税。各同业公会与产业、职业工会，均以工人每月所得不敷维持衣食为由，向财政部、社会部、社会局呈请豁免。⑤

劳资两大团体能相忍合作，往往都是一方主动出让利益的结果。1931年全国大水灾，国人购买力降低，恰遇英国取消金本位，

---

① 《各界援助英美烟厂工友》，《申报》1927年10月31日，第3张第9版。

② 《削除劳资纠纷》，《大报》1947年9月28日，第4版。

③ 《劳工组织与活动》，《国际劳工通讯》第6号，1935年3月，第109页。

④ 《所得税法(三十五年四月十六日公布)》，杜子熊编著：《营利事业纳税实务》，上海：盛兴印务局，1947，第279页。

⑤ 邵心石、邓紫拔主编：《民国卅七年上海市劳工年鉴》，上海：大公通讯社，1948，第79页。

增加输出，加以日人倾销，资本薄弱、成本过高之国货工厂，莫不存货山积。欲图挽救，势必要减低成本，上海丝光棉织业同业公会致函各区棉织业产业工会，“请本劳资双方共存共荣之旨，减低工资”。经社会局召集调解，劳方代表明白资方困难，愿将一切津贴取消，劳资达成和约。8 月 22 日，和约经社会局批准，转交棉织业同业公会及产业工会。和约主要条文有：(1)有条件地取消“候纱津贴”，俟厂方营业确实恢复原状时，呈经社会局核准及恢复之。(2)取消原有赏罚办法，在取消期间，仍依惯例，由厂方支付津贴，织布工人每人每月大洋 3 角，摇纱工每人每月大洋 1 角 5 分。(3)工作时间以 10 小时为限，工人不得旷费工作。厂方如需开夜工，最多不能超过 3 小时。除工资外，厂方给工人点心钱大洋 5 分。(4)饭金除照各厂旧章办理外，再津贴织布工每人每月大洋 5 角，摇纱女工每人每月大洋 3 角。(5)遇等盘头纡纱，以 3 天为限，3 天后，每天由厂方津贴工饭费大洋 2 角 5 分。舆论曰：“在此工潮澎湃声中，棉织业工人竟肯取既得条件，洵可为劳资合作之楷范。”①其实，劳工团体让利合作不是孤立事件，这是工人牺牲自己利益而配合企业应对困局的传统使然。比如，1934 年，因纱贵棉贱，全国出现纱厂减工风潮。上海申新共 7 个厂于同年 5 月 1 日起实施工资按 9 折发放，3 万余工人深知厂方困难，“仍能安心工作”。② 再比如，1948 年 3 月，国共交战，天津原有 11 家火柴厂，因运销商路受阻，加上“材料贵，工资高，销路小”，一度基本停工。后因工人体谅厂方，接受冻结面粉价格办法（原每月以 4 袋面粉为工价标准，此次暂时冻结为 70 万元 1 袋），“厂方稍舒一口气”，其中 8

①《棉织业取消各项津贴实现劳资合作之精神》，《申报》1932 年 8 月 23 日，第 4 张第 13 版。

②《劳工杂讯》，《国际劳工》第 1 卷第 6 期，1934 年 6 月，第 87 页。

家很快复工。①

有的合作形式,基本有利于工方。1935 年,长沙市印刷业同业公会与铅印业职业工会,“为谋劳资协调,促进业务”,签订《劳资互惠办法》:(1)工商非会员,双方不得工作和聘请;(2)每店每月,不得连开晚工 31 小时,如遇赶货时,分往同业摊做;(3)限制每技工 5 人,带学徒 1 人,多退少补;(4)按基本社会情形,减低印刷价目,统一印刷规章;(5)拒印外行过手生意。② 该《办法》名为“互惠”,实是对资方管理权限的约束。同业公会同样理解工会,尽量满足工会的要求。在通货膨胀的情况下,资方团体往往让利。1947 年 5 月,武昌造船业工会函请武汉造船厂及同业公会增加工资,经双方洽商,在工人每日原有之工资 1.5 万元的基础上增加 50%。自 26 日起,协议奏效,工人每日工资洋为 2.25 万元(伙食在外)。③ 同月,武昌杂货业同业公会应武昌市杂货同业工会要求,将同业工人工资照原薪增加八成半。④ 1948 年 4 月,吴县百物价格狂涨,丝织业中传统以米价涨落定工资的惯习,已难以保障相对稳定的工人收入。吴县政府参照上海市政府指数逐月发布该县生活指数,被认为未考虑与之相关的津贴及日用品配售问题,未能推布。吴县丝织业产业工会、工业同业会公“经双方长时间之研讨”,始获“洽议”而订《工资津贴协约》。《协约》规定:(1)从 1948 年 3 月起概以各厂、庄原有底薪为基准,按上海市政府每月公布的“工人生活指数”计算工资;(2)结算工资时,再按上述指数加给 50%的“调节

① 《挣扎求光明:津火柴业在困难中复工劳资合作工人工资冻结》,《益世报》(天津)1948 年 3 月 11 日,第 5 版。

② 《劳资协约》,《国际劳工通讯》第 12 号,1935 年 9 月,第 144 页。

③ 《武昌造船工人增加工资实行》,《工人报》1947 年 5 月 30 日,第 4 版。

④ 《武昌杂货工人获得增工资》,《工人报》1947 年 5 月 31 日,第 4 版。

津贴”;(3)工人于国定纪念日带薪放假。织工、“帮机准备工”的个人底薪分别为8角、4角,按生活指数结付。①《协约》明显利工。可能工人薪酬确实过低,或吴县有此“和解”的风习。据相关档案统计,1947年吴县经调解会议调解成功的案例有45件,其中有关工资的有31件,约为总成功案例的69%。②

劳资团体之间试探性的、“摸底”性的意向性合作不胜枚举。1926年8月间,上海彩印业工会因谋劳资合作,特推代表徐再舟、杨银座前往彩印商会洽谈。缘此前大中国印刷局经理唐选青,已为双方介绍,并陈述合作之利益,工会代表与商会代表“彼此意见颇能融洽”,当即召集劳资联席会议,由商会会长陆凤竹主席。彩印工会代表发言称:“吾人欲改良中国彩印艺术,首先应劳资合作。”并向商会提出条件:(1)劳资合作应先将工人生活水平提高;(2)拥护劳资合作之精神;(3)积极整顿彩印技术;(4)请求商会组织消费合作社;(5)绘石包工合作组织亦希望商会予以承认;(6)工人之最低条件,请商会接受。商会对于工会提出的各条,表示予以讨论。③

1935年,广州出现了一种全市范围内同一行业主、雇一体的团体,即“酒楼茶室劳资合作社”,这在当时极为罕见。该社以“联络劳资双方感情,在中国国民党领导之下,以谋意志统一为宗旨”。凡广州全市女子酒楼、茶室东家及女职工,皆可为社员。合作社组织机构设11名委员(东家占6席、女职工有5席),由社会员大会

---

①《吴县丝织业产业工会、工业同业公会公订工资津贴协约(1948年4月4日)》,马敏、肖芃主编:《苏州商会档案丛编》第6辑(上册),武汉:华中师范大学出版社,2011,第500、501页。

②《各业劳资纠纷一览表(1947年)》,马敏、肖芃主编:《苏州商会档案丛编》第6辑(上册),武汉:华中师范大学出版社,2011,第487—488页。

③《彩印劳资合作会议》,《申报》1926年8月21日,第4张第13版。

选举。众委员选推常务委员 5 人(东家 3 人、职工 2 人)综理全社事务,指挥监督所属员工。“合作社”经费主要来自会费,东家入社须缴基本金 5 元、常年费 10 元,职工仅缴入社基本金 1 元。①

劳资合作最紧密的形式,当为双方合作共管企业。1935 年 2 月,广州土造火柴业,因舶来火柴贱价倾销,多厂倒闭。同业公会会议原决议裁员减薪,旋改赞同机器总工会之意见,实行劳资技术合作,各派代表共组委员会,同商救济土造火柴业之新途径。②

同业公会与工会出于行业“自律”、减少行业内部恶意竞争的目的,达成一种同城同业式的劳资合作。1936 年下半年,烛业营业日疲,且销路不畅,导致各商家竞相打折并附送赠品以促销量,劳资会员有两亡之势,上海市烛业同业公会与烛业职工会为稳定会员生活,签订合作互助契约。11 月 10 日,两会复开联席会议,讨论彻底整顿办法:(1)凡本市同业会员或自由营业未入公会者,有违反业规、偷进私货劣货、私自乱价、随付以赠品及影戏等行为,经劝告无效,则由本会处以 50 元以上、300 元以下之罚金;或通知工会,明令服务之会员,停止工作。(2)凡无门市部之作坊,不受本业业规之约束而贱价批售者,工会必须命令该作坊工人停止工作;仍不停工者,则由工会派员将该作坊之重要机械提存会所,俟遵守后现行发还。(3)凡带售烛类的烟纸店及其他乱价坏规之商号,必须追究责任,裁制办法同上。公会与工会还联手派员按日调查,以图市场稳定,达到劳资共存、共荣之目的。③

“劳资合作”在复员的变局中,形式更加多元。全面抗战胜利

---

① 《广州女子酒楼茶室劳资合作社》,《国际劳工通讯》第 9 号,1935 年 6 月,第 141 页。

② 《广州土造火柴业》,《国际劳工通讯》第 6 号,1935 年 3 月,第 116 页。

③ 《烛业劳资合作整顿》,《申报》1936 年 11 月 16 日,第 4 张第 16 版。

后,江苏吴县成立商会整理委员会,全面整肃沦陷时期架构的工商组织,树立新商会的组织权威。时物价波动,劳工薪给无法维持生计,1946 年初,吴县商整会通饬各同业公会,“不得有抵押货本或巧立名目,以剥削职工应得红利”。在“五一”前夕,商整会又宣称“为谋加惠劳工、表扬劳工神圣至尚精神”,函饬各公会、工厂将劳工纪念日的加倍薪资“一律充当举办劳工福利事实基金”。[①] 以各业整体经营不景气的实情来看,这实际是县政府通过商整会压制厂场付给劳工双薪。1946 年 7 月,吴县商会正式成立。1949 年 2 月,吴县成立“人民安全保障策进会”,同时,要求全县各工厂、商号的劳资双方以“劳资两利”“自策安定”目标,成立各厂号“生产维护队”,以“维护生产安定、应付艰难环境”。《吴县各业生产维护队施行细则》特别规定厂方对工人有如下义务:工厂商号为职工“存储应变米”(至少男 4 斗、女 3 斗),提供因维护安全支出的医药费,依原有协议处理劳资间问题;不能自行处理的劳资争议,必须报告吴县人民安全保障策进会“工商组”处理。[②] 县政府此举就是要全面稳固新商会的正统地位。

---

① 《吴县商整会为通知不得有抑抵算术或巧立名目以剥削职工应得红利情事致各公会、工厂函(1946 年 2 月 17 日)》《吴县商整会为通知劳动节所得之收入作为劳工福利事实基金致各公会、工厂函(1946 年 4 月 25 日)》,马敏、肖芃主编:《苏州商会档案丛编》第 6 辑(上册),武汉:华中师范大学出版社,2011,第 465、457 页。

② 《吴县人民安全保障策进会为转发各业生产维护队施行细则致吴县商会函(1949 年 3 月 14 日)》,马敏、肖芃主编:《苏州商会档案丛编》第 6 辑(上册),武汉:华中师范大学出版社,2011,第 470—472 页。

二、劳资团体与党政机关的人脉

(一)劳方:非法变“合法”

工人与党政要员有着千丝万缕的联系。1919年7月,广东自来水公司及电气公司的雇佣劳动者及人力车夫发起罢工,挟制广东政府任命伍廷芳出任省长。[①] 虽然此次罢工的目的尚未达到,但工人“效忠”的对象很明确。工人组织的兴衰存亡与党政要员密切相关。1925年3月1日,“全国各省区工会联合会”成立。孙中山派孙科、吴铁城、郑洪年参加成立大会,遣马超俊负责该会的直接指导之职。大会议决:改良全国劳动条件,发动各地工会,要求增加工资,减少工间,厉行劳动保险,要求政府从速颁布劳工法。“全国各省区工人联合会”隶属国民党工人部,包括上海工团联合会、广东总工会、广州中国机器总会、香港工团总会、湖北工团联合会、湖南劳工会、安徽劳工会、平汉路总工会、湘鄂路总工会、正太路总工会、平绥路总工会、北平工界联合会、哈尔滨总工会。但因孙中山于12日辞世,一切社会运动停止,该联合会的一切良好计划,遂无法实施。即使其每日出版之工报,亦难发行。迨1926年三一八惨案发生,政治环境愈加恶劣,工会运动者更无立足之可能,该联合会乃趋解体。[②] 自从二七惨案后,在吴佩孚“武装戒严”的高压下,湖北各工会一律被封禁,工会难以为继。汉口的一些人力车夫因整顿工会抵制车行加租而被逮捕。武昌纱厂忌恨工人组织工会,数次诬害、逮捕工人入狱。工会领导人如粤汉路总工会委员

---

① 唐海:《中国劳动问题》,上海:光华书店,1926,第362页。

② 马超俊:《中国劳工运动史》上册,重庆:商务印书馆,1942,第101、102、103页。

长,为谋得月薪 45 元的稽查一职而变节。[①]

南京国民政府初建,上海特别市农工商局局长蔡正雅,同情下层民众,关注工人生活。1927 年 9 月 17 日,其曾布告各工厂、商店,勿开除大批工人,擅改已订的劳资条件;11 月 23 日,上海英美烟厂工人罢工后,他会同淞沪卫戍司令部、公安局、市党部、工会组织统一委员会,组织英美烟厂工友罢工后援会。[②] 1928 年初,开封各工会请冯玉祥演讲,并提出 4 项要求:(1)颁布暂时劳工法;(2)设立劳资仲裁委员会;(3)执行中国国民党河南全省第三次代表大会关于工人的决议案;(4)通令公私各厂主不许妨害工会、压迫工友。冯氏除将第 4 点请求通令各县转饬各厂主"一体遵照"外,还答应渐次实行前 3 项要求。[③]

招商局职工政治属性在国民政府定都南京后,也因主管官员的政治立场而趋于革命性。南京国民政府之初,设立清查委员会整顿招商局,交通部成立后,就拨归部管,并设监督办公处专门综理该局事务,任命交通部部长王伯群为监督。1928 年 1 月,王伯群特设总管理处,任命建设委员赵铁桥充总办。招商局董事长李国杰要求交还商办,拖延股东、股权登记,赵氏以"革命"立场,力图打破董事会以金钱收买政府监督的惯例,要求职工"极力革除已往的恶习",支持革命,彻底整顿局务。[④] 1930 年,赵氏因向蒋介石密报王亚樵、方振武等起兵讨蒋而被王氏暗杀,俞寰澄接任总办。俞氏

① 白昊:《武汉工人遭受的厄运》,《向导周报》第 148 期,1926 年 4 月 3 日,第 1386 页。

②《本局大事记》,上海特别市农工商局编:《上海特别市农工商局半年刊(十六年七月至十二月)》,上海:上海特别市农工商局,第 4、8 页。

③《冯总司令维护工人利益》,《中央日报》1928 年 2 月 10 日,第 2 张第 3 面。

④《赵总办入局时对职员之训话》,赵铁桥等编:《接管招商局两周年纪念刊》,上海:招商局,1930,第 3、4 页。

接续向职工宣传“没有革命，就没有职工会”，努力改变职工在民营时期被歧视、无权结社集会的状况。在职工会成立后上，他强调，职工团结“可以亲爱精神，代替阶级争斗，在青天白日之下”，走上“全民主义”、民生主义的“正路”。[1]

上海著名七大工会之首的上海邮务工会，地位的确立与背后CC系相关。同样，1930年初成立的全国邮务总工会长期未得到法律承认，却一直能公开活动，而且党政机关都曾派代表参加总工会历次代表大会，并在不同场合表扬邮务工会工作，全国邮务总工会无疑成为国民党系工会的重要台柱。[2] 其领袖陆京士、水祥云都是CC系上海工运的核心人物。陆京士毕业于上海法学院，在中央训练团党政班第一班受训，于1925年参加国民党秘密工作。陆京士在革命军光复上海后，成为邮务工会的领导人和总工会实际负责者，荣膺上海特别市党部委员。1929年6月，国民党上海支部任命陆京士等为整理委员，接管上海邮务工会，操纵其领导权。陆京士在国民党内部曾任上海特别市党部执行委员，在行政方面于1934年还官居淞沪警备司令部军法处长。1939年，陆氏由武汉到重庆，就任中央社会部组训处长，继任组训司长。1945年6月初，奉蒋介石之令，调派为军事委员会上海工运特派员兼上海市工人忠义救国军总指挥，又奉社会部派为京沪工运特派员。中央社会部改隶国民政府行政院后，陆氏于1948年升任国民党中央党部农工部副司长。陆京士确实热心推进工人福利事业，工界称陆氏是“三民主义的信徒，党国的砥柱，劳工大众的好友，社会工作同志的明

---

① 《俞寰澄科长在职工会演说辞》，招商局编：《招商局文电摘要》，上海：招商局，1930，第118页。

② 朱学范：《我的工运生涯》，福州：福建人民出版社，1991，第42、43页。

灯”。[1] 水祥云则于全面抗战复员后当选为上海市参议员，于 1948 年被选为第一届国民大会代表。

此二人忠实执行着“劳资两利”政策，同时利用显要地位，也在政府的“允许”下最大限度地保障工人权益。陆京士在中国劳协第四届年会第二次大会的演讲中，一方面强调“工人团体在他们的本位上”，“应配合国家战时经济政策”，改进生活，实行工作竞赛，“密切劳资合作以增加生产；另一方面指出劳协任务“在维护工人的立场”，“随时注意国家有关劳工的一切立法或政令代表工人提出意见，以为政府参考和采择”。[2] 1945 年 8 月 25 日，陆京士作为京沪特派员自杭莅沪，即接受中央社记者专访，明确表示所有工人“均须有工会之组织”，“今后最重要之建国阶段，深望于工友者，厥为明了意旨，依照政府规定之劳资合作政策，努力工业之建设”。[3] 1946 年 12 月初，上海棉纺织业工人认为该业利润甚厚，希望厂方发给 6 个月薪金作为年赏；但资方以“利润有限”“且市面上虽赚钱，如以物质计算，并未增加”等理由，拒不接受工人要求。时陆京士身为社会部调查司司长，立即由京来沪，于 11 日约集棉纺业工人代表交换意见，并通过记者之口向资方施压。他以“劳方经其劝告后，已显作相当让步”为由，要求资方“最低希望照往年之办法，将工人年赏分成全年所得 20%、25%、33%等，机工得 20%，管理人员得 30%”。他强调厂方应在“维持征税、保护劳工之原则下”，妥

① 《陆京士先生》，《中药职工月刊》创刊号，1947 年 6 月 1 日，第 14 页。

② 中国劳动协会编：《中国劳动协会第四届年会报告书》，重庆：中国劳动协会，1943，第26 页。

③ 《社会部组训司长陆京士莅沪》，《申报》1945 年 8 月 26 日，第 1 张第 2 版。

善解决工人要求。①

陆京士作为工人代表，对工人的经济生活予以“政治性”的关注。1947年5月1日，在宪政热潮中他发表文章强调：“仅仅每个人有一张选举票是不够的，必须每个人都有饭吃。换言之，政治民主之外，必须要有经济民主。”他深知工人的政治地位决定其经济地位，因而特别强调“工人必须参政”：“各个工会应尽量发动优秀工人参加国民代表及立法委员之竞选，俾工人代表能参加立法机关，监督政府并争取工人地位，与合理生活，促进民主政治之实施。”他还指出：“政府以生活指数计算工资的政策，是一种贤明的进步的措施。这个办法，不但纠正了中国历年来‘劳心者治人劳力者治于人’错误观念，而且改变了许多无谓的劳资纠纷。”同时肯定了政府“以尽最大努力”扶持工会组织的成绩：“目前全国产业及职业工会已有七千余单位之多，而且大多数都很健全，对工人福利亦狠重视。”并希望借实施宪政，筹组全国总工会。②

水祥云于1938年“五一”在中国工人抗敌总会上的讲话，充分反映了其工会建设方向：

> 我们现在不是谈怎样减少工作时间，和怎样改善生活条件的时候，更不是谈劳资斗争的时候，现在我们应当以民族利益为前提，在抗战高于一切的原则之下而努力！因此我们今年纪念五一，应该认为统一工人组织，积极参加抗战动员，使得劳资如何切实协调，增加战时生产，普及劳工教育，提高政

① 《陆京士召集纺织工人代表商谈年赏分配问题》，《申报》1946年12月12日，第2张第5版。

② 陆京士：《工人自己的节日：谈今后中国工运的方向》，《申报》1947年5月1日，第2张第7版。

治水准，安定劳工生活，救济失业工友，武装劳工参战。①

1947年，水氏强调当年的中心工作计划，一是协助政府协调劳资关系，二是加强工会组织，推动福利事业。② 陆京士、水祥云在为工人争取权益同时，也为政府“补台”。

中国劳动协会继任理事长朱学范，在很长一段时期内也坚持劳协发展方向与政府要求的一致化。他在第四届劳协年会开幕词中强调：“本会宗旨是根据三民主义，研究劳工理论，建议劳动文化，协谋劳动福利，促进劳工运动。”“我们必得切实做到，为提高技术增加生产举行工作竞赛，招致沦陷区技工内迁与破坏敌人工业。”“加强劳工组织和参加政府的民意机关，也是我们应该努力的地方。”③

1934年1月，国民党四届四中全会通过《修正人民团体组织方案》，有条件地准许建立市、县总工会，取消工会法中相关的限制性规定，其原因应该与工会基层组织的“国民党化”有关。虽然国民政府在法律上不允许全国性的工人组织存在，但1935年2月国民党中央却批准了实有全国性总工会性质的“中国劳动协会”在上海组建，以“劳动文化团体”备案，原因就在于该协会掌控在国民党手中。该会第一任理事长为上海警备司令部军法处处长陶百川，陶氏升任市党部书记后，由陆京士继任军法处长及劳协理事长一职。该会初期有团体会员150个，主要是全国邮务总工会和上海市总

① 水祥云：《五一与抗战》，《劳工问题论集》，台北：协林印书馆，1985，第4页。
②《沪市总工会的中心工作计划》，《工商新闻》第15期，1947年2月10日，第4版。
③ 中国劳动协会编：《中国劳动协会第四届年会报告书》，重庆：中国劳动协会，1943，第14、15页。

工会所属的工会组织。[①] 其主力组织上海市总工会在1936年4月第四届代表大会的宣言中,已将劳资合作列为“第一任务”[②]。劳协理事同样是CC系骨干。张小通,文化水平较高,自浦东中学毕业后,旋入上海同文学院肄业,“为人忠直豪爽”,以嘉惠劳工为志业。“五卅”惨案时,他正主持学生会工作,复承担国民党宣传工作。1931年,张小通被选为上海市党部监察委员,并积极整理上海市码头工会。劳资双方经其指导,合作融洽。1938年,其由陕西重返沪滨,担任上海市党部工作,从事秘密工运,于1940年1月被敌伪捕杀。陈文彬,早年从事国民革命工作,曾先后领导津浦铁路工会凡九载,“为人和蔼诚笃,极受工人拥戴”。[③] 中国劳协湖南分会于1935年5月25日召开成立大会,到会者包括长沙市政府、省党部、建设厅、省政府、保安处等党政军工各界47人,“全体赞成”该分会的成立。大会主席朱蒙泉(市党部)在发言中对中国劳协寄予厚望:“本人和市政府向科员首先得到此消息,认为宗旨完善,确为中国整个劳动界造福。”[④]

1938年3、4月间,朱学范拟利用政治人脉及在工会中的威信,借全面抗战热潮成立实质性的全国性工会组织。朱学范身任上海市总工会主席委员、中国劳动协会常务理事、上海劳动界救亡协会常务委员,因八一三事变后发动工人抗战而声名昭著。为发动全国工人全面抗战统一组织,朱学范、水祥云等自1938年2月8日起从广州至湖南再至武汉,广泛联络各地党部、各类工会组织。25

---

① 陆象贤:《中国劳动协会简史》,上海:上海人民出版社,1987,第8页。

② 程海峰:《一九三六年之中国劳工界》,《国际劳工通讯》第4卷第5期,1937年5月,第14页。

③《中国劳动协会第三届会务报告》,台北国民党党史会藏一般档案,档案号:507-345。

④《分会会务》,《中国劳动协会会报》第1卷第2期,1935年3月1日,第4页。

日，朱学范等在汉口特别市党部会议厅举行谈话会，京沪沪杭甬铁路工会、上海市五区轮船装卸工会、上海市出版业工会、全国邮务总工会、芜湖码头工会、安庆工会、南京市福利会、上海市总工会、中国劳动协会、平汉铁路工会、武汉工界战时服务团、中华海员工会等代表30余人至会，决定组织“中国工人抗敌总会”，推请邮务、海员、铁路、武汉工团、南京福利会、中国劳动协会、上海市总工会等9个单位负责起草组织大纲及工作纲领草案。2月27日，召开第二次谈话会，新增粤汉铁路工会、中国出席国劳同人会，通过草案与大纲草案，并推定全国邮务等15个团体为筹备委员。3月8日，众代表借平汉铁路工会场所开第一次筹备委员会议，推定中华海员工会、全国邮务总工会、中国劳动协会、上海市总工会、平汉铁路工会、南京福利会、武汉工界战时服务团、芜湖工会、广东工会抗敌联合会、湖南省工人抗敌后援会、粤汉铁路工会11个团体为本会常务委员，同时决定即日开始办公。“中国工人抗敌总会筹备委员会”至此正式成立，期以改变积习：“过去全国工人组织仅有普遍的各单位，既无纵的系统，更无横的联系，组织多有空洞，精神亦极散漫。”该会通过报纸发布征求会友公告，一时间四川、湖南、广东、山西、陕西、江西、福建、安徽等工业区工人组织请求登记或派代表来武汉的有40余家单位。筹委会成立后，援助河南郑县豫丰纱厂内迁失业工友，参加中国青年救亡协会座谈会、大成纱厂失业工人援助会，举行码头、水电、派报、兵工工作团等百余代表参加的座谈会（会上由陆京士讲演《第二期抗战与中国劳工运动》）。会务正推进间，筹委会却于4月15日收到军事委员会政治部批令不准该会备案，该会虽申诉，但“筹委会感环境之困难”，决定于5月2日宣告结束。[①] 政治部表面上以若干工会组织不健全为由，其实是为隔绝该会与中共陕甘宁边区工会的联系。正是4月中下旬，中共以正在召开的边区第一次工人代表大会的名义，代表全边区4万工友向抗敌委员会筹备会第一次代表大会致敬，表示“拥挤全国职工运动的统一与普及”，希望“紧紧地握起手来，向独立自由幸福的园地前进！”[②]

政治人脉只能在不撼动“大原则”的前提下才得以发挥功效。1938年6月，朱学范出席第24届国际劳工大会，致电社会部要求派中国劳协代表中国参会。中央社会局原拟派中华全国邮务总工会参加，全国机器总工会也在争取此机会。全国邮务总工会是社会部陈立夫通过陆京士控制，全国机器总工会是马超俊一系。国民党中央常委会第87次会议（1938年7月）决议劳协加入国际工会联合会。10月24日中央常务委员会第102次会议，重申“国内工会目下苦无合法之总组织，中国劳动协会既经中央核准备案，组织尚称健全，仍可准予暂行加入国际工会联合会”。[③] 此一决议实际突破了工会法的限制，使劳协由备案时的“劳动文化协会”演化为全国性工会组织的合法组织。1941年1月在重庆召开第三届年会时，中央组织部马超俊副部长、社会部洪兰友次长及重庆市党部、市政府代表莅会祝贺。[④] 1943年3月30日，中国劳协召开第四届年会时，中央党政长官朱家骅部长、谷正纲部长、潘公展常务委

---

① 参见中国工人抗敌总会筹备委员会编《中国工人抗敌总会筹备委员会工作报告》，汉口：中国工人抗敌总会筹备委员会，1938，第2—5、9、10、7、8、12页。

② 《特载·边区工人第一次代表大会通电续志》，《新中华报》1938年4月30日，第4版。

③ 朱学范：《我的工会生涯》，福州：福建人民出版社，1991，第105页。

④ 《中国劳动协会第三届会务报告》，台北国民党党史会藏一般档案，档案号：507-345。

员、洪兰友次长、黄伯度次长、孙科院长代表司徒德、陈立夫部长代表相菊潭等及来宾社会部陆京士、中央组织部缪培基、经济部欧阳崙、社会部劳动局李剑华、国际劳工局中国分局程海峰、中华海员工会康济民、全国邮务总工会王宜声、重庆市总工会王鸣岗、四川省盐业工会李中英、重庆市石作业工会何绍武、重庆市木作业工会谢开华、重庆市泥水业工会戴荣清、中苏文化协会洪钫、中国国际联盟同志会王公达、战时社会事业人才调剂协会庆深庵及各报社记者等 280 余人汇聚一堂。国民政府主席林森发来训词,高度肯定了中国劳协的贡献:"对内则致力劳动文化工作,举办劳动福利事业,对外则勠力国际劳工联系,从事国民外交活动。"社会部部长谷正纲在训词中,虽然明言劳协"不是依工人法而组织的工人团体",但仍高度评价劳协之功:"过去对于劳工文化曾经有过很好的贡献,并且可以说已经负起了创造劳工文化的使命。"①

当然,即使该会受控于 CC 系,其活动也并非无所限制,如在特殊时期决不允许任意加薪,或因任何原因策动工潮。1942 年 3 月 29 日,国民政府公布国家总动员法 32 条,该法第 11 条规定:"政府于必要时"可以限制或调整工资。水祥云对此并不认同,遂发表《劳力动员与劳工问题》一文,强调以平抑物价为先,"为发挥劳工高度工作效率","倒不一定要抑制工资":"战时人民生活应该压低,可是同时也应该有一定的限度,一个人的工作热忱,固然可以用国家民族的大道理去鼓励他,不过假如他所得的薪俸、工资,依然对物价望尘莫及,'仰不足以事父母,俯不足以畜妻子',他的工作热忱,久而久之会冷下去的。"②在极力维护工人经济利益外,水

① 中国劳动协会编:《中国劳动协会第四届年会报告书》,重庆:中国劳动协会,1943,第 13、19 页。

② 水祥云:《劳工问题论集》,台北:协林印书馆,1985,第 21 页。

祥云还主张“劳工参政”的民主政治。他强调:“任何有关全国人民的大事,如果没有劳工界之积极参加与负责,则必无所成就。”因此,主张由劳工团体选举出的“真正的劳工分子”,应该进入自县市参议会至国民参政会的各级民意机关。[①] 1944 年,他开始强调宪政运动绝不是“人民向政府争权的一种有意识的集体行动”,“不是人民向政府争权,而是政府向人民分权”。他对宪政有独到的理解:“宪政之实施不一定要有成文的宪法,其先决的条件,在于执政者是否有行宪的诚意,其次是国家本身应具有实施宪政的民主环境。”水祥云对五五宪草(1936 年 5 月 5 日)不以为然,说宪草未能强调近世劳工问题的重要性,“对于保护劳工利益的条文未有充分而具体的规定”。他认为宪法必须具备这样几点才可能保障工人的民主权益:第一,建立国营企业中工人参与管理的民主制度;第二,议会及立法机关应有工人议席;第三,宪法应列举承认工人团体与雇主团体立于对等之地位、工会之罢工权、安全健康的劳动条件等条文;第四,予以工人充分参政的机会;第五,“宪政期中政府应制定法律规定工人必须受强迫教育,其负担应归诸雇主,受教时间以不剥夺工人本身休息之时间为原则”。[②]

以上两大方面是水祥云等来自基层的工人领袖与高层的区别。与此相反,1946 年 8 月,社会部部长谷正纲,同为 CC 系,在给北平市社会局的训令中,明令停止中国劳协的组织活动:“查中国劳动协会、中国劳工协进社、中国劳工福利协会、中国劳工问题研究会等团体,均系劳工社团,以办理劳工福利或研讨劳工问题为宗

---

① 水祥云:《民主政治与劳工参政》,《劳工问题论集》,台北:协林印书馆,1985,第 77 页。

② 水祥云:《劳工对于宪政的期望》,《劳工问题论集》,台北:协林印书馆,1985,第 59、60 页。

旨,惟据报近来活动每月越出会章规定范围,组织工人参与工潮等情事,兹规定凡有关劳工社团在各地未设分支会者,应一律暂缓组设,其已设立经当地主管机关核准有案者,应恪守法令,不得组训,及工人宣传等工作,应由当地主管社政机关严予监督,以免妨害各地工会组织之发展与健全,而免滋生事端。”[①]1948 年 2 月下旬,他在上海视察工作时,继续表示各工会应切实整饬劳动纪律。[②]

国民党右派马超俊是忠实的工人运动行动家。他年少时在海外英美人所设机械厂工作,1905 年奉孙中山之命,回国从事劳工运动;1907 年组织成立香港研机书塾、广东机器研究公会;1919 年发动广州机器工人罢工;1920 年任广东省机器工人维持会主任;1922 年任广州市政府委员,参与组织香港海员大罢工;1924 年任国民党广州特别市党部执行委员会委员兼工人部长;1927 年任南京国民政府劳工局长。国民党第四次全国代表大会第一次中央全会决定于中央党部设置民众运动指导委员会,任马超俊为副主任委员。1932 年,他出任南京市市长;1944 年初又被拉入 CC 系;1946 年 11 月开始主持中央党部农工部。

他认定中国劳工问题有别于世界劳工问题,“为政治性重于经济性”,“中国劳工运动之所以与国民革命相结合,且为其主流之一,实事势使然”,“亦为解决中国劳工问题之必由途径”。[③] 他比谷正纲更加同情工人的遭遇。1947 年 4 月,马氏对一些地方工人以罢工相要挟达到加薪目的不以为然,强调工人虽有罢工的权利,

---

① 《社会局关于劳资争议、调整工资等问题的训令(1946 年 1 月 1 日至 1947 年 12 月 31 日)》,北京市档案馆藏,档案号:J002-004-00426。

② 《工界动态》,《中药职工月刊》第 2 卷第 1、2 期合刊,1948 年 4 月 1 日,第 5 页。

③ 马超俊:《中国劳工运动史》第 1 册,台北中国文化大学劳工研究所理事会,1984,“序”第 1 页。

但也不应“动辄罢工”,“置生产于不顾”;希望工人相信政府“绝对不会蔑视工人的幸福”,“在劳资协调的原则之下,为个人国家努力增加生产,完成建国大业”。[①] 同年5月下旬,在天津农工各界欢迎大会上,马氏宣传的主旨仍是加强农工组织、促进劳资协调合作。[②] 马超俊还推动了全国总工会组训工作,设法拨给该总工会60亿元经费;[③]主张“行宪”后,要进一步加强劳工组织,增进劳工福利。[④] 1947年底,身为中央农工部部长的马超俊和社会部部长谷正纲,专程由南京赴沪参加上海市总工会代表大会,为水祥云等“站台”。[⑤]

CC系要抓住工会,就要面对来自政敌的挑战。1931年12月蒋通电下野,国民政府改组,改组派陈铭枢以行政院副院长兼代交通部部长,指派陈孚木为交通部次长,代行部务。CC系对改组派的反击首先由上海开始。CC系骨干发动上海邮务工会、邮务职工会向交通部要求恢复津贴办法,并于1932年5月21日发起邮务大罢工。陈铭枢也不示弱,以“蓄意煽动罢工”、“丧心病狂”隐瞒实情、“居心叵测”为由,于23日将到部汇报工作的上海邮政总局局长钱春祺扣留,并于24日行文将钱氏押解至江宁地方法院检察厅侦查究办。[⑥] 陆京士控制的大中橡胶厂,也为上海市公安局所“搅

① 马超俊:《中国劳工应努力生产》,《劳工月刊》(昆明)第6期,1947年4月15日,第3页。

②《津农工代表两千人昨盛大欢迎马超俊》,《益世报》1947年5月28日,第4版。

③《农工部补助全国总工会经费》,《农工月刊》第2卷第2期,1948年8月15日,第29页。

④ 马超俊:《行宪后之劳工行政》,《农工月刊》第2卷第2期,1948年8月15日,第3、4页。

⑤《沪市总工会三全会盛况》,《农工月刊》第8期,1947年11月15日,第16页。

⑥《交陈呈报行政院钱春祺煽动罢工》,《中央日报》1932年5月25日,第1张第3版。

局”。1934年,上海大中橡胶厂工人发起组织工会,且已获得由上海特别市党部颁发的“准予组织”的许可证书。该厂工务主任陆锡章反对此举,于5月12日到公安局六区警署呈控工人为反动分子,并指工人伪造许可证。该区警随至工会筹备处收缴证书,逮捕工人多人。工会筹备会上报上海特别市党部后,被捕工人幸蒙释放,警署还回许可证。厂方乘机于13日宣告停厂,雇用流氓40余人护厂,驱散工人。中经社会局屡次调解,厂方拒不开工。工会筹备会进而呈请中央民运会,要求惩办“摧残党威”的陆氏,强令厂方开业。党、警较力,工人经济利益受损。①

1929年4月,CC系在青岛成立工整会,解散改组派的青岛市总工会,改组派伺机反扑。同年3月,原青岛市总工会常委、改组派要角阎海萍,策动大英烟南北两厂工潮。1929年3月,改组派以该厂“对于工人待遇,向极不良,工人早怀不满”为由,令该厂工整会提出每人每日增资2角、由厂方每月津贴该会400元办公费、公休例假给资、不准厂方故意开除工友、厂中添用新人由本会介绍等7项条件。厂方不予,工人于30日宣布停工。到4月3日,该厂经理爱普斯致函市政府,声明和解工潮办法两条:(1)厂方允许每箱出品给花红2角,平均分发全体工人;(2)市政府方面要担保开工后工人“妥善行为”,如有不守规则、破坏秩序者,厂方可随时革除。市长葛覃是陈立夫在青岛的干将,他同意了此方案,并劝导工人于5日复工。阎海萍则组织纠察队阻止工人复工。市指委会训练部因大英烟公司南北两厂工整会,“不但不能领导全体工人,反受反动分子煽惑,不受上级工会指导”,特令市工整会将两厂工整会即

① 《上海市大中橡胶厂被迫工人呼吁委员会呈中央民运会(1933年6月9日)》,中国第二历史档案馆藏,档案号:722(4)-228。

行解散。直至12日该两厂始复工，计有工人1800余人，但复工者仅1300余人。① 据时任中共青岛市负责人刘琪的了解，改组派以"利诱""威吓"手段发展组织，"抓到"了铁路、邮局、电报、电话、电气、华新纱厂"几个重要机关"。②

陈立夫还利用中央社会部部长的身份，援引、扩大CC派势力。依国民党组织条例，各省级党部、各省执行委员会于必要时，经中央执行委员会之核准，可以设立各项特种委员会。1939年，自贡市执委会呈报成立工运指导委员会，以"整合各方意见，强化领导机能"为由，请求陈立夫予以支持，强调此"事关变更法令"。7月29日，陈立夫呈报中央执行委员会予以批复。其在呈文中，一方面说自贡执委会组织工运指导委员会"于法原无据"，另一方面则强调："四川工业区自贡市向与重庆、成都成为鼎足，应予特别重视。为融洽各方意见，强化领导机能，以谋工运之发展起见，似不必过于拘泥法令而有因势利导之必要，拟暂准组织，借得工运。"③自贡盐场由富顺县属自流井和荣县属贡井组成，1937年时交通工人与盐场工人达20余万。其中，盐工"有十大帮"，且帮派性较强，无统一团体。国民党各派，包括CC系、复兴社、三青团，以及地方势力、哥老会都想控制盐工。工运指导委员会甫成立，8月初，盐场工人即发动大罢工。时市长曹任远公然违法，以"凡先缴二百元缓役金可以缓役"，遭盐工抵制。此举也为盐务管理局所反对。市长下属在

---

①《青岛特别市大英烟厂工潮经过情形（1930年）》，中国第二历史档案馆藏，档案号：722-2334。

②《刘俊才关于青岛情况向中央的报告（1929年3月14日）》，中共青岛市委党史资料征委会办公室、青岛市总工会工运史办公室合编：《青岛党史资料》第3辑（1929年青岛工人大罢工专辑），青岛：山东省出版总社青岛分社，1986，第20页。

③《自贡市执委会成立工运指委会》，台北国民党党史会藏一般档案，档案号：5.3-127.11。

盐场滥抓壮丁,引起 8 万余盐工罢工。党部原拟利用盐工与市府谈判机会,拉拢盐工,但因职业青年互助社的“捣乱”、管理局势力较强而受阻。①

在第六届中央常务委员会 32 次会议上,中央农工运动委员会主任委员谷正纲,向中央执行委员会提交《工人运动实施纲领》,并经执委会讨论通过。其纲领内全是冠冕堂皇之言,也不乏“真知灼见”。比如:“今后工人运动之中心任务,在于领导工人适应国家复员及建设必需,努力生产,以谋国民经济之繁荣与人民生活水准之提高,并迅速完成中国工业化之使命。”“工人运动之指导原则,应以三民主义及本党劳工政策纲领为最高准绳,并以发展劳工组织,提高其地位,改善其生活,充实其智能,维持劳动纪律,提高生产效能,促进劳资合作,确保社会利益之均衡,增进经济事业之发展与繁荣为主要目标。”然其《纲领》的关键则是“实施原则”之二:“工人运动的实施以各级党部为主体,省市、县市各级党部内设置农工运动委员会,负指挥、策动、统一领导之责,以党部、团部及有关机关主管工运人员及工人团体负责同志为委员。凡有关工人运动之一切问题,均应遵照党的政策共同决定后,各就其主管范围分别执行,以期步调一致、力量集中。”②由此,谷正纲通过审批权,可掌握从上到下的整个工人网络的主导权。

难以否认的一个事实是,国民党内部组织“中统”“军统”向工运渗透,两者不共戴天的矛盾瓦解了工人运动。两派内部斗争的

① 《1942 年中共自贡市委负责人在延安时向中共中央的工作报告》,自贡市档案馆、自贡市总工会编:《自贡盐业工人斗争史档案资料选编(1915—1949 年)》,成都:四川人民出版社,1986,第 321、324 页。

② 《农民运动实施纲领及工人运动实施纲领》(1946 年 6 月),台北国民党党史会藏一般档案,档案号:6.3-56.7。

表面化之突出案例就是：1947 年 4 月初，上海杨树浦中纺第 12 厂产业工会理事长佘敬成，开枪打死了两人，这两人名为工人，实为军统小头目。上海各厂有“中统”组织的“护工团”，佘氏身为工会理事长，兼任“护工团”队长，配发手枪。厂中洪帮“中和社”工人受“军统”指使，常声言要打倒佘氏而谋其职。曾有工头（隶“中和社”）强行向工人推销高价年糕，被工会开除。“中和社”以 3000 元 1 张的戏票，硬逼工人以 1 万元价格购买，被工会布告制止。“中和社”与佘氏积怨难解，造谣工会当月将征收万元会费，诬称工会贪污，致双方产生冲突，军统小头目刘、李两人吆喝着要打佘氏，佘氏一时性急拔枪自卫。一声枪响，两派矛盾公开。“中统”《立报》发消息称，打死两人“出于误会，手枪走火”。该报还刊发了《论工运干部作风问题》一文，为国民党工运的“内斗”遮丑。①

再从表面来看，民意机构及立法机关中不乏“工会代表”，但实际上其并不一定代表工人群体的利益。据官方工人领袖称，到 1947 年底，国大代表及立法委员中，工会名额占职业团体总额的 30%，全国县市参议会中劳工参议员计 1560 人，国大代表中工会代表有 126 名，立法委员由工会选出者有 18 名。② 不过，这些代表都是“工人贵族”“工人领袖”，其参政、议政与普通工人参政何其异哉！他们政治地位的提高，无法与普通工人政治地位的提高等量齐观。杭州市参议员中倒是有一位名为赵廷秀的是“现任职”的人力车夫，确实以拉车为生，但他不过成为美国记者猎奇的对象，被

① 雪寒：《上海工会枪杀工人内幕》，《中国工人丛刊》第 1 辑，1947 年 5 月 1 日，第 22—23 页。

② 陆京士：《一年来劳工运动的检讨》，邵心石、邓紫拔主编：《民国卅七年上海市劳工年鉴》，上海：大公通讯社，1948，第 100 页。

视为“中国实行民主的好兆”而已。[①] 还有一位工界立法委员陈凤翔，于1948年6月，在立院讨论征收临时财产税时，与资方代表联名反对。总工会认为陈氏显为“资方所利用，失去劳工立场”，致函孙氏，劝告“今后言行慎重，本工界立场，为劳工界争取利益”。总工会同时代电各省市总工会，告知：先对陈某予以警告，“如不悛改，再予罢免”。[②]

（二）资方：难有作为

同工人团体相比，工商团体在党、政方面人脉虽广，却缺乏必要的影响力，以致在利害攸关的问题上缺乏话语权。国民政府在正式颁布工厂法前，征求各方意见。上海华商纱厂联合会等各实业团体，电请工商部准予推派代表会同拟订工厂法草案。工商部断然拒绝，称工厂法草案现正发交工商法规讨论委员会从事审查，华商纱厂联合会等对于该草案倘有意见，可书面提交或推派代表直接向工商法规讨论委员会陈述，以备参酌，“所请准予推派代表会同拟订之处，核与该会规则不符，碍难照准”。[③] 华商纱厂联合、上海丝厂协会、浙皖丝茧总公会、无锡丝厂业协会驻沪办事处、上海特别市商民协会、上海华商烟厂联合会、上海针织业公会、无锡纺织厂联合会等，继续以“代电”要求参与工厂法草案的起草。工商部仍坚决不同意，回电称：“查工厂法草案经法规讨论委员会审查完竣后，须由本部复加详核，始能送呈国府交付审核、依法公布。

---

① 钝父：《人力车夫荣任参议员》，《申报》1946年10月20日，第3张第12版。

② 《选民警告代言人：工界立委所发言论总工会认为失去劳工立场》（《胶东民报》1948年6月17日），青岛市档案馆藏，档案号：D000458-00066-0002。

③ 《工厂法不准厂商参订》，《纺织时报》第539号，1928年9月17日，第154页。

现在该法仍在审查中,贵会等如有意见,务希速向该委员会提出详加讨论,其尚有未及提出者,以后尽可往向本部陈明以更采择,总之本部厘定各项工商法规,于理论事实双方无不并筹兼顾,而对于工商业团体之意见如有足资参考者,更靡不乐为接受。”[①]华北工业协会天津棉业公会也曾呈请工商部,要求推派代表会同拟订工厂法草案,同样未能如其所愿。[②] 立法院法制委员会焦易堂慎重其事,在工商部所订工厂法草案,已由行政院移送立法院审查之际,特派劳工法起草委员王葆真,由中华工业总联合会干事钱承绪引至各工厂调查。[③]

依上海纱厂联合委员会之言,工厂法草案“大都以赤俄法规为蓝本,而于规定工作生产能力诸端则悉予删除,世界各国绝无规定之分红制度则必予加入。循此以行,势非使全国生产业完全消灭不止。在工厂法规委员会编订此项法规,未尝不持之有理,顾生产先进诸国若英若美之法规,宁无一二节可采,而独以赤俄为依归,且变本加厉,其居心所在不敢妄测”。[④] 该会此言不虚。起草此案的朱懋澄,原是基督教青年会劳工干事,致力于工人新村建设,其护工之意自然嵌入草案之中。在草案制订中,华商纱厂联合会无从置喙,待工厂法实施后,各纱厂“借词延玩,漫不奉行”[⑤],也在情理之中。

工商界人士进入地方政府,也不一定会维护中小商人利益。典型例子就发生在上海:1927 年 11 月,上海特别市政府设立参事

---

① 《工商法规兼顾事实》,《纺织时报》第 543 号,1928 年 10 月 1 日,第 170 页。
② 《工厂法关系工业存亡》,《纺织时报》第 559 号,1928 年 12 月 3 日,第 234 页。
③ 《立法委员调查沪工厂》,《纺织时报》第 575 号,1929 年 1 月 31 日,第 298 页。
④ 《本会提呈工厂法意见》,《纺织时报》第 559 号,1928 年 12 月 3 日,第 234 页。
⑤ 《部令申斥纱厂延玩工厂法》,《纺织周刊》第 1 卷第 34 期,1931 年 12 月 4 日,第 916 页。

会,冯少山、林康侯、王晓籁、虞洽卿等工商巨头当选参事。当年,市政府将房捐和公益税合并,向房主征收"总捐",住房按房租征税6%,商店征税10%,沿浦商店征收12%。参事会却全力支持政府,并告劝商民积极缴税,引起商人多持续达三四个月的反抗。①

还有一些案件表明,虽然若干企业与地方政府有某种关系,但地方政府能否成为地方企业的"保护伞",或成为怎样的"保护伞",还取决于多方角力的胜败。为创办重庆电力公司,前四川善后督办刘甫澄于1932年冬,委任前重庆市市长潘文华及石体元(潘文华秘书)、傅友周(市府职员)、康心如(银行家)等14人为筹备处处长及筹备委员。重庆电力公司于1934年8月正式供电,"是为渝市公用事业丕基肇始"。1935年1月,电厂改制为股份有限公司,聘刘航琛为总经理。股本总额200万元(2万股)。四川省政府入官股30万元,余为发起人认募。时人曾言:"尤以政府方面之竭力维护",1936年度净赢利222475.05万元国币。② 刘航琛可谓政经两界"双栖人",本是理财专家,1936年,又由重庆行营财务处副处长改任四川财政厅厅长。1939年4月初,重庆电力公司开除工人,众工友推举工人钱铭德为代表与公司交涉,公司工务科长程本藏不仅不以善言开导,和平解决,反而訾骂,并将钱铭德开除,劳资起衅。24日,重庆市社会局加以调解,工人提出"保障工人工作""加薪务求平允""恢复钱德铭工作""今后不得再有侮辱工人情事"四条,资方仅同意前两条,并以工人遵守遇事"不得有粗暴行为"、不能罢工怠工、不能破坏机器作为附加条件。当晚,资方动用军警抓

① 详见白华山《上海政商互动研究(1927—1937)》,上海:上海辞书出版社,2009,第26—28、75—77页。

② 杨新民:《重庆电力公司一瞥》,《四川经济月刊》第7卷第5、6期合刊,1937年5—6月,第15、16、17、27、28页。

捕请愿代表。工方上诉至社会部、经济部。经两部指示,市政府社会局于5月23日再次调解,双方签订解决办法:(1)钱铭德复工,待法院宣判无罪后,再行调处;(2)已发疏散工人家属费工资2个月;(3)1938年发12000元红利,由工会商同厂方按照工人工资分配。6月2日,重庆地方法院决定不起诉钱铭德。社会局又于9月28日、10月7日两次调解,因资方通过社会局向钱铭德施压(以6个月工资为代价离职),工人代表毫不屈服,此案延宕半年之久。翁文灏时任经济部部长,于11月上旬"代电"重庆市市长贺国光(任期自1939年5月至12月),饬令按照5月23日调解结果,尽快结束纠纷。在此案中,资方之所以坚决开除钱铭德,是因为钱氏不仅于1938年底代表工人向公司要求红奖,还正筹组工会。与资方分利,强固组织,资方不可容忍。工人能得到翁文灏的道义相助,主要因工人以"国家抗战生产事大"相号召,并坚持不怠工罢工策略;同时,攻击资方"有意掀动工潮",破坏"抗建"。① 其实,翁文灏能压制公司,让公司在与工人"打平头官司"上败北,是以背后的经济输纳作为补偿的。1939年4月,国防最高委员会应电力公司"收回前行营特价用电成命"之请求,指派经济部核办。中经重庆市政府核实公司经营状况,提出将党政机关特价用电由6折提高到8折,并报经济部查核。经济部采纳此建议,训令于5月1日起实行提价。② 1939年11月,公司呈请经济部,要求准予收取电表押金,得到经济部批复。但公司对经济部所规定的保证金额度不满,又于1940年7月,以电表价格、汇价、运输价格分别提高60%、500%、

---

① 《重庆市电力公司劳资争议及有关问题的文书(1939年)》,中国第二历史档案馆藏,档案号:4-6682。

② 《经济部训令(工字第27107号)》,《经济部公报》第2卷第10、11期合刊,1939年6月1日,第297页。

20%为由，要求提高押金额。8 月，翁文灏同意公司自订押金数额，[①]电力公司"因小得大"。此案结果，竟然是工人小胜、资方大赢。

1945 年复员后，经济大滑坡，社会大震荡，政治"民主化"，催生出远比 1920 年代更为"宽松"的环境，中国又进入一个组党、改组新生及政党政治的高峰期。一些政党不谋而合地在工人或工界中发展组织、自立组织，为工人、工界代言。

"中国民主政团同盟""中国青年党""中国国民自由党""中国民主社会党"明显具有劳资合组的性质。1944 年 9 月"中国民主政团同盟"改为"中国民主同盟"，将工厂纳入盟员发展区。1944 年 12 月、1945 年 9 月，云南省支部、重庆市支部成立时，"工商界亦有参加者"，也不乏"工商"盟员。1948 年初，民盟在上海，"准备推进工厂工作"，"开展其工运工作"，特请中华职教社江问渔、杨卫玉主持筹划"工厂内之职工教育"。[②] "中国青年党"（1923 年成立）于 1945 年 12 月，在重庆召开第十次全国代表大会，重订新党章、新政纲，主张"限制资本集中"，保障农工利益，增进农工财富；并设立"工商运动委员会"，着力组织工人。张裕祥（《中国日报》工务课副课长）主持四川"工校"吸收各级技术、机械、人力工人。北平青年党领袖郑独步（市汽车管理处处长）利用职权在处内吸收职工为党员，组织"公共汽车管理处特别分团"（该处股长与庶务两人负责）。该党骨干还有资方代理人或资方。重庆特别党部郭经虞为

---

① 《函重庆市政府（电字第 66839 号）》，《经济部公报》第 3 卷第 17、18 期合刊，1940 年 9 月 1 日，第 442—443 页。

② 《中统局关于民盟中央组织委员会工作报告情报（1945 年 10 月 13 日）》《詹明远关于民盟在沪动态情报（1948 年 2 月 11 日）》，中国第二历史档案馆编：《中华民国史档案资料汇编》第 5 辑第 3 编政治（3），南京：江苏古籍出版社，1999，第 13、50 页。

民生公司"民联"轮经理,北平市党部主委陈振德是煤炭业商人。该党还在国内开创了以企业养党的历史,其经营自贡大力电气公司、内江动力酒精厂,"并于各城镇党内工业人员负责开办各种小型工厂",以拓财源而利党务。① 从某种意义上而言,其工厂犹如结合劳资为一党内的大枢纽。

再看后两个政党的主义及组织结构。1946 年 3 月,"中国国民自由党"(1938 年于长沙成立)于重庆改组后,在《宣言》中布告:"我们是中国的一个新生政党,不左倾,也不右倾,我们党员的主要成份有一些是革命数十年的战士,有一些是高级学术岗位的大学教授、文化宣传者、中学教员和大学中学的觉悟而热情的知识青年,有一些是远在海外从事各路职业活动的华侨,有一些则是国内的工业家、金融家与进步的商业者,及中产阶级的有识之士,我们党员也包括致力生产的诚朴农民与工人,我们为着中国的新生、建设与独立自主的现代化的国家的建立对官僚政治以全力搏斗,我们也为求社会承认中产阶级(即士农工商)是中国社会的重要分子而努力。"这个党明确地将工商实业家与工人作为基本力量之一。该党在四川的负责人有工会理事韩康黎(巴县议员)、中益被服厂经理陈君谋、同生福银行襄理、新生广告公司总经理余隐耕(《全力日报》社长)。② 1946 年 8 月,"中国民主社会党"联席会议通过《政纲》,其"总则"之"经济"部分宣称要"提高人民生活,保障工农与

① 《中国青年党沿革简史(1946 年 7 月)》《国民党中央联秘处编:中国青年党概况(1947 年)》、《国民党中央联秘处关于中国青年党活动专报(一)(1947 年 3—11 月)》,中国第二历史档案馆编:《中华民国史档案资料汇编》第 5 辑第 3 编政治(3),南京:江苏古籍出版社,1999,第 109、110、118、123、141、146、147、153 页。

② 《中国国民自由党宣言(1946 年 3 月 3 日)》《国民党中央联秘处关于国民自由党在四川活动情况专报(1948 年 3 月)》,中国第二历史档案馆编:《中华民国史档案资料汇编》第 5 辑第 3 编政治(3),南京:江苏古籍出版社,1999,第 484—485;490 页。

生产者之利益”。1947 年 10 月通过的《政治路线》提出了“不要资本家垄断,不要资本主义”的口号。其组织中同样有劳、资双方党员。蚌埠市支部“研究组”主任孙群三为杂货糖果公会理事长,宣传主任梁树慈则为建华烟厂经理。该党同样吸收工人。该党革新派上海支部负责人成立外围组织“职工服务会”,吸引各业职工为会员。①

当时,追求民主政治的政党都极力为工人群众代言。按诸条示例:

(1)1945 年 9 月,“中国少年劳动党”(前身为 1923 年成立的“中国孤星社”)在《成立宣言》中设计未来的蓝图:“在全民政治下,防止‘资本独裁’制度的兴起;依阶级协调、劳资合作的方式,清除官僚资本及封建贪污剥削的压迫阶级;执行国营实业和民营企业的合理生产与分配,和平渐进,建设一个社会主义的少年的新中国。”为实现“劳资双方处于人格平等协调合作”,该党在《政纲》特别强调“制定劳工法,实行保险制度”;在生产过程中,则要实行“技术”与“资本”同等的“劳本制度”,确立由劳资共商的工厂会议制度。②

(2)1945 年 10 月,“中国人民党”在《政纲》的“积极兴办人民

① 《中国民主社会党政纲(1946 年 8 月 18 日)》《中国民主社会党的政治路线(1947 年 10 月)》《中国民主社会党各地支部组织活动概况(1948 年 1 月)》《国民党中央联秘处关于民社党革新派活动情况专报(1948 年 2—9 月)》,中国第二历史档案馆编:《中华民国史档案资料汇编》第 5 辑第 3 编政治(3),南京:江苏古籍出版社,1999,第 187、214、279、359 页。

② 《中国少年劳动党成立宣言(1945 年 9 月 27 日)》、《中国少年劳动党政纲(1946 年)》《中国少年劳动党政纲说明(1946 年)》,中国第二历史档案馆编:《中华民国史档案资料汇编》第 5 辑第 3 编政治(3),南京:江苏古籍出版社,1999,第 393—394、415、420 页。

福利”部分高张：“实行八小时工作制，限制雇用童工，规定最低工资，同工同酬，不得任意解雇工人。”①

(3)1946年3月，“中国工农联合促进会”在《会章》中规定：“中华民国工农青年，凡年十六岁者，不分性别，志愿遵守本会会章，并缴纳会费，皆得为本会会员。”其宗旨之一就是“增进工农利益”。②

(4)1947年1月，“中华民族解放行动委员会”易名为“中国农工民主党”。在《更改党名发表宣言》中提出“增进工人福利”“工人参加生产管理”的“主张”。该党全国干部会议通过的《党务报告》强调，“本党的群众基础以农工为中心，与广大平民结成联合阵线”，“工人是最先进的革命阶级”。③

(5)1947年2月，“中国急进党”在《政纲》中，主张“节制资本”，“保障工人人生活，组织工人团体，谋工人自身之利益”。④

(6)1947年8月，“中国人民社会党”在《政纲》中提出要“救济失业工人，使其参加经济建设”，实行以工代赈，实行劳工保险，制定工资法，保障劳工家属生活，调解劳资纠纷。⑤

---

①《中国人民党政纲(1945年10月)》，中国第二历史档案馆编：《中华民国史档案资料汇编》第5辑第3编政治(3)，南京：江苏古籍出版社，1999，第475页。

②《中国工农联合促进会会章(1946年3月)》，中国第二历史档案馆编：《中华民国史档案资料汇编》第5辑第3编政治(3)，南京：江苏古籍出版社，1999，第751页。

③《国民党中央联秘处关于农工民主党历次主张的所谓分析报告(1947年3月13日)》《中国农工民主党第四次全国干部会议党务报告(1947年1月)》《中国第二历史档案馆编：《中华民国史档案资料汇编》第5辑第3编政治(3)，南京：江苏古籍出版社，1999，第63、55页。

④《中国急进党政纲(1947年2月10日)》，中国第二历史档案馆编：《中华民国史档案资料汇编》第5辑第3编政治(3)，南京：江苏古籍出版社，1999，第760页。

⑤《中国人民社会党政纲(1947年8月)》，中国第二历史档案馆编：《中华民国史档案资料汇编》第5辑第3编政治(3)，南京：江苏古籍出版社，1999，第763、764页。

(7)成立于1948年1月的“中国新社会革命党”在《政纲》中主张“保障工人权益,加强工人组织”。在对下级组织指示中强调:“本党代表农工大众,故坚决与豪门、官僚、资本家不妥协。”①

(8)“中国全民民主党”在《政纲》的“宗旨”第4条款:“确认大地主大资本家为均足全民利益之阻碍者,在政治、经济各方面限制其发展,并以有效方法减少其财富,直至不违害全民利益之程度为止。”主张对资本家有条件的打击。在《政纲》“经济”部分提出:“彻底推行劳工福利事业,国内劳工无论公私企业一律均由政府保障其合理之工作与生活,并视公私企业之盈利状况而随时改进其待遇。”“劳工得透过工会组织参加公私企业之管理,以激发劳工生产热忱,加速全民经济之发展。”②

此外,“民主社会协进会”的《章程》“关于民生方面”的第1条就是:“促进劳资合作,尊重劳工利益。”③“中华社会建设党”在《行动纲领》的“力主经济平等”中提出“劳资利益平均”。④

“中国中和党”(1897年尤列创建)不仅为工人代言,而且全力发展工人党员,俨然有工人政党的“党性”。1946年,该党以“三民主义为建国之最高准则”,在《政纲》的“经济”部分提出“促进劳资协调,改善劳工待遇,增进工人福利,并保护童工、女工”。在上海,

---

①《中国新社会革命党政纲(1948年1月10日)》《中国新社会革命党总部关于加强对下属组织控制通知(1948年)》,中国第二历史档案馆编:《中华民国史档案资料汇编》第5辑第3编政治(3),南京:江苏古籍出版社,1999,第675、714页。

②《中国全民民主党政纲》,中国第二历史档案馆编:《中华民国史档案资料汇编》第5辑第3编政治(3),南京:江苏古籍出版社,1999,第736、738页。

③《民主社会协进会章程》,中国第二历史档案馆编:《中华民国史档案资料汇编》第5辑第3编政治(3),南京:江苏古籍出版社,1999,第767页。

④《中华社会建设党党章与行动纲领》,中国第二历史档案馆编:《中华民国史档案资料汇编》第5辑第3编政治(3),南京:江苏古籍出版社,1999,第772页。

该党积极扩大“下层组织”，委任张荣生（沪西中新二厂职员）为上海办事处总务科长，吸收码头夫、工人。上海支部主任耿志三在沪西工厂区“积极吸收党员”，“预计在1947年底吸收男女工人2000人”；并在南京，任命郑玉峰等人（码头工人）为南京大达码头分部负责人。①

这些“工商党”甚至吸引了国民党党员的加盟。比如，有李实清者因参加“中国少年劳动党”，于1947年遭到国民党组织处分。②

工商实业家既然无从寻求经济及政治庇护，只有走上自主组党一途。迁川工厂联合会理事长胡厥文等人与中华职业教育社黄炎培及其副手杨卫玉率先发起，经与章乃器、施复亮等讨论，于1945年12月成立“民主建国会”。该党在《纲领》的“社会”部分高张“减少劳资纠纷”。③ 该会中所谓“实业家派”有胡厥文（该会财务组长）、胡西园、吴羹梅、俞寰澄、黄墨涵、庄茂如、章元善、张树霖、王恪成（民盟沪支部秘书长）、贾观仁、彭一湖等。该会发起人之一、常务理事兼事业推广组组长胡西园（时年48岁），曾创办恒昌造船厂，时为中国亚浦耳电器公司总经理。④

上述大多政党随着民主高潮及解放战争的快速推进，开始从

---

①《中国中和党政纲（1946年）》、《国民党中央联秘处关于中国中和党组织活动情况专报（1947年4—11月）》，中国第二历史档案馆编：《中华民国史档案资料汇编》第5辑第3编政治（3），南京：江苏古籍出版社，1999，第533、543、549页。

②《党员李实清申辩为参加中国少年劳动党案（1947年）》，台北国民党党史会藏，档案号：监1451。

③ 俞云波、吴云乡等：《中国民主党派史述略》，上海：上海人民出版社，1989，第119—121页。

④《国民党中央联秘处关于民主建国会主张及组织活动概况报告（1947年3月13日）》《国民党中央联秘处关于民主建国会事业推广计划及筹备理监会改选报告（1947年3月15日）》，中国第二历史档案馆编：《中华民国史档案资料汇编》第5辑第3编政治（3），南京：江苏古籍出版社，1999，第65页。

体制内的批评转向体制外的声讨。原称不与共产党合作的“民盟”,在 1948 年 1 月的《三中全会政治报告》中明确表示:“除四大家族的豪门资本外,民营工商业已经只有死路一条,所以今天南京反动独裁政府已成为了全国工商业家的死敌。”同时“公开声明与中国共产党实行密切的合作”。[①] 民主建国会在“左倾少壮派”章乃器(对外联络组长)、施复亮(言论出版组长)、王纪华(理事联合晚报发行人)、孙起孟(秘书)、胡子婴(常务理事)主导下“整个左倾”。[②] “中国全民民主党”在 1948 年《立场任务策略与路线》文件中明确指出:“打倒国民党封建性的反动统治,为本党基本策略之一。”宣布“当前中国的革命路线应为全体被压迫人民的统一战线‘人民路线’”。其中,包括无产阶级和“赤贫阶级”的农民。[③] 这些政党在国统区内所进行的“政治动员”,加速了包括工人、资本家在内的党员对中共的认同、对国民政府的背离,为中共取得革命的最终胜利培植出了新的政治基础和力量。

三、中间组织

所谓“中间组织”,是由劳资双方,或由劳资双方为主体(包括第三方)合组而成的对话性、协商性组织机构。

---

① 《民盟三中全会政治报告(1948 年 1 月 19 日)》,中国第二历史档案馆编:《中华民国史档案资料汇编》第 5 辑第 3 编政治(3),南京:江苏古籍出版社,1999,第 43、47 页。

② 《国民党中央联秘处关于民主建国会主张及组织活动概况报告(1947 年 3 月 13 日)》,中国第二历史档案馆编:《中华民国史档案资料汇编》第 5 辑第 3 编政治(3),南京:江苏古籍出版社,1999,第 65 页。

③ 《中国全民民主党的立场任务策略与路线(1948 年)》,中国第二历史档案馆编:《中华民国史档案资料汇编》第 5 辑第 3 编政治(3),南京:江苏古籍出版社,1999,第 743、744 页。

(一)自发性合组

最早的此种劳资“混合”组织指当推上海工商友谊会。该会由童理璋、余振巽、居鸣生等10余人发起,吴雨耕、冯锦才、蔡增辉等先后赞成。友谊会名为店员组织,实为劳资混合团体。1920年7月20日,各同仁30余人召开同志会,议决:童理璋为总干办;友谊会宗旨为“自由平等”“博爱互助”;会内“无会长领袖,一切责任全体均负”“会友无分阶级”。① 7月27日,工商友谊会特开“谈话会”,议决该会规约。《规约》明示:该会以研究工商常识、实行自由平等、博爱互助、提倡自治、提倡储蓄、兴办实业为宗旨,从事普及教育、介绍职业、研究书报、解放自由、改良社会等事业。上海全埠工商伙友,无论贫富、男女,“只要保守宗旨,均可入会”。要求会友以“保守人格、不失信用、联络感情、坚持到底、永矢不渝”为“志向”。强调会友有“介绍会友、牺牲精神、缴纳会费、应办会务、各尽天职”的义务。② 该会章程规定会友享有互相优恤、医治、子女入学、娱乐、储蓄、消费协作、职业介绍、寄宿等权利。会内还设有演讲部、研究部、书报社。其《章程》特别强调:“会友如遇不平等之待遇,得陈述本会据理力争。”③该会尤为倡导劳资合作。1920年7月29日,童理璋发表讲演,强调:“本会由各业共同组织而成,不分彼此,不分阶级,实行平等主义。”希望资本家与伙友同舟共济。④ 友谊会于1920年“双十节”召开成立大会。成立之初,该会即广布组织,派遣交际员顾秋舫赴济南,与当地会友李元鸿于11

---

①《发起上海工商友谊会》,《民国日报》(上海)1920年7月21日,第3张第11版。

②《工商友谊会之组织》,《新闻报》(上海)1920年7月28日,第3张第2版。

③《上海工商友谊会章程》,《民国日报》(上海)1920年9月27日,第3张第11版。

④《工商友谊会之讨论会》,《时事新报》(上海)1920年7月30日,第2张第2版。

月 28 日筹组成立分会“山东省济南工商友谊会”。其宗旨与沪会一致。[①]

上海工商友谊社初与新青年社合办《上海伙友》杂志，编辑为陈独秀、包世杰、沈玄庐、李汉俊等。《伙友》第 1 册刊发《上海工商友谊会第二次宣言》，《宣言》虽然主张“互助的人生观”，但强调“现在的团体当中却还有许多毛病，他们所说的互助博爱，决不能普遍到我们劳动者的身上”。[②] 到《伙友》第 8 期在友谊社独立出版时，其刊物宗旨发生了转变，正如《祝伙友重出版》一文所言：“《伙友》前一次的文字，多半说资本家和老板们不好的，后来我们想想，觉得自己也有不好的地方，所以我希望《伙友》从此要改良，不要被他们说我们不好！”“使资本家和老板们也好明白我们的痛苦，将来或者他们发慈悲心，把我们解决了，走到平等的路上去。”[③]

工商友谊会同此时其他一些团体一样，都有其政治背景。童理璋本身即为国民党右派在上海的一个要角，身跨劳资两界。即使在 1925 年被第二次全国劳动大会宣布为“工贼”后，他仍致力于劳资双方合作团体的组建。1926 年 6 月 9 日，上海宁绍煤业同善会经发起人议决，改组为柴煤业同善会，公推童理璋为会长、何开洪为副会长。同善会的宗旨为：施医给药，创办义学，救济孤寡残废之同人，排难解纷，介绍失业同人，改良同人陋习，研究劳工智识，提倡公共道德。会议决定请热心店主担任该会董事，监督一切。[④]

---

① 《工商友谊会在济南组分会》，《民国日报》（上海）1921 年 11 月 30 日，第 3 张第 11 版。

② 《工商友谊会第二次宣言》，《上海伙友》第 1 册，1920 年 10 月 10 日，第 15 页。

③ 《祝伙友重出版》，《上海伙友》第 8 册，1920 年 12 月 26 日，第 2 页。

④ 《柴炭煤业同善会开会纪》，《申报》1926 年 6 月 10 日，第 4 张第 15 版。

在工会组织较为活跃的广东,也存在劳资合组团体。广州革履行劳资协进会于1921年奉省署批准立案,内有工人2000余名。这一团体应该是由“劳资合行”的传统行业组织向工人团体转化的复合体。1925年11月,广东国民政府成立后组建的广州革履工会以“该会非纯粹工人组织”为由,呈请广东省政府农工厅解散此协进会,“以一工权”。①

劳资合作促进会是上海全市卷烟业劳资密切合作的典范,纵然在上海亦难有比肩者。上海几十家卷烟业,吸纳了4万余工人,因待遇而引发的劳资冲突难以避免。上海市卷烟业同业公会(资方)与上海市卷烟业产业工会(劳方)负责人再三商酌,“为促进劳资协调,挽救本业危机,改良出品,安定工人生计”,合组“上海市卷烟业劳资合作促进委员会”。该会受上海市社会局之监督指导,委员会设委员19人,同业公会推选10人,工会推选9人。该会设5人组成的常务委员会,常务委员由全体委员互相推选。委员会每月例会1次,常务委员会则半月例会1次。一旦某厂劳资争议无法解决,委员会委员便“以温和的方式开诚洽商,寻求解决方法”。陆京士明言其结果:“果然非常融洽,不再有什么纠纷,至今在卷烟工厂中,很少有罢工怠工的不幸事件发生,这不得不归功于劳资合作促进会的努力。”②上海市卷烟业劳资合作促进委员会在本质上,就是一个劳资调解、仲裁及评断的综合机构。这种同一行业的机构,应该比跨行业的解决劳资争议的机构更有效率。

---

① 《革履行劳资协进会中央工人部呈(1925年11月28日)》,台北国民党党史会藏,档案号:部7143。

② 邵心石、邓紫拔主编:《民国卅七年上海市劳工年鉴》,上海:大公通讯社,1948,第227、228页。

(二)全面抗战前:劳资调解、仲裁委员会

劳资调解、仲裁委员会是一种劳资双方沟通的平台,也可以说是由劳资双方参加的一个既不单独代表资方利益,也不仅代表工人利益的"中间组织"。1926 年 8 月 16 日,广州国民政府公布《组织解决雇主雇工争执仲裁会条例》,以仲裁劳资双方因工价、补偿、伤害、工时、雇工待遇而起的不可调和的争执。《条例》注意平衡当事双方的利益,其第二条规定:"仲裁会由政府委仲裁代表一人及有关系之双主各派代表二人共同组织之,如属关系数方之争执则双方之外,其余各方得派代表一人或数人。"《条例》特别规定:"凡雇主雇工之纠纷已呈请仲裁,双方不得采取直接行动,如罢工或闭厂之举。惟在未请求仲裁之前,所发生之罢工或闭厂不在此内。"①要求矛盾、冲突双方借助仲裁平台,充分表达各自意见而达到互让的结果。

南京国民政府成立后,各地多成立劳资仲裁委员会。1927 年 5 月,政治分会委员陈其采提议设立上海劳资仲裁委员会,当即有蒋尊簋、杨树庄(李景曦代)、白崇禧(陈群代)、潘公展、孟心史、褚民谊、杨杏佛等委员附议,即付讨论,结果这项提议在原则上获得完全赞成。《上海劳资仲裁委员会暂行条例》规定:委员 11 人中,政治会议上海临时分会委员 2 人,东路前敌总指挥部政治部主任 1 人,警察厅厅长 1 人,上海总商会代表 1 人,上海县商会 1 人,闸北

① 《国民政府明令公布制定组织解决雇主雇工争执仲裁会条例暨劳工仲裁会条例(1926 年 8 月 16 日)》,台北"国史馆"藏"国民政府"档案,典藏号:001-012141-00009-002。

商会代表1人,上海总工会代表2人,均由政治会议上海临时分会委任。[①] 1928年7月2日,广州政治分会第119次会议公布实施修正通过的《劳资仲裁裁判所条例》,规定裁判所职权为:"凡不属于普通法庭管辖范围之一切劳资纠纷事件,均由劳资仲裁裁判所处理之。"裁判的依据则是该所登记的劳资间缔结的协约。按《条例》规定的组织架构,裁判所设所长1人,由政治会议广州分会任命。裁判所设候选仲裁官10人,其中,高级法官荐任4人,劳动团体荐任8人,实业团体荐任8人。所长在受理劳资纠纷事件后,以公开抽签方法,在法官候选人中选定1人,为仲裁官;且分别在劳动团体、实业团体候选人中各选出2人,同法官一并组成仲裁会。《条例》为保证仲裁的"公正性",规定"仲裁官独立行使其职权,不受任何方面之干涉";当事方不服判决时,需另行组织仲裁会,"曾参加第一次仲裁之裁判,不得重行参与于再仲裁"。[②] 江苏省党部为体现仲裁委员会所选委员的代表性,规定如被推选代表确因故不能出席,仍应由原推选团体另行选派,该代表不能自行请替。[③]

劳资双方因各自利益而冲突,却共生于一个生产共同体中,双方本有互相妥协的可能,只是缺乏必要的沟通机制。该机制对劳资对话、两者关系的调适大有益处。比如,1927年11月,苏州三星厂停办引起工人罢工,为解决工方要求离职待遇纠纷,中央工人部张剑白、黄恢权,中央商人部董光辛等,江苏省党部蒋子英、刘蔚

① 《设立上海劳资仲裁会之建议》,《银行周报》第11卷17号,1927年5月10日,第4页。

② 《广州政治分会新颁劳资仲裁裁判所条例》,《中央日报》1928年7月11日,第3张第2面。

③ 《解释解释推派劳资仲裁委员之疑义》,《中央民众训练部公报》第7期,1936年8月,第60—61页。

凌,苏州商民协会徐梦周,苏州铁机工联会代表张春山、陈文彬,苏州织业会代表刘季卿、陆季皋,三星厂厂方代表李继襄,三星厂工方代表戴沛霖,合组调解委员会;并劝解劳资双方于同月 26 日达成协定办法。其中,对劳方有利的条款有:(1)职工每人发 3 个月退休金,每月大洋 20 元;(2)帮机、摇纡每人发 2 个月退休金,每月大洋 10 元;(3)艺徒每人发给退休金 5 元,路远者发给车舟票。条款中也有利于资方的一点,即工人罢工期间伙食费,没有按一般惯例由资方给付,而改由江苏省党部、苏州市商民协会负责。①

国民政府直到 1928 年 6 月 9 日始公布劳资争议处理法,以 1 年为试行期。1929 年 7 月 12 日,又训令自 1929 年 6 月 19 日起展期 6 个月。该法适用于处理雇主与劳工团体或劳工 30 人以上因雇用条件引起的争议。该法规定:凡经劳资争议先行调解,调解无效或争议延长至 1 个月以上的争议,必须由行政官署仲裁。处理法规定:调解委员会由委员 5 人或 7 人组成,其中行政官署代表 1 人或 3 人,争议劳资双方各派代表 2 人;仲裁委员会则由 5 人组成,其中省政府(或特别市政府)代表 1 人,省党部(或特别市党部)代表 1 人,地方法院 1 人,劳资双方代表各 1 人。②

各地所推定的劳资仲裁委员会委员,劳资双方各具特色(表 5-4、表 5-5)。从 1932 年北平市雇主与工人团体推选的委员名单可知:

第一,26 名资方团体代表全由商会工厂联合会共同推选,代表本身自然以工厂联合会成员为主(11 人),全部都是工厂、行号经理(17 人)、董事(2 人)和高管(6 人)。21 名工人团体代表中有 16

① 《苏州三星厂停办后劳资双方协定办法》(1927 年 11 月 26 日),台北国民党党史会藏,档案号:部 1920。

② 《劳资争议处理法》,上海特别市社会局编:《上海特别市罢工停业统计(民国十八年)》,上海:商务印书馆,1930,第 137—139 页。

名工会理事、4 名秘书，以及庶务、会计等行政人员。16 名理事中有 5 人为专任理事。有职业的代表仅 12 人，分别从事拴大车（2 人）、西服（2 人）、印刷（2 人）、地毯（2 人）、机修（2 人）、司机（1 人）、粪夫（1 人）等业。工人团体代表均由各职业工会所推选。

第二，资方团体委员具有广泛的社会关系，有着较为丰富的社会阅历及专业知识。游艺园经理胡显卿是民众娱乐的革新者；怡立煤公司总经理杨以俭担任过北平总商会主席，也有在河北财政整理委员会任职的经历；电车公司代表郑际明还曾任职于大学、卫戍司令部；仁立公司经理凌其峻曾为大夏大学理科主任。相反，工界团体代表普遍缺乏多种类型的工作历练，仅自来水工会王世珍曾任职于北平市党部工人团体指导委员会。另外，劳资团体代表中各有 1 名律师。

表 5-4　北平市 1932 年雇主团体推选第三届劳资仲裁委员名单

姓名	年龄	籍贯	在会职务	现在职业	曾任职务
滕瑞庭	47	辽宁	工会联合会委员	电灯公司工务处长	—
孙庆余	38	山东掖县	糕点业公会主席	正明东栈总经理	—
胡显卿	40	浙江绍兴	剧场业公会主席	城南游艺园和记经理、西单游艺场经理	新闻记者公会第一届监委、《东方晚报》记者、《艺光报》社长、民众娱乐革新委员会委员

续表

姓名	年龄	籍贯	在会职务	现在职业	曾任职务
杨以俭	63	河北天津	工厂联合会委员	怡立煤矿股份公限公司总理	北平总商会主席、铁路商务协进会副主任、全国矿业联合会理事、河北财政整理委员会委员、筹备自治委员会委员、国煤救济会委员
邢大安	33	北平	—	丙寅食料品工厂经理	京毯第一工厂厂长、实业科科长
孙鸿翥	61	山东掖县	商会监委	临记洋行经理	—
侯福宸	47	河北宛平	纺织业公会主席	正记工厂经理	—
邹寅生	57	山东牟平	—	双合盛啤酒厂	北平市商会董事
汪孟舒	46	江苏吴县	工厂联合会委员、干事	通文油墨社工务主任	本市电车公司营业处长
郑际明	30	山西屯留	工厂联合会委员、干事	电车公司工程处事务课主任	京奉铁路局电务科长、山东大学学工科教员、平津卫戍司令部交通处科员
范新度	36	湖南长沙	—	电车公司车务课主任	上海申新、大华、宝成各纱厂建筑工程师,江西华洋义赈会工程师,平汉路机务处文牍课长

续表

姓名	年龄	籍贯	在会职务	现在职业	曾任职务
杨鸿绶	58	河北天津	工厂联合会委员	自来水公司经理	印刷局总务科长
王稚圃	41	浙江	工厂联合会委员	京华印书局副经理	上海商务印书馆营业部文牍主任
项镇芳	47	江苏上海	工厂联合会委员	丹华火柴公司平厂经理	国务院秘书统计局签事
王琴希	54	江苏吴县	工厂联合会委员	玉泉酿造公司董事	农商部技正
章备吾	45	江苏松江	工厂联合会干事	丹华火柴公司董事会秘书、第11自治区公所常务委员	高中初各级学校教职员、分发农商部荐任职任用
张少薰	45	河北高阳	工厂联合会委员	经纬工厂经理	北京大学办事员
郎钟骏	39	河北大兴	—	开源地毯工厂经理	中等工业及女子高等师范教员
刘起亭	31	河北大名	—	光明料器工厂技师	—
李黎轩	35	河北临城	工厂联合会委员干事	燕京地毯工厂经理	盲哑学校教授
凌其峻	36	江苏上海	工厂联合会委员	仁立公司经理	上海中国制瓷公司总工程师、大夏大学理科主任
王善昌	35	河北永清	—	律师兼电灯公司法律顾问	律师公会会长

续表

姓名	年龄	籍贯	在会职务	现在职业	曾任职务
张庆斌	54	河北冀县	铜锡业公会主席	洪顺铜厂经理	财政部炼铜厂提炼科科长
王润东	44	河北冀县	景泰珐琅业公会主席	中兴号珐琅庄经理	—
刘翰卿	—	河北深县	—	永增机器工厂经理	—
褚聘三	53	江苏奉贤	—	财政部北平印刷局工务处长	—
注：以上委员由商会及工厂联合会共同推选					

资料来源：《行政院关于公布劳资争议处理法训令及北平市政府令所属工人、雇主各团体推选仲裁委员会训令》(1930年1月—1936年2月)，北京市档案馆藏，档案号：J001-002-00017。

表5-5　北平市1932年工人团体推选第三届劳资仲裁委员名单

姓名	年龄	籍贯	在会职务	现在职业	曾任职务	备考
任凤阁	47	河北	在会充任法律顾问	律师	历充律师	粪夫职业工会推选
刘中言	35	山东	工会理事	在粪厂工作	历充第十自治第七坊助理员、育德学校校董	粪夫职业工会推选
郑浩然	31	河北	工会秘书	—	历充小学教员	粪夫职业工会推选
潘晓峰	31	河北易县	工会庶务	工会理事	—	丹华火柴产业工会推选

续表

姓名	年龄	籍贯	在会职务	现在职业	曾任职务	备考
贾贺祥	27	河北通县	工会会计	工会理事	—	丹华火柴产业工会推选
李光澄	36	河北通县	工会司账	工会理事	—	丹华火柴产业工会推选
项咸谦	39	河北宛平	工会理事	司机	警界	电车职业工会推选
马振源	31	河北大兴	工会理事	工会理事	军界	电车职业工会推选
李书林	28	河北大兴	工会理事	案匠	—	电车职业工会推选
王世珍	40	河北武清	工会理事	修机工匠	北平总工会常务委员、市党部工人团体指导委员会总务股主任、劳工俱乐部常务干事、各界抗日会第四检察所检查员	自来水产业工会推选
李善	24	河北大兴	工会理事	地毯部作工	—	毯业产业工会推选
张德洞	26	河北昌平	工会理事	地毯部作工	—	毯业产业工会推选
冯少青	45	天津	工会理事	华北日报	华北日报	印刷职业工会推选
李涵溥	36	河北深县	工会理事	工会理事	各种印刷职业	印刷职业工会推选
齐英方	36	浙江	工会理事	民国日报	北大工人	印刷职业工会推选

续表

姓名	年龄	籍贯	在会职务	现在职业	曾任职务	备考
殷化南	37	北平	工会理事	—	工会理事	大车夫工会推选
马俊	38	北平	工会理事	拴大车	拴大车	大车夫工会推选
王浩	56	北平	工会理事	拴大车	工会监事	大车夫工会推选
孙德林	27	河北通县	工会理事	西服	—	缝纫职业工会推选
孙德发	32	河北通县	工会理事	西服	—	缝纫职业工会推选
常少甫	49	河北宛平	工会理事	—	—	游艺场工会推选

资料来源:《行政院关于公布劳资争议处理法训令及北平市政府令所属工人、雇主各团体推选仲裁委员会训令》(1930年1月—1936年2月),北京市档案馆藏,档案号:J001-002-00017。

由此可推断,资方团体代表相比劳方代表更具有处理复杂社会关系的人脉和能力。

仲裁会、仲裁委员会为劳资双方商洽共同利益提供了一个交互平台,但对平息、消解劳资冲突作用仍然有限。周钟岐曾如是评价上海劳资调节会的弱点:该组织大纲中虽有由该会"呈请市政府强制执行决案"一条,但是无"强制禁止调查期内不得自由休业或罢工"的限制。[①] 他质疑该会平息劳资之争的权威性、有效性。王世杰也有过类似的言论:"我们亦承认和解与仲裁诸制,在我们现

---

① 周钟岐:《劳资调节会的弱点》,《现代评论》第6卷第138期,1927年8月6日,第19页。

时的劳动法规中,不能不占一个重要的地位,而有精密研究之必要。可是同时我们要明了这种制度功用的限度:这一类的制度都是补救于劳资冲突发生以后的,而不是劳资冲突的预防手段。这种制度的存在,至多也不过可使既经发生的劳资风潮,不致泛滥横流,演为大规模的或长期间的罢工和闭厂而已。"①实际上,此种组织干预劳资冲突的有效性,因地因时,特别因主管者而大有不同。1929 年,张定藩继黄郛任上海市市长,邀请钱承绪充任参议一年零八个月。钱承绪成立劳资仲裁委员会、市政设计委员会等七八个机关。他作为劳资仲裁委员会主席,编订了各种劳资的法规及争议的处理条例,解决了丝业罢工、新新公司纠纷、南洋烟草公司浦东厂纠纷等大小百余起风潮。②

有必要指出,在社会动荡期,凡经劳资调解、仲裁成功化解矛盾的案例,一般都有党政机关威权的干预。1946 年 1 月中旬,著名棉纺企业海门大生纺织公司大生三厂的部分设备开机(开锭 1 万枚,300 余工人)仅半个月,便有数百女工来厂要求救济,妨碍生产。众女工中混有"事变"(1938 年 3 月海门被日军占领)前退职者、违纪被除名者及本非该厂的工人。海门县长一面以该厂"提倡国家生产,发展地方工业,自应予以维护",布告职工"不得煽动工潮,危害治安","倘敢故违","定予严惩不贷";一面指令该厂从速全面开工救济工人。经厂方提议并资送女工代表赴上海向总公司请愿,总公司同意"量予救济""最贫苦工友",但提出为防浮领、冒领,工友必须提供"事变"前的任职证明。27 日,劳(女工代表 12 名)、

---

① 王世杰:《国民党的劳工政策》,《现代评论》第 7 卷第 165 期,1928 年 2 月 4 日,第 2 页。

② 倪大恩:《工业家钱承绪先生传略》,《教育与职业》第 172 期,1936 年 2 月 1 日,第 133 页。

资(厂方代表仅1人)双方调解会召开,县政府、党部、国军团部代表出席。双方协商2小时后,经仲裁议定:(1)未复工工友1986人由厂方津贴每人法币1000元;(2)29日开始发放津贴。劳资双方均表赞同。会议争论焦点一是女工年龄。厂方提出按“事变”前政府规定的至少13岁方可入厂计,经过八年的战争,女工至少满21岁者方可予以救济。众女工以八九岁入厂经历为由加以反对。党部代表“指示”以现年20岁为标准。焦点二是津贴额。厂方提出津贴“伪券”10万元(法币500元),劳方要求发给法币5000元。军部代表“指示”以法币1000元为限,以免厂方负担过重。该厂在机件被敌伪破坏,又缺燃料条件下,确实依调解案如期发放了津贴。[①] 能顾及双方利益的、必要的强势干预,有利于劳资双方较快达成和解。

(三)全面抗战后:劳资评断委员会与工资评议会

“劳资评断委员会”是经济动荡时期劳资交互沟通的新管道。全面抗战复建后,各行业劳资争议殊为频繁而复杂。1945年8月至1946年3月底,收复区上海劳资争议840件,多因歇业、停业、解雇而起,而因改善待遇的仅108件,约为总争议数的13%。[②] 资方在争议中占有主导权。大后方争议诱因,一般多为劳工要求复工、改善生活。劳工占争议的主动权。1946年4月间,行政院令发《复员期间劳资纠纷评断办法》,要求各市县设置劳资争议评断委员

---

① 《关于调解大生三厂职工工潮事项(1946年2月15日)》,海门市档案馆藏,档案号:506-25-2835。

② 王善宝:《胜利后上海市劳资争议统计》,《社会月刊》创刊号,1946年7月5日,第52、53页。

会。其委员会由产业工会、职业工会、商会、同业公会负责人及地方社会、治安、粮食、卫生、行政主管人员9人至15人构成。评断会职权为:依照复员期间民营企业工资调整办法,督导厂矿交通公用企业调整工人待遇,以安定工人生活,以防纠纷。上海等地市政府相继出台《劳资评断委员会组织规程》,组织评断委员会。上海市劳资评断委员会于1946年5月5日成立,由治安(淞沪警备司令部参谋长谭煜麟)、经济(经济部特派员张兹闿)、卫生(卫生局局长张维)、粮食、行政(社会局局长吴开先、公用局局长赵曾珏)部门主管人员及参议会(参事钱乃信)、市商会(商会监事王晓籁、百货业同业公会萧宗俊)、总工会(总工会整理委员会主任委员朱学范)负责人为委员。吴开先为主任委员,陆京士为高等顾问。“海上闻人”华商电气公司理事长杜月笙亦位列其间。① 最初,该评断会的评断较偏袒资方,例如:(1)提高生活标准,强化生产效能,降低成本;(2)每日可延长工作时间不超过1小时,每日总工作时间不得超过12小时,延长工作时间资方可不给工资;(3)计件工人的工作量,以指数解冻前6个月工厂各部门每个月最高工作量为依据;不能照规定付给工资的厂号,可按指数以9折或6折支付工资。②

1946年6月后,这一局面发生逆转。上海市劳资评断委员会出台系列“劳工单行法规”,分呈社会部与上海市政府备案,补充现行劳工法规中“遗漏而未规定”的与劳资关系相关的条款。包括:《处理工潮五项办法》《工厂解雇无定期契约劳工发给解雇金办法》《各业工会理监事公假办法》《工会职员论件计薪者其公假期间工资计算办法》《工厂暂时停工工人发给维持费办法》《产业工会会费

① 《上海市劳资评断委员会组织规则》,《社会月刊》创刊号,1946年7月5日,第82页。
② 陈达:《我国抗日战争时期市镇工人生活》,北京:中国劳动出版社,1993,第426页。

由厂代扣办法》《上海市各工厂及直系亲属婚丧给假暂行办法》《上海市工资调整暂行办法》《上海市评断工资实施准则》《修正上海市各公用事业公司职工退职金临时办法》《上海市外商公用事业职工假期通则》《上海市稻业工会会员参加会员大会或代表大会给假办法》《上海市各工厂雇用临时工限制办法》,内中条款基本都有利于劳方。上海市社会局劳资评断委员会还于7月对资方开除工人规定了若干限制条件:第一,因不可抗力工人局部歇业一个月以上者;第二,不能胜任工作者;第三,违背工厂规则,情节重大者。①

地处大后方的重庆江北县富藏煤铁,炼铁等厂实为劳资冲突之多发地。评断会确实能够帮助企业消除即将发生的劳资冲突。就在当年6月,天厨重庆厂工人要求加薪,厂方考虑到由评断会裁决损失更大,遂按较低标准满足工人要求。1946年8月,该县为应对劳资纠纷,成立以主任赖德孚(县政府社会科长)及党部书记、县商会理事长、县总工会代理事为常务委员的劳资纠纷评断委员会。其他委员则为县青年团干事长、县田管处处长、县参议会议长、县卫生院院长、县财政科科长、县警察局局长、县稽查所所长。② 黄锡恩在致老板吴蕴初函中如此劝解,“政府为求解决工资问题”,“组织劳资评断委员会按月调查物价决定工资由政府公布,饬劳资双方一体遵照。此项决议决不轻率偏袒”,“此项办法之适用富有强制性,以示保护”。③

当时,各地劳资评断会多有保工之决议,资方代表在评断会中因人少而“失声”。1946年7月23日,天津市劳资争议评断委员会

① 《社局规定开除工人条件》,《联合经济研究至通讯》第3期,1946年7月,第22页。

② 江北县劳动局编:《江北县劳动志》,内部资料,1992,“附录”第327—328页。

③ 黄锡国:《黄锡国致吴蕴初函(1946年7月6日)》,上海市档案馆编:《吴蕴初企业史料·天厨味精厂卷》,北京:档案出版社,1992,第271页。

召开首次全体委员会议,解决了海河工程局、东亚毛织公司及天津造纸厂工潮。市长张廷谔原是工业专家,即席发表的政见尤有特点。他称本委员会名义上为评断,实含有管理之性质,即协助各工厂当局,管理行政设施,同时“对于工人之福利,亦将尽力讲求”。王竹铭,直隶模范纱厂首任厂长,在华北各纱厂数度担任经理,寄希望于该委员会能改善劳资关系,其方法即“临时可以评断劳资之争议”,平时则厉行工厂调查与管理。王氏还要求在该委员会中增加资方权重,即在原有委员外,将全国工业协会天津区分会之常务理事、中华生产促进会华北辅导委员会之常务委员列为当然委员。① 1947 年 6 月 4 日,上海劳资评断会通令,各业工作时间每日最多 12 小时。

劳资评断会在政府的主导下对解决冲突有一定效果。1947 年 2 月间,镇江久丰纱厂男工要求资方发放 1946 年度年终奖,不仅未达目的,反而有 17 人被资方威迫辞职,部分女工起而怠工,以示抗议。28 日,县府应双方调解的要求,召开评断会,决议:被迫辞职之工人,应即复职;厂方应从速发放 1946 年度年终奖,并援例先行按月薪标准发给 2 个月;原自动辞职之童工的储金及工资应于即日全部结清。厂方全盘接受此决议。②

1947 年初,吴县城区公共汽车公司成立仅 10 个月,就因裁员而起纠纷。6 月 7 日,县府社会科召开城防部督察主任、县党部及劳资双方代表出席的调解会。劳方坚持要求厂方发给解雇者 3 个月解散费,追发 6 月份工资;资方以公司“腐蚀进巨”,仅允诺至多发给 20 日解散费(工作时间 3 个月以下者给 10 日)。两方意见相

---

① 王竹铭:《唯劳资争议评断委员会为能挽救中国目前工业之危机》,《工业月刊》第 3 卷第 8 期,1946 年 8 月,第 5、6、7 页。

② 《镇海久丰纱厂劳资纠纷解决》,《宁绍新报》第 4 期,1947 年 4 月 10 日,第 4 页。

差甚远，调解失败。但到6月16日，经劳资纠纷评断会裁决，结局出人意料。此次评断会依法组成委员中除保留城防指挥部代表、县党部代表、总工会代表外，增加警察局、参议会、商会、建设科、财政科代表，劳资双方代表还是原班人马，评断结果大利劳方：(1)工作未满3个月者，发半个月遣散费；工作满3个月未达1年者，发1个月遣散费；(2)解雇者6月份工资照发；(3)公司再开辟新线路，优先录用解雇员工。此外，资方还主动给在公司创办时入职的工人，发放半个月资金，"以示酬劳"。[①]

在一个时期内，劳资评断会对劳方多有同情。1947年10月，重庆市召开第14次劳资评断会，决定该市指定评议的产业工人工资比照9月标准增加40%，未经指定评议之产业工人工资参照10月份工人生活费指数，由劳资双方自行协议。[②] 陆京士曾相信，政府"如美国实行的一样"，用调解及评断方式，来解决劳资争端，"这是符合民主的原则"。劳资双方都有代表参加，"这还可以促进劳资合作、增进劳资间的谅解"。[③]

"工资评议会"还是应对经济狂潮的"中间组织"。1947年3月，行政院公布实行《评议工资实施办法》，指定镇江、无锡、杭州、宁波、芜湖、安庆、广州、汕头、桂林、梧州、厦门、南昌、九江、武汉、重庆、成都、康定、贵阳、昆明、长沙、西安、兰州、太原、开封、郑州、

---

① 《吴善庆关于出席城区公共汽车裁员纠纷试行调解会议的报告(1947年6月7日)》《吴县县政府为城区公共汽车公司劳资纠纷评断成立抄发笔录令吴县商会(1947年6月16日)》，马敏、肖芃编：《苏州商会档案丛编》第6辑(上册)，武汉：华中师范大学出版社，2011，第483、484、485页。

② 《渝产业工人工资重予评定》，《联合经济研究室通讯》第18期，1947年10月，第16页。

③ 陆京士：《工人自己的节日：谈今后中国工运的方向》，《申报》1947年5月1日，第2张第7版。

济南、青岛、天津、北平等地为评议工资实施地区,分设工资评议会(如已设立劳资纠纷评断委员会,可由该会兼理工资评议)。[①] 这也是一种包括劳资团体在内的“中间组织”。未设劳资纠纷评断的宁波,依法设立工资评议会。1947 年 5 月,因物价暴涨,工资过低,宁波县织布业工人向政府要求调整工资,经数度折冲,始获政府评议。此判定要求资方以 1937 年工资为底薪,以中等米价折算工资,劳资双方均接受,持续了月余的织布业工潮暂告平歇。7 月后粮价高涨,工人生活指数因百物价格变动,骤增至之前的 28300 倍。依照政府法令,工资自应按比例递增,但织布厂商不理政令,拒绝增薪。织布工会于 7 月 15 日呈请县府重行调整工资,资方则阻挠拖延。政府为了解工人实际工资收入,于 8 月 28 日召集县党部、总工会、劳资双方,至各厂调查。各代表发现每日人均“净收入”仅有 2500 元左右,“一致认为有亟予调整之必要”。工资评议会经数度商议,于 9 月 5 日决议:“工资底薪照原定数增加一成,自九月起按月依照生活指数计薪发给,惟八月下半月工资,如已依食米折算者,从其折算,未依食米折算者,得照八月工资增加五成。”依此原则,每日工作 12 小时以上之织布工人,每月所得除膳食外,有 30 万元左右。不料资方竟抗违政令,当场拂袖退席,致工资纠纷迁延难决。[②]

1947 年 11 月 19 日,为配合“戡乱”,行政院命令制定《动员戡乱期间劳资纠纷处理办法》,同时将《复员期间劳资纠纷评断办法》废止。《动员戡乱期间劳资纠纷处理办法》规定:“动员戡乱期间,凡工矿、交通、公用事业发达之地区,为谋劳资问题之迅速处理,以

---

① 《省政府给省社会处的训令》,云南省总工会工人运动史研究组编:《云南工人运动史资料汇编(1886—1949)》,昆明:云南人民出版社,1989,第 478 页。

② 《织布业劳资纠纷各执一词解决难》,《大报》1947 年 9 月 7 日,第 4 版。

安定生产秩序,均得呈准设置。该地区劳资评断委员会,隶属于市县政府。”《办法》明确规定:该会设委员 9 人至 15 人,“由县、市政府就当地社会、经济、治安、粮食、卫生、行政主管人员及参议会、商会、总工会,暨重要同业公会、产业职业工会及其他有关机关负责人,分别聘派充任之”。其中,以社会行政主管人员为主任委员,综理会务,并由委员互推 3 名常务委员,处理日常会务。主任委员于劳资发生纠纷时,要指定有关之同业公会及产业职业工会负责人充任临时委员,要求劳资双方派代表列席会议。该《办法》为保证劳资双方充分对话,还规定“雇主或工人在未经劳资评断委员会评断以前不得因任何劳资争议停业、关厂或罢工、怠工”。此《办法》与此前劳资调解、仲裁相比有两点不同:第一,《办法》注重工人生计,降低了工潮发生的可能。《办法》第 6 条规定:“应依照当地适用之有关法令之规定,随时考察企业营业及工人生活状况,为适当之调整,以安定工人生活维持生产,防止纠纷。”第二,“处理”结果具有强制的终裁性质。《办法》第 8 条规定:“劳资评断委员会之裁决,任何一方有不服从时,主管机关得强制执行。其情节重大者,并得依照《妨害国家总动员惩罚暂行条例》惩罚之。”①此前,所谓评断未必有效。1947 年 9 月,汉口市染织业工人,以工资低微无法维持生计,一致要求该业工会向资方交涉。该业工会函请染织业同业公会转各属各厂按照生活指数增加工资,为资方所拒。染织业工会报请市府由评断委员会断处,但资方仍不遵照裁决实行,工人只得罢工。② 即使评断决议生效,也常是工人罢工的结果。同

① 《行政院令制定动员“戡乱”劳资纠纷处理办法》(1947 年 1 月 1 日—1947 年 12 月 31 日),北京市档案馆藏,档案号:J001-002-00552。

② 《染织业劳资纠纷仍未获得解决工人将作最后要求》,《工人报》1947 年 9 月 3 日,第 4 版。

年,汉口市袜机制造业工人,因资方违背市政府劳资评断会之决议,拒不改善待遇,于 8 月 29 日罢工。经机器业同业公会出面调解,资方始接受评断会的办法,决定将 6 月 16 日以来的欠资发给工人。①

不过,评断会毕竟是一个为劳资双方提供相互沟通渠道、化解利益冲突的平台。1948 年 3 月,福州市经建汽车公司提高票价 66%,员工以待遇"低微"(月薪百万余元及 3 斗食米),要求公司随提高票价而提高工资。劳资双方意见相左。福建省政府社会处派员调解无果,遂求助于福州市政府速开劳资纠纷评断委员会。4 月初,经市政府、省社会处联衔召集省公路工会福州分会、经建汽车公司及有关单位会议裁定,公司自票价增加之日起调整员工待遇。②

天津市还成立了专门"工运小组",强行干预劳资矛盾,以应对市面的罢工风潮。1948 年 4 月,美古绅洋行天津分行工人为增加工资而罢工,资方状呈市长杜建时,要求保护。社会局局长胡梦华奉市长命令,将本案提交至"工运小组"讨论。5 月初,该组议决,按国家总动员法第 14 条("政府于必要时得以命令预防或解决劳动纠纷,并得对于封锁工厂罢工怠工及其他足以妨碍生产之行为严行禁止。")拟定《天津市地毯业工资调整暂行办法》,饬令劳资两方遵行。该《办法》规定:从当年 4 月 16 日起,每工工价增加 150%(原每工工价 68000 元,现为 170000 元)。同时,要求每位工人必

① 《袜机业劳资纠纷工资纠纷获解决》,《工人报》1947 年 9 月 3 日,第 4 版。

② 《福州经建汽车公司劳资争议谈话会纪录(1948 年)》,福建省档案馆、福建省汽车运输公司合编:《福建省公路运输史》第 1 册(资料汇编)第 1 集,内部资料,1984,第 617—618 页。

须达到每月(以28日计)28至30方尺的最低生产标准。[①] 该"工运小组"实际上就是一个兼具仲裁性质和执行能力的"中间组织"。

从功能性来看,工人福利委员会也可以归入中间组织。该组织具有一定的调适劳资关系的功用。1936年初,南京市工人福利委员会常务会议决议呈请党政机关令各同业公会在农历年关内,"不得借故开除工友,以维工运"。[②] 中国劳工福利协会总会于1945年5月1日由国民政府社会部及组织部宣告成立,其成立虽有取代中国劳动协会之意,但因会员聚合了工业家、工程师、大学教授、工会领袖及工人,[③]劳资双方仍可以总会交换意见,以维系劳资合作。

此外,也不得不说,由店东、店员合组的工商同业公会虽因组织形态的混杂性而为工会、工运领袖所诟病,但抛开组织形态而从实际功能来看,同业公会同样是劳资相互沟通的"中间组织"。

四、基督教青年会与工人社区

(一)启发工人群体的自觉

《时兆月报》于1908年由美国基督复临安息日会传教士米勒在上海创办。在1919年的五四运动中,该杂志刊发文章,引用《圣经》语录谴责"只知积攒钱财"的资本家终会遭到主的审判;告诫资

---

① 《(天津市政府社会局长胡梦华)为处理美古绅洋行地毯工厂罢工纠纷致杜市长的呈(1948年5月8日)》,天津市档案馆藏,档案号:J0002-3-007749-007。

② 巍峙:《国内劳动界大事日记(1936年1月1日起至3月31日止)》,《劳动季报》第9期,1936年6月,第174页。

③ 陈达:《我国抗日战争时期市镇工人生活》,北京:中国劳动出版社,1993,第266页。

本家自工人团体盛行后,必须注意工人的工价,以免因工人罢工而蒙受重大损失;同时告劝工人要用“正当之法”,扶助“一切受欺不平之工人”,否则“反足摇动人心,致生乱事”。其所谓“正当之法”,是希望工人信奉基督而选择“坚心忍耐”。① 那时,一些宗教性组织极为重视在工人中宣教。1921 年,在广州有团体开办“夏令工人谈道会”。时间安排在每日下午的 1 时至 2 时,其目的一是“使工人身体不致疲乏,多得休息”;二是“使工人多得圣经知识,俾明真道”。谈道会分为甲乙丙三班,凡信教者编入甲班,凡听道久而未入教者编为乙班,无基督教经验者合组丙班。当年听者有 120 人,甲班人数约占 1/5,大半为乙班学生。各班“间或请宣教士演讲,而工人亦热心求道,听之娓娓不倦”。至“收割会”时,竟有 5 人归主。②

在基督徒开办的实业中,工人中不乏教友。商务印书馆因由基督徒创办,馆中教友即归沪上三长老会管理,到 1920 年底该馆伙友中教友已占 1/5。由马应彪、欧彬创办的上海畜植公司,员工中有 7/10 是基督徒。先施公司还设有德育研经班,每逢礼拜日上午休业,开“德育聚会”。“常年延请教会名人轮值讲道,各伙友须一律赴会。”永安公司设有德育部,逢主日休业半天,聘请各教会牧师及名人演说,到 1920 年底归主者已达百数十人。③ 1923 年,艾迪博士再次到访中国,除了布道,还调查了上海、天津、烟台一带工业状况。他发现烟台的工厂中,只有基督徒开办的工厂礼拜日才会停工;另一家由中国基督徒创办的制革厂,“厂中的情形,在各小工厂

① 《工人团体》,《时兆月报》第 13 卷第 11 期,1919 年 6 月,第 12、13 页。

② 《夏令工人谈道会》,《南大》第 5 卷第 3 期,1921 年秋季号,第 141 页。

③ 张英魂:《基督徒与实业》,中华续行委办会编:《中华基督教会年鉴》第六期,上海:中华续行委办会,1921,第 124、126、127 页。

中,要算他为最佳了”。这家制革厂较为人性化。厂主主动将工作时间从16小时减至10小时,童工和成年工每月可得5元5角到8元5角的薪水。学徒的待遇亦比其他厂好,厂方除供其衣食外,每月另给3角5分的津贴。到第2学年,可有每月1元的津贴。到第3年,学徒每月可赚4元。①

在传教之外,外国基督教徒也帮助改善工人生存状况。1913年,乔治·马西森开始在上海人力车夫中布道,开办初级教育,开展救济,其目标是“使饥饿的人得吃,裸体的人得穿,害病的人得医治,在黑暗中的人得光明”。1919年至1920年,教会为车夫发放74230张饭票,分发8400份圣诞饭;送156人去医院治病;有900人每月享用福音会的过夜收容设备;主日学校每周参加人数达800人。其间,许多车夫成为教友,并传递“福音”。福音会经费较充裕,1919至1920年的捐款和认捐款共计鹰洋5000余元。由北京几个女宣教师于1917年1月发起建造,到1920年底建成的10座木制人力车夫休息所,日夜提供开水。每一休息所费用从200到350元不等,全为募捐所得。杭州教会于1920年圣诞节,专为人力车夫举办两场游艺会,有800人参加活动。②

宗教进入工商界,不仅是“零星”的个体行为,也是宗教的“社会运动”。1920年,有国人将“指导”中国劳动运动的工团(Trade Union)分为三派:共产派、劳动组合及基督教徒所组织的劳动团体。在他看来,共产派即以维护劳动阶级为最终目的,主张直接行动(罢工),如上海中国劳动总同盟;基督教派主张立法运动,如上

① [美]艾迪博士授意,远涛辑译:《中国工人概况之调查》,《青年进步》第62期,1923年4月,第27—29页。

② 中华续行委办会调查特委会编:《1901—1920年中国基督教调查资料》下卷,蔡咏春、文庸、段琦等译,北京:中国社会科学出版社,1987,第950、951、952页。

海全国基督教协进会工业委员会;劳动组合"自不免受两派影响",即其罢工大抵为增资,如广东的中华海员工业联合会。全国基督教协会工业委员会成立于1923年1月,工作重在宣教与调查。1924年1月英国安特生女士能来华约集中西纱厂主讨论劳动问题,即因该会之邀请。① 同年10月1日,基督教全国工业会员霍进德博士、丁门女士由沪到甬演讲。上午在江北岸卢家道头圣道女校召开宁波基督教工业委员会,到会有麦会基、谢凤鸣等中西人士10余人。下午在甬江女子中学举办演讲会,到者中西300余人,讲题为《基督教如何解决劳资冲突问题》。其主旨在于宣传基督教理想工业社会,提醒资本家"急宜改良现今工厂之非人生活"。2日上午,两人邀请新闻界人士与青年会开会,到会者有李雄、张超、骆漱清、杜士隐等10余人,"讨论宁波工业上应改革、应宣传一切事宜",并决议组织工业宣传团。②

在1920年代"非基督教运动"后,基督教无疑是"文化侵略"之符号和被打倒的对象。在此关系基督教在中国的存亡之际,中华基督教教会全国总会领袖诚静怡、高伯兰、范定九,于1929年10月1日发表《本总会致堂会诸公一封公开的信》,号召开展"目前紧要工作计划"。该计划包括"巩固都会的本身""宣传基督的福音""扩大同情心的表示"三大方面。除定于1930年1月1日开始举行扩大布道"五年运动"外,更多工作被放在以事工争取社会的同情上。与"扩大同情心的表示"相关的工作,计有征集并散放赈款、促进拒毒运动、提倡废娼运动、提倡废除妾婢制度的运动、促进保障农工的运动、促进公共卫生运动等。其中该《公开信》这样阐述

① 孙几伊:《中国之劳动运动》,《晨报副刊》第96号,1925年5月1日,第2、3页。

② 《全国工业会委员来甬演讲》,《申报》1924年10月4日,第7版。

“促进保障农工的运动”：

农工两界都是劳动者，他们的问题能得解决与否，已成为社会安危问题的中心。我国人口百分的八十五在乡村……在都市的百分一十五，工人又居大多数……保障农工问题，已成为中国立国之本。农工在国民当中处在下层阶级的地位。事业的种种，都是农工手足勤劳所成就，却非农工自身所得享受。现在社会的一切，概为资产阶级所有，法律的保障，也都是为保障资产阶级而设。……自孙中山先生的三民主义提倡以来，农工的运动，正如旭日方东，以为光明可以大放……如今又是甚么民众运动，都觉失神丧志，意态销沉！农工的保障到底在哪里？比方农民的疾苦（消极方面）是兵灾、匪患、迷信、赌博、鸦片烟、苛捐杂税、贪官污吏、土豪劣绅……农民的福利（积极方面）是农作的改良、水利的讲求、山林的培植、垦植的开拓、经济的发展、识字、合作、交通、卫生……那一件疾苦已经解除？那一椿（桩）福利已有进步？欲求农工运动成功，重要的一点就在乎（于）如何唤醒农工的自觉，起来自决！这个须赖有很好的一个领导工作，实心爱民去干。基督教男女青年会在各地都注意农工运动，教会也高唱着“到民间去”的调子……只是实际加入农工的生活，和他们作朋友同忧乐的还不多有……本会各级会应该实行到民间去的工作，总会应该竭力随时促进这种“到民间去”的农工运动，达到成功。①

---

① 《本总会致堂会诸公一封公开的信》，《总会公报》第 1 卷第 10 期，1929 年 9 月，第 302 页。

这是中国基督教深入乡村、工厂的宣言书、指导书。

(二)工人社区固化群体认同

1915年,北京基督教青年会干事步济时(John S. Burgess),创办北京社会实进会,开展救助贫民工作。1915年,沪江大学社会学系创建者葛学溥(Daniel H. Kulp),在对杨树浦地区的调查基础上,在该校组织的“沪江社会服务团”中,分派学生指导校工及乡村孩童读写,向村童布道。1917年,葛氏在校外发起“沪东公社”,从事社会服务工作,沪大社会、教育、经济、宗教诸系同学,因此得到了实习的机会。沪东公社实质就是一个工人俱乐部,内有洋房一座,用于教室、职员宿舍、礼堂、游戏场所。葛氏任满回国后,钱振亚主持公社工作。沪东公社成立之初,与各工厂合办职工补习学校,开设实用英语、工人会话学、尺牍、国文、算术、常识等课目。到1934年6月底,历届毕业生已有2000余人,在校生450余人,“因受社会教育而擢升高级位置者,颇不乏人”。公社于1925年初开办的初级中学和完全小学,为工人子弟求学之所,男女学生有250余人。该公社发展体育事业,办有足球队、篮球队、乒乓球队、技击团;注重工人娱乐,组织沪东剧社、歌舞团。沪东公司还与上海女青年会合组“女子前导团”、平民女校,前者以改良家庭为宗旨,召集家庭主妇讨论家庭问题。该公社与中华幼慈协会合办托儿所,与中华纺织学会合办纺织班;与新华银行合作,提倡工人储蓄。沪东公社合作单位包括沪东商联会、杨树浦纱厂、女青年会、中华慈幼协会、中国纺织学会、沪东教会、商务印书馆、新华银行、沪大同学会、上海电力公司、沪大学生自治会、班达公司、慎昌洋行、怡和纱厂、祥泰木行、怡和蛋厂，其事工规范可见一斑。[①]

杨树浦为工人聚焦之地，工人手足胼胝所得，却失之于赌博。在有浸会背景的沪江大学中，众"师母"集资修筑一房舍，名之"模范室"，内分厨房、客厅、卧室。房之周围四开窗户。模范房舍建设之目的，"一可借之以树乡村建屋之模范；二可使一般青年因此有真正之娱乐，造成其完全人格，为国家好公民"。模范房舍附设工人夜学1所，专授以普通常识、浅近科学、注音字母、演讲方法、游戏等。夜学有教员6人，每日来学者40余人。[②]

基督教团体中工作最为扎实、卓有成效者，首推上海中华基督教青年会。青年会专设职工部，楔入工人之中。该会抱持"非以役人乃役于人"的宗旨，培植劳工专门人才，联络各大学，组织劳工问题研究会，分赴工厂调查。1929年5月30日，上海中华基督教青年会会团协会职工部总干事美国人宁约翰与干事骆传华，邀集该市党部及总工会代表开茶话会，讨论职工问题。宁氏报告了其考察的广东、湖北各地职工情况，关心工会生存境遇，强调"目前各地资本家、厂主等对于工会之组织不能十分了解，时生误会，致酿成罢工"。[③] 而青年会的事工确实如会中人所说："常常站在时代的前线"，"为指示民众的指南，改进社会的先导"。[④]

中国基督教青年会自1895年创办以来，设立劳工部，先后在朱懋澄、顾炳元、傅清淮、骆传华、杨萬芳的领导下，努力为工人推行德、智、体、群、俭五育，改造工人生活，增加工人技术知识，培养工

① 刘湛恩：《沪东公社与劳工》，《国际劳工》第1卷第7期，1934年7月，第2、3、5、6页。

② 天心：《沪江大学模范村佳讯》，《道南》第3卷第16期，1920年9月22日，第11页。

③《宁约翰氏与党部工会茶话》，《大公报》（天津）1929年5月31日，第3张第12版。

④ 顾炳元：《我对于青年会的劳工》，中华基督教青年会编：《上海中华基督教青年会三十五周年纪念册》，上海：中华基督教青年会，1935，第82页。

人良好人格。概言之,“即改造其奴隶牛马之生活,而为劳动神圣之职业”。1920年6月1日,上海基督教青年会召集各部中西干事开特别会议,推举陈维新为工部主任,筹备“对于工人应办事业”。该会议制定了职工部三项宗旨:(1)帮助欧战回国华工,代求相当事业,解决其生活困难;(2)联络上海各工厂资本家及职员、大小工役,力求各人员间相互研究,实行“五育”,养成良好人格;(3)“设法使社会上之一般劳动家,得五育之利益,以期平民教育普及”。由此实现该部四项目的:(1)促使上海一般劳动家,深知职工青年会是工人的“良好社会”,与职工部建立有如第二家庭的密切关系;(2)开办中文英文夜校、义务学校,以期普及平民教育,借以增加工人及其子女知识,提升其社会地位;(3)促进工人卫生,谋劳动人员身体健康;(4)凡有职工青年会一切事业之工厂,均实现自助、自立。职工部自1920年10月开办,到1921年3月底,已在商务印书馆、三友实业毛巾社、启明染织厂、信大染纱厂、安迪生电灯泡厂、青年励志会、中华工业有限公司、协盛银箱厂、中华书局、大华伞厂、中华劳动联合会浦东第一所及虹口第二所建立基地,举行讲演247场,到会者212513人。职工部还植根于工人生活区宣讲新知。

浦东房舍窄小,街衢污秽,工厂却日盛,12万居民中工人实居其半。如大英香烟厂有男女工8000人,东洋日华纺织厂计有男女工5000人,燮昌自来火厂有男女工人2000,此外祥生造船厂、宝源造纸厂、永兴蛋厂及各种小厂,男女工人亦众多。职工部于1920年11月,在各工厂相近处租地2亩,搭起1座可容3000人的芦席棚。12月4日起每晚6时半到9时半,皆请热心服务的社会家讲演,并配放电影,男女每晚到者平均在1500人以上。上海青年会会长王正廷,军政府司法部次长吴山,广学会编译英博士梅益盛、李路得,上海内地会英教士祝守安、安选三,中华归主运动干事全绍武,《新民报》主笔连复，长老会牧师张荷初，全国青年会协会智育部干事陈立廷，陆军青年会干事廖登蘅，上海青年会中学校国语教授陈荆生，都先后登台与工人们见面。职工部还开办夜校 5 所（三友实业社、启明染织厂、中华工业有限公司、中华书局、浦东第一所）、义务学校 2 所（浦东第一所、虹口第二所）、中文 12 班、英文 6 班、注音字母 2 班，共计有学生 720 名。职工部还为从法国回国的华工 450 余人找到了工作。浦东分所设阅报社，《申报》《新申报》《中华新报》《民国日报》，以及商务印书馆、中华书局杂志社、教会所组织各报馆赠各自全年报纸，每日到所者计 30 余人。浦东工人大半来自山东、湖北、江苏、广东各地，不能提笔写信。浦东分所设立修函室，特派 4 人每日为工人免费代写家书。此一时期，职工部开支较大，全年用款达 11000 元以上。主要款项来自企业、企业家的捐献。比如，大英香烟公司 3000 元，英美烟厂买办汪薇舟 500 元，商务印书馆 300 元，信大染纱厂 180 元，启明染织厂 120 元，中华工业有限公司 120 元。①

青年会的“劳工新村”运动出现最早，别具一格，具有示范效应。1925 年间，朱懋澄在青年协会担任职工部主任干事，奉派至上海青年会襄助会务，他看到劳工住房卑陋隘小，建议在浦东创办小规模的劳工新村。为此，他在虹口、闸北、小沙渡、杨树浦、浦东及乡区调查了 8 个多月，编纂《调查上海工人住屋及社会情形记略》，阐述改良居住环境之必要，草成《劳工新村刍议》计划书。经上海青年会董事部同意，邀集同仁筹募款项，于 1926 年冬建成住屋 12 所、公社 1 所。其后承各方赞助，上海青年会于 1928 年冬又添造住

① 陈维新：《上海基督教青年会职工部缘起》，中华续行委办会编：《中华基督教会年鉴》第六期，上海：中华续行委办会，1921，第 212、213、214、215 页。

屋 12 所。截至 1930 年底,新村共有住房 24 所,占地 6 亩,内有公社 1 所、学校 1 所、运动场 1 方。住户皆劳工家庭,该会派傅清淮及其他干事居住其间,领导村中生活改良工作。该村四周有竹篱围墙,墙下植花。屋为瓦顶、砖墙、水泥地基,窗户高约 3 尺、宽约 2 尺。村中打有自来水井。村中住屋透光通气,内外清洁,邻里融洽。村友受教育程度不断提高,村中人口 80 余名,"除最老最幼者外,无不识字",且随之减少用于迷信活动的支出、戒除赌博。对朱懋澄等人来说,新村建设关乎社会进步,是救治社会贫困"唯一实际而根本之计":"良以劳工新村不仅在解决工人大众之居住问题,举凡施行自治、改良风俗、普及教育,以及促进生产能力、安定社会秩序,皆为劳工新村之任务。而社会建设,亦胥有赖于是矣。"①朱氏将改善工人居住环境与公民训练较完美地结合起来。新村章程规定居户不得吸食鸦片、酗酒、赌博,禁止"不规则、不道德之举动",更不允许存储违禁物品;要求居民爱护公物、公共设施。新村还开办查经班、教友联合会、儿童主日学外等"宗教集会";举办足球、篮球、乒乓球、象棋比赛及英文演讲竞赛;主办以提倡劳动教育、社会问题、道德问题、宗教信仰为题的演讲会。该村村友多是工人,英美烟厂工作者占 2/3。截至 1935 年 10 月底,该村共有居民 88 人,其中成年男性 34 人、成年女性 28 人、幼童男女各 13 人。另有职员男女各 2 人、男性工役 2 人、工役女性家属 1 人。居民与职员共计 95 人。

新村能建成、运作,多赖来自多方的资金援助。有统计表明,蒋介石、孔祥熙、宋子文、宋老太太共捐 870.60 两。此外,英美烟公

① 朱懋澄:《青年会与劳工新村运动》,中华基督教青年会编:《上海中华基督教青年会三十五周年纪念册》,上海:中华基督教青年会,1935,第 21、22 页。

司(6000 两银)、上海扶轮社(200 两银)、商务印书馆(358.68 两银)、美国友谊会(1293.38 两银)、日华纱厂(500 两银)、西人教育会(133.21 两银)、浦东电气公司(35 两银),及穆德(727.45 两银)、张菊生(200 两银)、王云五(50 两银)、高翰卿(50 两银)、徐文炳(100 两银)、韩玉麟(500 两银)、魏来克(217.46 两银)、郡君(100 两银)、凯乐(241.48 两银)、贝尔容(60 两银)等人均予以资助。[①] 1935 年 11 月,新村公社举行 10 周年纪念典礼,参会者 500 余人,来宾中不乏"高朋""翎顶",金城银行陈立廷、国际贸易局陈荆生、中央造币厂习克恭、市社会局田和卿、浦东党政机关代表均到会致贺。新村规模不大,但所提供的这种可操作的扶助劳工的模式却不容小觑。[②] 朱懋澄将新村定位为"经济合作之社会改良工作",其非营业性质,也非慈善事业。他的理想,是新村能实现经济的自主运转。[③] 浦东新村房租低廉,每月仅收洋 3 元,却实现了财务自主。全村建筑费用 10745 元 6 角 5 分,15 年后本利均可由租金收入项下完全收回。[④]

除上述浦东新村外,上海基督教青年会劳工部主任骆传华等,因沪西小沙渡一带聚居了 4 万工人,于 1930 年在此设立"沪西公社",同样谋求"四育"平均发展。公社维持经费主要由青年会垫付。如 1932 年收入 884 元,支出 4265 元;1936 年收入 1273 元,支出 3958 元。公社由社长、总务任及教务、社务、医务等负责日常管理。公社设备计有教室、大礼堂、会客室、诊所、办事室、运动场。

---

① 张鸣钦:《上海青年会浦东劳工新村十周纪念感言》,《上海青年》第 35 卷第 35 期,1935 年 10 月 23 日,第 17、19、31、32 页。

② 《浦东劳工新村昨日举行十周年纪念》,《申报》1935 年 11 月 3 日,第 4 张第 14 版。

③ 朱懋澄:《青年会与劳工新村运动》,中华基督教青年会编:《上海中华基督教青年会三十五周年纪念册》,上海:中华基督教青年会,1935,第 24 页。

④ 万树庸:《沪宁道上农工新村考察记略》,《社会学界》第 4 卷,1930 年 6 月,第 185 页。

开办圣经班、德育演讲,以加强德育;通过书报室、职工补习校、识字班、参观、听学术演讲等,促进工人智育发展;通过诊疗、户外运动、户内游戏、防疫、球队、国术班、清洁健康比赛,增进体育教育;以少年团、新剧团、歌唱班、旅行、象棋会、交谊会、同乐会等,推行群育。[①] 工人诊所一度乏款维持,每日病人却平均在10人以上。劳工部聘请章、薛两姓医师义务行医,酌收挂号费铜元10枚,作为医师车资。所用药品除由五洲药房及科发药房捐助外,由瑞泰石粉厂厂商联益会及大光明戏院捐款购得。[②]

沪西公社还开办了职工初学校、小学、暑期珠算班。青年会为配合工人新村建设,尤为注重社会服务人员的养成,邀请社会服务家夏如莲、邢德、仇子同、傅清淮等,设立服务人员训练所,李应林为主任。1935年7月,该所招生,应考者有高中及大学毕业生188人,录取男30人、女6人。课程包括民众教育、社会问题、实用卫生、合作社、市值调查、统计、经济及工业状况、演说、救急、儿童幸福、团体组织、实地调查等。四五个月训练期满,学生被分配至各新村服务。[③]

上海女青年会与青年会同样致力于“劳工事业”,在小沙渡、杨树浦、岳州路、浦东的工厂不遗余力地实施工人教育。以1932年工作为例,有关工人教育,该会在沪西、浦东、杨树浦、虹口4个工业中心区开设补习班,举办女工团,利用电影、戏剧、演讲会、卫生运动等,号召工人参与教育和娱乐活动。据悉,在晚上或早晨任何一

---

① 任贵鹤:《沪西公社之现状及前途展望》,《上海青年》第37卷第6期,1937年2月10日,第9页。

② 任贵鹤:《沪西公社》,《上海青年》第37卷第5期,1937年2月2日,第49页。

③ 朱懋澄:《改良劳工住宅与社会建设运动》,《上海青年》第35卷第35期,1935年10月23日,第9页。

个补习班中,都有40至80名“少年女工”或上课,或排演戏剧。①

继上海青年会工人新村建设后,重庆也开始举办新村。1928年师长朱召南慨捐通远门外铜元局之徐家坡地皮1400方丈,供职工部建筑模范村之用。1930年夏,总干事余日章前来视察会务,决定由协会协助三年经费,并在成都代聘华西大学文科毕业高君毓为职工部干事。1931年春,该部设计出模范村的规划,且决定年内完成40栋住宅。模范村内设办公室1所,建有职工学校、篮球场、网球场各1处。重庆青年会职工部的宗旨及目的,就是“灌输平等博爱牺牲之精神,于工业界中造成将来公正合作之工业制度;服务职工,从事于工人程度之提高,现状之改良,促进工业进步;提倡主工合作,互相谅解”。②

劳工新村建设功用,诚如朱懋澄所言:“实为改良社会之先声,亦即为促进社会进步之要图。”③

基督教会还适时建立临时机构,以救济工人。1932年“一·二八”上海事变后,上海基督教战地难民救济会,在中央研究院院址设有难民收容所,委托中华民生社对难民施以职业训练。收容所关闭后,除部分难民被遣散外,尚留有部分无家可归者、无业可谋者。在上海基督教战地难民救济会和上海民众慰劳前敌将士大会的经济协助下,中华民生改进社才得于5月20日建立“一·二八难民工厂”。经潘仰尧、英康源、应书贵等人筹划,该厂聘请朱懋

① 《上海女青年会一年来劳工事业的回顾》,《女青年月刊》第12卷第5期,1933年5月,第79页。

② 《重庆青年会职工部小史及现况》,《重庆市中华基督教青年会十周年纪念专册》,重庆:中华基督教青年会,1931,第18、19页。

③ 朱懋澄:《青年会与劳工新村运动》,中华基督教青年会编:《上海中华基督教青年会三十五周年纪念册》,上海:中华基督教青年会,1935,第25页。

澄兼任厂长。该厂最初容纳滞沪难民50余人,从事木工、藤工、毛巾、织袜、草地毯等工作。广肇公所、市商会仁社、上海市民地方维持会、宁波旅沪同乡会、中国红十字会等予以经济、物质协助,该厂工人达到80余人。成年工人每天工作8小时,学习2小时。①

"工人社区",既是有形的居住区、教养与娱乐场所,又是由受基督教事工恩惠的众普罗工人所组成的网络空间。基督教及事工通过"工人社区"影响着工人意识形态的形成。再从经费来源看,沪东、沪西公社及新村的启动运营经费大多来自企业主。企业主一方面在企业内实行较为严苛的管理,一方面则通过捐款树立慈善家的形象,彰显回报社会的企业家精神。

五、工人与国际组织

(一)被动走上国际公法舞台

国际劳工组织,原隶属于国际联盟,1945年11月,国际劳工组织决定修改宪章,与国际联盟断绝关系,而归并于联合国。中国在国际劳工组织创始之时,即为会员国之一。从第一次国际劳工大会起,国际劳工组织就关注中国工人的生存状态。1919年第一次大会通过的《特殊国家委员会报告书》有一段文字专门论及中国:"至于中国,委员会因不能得到其所预期之许多报告,故觉不能草拟远大之建议书。中国政府代表要求委员会暂缓草拟关于中国问题之任何建议书,谓中国大部分为一未发展之国家,现代机械甚少

① 《中华民生改进社一二八难民工厂概况报告》,《民生》第1卷第1期,1932年8月1日,第6页。

应用,人民亦多未工业化。委员会当亦深知中国有某种特殊之困难——土地辽阔,关税不能自主,以及境内租界与租借地之存在。委员会承认此种现状之存在,又因中国无工厂立法之经验,故欲使中国立与西方标准相等,实为不可能之事。惟同时中国已有若干组织完善之工厂存在,委员会认为工厂立法手续接受劳工保护之原则在中国甚为重要,并以为关于此种已存大工业之劳工保护立法,须在可能范围内,立即开始编制执行。故委员会提出中国须编制工厂法、遵行劳工保护之原则,中国政府明年并须向大会报告用何种方法实施此项原则。委员会现提出下列原则之公约,供中国政府之考虑采用。此公约包含成年工人每日十小时、每周六十小时,十五岁以下之童工每日八小时、每周四十八小时工作及星期休息之原则。凡所雇用工人在百人以上之工厂,均须遵行此建议之原则。"①《报告书》同情中国工业所面临的种种困局,但仍建议中国政府尽快开展劳工保护的相关工作。

西方希望了解中国工人的状况。1921 年 10 月,华盛顿邀请中国女青年会程婉贞(Zung Wei-tsung)出席在日内瓦召开的国际劳工妇女大会和国际劳工大会,大会安排她讲述中国产业工人的工作条件。②

中国与国际劳工组织之关系,自 1930 年后便趋于密切,至 1936 年而愈融洽。1934 年 3 月中旬,国际劳工局副局长(Fernand Maurette)奉命来华考察教育文化事业和我国劳工状况,与行政院院长汪精卫、教育部部长王世杰及实业部官员面谈,并参观了金陵

① 国际劳工局:《国际劳工组织的目的及其历年成绩》,《东方杂志》第 27 卷第 23 号,1930 年 12 月 10 日,第 85—86 页。

② 中华续行委办会调查特委会编:《1901—1920 年中国基督教调查资料》上卷,蔡咏春、文庸、段琦等译,北京:中国社会科学出版社,1987,第 107 页。

大学及金陵女子文理学院,应中央大学罗家伦校长邀请,赴该校演讲《法国之师范教育》。[1] 1936 年 4 月,国劳局海外部长伊士曼(Eastman)来华访问,经京、沪、杭、锡、平、津等地,与政资劳学各界倾诚接洽。同年内各届国劳大会,即 6 月 20 届、10 月 21 届(海事)及 22 届大会,中国均派完全代表团出席,而且立法当局对于国际劳工公约之审查与决定,亦较往岁大增。第 20 届大会讨论了与中国关系密切的“鸦片与劳工问题”。国劳局久已关注远东工人吸食鸦片的现状,经调查编成《鸦片与劳工》一书,内称受鸦片害者以中国外侨工人为多。第 20 届大会通过提案,请求理事院建议允许售卖鸦片区域之各国政府采用有效方法从速禁绝鸦片,而改善劳动者身心不良的状况。

“二战”爆发后,国际劳工组织之大部分活动,由日内瓦移至加拿大满地好(Montreal)。理事会坚持于 1940 年 2 月、1941 年 10 月、1943 年,先后在日内瓦、纽约、伦敦开会。1944 年四、五月间,国劳局第 26 届大会于美国费城举行,共有 41 国 365 名代表参会。大会通过《费城宣言》(或称《费城宪章》),重新确定国劳局此后的目标与宗旨,认为这是“不论在尚未独立之民族,或业经自主之民族”必须施行的“有关世界文明国之事件”,其基本原则为:(1)劳工并非商品;(2)言论自由与结社自由“为继续进步之要素”;(3)“任何一地之贫穷,成为各地繁荣之威害”;(4)“对于匮乏之斗争,各国进行须始终不懈,国际间亦须一致继续努力,俾劳资双方代表与政府代表享有相等地位,相互作自由之检讨与民主式之决议,以增进共

① 《国际劳工副局长莫列德在京视察》,《中央夜报》第 544 号,1934 年 3 月 19 日,第 1 版。

同福利为目的”。[①] 水祥云出席大会并当选为主要工业会员国八席常任理事之一,这也是国际劳工对中国工人的鼓励。[②] 水氏称《费城宣言》“不特为工运史上最进步之劳工宪章,且为有史以来人类社会最完备之社会宪章”。[③]

1947 年可谓“会议年”。6 月 19 日,日内瓦举行第 30 届国劳大会,中国仅派政府代表包华国、秘书陈道良,劳工代表安辅廷、顾问刘松山(平汉区铁路特别党部主任委员兼平汉铁路工会常务理事)、秘书黄昌汉 5 人出席。8 月 19 日,国劳所属“钢铁工业委员会”于瑞典斯德哥尔摩召开会议。中国派出政府代表(李平衡、吴秀峰)、劳方代表(邹宝林、庞镐)、资方代表(胡博渊)出席。劳方代表 2 人是上海钢铁工人,“此为中国工人实际参加国际会议的第一次”。10 月,亚洲劳工预备会议在印度新德里举行,讨论亚洲社会安全、一般劳工政策及实行、国际劳工公约及建议书的批准实施、工业化等问题。中国派出 15 人代表团。其中,劳方代表刘松山是平汉路特别党部主任委员、全国铁路工联会筹备会党务委员,荣永章为上海电话工会理事长、上海总工会秘书长,滕光禄为自贡市总工会党务理事、工界参议员。政府代表、团长包华国出任大会副主席。[④]

按宪章,各会员国有义务向国际劳工局上报历年实施公约、建议书的情况。国民政府在 1928 年至 1937 年间批准公约草案 12

---

① 程海峰:《国际劳工组织(续)》,《华北劳动》第 1 卷第 9 期,1947 年 3 月 15 日,第 6 页。

② 水祥云:《劳工问题论集》,台北:协林印书馆,1985,第 241 页。

③ 水祥云:《论费城宪章》,《中国劳动》第 6 卷第 3 期,1944 年 7 月 1 日,第 2、3 页。

④ 邵心石、邓紫拔主编:《民国卅七年上海市劳工年鉴》,上海:大公通讯社,1948,第 88、89 页。

项,占同期国际劳工大会通过方案的 32.4%。然而,深究议案内容,国民政府所批准的公约草案与工人现状大抵无甚冲突,于调整劳资关系、改善劳工生活更无裨益。① 其背后根由,与国民政府官员批准公约草案的立场、目的不无关系。1933 年 11 月,实业部部长陈公博向立法院第 132 次会议提交的议案,极具典型性。议案称:"查国际劳工大会所通过之公约已达三十九种。历年各国批准,向国际联盟登记者,共约五百余件。而我国则仅批准《最低工资》与《标明航运包件重量》两公约,在国际视听上,殊有思想落后、漠视劳工之嫌。虽我国目前经济情形及劳工状部,未容批准大量公约,然可择其与我国现时环境不相背驰,易于履行者,予以批准,以示我国扶植劳工与国际合作之至意,而增高国际之信仰与地位。且明年国际劳工局将改选非常任理事,前此我国曾思当选而未获,此时如能酌增公约批准之数量,以尽会员国之义务,当可为将来竞选之地步。查《女工生产前后雇用、雇用女工夜间工作》、《工业工人每周应有一日休息》、《农业工人集会结社权》,及《外国工人与本国工人关于灾害赔偿应受同等待遇》等五公约草案,与中国现行法令,尚无违背,且不难履行,拟请予以批准。"②陈氏把国家形象、国家尊严置于工人利益之上,有悖公约的原旨。由此可以理解 1937 年 2 月立法院第 86 次例会,为何缓议《油漆业禁用白铅公约案》《减少工作时间至每周 40 小时之公约案》《玻璃瓶制造业缩短工作时间公约案》《煤矿工人工作时间公约案》《制定保持残废老年及孤

① 参见田彤《民国劳资争议研究(1927—1937 年)》,北京:商务印书馆,2013,第 237—248 页。

② 《行政院咨请审议女工生产前后雇用公约等草案由(二十二年十一月二日)》,《立法院公报》第 54 期,1933 年 11 月,第 7 页。

寡保险权利的国际计划之公约案》等案。[①] 其实，国民政府拖欠国际联盟的会费才真正有损国家的尊严。按约定，中国每年应缴国际联盟会费国币40余万元，其中包括15万元的国劳组织费用。截至1928年9月，中国拖欠国际联盟300万元，内中有100万元是欠国劳组织的。[②]

战后，政府还是想要有所作为，社会部根据国际劳工组织宪章规定，于1945年10月至1946年9月间，编纂《中国实施国际劳工公约年报》，寄送国际劳工局，并尝试采纳国劳大会所决定的若干公约。第一，实施《工业工作儿童之雇用年龄公约》。根据国劳大会通过的这一公约，儿童不能从事爆炸、有毒、尘埃、粉末、动力传输、高压、冶金、矿工、锅炉等工作。在工厂检查员的劝告、督促下，童工逐渐减少。以贵阳为例，战争未结束前有童工196人，其中未满14岁者有32人。到1946年8月仅有童工1人，并已由工矿检查员取缔。第二，实施规定最低工资办法。在国营企业的铁路部门，交通部于1946年2月颁行《修正交通部直辖国营铁路职工工资等级表》。社会部针对民营企业订立《复员时期民营企业工资调整办法》，经1946年4月呈奉行政院令饬各省市县切实遵行。需要说明的是，国营铁路职工工资等级表中所列底薪，其实际收入必须比照公务员薪俸分区发给办法给付。除底薪须加成发给外，再加发生活补助费（艺徒或工人仅支生活补助费八成，准技工或技工均照足数给付）。如遇物价发生重大波动，则底薪加成数与生活补助费即应重新调整。自1946年2月颁行以来，迄至9月，所列各级底资之给付已随公务员薪俸调整者凡4次。按京沪区公务员薪俸

---

① 《劳工工法令》，《国际劳工通讯》第4卷第2期，1937年2月，第37页。

② 陈宗城：《国际劳工组织与中国》，《东方杂志》第25卷第19号，1928年10月10日，第36页。

发给办法,2 月薪俸加成数为之前的 100 倍,另加发生活补助费 30000 元。因此,在 2 月支底薪 21 元之艺徒或工人,除可得工资加成数 2100 元外,再加生活补助费 24000 元,实际收入为 26100 元。8 月公务员薪俸调整加成数已增至 720 倍,生活补助费亦已增为 110000 元;自 8 月起凡月支底薪 21 元之艺徒或工人,其月收入实已增至 103120 元。再看《民营企业工资调整办法》,其第 5 条规定产业工人工资,由各厂矿及交通公用企业根据各地主管官署所公布之工人生活补助费指数之增减倍数随时调整。至于工人生活费指数的编制,依该法第八款规定,之前受实施工资限制之省市以 1942 年 11 月为"基期",其他各省市则以 1937 年 6 月为"基期"。依 1947 年 4 月社会部部长谷正纲给资源委员会的公函所言,上述办法"自经先后施行以来,各业工人生活因以日趋安定。此实由于该两种新办法施行以后,不论国营企业工人或民营企业工人之工资,均随物价上涨情况而随时调整有以使然"。①

究其实际,谷氏所言不过"粉饰"之论。1930 年 5 月工商部批准的《最低工资公约》,1934 年 3 月由行政院公布的《国营企业最低工资暂行办法》,以及 1936 年制定的最低工资法,根本未能切实实行。道清路机务工人曾试行最低工资办法,但仍不能维持最低生活水平。② 当时,实业部规定的最低工资为日薪 2 角 5 分。国民政府不易判断该暂行办法能否实施下去,故要求道清路试行"尚属推行无碍"后,再向国营各路推行。③ 全面抗战复员,工资加成办法

① 《奉颁法令规章案(社会劳工 19467—1948 年)》,台北"国史馆"藏"资源委员会"档案,典藏号:003-010101-0033。

② 田彤:《民国劳资争议研究(1927—1937 年)》,北京:商务印书馆,2013,第 239、247 页。

③ 《铁道部二十四年度之劳工行政计划》,《国际劳工通讯》第 17 号,1936 年 2 月,第 44 页。

实施后，一般工人生活仍无改观，所谓最低工资标准更加无可判明。1946 年 4 月，上海报馆印刷工人的月收入按 40 元底薪计算工资加成，在 10 万元左右。工人表示，如果家庭负担较重，只能省吃俭用。[①] 同月，经过几次怠工，上海新进邮差底薪加成连同米贴等，月总收入 9.6 万元。据邮工反映，这一收入“要维持一家数口的确也不容易”，工人只能靠借债、当衣裳、卖东西维持生活。[②] 何况此时物价上涨，资方营业难以为继，停厂、开除工人之事频发，各业工资得到普遍调整几不可能。1946 年 11 月 21 日至 12 月 7 日，北平双合盛啤酒汽水厂拟裁员 2/3。市党部、社会局调查发现，该厂裁减工人 1/3，被裁工人可领取 3 个月薪资以充遣散费。[③] 此后，物价一直上扬，工界一片增薪之声。1947 年 2 月 16 日，国民政府公布《经济紧急措施方案》，冻结工人生活指数，规定工厂应以 1 月份物价指数为最高标准，“亦不得以任何方式增加底薪”。同时规定相关工厂“就食粮、布匹、燃料三项，按本年一月份之平均零售价，依定量分配之原则，配售于各职工”，并“请市政府代购，不得自由采购，变相囤积”。[④] 可方案才实施两个多月，物价就“作惊人之狂跳”。[⑤] 广州增资工潮，自 2 月底至 3 月中旬达最高峰。据不完全统计，靴鞋、丝织、报纸排版、公共汽车等近 30 个行业、10 万人卷入其中，政府当局修改其“紧急措施”。[⑥] 此后，政府宣布指数解冻：

---

① 管宏达：《印刷工人的生活》，《生活知识》第 22 期，1946 年 4 月 20 日，第 11 页。

② 鹰：《破了的饭碗》，《生活知识》第 22 期，1946 年 4 月 20 日，第 11 页。

③《社会局关于劳资争议、调整工资等问题的训令（1946 年 1 月 1 日至 1947 年 12 月 31 日）》，北京市档案馆藏，档案号：J002-004-00426。

④《经济紧急措施方案（三十六年二月十六日公布）》，上海商会商品陈列所编：《工商必备》，上海：上海工商月报社，1947，第 92 页。

⑤ 梅远谋：《论工资与物价：评经济紧急措施方案之工资政策》，《劳工月刊》（昆明）第 6 期，1947 年 5 月 1 日，第 7 页。

⑥ 崔嵬：《广州的工潮》，《正报周刊》第 33 期，1947 年 4 月 12 日，第 8 页。

(1)底薪30元以下者,全部解冻,照生活指数十足发给;(2)31元以上至100元者,其30元底薪照指数发给,其余超过部分,每10元为一级,逐级递减10%;(3)百元以上者按照习惯发放。由于厂家经济匮乏,解冻办法第5条特别规定:"各厂商如确实不能负担时,可由劳资协议减少之,如协议不能成立时,提请评断会公断之。"5月工人生活指数,沪市以23500计算,各业工厂,如机器、橡胶、内衣裳、针织、染织等维持艰难,或向社会局请求设法救济,或推派代表晋京陈述困难。但工人增资愿望很难实现。①

此后,中国政府再次依照国际劳工组织宪章规定,由社会部根据各部会提供的有关实施资料,汇编1946年10月至1947年9月间实施所批准的13种国际劳工公约的年报,寄达国劳局专家委员会加以审议。②

总体而论,国际劳工局在"知情人"看来,对改善工人权益的作用有限,也不可能代表与会各国的共同利益。关于职店员工工作时间,1930年6月间第14次国劳大会进行了终局讨论,到会委员68人(政府代表34人、雇主及劳工代表各17人),雇主代表多不赞成八小时制,政府代表团中赞成者多于反对者。八小时工作制草案获得通过,但究其国情,即使是以体恤工人著称的朱懋澄也认为"我国实业工人暨手工业工作时间,尚不能行使此制度,故对于本公约草案,实无积极采取之必要"。③ 社会部工矿检查处副处长张天开刊文指出,国际劳工局最少有如下缺点:第一,"组织缺乏国际性"。历届国劳大会均由欧美国家代表操纵,讨论的是欧美的劳工

① 《指数解冻纠纷迭见》,《农工月刊》第3期,1947年6月15日,第14页。

② 《实施国劳公约年报社会部已汇编竣事》,《社会工作通讯》第5卷第3期,1948年3月15日,第34页。

③ 朱懋澄:《十四次国际劳工大会报告(续)》,《中央日报》1930年10月14日,第2张第3版。

问题,“通过的是适合欧美社会标准的国际公约或建议书”。第二,国劳“组织不够民主”。其委员“多是欧美的左派社会主义者”,尤其以比利时和法国为多,且政府代表比劳资任何一方的代表多1倍。第三,“工作内容颇欠充实”。每年开会、出版费用高达1000多万美元,“所得成绩”不过几个国劳公约和几十个建议书。“各会员国可以批准也可以不批准,就是批准了也不一定实行。”各会员国的“劳工生活水准”,“并不曾得到明确的改善”。国劳组织在本质上“与普通的国际学术或研究机关的性质并无二致”。① 这一观点与全面抗战前劳动问题专家的认识如出一辙。吴蕉桐认为从体制上而论,国劳组织“是完全以国家为单位”,其服务主体不是劳工:“在劳工大会和理事院中,虽有工人的席次,可是政府代表却占着绝对多数;工人们的需要和愿望,不论在大会或理事院中,虽然也有机会可以提出,但事实上非得政府代表的助力,才有做成白纸黑字的决议的希望。否则,纵使全体工人代表,一致通过,依然被认为未达到法定的多数,而不能发生何种效力。”何况,按《凡尔赛和约》“劳动篇”第405条第8款规定:“会员国立法等主管官署,不赞成批准那公约草案,该会员国并不负有何种义务。”这表明:国劳大会通过的公约、建议书,对会员国并无约束力。②

国劳代表一度密集地来中国参访。1946年9月17日,国际劳工局代表、福利问题专家蒲乐开(Blook)应国民政府社会部之邀,来华协助设计推行社会福利事业,在南京受到市长马超俊、社会部部长谷正纲的热情款待。18日,南京市40余工人团体假市商会礼堂举行茶会,欢迎蒲氏。社会部、社会局、商会、总工会及各公会、

---

① 张天开:《国际劳工组织的新动向》,《华北劳动》第1卷第9期,1947年3月15日,第8页。

② 吴蕉桐:《所谓国际劳工组织》,《中国农工》第1期,1935年10月,第293页。

职工会等百名代表到会。蒲氏就中国劳工问题发表演说,承认“中国工人之敏智、忍耐与刻苦精神,素为国际劳工界所钦佩,而彼等今日所处境况,实较世界任何国家之工人生活为恶劣”;强调国劳局有责任帮助中国工人实现经济权益。他说:“中国劳工前途之开展,即世界经济幸福之获得,盖国际社会经济为一不可分割之整体。”解决劳工问题的合理手段,在蒲氏看来,就是努力生产。“惟劳工问题之解除,不能以斗争为手段。全世界工人当团结一致,努力生产,改善待遇,提高生活水准,以促进劳资之协调。”他还告诫中国工人“不应抛弃本位文化,而专以外来制度为典范”,以此暗示中国工人应该远离阶级斗争一途。蒲氏在演讲中,最后强调了两点:一是中国工人改善自身环境,“首赖工人本身”力量,“决非依靠那一班坐在办公室的沙发上打着白领带的官员”;二是将现代生产方法移入“中国固有的文化内”、创立福利制度“实非易事”,工人更加应该忍受暂时的痛苦。10 月中旬,蒲氏又赴北平、天津考察各工厂工人福利。蒲乐开来华在当时是很大的新闻热点。《中央日报》刊文指出,蒲氏来华“在我们这战后的社会亟待建设之时,实在是一件太使人兴奋的事情”,有助于国人对于中国劳工的了解。工界对他也寄予希望,以为蒲氏“已经带来我们劳工事业的幸福的图案”。①

1947 年 3 月 8 日,国劳代表德比伏(英国人、国劳国际关系部会员)、萨贝尔自印度抵达上海,在国劳中国分局局长程海峰的陪同下,考察了上海、南京工厂的工人生活指数、工资等,直至当月下旬始离境。此次访问旨在为即将召开的亚洲劳工预备会议做准备。

① 本社辑:《国际劳工局代表蒲乐开论中国劳工问题》,《工业月刊》第 3 卷第 10 期,1946 年 10 月,第 9—12 页。

国际劳工问题专家甚至在中国本土，直接为中国工人“打抱不平”。1947年3月25日，国际劳工局亚洲访问团团员、时任加拿大国际劳工局妇女及童工保护部主任的萨贝尔夫人，在朱学范的陪同下到访香港中国劳动协会。在与男女工人交谈中，她明确表达了对国劳局的不信任，她称国劳局“是由四分之一劳方，四分之一资方，和四分之二政府代表组织而成。劳方代表还得经过政府‘批准’。所以这个组织说他是劳工的组织，还不如说他是资方的组织恰当些”。针对国劳局决议的有效性，该女士解释为：国际劳工局只是一个“建议”的机关，“而不是一个‘执行’的机关。仅管‘开会’，尽管‘议决’，但没有权力执行”。她还特别强调，国劳局现已通过70个议决案，但经中国政府“批准”者只有12个，“而且都是‘准而不行’”。朱学范对此深有同感，也说：“中国参加这个会议只是摆摆事实样子而已！”萨贝尔夫人更强调“男女同工同酬”难以实现。加拿大表面上已经实行该原则了，但资方却将薪酬划分成若干等级，将女工薪资起点都放在较低的等级中。英国女人所得报酬，仅及男工薪资的75%至80%。面对工人的提问：“你对于中国的劳工问题及政府对付工人的态度有何感想？”该主任坦率地对当时政府冻结职工生活指数“表示不满”，承认“中国工人的工作时间过长是一极大痛苦”；至于“政府对工人”的问题，她则笑而不答。①

国外工会组织对中国工人的关注，一度集中在“五卅”时期。日本劳动总同盟铁工公会于1925年度大会对于中国“民众之绝大痛苦，表示最深挚之同情”；7月5日，大会议长内田藤七表示：“当歇（竭）全力与贵国民众相提携，期以刷新东亚之建设。”日本左翼

① 金殿：《在萨贝尔夫人招待会上》，《中国工人丛刊》第1辑，1947年5月1日，第30页。

人士铃江言一曾抄送此决议送达中方,并附言:“不仅表示这铁工会一团的意思,且能代表日本全国工团的全体意思。”英国国际劳工联合会会长波四路(A. Pascall,亦译蒲色)支持中国工人罢工,并希望中国罢工能激起印度工人的斗争意志。他说:“中国工人罢工之事,吾人实应庆贺。印度与中国同病相邻,中印两国工人状况之恶劣实无异。英国资本家亦在印度操纵,波氏期望印度与中国取一致之行动。”①他在英国工党为“五卅”罢工特别召开的千余人出席大会上,还强调本人“以国际工联会长资格,已设法请各国工联,向各政府提出抗议。世界工人团体,断不肯让列强压制中国,坐视不救”。大英工联会长苏尔(A. B. Swales)承诺“用英国工联所有政治势力,作中国运动后盾”。日本劳动界代表堀一郎还到上海出席“各界雪耻大会”第四次执行委员会,自称代表20万日本劳动者“对中国人民之运动,至表同情”,表示“希望中国的团体与日本的团体及一切压迫民族的团体联合起来,反抗日本及一切的帝国主义”。②

中国工人运动引起了西方世界的普遍关注。1946年,英国、美国、阿根廷以重视劳工运动的姿态,在中国设“劳工参赞”。三国参赞与上海工界关系融洽。英国参赞韩德与上海市总工会负责人交谊甚好,出席过1947年12月召开的第五届全国邮务工会代表大会。因重视调查中国工人的工资及生活水准,韩德出席了亚洲劳工预备会议。美国参赞由驻沪副领事欧脱代理,此君对工界有广泛而详尽的研究。阿根廷参赞戴拉多莱多次举办鸡尾酒会,招待工界人士。其他各国则未单独设“劳工参赞”,均由商务参赞兼理

① 唐海:《中国劳动问题》,上海:光华书局,1926,第348、349、351页。

② 《英独立工党开会记》《日劳动界代表来华》,《兴华报》22卷26期,1925年7月8日,第42、43页。

劳工运动的调查和研究。①

(二)国际视野中的比较选择

中国工人与世界各国工会的结盟始于1927年5月在汉口举行的太平洋劳动会议。会议由赤色职工国际总书记罗佐夫·斯基发起,中国、苏联、美国、英国、法国、日本、朝鲜、爪哇派员代表1450万会员出席会议。时任武汉国民政府委员兼劳工部部长的苏兆征与会。大会成立太平洋劳动会议秘书处,推选苏兆征为太平洋劳动会议秘书处主席。大会指出,太平洋地区的主要任务是反对新的战争威胁,扶助被压迫人民反对帝国主义。会议期间,国民党中执委与国民政府在中央党部大礼堂欢宴太平洋劳动大会代表,国外代表36人,以及中央党部、国民政府、武汉地区省市党部重要职员百余人参加宴会。汪精卫作为大会主席,在致辞中说,"国民党所负的使命,非仅在中国被压迫阶级都得到解放之自由平等。同时要谋全世界的民族及被压迫阶级都得到解放、自由独立",进而实现民生主义。② 此后,国统区工人与国外工人间并无实质性接触。1933年第17届国际劳工大会召开时,日、印两国劳工代表,曾约请中国劳工代表会商筹开亚洲工人会议。1934年4月,日、印代表会商,议决成立亚洲工人会议,其宗旨为"统一亚洲工人运动,促进亚洲工人利益,排除外国人对亚洲工人之剥削,推进国际社会立法及

---

① 邵心石、邓紫拔主编:《民国卅七年上海市劳工年鉴》,上海:大公通讯社,1948,第90页。

②《昨晚中央党部欢宴太平洋劳动大会代表》《汪精卫在中央欢迎太平洋劳动会议演说词》,《汉口民国日报》1927年5月27日,"新闻"第1张第1页;5月28日,"新闻"第3张第6页。

维持世界和平,反抗帝国主义与资本主义。”[①]中国工人因尚无全国总工会,加以工会法第46条规定“工会非得政治之认可,不得与外国任何工会联合”,未能加入日、印工人同盟。在1937年6月第23届国劳大会上,朱学范在发言中要求收回租界主权。日本劳方代表、日本工会大会执行委员、商船航海职员协会主席小泉秀吉,及印度劳方代表、全国工会联合会理事森(Satis C. Sen),支持朱氏的动议,要求国际劳工组织寻求一种办法,以实现在租界内采行中国政府法令。[②]

全面抗战期间,中国工人则加强与外国工人团体的联系,并得到国外工人团体的资助。1937年10月,英国全国铁路工人协会西方区委员会代表87个支部18000会员,抗议日本侵略中国。哈尔特尔铁路工人和南威尔士新埠码头工人拒绝替日本装卸货物,英国全国劳工运动执委会对此举加以倡议,迅速得到比利时、荷兰、法国、瑞士、挪威、丹麦等国工会响应。[③] 1938年1月,英国全国铁路职工会秘书长马其班克斯呼吁与国际社会党及全国商界联合会合作,要求本国及各国政府对日本实行禁运,特别敦促各国严禁对日输出军火,阻止日本继续侵略中国。其实,自日本全面侵华以来,英国工联大会等国际团体一致抨击日军暴行,发起抑制日货运动。[④] 稍后,英国伦敦码头工人拒绝装卸日货,支持中国全面抗战。2月初,平汉、粤汉、津浦、正太、京沪沪杭甬铁路工会理监事,举行全铁路工会抗敌联合会第一次筹备会,以大会名义致电伦敦码头

---

① 程海峰:《第十八届国际劳工大会报告》,《民族》第2卷第11期,1934年11月1日,第1681、1682页。

② 朱学范:《我的工运生涯》,福州:福建人民出版社,1991,第214页。

③ 朱学范:《我的工运生涯》,福州:福建人民出版社,1991,第296页。

④《国际正义吼声英铁路职工会主张裁日》,《国民公报》1938年1月18日,第2版。

业工会,表示谢忱。[①] 1938 年 5 月 17 日,挪威首都奥斯陆举行由 16 国工会代表参加的国际工联执委会,大会主席英国总工会主席西特利纳在演说中主张援助中国和西班牙,“实施集体安全”。澳大利亚码头工人,因拒绝装运运往日本的废铁而实行罢工,澳总理里昂斯以不复工“就要取消你们的营业执照”向罢运之工人提出警告。码头工人因恐运日废铁转化为打击中国的军火,拒不复工,并声明:“我们为了道义,决不因威胁而消沉。”各业工人团体都以坚决态度一致拥护罢运行动。美国千余城市的工人也风起云涌地为救济中国难民募捐,并抵制日货。国外工人的义举激励了中国工人的全面抗战意志及团结抗暴的勇气和信心。有报道称:“世界工人团体、各国劳动人民对中国抗战素有同情,近来由同情进而见于行动,在各处进行坚决斗争,务使达到直接、间接援助我国的英勇抗战的目的。”“我们是不孤立的,中国的抗战已经配合着全世界工人反法西斯的斗争了。”[②]

朱学范在战时的工作,进一步打开中国工人与世界工人交往的大门。除参加第 24 届(1938 年)、第 25 届(1939 年)、非常会议(1941 年)、第 26 届(1944 年)、第 27 届(1945 年)等国劳会议外,1938 年 7 月,朱学范还在出席第 24 届国劳大会后,参观了国际工会联合会,争取到了该联合会对中国全面抗战的同情与支持。中国劳动协会于 1939 年 7 月加入国际工会联合会,世界各国工会组织承认中国劳动协会为中国工会的全国总组织。同月,朱学范出席国际工会联合会第八届代表大会,其所提议案《加紧制裁日本援助中国》得到大会通过。各国工人还捐款 55.6 万法郎,汇交国际劳

---

① 《全国铁路工会联合抗战》,《国民公报》1938 年 2 月 4 日,第 1 版。

② 《国际工人蜂起援华》,《全民周刊》第 1 卷第 24 号,1938 年 5 月 21 日,第 382 页。

工局中国分局分发，支持中国全面抗战。1938 年 10 月，朱学范还出席了国际运输总工会代表大会。[①] 中国劳动协会经朱学范等人的宣传，得到国际众多工人团体的承认。中国劳协召开第四届年会时，相继发来贺电的有国际劳工局、国际工会联合会、英国全国总工会、美国全国产业工会联合会、美国全国职业工会联合会、美国工人人权联盟、美国产业工会战时救济委员会、纽约州总工会。国际劳工局代理局长菲南的贺电有言："敝局在纽约及伦敦举行国际劳工会议时，贵会为国际社会问题曾作极大贡献，因此引起一般人对中国问题之兴趣。兹祝贵会工作愈臻进步，并祝贵国劳工运动在中国取得更大、坚实之民主力量，俾予正在争取自由及幸福之中国劳工以光明之希望与前途。"美国全国产业工会联合会贺电中称："吾等之宗旨相同，信念合一，皆在争取全民之绝对自由。吾人深信必巩固全世界有组织之工人团体，始能建设强大之堡垒，抵制法西斯主义，保证永久和平。"[②]

1944 年 10 月，在反法西斯和争取民主自由的大反攻中，中国劳协会同英、美、苏、法总工会发起"世界工会联合会"（亦称"世界职工联合会"）。1945 年 2 月，世界工会代表会议（亦称世界职工联合会大会、世界工会联合大会）在伦敦召开，规模空前。44 个国家的 58 个工会组织，国际工联、拉美劳联、国际基督教工联 3 个国际工会团体，以及 13 个国际职业书记处参加大会，代表 6000 万有组织的职工。朱学范率领中国工会代表团出席，并被推选为副主席。大会议题为战后世界重建与工会的工作目标。大会发表了工会与工人基本权利宪章，主张自由组织工会，自由从事正常工会活动

① 朱学范：《我的工运生涯》，福州：福建人民出版社，1991，第 266、267、269、278 页。

② 中国劳动协会编：《中国劳动协会第四届年会报告书》，重庆：中国劳动协会，1943，第23 页。

(如集体协议),设立合作社等互助团体;认为工人有言论、出版、集会、宗教、结社自由,应享有平等教育与就业机会,获得社会、经济安全。[1] 1945年9月25日,第二次大会在巴黎召开。参会代表来自59个国家。10月间,大会批准"世界职工联合会联盟"的章程,标志着联盟的正式诞生。联盟章程规定:(1)世界职工联合会联盟全体大会,每两年举行1次;(2)理事会由参加联盟的各机构推选代表组成,理事会每年举行1次会议;(3)执行委员会(27名委员)每年至少举行2次会议;(4)执行局由1位主席、7位副主席(由27名委员中选出)及总书记共同组成,为休会期间的负责机构。该联盟是职工会运动的新的中心。国外工会领袖期待该联盟能够为日本、朝鲜南部及中国的工人阶级,在"保护工人的经济和政治权利""争取巩固及持久和平的斗争"等方面提供积极的援助。[2] 重庆工人领袖朱学范、中共工人领袖(代表解放区92万职工)邓发联袂以"中国劳动工会"名义出席大会。

1946年4月初,外交部电社会部:世界职工大会决议派赴日本调查团。其成员职工领袖华尔德(英)、席尔曼(美)、特拉索夫(苏)、多夫哈夫克斯(苏)、西特隆(法)、朱学范,拟于赴日前先访华,将于5月10日抵达上海,参观津、沪、渝、平、汉五地劳工生活。社会部接电后,召集有关机关同会商决定:(1)指定京、沪、平、津四地为参观地;(2)各市以规模较大且有工会组织、劳工福利及安全卫生设备完善为标准,选报工厂;(3)接待工作以工人团体负责为原则。社会部继电令四地社会局,在4月底完成参观工厂的遴选工作。天津市社会局向各筛选厂家下发公文及调查表,得到各厂

---

① 朱学范:《我的工运生涯》,福州:福建人民出版社,1991,第306、307、319、320页。

② [苏]M.查林著,何歌译:《世界职工联合会联盟是怎样的组织?》,《时代》第7年第9期,1947年3月8日,第26、27页。

商积极响应。最终选定棉毛纺织业(5 家)、烟草火柴业(2 家)、造纸业(1 家)、机械业(3 家)、电工器材业(2 家)、化学业(4 家)、电灯及自来水业(4 家)共 21 家企业。内有中纺第一厂、中华火柴公司、北洋造纸厂、资源委员会天津机械第一分厂、资源委员会东光电器厂、经济部兴元化学工厂、经济部第二发电所等著名企业。① 此次来访是否能触动各地保工事业发展不得而知,但至少我们能确定,大型企业工会组织健全、福利设施较为完善。

美国工会联合会与产业组织大会(Congress of Industrial Organization)曾于 1942 年捐给中国劳动协会一笔大额款项,希望该会举办多方面的福利事业。正是由于这笔捐款,中国劳协才有可能创设包括托儿所在内的福利设施,并兴建劳协会所,救济从敌占区内迁的技工,拨发部分捐款至陕甘宁边区总工会。1945 年 5 月 1 日,劳协重庆工人福利社举办落成典礼。劳协理事长朱学范在开幕式上发表演说,大意为:“重庆工人福利社系美国劳工朋友为表示对中国工人的友谊捐款建筑的,因此,全部皆为工人所有,希望劳工朋友能尽量享用。同时,另一方面,这是显示我国工人在国际上日益受人重视,盼我劳工朋友多努力求进,一致团结,勿负世界所给与的使命。”在当时条件来看,四层楼的福利社堪称“相当壮观”。② 不过,因为用款与监管方面的分歧,美方对中方略表不满。1947 年 4 月,美国工会联合会 Robert Watts 与陈达见面时曾说:“似乎该款的用途不太得当,用于福利者少,用于非常急需的事业者

① 《(天津市政府社会局胡梦华)为报世界职工大会代表来津参观峻事致张市长等呈(附参观工厂预定一览表)(1946 年 5 月 7 日)》,天津市档案馆藏,档案号:J0002-3-001296-001;《(天津市政府社会局胡梦华)为报世界职工大会调查团来华参观工厂及设备情况致中纺第一厂等训令(附中纺第一厂等呈 1946 年 3 月 28 日)》,天津市档案馆藏,档案号:J0025-2-003490-003。

② 欣:《重庆工人福利社》,《中国劳动月刊》第 8 卷第 2 期,1945 年 6 月 1 日,第 23 页。

多。”美方甚至认为中国出席国际劳工大会的工界代表“不是由劳工阶级出身”，对于劳工生活“缺乏概括而透彻的了解”。[①]

美国捐款在中国也掀起轩然大波。美国劳工界捐款每年美金50万—70万元，折合国币已在百数十亿之巨。各地工会均欲分一杯羹而不遂意，即称“其用途从未公开，又不专办劳工福利事业，有失捐原意”。中方接受捐赠以来迭有呈控，屡起纠纷。1945年参政会大会时，参政员曾指摘中国劳协“经费既不公开，活动又趋越范围”。重庆市总工会原本视中国劳协为对手，1946年8月，该总工会第三次代表大会，一致决议以该劳协“收美捐巨款，供私人挥霍，作其他活动，欺骗劳工，妨害生产”，除向法院控告外，还吁请市政府查究。同时，重庆市总工会借口“中国劳协系专以研究劳工问题、举办劳工福利事业为目的的文化团体，并非工会”，竟于6日武力“接收”中国劳协重庆办事处及工人福利社、劳工医院、托儿所、工人文化服务社等附属机构。[②] 美产业工会联合会主席莫莱于8月19日代表美国600万工人致电中国劳动协会，对劳协在渝各机构被强占事件深表同情，并表示已将此事向美国国务院报告。该会主席在致电中称：“此一事实不仅为合法工会受一严重打击，且为民主国之憾事。”[③]美国劳工联合会第二副主席兼工人人权同盟会主席福尔顿，根据朱学范的报告，也向中国驻美大使顾维钧及外交部、社会部提出抗议，同时致电蒋介石要求其迅速做出解释。[④] 世界工联、英国工会大会、法国总工会、拉丁美洲劳工联合

① 陈达：《北美重游（二）》，《时与文》第2卷第16期，1948年1月23日，第13页。

② 《渝市总工会接收中劳协会真相》，《宁波日报》1946年8月19日，第2版。

③ 《代表美六百万工人莫莱声援劳协》，《人民日报》1946年9月5日，第1版。

④ 《渝市劳协横遭迫害美劳工组织已对蒋表示抗议》，《人民日报》1946年8月26日，第1版。

会，均来电声援。

“接管”发生后，1946 年 11 月，朱学范出走香港。1947 年 1 月，朱学范与根据地工会负责人刘宁一，代表中国劳协共同出席在巴黎召开的世界工会联合会。社会部要求中国劳协电告世界工联会取消两人代表资格，常务次长黄伯庆还代谷正纲致外交部，请转电驻法大使知悉。① 朱学范则在纽约举办记者招待会，抨击国民党对“劳协”的摧残。

1948 年 8 月，全国第六次劳动大会召开之际，各国工会联名发来贺电，称颂大会的举办是“中国自由、民主、和平、胜利斗争的里程碑”；并对中国工人予以全力声援，反对国民政府的独裁，反对美国政府支持中国“反动势力”发动“内战”。贺电中指出，重庆市总工会“接收”工会大楼、驱逐“世界公认的中国工运领袖”兼世界职工联合会副主席朱学范，以及于当年 2 月动用坦克、催泪毒气摧残申新罢工等行径，表明蒋介石政府“压迫了蒋管区一切真正工运，代之以典型的法西斯‘劳动阵线’”。此次大会前，朱学范曾向美国工人呼吁：“劳工的生存在危险中，自由民主的工运到处受到打击，自由集团受到破坏，民主领袖时刻有生命之虞。”“我们中国职工运动者，反对美国政府干涉中国内政。”1946 年 11 月，美国产联全国大会曾通过决议，要求美国政府停止干涉中国内政。此次贺电则表示，美国工人应反对塔夫脱、哈特莱反劳工法案的行径，以压制美国政府，使其停止干涉中国内政。②

---

① 《外交部致驻英大使密电》，台北国民党党史会藏，档案号：特 5-5.2。

② 《表示中美人民深刻友谊美各工会联名电贺劳大》，《人民日报》1948 年 8 月 25 日，第 2 版。

第六章　国民党工运与劳资关系

工人运动是提高工人经济、政治地位，维护其应有的社会权力与权利的有效途径。工人运动是国民党的“党定”工作，从属于完成国民革命、实现三民主义的要旨。它包括组织、训练及社会运动三方面。在野时期，国民党以工人运动扰乱军阀的阵脚，助其捣败军阀统治。转变为执政党后，国民党则将和谐的劳资关系作为工运的重要目标，以此实现工业化。不过，工人运动的展开，必然要求资方让渡部分的权力与财富，此举则不利于良好劳资关系的构建，国民党因此陷于两难的境地。加之，党内派系明争暗斗、中共工运的发展，国民党既想掀起工运，又担忧工运蜂起而无力管控，只能一方面规范工运，另一方面默许工运在某种方面“违法坐大”。

一、训政下的工运

(一)以民运代工运

1919 年中国工人通过反对《凡尔赛和约》走上政治舞台，中经京汉铁路大罢工、五卅运动及省港大罢工,壮大了国民革命的阵营。1926 年国民党誓师北伐,各地工人团体纷纷举行政治罢工,从反帝转向反抗军阀,扰乱军阀阵脚,援助革命军。据统计,自 1918 年至 1926 年,中国共发生了 1233 次罢工,而 1926 年的罢工竟多达 535 次。① 北伐与工人运动桴鼓相应、互相支撑,工人运动掀起收回汉口、九江英租界的高潮。上海工人还发动了三次武装起义,击溃了盘踞此地的孙传芳势力,不惜以牺牲生命为代价,响应国民革命军的征伐。在国民党的理论话语中,工人是革命与建设的重要力量,但直到"清党"前,有组织的工人多为中共所掌控。为争夺对工人的领导权,国民党实行"清党"。一度如日中天的武汉工人运动,已为军队所摧毁,工会被军队占驻。资方借机压低工资,向工人反扑。加上武汉地区因铜元缺乏而引起纸币低落,工人生计无着,工运无从开展。1927 年 7 月 25 日,丁觉群、许白昊、李人甲、史文彬、童世纲、张计储等,在汉口特别市党部讨论议决,"以现时工人生活不能安定,计划无从实施"为由,暂缓起草本省工运计划案。②

与此同时,工会组织在"清党"后,全面向国民党靠拢。据 1928 年 1 月 28 日《密勒氏评论报》报道,广州市政府社会调查委员会调查显示,485268 名产业工人中有会员 290620 人,其中 77932 人是国民党员。这与 1925 至 1927 年两年间"广州工业界完全在共产党势力之下"已大不相同。③ 国民党对上海、两湖、平津、广东工会的血洗,不仅给了中共严重打击,还打击了国民党自己的工运骨干,彻

① 何汉文:《非常时期之工人》,上海:中华书局,1937,第 63 页。

②《湖北暨汉口工人部第二次工运委员会议记录(1927 年 7 月 25 日)》,台北国民党党史会藏,档案号:部 4413。

③《广州近两年劳动的状况》,《中央日报》1928 年 2 月 8 日,第 3 张第 4 面。

底平息了1924年以来工人运动的高潮,以至国民党定都南京后虽然不遗余力地恢复工人运动原有的活力,但效果仍不尽如人意。曾考察过中国的美国劳动问题专家在总结中国工运时有言:“中国工运在经历了1922年至1927年的5年间惊人的高潮后,随之而来的是长期的消沉。”①与前期相比,此后的工人运动基本处于恢复、规范及调适的阶段。

北伐后,国民党的中心工作由军政转入训政,由破坏转为建设,民众运动的重心也随之改变。1927年12月24日,蒋介石接受上海新闻记者采访时说:“现在为谋国家的安全、民众的康乐,在本党未确定计划以前,一切民众运动,都应暂时停止,静待本党与政府对于工人运动、农民运动确定方针。如果仍照现在的情形去做,不但没有结果,并且替共产党去造机会。”②1928年1月,在国民政府第17次总理纪念周上,曾有《停止各处民众运动》的报告。1928年2月,第二届第四次中央全会通过陈果夫、丁惟汾、蒋介石三人提出的《整理各地党务决议案》,该《议案》要求:“各地各级党级,一律暂行停止活动,听候中央派人整理”;各地党员一律重新登记,登记期间停止发展党员。其目的就是要肃清国民党内的共产党员,剪灭国民党内部派系纷争。③ 国民政府或期以整党,整肃民众运动;或期以整肃民众运动,进而整党;从而巩固国民党的民众基础,提高“党权”。国民党中央委员经亨颐,在分析二届四中全会“对民众忌谈运动”的原因时指出:“因党部本身组织未妥,不愿大

① Nym Wales , *The Chinese Labor Movement*, New York: The John Company, 1945, p. 3.

②《中华民国国民政府浙江省政府布告第一号准国民党中央特派员函本省民众运动应暂停仰遵照办理由》,《浙江省政府公报》第200期,1928年1月11日,“布告”第15页。

③ 荣孟源主编:《中国国民党历次代表大会及中央全会资料》上册,北京:光明日报出版社,1985,第521页。

开闸门，而所以对民众根本是消极的。”①

中共对于民运的影响，绝非“清党”所能完全毁弃，国民党工运也难以摆脱其影响。浙江省党部第二届四中全会的宗旨，即作如是表述：“清党以来，扑灭共产党之呼声，已遍乡村都市；然而事实昭示吾人，至堪疑怀。一部分努力同志，日以灭共为职志而工作进程，竟有自陷于共党之故辙而不自觉者？良由共党理论方略混入本党日久，稍一不慎，即困歧途。故此次四中全会，竞竞以此为虑。”②中央民众训练会缪斌的言论，尽显国民党内主张停止民运一派惧怕民运的斗争性的原因，以及要求停止民运的动机：“虽中间经过几度清党，却始终没有把这种假的民众运动清去，如果仍旧这样下去，民众对本党的信仰，必有丧尽的一日。”③

其实，更为关键的是国民党员缺乏党性原则，组织也不健全，国民党既无力领导民运工作，也难以影响政界。这些障碍长期困扰着国民党。孙科等27位委员提出的《整理本党实施方案》（1932年12月国民党四届三中全会通过）对此有清醒认识：“自北伐以后，名义上国家政权属于党，实际上党的政纲未能施诸民。而党的本身，则以同志间意见支离，演成瘫痪无力之象，终至于中央党部无能尽其推动革命之全责，地方党部更多流为牵碍行政，招怨人民之渊薮。”“以此渐趋衰弱之集团，完成中国革命之重任，非特人皆疑其不可能，即党中明达，亦将失其平昔之自信。”“本党为适应时代需求，复兴国民革命而从事于党的根本整理，实亦情势所不容自已。窃以本党之衰落原因虽多，而其根本病症，实在于脱离民众立

① 《经亨颐对于民众训练委员会组织的意见》，《中央日报》1928年4月24日，第2张第2面。

② 《浙江省党部告全省同志书》，《中央日报》1928年2月18日，第2张第2面。

③ 《缪斌的提案》，《中央日报》1928年2月12日，第3张第4面。

场，丧失革命精神，致一般党员于不知不觉中生活腐化，思想落伍，理论徒托空言，行动惟求利己。”[①]为重开民运，国民党只能暂停当下的民运，从整党入手。

在重建党权的基础上，民运的方针就是将民众纳入各尽其职的正轨。国民党二届四中全会宣言指出，国民革命“最主要之目的”为“国民经济生活之建设”，不应以“经济的阶级斗争”破坏生产。[②] 主张暂停民运的褚民谊，曾对反对者如此解释民运内涵：“处在现在国民政府旗帜下的民众运动，当与处在军阀压迫下的民众运动，根本的意义上，即有不同。整队游行，散发传单，张贴标语等事，在现今实为次要。今日的事，要当各致力于各项实际工作。如农工当各致力于农工的工作，青年当努力于学术的研究。”[③]国民党机关报《中央日报》也刊发署名文章，配合宣传暂停民运的“真意”，进一步强调：“停止民众运动，并不是不要民众运动，乃是要改正民众运动的方式。换句话说：就是停止一切为破坏而运动的民众运动，筹备为建设而运动的民众运动。”文章指出：训政时期的民众运动，“完全是一种有秩序、有组织的团体运动”。对工人而言，“要想改善自己的生活状况，增高自己的知识，首先要从强固工会的组织入手，以为将来改善工人地位的凭借”。[④]《中央日报》主笔彭学沛，则将民众运动分为六种：第一，民众因职业、地域种种差异，“各有特殊的利害关系”，工会、商会由此而生，组织民众“在各级议会、各级选举里，运用政治的方法，去增进各职业的政治地位”；第二，

---

① 荣孟源主编：《中国国民党历次代表大会及中央全会资料》下册，北京：光明日报出版社，1985，第175页。

② 荣孟源主编：《中国国民党历次代表大会及中央全会资料》上册，北京：光明日报出版社，1985，第513页。

③《各党部请勿停民运》，《中央日报》1928年2月6日，第2张第3面。

④ 雪崖：《今后民众运动的方针》，《中央日报》1928年2月2日第1张第3面。

“要依靠多数人的互助和联带责任”，通过消费合作、生产合作、保险互助，“去增进或保障相互的经济利益”；第三，民众自发的、临时性组织的演说会、示威会等；第四，通过“偶然、临时聚合的民众”，如市民大会，“来行使一种立法的、或司法的职权”；第五，纯粹以破坏为目的，“以便引起革命的暴动”；第六，假借“到民间去”的口号，“用些威吓利诱手段，去抓住一些所谓民众，或是到乡下去找几个农人、城市里找出几个工人，来组织什么会、什么会摆在那里。到了他们自己要反对那一个或拥护那一个的时候，就把这些猴儿、绵羊牵出来，耍弄一番”。彭氏主张其党“应当切实扶助，切实领导”第一、二种民运；援用第三种民运，以表达民意；停止第四种民运；“严防”第五种民运；“严加惩罚”第六种民运。①

1928年2月12日，缪斌抛出民运“提案”，其中心在于全面肃清共产党的“余毒”，纠正“目下所谓民众运动的方针”，明确民运的本义。其“纠正”之方法，“就是要由党部指导民众来努力从事建设的运动”。缪斌强调：“真正的民众利益，决不是单谋片面的利益所能达到的，是要通盘预算。”不谋“事业的发展”，而“谋待遇的优渥，是误事的空话。在农业未发展以前，农民的利益是根本上谈不到的；在工业未发展以前，工人的利益是根本上谈不到的”。缪氏更提出要从三个方面展开“真正的民众运动”：第一，“根本的义谛”，是实现国内各阶级间的合作，共事生产：“我们的痛苦是由帝国主义压迫而来。我们的敌人，是帝国主义，不是不同阶级的同胞，这是千万要认清的。我们所做的事业，无论办工、商、学，都是和敌人战斗的武器。我不做事，便是摧残我自己的武器，增加我们自己的损失。简言之，便是自杀。用这样的方法去求利益，是愈求而愈

① 彭学沛：《民众运动的分析》，《中央日报》1928年2月15日，第1张第2面。

远。所以罢工、罢课这斩丧元气的行为,是绝对宜严禁的;减租、加薪、减工这种偷惰的举动,也是不可许的。”不同阶级,宜互相扶助,消除私见,以利人而利己。第二,加强党部的领导。对工人运动而言,取消“旧有工会”,由党员派专员“联合厂主、工人”,组织工业协会,以求精进技术、改良机器、提高效率。第三,在宣传上,在“二次北伐”的前方,“宜从打倒军阀着眼”;在后方则“宜从灭共及建设着眼”。①

总体而论,停止民运就是改变以中共为主导的工运架构,开始重组以国民党为主导的工会系统。但国民党中央暂停民众运动所带来的负面效应使工人首当其冲。此前“清党”,资方已开始借机反扑。上海先施、永安、新新三大公司曾于 1927 年冬,开除包括工会执行委员、组长及热心会务之工人 300 余人。② 此时,各地工会更是横遭摧折。不仅有资方,还有党政机关,予以左攻右袭。广东总工会属内各工会,均遭封禁。省内各行商店,“对于曾经加入工会之工人,借口开除”。③ 上海元豫酱园经理张鸣华仇视工会,向农工商局控告工会组长李祝孚“借工运欺人”,期以借此开除李氏。恰因工统会正争夺工人领导权,为获得工人支持而压制资方,张氏“自知理屈”,只能“自愿津贴”李氏六个月薪水。④ 资方虽败,但其欲借停止工运之机,向工会反攻的意图,则是上海资方的普遍心态。

国民党中央意图接手地方工会组织,遭到了地方实力派的抗

---

① 《缪斌的提案》,《中央日报》1928 年 2 月 12 日,第 3 张第 4 面。

② 《上海报界工会为三大公司开除职工宣言》,《中央日报》1928 年 2 月 5 日,第 2 张第 4 面。

③ 《广东工会近事》,《中央日报》1928 年 2 月 15 日,第 2 张第 2 面。

④ 《工统会工作消息》,《中央日报》1928 年 4 月 25 日,第 2 张第 2 面。

拒。1928年2月初，浙江省党部改组委员陈希豪、洪陆东到杭州，曾在“清党”时遇到被通缉的卢仲英、黄维时等工运人员，卢、黄等人随之回杭活动于各工会间，省政府代理主席蒋伯诚，以卢等“大事活动”引起商人恐慌为由，封闭杭州所有工会。[①] 蒋氏言之凿凿，冠冕堂皇，实暗行借势伐异，越俎代庖，侵预党权，阻碍国民党中央对工人的控制。[②] 4月，嘉定县政府以“共产党嫌疑”，勒令封闭该县总工会，拘禁工作人员。正如在浙江省总工会所言：“从事下层工作之忠实同志，在行政长官之心目中，将尽赤化无遗。党化政治而具此污点，实本党之不幸。”[③]

1928年8月初，中央民训会提出《取缔军政机关人员干涉民众运动案》，并呈国民党二届五中全会。该《运动案》指出，党与军政各有其职责。国民党的基础是被压迫的民众，“所以唤起民众，是本党重要工作”。军政人员应“遵守本党政策”，努力维护民众运动，“以巩固本党的基础”。然而，现实却截然相反。各地军政人员，多不明党与军政之关系，“不惟不能根据政纲法律，尽其保护之责，竟公然阻碍民众团体之组织或凭个人好恶，保荐工作人员，任意指挥民众团体。稍逆其意，则封闭团体、逮捕人员等非法行为，随之发生。”其后果则“致令民众离开本党，徒予共产党以煽动机会，影响国民革命前途。”中训会提出三条方法，交由国民政府通令遵行。其一，领导民众运动之权，“绝对属于本党各级党部，任何军政机关，不得无故干涉”；其二，行政机关及人员，应遵守中央颁布之法令，尽其监督保护民众之责，“如民众团体有越出法律范围情

① 《杭市各工会封闭原因》，《中央日报》1928年2月9日，第2张第3面。

② 详见田彤《民国劳资争议研究（1927—1937年）》，北京：商务印书馆，2013，第97—100页。

③ 《嘉定县工会被县政府封闭》，《中央日报》1928年4月19日，第2张第2面。

事发生，应商由当地党部根据法律纠正或制止之，绝对不得依个人志趣，凭个人好恶，随意干涉”；其三，军事机关及人员，应服从中央命令。尽其保护民众之责。① 尽管国民党中央力图避免军政害党，不断宣传党政“一家”，但直到一年后，国民党各级组织仍被军政变本加厉地拿捏着。除陕西、四川边远省份，国民党统治的核心区江苏更是重灾区。驻扎东海县的旅长谭曙卿依恃武力，在原本缺粮的属地搜集粮食外销牟利，工会、党部因劝阻而遭任意枪杀。睢宁党政纠纷，县长李子峰用市井无赖，威迫县党部，“使全县党员人人自危，不敢自保其身家之安全”。高邮县长杨镇摧残党务，非法逮捕执监两委党委，逼走全体职员，“使县党部不得已移省办公”。② 国民党所高张的“党权高于一切”，难以实施，其领导的民众运动也很难顺利展开。

另有地方政府乘机调整劳资关系。在共产党势力曾覆盖的广东，各工会掌握用人权，负责介绍工人入行，“并不问行东同意与否”，劳资两界常起纠纷。广东省农工厅以时局骤转为由，令各领袖工会，“将该所属工会介绍职业之权利，即行废止”。农工厅见机明令各关系工商会，一律废除“店东在共党淫威之下，只有忍痛承认”的工会与东家订立的“苛酷条件”，另组工商条件审查委员会，重行订立“互利”条件。③ 上海一些工会则迫于压力自动停止活动。比如，新新公司职工会在主席周良才的提议下，“暂时停顿，听候上级改组”。④

国民党内部对暂停民运一事意见不一。中央执行委员何香凝

---

①《取缔军政机关人员干涉民众运动案》，《中央日报》1928 年 8 月 9 日，第 2 张第 1 面。

②《江苏省的党政纠纷》，《中央周报》第 63 期，1929 年 8 月 19 日，第 2 页。

③《广东工会职权的改更》，《中央日报》1928 年 3 月 22 日，第 2 张第 2 面。

④《上海的工人运动》，《中央日报》1928 年 2 月 14 日，第 2 张第 2 面。

指出，既然“本党代表一般被压迫之民众而起革命，其基础应植于民众之上”，就不应该因民运曾为共产党所“把持”，而因噎废食地“废止民众运动”；“本党目前对于民众运动，不应根本废止，只宜改善其方针”，以免引起“本党不要民众之讥”。她强调，国民党工运的刻不容缓之“要图”，应为切实扶助农工：“农工占全国人口十分之八九，其所受之压迫与痛苦独深。乃农工之痛苦一日不解除，即革命一日无成功之望。其理至明。本党有见于此，故对于解除农工之痛苦，与增进农工之利益，异常重视。且其具体方案已见之于屡次大会宣言及决议案中。不幸本党连年与敌人苦战，且内部纠纷迭起，对于种种关于农工之决议案，均未能切实执行。以致农工对本党有欺骗民众之疑。本党对此，如不急起挽救，则将来非陷于与民众绝缘之地位不可。苟如此，尚何有革命为？”①各省市党部及海外总支部等团体代表数十人，也曾向二届四中全会请愿，希望不要停止民众运动，并制定民运的方针和理论。② 汉口作为既有民运中心，因“宁汉合流”，其民运已受打击，对此次暂停民运持观望态度。有通讯报道：“轰轰烈烈的第四次中央全体会议南京开会的消息传到武昌来，一般人都好象漠不关心的样子，有许多人还故意的避开不谈这件事。党部固然是还没有开始活动，就是政治部也没有什么表示。”③国民党中央委员朱霁青，在致函于佑任、谭延闿等七位委员时强调，不能放松国民党对工运的领导：“以‘以党治国’的原则上，我认定无论在军政时期、训政时期、宪政时期，民众是党国之原素，党是民众之指导者。换言之，离开民族即无所谓党，亦无所谓国。”“我主张党对民众在党的组织上，无论何种，不宜缩小，

① 《中央全会中两个重要提案》，《中央日报》1928 年 2 月 6 日，第 1 张第 4 面。
② 《各党部请勿停民运》，《中央日报》1928 年 2 月 6 日，第 2 张第 3 面。
③ 《汉口通信》，《中央日报》1928 年 2 月 14 日，第 1 张第 4 面。

更应扩大；不然党不能与民众生密切关系，失了党的性能与功用。”他还表示应从改造社会、“调剂各阶级共同相互之利益”“解脱劳动之痛苦，消弭阶级之斗争”等“最低之限度”方面，引导民众运动。①

其实，国民党内部对中央是否议定停止或暂停民运，实留有较大的解释空间。1928年1月，浙江省政府委员会主席何应钦，联衔委员蔡元培、朱家骅、陈其采、程振钧、蒋伯诚、蒋梦麟、马寅初、阮性存、陈屺怀等，发布公告：“自即日起，本省各级党部，应即一律暂时停止民众运动之工作，不得再有散发传单、张贴标语、聚众开会、结队游行等举动。各地农工团体应暂时停止活动，倘有抗租罢工等情，应由各县政府会同各地军警，严拿首要，解散胁从，以期防止扰乱，巩固后方。”②浙江省党部予以质问：“查各种民众运动，中央并无明令停止，不知贵省政府根据何种职权，将所有杭城各级工会，饬令公安局一律封闭，实所不解。”“况暂行停止，亦非实行封闭之谓，贵省政府此举，实难免摧残工会。”③江苏省党部虽指令省总工会停止召集各县市总工会代表大会，但认为“查民众运动方案，中央尚未决定”，因此函询民政厅“是否有通令停止民众运动之事”④。江苏省政府委员主席钮永建，在回答江苏各县市联席会议代表对停止民运的质疑时称“省政府之所谓停止民众运动者，乃指一般大规模的民众运动，以防止共产党之乘机捣乱。至于工会严密组织的运动，则仍应继续进行，以巩固党的基础”⑤。南京特别市

① 《朱霁青论党与民众》，《中央日报》1928年5月6日，第2张第2面。

② 《中华民国国民政府浙江省政府暂停民众运动布告第一号（准国民党中央特派员函本省民众运动应暂时停止仰遵照办理由）》，《浙江省政府公报》第200期，1928年1月11日，第16页。

③ 《浙省党部质问封闭工会理由》，《中央日报》1928年2月13日，第2张第2面。

④ 《苏省党部第五次会议》，《中央日报》1928年2月7日，第2张第3面。

⑤ 《苏省党部令止县市总工代表会议》，《中央日报》1928年2月14日，第2张第2面。

党部执行委员会于1928年2月15日通电全国，谴责浙江省政府封闭杭州市总会的“反动行为”，望中央执委严行惩处浙江省政府。内称：“民众运动，为本党革命基础。第四次中央全会，虽有暂停民众运动之动议，并无封闭民众机关之明文。”①陈果夫、何香凝、丁惟汾代表中央党部，与上海工会代表谈话时声称：“停止民运，并非整个的停止其内部工作，仅暂时停止其对外活动。”②这些言论，为工会立足提供了依据。江苏省总工会筹备委员会曾向外界直言，停止民运是捕风捉影：“自中央执行委员有提议停止民运之说，尚未及讨论，而各省政府参插私意，就大张布告，明令所属停止民运。再加各县政府主持人员，多半对党义无研究，一闻是说，以消极阻碍者，在在皆是。”③

各地停止民运、封闭工会之举，引起了工人的极力抗争。1928年2月11日至13日，江苏省总工会筹备委员会，在南京召开联席会议。到会15个县的代表，一致议决至中央党部请愿，要求取消停止民运之动议。内称：停止民运，“无异脱离民众，违背总理遗教”；且停止公开的三民主义的民运，等同于帮助共产党“暗中活动”，“替共产党造机会”。各代表同时恳请国民党中央“从速阐发”群众运动的方针及理论，“以期民众有所适从，革命基础日臻巩固，使反动分子无机可乘”④。苏省工总、省学联、省女协等团体，联合向中央请愿，“恳务停止民众运动”，“早日确定颁发”民运方针。⑤ 广东各工会也曾派代表，随中央党部工人特派员同往第八路

① 《南京特市党部反对浙省政府封闭工会》，《中央日报》1928年2月18日，第2张第2面。

② 《上海的工人运动》，《中央日报》1928年3月15日，第2张第2面。

③ 《苏省县市总工代表联席会》，《中央日报》1928年2月15日，第2张第2面。

④ 《苏省县市总工代表联席会》，《中央日报》1928年2月15日，第2张第2面。

⑤ 《苏省各团体请勿停止民众运动》，《中央日报》1928年2月23日，第2张第2页。

总指挥部,请求李济琛主席维持工运。① 浙江省政府封闭省内工会所引发的异见,到3月仍持续"发酵"。效忠国民党的工会组织对停止工运,也叱议不断。杭州市143个工会电呈中央执监委员、国民政府,指斥蒋伯诚、蒋梦麟罗织罪名,逮捕"沐化三民主义""儒善忠实之工人";要求罢免两蒋。② 上海邮务工会、报界工会、华商电气工会、商务工会暨职工会、南洋烟草职工会、英美烟厂工会、沪宁铁路车务工会等各派代表,连日集会,发表宣言,要求恢复被禁工会组织,从速确定工运方案,并组织代表团赴京分谒中央党部、国民政府及各重要机关。其宣言主旨有三点:第一,"亟须将富有革命性之全国劳工胥纳中国国民党领导之下,施以三民主义之训练,使为全民族利益而奋斗";第二,保障劳工团体,满足劳工生活;第三,"对于工运方针,予以诚恳之指导"。宣言同时强调停止民运必将贻害党国前途:其一,工运正随国民革命而"荣茂滋长",忽停民运,民众定失其信仰,资本家必摧残工人,反动派将握有中国国民党"脱离民众之口实";其二,遽行取消工会组织,共产党必借劳资冲突发展组织;其三,"现在新旧国家主义派,政学系及研究系之余孽,与一切腐化分子,又乘机混入本党,各以其非国民党之主张,冀图变更本党之主义与政策"。宣言态度强硬,尤为强调:国民革命基础建立在大多数工农之上,自京汉罢工以来是工人的牺牲,助力国民党定都南京;而当此继续北伐之际,若无民气鼓振士气,其前途堪忧。国民革命之前途,"仍难有光明之望"。③

1928年5月,北伐途中,日军制造济南惨案,国人异常骇愤,恢

① 《广东工会近事》,《中央日报》1928年2月15日,第2张第2面。

② 《杭州一百四十三工会请中央解释浙政府行为》,《中央日报》1928年3月1日,第2张第2面。

③ 《上海七大工会发表工运宣言》,《中央日报》1928年3月5日,第2张第2面。

复民运的呼声更行高涨。9日,汉口外交后援会执委会决定,请省市党部恢复民众组织,“扩大运动,一致反日”。11日,日军攻占济南当日,上海工界“对日外交后援会”,决定于星期日举行全上海反日工人大会,特派陆京士等四人至龙华警备司令部,请求钱司令尊重民意,恢复民众运动,保障大会能如期召开。该会旋派林培根等人,赴中央代理宣传部部长叶楚伧及总参议何应钦处,申述恢复民众运动。① 很难说国民党不想利用国民外交谴责日军暴行,以补军事失败,以张民气,压制奉系北京政府,但对此南京政府却未置可否。当记者询问朱霁青中央“究何用意”时,朱氏明确表示:“恐共党乘机捣乱”而“贻日本侵略口实”②。实际上,是国民党中央忧惧中共再乘势兴起。

一个月后,中央民众训练会公开表示尽快整理党务,重开民运。该会称:“本党以前为整理党务关系,所以停止民众运动,不图因此外边竟发生许多谣言:不是说本党不要民众,就是说本党离开民众,甚至同志中也有怀疑此点的。实则这都是错误。”“现在中央民众训练委员会几经考虑,方将民众团体整理委员会各种条例公布,并且已经发出通告,促各级党部从速成立民众训练委员会。”“将来各地民众团体整理委员会成立之日,就是恢复民众运动之日。”③实际上,恢复民运困难重重。8月,平津解散已成立的工会,是“防共”之曲突徙薪之计。白崇禧在致阎锡山电中说:“查容共时期之民众运动,早经四次全会议决停止,有案迄未变更。北平克复,秩序安静。”“不意一月以来,二三党部人员,极力鼓惑工人,成

---

① 《沪汉民众请求恢复民众运动》,《中央日报》1928年5月12日,第2张第2面。

② 《朱霁青论中央未能立即恢复民运的原因》,《中央日报》1928年5月12日,第2张第2面。

③ 《恢复民众运动》,《中央周报》第2期,1928年6月18日,第1页。

立种种工会,煽动阶级斗争。""且有著名共党,竟从中指导。军政机关,加以纠正,彼等概置不理。其为预定阴谋,毫无疑问。""谨一致陈请钧座,援照四次全会议决,即须命令严厉制之。"阎氏同意白氏之建议。北平特别市党部对于军事当局下令解散工会一事,态度游移。在回答《中央日报》记者提问时说:"恢复民运,特党部系服从中央命令。关于此事,中央曾派员来平,督促调查解散各工会事,党部民训会及中央所派来之人员,昨已有电向中央请示办法。至军警机关方面截至现时为止,尚无正式公函来党部,自未便有所表示。特党部只知服从中央,工作照旧进行,当不受任何影响。"①民运难以恢复主要是地方实力派从中作梗。

正当各地国民党向地方实力派讨回民运主动权之时,1928年10月,护邮罢工从上海波及全国各主要城市,表明国民党仍无力控制工人,这严重顿挫了国民党中央恢复工运的信心。国民党中央执行委员在《全国工会及工人之告诫书》中指出,邮务工人背离中央指示,反映出"一般工人缺乏正确之观念",受共产党"蒙蔽","犹未辨本党对于工人工会所持之原则为何";而"党员亦多茫然无所知,甚或瞑行妄作,以个人主义指挥工人团体;致工会即(既)不属于工人,又不属于全党,更不属于国家。形式上指导工人团体,而遇事则往往发生离开党与国家利益之个人活动",实足为"民族前途之障碍"。②

此时,各地成立党务指导委员会,造成人事变动,原有党务人员不甘权力旁落,便与党务指导委员会为敌。比如,安徽党务即屡起纠纷。中央刚严办了6月间殴打省党务指导委员会刘真如的凶

① 《北平市党部对解散工会的态度》,《中央日报》1928年8月18日,第1张第3面。
② 《本党对于全国工会及工人之告诫书》,《中央周报》第20期,1928年10月22日,第10页。

首,不料,9 月 1 日,“反动分子”汤志先就与前某改组委员“勾结”,“买通流氓”数十人,殴伤怀宁县指委五人,捣毁办公物品。① 党务恢复不顺,民运难免不受其滞碍。

民运和工运的乱局根源于前述包括缪氏等诸种有关民运方针的阐述,并未得到国民党中央的审定。各工会一时不明民运方针,难以推行,党部又要求工会在可控范围内活动。1928 年 4 月 24 日,杭州市各级工会代表毛雨霖等,至浙江党务指导委员会请示民运方针。组织部部长周炳琳接指示各代表:“在中央未颁布民众训练方针以前,各小组工会,进行工作,均须先向本会请示核准,方许办理。不得有越轨行动,否则被反动派的煽惑,作出不正当情事,实为前途危害,将加以严厉制止。”②1928 年 6 月,京津既已克复,南京特别市党务指导委员会以“军政时期可告一段落,一切训练和设施亟待举行”为由,特向中央执行委员会提出“对于目前党政最低限度之建议”20 项。其中,关于党务者:厘定民众团体组织条例,颁布民众运动方案,正式宣言恢复民众运动,“责成各地军政当局,切实予以保障”。③ 直到 1928 年 7 月 9 日,国民党中央第 154 次常务会议才通过《中国国民党中央执行委员会民众训练计划大纲(修正案)》,全面检讨此前民运的疏缺,明确此后民运方针,“以为党与民众共同奋斗之准绳”。《大纲》强调,党要领导民众实现国际上、政治上、经济上的平等自由,解除民众的痛苦,“建设并巩固民众的经济基础”,“培植并发展民众的生产能力”。“民众运动目前的纲领”中有关于工人的部分,力图以法律形式全面保障工人的生活,

---

① 《皖省党务发生纠纷》,《中央周报》第 15 期,1928 年 9 月 17 日,第 2 页。

② 《杭州各工会请示民运方针》,《中央日报》1928 年 4 月 25 日,第 2 张第 2 面。

③ 《京市指委会对于目前党政最低限度的建议》,《中央日报》1928 年 6 月 17 日,第 2 张第 3 面。

包括制定:劳动法、工厂法、工会法、劳资争议处理法;制定劳工保护法;制定劳动保险法、疾病保险、灾荒救济法、伤害赔偿法、死亡抚恤法、年老恤金法;组织工人各种合作社,减轻工人生活上之负担;设立工人实习学校与俱乐部,增进工人知识技能及精神上之修养;规定最低工资之标准;监督并改良工厂之设备和工人之待遇。① 诸般设想固佳,但均非短期内所能实现。

同年8月,国民党二届五中全会明确宣布开始训政时期的工作,中央常务委员会随即提出《民众运动方案草案》,表示民运"亟待恢复进行而不可一日或忽也"。《草案》强调国民党肩负着代表"民族利益"而唤醒民众"共同奋斗"的责任,一旦"党而恒久无民众运动为后盾,势必成为空疏的政治集团"。为谨防悲剧发生,国民党必须一改民运"遂寂然无闻"现状,重整民众运动。《草案》检讨"过去民众运动之错误",进而从理论、组织、训练三个方面理顺民运的主旨、原则、方针。《草案》将此前民运"错误"归结为:(1)民众自身无组织、无团结、无训练,民众中盲目者有之,冷漠者有之,"更有一部民众,甘为共产党所驱使"。(2)国民党无确定方针、统一政策及"具体的适当办法";不注意下层工作,"不能彻底认识民众之痛苦与要求";部分党员"不了解民众运动,故存畏惧之念"。(3)国民党缺少领导干才,"过分提高工人之工资,以致工商停业,工人失业"。为洗前尘,《草案》将"民众运动之目的"限定为两个方面:从"消极方面"而论,(1)民众为自身生存、"生活之发展"及幸福,"以求得政治上、经济上之自由平等"。(2)民众为民族国家,"求得国际上之自由平等"。从"积极方面"而言,(1)"求各民众自

① 中国第二历史档案馆编:《中国国民党中央执行委员会常务委员会会议录》(5),桂林:广西师范大学出版社,2000,第278、283、287—288页。

身利益的实现,使各民族各得其所”。建设民有、民治、民享的新国家。(2)“求人类全体利益之实现建设大同世界”。在此基础上,《草案》又全面厘定“民众运动之原则”:第一,民众运动必须“为自动的集体行动,而不是被动的”。第二,民众运动必须以“最少之劳费,收最大之效果”。第三,党应领导民众运动,政府应保护民众运动。第四,按建国三时期分别决定民运之方略:军政时期,以“破坏的运动”,对外打倒帝国主义,以求中华民族之自由平等,对内须铲除一切封建制度和势力(军阀、贪官污吏、土豪劣绅等),以获取政治上经济上之解放。训政时期,肃清残余反动势力,训练民众在政治上、经济上的建设智能。宪政时期,遵照三民主义、五权宪法,建设民有、民治、民享的新国家,进而促成世界大同。第五,按照民族、民权、民生,分别决定民族运动之方略。即“民族的民众运动”,须排除民族生存之障碍,建设真正民有的新国家。援助一切被压迫民族之解放运动,注重民族共同利益,“不应单为某部分民众本身利益而奋斗”。“民权的民众运动”,即排除国内政治上封建残余的障碍,建设真正民治的新国家。“民生的民众运动”,即排除帝国主义经济上的侵略及私人资本制度,建设真正民享的新国家。“应切实避免走入资本主义或改良主义以及列宁式的共产主义的道路,以便渐进于真正的大同的共产社会。”该《草案》将国民党治国方略落实到民众运动之上,以民运作为实现建国方略的唯一通道。但对最应着力的“今后民众运动之方针”的论述,却草草敷衍。其仅规定两点:其一,纠正过去之一切错误;其二,根据民众运动之目的及原则,详订计划,以组织民众,训练民众,并领导民众运动。[①] 此“方针”粗略且缺乏可操作性。可能是为便于理解民运方

① 《民众运动方案草案》,《中央日报》1928 年 8 月 9 日,第 2 张第 1 面。

针,《中央日报》在刊登《民众运动方案草案》的同时,还发表了缪斌《确定民众运动之方针案》一文。缪氏文章强调:(1)民运必须归属于党的运动;(2)纠正民运中"专务破坏"、"多空洞而不切实"、诱发阶级斗争的弊端;(3)民运旨趣,应注重物质的建设及各自业务的发展。①

至于国民党工运方针,最初就有着明显的"急就章"特点,长期以民运方针代替工运方针。1928 年 10 月,中执会通过中央宣传部以《告诫工人书》这种非正式文件,并训令各级党部向工人宣传"工人运动,即以此为标准"。内中要求工人:(1)应尽救国任务;(2)须具继往开来之精神;(3)明了本国经济状况,始可解决经济问题;(4)应知其生活已较优于农民、士兵;(5)谋待遇改良,须遵孙总理遗教。② 1929 年 3 月,国民党"三大"重订民运方针,其中的工运主旨,与其"二大"相比,不仅是"促其发展",而且规范了工运"方针":"全国农工已得有相当之组织者,今后必须由本党协助之,使增进其知识与技能,提高其社会道德之标准,促进其产力与生产额,而达到改善人民生计之目的。"③以期"树立民运之正轨,统一民众意志于三民主义之下,一致团结,共同奋斗,完成国民革命,以建设三民主义之国家也"④。1930 年 3 月 5 日,国民党三届三中全会通过的《训政时期民众训练方案案》,拟通过"思想训练","使人民对党义有深确之认识与信仰,并明了共产党鼓吹阶级斗争之错

---

① 缪斌:《确定民众运动之方针案》,《中央日报》1928 年 8 月 9 日,第 2 张第 1 面。

②《中执会发告诫工人书》,《大公报》(天津)1928 年 10 月 18 日,第 2 版。

③ 荣孟源主编:《中国国民党历次代表大会及中央全会资料》上册,北京:光明日报出版社,1985,第 635 页。

④ 马超俊:《中国劳工运动史》上册,重庆:商务印书馆,1942,第 149 页。

误,及彻底了解训政时期之民运方针”[①]。但此次大会仍然没有拿出具有实操性的民运方案。

国民党定都南京后,始终未定工运方针,甚至引起了资方的不满。1930 年 11 月全国工商会议上,有商人提出,中央应该明定“工运范围”,纠正“办理工运人员往往越出范围”鼓动工潮的错误,“使办理工运者趋重于生产方面,力谋劳资合作”。[②] 1932 年 12 月 21 日,国民党四届四中全会再通过《关于指导民众运动方案》,将“民众运动方针”界定为:(1)提高民族意识,增进民族自信力;(2)健全民众组织,推进地方自治,树立民治基础;(3)指导民众努力生产,发展国民经济。[③] 此次会议通过的《对于常务委员会及组织、宣传、民众运动、海外党务四委员会工作报告之决议案》在有关工运方面,强调“应减低本身利益之追求,向民族利益而迈进,从生产技能之需要,启生产责任之自觉”[④]。工运仍然附属于民运,全无自身特点。

1933 年,国民党中央第 56 次常会批准《修正指导民众运动方案》,其中在“指导民众运动工作标准”中提出了“工人运动”方案,即“实现本党政纲对内政策第十一项‘制定劳工法,改良劳动者之生活状况,保障劳工团体,并扶助其发展’之规定,及调和劳资关

① 荣孟源主编:《中国国民党历次代表大会及中央全会资料》上册,北京:光明日报出版社,1985,第 796 页。

②《请中央明定工运范围纠正以前错误以维实业而免纠纷案》,实业部总务司、商业司:《全国工商会议汇编(1930)》上册,南京:京华印书馆,1931,第 2 编第 189 页。

③ 荣孟源主编:《中国国民党历次代表大会及中央全会资料》下册,北京:光明日报出版社,1985,第 179 页。

④ 荣孟源主编:《中国国民党历次代表大会及中央全会资料》下册,北京:光明日报出版社,1985,第 187 页。

系,革除不良意识,增进生产智能及效果,推行合作事业为标准"[①]。1934 年 6 月 11 日,中央民运会召集各省市暨直属党部代表及主管民运工作人员,举行全国民运工作讨论会,以谋民运策进。中常委孙科在闭幕式讲话中,将四届四中全会通过民运方案,总结为自治、自卫、自足三大目标。自治,要使全国民众,在国民党的领导下,"成为有组织之民众",树立党的基础,巩固"国基",民众力量才能成为"政府的力量"。所谓自卫,"对国家说,为维持民族的生存;对地方说,即保护民众本身的安全"。自足,在帝国主义占据新兴都市时期,更应在国统区发展民族经济。[②] 此次讲话同样未给予工运必要的重视。1935 年 11 月,国民党四届六中全会通过《努力生产建设以图自救案》,拟将工运引向"推进劳资合作""促成工业之合理化"方向。[③] 工运自此成为"生产建设"的附属品。

全面抗战后,大后方工运出现新的转向,即工运独立于民运。1940 年 10 月,中央社会部为严密工人组织,动员工人参加全面抗战建国,订定《推进渝市工运新方案》,并派定该部副部长洪兰友兼任渝市工运督导专员,由 11 月开始实施。在强制工人入会、实行军事化管理的前提下,此方案将渝市工运分为两个阶段:第一期工作包括组织交通、文化、市政三类工人服务队,担任后方勤务;由社会部贷款,筹设工人消费合作社;筹设工人福利社及各种福利设施。第二期工作着重于完成重要产业、职业工会之组织,以及平稳

---

① 《国民党中央秘书处检送修正指导民众运动方案函(1933 年 2 月 8 日)》,中国第二历史档案馆编:《中华民国史档案资料汇编》第 5 辑第 1 编政治(3),南京:江苏古籍出版社,1994,第 49 页。

② 《全国民运工作讨论会开会经过概况》,《中央周报》第 315 期,1934 年 6 月 18 日,第 1、4 页。

③ 荣孟源主编:《中国国民党历次代表大会及中央全会资料》下册,北京:光明日报出版社,1985,第 267 页。

工价，建立仲裁机构，开展生产竞赛等任务。[①] 1946年2月，蒋介石手谕蒋梦麟、谷正纲、蒋廷黼，要求拟定工运具体办法，并维持工人最低生活。各部统合，于4月推出《复员期间领导工人运动办法草案》，其方针如下：(1)健全工人组织，加强领导力量，使工人运动循合法途径趋于正轨；(2)解决工潮，救济失业，以安定生产秩序与社会秩序；(3)改善劳动条件，提高工人生活，促进劳资协调，以期劳动问题之根本解决；(4)运用党团组织力量，配合政府措施，制止非法罢工怠工及越轨行为，打击异党捣乱阴谋。[②]

1946年12月，马超俊调任中央农工部长，发表《敬告全国农工同胞书》，拟全面整饬农工运动。《同胞书》依国民党"六大"通过的原则为基础，提出"指导今后工人运动"的四个原则：(1)民族国家利益超过阶级利益及个人利益；(2)劳资协调；(3)社会民主化，劳工组织及活动"以发挥劳工的自由意志为依据"，"政府不应加以压迫或强制"，而应"善意指导，但以不侵害劳工之基本权益为原则"；(4)培植劳工干部，"养成其自觉自动自治自卫之能力，使工人自己来领导工人运动"。《同胞书》还就"今后工运中心工作"提出加强劳工组训、提高劳工地位、救济失业、举行疾病保险、举办工人失业保险、实行劳资合作、保护劳工健康、增加劳工福利八个方面。在实行"劳资合作"上，马氏主张：(1)"买方不能任意将工资减低，劳方要求工资之增加，须以生产效率为依据"；(2)设立工厂会议制度，"使工人参加如何改善工厂管理及增加生产，确谋劳资协调"；

① 《国内劳工消息(1940年10月份)·劳工行政》，《国际劳工通讯》第7卷第11期，1940年11月，第20页。

② 《社会部长谷正纲呈国民政府主席蒋中正为遵谕研拟复员期间领导工人运动办法及与善后救济总署洽商救济失业工人合作办法两草案呈请鉴核(1946年4月15日)》，台北"国史馆"藏"国民政府"档案，典藏号：001-055000-00002-011。

(3)给工人分红。由此将合作主导权委诸资方。①

马氏毕竟是工运家,其《同胞书》力求在现有政治框架内,实现工人运动的自主性。但其"实行劳资合作"的思路,仍然还是国民党惯用的套路,即将劳资合作的目标与表现形式混为一谈。

1947 年 3 月 23 日,"制宪告成,行宪在即",国民党六届三中全会通过《工人运动实施纲要》,基本否定了马超俊相对"放手"工运的设想,强调"工人运动之实施,以各级党部为主体"。在此原则上,提出从阐扬工运理论、培养工运干部、发展工会组织、扶植政治地位、促进劳资合作、提高生产技能、改善经济生活等方面开展工运。其"实施方式"则为"以党透政",即加强国民党对工会组织从上至下的领导,大力发展、扶持工人党员。因此,尽管《纲要》将"扶植政治地位"列为"工作要点",主张指导、扶助工人提高参政能力,但实际上国民党培养的对象只可能是"真正工人之优秀党员"②。这一版《纲要》阉割掉了工运的群众性,要将工运"政治贵族化"。

(二)为民族利益放任工人运动

但对于工人来说,生存是第一需要,宏大的主义不能当饭吃,这与国民党希望工人努力生产提高全社会的财富,最终实现改善工人生活的本意并不合辙。1931 年九一八事变后,华北纺织业陷入行业性危机,华纱不能再畅销东三省,日货反而占据了华北市场。时人检讨此危机的原因,认为"工人运动错误"实为主因:"华

① 《马超俊敬告全国农工同胞书剪报(1946 年 12 月)》,台北"国史馆"藏"资源委员会"档案,典藏号:003-010306-0423。

② 荣孟源主编:《中国国民党历次代表大会及中央全会资料》下册,北京:光明日报出版社,1985,第 1120、1121、1122、1123、1124、1125 页。

北工人知道了三民主义的国民党,是解放工人的,但不能了解解放的内容。他们都知道工人应该改良待遇、增加工资,但对于总理的实业政策却很少加以注意了。因此华北工人运动,不免有畸形发展的错误。照目前中国劳动者的状况来看,确有改良待遇增加工资之必要,但同时中国实业的幼稚,技术的落后,故对于生产方法,工作效能,非改良用进步不可。工人于要求改良待遇增加工资之余,应该本着国民的责任刻苦自励地求技术的进步、效能的增长,这样双方乃能共同生存。不幸事实上工人对于前者作不断的奋斗,而于后者却不能表示同样的努力。"在此基础上,此公还指出导致"工人运动错误"固"由于工人的智识太幼稚",但根由还在于"党政当局无暇作合理的指导"①。张廷灏曾在上海市农工商局和社会局,协助潘公展处理劳工行动,他同样不满于从事工运者敷衍塞责的态度,认为"劳工运动应注意"切实调查工人生产、生活状况,要解决工人的痛苦,而非"单喊口号、贴标语"、以领袖自居远离民众所能奏效。②

在此背景下,中国工人运动"波浪式"展开,其中上海工运尤为典型。上海工人运动萌芽于 1920 年前后,1924 年上了一个台阶,正式成立的工会有 48 个,会员计 149000 人。纱厂、烟厂等工人为改善生活,发动经济罢工。1925 年,工运转入以同盟罢工反抗帝国主义的压榨一途。2 月 9 日,内外棉株式会社十一厂、同兴、日华、丰田、大康纱厂等 22 家日资纱厂工人,开始了长达三个星期的罢工。他们不仅要求改善待遇、增加工资,而且反对日人的虐待。工人更以罢工纪念"五九"国耻,以"五卅"激发国人的爱国热情。

① 戴文伯:《华北纺织业的危机及其救济方案》,《纺织周刊》第 3 卷第 8 期,1933 年 2 月 17 日,第 269 页。

② 张廷灏:《中国国民党劳工政策的研究》,上海:大东书局,1930,第 12、11 页。

1925年下半年到1926年上半年，面对北洋政府的高压政策，工会无法公开活动，工运转入休整期。但“五卅”周年纪念后的20日内，上海就发生了40次罢工。纱厂、丝厂、烟草、电车、麻袋、印刷等大企业，以及成衣、毛巾、金银、药业、漆工、板箱、洋服等手工业，共3万余人实行经济罢工，并取得大半的胜利。6月27日，上海总工会被封禁。此举不仅未平息罢工，反而引起了60次罢工。罢工人数达到6万人，时间持续一个星期。据统计，当年6月份计有107次罢工，罢工人数高达210704人。十分之六七的罢工，都是工人胜利。1927年，北伐军攻克上海前后，工人又从经济斗争转为政治斗争，“发展到了政治斗争的最高峰，坚决地走上了武装暴动推翻北洋军阀统治的道路”①。

然而，“清党”后，国民党尚未重新确定工运方针，工运呈现停滞的危机。原有的工会解体，工人已取得的利益，又被资本家们乘机夺回，生活失其保障，行动失其自由。

正由于济南惨案的刺激，上海工运又行复苏。全市丝厂为求提高待遇，一致罢工，促成五、六月间全市酱业、估衣业、熟货业、药业职工相继罢工。随之而来的全市华洋印刷工人和闸北装订6万余工人大罢工、震荡全国舆论的邮务工人大罢工、法商水电工人大罢工，再次彰显了工运的复兴。1929年，工会改组，工人一时失去领袖，雇主顺势推翻原本利于工方的契约，大批开除工人。工人为生计而罢工，结果十之八九都失败了。工运复跌入低谷。1930年，雇主更肆无忌惮打压工人，工人“已经全无反抗的能力”，上海工运每况愈下，“竟象死一样的静寂。原有工会的解体，亦复不在少数。

① 力言：《上海工人运动的回顾和意义》，《劳动学报》第1期，1934年4月10日，第211、213、215、216页。

一年来的罢工风潮,没有一件是值得人们注意。虽然秋冬之交,沪东沪西一带的纱厂工人曾有零落不齐的斗争,但因他们都没有工会的组织,厂主的手段又很酷辣,所以即使爆发,也不免于中途崩灭,胜利全然是谈不到"①。但有一个"亮点",就是邮工反对邮政、储金汇业总局分立,而致此计划被迫取消。

1931 年工运持续走低,"死气沉沉"。九一八事变后,工人、店员等虽然组织抗日救国联合会,但因组织崩溃,缺乏威望,工人"无法作一致的行动"而"跳到反日的战场"。当年成立的上海市各业工会反日救国联合会、上海市日商纱厂工人抗日会、上海市日商码头工人抗日会、海员救国会等团体,在一·二八事变前均遭政府解散。② 当年的突出事例是上海工人对国民党内部分歧极为不满,也参与到改组派的"斗法"之中,拥护"党政改进运动"。10 月 2 日,上海各工会举行全体代表大会,即议决有"电请胡汉民、汪精卫立即出任艰巨"一案。12 月 19 日,上海特别市总工会与上海市总工会同时宣告成立,皆有关于改进党政之决议案。特别市总工会曾发表宣言,主张"党以民众为基础,以民主集权制为原则"。一切政治军事,悉受党之支配。"党政负责人员,并不得互相兼顾,以免妨害党政"。总工会则拥护汪精卫与党政改进会主张。1932 年 4 月,由上述两会合组而成的上海总工会,派代表 4 人,参加于洛阳举行的国难会议。③

1932 年工人运动"完全破产"。当年 1 月,日军攻打上海,闸

① 力言:《上海工人运动的回顾和意义》,《劳动学报》第 1 期,1934 年 4 月 10 日,第 218 页。

② 力言:《上海工人运动的回顾和意义》,《劳动学报》第 1 期,1934 年 4 月 10 日,第 218 页。

③ 林颂河:《九一八以来之中国劳工运动》,《国际劳工》第 1 卷第 2 期,1934 年 2 月,第 2、3 页。

北、沪东、吴淞、江湾一带的工厂类皆毁于炮火,数十万家破人亡劫后余生的工人,过着“乞丐式的生活”,“那里还有改良待遇的奢望”。因世界经济恐慌,市场萎缩,许多劫后余生的工厂,均减缩生产,降低薪资,勉力维持不关厂而已。工人稍有反抗,工厂即以关厂、开除相胁迫,工人已无力向资方“叫板”。除“护邮”邮务工人罢工胜利外,持续至1934年的三友实业社罢工、租界电话工人罢工、公共汽车工人罢工、南市华商电汽工人罢工、报界工人大罢工,均遭失败。工会组织瓦解,工人领袖腐化,亦是工运破产之重要原因。1933年,工运在时人眼中又“无可避免”地持续低迷。① 当年的“亮点”是:(1)9月工人捐赠给政府“工人号”飞机,希望政府“勠力向东京进攻”,而“决不用之于内战”;(2)工会与英美烟厂争夺工人子弟学校管理权工潮,反对资方开除工友的电力公司工潮;②(3)朱学范、易礼容等以个人名义,组织工人、店员成立抗日救国团体“勇进队”,分队长大都是市总工会所属各工会的负责人。1934年6月,沪市总工会为厉行军国民训练,“以充实国力”,举办工人军事训练班,推定朱学范、李华、周企贵等为委员。③ 到1935年,勇进队规模达到1000余人,全市性勇进队始正式成立。1936年11月,日资纱厂工人罢工,总工会决定予以援助,勇进队同罢工工人一起向市政府请愿。最终,纱厂工会罢工胜利。④

1936年,工运仍“稳健”有余。年初值全国学生反抗冀东伪组织之际,仅有海员七个团体以救国联合会名义发表宣言响应。后

---

① 力言:《上海工人运动的回顾和意义》,《劳动学报》第1期,1934年4月10日,第219、220页。

② 叶云翳:《一年来几件值得注意的上海工人运动》,《上海邮工》第6卷第4期,1934年1月1日,第46、47页。

③ 《劳工运动》,《国际劳工》第1卷第6期,1934年6月,第62页。

④ 朱学范:《我的工运生涯》,福州:福建人民出版社,1991,第76、77、78页。

察北失陷，匪伪侵绥，救国热潮炽涨，中国工人中唯上海方面有“捐资一日援绥”之举。其他如两广问题及西安事变，工人仅以电函表示拥护中央主张而已。稍有可述者，如国民大会召集，未列特种工人团体之代表名额，全国特种工会为增进政治地位，于5月22日在上海召开联席会议，议决呈请中央增订各种工会的国民代表名额，并发表宣言，赴京请愿，“颇活动一时”①。

国民党在主观上拟将工运引向“建设”之途，但疲于应对时局，计划落后现实，其工运一直未能摆脱“急就章”的特点。在1938年4月，爱国情绪高涨的时期，统治集团不以破坏民族统一战线为忤，反而禁止中国工人抗敌总会筹备会备案，挫伤该会“拥护领袖、拥护政府”，“普及并统一工人组织发动全国工人抗敌运动，增加抗敌力量”（《中国工人抗敌总会组织大纲草案》的“宗旨”）的政治热情。② 在工会领导看来，此举表明“许多上层份子”，对工人运动仍然采取压制、轻视的态度，漠视“工人活动的自由”“工人生活的合理改善”的要求；这“就使整个工人运动遭遇了很大的障碍，这支主力军，并没有跟着敌人的加紧进攻，而加紧动员起来”。中国工人（700万产业工人、1300万手工业工人）作为“最坚决”“最勇敢”“富有战斗经验的革命队伍”，若“没有全国性的统一战线的领导机构”就“会大大地消弱战胜敌人的力量”。③

而国民党败走台湾前的最后一稿工运方略《内政部拟非常时期全国工运实施方案草稿（1949年7月）》只能萧规曹随，仍以宏

① 程海峰：《一九三六年之中国劳工界》，《国际劳工通讯》第4卷第5期，1937年5月，第13页。

② 中国工人抗敌总会筹备委员会编：《中国工人抗敌总会筹备委员会工作报告》，汉口：中国工人抗敌总会筹备委员会，1938，第14、15页。

③ 李明生：《加紧工人运动争取第三期抗战胜利》，《工友》第11、12期合刊，1938年8月1日，第3、4页。

大目标为工人“画饼”，重利用而轻护佑。此时，国民党已相继失掉了全国大部分重要都市，党政曾经“指导”成立的所谓“确已具有相当基础”的全国千余工会（会员500余万人），“组织瓦解，力量涣散”。内政部匆忙提出“建立战时劳工新团体”（也称“中国自由劳工联盟”），“以团结劳工，反共救国”，“配合军事争取胜利”，其主要“方针”是：在“政府区”，要“组织工人福利社，以改善劳工生活”，“促进劳资合作，共渡难关，增加生产”，“扶助失业，辅导其转业就业”；针对中共解放区，则发动怠工、罢工，破坏生产。①

其实，此时的蒋介石早已对民众运动失去信心。1947年7月，蒋介石借纪念“三青团”成立九周年之时机，发表《关于党团统一组织的指示》，检讨党团工作的流弊。蒋介石指出，“革命党的力量”来源于：（1）孙中山及“先烈”留下的“革命历史”；（2）“三民主义”；（3）牺牲奋斗精神；（4）社会民众对国民党及其主义的信仰和拥护；（5）严正纪律。同时，将这五点视为“革命成功的最大保障”。他强调，“今天所以还能够在南京立足”“而没有被共产党所消灭”，“实际上完全”是依靠革命历史和三民主义，但“后者的三个条件可以说已经完成破产了”；“我们专靠前面两个而缺乏后者三个条件是不足以自存的。没有后者三个条件，则无论凭借怎样悠久光荣的历史和怎样博大精深的主义，也不能发生效力，不能维持久远”。蒋介石已然承认成立28年的国民党已没有了存在的价值，也不得不承认：“我们的力量完全流于表面形式，而实际的内容，则是虚空到了极点。我们党和团没有基层组织，没有新生的细胞，党员和团员在群众间社会上发生不了作用，整个党的生存，差不多完全寄托

① 《内政部拟非常时期全国工运实施方案草稿（1949年7月）》，中国第二历史档案馆编：《中华民国史档案资料汇编》第5辑第3编政治（4），南京：江苏古籍出版社，1999，第15、16页。

在有形的武力之上。”他不得不接受这样的事实：社会民众与国际人士“不仅不把本党看作一个革命的政党，而且认为我们已经成为时代的落伍者，已经被时代所淘汰了！”[①]蒋介石的反思和警示原本是为激发党团自我革新，内中论断并非危言耸听，也真切地反映出他对国民党、国民政府的民众运动和工人运动彻底失败的无奈。

二、工会与工会法

（一）组织合法化、工会法引起工人反对

社团、法团历来早于相关法律的产生而存在。中国新式工会正式组织，肇始于广州。最早的工会为1851年的广州打包工人联合会、1906年的广州邮员俱乐部、1908年香港华籍机器工人成立的“研机书塾”及1909年由书塾派人组织的广东机器总工会。[②] 1913年，袁世凯政府颁布《治安警察条例》，以所谓维持公共秩序、保护人民自由幸福为由，取缔民众组织，严禁罢工，工会组织一度涣散。“五四”前后，劳动团体显著增加。香港有劳动团体七八十家，广东有200个工团。[③] 工会由广州而至上海，更溯江而上，以至汉口、长沙，再向天津、唐山等地铺开。但工会组织的初兴，在“老革命”孙洪伊（共和统一党、民主党、进步党领袖；广州军政府顾问）眼中尚

---

① 《蒋介石关于党团统一组织的指示（1947年7月9日）》，中国第二历史档案馆编：《中华民国史档案资料汇编》第5辑第3编政治（3），南京：江苏古籍出版社，1999，第931、928、929页。

② “国史馆”中华民国史社会志编纂委员会编：《中华民国史社会志》下册，台北：“国史馆”，1999，第841页；梁振贤：《十年来的广东工会统计》，《新广州》第1卷第3期，1931年11月，第39页。

③ 唐海：《中国劳动问题》，上海：光华书店，1926，第123页。

未起步,他感叹道:上海百余工厂有30余万工人,“工人对于工会,大都不感什么兴味,不生什么关系,所以工会也就不能发展”;其原因,一是工人没有“觉悟”,二是没有组织。没有觉悟,工人甘愿受压迫,“不想法子自救”;没有组织,或自扫门前雪,或忍气吞声。①

1922年1月,香港海员大罢工相持了三个月之久,宣告胜利。政府鉴于劳工组织之重要,遂将暂行新刑律第15章第224条惩罚罢工之条文,明令废止。劳动团体之活动,始非违法行为。但当时工会之组织尚乏法律根据,各地工会为确保其法律上之地位,乃纷纷请求政府颁布劳动法规。“上海、汉口、河南、山东等处的工人团体,几乎无日不有文电,要求政府从速颁布。”可是,相关工作迟不开展。王世杰曾说:“政府中人,对于这个条例,至今连草案还没有发表一个;他们虽然已将这个问题提交法制院审议,但是他们究竟有无诚意颁布这个条例,我们也还不及深知。”②当时中共领导的工会势力炽盛,引起了资方一派的恐慌。1925年9月,上海“男女劳工反共同盟会”代表孙宗舫,向临时执政府建言缓布工会条例,意谓“工会条例现在公布,即授共产党发达之机”,希望工会“稳健”、劳资合作后,始公布工会条例;同时,孙氏又通过自办工会,让“共产党自无从入手”,将“同盟会”改称“中华工会联合会”。③

工会组织与工会法内蕴对旧时代的“革命”。广东是工会发源地,也是工会最为密集之区。1921年已有广州市机织总工会、革履工团、广州理发工会、广州酒楼与茶室工人联同组织大工会、印务

① 孙洪伊:《工人组织的重要》,《兴华》第17年第10册,1920年3月17日,第27页。

② 王世杰:《工会条例问题》,《现代评论》第2卷第40期,1925年9月12日,第5页。

③《上海男女劳工反共同盟会代表条陈反共办法及毒化工人呈(1925年9月5日)》,中国第二历史档案馆编:《中华民国史档案资料汇编》第3辑民众运动,南京:江苏古籍出版社,1991,第113、114页。

工会等。[①] 1922年广州已有109家工会，其中一些组织并不以“工会”命名，如工业统一社、广州劳力工余社、广东景源印务工社、云母工业会。[②] 工会的合法化，被列为当时国民党的议事日程。1924年9月，国民党广州市党部应广州各工会请求速颁工会条例，呈请中央执行委员会提出讨论。中央执委会乃推定邵元冲、廖仲恺等担任起草工作，同年11月完成，经孙中山亲自修订，并以大元帅名义颁布。这是为我国工会立法的草创成果。

《工会条例》凡21条，邵元冲在其所著《工会条例释议》一书中申述其立法精神：“在中国今日大机械工业尚极幼稚之时代，大部分之手工业工人，又多不感觉于组织团体之切要，故本草案注意之点，即首在确认劳工团体之地位，次在允许劳工团体以较大之权利及自由，三在打破其妨碍劳工运动组织及进行中之障碍，使劳工团体得渐有自由之发展。”据此，草案特列十大要点：第一，承认工会与雇主团体立于对等地位（第3条）；第二，承认工会有言论、出版及办理教育事业之自由（第4条）；第三，承认工会对雇主之团体契约权（第10条第3款）；第四，承认工会与雇主争执发生时，有要求雇主开联席会议仲裁之权，并能请求主管行政官厅派员调查及仲裁（第10条第10款）；第五，承认工会之罢工权（第14条）；第六，承认工会对雇主方面有参与制定工作时间及改良工作状况与工场卫生之权（第15条）；第七，行政官厅对于非公用事业（公用事业系指一般有关日用、交通，如电灯、电话、煤气、自来水、电车、铁道、航船等）之雇主或工人间之冲突，只负责调查及仲裁，不执行强制判

① 《广州工人组织工会》，《工人的胜利》，出版发行者不详，“一九二一年劳动节出版”，第25、27、30、32页。

② 梁振贤：《十年来的广东工会统计》，《新广州》第1卷第3期，1931年11月，第39、45、46页。

决,以养成工会“自动之能力”(第16条);第八,保护工会公共财产(第17、18条);第九,“特别声明对于刑律及违警律中所禁止之聚众集会等条文,不得适用于工会法,以免法院、警察之比附,而妨工会之进行”(第20条);第十,“工会以产业组织为主,但因中国大部分之工业仍系手工业,故职业组织亦未绝对废止,以求事实上之适用”(第6条)。①

1925年,北京政府农商部也拟订《工会条例》,未经公布,即为外界所探悉,劳工界起而反对。7月,上海总工会首先致电北京政府,并通电全国,提出五点反对理由,并自拟草案21条,希望政府以此为标准改订。其要点有四:一、工会有组织工会之绝对自由;二、工会有集会、言论、出版之绝对自由;三、工会有发布罢工命令之绝对自由;四、工会有代表工人之完全权利。② 北京政府对此漠然置之。邵元冲时为国民党中央常委,自认为上海总工会起草之工会条例,“与余所起草广东公布之工会条例十九相同”③。由此观之,上海总工会富于“革命性”。8月,邮务工人决定通过罢工,组织工会。罢工从总局扩展到全市各支局,邮务生、差工1500多人参加罢工,邮务员则对罢工采取中立态度。经上海地方官张咏霓、上海市商会会长虞洽卿等调解,政府允许职工成立组织,但因北京政府没有工会法,遂将组织名称改为“邮务公会”。邮务生以下职工都加入公会,邮务员别组“上海邮务同人协会”。但北京政府欲打压这一新生的组织,经交通部修改后的《上海邮务公会章程》中

---

① 罗渊祥:《我国工会立法之沿尚革与新工会法之精神》,《组织》第3卷第4期,1944年5月1日,第7—8页。

② 罗渊祥:《我国工会立法之沿尚革与新工会法之精神》,《组织》第3卷第4期,1944年5月1日,第8页。

③ 王仰清、许映湖整理:《邵元冲日记》,上海:上海人民出版社,1990,第170页。

则规定:“凡为上海邮务办事人员,自邮务官起至苦力及杂项专门员役止,均得为本会会员”;“现在之邮务长为本会名誉正会长,现任副邮务长为本会名誉副会长”,谋图将公会置于邮政当局控制之下。1926 年春,邮政当局以“挪用公款”罪名开除公会委员长王荃,又将继任委员长蔡炳南派往松江县当局长,削弱公会组织领导核心。直至 1927 年 2 月间,上海邮工在参加上海工人第二次武装起义时,才将邮务公会改名为“上海邮务工会”。①

农商部《工会条例》未行出台,应与五卅运动有着某种关联。而工人在运动中显示出强大的组织能力、独立的政治表达能力,也足以导致北京政府因惧怕工人组织的不控性,而停止工团立法。“五卅”行将结束之际,政府突然封禁上海工会之举即为佐证。

1926 年北伐,所到之处工运风起,各地都有种种劳动法令颁布。当时仅上海一地有组织之工人已达 30 余万人。但到“清党”后,工会或被解散,或被改组。据工商部调查,因“清党”而遭解散的工会,广东有 200 所、广西有 15 所、湖北及武汉有 146 所。仅湖北及武汉被解散的会员即达 506515 人之多。② 宁波仅剩 10 余个工会,与原有 114 个相比,“减少了六分之五”,且几为国民党所掌控。③ 上海邮工作为击溃孙传芳部的功臣,等待他们的却同样是“整理”。5 月 2 日,国民党上海市党部工农部代表在上海邮局召开大会,宣布:“上海邮务工会原为共产党所控制,破坏工运,须要加以整理改组。指派凌其翰、钱丽生、黄小村为上海邮务工会整理委员及清党小组成员,以便开展工作。上海邮局职工中有不少共产

---

① 朱学范:《我的工运生涯》,福州:福建人民出版社,1991,第 18、20、21 页。

② 伍纯民:《论劳工运动》,《光华大学》第 3 卷第 2 期,1934 年 10 月 25 日,第 18 页。

③ 宁波市总工会编:《宁波工人运动史》,北京:中国工人出版社,1994,第 47 页。

党人,大会责令立即向清党小组进行登记。”①

1927年国民政府定都南京后,操控工会领导权,②甚至借停止民众运动之名义,查封“黄色工会”。其直接导致了资方的反击。杭州20万“工人群众”陷入“痛苦”的旋涡。店员被店东“无条件”开除,“许多工厂商店无故停业,工人群众被摈弃,无所归宿地”,失业工人达2万左右。③

封禁工会之后,国民政府才开始寻求法理的支持,着手编纂统一之工会法。1928年2月,国民党二届四中全会《大会宣言》有关“内政的建设”,强调“实行建国大纲指示之工作”,“第一项决定法治主义之原则”。在国民党中央执委会看来,正因为国民党全力于军事、民众宣传等工作,未暇制定法令,才导致民众“昧于”共产党的“非国家”宣传,趋于争斗而漠视法治与国家的关系。因此,必须以“造成法治的国家为革命一重要任务”,启示国民。④ 之后,国民党中央第二届第154次常会(1928年7月)通过《工会组织暂行条例》及《特种工会组织系统》,第157次常会通过《特种工会组织条例》,国民政府劳工局劳动法起草委员会也曾拟就工会法草案,但均未公布施行。在此前后,江苏亦发表《江苏省各县市总工会暂行章程》,宣称在国民党领导下,以组织并指导各工会、增进工人本身

① 朱学范:《我的工运生涯》,福州:福建人民出版社,1991,第29页。

② 参见田彤《民国劳资争议研究(1927—1937年)》,北京:商务印书馆,2013,第85—134页。

③《中共杭州县委〈杭州职工运动报告〉(1928年3月9日)》,中央档案馆、浙江省档案馆编:《浙江革命历史文件汇集(地县文件1927年—1929年)》,杭州:浙江新华印刷厂,1989,第6页。

④ 荣孟源主编:《中国国民党历次代表大会及中央全会资料》上册,北京:光明日报出版社,1985,第511页。

利益、处理劳资纠纷、排解工友纠纷为职权。[①] 1928年6月,经由粤政治分会第114次议决通过,广东重订工会法,意图消除中共影响,“务使合法工会,得受法律之保障”。农工厅长即根据新颁工会法,组织全省工会联合会,分类组织下属工会分类组织。[②] 其工会法第11条,规定工会“绝对不得宣告或实行罢工,雇主绝对不得封锁厂店”。[③] 沪工整会同样宣布上海基本工会组织法及其章程草案,以确立“以三民主义为立场的工会宗旨”[④]。

1929年6月,国民党三届二中全会通过《人民团体组织方案》,规定“凡人民团体应在党部指导、政府监督之下组织之”。同年10月21日,国民政府正式公布工会法,同年11月1日施行,贯彻《组织方案》中党、政监管宗旨。该法先经中央政治会议第196次会议定立法原则,交付立法院,由该院劳工法起草委员会拟订全文,于1929年9月28日被提交至第51次院会并通过。工会法凡8节、53条,将工会之性质、任务、监督及保护等详为规定,并将过去之劳工组织与活动方式予以根本变更:第一,在立法精神上,过去工会往往以劳资对立之阶级观,为其团结之基础;工会法则以劳资协调与增进工人知识技能、发达生产、改善劳动条件及生活为组织工会之目的。第二,在组织上,以前由地方以至中央,由各业以至整个工界,均以综合的、纵的组织为体系;而工会法则改为以产业、职业为分别之地方的个别组织。除了在某种程度之下,依法可以有业别的、横的联合外,余者只能以一地方一业为组织单位。第三,在会

① 《江苏省各县市总工会暂行章程》,1928年2月13日《中央日报》,第2张第2面。

② 《广州政治会议新颁工会法》,《中央日报》1928年6月27日,第2张第4面。

③ 《粤政分会公布修正工会法》,《中央日报》1928年7月4日,第2张第4面。

④ 《沪工整会宣布上海基本工会组织法及其章程草案之特质》,《中央日报》1928年7月5日,第2张第3面。

员方面，过去工人入会、退会，虽无法规、条文加以限制，但习惯上大体皆有一定条件；而工会法则规定工人入会、退会有绝对自由。第四，在业务方面，过去工会在政治上、经济上均有活动，而工会法之规定，则仅有纯经济性之活动。

工会法实施后，在全面抗战前曾有三次修正：第一次在1931年12月12日，第二次在1932年9月27日，第三次在1933年7月20日。期间，《县市总工会组织准则》《各业工人联合会组织办法》《工会之分会支部小组组织简则》《中华海员工会组织规则》《民船船员工会组织规则》《铁路工会组织规则》《邮务工会组织规则》《电务工会组织规则》《公路工会组织暂行办法》等，相继出台，对县市以下成立总工会、国营部门工人组织工会予以解禁。《工会法施行细则》亦于1930年6月6日公布，经过1931年12月19日第一次修正和1933年7月20日第二次修正。

工会法颁行后，遭到工人反对，工人强烈要求修改。上述修订、增订，均与此有关。1931年12月，国民党四届一中全会召开时，上海特别市总工会曾以全市工人代表大会名义，提出关于劳工运动之原则8项，请求予以考虑。其大意为："取消现行之工会法及一切劳动法规，根据民国十三年总理手订之工会组织条例，另订切实维护工人团体之工会法及劳动法规，并由工界正式推派代表出席参与意见。"①此为"修改工会法运动中最激烈最彻底之主张，自不为中央所采纳"。各工会以自身性质之不同而要求各异，邮务、铁路等工会，主张颁布特别工会法。1932年5月，国有胶济等七路（正太路未参加）工会在天津举行联席会议，议决《呈请中央迅

① 《全市工界代表大会呈四届一中全会文》，《申报》1931年12月24日，第4张第14版。

速颁布特种工会法》一案。[1] 天津市府以国营交通事业机关职工不得组织工会为由,解散该市电话、海河两局工会。1932 年 7 月,电话工人向中央表示反对新工会法,宣称必要时将联合邮电、铁路、交通工人一致反抗,“誓死力争”组会权利。[2] 中央为应付此项要求,特别于是年 8 月 11 日颁布铁路、邮务、电务、海员四种工会组织规则,但与各特种工会的期望相差过远(如不许罢工),邮务、海员等工会遂起而反对。[3]

铁路工会作为特种工会借势而兴。铁路工运始于 1919 年,因处军阀政府统治之下,多用俱乐部、进德会、补习学校等名义活动。1923 年二七惨案后,“各路工人团结方结坚固,对外亦渐发生力量”。1927 年国民革命军北迁武汉,各铁路工会公开组织。1928 年“清共”后,民众团体奉国民党中央派员整理、改组。工会法、工会施行法、《铁路工会组织规则》颁行后,经中央决议,各铁路工会由各路管理局主管,指导权则仍属诸党部。铁道部依此规定,通令各路局转饬各路工会依法改组。至 1932 年终,组织完成呈经铁道部核准立案者有平汉、北宁、津浦、平绥、湘鄂、陇海、胶济、正太、道清等九路;呈准铁道部核准筹备者为京沪沪杭甬、南浔两路;至广九及粤汉南段两路,则仍归广东省党部管理、指导。[4] 此类工会组织规则,给予工人的权利,终究是对管理方的约束。1935 年 3 月

---

① 《各路工会联席会今日举行正式会》,《大公报》(天津)1932 年 5 月 19 日,第 2 张第 7 版。

② 《解散电话海河两工会将掀起轩然波浪》,《大公报》(天津)1932 年 7 月 18 日,第 2 张第7 版。

③ 林颂河:《九一八以来之中国劳工运动》,《国际劳工》第 1 卷第 2 期,第 1934 年 2 月,第 5、6 页。

④ 铁道部参事厅第四组编:《铁道年鉴》第 2 卷(下),上海:汉文正楷印书局,1935,第 1233 页。

间，国有平汉路局擅自修订路局工会章程，其核心有两点：第一，工人一旦改为职员者，应取消其会籍；第二，将入会年龄由“16岁以上”改为“18岁以上”。其时工会负责人大部已调路局职员，但全路工友“均尚赖其指导”，若取消其会籍，工会“将顿失重心”。而提高入会年龄，也必将减少会员人数。工会以路局“越权干涉”，深为不满，呈请党部批示。副局长邹安众碍于工会，特别是党部的压力，以“此事纯系主管课不明手续”为名，宣布暂缓施行修改工会章程。①

无论如何，国民政府毕竟不断取缔着对工会组织的限制，这本应该促进工会组织的发展，然而现实未非如此。工会法颁布后，国民政府工商部为准备施行，特先派员分赴各地实际考察；同时令饬各地主管机关，一致举行调查。经考察及报告数据统计，当时工会有738所，会员总数共1224855人。至1932年，据实业部统计长办公处统计，各业工会共为872家，会员为743764人。数量变化显然“受工会法限制之影响”②。1932年至1935年，可以说是旧工会法定型及落实期间，工会数、会员人数变化，基本能反映实施工会法的效果。据国际劳工局中国分局对29个县市的调查表明，此四年工会组织趋势“表面似有进展，而实际规模紧缩”。29个县市工会总数逐年增加：计1932年647个，1933年695个，1934年759个，1935年823个。参加组织工人数虽亦显增，但增加速率并不快：1932年为21329人，1933年为422730人，1934年为462742人，1935年为469240人。每一工会之平均人数，竟逐年减少。就各地而论，工会数目倾向减少者，有天津、嘉兴、昆明等3个县市；无增

① 《平汉铁路路局修改工会章程问题》，《国际劳工通讯》第7号，1935年4月，第92页。
② 马超俊：《中国劳工运动史》上册，重庆：商务印书馆，1942，第154页。

无减者有青岛、吴县、镇江、海门、怀宁、铜陵、汕头、惠阳 8 个县市；增减不定者有北平、南京、芜湖、南昌、厦门、南海 6 县市。其余 12 县市均似有所增加。仅以产业工会而论，29 个县市工会数由“低增再到暴减”：1932 年有 111 个，1933 年增至 116 个，1934 年再增 123 个，1935 年则减为 104 个。产业工会之会员数，29 县市合计，乃逐年减少，共计减少 14956 人。产业工会的发展速率也在职业工会之下。四年中产业工会在全部工会中的占比，分别为 17.2%、16.8%、16.2%、12.6%。

此间，因特种工会组织规则实施，特种工会“颇能顺利发展，其内部组织亦较普通工会严密”，“几无有意不加入工会之工人”。在 1934 年、1935 年内改组成立者，有京沪沪杭甬及广九两铁路工会；积极筹备者，有中华海员工会。还有全国邮务总工会及职工总会，虽未经法律认可，而其组织与工作均有成绩。四年来工会人数增加千人以上者，计有津浦铁路工会增加 4021 人，陇海铁路工会增加 1182 人，全国邮务总工会增加 3285 人，中华海员工业联合会广东支会约增加 5700 人。当然，也有会员人数减少者，如南浔铁路工会；增减不定者，有平汉铁路工会。两类工会增减率均不高，大抵在 10%之内。①

另有数据可以佐证上述统计结果。1932 年实业部统计，全国共有工会 872 家，会员 743764 人。据 1933 年 12 月中央统计处报告，全国共计 3101 个工会，会员为 917515 人。② 津浦、平汉、陇海、平绥、正太、胶济、北宁、道清武长、株萍、京沪沪杭等铁路，均有工

① 《最近四年之中国工会调查》，《国际劳工通讯》第 3 卷第 11 期，1936 年 11 月，第 3、4、5 页。

② 中央民众运动指导委员会编：《二十二年工人运动概观》，南京：中央民众运动指导委员会，1934，第 8 页。

会组织,共有会员146600人。[①] 但由于日本势力进占华北,冀、察、平、津、唐山等省市组织、会员数量无形减少。又因国民政府"剿共",为稳定后方,豫、鄂、皖、赣、闽各省停止征收所属各工会会费,各工会困于经费支绌,难以切实开展会务。加之1934年以来纱厂出现减工风潮,工人失业后游离组织,导致工会组织空心化。[②] 1935年6月,刚成立的汉口市总工会也因停收会费而"会务无法进行"[③]。

1937年,河北、山西、山东、江苏等省中,已有若干工业集中之城市沦陷。据对35个城市的有关调查显示,产业工会有89个,会员93691人;职业工会777个,会员539314人。总计全国有组织之工人,至少尚有709042人。工会组织中在沦陷区者被迫解散,已无工会组织。在远离战区各地,工业本不发达,雇用人数也不多,加之政府对于工人组织,因战事而加以限制。因此,1937年底,远离战区各工会数目,虽较1936年有所增加,但会员之总数无显著变化。1936年,调查所涉27个城市中有工会686个,会员570100人;1937年有工会743个,会员571459人。至于特种工会的工会数、会员数都大为减少。因海岸遭封锁,国人经营之航运业全线停业。1937年底海员工会人数由1936年的30912人降为10045人,较前减少了约1/3。该年度中之工会组织,"因战事之影响而陷于停滞之境"[④]。

---

① 中央民众运动指导委员会编:《中国国民党最近指导全国民众运动工作概要》,南京:中央民众运动指导委员会,1934,第30页。

② 中央民众训练部编:《中国国民党第五届中央执行委员会第二次全体会议中央民众训练部工作概况报告》,南京:中央民众训练部,1936,第32页。

③《汉口市总工会将缩小范围》,《国际劳工通讯》第10号,1935年7月,第90页。

④《一九三七年中国工会组织调查》,《国际劳工通讯》第5卷第12期,1938年12月,第20、22页。

全面抗战后,民众运动转以抗战建国为旨归。工会组织“走低”态势有碍“抗建”工作的展开。1938 年 3 月,中国工人抗敌总会筹备委员会向正在召开的国民党临时全国代表大会提出《请大会确定修改工会法案》,要求三点:(1)工会法应增加县市省暨全国总工会组织条文;将工人自由入会、退会,改为强制入会、不得自由退会。(2)将产业、职业工会组织人数限定标准由 100 人、50 人以上,改为 50 人及 30 人以上。(3)“商号店员与工人,性质相同,应准组织工会,勿庸参加同业公会”。[1] 4 月 1 日,临时全国代表大会发表的《抗战建国纲领》,特在“民众运动”条目中强调要“发动全国民众,组织农工商学各职业团体,改善而充实之”。[2] 国民政府于 1939 年 5 月 19 日、1942 年 2 月 10 日,分别颁布《非常时期人民团体组织纲领》、非常时期人民团体组织法,规定凡与此抵触之旧有人民团体组织法规皆不适用,工会法亦然。期间,行政院于 1941 年 8 月 21 日公布《非常时期工会管制暂行办法》,强制在大后方组织工会,协助政府推行战时经济政策。[3] 为适应战时需要,社会部在川、湘、黔、滇、桂、陕、甘、浙、渝等 9 省市,特别注重交通、文化、市政三类工人组织的发展、健全,依法强制各业工人入会,并派遣工会书记到重庆、成都、昆明、贵阳、桂林、衡阳、长沙、西安、兰州、金华等 10 市县指导工作。其中,重庆市已在人力车等 29 个职业工会实行强制入会。1941 年,经社会部核准成立的工会,计有全省性工会 1 个、县市总工会 20 个、产业工会 10 个、职业工会 253 个、各业工

---

① 中国工人抗敌总会筹备委员会编:《中国工人抗敌总会筹备委员会工作报告》,汉口:中国工人抗敌总会筹备委员会,1938,第 41—42 页。

② 《专载 · 中国国民党临时全国代表大会宣言及抗战建国纲领》,《四川省政府公报》第 113 期,1938 年 4 月 11 日,第 3 页。

③ 《非常时期工会管制暂行办法(1941 年 8 月 21 日)》,《社会部公报》第 3 期 1941 年 10 月,第 3 页。

人联合会7个、民船船员工会6个,共有297个工会,47659名会员。截至1941年12月底,国统区共有全省性工会联合会1个、县市总工会167个、产业工会123个、各业工人联合会28个、其他工会24个、海员工会12个、铁路工会5个、民船船员工会92个,共计3405个工会,会员总数达895520人。①

社会部为避免各种法规执行上的困难,拟订修正工会法草案,呈请行政院于1943年2月转咨立法院审议。经立法院劳工法委员会及法制委员会审议,始于10月29日提付该院第248次院会通过。国民政府于当年11月20日明令公布施行,是为第四次修正之工会法。具体条目凡13章65条,较原来8章56条,增加了12条。时人多将其称为新工会法。其后,1947年5月29日,立法院例会又通过更新版工会法,并于6月13日颁布。与1943年版相比,此版工会法仍保留了“各级政府行政及教育事业军火工业之员工不得组织工会”的条款,主要是为了根据中央机关改制,调整工会主管机关。例如:“工会之主管管署,在中央为社会部。”同时增加了一新条款:“凡在工会组织区域内年满十六岁之男女工人,均应加入其所从事之同一产业或职业之工会为会员。”将理监事年龄要求由“年满25岁”放宽到“年满23岁”。针对普遍存在的劳资因工资问题产生的纠纷,还增加了削弱1943年版对有限罢工权(过半数会员同意,仲裁期不能罢工,在非常时期不得以任何理由宣言罢工)的限制条款,将“在非常时期不得以任何理由宣言罢工”条款,替换为“工会不得要求超过标准工资之加薪而宣告罢工”。②

① 《战时劳工政策及劳工福利事业五年来的设施概略(上)》,《中央日报》1942年5月1日,第3版。

② 《修正工会法(中华民国三十六年六月十三日国民政府命令公布)》,《社会工作通讯》第4卷第6期,1947年6月15日,第34、35、36、37页。

为修订工厂法、工会法，1946 年 8 月，社会部谷正纲召集上海市劳资双方代表及工商业专家开会征求意见，到会的有毛庆祥、王晓籁、傅汝霖、束云章、陆京士、朱学范、水祥云、周学湘、章乃器、吴蕴初、陈达、章祝三等劳资代表及专家 70 余人。关于工会法，社会部组训司长陆京士提出拟修正的几点加以讨论，其主要内容为：(1)工人是自由入会，还是强制入会？(2)理监事当选人资格要求 25 岁以上，是否合理？(3)国营事业工人有无罢工权？在第一个问题上，劳资双方、专家、政府官员或出于减少劳资纠纷，或贯彻国民党劳工政策目的，基本同意凡工人皆应入会。在罢工权问题上，朱学范、樊景云、水祥云、章乃器诸人都主张国营民营工人应有罢工的权利，甚至上海市社会局副局长李剑华也支持这一观点。其理由大致为：国营事业与工人关系，仍是雇用与被雇用的关系，有工作权，自然应有罢工权。以经济专家身份出席会议的章乃器，则强调“私人企业固有对工人残酷处，国营事业之官僚作风对工人的残酷亦不下于私营事业”，有压迫，当然有反抗。① 显然，1947 年版工会法对当时“热烈讨论”的国营事业工人罢工权问题，予以彻底否定，只采纳了相对来说无关紧要的建议。

1948 年 6 月，立法院拟出台《公营事业工会法草案》，禁止工会罢工、怠工，要求工会理、监事“由职员当选者不得少于三分之一”，引起全国总工会的反对。总工会发表《敬告立法委员会书》，指出草案有违人民团体权利，“未丝毫提及”工会之基本职能，“完全抹杀”了工会改善工人经济、政治地位的职能，呼吁各立委会审议该草案时，予以撤销。各地工会亦有函电，与全国总工会同一立

① 史蒂：《关系工人的一件大事》，《中国工人周刊》第 6 期，1946 年 8 月 11 日，第 3 版。

场。[①] 当年12月10日,工会法经立法院会议三读通过,完成立法程序。其第4条规定:"各级政府行政及教育事业、军火工业之员工,不得组织工会。"[②]并对罢工有严格限制:"非经过调解程序无效后,会员大会以无记名投票经全体会员过半数之盟意,不得宣告罢工。工会拉罢工时,不得妨害公共秩序之安宁,及加危害于雇人之生命财产,及身体自由。工会不得要求超过标准工资之加薪,而宣告罢工。"[③]但此次通过的工会法承认了全国总工会的合法性。

(二)法条引出新矛盾

下面将具有转折性意义的1943年新工会法与此前旧有工会法对比分析。

新工会法对工会的联合组织,有解禁处,更有限制处。工会联合组织,一般分两种:(1)依产业、职业之区分,各自组织工会;市县、省、全国均有市县、省、全国某业工会联合会,侧重于保障某类产业、职业工人之利益。(2)由不同产业、职业工会合组成为县市、省、全国总工会,其目的在于增加工会之力量。

对于同一产业、同一职业的联合组织,旧工会法第45条:"工会为谋增进会员间之知识技能,发达生产,办理互助事业,得联合同一产业或职业之工会,呈经主管官署之核准,组织工会联合会。"[④]新工会法第56条:"工会为谋增进同业工人间之知识技能,

---

① 《总工会向立委呼吁撤销公营事业工会法之草案》,《劳工日报》1948年6月6日,第1版。

② 《工会法全文立院大会三读通过》,《前线日报》,1948年12月13日,第1版。

③ 《工会法全文立院大会三读通过(续昨)》,《前线日报》,1948年12月13日,第1版。

④ 《工会法》,上海:商务印书馆,1930,第14页。

发达生产，办理互助事业，得联合同一省区域内同一产业或职业之工会，呈经主管官署之核准，组织各该业省工会联合会。”其中，旧工会法仅规定工会得组织工会联合会，但未明定以省工会联合会为限，是否能组织全国工会联合会。旧工会法第 4 条：“工会之主管监督机关，为其所在地之省市县政府。”工会法施行法第 8 条对于该条加以补充规定：“一市或一县之工会，以市政府、县政府为主管官署，超过一市或一县之工会，以省政府为主管官署。”旧工会法第 3 条所列举各事业工人所组织之工会，“其主管官署为该事业之主管官署”。根据此规定，一般工会之主管官署为省市县政府，并无中央之主管官署。依第 3 条所组织之工会，其主管官署为中央之主管部；第 45 条规定呈经主管官署之核准，才能组织工会联合会，而一般工会均无中央主管官署，当然不能呈经中央主管官署核准，组织全国某业工会联合会。新工会法则明确规定工会联合会以省为限，仅有省工会联合会，而无全国工会联合会。这就是不许联合各省内同一产业或职业之工会，组织各该业全国工会联合会。

关于工会总组织，旧工会法仅允许工会有某一职业的联合组织，但不许其有一般性的各业工会的联合组织，故仅有工会联合会之规定，而无总工会之规定。① 后因情势变迁，故 1934 年《县市总工会组织准则》，复允许县市组织总工会。其初衷在 1934 年 12 月国民党四届五中全会通过的《划分中央与地方权责之纲要案》中可见概要：“凡国人之有正当政治之主张，而恃武力与暴动为其背景者，亦应使其依法有言论、结社之自由，而不加防制。夫以党治国，固为吾党不易之主张，然其道当在以主义为准绳，纳全国国民于整个国策之下，为救国建国而努力，决不愿徒袭一党专政之虚名，强

① 史太璞：《论我国工会之联合组织》，《组织》第 3 卷第 4 期，1940 年 5 月 1 日，第 5 页。

为形式上之整齐划一,而限制国民思想之发展,转以丧失形式上之整齐划一,而限制国民思想之发展,转以丧失训政保育之精神。"[①]根据既成事实及政府加强民众组织之政策,新工会法第53条规定:"工会为促进当地各业联系,提高生产效能,协助政令推行,得集合同一市县区域内各个产业工会、职业工会,呈经主管官署核准,组织市县总工会。"总工会以市县为限,仅能组织市县总工会,而不得组织省总工会、全国总工会。

所谓"既成事实"的一个例子,是重庆市总工会的有效运转。该会于1921年9月成立,1923年向成杰任重庆警察厅长时,将该会解散。1924年石青阳等回川组织临时省党部,主持组织重庆市工会,同时另有一部分工人又组织了重庆市总工会。1926年秋,因党部纠纷,两工会同时停顿。1927年夏间,民生局(后来的社会局)成立,始着手整理各工会,重新筹备重庆市总工会。1928年春,该会经社会局核准立案注册。该会团体会员包括大小木工会、熟毛帮工会、电务工会、染制工会、木机织布工会、提装工会、棉线织工会、书庸工会、机械工会、肠业工会、匹纱捆制工会、渡船劳工联合会、山货捆装工会、成衣工会、油漆工会等。该会运行有序,每日由执监2人,轮流值日,每周开执委会1次,监察会1周或2周1次,执监联席会亦1周1次。会员代表大会1年1次。[②] 因不合于工会法,总工会于1932年改组,此后"工会组织,异常涣散,远非昔日可比"[③]。以此直见渝市总工会在维系当地各工会组织的稳定及良

① 荣孟源主编:《中国国民党历次代表大会及中央全会资料》下册,北京:光明日报出版社,1985,第249页。

② 革命军第21军政治训练部编:《重庆市各工会调查报告录》,重庆:革命军第21军政治训练部,1930,第2、3页。

③ 重庆中国银行编:《重庆市之棉织工业》,上海:汉文正楷印书局,1935,第116页。

好运行方面，具有不可替代的领袖地位。较之上海、北平等地工会及特别工会，重庆市总工会则颇为逊色。1931年12月19日，上海特别市总工会与上海市总工会同时成立，均主张恢复民众运动。特别市总工会还有“民众运动应受党之指导，但须尊重其独立与自由”之主张，电请四届一中全会鉴核施行。后两会合组为上海总工会。北平市总工会，经北平市总工会救国联合会派员筹备，于1932年11月13日宣告成立。[①] 而后1935年成立的中国劳动协会、1938年成立的中国工人抗敌协会，影响更大。旧工会法不允许全国性工人组织的存在，但仍不能阻止此类工会的建立。

鉴于各业工会间矛盾重重，加之党派之争，成立总工会可能激化彼此矛盾、引起各工会间的冲突，反而有碍工会组织的稳定发展。因此，国民政府曾一度禁止成立县市总工会。北平总工会于1928年7月，由北平特别市党部组织科主任张寅卿指导成立。其执监委员并非由全市工人代表大会产生，又非由各工会代表直接选举，全由张氏亲信故旧包揽。其党羽操纵把持会务，“一切行动，从未顾到工人意见，更视工会为私有”。1929年，市党部改组，组建新的北平特别市党务指导委员会民众训练委员会，CC系一派战胜“改组派”而主政。张氏虽去职，但仍暗中把持部分职业工会。党部改组后，各工会即纷纷向民训会请求改组总工会。9月18日，电车、电报、电话、邮务、人力车夫、丹华火柴、自来水、电灯等各工会，“均感觉总工会为一人把持之非是，且总工成立亦已年余，理应改选”，乃具呈民训会，请即饬令总工会，迅速召集全市工人代表大会进行改选。翌日，民训会分别征集各工会代表及总工会委员意见。

① 林颂河：《九一八以来之中国劳工运动》，《国际劳工》第1卷第2期，1934年2月，第3、9页。

"总工会工作人员明白事理者,亦莫不认为应即改选。"20日下午,民训会在总工会开谈话会,讨论改选事宜。张寅卿唆使其表弟陈子修,煽动工程队工会少数工人捣乱会场,并殴打民训会代表邓仰至、总工会常务委员郦寿昌等人。各工会对张寅卿的行径至为愤恨,当晚乃集合总工会,商讨解决之道。到会者有粪夫工会、清道队工会、沟工队工会、电车分工会、公益土夫工会、职务工会、丹华火柴工会、城南游艺场工会、财政部印刷局工会、报夫工会、人力车夫工会、毯业工会、水夫工会、大车夫工会、电话工会、电车工会、邮务工会的17个工会代表。各代表决议:(1)出席会议的17个工会,负责组织总工会会务维持委员会;(2)通知未出席各工会,各派代表1人参加维持委员会;(3)21日下午2时召集各工会代表联席会;(4)各工会代表联席会以总工会会务维持委员会名义召集,并推举宗湘茹、王伯超、殷化南、马俊、李景韩等五人负责。总工会常务委员徐树全,代表总工会在此会上声明不再负责。

21日下午2时,粪夫工会、平汉路前门工会、城南游艺场工会、电报工会、自来水工会、大车夫工会、邮务工会、缝纫工会、公益土夫工会、丹华火柴工会、人力车夫工会、职务工会、度量衡工会、电车工会、报夫工会、汽辗工会、纸行工会、电车分工会、财政部印制局工会、电话工会、毯业工会、沟工队工会、电灯工会、水夫工会、电话生工会等25个工会代表,集合于总工会,举行北平特别市各工会代表联席会。各代表议决:(1)推举邮务、大车、电车、电话、自来水、人力车、印刷、电报夫、毯业、电灯等11个团体为北平特别市总工会改选筹备委员;(2)限5日完成筹备。时陈子修鼓动工程队、沟工队、清道队等3个工会,韩质生亦动员西单人力车夫工会支部,共同集会商议对策。22日12时,陈子修、韩质生率领工程队等4个工会的少数工人,前往总工会寻衅滋事。电车、电话、电报、邮务等各工会及人力车夫工会西北城各支部,欲以武力驱逐陈、韩等。民训会恐双方用武,扰乱社会秩序,一面竭力制止众工会行动,一面通知军警制止陈、韩。至下午7时许,陈、韩等未见各工会维持队前来,怒气迁移,煽动工人捣毁电车。人力车夫素恶电车,工程队工人又屡与电车工人发生冲突,再经陈、韩蛊惑,暴徒煽动,人力车夫即背弃总工会而从陈、韩,捣毁电车达四五十辆之多。经军警抓逮,至是夜10时许,风潮方息。23日上午,北平市党政军联席会讨论决定:(1)暂停人力车夫工会;(2)遵行中央令解散清道队、工程队、沟工队之工会;(3)缉拿主使此次暴动之张寅卿及陈、韩等人。① 由此案而论,很难说国民政府不支持成立市县总工会,其确有难言苦衷。直到1933年底,代行总工会职权的北平市工会救国联合会,还在向中央民众运动指导委员会状告党部工运指导干事张恨愚操纵委员周炳琳而把持会务。

上海党争亦如此。各派操纵各自工会相抗衡。1928年,上海市党部任命翁光辉、陈彬、周致远为工会整理委员会委员,整理上海地区工人组织,引起上海轮船业务工会等96个工会的反对。该96个工会于8月17日呈书中央党部,指斥翁光辉、陈彬、周致远把持工整会会务,三个月来毫无成绩,并称:党部农工部长翁"对工运不甚熟悉";周"在解决英美烟公司工潮时曾受贿万余元,利用工会为升官发财机会";陈"乃浦西码头著名工棍资本家走狗"。同时,96个工会要求改组工整会,并派袁逸波指导。10月,上海码头业务工会又呈请国民革命军总司令部,转至中央组织部陈果夫部长,

①《北平市训练部送关于总商会、工厂联合会、总工会等厂方之间纠纷事项》,中国第二历史档案馆藏,档案号:722-1089。

要求从速撤换周致远,改组上海工整会。[1] 翁光辉原为桂系工会统一委员会委员,反翁派者显为CC派一系上海党部所操控。1930年初的青岛工会系统,也因党务内乱,由渐入"正轨"而转为混乱。中央党部调查表明:"自十九年后,工会优秀分子多吸收入党,因该市情形之特殊,市党部以民运为最重要之工作对象,而民运中尤以工运为首要。年来党部负责人常有更动,党务遂生纠纷。党部负责人因培植私人势力,遂向工会多方拉拢以攻异己,从此工会团体转入纠纷漩涡,团体不若前此之一致,理监事亦不似前此之纯洁矣。即如去岁党部未被日人焚毁以前,某工会拥甲党委而反乙党委,某工会又拥乙党委反甲党委。甚至某一工会内之理事中某理事拥某党委,某理事拥乙党委,相互倾轧不遗余力。此亦工会因党务纠纷而转入歧途也。"甚至当中央民运会所派人员打算召集工人代表会议时,市长沈鸿烈等还在怀疑所派人员"欲夺取青市民运之领导权",徒增工会间的纷乱。[2] 诚如陶孟和所言:"在党治之下,工会的公开活动,受了莫大的限制和纷扰,却是无容讳言的。"[3]此时,青岛国民党员的公开身份,也不利于工会组织的稳定。1931年3月间,青岛市政府应青岛特别市党务指导委员会所请,令青岛市社会局训令市商会转咨各外资工厂或商号"不得因工人入党而解雇,以维党员职业"。[4]

1928年10月,国民党中央民众训练部在"变局"中,制订工人

---

① 《上海市码头工人反对包工头压榨事件及"二八"纠纷和其他工运工会纠纷事项》,中国第二历史档案馆藏,档案号:720-33。

② 《青岛市日工休假日给资办法工会运动劳资纠纷调查报告表》,中国第二历史档案馆藏,档案号:722(4)-490。

③ 邢必信等:《第二次中国劳动年鉴》,北平:北平社会调查所,1932,"序"第Ⅵ页。

④ 《关于外资工厂或商号不得因工人入党而解雇的训令(1931年3月28日)》,青岛市档案馆藏,档案号:B0038-001-00573-0016。

组织的原则及系统,以符合民众团体“发展产业及提高文化,树立民生主义经济的基础”的使命。其原则强调:“欲使工人得着经济的解放,必须让同业的工人首先团结一起共图技术的改进,产业的发达,然后事方有济。所以工会组织系统的产业化虽共产党视为利器,但今后决不能因之而舍实现民生主义的必要途径。况且本党若认真的领导着,决没有阶级斗争的危险发生。”[①]1929 年颁行的工会法,体现了这一构想。但 1936 年 12 月,国民政府发布训令,明似扶持、实为限制工会联合会。旧工会法对于工会联合会之设立范围与发起团体数,迄无规定。该训令则规定:“全省同一产业或职业工会联合会,须有全省过半数以上之县市正式成立该产业或职业工会三分之一以上发起,方得依法成立。”时人有言:因中国任何职业工会在一省中过半数县份均已成立者,诚不多见,“至于产业工会更不仅在今日无组织联合会之可能,即在最近之将来似亦无可能”。[②] 虽然新、旧工会法均允许并鼓励同一产业、同一职业组织工业联合会,但此类联合性质的工会组织实难成立,其运行尤难。还是以上海为例,1928 年 7 月以来,上海码头工会纠纷由来已久,一方为上海轮船码头业务工会,另一方为市党部支持的上海码头总工会整理委员会,二者都想把持码头,各不相让。当年 12 月 24 日,中央民训会召集双方代表另组织上海码头工会整理委员会,1929 年 1 月 12 日该会成立。其委员包括上海市民训会派出的黎炎培、罗玉清、沈传珍、曾策、吴家泽等,上海轮船码头业务工会代

① 《国民党中央民众训练部制定之民众团体组织原则及系统(1928 年 10 月)》,中国第二历史档案馆编:《中华民国史档案资料汇编》第 5 辑第 1 编政治(3),南京:江苏古籍出版社,1994,第 3—4、6 页。

② 程海峰:《一九三六年之中国劳工界》,《国际劳工通讯》第 4 卷第 5 期,1937 年 5 月,第 11、13 页。

表许实夫,上海码头总工会整理委员会代表史登福。岂知在整理委员会第二次开会时,业务工会就不派代表出席,并登报声明许实夫是一雇员,不能代表全体意志,自此退会。业务工会系30余包工头所组织,每一包工头统领一码头,或数包工头占据一码头。因其剥削较重,中央进行了干预,明确包工头与工人分成比例为"二八"制,即工人得"包工银"八成,包工头仅得二成。包工头对此不满,但碍于中央指令,又不敢公然反对,故退出整理委员会,以拒绝实行"二八"制。退会后,业务工会复对工人宣传:前码头总工会整理委员会,均非正式工人,"其目的在渔利"①。即使有的产业存在联合组织,但名存实亡者有之。1931年初,开滦矿业公司在北宁路沿线,计有唐山开滦矿、马家沟开滦矿、赵各庄矿、林西矿、唐家庄矿、秦皇岛矿等六矿工会,总计40000余工人。开滦矿业总会即由此六个工会联合组织而成者,虽具有工会联合会之性质,但因各工会尚未依工会法改组、备案,故总会尚为非法的工会联合会,徒维持现状而已。②

当然,这一时期,也有某一行业的全国性组织发展势头良好。1931年1月、7月,全国邮务职工总工会、全国邮务总工会分别成立。前者曾发表宣言,主张收回储汇局,修改《邮务工会组织规则》,取消所得税;后者发表过《确定今后邮运工作纲领及实施方案》。1932年5月,胶济、道清、津浦、北宁、平汉、平绥、陇海等七路工会代表在天津开联席会,议决组织全国铁路工会联合会,并向中央解释必须成立之理由。同年9月5日,在南京举行全国铁路工会

---

①《上海码头工会纠纷真相》,《民众报》1929年2月15日,第3张。

②《唐山视察报告(1931年2月12日)》,中国第二历史档案馆藏,档案号:722(4)-464。

联合会筹备委员会第一次会议，声明成立筹备会。[①] 1936 年 1 月，中国海员七个团体，在上海成立“中国海员团体救国联合会”，其“以联络海员团体，进行救国工作，协助政府，保障国家领土与主权之完整为宗旨”[②]。

旧工会法实际拟通过各产业、行业的切实联合，以便为县市总工会的组建打下良好的基础。也许到 1934 年《县市总工会组织准则》公布时，政府认为主要工业城市的同一产业、同一行业的组合已较为稳健。

旧工会法对工人入会无强制要求，有碍工人入会。1927 年为工会的“极盛时期”，计会员有 300 余万人，随后减少。1928 年有 170 万余人，1930 年有 50 余万人，1931 年计 30 余万人，1932 年稍增加，有 40 余万人。据实业部劳工司统计，各地工会业经呈部核准备案者，截至 1934 年 3 月底，除广西、云南、陕西、甘肃、新疆、西康、青海、热河、辽宁、吉林、黑龙江、宁夏诸省无报告外，共计 777 个工会，会员 88860 人。工会组织、会员人数减少的原因，就是工会法采纳“自由主义”。劳动专家史太璞指出：“对工人并不强迫其组织工会，而工人又多不知有组织工会及加入工会之必要，故工会数量与会员数俱为减少。”[③]据 1932 年 5 月中央党务指导委员会张翰猷、李人祝报告，青岛全市工人计 30000 余人，纺织工人几占 2/3，各业工人多来自胶济一带，“秉性尚属纯朴浑厚”。自中国政府收回青岛后，各业工人在党部指导下均组织工会。计在社会局立案者计 18

---

① 林颂河：《九一八以来之中国劳工运动》，《国际劳工》第 1 卷第 2 期，1934 年 2 月，第 7、8 页。

② 《中国海员团体救国联合会成立》，《国际劳工通讯》第 17 号，1936 年 2 月，第 97、98 页。

③ 史太璞：《我国工会法研究》，上海：正中书局，1947，第 6、7 页。

个、港务局立案1个、工务局立案2个,共有20000余工人加入工会。工会法第20条:“工会不得强迫工人入会及阻止其退会”之规定,给工人以选择权。工人为防范厂方之忌恨及免纳会费,故未加入工会。[①] 上海总工会以为“如此欲求工会组织严密,实不可能,而反足以予反动势力以借词破坏忠诚团结之机会”。1936年5月,特派代表向中央请愿,呈请“规定同一产业或职业之工人均应加入工会,且非有正当理由经工会准许者不得退出工会”[②]。

全面抗战进入相持阶段后,大后方的劳动力,特别是技术工人短缺。要想发挥工人生产潜力,以安定社会,坚定其全面抗战意志,必须实行工人组训。组训的前提条件是健全工会组织,加强工人管理。《非常时期人民团体之组织纲领》第8条规定:“职业团体之会员入会,及下级团体加入上级团体,均以强制为原则,退会应有限制。”重庆作为战时首都,于1940年率先推出《渝市工运新方案》,将渝市20余万工人纳入战时动员体制之中,《方案》强调:“过去工会入会退会,采取放任制度,在战时殊不足以应付实际需要。故今后工会入会、退会,将改采强制办法,并对于各种重要工人得以军事方式管理之。”[③]重庆在保证工会稳定方面,已先行一着。一年之后,非常时期人民团体组织法第4项规定:“各种职业之从业人,均应依法组织职业团体,并应依法加入各该团体为会员。”新工会法将强制入会、退会纳入其中,就是以法律形式承认渝市采纳此法的行之有效。“复员”后,各地将强制入会演为极致。1947年8

---

① 《青岛市日工休假日给资办法工会运动劳资纠纷调查报告表》(1930年4月5日),中国第二历史档案馆藏,档案号:722(4)-490。

② 程海峰:《一九三六年之中国劳工界》,《国际劳工通讯》第4卷第5期,1937年5月,第14页。

③ 《推进渝市工运方案》,《国际劳工通讯》第7卷第11期,1940年11月,第19页。

月，汉口启新照相馆工人张国威等，入职数月以来，屡经照相业职业工会劝导入会，而置之不顾。职业工会“为维护团体纪律，保障政治法令起见”，特呈请市府依据《非常时期强制入会与限制退会办法》，停止张氏等人工作。①

旧工会法经几次修订，仍保留了限制工人入会的条款。其第1条规定：“凡同一产业或同一职业之男女工人，以增进智识、技能，发达生产，维持改善劳动条件及生活为目的，集合16岁以上、现在从事业务之产业工人人数在一百人以上，或职业工人人数在五十人以上时，得适用本法组织工会。”②但在当时的企业工人团体中，年龄并不是“限制”。比如，1928年10月，北平丹华火柴公司平厂《同仁会》中就有如是条款：“凡本厂雇用之工友，无论脑力体力，年满16岁者，皆得入会为会员。”③所谓“限制”是对组织工会人数的要求。1933年6月15日，国民党中央执行委员会第75次常务会议通过《修正工会法原则》，提出要降低组织工会人数，即同一产业50人以上，或同一职业工人30人以上，“得组织工会”④。惜未提交立法院复核。若依照旧工会法规定，经济落后、工人甚少的省份，根本无法分别组织产业、职业工会，但国民党会寻求变通之道。1934年9月，青海各县党务特派员因此呈中央民运指导委员会，要求合组包括各县产业、职业工人在内的工会。中央民运会答复称：“查该省情形特殊，未便以格于法令，不予救济，兹特稍予变通，暂

① 《启新照相馆工人违背政府法令不遵工会劝导入会》，《工人报》1947年8月29日，第4版。

② 实业部劳动年鉴编纂委员会编：《二十一年中国劳动年鉴》，上海：神州国光社，1933，第5编第1页。

③ 《北平特别市公安局关于丹华火柴厂拟组织同仁会简单的公函》，北京市档案馆藏，档案号：J002-004-00004。

④ 《修正工会法原则》，《中央党务月刊》第59期，1933年6月，第1640页。

准组织。”[①]此举不过是特例。

旧工会法这一条款，常成为资方限制工会成立的法律武器，也常引起劳资冲突。1934年10月，上海新亚药厂女组织第三区西药业产业工会，该公司经理立即致函上海市制药业同业公会，转呈上海市党部、上海市社会局，派员阻止，以杜绝“有人操纵，别有企图”，“以资救济而利商运”。其理由为：“敝厂所雇女工总数仅八十二人，且尚有未满十六岁之童工十六人在内，与产业工会组织法根本不合法。”[②]1928年7月，国民党第154次中央常务会议曾通过的《工会组织暂行条例》，其第1条规定：凡年在16岁以上，同一产业或职业之体力脑力男女劳动者，集合同一业务之人数在45人以上者，得组织工会。[③] 与之相较，旧工会法中限制工会组织之意更强。直至1934年12月，中央民运会在向国民党“五大”提交的《工作总报告》中，还特别提出对工会法第1条加以修订。原文如下：“现行工会法规定产业工人数在一百人以上，或职业工人人数在五十人以上，方得组织工会。所定标准似嫌过高，于内地规模狭小之工场，及手工业者，均不易成立工会。故将发起人数，产业工人减为五十人，职业工人减为三十人，使内地规模狭小之工场，及手工业者，均有组织工会之机会。”[④]这一规定限制了工会组织的发展，但并未能撼动法律的修订。

---

① 《解释进行组织农工等会程序中所发生之疑义》，《中央党务月刊》第74期，1934年9月，第707、708页。

② 《上海市制药工业同业公会：关于新亚药厂阻挠女工参加产业工会活动和科发药厂劳资纠纷和解笔录以及制药业产业工会筹备会成立通知等文书》，上海市档案馆藏，档案号：其65-1-37。

③ 张少峰：《中国国民党工人运动的理论及方略》，北平：中国书局，1929，第101页。

④ 中央民众运动指导委员会编：《中国国民党第五次全国代表大会中央民众运动指导委员会工作总报告》，南京：中央民众运动指导委员会，1935，第7页。

七七事变后，大量工人随企业迁播西南。厂矿重建，工人组织同样需要重新组织。但碍于工厂法对职业工会、产业工会组建最低人数的要求，大量劳工游离于工会组织之外。中央执行委员会为健全工会组织，于1939年2月，决议“关于工会组织在不足法定人数之区域，特许职业产业工人联合组织一个工会，其与工会法第一条之情形相符者，仍遵照规定办理”。其决议经国民政府行政院，于3月训令交通部、经济部具体实施。中央执政会的理由就是：“查工会法规定职业工会须有五十人以上产业工会须有一百人以上方能组织工会，兹查除都会发达之处工人较多外，大都地方均不足法定人数。现当抗战时期，一般工人漫无组织，实非所宜，殊有予以变通之必要，俾于维持法令之中仍切合非常时期组织民众之需要。”特殊时期，政府应予以特殊办法补救，①但一直到1947年版工会法出台，政府才在法律层面上将职业工人、产业工人组织工会的最低人数降至30人和50人。

“劳资合作”是国民党工运的一个重要目的，但无论新、旧工会法，都有一共同特点，即没有保障或充分保障工人的团体协约缔结权。旧工会法限定工会只能是经济型团体，但又限制工会的团体协约缔结权。团体协约，即劳动协约。1930年10月28日，国民政府公布团体协约法(1931年11月1日施行)，其第一条是：“谓雇主或有法人资格之雇主团体，与有法人资格的工人团体，以规定劳动关系为目的，所缔结之书面契约。”②团体契约法约定缔约当事人中，雇主可以不是团体，但受雇人，则要以团体为必要条件，签订团体协约。通常来说，受雇人团体，只有工会，这至少可以由工会作

---

① 《经济·训令》，《行政院公报》，1939年3月15日，渝字第2卷第6号第9页。

② 罗渊祥：《劳动法规》，上海：大东书局，1946，第43页。

为一方，代表工人同雇主订定劳动条件。不过，旧工会法第16条又规定："工会无缔结团体协约权。"使得工会也无法成为法人团体。对于旧工会法，澳大利亚劳动问题专家邢德（Eleanor M. Hinder）指出："中国的劳工法，并没有特别提到工会方面可享受团体议价的权利，其实这是凡有组织的劳工运动应享的权利。"并强调此劳工法的第一项虽写明"维持改善劳动条件及生活"，但在工会法"工会之职务"项中，"却不曾提及如何实施的方法"。① 新工会法第4条"工会之职务"项中称："团体协约之缔结修改或废止，但非经主管官署之认可不生效力。"②考其实，工会仍无切实的缔约权。对于新工会法，劳动专家史尚宽指出："市县总工会只得以促进当地各业联系，提高生产交通，协助政令推行为目的，故无团体协约缔结权。"③

实际上，国民党主导的立法，并非单纯的立法问题，而实是牵涉自身利益的问题。1932年6月，王陆一、叶楚伧、陈仪、朱培德、顾孟余等七人，在南京中央党部讨论"规定特种工会无罢工权""无团体契约权"时，就已经达成共识，即立法问题要"能从党务上、政治上去求解决"。④ 团体协约之本质即为了牵制雇主之专横，而谋劳动条件之改善，以保障工人最低之生产条件。工薪、福利待遇，是工人生计之所依，工作的唯一目的。工会无团体议价权，就意味着在劳资双方较量中，工人不仅在现实，而且在法律上都只能处于

① 邢德：《西方劳资关系的趋势与中国》，《青年进步》第133册，1930年5月，第127、128页。

② 《工会史》，史太璞：《我国工会法研究》，上海：正中书局，1947，"附录"第59页。

③ 史尚宽：《工会法之修正与工会组织之加强：新旧工会法之比较研究》，《组织》第2卷第14期，1944年2月11日，第4页。

④ 《民众运动委员会特种委员室青年组特种工会问题会议记录及会议通知薄》，中国第二历史档案馆藏，档案号：722-141。

弱势地位。而在某厂、某业发生劳资争议时，县市总工会因法律限制而“缺场”，终会减弱工人势力。因此，尽管国民党高张“劳资合作”，但因工人无法律依据同资方“议价”，工人以暴力方式与资方“议价”更加趋于常态化。即使能达成“劳资合作”，也只是资方单方面压制工人、工人迫而臣服的“合作”。以法律形式剥夺工人议价权，既不合当时世界范围内的“保工”要旨，也失之道义原则。

工会为其独立性，而要求自由罢工权、成立总工会的组织权，①但其内部组织上却存在先天的结构性缺陷。旧工会法这样规定工人的入会资格：(1)曾选任为工会之职员者；(2)曾为产业或职业工人者。至于“处理工会一切事务、对外代表工会”的理事资格，旧工会法第11条规定：“理事由会员中选任之，但有必要时经主管官署之认可得选非工会会员任之。”②1931年1月第三届中执会第124次常会通过《人民团体职员选举通则》原则，其第2条规定：“各人民团体职员之选举须由当地高级党部指定人员出席指导，并由主管官署指定人员监选。”③旧工会法充分体现了这一原则。由此论之，工会的最高职权，并非操之于工人手，而是在监督机关的掌控中，主管官署可以在任一工会中安插亲信。这一点就决定了“合法”工会的官办属性，同时，也为工会组织的内耗埋下隐患。武昌纺织业工会纠纷，起因是当选理监事刘汉卿并非工人。一部分工人遂以刘等剥削工友、无恶不作，派代表进京请愿，要求解散、整理该工会。而中央民运会、三省剿匪总部、湖北省党部，对此互相

---

① 详见田彤《民国劳资争议研究(1927—1937年)》，北京：商务印书馆，2013，第105—120页。

② 工会法，张廷灏：《中国国民党劳工政策的研究》，上海：大东书局，1930，第171、174页。

③ 中国第二历史档案馆编：《中国国民党中央执行委员会常务委员会会议录》(13)，桂林：广西师范大学出版社，2000，第489页。

推诿责任。①

新工会法取消了此类规定，只能说明国民党、政府一方面为促“抗建”需要，大开工会之门；另一方面也说明其已经较好地掌控了既有工会组织，特别是大后方的工会组织。例如，社会部部长谷正纲出席中国劳动协会第四届年会时，发表训词称：“劳动协会虽不是依工人法而组织的工人团体，然而过去对于劳工文化曾经有过很好的贡献，并且可以说已经负起了创造劳工文化的使命。”②再比如，全国邮务总工会虽长期未得到法律承认，却一直能公开活动。1932 年 1 月，中央曾有意根据《工会法施行细则》改组邮务总会，各地群起力争，党政当局收回成命。全国邮工历次代表大会都邀请党政机关代表出席并作训词，表彰邮务工会。全国邮务总工会，“长期成为国民党工会的重要台柱”。随 CC 系陆京士入主社会部组织训练司司长，“全国邮务总工会更成为国民党中央组织部部长陈立夫控制的工会派系的重要台柱”。全面抗战后，国统区主要城市邮务工会负责人，都在当地市总工会中位居领袖地位。例如：水云祥担任上海市总工会理事长，王宜声担任南京市总工会理事长，张恩泽任武汉市总工会理事长，陈士诚任广州市总工会理事长，陈大年任福州市总工会理事长，汪廷镜任杭州市总工会理事长，王乔年任北平市总工会理事长。此外，西安、成都、重庆、南昌、南宁、天津、青岛、芜湖、无锡、苏州等地邮务工会负责人，都在地方总工会中担任常务理事。1948 年 4 月 18 日，全国总工会成立，邮务工会

① 中央民众训练部编：《中国国民党第五届中央执行委员会第二次全体会议中央民众训练部工作概况报告》，南京：中央民众训练部，1936 年，第 71—72 页。

② 中国劳动协会编：《中国劳动协会第四届年会报告书》，重庆：中国劳动协会，1943，第19 页。

水祥云任第一任秘书长，邓望溪任常务理事。①

总之，尽管工人认为工会法不合理（特别是对无罢工、怠工权条款），质疑其中诸多限制“是否使工会不太自由”，但政府总是托词称：“这是政府应负的监督责任。”②正是因为如此，工会组织不太可能发生根本性变化。到1940年代末，自清末以来的工会组织，在入会人数、组织规模、种类等诸多方面，均有较大增幅。以上海为例，据上海市社会局统计，截至1946年底，产业工会有206家（会员数达128714人）、职业工会有143家（会员数126318人）。到1947年度，上海市总工会统计数字表明，产业工会293个、职业工会160个，会员总数527499人。③ 但究其内部的弊端，竟与国民政府定都南京时别无二致。以此而论，工会在整体上，并无实质性的发展。“觉悟”的国民党人吴光远，在指责中国工人弱点基础上，再对现时工会予以“赤裸裸”的检讨。他认为中国工人弱点包括：(1)帮派观念浓厚，不能团结，不能认清本身解放的目标；(2)知识程度低，不辨敌友，重视现实利益。在他看来，工会组织则有六大“缺点”：第一，管制重于领导。“共党的活动，使一部分缺乏政治斗争经验的人，对于工运害了恐惧病，他们抱着消极的态度和取消的观念。而官僚主义及非觉悟的民族资本家等又积极反对，拼命压制工运，企业迫工运倒退，以至于消灭。”国民党“在几面夹攻下，无可奈何之中”，只好在事实上采取放任主义和自上而下的方式，“以便争取若干工人干部，控制几个工会”。但对于“政治上如何去领导，工作上如何去领导，以及如何使工运走上三民主义革命的道路等

① 朱学范：《我的工运生涯》，福州：福建人民出版社，1991，第42、43、45页。

② 《工会监督保护与解散》，《华北劳动》第1卷第9期，1947年3月15日，第13页。

③ 邵心石、邓紫拔主编：《民国卅七年上海市劳工年鉴》，上海：大公通讯社，1948，第39页。

主要课题,则不甚注意。这样的工会,就实际的教训说,一般工人很少信仰的”。第二,官僚主义作风。工会的理监事中,当初确有不少真正的工人干部,但因受制于环境,“有的消极,有的洁身自好,有的一跃而入要人之林”,唯有少数奋斗到底。“于是官僚主义的作风渗入了工会,工会变成了机关衙门。若干理监事可以不做工,成为厂里的特殊阶级。开会、奔走、应酬、收会费等,便是他们日常的工作。”第三,国营事业工会不健全。除铁路、公路、海员外,邮政、电信及经济部、财政部、资委会等所属厂矿工人要组织工会,就于法无据。“社政机关,急欲进行,目的事业机关则推三阻四。你要组织,我不承认;你要管理,我要卸用。加帽子,利用职权,开除或故意调动纯洁而热情工运的员工,更是他们的拿手好戏!这样,如何能使工会健全,如何能得工人的拥护?”第四,缺乏民主精神。工会上层分子的腐化,也表现在包办主义、命令主义等方面。“罢工怠工,看他们的高兴;经费的支配,操在一二人的手中。一般工人对工会的意见,既不征询,也可不予采纳。至自上而下的工作检讨或自下而上的自我批判,真正能够进行的,可说凤毛麟角。”第五,下层基础空虚。“革命的基础,应该建立在广大的群众上面,特别是工人和农民。”工会之下多未能成立支部小组,成立的支部小组“组织生活不建立”,不开展日常工作,放弃了对工人的教育。第六,分割与分散。国统区内各党派都在争夺工人,“而同一党派在同一区域内与工运有关的各中门,又不能在分工合作”,“常常闹些小纠纷”。而工会组织“只能有县市总工会,不能成立省及全国总工会”的法令,限制了中国工人“不能汇成一个总的独立的力量”。其结论就是,无论从工人,还是从工会的角度来衡量,“中国工人解放运动,目前当然很少成功的可能”①。工人无法成为国民革命的生力军,工会外无独立自主性,内无民主性,竟然是国民党和国民政府20余年致力于工会组织发展的唯一结果。工会的弊端,如“魔咒”般始终附着于国民党之身上。

上述批评来自《中国工人运动现状》,其发表在1947年6月中国劳工协进会刊物《中国劳工月刊》(上海)“复刊号”(《复刊词》由内政部调查局局长、陈立夫亲信季源溥所写)上。9月,此文中对工会检讨的前四个缺点,又以《检查我们的队伍!》为题,被刊登在黄天觉任社长的汉口《工人报》上(仅增删若干个字)。② 国民党亟迫改变困局的心情由此可见一斑。

还有一点需要交代,工会法的颁行,无疑有消除劳资冲突的目的,但1943年修订的工会法中的“第八条”条款,对某些地区而言,却内嵌了增加劳资争议风险的诱因。这是第4次修订与前此工会法的一大区别。此条款同样为1947年出台的工会法所保留,其第8条规定:“工会之区域以县或市之行政区域为区域。但有特别情形时,得由主管官署另行划定。在同一区域内之同一产业工人、职业工人,只得设立一个工会,但同一区域内之同一产业工会,如有特殊情形,经主管官署之核准者,不在此限。”③全面抗战前,上海许多工会不是以市为单位,而是以工业区为“区域”。全面抗战后,它们仍袭此惯例,如“四区机器业工会”以沪东杨浦区为组织区域,“三区丝织业工会”以沪西长宁区为组织区域。另外,一区和二区

① 吴光远:《中国工人运动现状(二)》,《中国劳工月刊》第7卷第6期,1947年6月25日,第6、7页。

② 《检查我们的队伍!》,《工人报》1947年9月5日,第2版。

③ 《修正工会法全文》,《中国劳工》第4卷第11、12期合刊,1943年2月31日,第9—10页。

针织业工会、四区卷烟业等工会同样以产业集中区为组织区域。这种区域性工会存在两大主要弊病。第一,同一区域内各工厂规模、设备、产销、生产控制及工人薪金、福利等迥异,每当发生全行业因待遇而起的劳资争议时,资方之间处理冲突的态度及步骤绝难一致,争议不易解决;第二,同一工业区内各工厂工人联系密切,一厂工潮极易牵涉同一区的工厂。社会局基于此种考虑,主张将区工会改为以厂为单位的工会,以避免上述两个弊端。经向社会部请示,复蒙采纳。社会部于1947年1月指令符合以下条件者进行整改:(1)各厂工人在300以上,经该厂工人申请,或主管官署认为必要者;(2)国营事业、交通事业、公用事业等工人,虽不足300人,但经主管官署认可者;(3)已参加区工会之工人,有合乎上列两款情形,申请另组厂工会,经主管官署核定者。社会局奉指令于4月召集总工会、工人福利会负责人周学湘、叶翔皋、方如长、陆克明、龙沛云等会商议定:(1)雇用工人百人以上者,一律改组为厂工会。(2)不满百人者,得联合组织全市性产业工会。(3)凡改组之厂工会,由各厂工人推定筹备委员5至7人。改组完成后,撤销全市所有区工会,仅有全市性的工会和厂工会为合法组织。(4)规定各区工会改组,在6月底完成。因各工会进行"国大"选举,厂工会改组未能如期完成。社会局再行通知各工会,限于1948年1月15日必须完成。届时,仅有棉纺、卷烟工业工会改组完毕,机器、丝织、造纸、染织、针织、清洁等区工会仍在改组中。①

工会法关乎工人运动。对国民政府来说,不同时期出台的《工会条例》及工会法,都适应着北伐、综合建设、抗战建国的总方针。

---

① 邵心石、邓紫拔主编:《民国卅七年上海市劳工年鉴》,上海:大公通讯社,1948,第40页。

但具体条款仍然存在有违于“五五宪草”(《中华民国宪法草案》1936年5月5日公布)、《关于实施宪政总报告之决议案》(1943年9月国民党第五届十一中全会决议)“还政于民”的精神的情况。陆京士曾高调赞许1947年修正的工会法“表现民主进步的精神”,如给予各产业工会、省市工会组织全国联合会的权利,减少罢工权的限制;但陆氏对此前工会法的断言,仍然能直击工会立法的特点及灾难性结局:“自十八年工会法颁布以来,虽历经修改,然始终是防范重于扶导,干涉过于保护,这虽是当时环境所需,终究是近廿年来工人运动消沉的主要原因。”①

三、工人训练

以全面抗日战争为分界线,工人训练分为两大阶段:

(一)国民党系入主工会

1928年5月5日,中央民众训练委员会成立。1929年3月,国民党三届一中全会,议决撤销各级民训会,将业务划归党部训练部办理。1932年,国民党“四大”后,各级党部建立民众运动指导委员会。其目的都是拟通过训练民众,以实现其政治目标。1928年7月通过的《中国国民党中央执行委员会民众训练计划大纲(修正案)》,为配合实施民运原则、“目前的纲领”,肃清中共在民运中的阶级斗争的意识、国民党忽视下层工作的错误,提出对民众进行思

① 陆京士:《一年来劳工运动的检讨》,邵心石、邓紫拔主编:《民国卅七年上海市劳工年鉴》,上海:大公通讯社,1948,第99页。

想、组织、行动的训练。[①]

国民党第二次全国代表大会(1926年1月),在反思过去工作时指出:"有少数党员不明了党与工会在组织上之关系,常将党的组织与工会的组织混而为一。一方面丧失党的活动之特殊意义,一方面使工人群众对党与工会观念模糊不清。"关于党和工会之关系,大会有下列决议:(1)党为政治目的相同的组织,工会为经济目的相同的组织,党对于工会,在政治上立于指导地位,但不使工会失其独立性;(2)工会中之党员,应做成工会之中心,其组织与党的组织不应混合,其经济尤须划分;(3)党的政策可以影响工会之政策,但不能使工会全无政策,失去民众之主张地位。[②] 其意是既反对此前党组织混合入工会,将党组织从工会中剥离出来,又要掌控工会的领导权。1929年初,《中国国民党各级党部宣传工作实施方案》所设《省及特别市党部宣传工作实施方案》提出了对一般工人及海员、铁路职工的宣传要旨,希望工人在思想观念上达成下述目标:加深对国民党纲、政策的认识,坚固对国民党的信仰,肃清共产党的影响,认清自身与国民政府的关系,明了解除自身痛苦尤须注意全体民众的利益,了解在训政时期所处地位及努力方法,提倡合作事业,提高知识与技能。[③] 1931年1月7日,《国民党中央民众训练部订定之工人训练暂行纲领》出台,明确了工训目标:"使工人明了怠工、罢工对于社会及工人影响甚大,为万不已之行动,不得滥

---

① 中国第二历史档案馆编:《中国国民党中央执行委员会常务委员会会议录》(5),桂林:广西师范大学出版社,2000,第298页。

② 荣孟源主编:《中国国民党历次代表大会及中央全会资料》上册,北京:光明日报出版社,1985,第128、129页。

③ 中国国民党中央执行委员会宣传部编:《中国国民党各级党部宣传工作实施方案》,南京:中国国民党中央执行委员会宣传部,1929,第10、11、41、42页。

用。而国营工厂之工人,系服务于国家社会共有之机关,绝无劳资对抗之意义,更不得有怠工、罢工之行动。""工人遇有发生劳资纠纷时,应以合理方式,求得正当之解决,不得以阶级斗争相号召。"①而后《国民党中央民众训练部订定之工人运动实施纲要》颁行,提出工运原则:"应以三民主义及本党劳工政策纲领为最高准绳,并以发展劳工组织,提高劳工地位,改善劳工生活,充实劳工智能,培养劳动纪律,提高生产效能,促进劳资合作,确保社会利益之均衡,增进经济事业之发展为主要目标。"②

不过,如何具体训练工人,国民党中央一时并无相关纲领、细则的出台。南京市成立工人教育委员会,委托教育局社会课筹备工友夜校。为有效开展"党化教育",提高工人生活常识,该委员会成立"工友夜校教材研究会",讨论三民主义、工人常识、工人教育等方面讲义的编写与教材的选取。③ 上海特别市社会局长潘公展认为,工人易受"包办工运之徒"煽动而发动工潮,劳资皆蒙其害。因其"知识浅薄","有时违犯法规而不自知,依法处分,则觉情殊可悯;设或过于宽纵,则似法又难恕",故"不得不赖于党部注意于训练工人之工作,俾得稍资补救者也"。④ 此为工训的初级阶段。潘公展有更长远的打算,就是将工运纳入国民党的体制。他在为同僚张廷灏《中国国民党劳工政策的研究》一书所作的序中指出,国民党的劳工政策"在民生主义之下大要只有一个目标,即站在发展

① 中国第二历史档案馆编:《中华民国史档案资料汇编》第5辑第1编政治(3),南京:江苏古籍出版社,1994,第105页。

② 中国第二历史档案馆编:《中华民国史档案资料汇编》第5辑第1编政治(3),南京:江苏古籍出版社,1994,第109页。

③《工人教材研究会成立》,《中央日报》1928年2月13日,第2张第3面。

④ 潘公展:《上海特别市社会局之组织及工作》,《青年进步》第133册,1930年5月,第38—39页。

实业的立场来扶助劳工！站在扶助劳工的立场来发展实业！”与此配合，工人训练“第一步”应将工会组织起来，同时要求工会负责人“都应受过党的训练”，并且发展工人入党，以保证“工会受党的领导”。①

上海最先试行了一套“别开生面”的方法。张廷灏先后任职于上海市农工商局、社会局，协助局长潘公展处理劳工行政，对“党团运用的方法”深有体会，主张以七种原则训练工人：(1)应当绝对服从所属党部的指导；(2)一切决议和活动应当完全根据本党的政纲和政策；(3)应当运用团体的多数决议执行一切事务；(4)应当以取得民众团体的重要职务为活动的中心；(5)应当用劝导或感化的方法取得民众的信仰和服从；(6)应当严守秘密；(7)党团的纪律应当特别严厉，绝对不能宽容。为保障工会的属性，张氏从训练工会负责人入手。1929 年，张廷灏为上海特别市执行委员会拟订《工会书记检定规则》10 条，经市执行委员会议决通过，呈报中央党务委员会备案。按照《上海特别市工会书记检定规则》规定：“各级工会书记须一律受工会书记检定委员会之检定。”该项工作由市党部 4 人与社会局 3 人组织的检定委员会负责，具体检定标准及程序有三个方面：第一，必须是党员，必须初中毕业或有同等程度者；第二，无违反党义、政纲及腐恶行为者；第三，经《民权初步》、三民主义、政治常识、公文程序、工运各种常识等考试合格者。检定合格者，则授予证书；不合格者，予以撤换。《规则》既能在一定程度上保证书记对国民党的忠诚，也能保证书记的素养及行政能力。《规则》还特列入两点，对书记予以督促、警示：第一，证书有效期两年，逾

① 张廷灏：《中国国民党劳工政策的研究》，上海：大东书局，1930，“序(潘公展)”第 12 页。

期须另受检定;第二,检定合格之工会书记,如果被开除党籍、停止党籍在半年以上,或遭刑事处分,或有腐恶行为、欺骗工友,或不遵守党部政府之指导监督,均由市党部取消其资格。①

据张廷灏所言,《检定规则》"试办了一次,成绩很好",市执委决定设立一个工会书记训练所。如果说"检定"是为了整肃工会书记,那么工会书记训练所无疑就是为了培养国民党的工会骨干。在上海市执委员们看来,上海市工会曾在党政机关登记注册者已达300个之多,但"质量则犹不能尽如我人之理想"。其根源在于各工会书记才具优越、工作努力者尚属少数,"大多数书记,上也者只能撰拟文稿,掌理记录;中也者则敷衍场面,坐耗会款;下也者则或献媚资方,出卖工友,或勾结匪类,煽动风潮,其害不可胜宣"。《上海特别市工会书记训练所计划大纲》为此制定出了富有"理想"色彩的"训练目标",拟从政治、健康、生计、休闲、语言文字、社会交际等方面,造就具有14种素养的工人领袖,如下:(1)了解并信仰三民主义;(2)有社会科学知识;(3)明了国际形势及列强对中国的压迫;(4)明了工会各项法规、法律知识;(5)养成运用四权的能力;(6)能任童子军教练员;(7)有一般急救之智识与技能;(8)能组织各种合作社;(9)能组织足球、篮球、网球等游戏;(10)能当众发言、主持会议;(11)能作文、作图、绘画;(12)有服务社会的精神;(13)有亲近工人的意愿与习惯;(14)有教育工人之能力。与此相应,训练所对学员招收之资格也严加限定:(1)年龄在18至35岁;(2)品行端正、体格健全;(3)或中等学校毕业、高小毕业服务三年以上,或有相当程度而曾任小学教师两年以上,或有相当程度在党部服务一年以上,或有相当程度努力民众运动的"著有成绩者";(4)国

---

① 张廷灏:《中国国民党劳工政策的研究》,上海:大东书局,1930,第79、81、82、83、84页。

民党正式或预备党员，绝对受本党指挥，毕业后至少须为党服务两年以上。训练所计划招学员50人，为学员提供为期六个月训练中所需膳宿、书籍及服装等费用。至于一般工人的训练，该《计划大纲》仅要求按照中央规定的识字、合作、卫生等7项“下层工作”展开。①

1935年3月，上海市党部主办工运人员训练所，吴醒亚任所长，朱学范为副所长。吴氏在成立大会上强调，开办该所主旨即“首先训练干部人员，深入工人队伍，以刻苦耐劳牺牲奋斗精神，领导工人实现劳资协调，沟通工人的情感，促进工人生产技术，信仰本党，服从领袖”。其课题设置包括：德育、党义、政治、经济、历史、地理、工运理论、工运实践、劳动法规、调查统计、法律手续、公文程式、军事训练等13项。学程以六个月为期。成绩优良学员，由市党部介绍于各工会服务。②

国民党员要想深入工会组织，进而主导工会，就必须具备“务实”及“为人民服务”“为社会服务的精神”。这是1930年3月国民党三届三中全会通过的《推进党务工作案》的中心内容。③ 1932年1月，中组部通告天津市党部：“先将会内所有专任事务人员，尽量减少。其或负责或主持而专恃党务为生之工作人员，并应于最短期间，在本地方觅得相当职业，以为个人生活之基础。俾得各尽所能深入民众，以致力于党部工作者，致力于社会事业。以爱国之热忱，出而为立己立人之伟业，所以仰副中央之期望者在此，所以完

---

① 张廷灏：《中国国民党劳工政策的研究》，上海：大东书局，1930，第84、85、91、92、93页。

② 《市党部工运训练所昨晨举行成立典礼》，《申报》1935年1月28日，第3张第12版。

③ 荣孟源主编：《中国国民党历次代表大会及中央全会资料》上册，北京：光明日报出版社，1985，第789页。

成本党之使命者在此。抑所以谋训政终了后,得自立于职业社会,免为失业或无业之人民者,亦在于此。”以确立党员养党之基础,“勿陷于党养党员之苦境”。①

1932 年国民党四届三中全会,通过了孙科等 27 位委员提出的《整理本党实施方案》,《方案》不啻为“指导、奖励及协助党员加入农工教育等职业生活之法规”。内中要求“党员参加社会工作,须随时持社会职业者之态度,以工作技能与革命精神,逐渐取得领导地位;且非至必要时,不得公开其为党员”。地方党部“绝对不得以党的名义干涉地方行政、民众团体,或作任何公开活动”。② 其目的就是要党员在实际工作中,提高知识程度,增长实际经验,增强办事能力,学会体察民意。国民党中央要求基层党员必须从事某种职业,反对以“党员”为职业,这与浙江省党部的提议有关。该省各县训练部长及直属区训练委员,召开联席会议,议决《关于禁止县以下各级民众团体工作人员因参加民运工作放弃原有职业》一案,拟定办法:(1)凡充任县以下各级民众团体(如总会、区会、分会)工会人员,“务须以原有职业为主体,非因特殊关系,曾经当地高级党部之许可者,不得放弃原有职业”。(2)通令各级党部随时检举。浙江省执委会训练部第 19 次部务会议,赞成此议案,并于 1930 年 1 月呈请中央训练部核示。中训部以为议案“尚属可行”,准予备案,并转饬各省市党部训练部及民训会一体遵照实行。③

国民党掌控工会,根本还在于控制工人。各地党部“自行其

---

①《确立党员养党之基础勿陷党养党员之苦境》,《大公报》(天津)1932 年 1 月 7 日,第 2 张第 7 版。

② 荣孟源主编:《中国国民党历次代表大会及中央全会资料》下册,北京:光明日报出版社,1985,第 177 页。

③《民运工作人员不准放弃原职》,《中央周报》第 86 期,1930 年 1 月 27 日,第 3 页。

事”。1928年2月,南京西区区联会宣传科长潘鼎元,开始组织大规模的工人训练班,每星期请名人演讲1次。比如,曾邀请上海党务训练所许性初为工人演讲《劳动,运动底先决问题》。[①] 1930年3月,河北已有唐山市总工会、开滦矿总工会、启新洋灰工会、华新纺纱工会、北宁路唐山工会、久大工会、永利工会、大兴纱厂工会、正太铁路工会、怡立煤矿工会、中和煤矿工会、福安煤矿工会、彭城瓷业工会、井陉煤矿工会等19个工会,河北省为此制定了《民运特派员条例》《民运特派员工作范围及其进行步骤》,选派指导员及助理员,前往河北省所属的临榆、开滦、唐山、塘沽、宁河、北平天津区,以及房山良乡区、石门区、井陉区、临城区、磁县区的11个工业区。到1932年9月,产业工会成立者计21个、职业工会有82个。[②]

1931年1月7日,国民党中执训练部秘密令行《工人训练暂行纲领》,规定了训练原则、方针、组织等纲领性指令,以规范工训。其原则为:(1)“工人训练应以工人在社会生存上之需要为出发点,以增进其智识技能,提高其社会道德标准,改善其生活,正确其思想,严密其组织,促进其生产力与生产额,而达到改善人民生计之目的。”(2)“工人训练须于社会共同福利及该产业发展范围内,力谋劳资利益之协调。”训练方针方面的核心,一是“关于思想者”,要求“使工人了解生产技术效率与工作报酬相互之关系”;二是“关于行为者”,要求:(1)养成工人遵守纪律及勤奋耐劳等习惯。(2)养成工人合作互助友爱及服务社会之精神。(3)“使工人明了应用新生产方法,为发展本国产业、充实国民经济、改善工人生活、增加工作机会之途径,以祛除其墨守成规之陋习。”(4)“使工人认识其所

① 《西区区联工会组织工人训练班》,《中央日报》1928年2月5日,第2张第4面。

② 《河北省工人运动概况》,《国际劳工通讯》第10号,1935年7月,第91、92页。

服务之工厂为我国新兴之生产机关,与国民经济及工人生活均息息相关。工人对于工厂应加意爱护,不宜有破坏行动。”(5)工人应明了怠工、罢工对于社会与工人之恶劣影响,“为万不得已之行动,不得滥用”。国营工厂之工人是服务于国家社会的共有之机关,“绝无劳资对抗之意义,更不得有怠工、罢工之行动”。(6)工人遇劳资纠纷时,“应以合理方式求得正当之解决,不得以阶级斗争相号召”。“关于组织者”,要求指导工人运用工会,使之成为发展社会生产、改善工人生活之团体;更须明了人民团体与党部及政府之关系。①

1932 年 1 月 13 日,中央民众运动指导委员会修正《工人训练暂行纲领》,延续原有训练原则。与此前相比,“训练方针”第一部分“关于思想者”,要求工人对于三民主义有深切认识与信仰,明了国民党政纲、政策及训政时期的民众运动方针,认清违反三民主义的各种思想谬误。“关于智识技能者”,注重培养工人阅读及基本写作能力,灌输国民常识及举办互助事业的智识,增进智识技能,鼓励技术发明,指导季节工的副业选择及相应智识技能。“关于训练机关”部分,除继续强调“工人训练机关为工会”外,还强调“工会未成者,其训练机关为当地高级党部”。1934 年 1 月,《暂行纲领》修正案特别增加了“训练材料”部分,内中要求“材料选择”必须贴合工人“日常生活”,符合“一般国民必须认识”“富于兴趣”,且“能了解者”。修正案还列出“材料举要”,如总理遗教、国民党第三次全国代表大会及第三届中央全体会议常务会议关于民众运动之一切宣言与决议案、“本党同志对于工人之言论”、工厂法原则及工会

① 《工人训练暂行纲领》,《中央党务月刊》第 30 期,1931 年 1 月,第 108、109—110 页。

法有关之解释案、国民政府颁行的与工人有关的现行法令。[1] 修正案更加注意工人政治归属感及“工人训练”实施的可行性。

同时,国民党也加强了对特种工会的训练。1930年9月,国民党中央执委会颁行《铁路工人训练暂行纲领》,强调要以“使铁路工人明了其本身解放必须中国整个民族解放方能实现”为“训练方针”。[2] 1932年8月11日,国民党第四届中执会第33次常会通过《海员铁路邮务电务等工会运用方案》,以实现工会法的主旨。“党团的运用”部分,要求党团在保持“秘密”的状态下,“指导各特种工会、各级工会内党团之组织,并以党的势力透过各级工会之核心以控制其运动”,实现“扩大本党在各特种工会中之组织”;“以党的一切政策命令,透过工人使工人与党打成一片”;“防止其他一切政治团体在工人团体内的活动”;以取得在工人团体内重要职务为“活动中心”[3]。1932年10月,从1929年1月开始筹备的党部,中经七八次人员变动,平汉路党部始正式成立。党部下设组织、宣传、职工训练、总务四股,各执、监委员均是有相关工作经历的青壮干才(表6-1)。

---

① 《工人训练暂行纲领(二十三年一月十三日中央民众运动指导委员会修正)》,《国际劳工》第1卷第7期,1934年7月,第87、89、90、92页。

② 《铁路工人训练暂行纲领》,《中央党务月刊》第26期,1930年9月,第45页。

③ 中国第二历史档案馆编:《中国国民党中央执行委员会常务委员会会议录》(18),桂林:广西师范大学出版社,2000,第65、66页。

表 6-1　平汉路党部成员表

职务	姓名	年龄	略历
执委会常务委员	刘文松	49	前任本路总工会主席北伐军铁道大队队长全国铁路总工会常委、现任本路工会常务理事机务处科员
常务委员	蔡孟坚	30	前任总司令部武汉行营侦缉处副处长、现任湖北省会公安局局长
常务委员	彭守信	43	现任本路江岸机厂机师
执行委员	萧闻叔	43	前任本路总务处副处长、现任铁道部专员派在本路服务
执行委员	李　腾	36	现任驻平办事处第二课课长
候补执委	娄伯棠	46	前任本路特别党部筹备委员、现任本路总务处课员
监委会常务委员	张　平	31	前任第二集团军兵站总监部中校主任、现任本路江岸材料厂厂员
监察委员	何竞武	43	前任本路管理委员会委员长、现任平军分会委员
监察委员	龚海清	39	现任本路机车厂领首
候补监委	朱侣云	47	前任本路管理委员会委员铁道部参事湘鄂路局局长
秘书	郑炳炎	32	福建省党部训练部秘书
总务科主任	史匡之	38	湖北省党部干事第八军政治部中校科长
组织科主任	刘傑	41	蒲圻县黄石港市党委九江市党部秘书
宣传科主任	黎善养	31	军委会总政治部编纂股股长市特党部秘书

续表

职务	姓名	年龄	略历
工运科代主任	李荣萱	34	前筹委会干事
监委会干事	倪朝镕	38	前筹委会干事

资料来源:铁道部秘书厅编《铁道年鉴》第3卷,上海:商务印书馆,1936,第1192页。

该党部成立后,直接指导员工俱乐部11处、国术研究社6处、江岸民众夜校1所。① 1933年4月,中央民运指导委员会在审罢平绥路工运视察员耿安吉的报告后,函示耿氏:在召集组长谈话时,尤须注意工人的团体纪律,启发铁路工人应有的知识技能,加强党政与工会间的沟通。②

胶济铁路于1930年成立党义研究会,并督励内外员工"努力研究"。到1931年,全路已将三民主义、民权初步、建国大纲方略、孙文学说、五权宪法、地方自治实行法及中国革命史先后"研究完毕"。党义研究会还采购有关资料,计有党义77种、政治者55种、社会类66种、经济者17种及杂志9种。为便于工人理解,党义研究会编印刊物及《三民主义浅说》《三民主义提要》《民权初步撮要》《五权宪法释义》等单行本。为保证学习效果,该路《党义研究会暂行章程》规定:每期学习完毕即举行全路员工党义测验。1931年3月间,内外员工修习"三民主义研究"后,即由指导干事会拟题

① 铁道部秘书厅编:《铁道年鉴》第3卷,上海:商务印书馆,1936,第1194页。

② 《中央民运会对河北省、天津、唐山等市工会运动指导事项和该省市党部与王涤文等工作报告》,中国第二历史档案馆藏,档案号:722(4)-462。

并派员分组测验,学员成绩均甚优良。[①]

国营企业较为重视工人训练。建设委员会华北水利委员会出于减轻成本、增加生产及防范“反动份子到处潜伏”的目的,决定进行工人训练。华北水利委员会成立工人训练委员会,负责指导、实施所属电气、水利、矿业各部门的工人训练工作。对华北水利委员会来说,工人训练与工人运动决然不同:“工人运动,在打倒资本家”,而“工人训练,在实现总理之民生主义”,即“工人运动为破坏,工人训练为建设”。1930 年 9 月 25 日,建设委员会华北水利委员会召集直辖机关工人训练员大会,明确工训的目的就是“服从主义”“拥护主义”“实现主义”:“从消极方面言,使工人不为反动派诱惑利用,纠正其思想行为之错误;从积极方面言,为提高工作效率,增加工人知识,完成建设工作。”在此意义上而论,工人只有与企业建立了良好的关系,才能有利于企业的生产,要严防“反动派诱惑利用”。会议要求所有工人训练员,必须以“平等精神”与工人为伍,“熟悉工人内情,相机训练”,实现企业生产与工人生活水准同步增长。会议还告诫工人训练员,要认清自身职责,“协助该机关长官训练工人”,“并非与长官站在对立地位”。《训练员规则》特别规定:训练员隶属于各厂矿总务科之下,须受各厂矿总务科科长、总工程师、矿局长之指导与监督,同时又须直接受训练委员会之指导与监督。其目的就是保证工人训练员与企业同一立场。[②] 华北水利委员会自觉走出运动工人的误区,造就既有主义,又有职业操守的职工群体。该会引导工人信仰“三民主义”当然也

---

① 胶济铁路管理委员会编:《胶济铁路接收八周纪要》,青岛:胶济铁路管理委员会,1931 年,“党务(党义研究会)”第 5、6 页。

②《建设委员会收发文件报告表及召集直辖机关工人训练员开会记录》,北京市档案馆藏,档案号:J007-001-00287。

是党部硬性要求。早在1929年，国民党中央颁布《政军警各机关工作人员研究党义暂行条例》后，中训部就立即决定10月初考查相关人员研究党义成绩。《条例》规定政府所属农矿企业，依例也应“研究党义”。当年，湖南省属黑铅炼厂成立以厂长为负责人的“党义研究会”，要求“全厂工作人员”参加为期六个月、每期一个月的训练。该厂同时还开办工人补习学校，内授三民主义浅说。①

在国民党体系外，还有一种由政府部门主导的工训。1932年2月1日，教育、实业部公布第736号会令，出台并实施《劳工教育实施办法大纲》，目的在于“增进工人之知识技能及其工作效率，并谋工人生活之改进”。劳工教育分识字训练、公民训练、职业补习三种。《大纲》规定：此项工作“由各地方教育行政机关，督促当地农工商及其他各业之厂场、公司等负责完成”；要求厂场公司、商店等雇用工人在50人以上200人以下者，应设劳工学校或劳工班。工人每增加200人，应即递增一班。工人免费接受教育，学校提供书籍、文具。识字训练包括三民主义千字课、常识、珠算或笔算、乐歌，兼授历史、地理、自然常识。公民训练包括三民主义、地方自治浅说、本国大势、公民道德。职业补习重在服务道德、农工或商业常识、专门职业知识技能。大纲要求识字、公民训练于一年内完成，职业补习不超过两年。该《大纲》还以法律形式强力推行劳工教育，规定：“各厂场公司、商店等于本办法大纲公布后6个月内，不遵照设置劳工学校或劳工班者，除依工厂法第71条之规定办理，仍限令于2个月内筹设成立。”②

---

① 《本厂党义研究会组织规程》《本厂工人补习学校规程》，湖南省有黑铅炼厂编：《湖南省有黑铅炼厂厂务汇刊》，长沙：湖南省有黑铅炼厂，1929，“规程”第24、28页。

② 《劳工教育实施办法大纲》，《教育与职业》第174期，1936年4月1日，第274、275、276页。

地方政府中以青岛、武昌、上海等市工训较有特色。青岛市府举办工人团体讲习会，训练工会职员。1932至1933年间，举办工人团体讲习会，课以劳工法令、劳工问题、民权初步、劳动史略、工会组织及行政等科目。每星期举行1次，每次3小时。前后进行六个月，首批听讲者计有46人。① 社会局自1932年2月到1933年3月，在各厂中共举办了99场讲演，主题涉及劳工卫生、教育、工厂卫生、增进技能、储蓄、个人对于社会的贡献、模范工人、工人道德、互助之精神、好工友、合作、劳工消费、民众教育、烟酒赌之害、劳工讲演之理由、自来水、国民与教育、煤炭的生成及效用、工人生活改进的几个条件、地球、工人在城市中的地位、治安与工人关系、预防疾病、工人的涵养、读书、中国的现在、劳工的前途等诸多方面。② 从贴近生活、丰富多彩的内容来看，社会局力求将工训融入日常生活。上述活动虽非工会主办，却是以工会为主导的。

1934年6月，武昌纺织业产业工人成立“工人教育馆”，内设教导、社交、康乐、图书四部，开办成年男工、童工、女工三种识字班，学习时间安排在每日早晚放工之后。③ 以此统合工人，渐而形成工会的凝聚力。上海市总工会举办上海市工人运动大会，以新的工训形式，培养工人向心力。筹委会函邀市长吴铁城为名誉会长，吴开先委员、潘公展局长、吴醒亚局长、童行白委员、陆京士委员为大会副会长。朱学范为大会正会长，周学湘为大会副会长。赛种分为田赛、径赛、球类、国术四种。总工会通令每一工会至少参加1种项目，无工会组织之工厂，则以厂名为单位参加。④ 1934年5月，

① 青岛市政府编：《青岛市行政纪要》，青岛：青岛市政府，1933，第3编“社会”第17页。

② 参见《劳工讲演录》，《青岛市社会局劳动丛刊》，青岛：社会局，1932，第81—94页。

③《武昌纺织工会工人教育馆》，《国际劳工通讯》第6号，1935年3月，第84页。

④《劳工卫生与劳工教育》，《国际劳工》第1卷第2期，1934年2月，第83、84页。

沪市总工会为厉行军国民训练,以充实国力,筹办工人军事训练班,并推定朱学范、李华、周企贵等为委员。每星期一、三、五、六为训练日,其中周六为"学科",周一、三、五为"术科"。训练时间定为上午五时半到七时半,凡加入训练之工人由国民军训会、总工会呈市政府通令各厂予以支持。班主任、办事员等由总工会派员充任,教练官由军训会派任。① 这类工训多以趣味性网罗工人群体。

1936 年的新生活运动是政府主持的全面工训。新生活运动促进总会"为改善工友生活,培养其服务精神,增进其服务技能,并唤起国家观念",特定"各业工友训练运动"为当年中心工作之一,颁布施行《各业工友训练计划大纲》。此次工训主要以酒业、饭馆、饮茶社、旅馆、浴室、理发店、娱乐场所等职工为主,兼及铁路、公路、航轮行业。其训练材料以"各业工友新生活问答""各业工友服务须知"为主。前者根据新生活运动纲要及新生活须知编定,由总会订发;后者由各地根据新运会"南昌市第一期各种厉行新生活办法",以各类职业特点编订。材料还包括卫生消防救护等常识、各业工友普通之技能。《大纲》规定此次工训由各地新运会发起,邀请各机关团体共同组织训练委员会领导工训,同时负责挑选、训示训练员。这次工训形式多样,包括分班训练、集中训练、参观示范处所等。每次训练以两周为期,每日不超过 2 小时。新运式"工运"有三点是为同期工训所忽视的。第一,《大纲》规定:工训前,应召集各业工友的经理人大会,"说明训练之意义,及应协助之事项",以获得东家的理解、支持。第二,有专项经费保障。《大纲》要求:"必须之经费,可由当地政府及各业主分担之(以不募捐为原则)。"第三,每班训练完毕,由训练委员会举行测验考试。考试及

① 《国内劳工消息 · 劳工运动》,《国际劳工》第 1 卷第 6 期,1934 年 6 月,第 62 页。

格者，授予“及格证书”；不及格者，须重新受训，再不及格者，由政府酌予停止其业务处罚。① 新运式工训，有较充实经费保障推行，但未及全面开展，即因战局而中缀。

全面抗日战争前，以国民党主导的工训成绩如何？按相关规定，工人训练由工会负责。工会的稳定与否，很大程度上就决定了工人训练的成败。工会的稳定又常常取决于经费充足。1928 年初，苏州、无锡、镇江、丹阳、句容等五县总工会，因省总工会及各县总工会经费支绌，具呈江苏省政府，请予拨款。省总工会筹备委会成立两月，仅收会费 1300 元；“各县总工会经费，尤感困难”②。2 月 11 日，江苏省总工会筹备委员会，召集各县市总工会代表联席大会，决定举办工运训练班、出版定期刊物，均因经费纳履踵决，未能即办。③ 据苏省县市总工会代表联席会议宣言：“目前数十县的工运，不但纸张笔墨等些微的出费不能供给，而且一日三餐都不能可。照这样下去，如何能尽唤起民众的责任？”按照江苏省总工会筹备委员会预算，江苏省各县市 42 县工运经费月至少需 500 元至 800 元。④ 其时，党部经费也极为困难，而影响了其对工会的指导。经费主要来自党员会费，根据国民党章第 78 条规定，党员每月仅缴 2 角党费。在“以党治国”的原则下，财政部出台草案，拟将昔日国会经费、省议会、县议会经费，分别充入中央党务费、地方党务费。⑤ 1935 年，国民政府禁止所谓“剿共区”内工会征收工人会费，除江苏、浙江等省，赣、鄂、湘、皖、闽五省内之工会，均因“经费枯

---

① 《新运总会颁发各业工友训练计划大纲》，《国际劳工通讯》第 3 卷第 9 期，1936 年 9 月，第 33、34 页。

② 《苏省总工会经费困难》，《中央日报》1928 年 2 月 9 日，第 2 张第 3 面。

③ 《工人教材研究会成立》，《中央日报》1928 年 2 月 13 日，第 2 张第 3 面。

④ 《苏省县市总工代表联席会》，《中央日报》1928 年 2 月 15 日，第 2 张第 2 面。

⑤ 唐有壬：《本党的财政问题》，《中央日报》1928 年 2 月 7 日，第 1 张第 3 面。

歇,名存实亡"[①]。其中,武汉地区除码头业工会能维持外,余如车夫工会等,均为虚置。[②] 同样因为经费"极难筹措"的、内有 42768 名会员的湖北大冶产业工会,"对于应办事业,多未次第办就"[③]。经费无从保障,何谈工训?

受制于国民党右派"防共""防左"的"后遗症",工运人员常罹危境,横遭诬陷、拘押,这种杯弓蛇影的"惯行思维"同样限制了工训。苏省县市总工会联席会议有言:"地方人士,对本党主义,多没有认识。或土豪劣绅,把持地方政权,对于努力工运人员,常加诬陷。……或用匿名信向军警机关或高级官厅投递,军政机关则以一纸公文,令饬主管行政官厅。地方官厅不加讯察,不问是非,随施拘押,以莫须有之控告,竟使努力人员,忠实同志,饱尝铁窗风味。事后遍查原告,无人负责,往往糊涂了之。闻复拘押多日,既不加审讯,复不准释放,探问亦无相当答复。"大会《宣言》"十分严重的恳求于我们的党"保障工运人员安危,以利工运、工训。[④]

工会负责人文化水平过低、会员中党员人数过少,也影响了工训效果。先看河南,据 1931 年有关材料,郾城县铁业工会理事 7 人、监事 3 人中,只各有 1 人略通文字。开封市城内厨业工会中"工友团结尚称坚固,惟工友知识非常欠缺",且会员总数 68 人中没有党员。开封天丰面粉公司工会是该市"各工会之模范",会员 115 人中,仅有 7 名党员。开封南关厨业工会有会员 227 人,却无

① 程海峰:《一九三五年之中国劳工界》,《东方杂志》第 33 卷第 17 号,1936 年 9 月 1 日,第 161 页。

②《国际劳工局中国局长来汉考察劳工实况》,《大光报》1935 年 10 月 22 日,第 2 张第 7 版。

③《审查福建省、山东省、湖北省、甘肃省各业职工会的报告章程和名册》(1936 年),中国第二历史档案馆藏,档案号:11-7297。

④《苏省县市总工代表联席会》,《中央日报》1928 年 2 月 15 日,第 2 张第 2 面。

党员。开封市硝盐业工会会员 633 名中,仅有党员 1 名。① 福建省在 1927 年至 1937 年间,共有 116 个工会,内中仅有党员 113 人。1931 年,南京市社会局调查显示,41 个职业工会中,仅有 5 个工会有预备党员。其中,成衣业职业工会 22 名理事、监事、常务、干事、书记中,只有预备党员 4 人;烟业职业工会 16 名负责人中,仅有 2 人为预备党员;东南城水陆码头运送业职业工会 18 位领导人中,有预备党员 2 人。② 相反,汉阳县码头职业工会有 1000 余人,识字者占 70%,"思想纯正",有党籍者 465 人,"均能努力党务,以尽党员天职"。③

如此之高的党员比例,除铁路工会外,实属罕见。据 1935 年统计,各路党员人数:平汉路 2600 余人(1932 年 7 月,1935 年工会会员 5381)、津浦路 617 人(1932 年 5 月,职工 16000 人)、京沪沪杭甬路 903 人(1932 年 12 月)、胶济路 573 人(1930 年 12 月工会会员 5473 人)、平绥路 1156 人(1932 年 1 月工会会员 8014 人)、粤汉路湘鄂段 421 人(1931 年 7 月工会会员 4577 人)、粤汉路南段 1318 人、陇海路 262 人(1933 年 6 月,1931 年 7 月工会会员 7027 人)、正太路 39 人(1930 年 3 月工会会员 2246 人)。北宁铁路、道清铁路、南浔路党员人数不详。另据 1933 年调查,上述各路工人总数 81448 人(流动工人为 9574 人,非流动工人为 71874 人),与前四年工人总数相比减少了 3577 人,加入工会者 72101 人。④ 以会员人

---

①《审查河南省各业职工会的报告章程名册》(1931 年),第二历史档案馆藏,档案号:11-7296。

② 南京市社会局编:《南京社会特刊》第 3 册,南京:文心印刷社,1932,第 81 页。

③《审查福建省、山东省、湖北省、甘肃省各业职工会的报告章程和名册》(1936 年),中国第二历史档案馆藏,档案号:11-7297。

④ 铁道部参事厅第四组编:《铁道年鉴》第 2 卷(下),上海:汉文正楷印书局,1935,第 1203、1210、1212、1214、1216、1217、1218、1224、1227、1233、1237、1238、1241、1243 页。

数衡量,国有铁路工人中党员比例并不算高。国民党也曾拟大量发展工人党员。1933 年 10 中旬,南京特别市奉国民党中央令,征集预备党员 2000 名,要求以农、工为“首要”,各 1000 名。① 此次征集是否达到预期目的,不得而知。1934 年,广九路工会奉令征求预备党员,该路员工 650 余人纷请加入。②

作为指导工会组织的党部,其工作重点、人员关系往往决定着工训的成败。1934 年 6 月,国民党在总结民运时指出:“各地党部,对于劳资纠纷,大都殚尽精力,从事调解;惟对于工人训练之实施及工会团体事业之推进,殊少成绩表现,实为缺憾。又间有一二党部,以负责同志意见未能一致,不惜广树声援,利用工人,谬误百出,工人以智识欠缺,亦往往甘为工具,而置整个工人利益不顾。因之工会内部,支离破碎,无法建树工人之信仰,此种流毒之结果,工会等于虚设,且予反动派绝好之机会,非猛省痛改不可。”③

最贴切实际的总结应该来自国民党基层理论家。1929 年 9 月,中国书局出版《中国国民党工人运动的理论及方略》,此书虽是个人独撰,但实具国民党官方色彩。该书总结工运经验、教训,提出工训方案。作者张少峰,身为国民党员,在北京政府时期,曾“亲入工厂”,多年从事“秘密”工运活动,有入狱经验,“颠沛流离,饱尝艰苦”。1928 年后,先后在中央党部党员训练科、山东省指委会服务;同时担任过山东省教育厅开设的各县教育行政人员及高小职员训练班“民众训练”的讲师,负责北平总工会的工人训练工作。张氏苦于“本党对于工人运动工作,并没有具体理论和方案,交给

① 《市党部征求预备党员》,《中央日报》1933 年 10 月 2 日,第 2 张第 3 版。

② 《预备党员申请书补具欠缺手续》,《广九季刊》第 2 期,1935 年 7 月,第 62 页。

③ 中央民众运动指导委员会编:《中国国民党最近指导全国民众运动工作概要》,南京:中央民众运动指导委员会,1934,第 31 页。

参加工人运动的同志”，因而结合自己在工运及工训实践中“乱碰出来”的经验而著成此书。张少峰有关民运工作，是建基于“劳资合作”的理论预设之上的。他坚信孙中山的“大贫”“小贫”说，反对阶级斗争。

在张少峰看来，工人运动“最困难”之处，就是传统社会中的地方主义、帮与里的界分及行会色彩。在此基础上，他总结“因为本党指挥的不得当”，遂致工运发生“思想方面”“工作方面”的错误。“思想方面”：(1)没有确定本党工人运动的理论，经“共党遂(随)意曲解”，“使其与共产主义相合一”。“一般同志，莫明其妙，也拿共党工人运动的理论，误作本党工人运动的理论，结果给共党作了工作。”(2)误解工人运动为运动工人。工人运动是唤醒工人，指导工人，组织工会，为工人谋利益。而“有了党而始去找工人拥护”，便是运动工人。参加工人运动的多数者，“误解工人运动为运动工人，或用金钱收买，或用方法去欺骗，结果造成利用工人的工人运动工作”。(3)偏于军事的投机，忽略工人更是“生产力”。“单纯的武力，会使生产的速度日渐降落。这是作工人运动的最大的错误。”(4)认识不清党与工会的关系，将党的工作与工会工作混淆一体。(5)混用工会的权力。工会不接受本党和国民政府的指导命令，一味抵抗资本家。各省市的总工会，握有行政、司法、立法诸权津，竟以武力解决劳资的纠纷，而不经党政仲裁，“终至工会威信扫地”。

“工作方面”：(1)没有养成工运人才，工运“当然没有正当的指导”。(2)忽略工人运动的步骤，本党“没有整个的计划”，无组织工作和训练工作，“工作员自凭着自己理想的去瞎撞”。(3)忽视人与人的关系，比附工主与工人关系，进行“单调店员运动”，危及小资产阶级的生存，拆散国民革命军的战线。“工人运动的错误，实以店员运动为主要错误”。(4)不问社会经济能力,提出过高的经济要求,“无论工商,皆以本党为怨府。工人则怨本党不彻底,商人则怀疑党舍弃商民”。(5)只关注运动工人,不重视为工人谋利益,“工人感觉本党对他们谋不出什么利益,便对党俯仰力减低,甚而或者反对本党”。

为根除上述弊端,张少峰提出从筹办“工人运动党员训练班”入手。其旨在选挑对国民党、对主义均有深刻的认识者、富有社会常识者、能受苦耐劳绝对平民化者、有牺牲的精神者、以工人运动为终身职业者,课以三民主义、国民党的组织及训练、民权初步、建国方略、建国大纲、宣传方略、民众运动、工人运动的方略、工厂的组织、工会的组织、劳运法、社会经济状况、工人心理学、工人教育学、暴动的指挥、罢工的指挥、军事训练、工人运动实习等训练,培养工运领袖,从而为工训提供可能。[1] 此书反映了基层工训组织者切身思考,也是那时从事实际工运者的共识。很难否认,其后各级工训思路就是对他的摹效。

何汉文曾任职于中央党部,指出只有实施工人训练,才能应对民族危机。他“现身说法”反思中国工运的三种危机:(1)国民党领导的工会组织,其主持者“与工人群众无密切关系”,工会变成衙门;同时工会组织并不健全,也不统一,“仅有各地方单独的组织,而无整个的联络”。(2)“清党”后,国民党惧怕工人运动,又“忽视工人的力量”,“对于工人组织常采取敷衍的态度”。相反,共产党和其他反对派乘机活动,“形成许多法定以外的工人组织”,而国民党却“无力加以决绝的取缔”,听任其存在。“将来一旦发生事变

① 张少峰:《中国国民党工人运动的理论及方略》,北平:中国书局,1929,第20、16、21页。

时,此种工人组织,自然会要成为妨碍革命进展,甚至为反对政府的力量。”(3)随整个民族工业的崩溃,工人阶级大批失业,“已经普遍的贫穷化”,劳资争议事件也不断增加和恶化,而国民党又不能加以确实的领导,“在民族工业困苦生活下的中国工人,也不免有意志不一,步骤不齐的危险”。他强调,这些危机决定了中国工人难以承担“民族斗争”的重任;应对民族危机,设法训练工人的运动能力,健全工人的组织,实为当务之急。

困于党政当局没有颁布具体的训练方案,何汉文结合中国实际情形,特拟定工人训练纲领,阐述训练原则及训练方针。其训练原则包括:(1)工人阶级的一切活动,应以谋民族生存为目的;(2)为集中全民族力量投入民族斗争,工人阶级的活动与要求,应该以不妨碍社会全体利益为标准;(3)工人阶级的一切活动,应以促进民族力量之繁荣和社会进化为原则;(4)工人阶级必须竭力养成以三民主义为其中心信仰,须切实确立国民党的领导权,必须努力增进民族意识,努力于劳资协调。其训练方针,则以沦陷区、国统区内外资企业、国统区内民族资本企业、国营或公产企业四类,分别加以制定。针对第一类工人,主张以秘密组织断绝敌人交通、日用品供应,甚至发动武装暴动。针对第二类工人,应依法组织健全的工会,“在外国资本家对于工人施行压迫,或其国家对于中国施行侵略而引起外交问题或战争时”,斟酌自身实力,以怠工、停工、罢工为“对付敌人的武器”。针对第三类工人,应指导其参加工会,严防非法秘密组织存在;陶冶工人的思想(如主义信仰、民族意识、爱国观念等)、智识技能(如识字、公民常识、业务上之智识技能、技术之改进与发明等)及行为(如遵守纪律、勤奋耐劳、合作互助、勇敢忠实等)。同时,政府及产业机关之雇主,应改善工人生活,增进工人福利,以增进劳资协调之精神。遇劳资纠纷发生时,工人应以合理方式求得正当之解决，“不得以阶级斗争相号召，怠工罢工等行为非万不得已不能有之”。在政府实行产业动员时，工人应绝对服从党政负责者之指挥，努力尽忠其职务。针对第四类工人，应依法组织健全工会，严防非法组织及反动思想之渗透、诱惑。同时，工人应以“服务精神”尽力于业务，须认识自己与国家、社会共有之场、厂间绝仅非劳资雇佣关系。①

(二)全面抗战后工训转轨：以企业与工会为主导

全面抗战后，工人训练进入转折时期。张少峰、何汉文的某些主张渐形融入此后工训。后方大本营重庆市出台《工人运动督导计划实施方案》，并经1940年5月16日国民党第五届中央常务委员会第147次会议备案。《方案》的核心主旨为：“健全组织”“统一领导”“巩固工运基础”。《方案》强调：各工运团体的组织与活动，必须在工运督导专员、工运指导员之监督与指导下开展。《实施方案》较为系统，有原则、方案及具体实施“步骤”，能对工运干部、工人群众，进行“全方位”的训练。为培养工人骨干，举办工运干部训练班，选拔工人中“政治认识与文化水准较好者”加以训练。初步拟定每期50人，训练时间一个月。对于一般工人，举办工作、生产竞赛，在每个工运指导区设立1所“工人实习学校”，以此加强工人的组织性。该方案预期三期，以六个月的时间完成。其中，第一期(两个月)主要调查工运团体，召集工运负责人谈话，开办工运干部训练班，完成交通类工人、市政工人、印刷与派报等文化工人的组织及调整工作，举办五一纪念活动。第二期(三个月)除继续整理

① 何汉文：《非常时期之工人》，上海：中华书局，1937，第67、68、69、70—71页

工运干部训练班外，开办工人福利社，改组充实原有工人俱乐部，办理工人补习学校，举行工运座谈会，举办各种竞赛；进行各工会之调整工作，建立渝市工运中心小组。第三期（一个月）继续完成一、二期未竟之任务，发展民运小组及党团组织。[①] 该方案强调工会组织建设，工运干部的培训是诸般工作中的重中之重。

1940年10月，国民党的组织制度发生颠覆性的变革，但对民众运动、工人训练的影响却不大。这一变革就是中央党部社会部改隶于国民政府行政院，并颁布社会部组织法。各省市县党政的社会事业及其隶属关系随之调整，此后社会运动和民众组训，将一改原有的党务形态，而转入行政范畴。党政职权、党政关系将出新一个新格局。社会部组织法规定：社会部下辖设总务司、组织训练司、社会福利司、合作事业管理局，管理全国社会行政事务。组织训练司职掌人民团体之组织训练、人民团体相互关系之调整联系、劳资争议之处理、社会运动及人民团体目的事业外一般活动之指导监督、其他有关社会组织训练。[②] 有评论认为这一变革有利于“专一事权，分清责任”。特别是在全面抗战时期，一切都需要以“迅速、确实、简单”的方式去执行。原因在于：人民团体组训、劳资争议处理、社会福利“多属行政的性质”，均需要政府的计划、法令及各机构的配合，方可统筹兼顾，“而不致辗转周折，挂陋重复”，才可以有系统、有步骤地推进。但以往党政在社会事业的权责上“往往划分不清”，“是以事权不专，责任不一，而难免发生诿卸的现象，以致事业无由进行，功效难期。又难免发生僭越的现象，以致事业

---

① 《重庆市工人运动督导计划实施方案》，《中央党务公报》第2卷第21期，1940年5月25日，第40、41、42页。

② 《社会部组织法（二十九年十月十一日国民政府公布）》，《中央党务公报》第2卷第43期，1940年11月2日，第19页。

破碎重复,力量相消”。在评论者看来,将党部的社会工作转到政府部门,不仅未淡化党的属性,反而有利于保障社会事业的党义性。评论强调,“以党治国”是以党义(三民主义)治国,“而非一定以党员治国”,国民政府就是实行三民主义的政府,其举办的事业当然实行党的主张。评论指出,“党部对社会事业的责任,是应该站在指导,督促的地位”。“党部今后唯一的使命,是应该积极训练党员,组织党员,策动党员,使其在社会国家各部门的机构上,负起了领导的任用!这样的作风,党和政才能有健全的发展。”①

党政职权分开,组训工作仍按惯性进行。大后方都市的工人训练,也仍然以训练工会干部、骨干为中心。社会部于1941年订颁《非常时期人民团体训练纲要》,对于工人部分,其训练方针着重灌输其正确思想,培养民族意识,增进智能,改善生活习惯。为此,该部通饬各地积极首先举办工会干部及会员训练。在中央由社会部主办,在各省由省地方行政干部训练团主办。截至1943年1月,本部举办工运干部训练两期,受训人员1013人。内中包括各重要县市工会及各特种工会理事监事及书记。已举办者有闽、广、湘、川、黔、陕、豫、赣、皖、甘、渝等11省市,受训人员5000余人。重庆市工人服务总队、四川省盐业工会等八个单位,亦曾举办干部训练,计受训人员3472人。到1943年1月,国营工矿、公用交通事业之工人组训,亦均设立机构。如四川之盐工、各盐场工会均已完成,计有会员8.9万余人。玉门油矿局及西南西北、川滇等国营公路,均经设立职工指导委员会。其他国营事业工人,一俟特种工会立法完成后,即可普遍推行组织。② 当然,这一时期,各地工人组训情形

---

① 一庸:《社会部改隶》,《前锋》1940年12月15日,第1卷第1期,第5页。

②《社会部长谷正纲呈复加强组训工人之方针与现况案(1942年11月1日至1943年1月21日)》,台北“国史馆”藏“国民政府”档案,典藏号:001-055-0355。

不一。有锡芸者称：抗战五年来，桂林的工人“仍是散漫无组织”的，“没有人积极的加以领导”，“工人团体，十九是只有几个理事委员之类的人物，和若干尸位素餐的办公职员”，工人自然“多无训练”。①

1943 年 4 月，因自全面抗战以来，工厂逐渐增加，“劳资亦有分化的趋势”，昆明市政府举办工商团体干部训练班，“这是空前的正式训练”，工会也派员参加受训。训练内容包括：非常时期工商业及团体管制办法、工商组织及劳工组训要领、人民团体训练纲要、限制工资实施办法、书记工作及其任务、民运技术、劳工福利、人民团体集会须知、加强工商团体管制实施办法、社会行政范围与社会部之使命、运价限价须知、本党劳工政策、《国家总动员令》、非常时期工会管制暂行办法（1941 年 8 月 21 日施行，强制组织工会）、合作事业、民权初步及精神讲话等项。毕业者计 158 人，据称“结果颇佳”。不过实际上，这一时期的工会组织，特别是职业工会组织，在组织建设、经费、会务等方面，“都是在简单散乱状态之下”的，其原因如下：第一，虽有政府“勉强”工人组会，但工人却不知工会“是怎么一回事”；第二，店东“暗中反对，希图破坏”，“有许多店员不敢加入工会”；第三，有的工会中“不全是工人”，“有的工人虽在名义上加入了，而不过问工会的事”。例如，卷烟业中实际上没有工人会员，工会“只是烟厂主人的集合”。有的工会理事长就是同一行业公会的理事长。“这种职业工会，实际上是商业公会的附庸”。一般店东与客师（受雇者），只有行会的观念，以为同行的店东与客师、学徒就应该共存于一个团体内，而不必各自组织。“今日昆明大多数的工会不是工人自己来管理自己的事情，乃是由店东或经

① 锡芸：《怎样组训工人》，《新工人》第 2 卷第 2 期，1942 年 8 月 10 日，第 7 页。

理或其他非工人来主持会务。”此时，即便是按照“示范工会”打造的缝纫职业工会，其理事长、副理事长“特别热心”，也只是“在形式上比较健全”，“内容是颇为空洞的”。当然，同样作为“示范工会”的昆明市总工会，也“尚未表现出有甚么可注意的成绩”。在社会调查专家李景汉看来，上述问题皆归因于“训练的工作实在作得太少。不但工会的会员没有受过多少训练，就连工会的职员也多未受过系统的训练”。即使有训练，却“组而不训，训而不实”，是为“今日工商团体未能早日发挥其最大效能的主要原因”①。

干部组训虽然开始，但规范的教材《人民团体干部训练业务课讲授大纲》直到1945年1月，才由社会部编印推广。《大纲》分15讲，各讲均由民运专家承讲：社会行政（洪兰友讲）、人民团体组织（陆京士）、人民团体会员训练（朱家骅）、民运技术（刘修如）、农工福利（张永懋）、合作事业（寿勉成）、社会运动（王家树）、工会管制（彭利人）、工商业团体管制（翟鲸身）、书记任务（曹沛滋）、限制工资办法（孙伯謇）、劳资争议处理（吴曙曦）、农业常识（林庆森）。诸位主讲或为国民党大员，或为工运专员，或为专业人士。每讲分为讲授标准（目的）、讲授纲目及参考资料三部分。正如《大纲》“例言”所说：“所订纲目，内容力求与实际业务及客观环境相配合。”其中，“工会管制”“限制工资办法”“劳资争议处理”三讲与工人尤为相关。1940年以来，物价波动剧烈，工人缺乏，工资上涨，“工人管制”部分一方面要求工人“协助平定工资，服行工役，改进工作技术，增加生产，以厉行战时应尽之义务”；另一方面强调“解除工会困难，安定工人生活，增进工人福利”。“限制工资办法”部

① 李景汉：《对于昆明市工商团体的检讨》，《社会建设月刊》第1卷第4期，1945年10月，第76、77页。

分强调，劳工“工资上涨，较公教人员薪金之上涨，既速且大”，且“职业工人工资上涨，甚于产业工人”，为尽快实现全面抗战胜利，施行经济统制政策自应包括限制工资。“劳资争议处理”部分强调，劳资冲突不仅影响市场物价，甚至破坏国民经济，进而阶级冲突，劳资双方必须尊重劳资争议调解与仲裁，以免社会因工潮而发生阶级冲突。① 其精神实质，仍是规训工人。

为适应战时加快生产的需要，国统区的工训与战前相比，逐渐由工会一方主导，转向企业与工会共同主导；由思想组训，开始转到以生产技能为主的工训。其效果确有可圈可点之处。1942 年 4 月，国民党组织部由朱家骅、马超俊发起工矿训练班。4 月 10 日，朱家骅部长在中央组织部直属工矿党部谈话会上强调，“要使经济力完全接受政治力的领导，成为政治力的一部”，提出企业家应该在政府领导下，实行总理的实业计划，努力增产，组训劳工。他在谈话中指出，工人大多“是些改业的农夫”，甚至还有一批农人利用农闲到工厂“捞外水”；如此无技术、无纪律、工效低的工人在“后方的各工厂中，尤为习见”。有关加强人力的组训，恰“在企业家的可能范围以内”。他特别希望企业家，以感情打动工人，重视工人福利，最终提高工人服务精神，增进工人技能，改善工人生产，消灭阶级。在朱氏看来，劳资合作的前提基础，就是劳工与企业家已经在法律上具有同等的权利。② 工训中依靠厂方，与当时工会组织不健全有关。1941 年，社会部派干员赴重庆、成都、万县、乐山、自贡、内江及贵阳、桂林、曲江、衡阳、昆明、西京等处，协助督导办理推进工

① 社会部编：《人民团体干部训练业务课程讲授大纲》，重庆：社会部，1945，“例言”第 1 页；“正文”第 62、80、81、86 页。

② 朱家骅：《发展工业与企业家》，中央组织部编：《工运与工训》，重庆：中央组织部，1943，第 5、9、10 页。

会组织建设。现有工会,却经费支绌。[①] 朱家骅在 1943 年 2 月 28 日工矿党务训练班毕业训词中,再次重申工训的意义和主要的作用,“是要发扬本党革命的历史,达成抗战建国的伟大任务”。以期工人信仰主义,忠爱党国;爱护工厂,增进效率;互助互勉,服务社会;自觉自治,修身齐家。[②] 从 1942 年 3 月开始,中央组织部就在重庆附近及一些省份,逐渐举办工矿党务训练班,灌输劳工知识,联络劳资感情,增进劳工对党国的忠诚。

1943 年 12 月,重庆市党部组织市印刷业职业工会(受训学员 89 人)、班车业职业工会(90 人)、人力车业职业工会(学员 60 人)、泥水、木作、石作、蔑作、油漆业职业工会(学员 80 人)、中西餐厨业职业工会(学员 50 人),相继开展长达半月至一个月余的训练。同年 11 月 15 日至 20 日间,中央组织部工矿党务训练班同学会发动重庆市各厂矿同学举行生产工作竞赛,将各厂矿一般生产效率提高 30%到 50%不等。其中,民生造船机器厂位居优胜。[③]

1944 年 6 月 18 日,中央工矿党训班云南区第 11 期,在云南烟草生产事业总管理处属下的云南纸烟厂和烟叶复烤厂举办。因经理赵汝舟的热诚欢迎和协助,本班施训始终顺利进行。男技工 70 名,利用上午及下午 6 时至 7 时这段工余时间,接受了为期四个星期的训练。工训形式丰富多彩。经厂方接洽,昆明南屏大戏院免费招待全班学员观看《日本内幕》电影,厂中还举办师生篮球赛。

---

① 《社会部长谷正纲呈复加强组训工人之方针与现况案(1942 年 11 月 1 日至 1943 年 1 月 21 日)》,台北“国史馆”藏“国民政府”档案,典藏号:001-055-0355。

② 朱家骅:《工矿党务训练班毕业训词》,中央组织部编:《工运与工训》,重庆:中央组织部,1943,第 87、90、91、92、93 页。

③ 唐润明主编:《中国战时首都档案文献(战时政治)》,重庆:西南师范大学出版社,2017,第 463 页“重庆市各工会 1943 年度举办会员训练班一览表”、第 464 页。

以致“学员们虽然一天工作达十三个小时之久,但对于到课都仍是够振奋和踊跃的”。赵经理原是滇省教育界耆宿,也应邀“来对各学员作精神讲话”。在学员看来,赵经理“对职工们致训,颇像老师对弟子的叮嘱。勖勉全体职工应体谅厂方艰难,节省原料。听后人人感动”。稍后,经委会印刷厂举办第12期党训班。期间,该厂又与云南火柴厂总管理处商妥,在其辖下第一、二火柴厂举办第13期工训。云南火柴厂81名男技工参加受训。八·一四空军节,第11、12、13期同学在第一厂露天晒场星光下举行盛大同乐晚会,厂方特备精美夜点。女高音、男中音二部合唱“工人救国”,女声独唱“黄河谣”,风琴、口琴、月琴独奏、合奏,京戏、川戏、花灯表演,竞相登场。即将毕业时,“厂方为鼓励各优秀学员入党起见,不惜化费巨款为全体毕业学员拍摄一寸小相;又为联络员工感情起见,在毕业典礼那天,竟作大规模的聚餐”。学员们对各厂“主管热诚款待和协助”,“深为感激”。① 有厂方的支持,工训确实有声有色,劳资关系融洽有加。

经过工训的工人,其集体观念大为提高。裕华纱厂工人积极参加各种献金活动,并踊跃参加厂中举办的每半月举行一次的讲演会,了解时事,关心民主宪政。在生产工作竞赛中,也屡次获得“尚佳”的成绩。②

通过受训,工人眼界似乎开阔了。有涂松年者,江西机器厂青工,经过仅30天的工训,其思想观念俨然一新:

---

① 陈祥达:《工训在纸烟厂和火柴厂》,《职工通讯》第3卷第10、11期合刊,1944年11月,第33、34、35页。

② 王开元:《裕华纱厂通讯》,《职工通讯》第3卷第10、11期合刊,1944年11月,第48页。

大家在没有受训以前，只知道工厂里的汽笛响了，都争先恐后的赶入工厂去。天天在机械的作业室里，以机械的力量，制造机械，过着机械的生活。那晓得马尔赛斯的人口论、卢梭的天赋人权说，以及马克思的唯物史观？又例如陈部长的加紧工作努力生产的鼓励，黄处长在日本吃蕃薯的精神，陈书记长在广东从事革命的奋斗，徐主任在党务上的贡献与功劳，以及各教官所指示的做人做事的大道理，都是值得我们日夜三思而羡慕无穷的箴规了。[①]

还有学员称，经过工训陶冶，更进一步认识了"党国伟大和民族过去的光荣历史"，要珍爱"民主国家的生活"，为全面抗战努力生产。[②] 参加过中央组织部云贵区工矿党务训练的工人，在给《职工通讯》编辑的信中称，受训"受到不少的新知识，更进一步认识我们工人对抗战建国的使命"[③]。虽然"只有短短一月，可是对于各方面我们得到很大的进步"，工人因此"感谢政府对我们之关怀"。[④]

较之工人日常生活，天壤两别的生活训练，怎能不让工人对工训心存"依恋"，不"感谢政府对我们之关怀"，不"受宠若惊，欢喜若狂"？[⑤] 工训同学会是工训的产物，更是另一种工训。1944 年 11

---

① 涂松年：《参加受训的感想》，《职工通讯》第 3 卷第 10、11 期合刊，1944 年 11 月，第 36 页。

② 许瑞祥：《受训以来》，《职工通讯》第 3 卷第 10、11 期合刊，第 38 页，1944 年 11 月，第 38 页。

③《工人来信·风雨故人》，《职工通讯》第 2 卷第 12 期，1944 年 1 月 10 日，第 37 页。

④ 任志伟：《我们这一期》，《职工通讯》第 4 卷第 6、7 期合刊，1945 年 10 月 25 日，第 12 页。

⑤ 舒继志：《送行》、涂松年：《参加受训的感想》，《职工通讯》第 3 卷第 10、11 期合刊，1944 年 11 月，第 30、12、36 页。

月15日晚,重庆工训同学总会在国民外交协会聚会,名誉理事长马超俊、中央组织部科长袁其炯、重庆市社会局长包华国及其他重庆党政工矿各界人士出席。各位要人在讲话中,均表示愿意与工人交朋友,希望工人为全面抗战做贡献。豫丰纱厂经理潘仰山、蜀益烟厂厂长梁鼎、沙市纱厂经理萧伦豫,也出席大会,并对工训给予了极高的评价。潘氏说:"工训对社会,工矿的利益很大。以大厂来说,自组织举办工训后,毕业学员在工人中确能起领导作用。个人觉得办工厂如组球队一样,只要参加在一起者,他们的利益应当是相关的。厂方与劳工要力谋协调,个人一贯的口号是'工厂家庭化''工厂学校化'。有人以为举办员工福利,是增加厂方支出负担,其实这是一种错误的观念,要晓得福利办得好,则员工生活安定,进而便可促使生产效率增高,工训同学会是受训员工砥砺技术、修养品德、实习自治的机构,劳资双方均该爱护,经费困难应由各厂矿设法筹集。"梁鼎用"诙谐的口吻笑着说":"工训工作好像种树,第一步插苗,第二步培养。中央示谕举办就是插苗,但需要插苗的地方很广大,培植工作则难兼顾,故各厂矿要负第二步工作的责任,那就是说各厂矿对工训同学会要极力扶持。"①

(三)复员后工训党团化

1945年"复员"时,陆京士已身兼国民政府社会部组训司长、军事委员会上海工运特派员兼上海市工人忠义救国军总指挥、社会部京沪特派员等数职。8月25日陆氏莅沪,传达工训精神。他在

① 李道木:《名誉理事晚会特写》,《职工通讯》第3卷第10、11期合刊,1944年11月,第39、40、41页。

对记者谈话中，强调要甄别工会组织、会员，整理工会组织，工训"将由地方政府负责指导监督"，工人应"依照政府规定之劳资合作政策，努力工业之建设"。① 其讲话在一定程度上代表国民政府的政策，旨在将战时过于倚重厂方的工训，重新归于工会主导。但此时工运的目的与此前相比，已发生转变。全面抗战胜利方临，云南各厂矿劳资对立情绪严重，大量工人拟返原籍，频向资方争取遣散费，双方意见每每不合而成讼。昆明化工厂、电厂、电冶厂都起了纠纷。云南省社会处"为安定秩序，减少劳资纠纷"，特组织工矿人员训练委员会，于1945年9月在该处开办工矿员工干部训练班，首先调集30余厂矿直接管理工人之人员加以为期三周的训练，再派毕业学员往各厂矿开办工人训练班。至年底，先后训练8班，调训云南纺织厂、裕滇纺纱厂及其西山分厂工人千余名。裕滇纺织厂西山分厂在组训期间，工人要求预支三个月薪资，经驻厂办理工训人员会同处理，以多发薪资办法要求123名工人离厂，纠纷始息。1947年，云南省社会处调训厂场管理职员300人，训练工人达万人。此时，组训的同时，工潮仍四起。中央机器厂、云南纺纱厂均因薪资、仅事涉遣散费者，即有华东铁厂、三造机器厂、后勤部被服厂、云南太华企业公司被服厂、昆明中央电工器材厂、裕云机器厂、利滇化工厂等，不一而足。②

尽管工训目转向，但中央层面依然高悬实现工训终极目标的主义与理想。这可以中央农工部编行的《农工月刊》的《发刊词》为

---

① 《社会部组训司长陆京士莅沪》，《申报》1945年8月26日，第1张第2版。

② 《1945年、1947年省社会处举办工矿员工训练情况》《国民党有关当局对昆明各厂工潮的综合报告》，云南总工会工人运动史研究组编：《云南工人运动史资料汇编(1886—1949)》，昆明：云南人民出版社，1989，第487、488、395、397、399、373、374—375、377页。

标志。《发刊词》第一强调:“中国革命的成功,有待于农工问题的彻底解决;而农工问题的彻底解决,在于农工自身的觉悟。”第二强调:“本党的农工政策,是站在国家的立场,本公平正义之原则,谋全体人民的福利。”国民党劳工政策,是基于劳资协调的理论;国民党农民政策,以和平渐进的方法,实现“耕者有其田”。第三要求改善农工生活及增进福利。第四要求提高农工的知识水准,以便其在宪政时期,能运用民权,“督促政策”,实现良好的民主政治。[①] 各地工会借“重光”之机,再次复活。一般而论,若干地方,比如上海,国营工厂比民营工厂更为注重工会筹备。[②]

1945 年全面抗战光复后,注重工会高层的培训,仍是工训的一个特点。1947 年 5 月,汉口、武昌劳工界奉调赴京参加中央训练团高级农工训练班。[③] 北平市社会局温崇信局长,也调派市总工会常务理事王乔年等 4 名工运干部赴南京受训。[④] 1948 年 10 月,华中“剿总”司令部又拟定辖区各县市《三十七年度农工干部训练计划纲要》,以训练省市、重要城市主办农工运动人员及省市级、重要工会理监事或书记。针对工训,其宗旨仍为“促进劳资协调”、增进生产。[⑤] 至少到 1948 年 9 月下旬,武汉地区还在开办工运干部训练班。白崇禧曾为 300 余名学员做报告,训示“国家观念重于阶级观念”“推行工运以劳资协调为原则”。[⑥] 中央农工部长马超俊莅汉,

---

① 编者:《发刊词》,《农工月刊》创刊号,1947 年 4 月 15 日,第 1 页。

② 社会局劳工处惠工课编:《上海市社会局劳工福利视察团工作报告》,《社会月刊》创刊号,1946 年 7 月 5 日,第 69 页。

③《中枢调汉劳工界受训》,《工人报》1947 年 5 月 28 日,第 4 版。

④《社会局就送派“工运”干部赴中央训练团受训事给社会部长等的函和北平市总工会当选理监事名单(1947 年 5 月)》,北京市档案馆藏,档案号:J002-001-00545。

⑤《训练华中农工干部剿总拟具计划纲要》,《新湖北日报》1948 年 10 月 21 日,第 2 版。

⑥《白总司令在市党部向工运班学员训话》,《新湖北日报》1948 年 9 月 18 日,第 2 版。

分别主持“中央农工部武汉地区工运干部训练班”第一期毕业典礼及第二期开学典礼，先后发表主旨为加强党的组织力量、坚决信仰政府等讲话。①

1948年7月间，国民党中常会迭次会商党务革新。8月初，南京中委及立、监委交换意见，决定“首先实应先从本党改革做起”，以“坚强的革命精神和事业作堡垒”，应对乱局。其中，尤为强调要推进农工运动，充实农工团体之组织。至于工会方面，“应慎选本党忠实同志，加强党团组织，指导其活动”②。“干部决定一切。”在此时期，陆京士对既往工会干部的缺陷及干部选拔机制加以检讨，提出了一个颇有远见的“培养劳工运动干部”的建议，期以结束“工人运动人才恐慌”的局面。在他看来，工运干部，特别是出身于知识分子的工运干部，“信心容易动摇”，“极易为环境诱惑而脱离岗位”。而领导选拔干部极重“山头”，易将素质优秀者阻挡在工运大门之外。陆京士将干部分为“工人干部”和“工运干部”。前者直接领导群众，应尽量从工人群众中甄选；后者则担负指导、计划的任务，应掌握工运理论、领导技能、国际常识。③ 可是，时局已不容其动议推展。

全面抗战复员后的工训还包括针对工人党员的特殊训练。粤汉路党部主任委员熊亨灵，自1946年7月视事以来，筹集党务基金，辅导路政。粤汉路局办理党员“基干训练”，开展“党员总清查”“监察员训练”“党务工作总检查”“党员训练”等四项工作。武昌

---

① 《武汉工运干训班第一期学员昨结业马部长讲戡乱艰于抗战》，《武汉区工运干训班第二期昨举行开学礼》，《新湖北日报》1948年9月21日，第2版；9月28日，第2版。

② 《社论·当前党务革新与农工运动》，《农工月刊》第2卷第2期，1948年8月15日，第2、3页。

③ 陆京士：《一年来劳工运动的检讨》，邵心石、邓紫拔主编：《民国卅七年上海市劳工年鉴》，上海：大公通讯社，1948，第101页。

第三区党部,利用每日下班后的1小时,办理为期一周的党员“基层干部训练”,讲授课目为“党义”“党史”“民权初步”“组训工作”“监察工作”“党派分析”“调统工作”七项,参加者计有44人。另有职工党员李宏顺等8人,邀集同人自动联名宣誓:“决不贪污,绝对洁身自爱,互相策励,互相监督。”熊亨灵大为赞许,并饬勉全路党员即起仿行,以确立廉洁之风尚。①

三民主义青年团着力在青年工人中发展成员。1947年6月1日,“三青团”直属汉口区团工人分团,举行团务设计委员会茶话会,到会委员有田亚丹等79人,以及该分团第九区队团员。田亚丹在发言中强调:“我们是青年团工人分团的设计委员,我们要本著爱护国家,爱护工人青年,协助本团的发展,加强工人组织,完成工业建国。”②1947年8月10日,汉口运输、猪业、五金业、广货、摊贩业、照相业等七工会青年250人,在区团部干事长莅临监誓下,举行“三青团”第四届宣誓典礼。③

在各工会中,中国劳工福利协会能切实开展工训。该会于1945年5月1日成立,得到了社会部与中央组织部之许可。该会合各地劳资双方“优秀份子”及劳动问题专家而成,其宗旨在于:“阐明劳工在三民主义新中国建设过程中所居之重要地位,俾劳工本身明了所具之身份,祛除矜持嚣张之恶习,养成忠诚服务之观念,并使资方与社会各阶层改变以往贱视与奴役劳工之陋见。”该会拟取代中国劳动协会,成立伊始,除注重工人福利、协助劳资纠纷之调解外,还创办劳动学院,出版刊物,举办大学劳工问题讲座

---

①《本路党务消息汇志》,《粤汉半月刊》第2卷第1期,1947年1月1日,第24、25页。

②《三青工人分团昨举行设计委员会》,《工人报》1947年6月2日,第4版。

③《七个工会青年参加三青团昨日举行宣誓》,《工人报》1947年8月11日,第4版。

及座谈会,借以培养劳工行政人员。[①] 以杨虎为理事长的中华海员总工会,自成系统,但同样紧跟时势,加强对会员训练。其训练以加强对国民党政纲的认识、提高民族与国防意识、增进业务能力、改善生活待遇、提振建国信念等为方针。而检讨劳资关系与“怎样促进劳资合作”也是会员训练的一个重要内容。[②]

通过工训,工人中对工会的信任潜滋默长。有王懋龄——中央训练团社会工作人员训练班学员——提交的“论文”为佐证。文章将加入工会视为改善个人生产、生活条件,实现社会抱负的必由之路:

> “建国”“发展工业”和“工业化”……可是漫无组织的国家,究竟如何着手呢?……(工人)处境如何呢?生活可得安定吗?能够安静的无忧无虑的专心一致努力求各人的技艺的进步吗?能否在工作中求生产效率的增高?能不受厂主和环境的压制和虐待?能够享受一分劳力一分代价?能够享得应有的权益吗?这等问题,无人能逐一的详为答复。连这基层的统计和记载都没有,又如何着手去发展工业呢?这,有一个捷径……这就是组织工会。[③]

粤汉路本部经过半年来的训练,到1947年初,路局员工“对党信仰心之增强”,不仅党路两方,已臻协调融洽,而且“各员工均以

---

① 《社会部副部长马超俊呈中国国民党总裁蒋中正为成立中国劳工福利协会请赐拨补助俾利会务进行借谋工运发展(1945年8月14日)》,台北“国史馆”藏“国民政府”档案,典藏号:001-055000-00002-008。

② 《中华中华海员总工会青岛分行一九四六年度会员训练工作计划草案(1948年5月)》,青岛市档案馆藏,档案号:A0003-002-00108-0055。

③ 王懋龄:《如何加强工会组织以期提高生产》,《农工月刊》第8期,1947年11月15日,第5页。

参加党务工作为荣”，党员由4184人增至9142人。粤汉全线已成立15个区党部、140个区分部、2个直属区分部。[①] 1947年8、9月间，第二区公路管理局武汉汽车修理所“为加强员工技能，增进党义智识”，特举办工人党员训练班，敦聘局方主管及党团先进担任。截至1947年9月初，受训人数已达百余人。[②]

全面抗战胜利后，北地工人亟须摆脱日伪的精神蒙骗，理应迅速展开的大型厂矿的组训工作却不断推迟。支撑东北工业的抚顺矿（职工4万余人），由资源委员会接收、设局管理。抚顺矿务局局方深知组训重要性，但直到1947年1月，才草草开办员工训练班、工人识字班、党员训练班，组织工会。局方希望借组训加强对职工的管理，借以实现增产的重大使命。[③]

除上述针对工人的训练外，还有一种与工人相关的地方性训练。1947年夏，天津市办理全市公民的“市民训练”，依规工人必须参加，但遭到变相抵制。资源委员会华北钢铁公司天津炼钢厂于9月初，致函地辖之天津市第五区公所要求本厂工人“暂缓训练”，理由为：该厂工人自晨6时至晚9时两班工作，各有专责，“如经被召训练，全部工作势将停顿，影响生产至深且巨”[④]。大型国有企业一般均不愿受制于地方政府。

总体而论，国民党将工训重点放在经济秩序和社会秩序所倚

---

① 熊亨灵：《卅六年元旦缀言》，《粤汉半月刊》第2卷第1期，1947年1月1日，第3页。

②《二区公路武汉汽车修理所举办工人党员训练班》，《工人报》1947年9月7日，第4版。

③《本局组训工作回顾与前瞻》，《抚矿旬刊》第3卷第2期，1948年4月11日，第464、465页。

④《为该厂所属工人暂缓召集民训事给第五区公所的函（1947年9月4日）》，天津市档案馆藏，档案号：J0034-1-000092-009。

重的重工业、动力及交通业，与之相配合，党政当局对这些行业的劳资冲突采取让步和调和的态度，对一般轻工业、商业的工潮则坚决镇压。

尽管如此，但总体而论，工训效果并不理想。其恶果于国民党在大陆的统治末期，全面显现出来。北平邮工是全面抗战后复员后的一支重要工运力量，1948 年 4 月，其机关刊物《北平邮工》刊发系列文章，为政府代言。文章强调，全国邮工不应困于政治紊乱、经济恐慌、内战战火蔓延的政局，作为“文明的发动力”“中国工人的前导”，不应悲观，而应协助政府“建国”。[①] 如果稍作钩沉，便可知这一主张未必是邮工的普遍心声，更多是为泥合该会会员观念意识的矛盾，虚化社会的重大危机。实际上，北平邮务工会内部已经分化。支持政府派也不得不承认：“一般的工人，悲观者多，乐观者少，消极者多，积极者少，不满现状者比比皆是。”[②]更不得不主张：“加强劳工界本身的团结”，“防止反革命份子的潜入”；“唤起未醒悟的劳工同志”，从“赤色”阵线中“跳出来”。[③] 1947 年 11 月，国务会议通过的《戡乱期内授权行政院依物价调整邮资议案》，在这年“五一”前夕引起了一系列地方“反国营事业加价运动”的高潮。北平邮务工会出于维持“温饱”的目的，对此极力反对，其理由是，国营事业加价是物价波动的结果而非原因。因此，工会呼吁：反加价运动，“必先要清算豪门，铲除贪污，打倒官僚，消灭奸商”；“必先要使农工生活安定，努力生产”；“必先要使社会安定，恢复太

---

① 陈作民：《庆祝劳动节我们邮务工人应有的觉悟》，《北平邮工》第 4 卷第 4 期，1948 年 4 月，第 5 页。

② 乌人杰：《今年的“五一”》，《北平邮工》第 4 卷第 4 期，1948 年 4 月，第 4 页。

③ 遵颖：《迎“五一劳动节”谈今后工运之正确路线》，《北平邮工》第 4 卷第 4 期，1948 年 4 月，第 6 页。

平，人人得到适当的工作”；如此，“物价方得其平”。[1] 其主张无疑就在呼唤一场社会变革。

考辨工人训练难有成效之缘由，国民党中曾有人清醒地指出：第一，教材不合工人兴趣。各厂举办劳工教育人员，“有的对教育一知半解，有的根本不懂”，“不管工人之兴趣及程度”，其所选用教材“亦多为工人所不愿接受者”。第二，厂方不重视。个别厂认为工训与生产无关，徒消耗厂方之人力、物力、财力。“一些厂方公然认为工人文化水准之提高与厂绝对不利，故敷衍塞责。”第三，工人认为其意义不大。有的认为此举系厂方之笼络工人政策，“充其量，不过识字而已”。有些人以为与其浪费时间，不如入学业余中学，以取得文凭。第四，工人工作繁重，家庭拖累。第五，所学内容未与工厂生产、工作相关联。[2] 工会“老”干部瞿绥如指出，对工人而言，“离开了工人生活问题，如果仅仅提些训练，组织等技术问题，丢开了工人生活问题来谈劳工运动，那简直是缘木求鱼”。工人身陷工资标准不确定、同工不同酬、生产计划不周导致的失业环境中，根本无兴趣参加工训。瞿氏特别指出，即使是同一机关从事工运之人，“不是偏于左的无条件的放纵，就是偏于右的无原则的压制”；“还有少数人依然存在着劳工运动为洪水猛兽的观念，主观上否定了劳工大众对于生产建国的重大关系，有意无意地阻碍着劳工运动的正当发展”。[3]

“征丁”所带来的企业动荡及工人逃匿直接破坏了工训。1946

---

① 庆余：《在“反国营事业加价”声中迎“五一劳动节”！》，《北平邮工》第 4 卷第 4 期，1948 年 4 月，第 3 页。

② 傅嗣骏：《昆明劳工教育问题》，《劳工月刊》（昆明）第 6 期，1947 年 5 月 1 日，第 12 页。

③ 瞿绥如：《树立工运新作风问题》，《农工月刊》创刊号，1947 年 4 月 15 日，第 5 页。

年10月间，联合勤务总司令部平津被服总厂所属北平、天津、青岛、济南各分厂工人，"时有接其原籍征募机关通知服役"。总厂厂长蒋士亦接到各分厂报告，即向国民政府主席北平行辕求援，以"军需工人在战时即已视同服役"为由，请通令河北、山东省及北平、天津市政府，"免征"该厂工人服行兵役。其代电称："本厂工人来厂作工已久，均经训练，技术相当纯熟，骤令应征服役，不特无法另招新工人，技术亦差，势必影响制作，贻误补给匪浅。"行辕主任李宗仁为此特电天津等地政府，按《厂矿技术员工缓役之解释》（1940年7月6日经济部、军政部核定）核准"该厂工人是否合于免服兵役"。该《解释》为1940年7月6日由经济部、军政部核定，内中确实规定：军需"各厂场工人在编制以内者，战时无论技术、普通工人不限年龄一律缓役"。[①] 辗转至1948年5、6月间，天津军管区司令部才将河北省政府核准技工"免于征召"令，转咨天津市政府。[②] 联勤部兵工署第九、十工厂同样为"征丁"所困，其公役"不予缓征"，技术员工则需按相关规定检定。[③] 此时，"国营"中国纺织建设公司天津第二、三、五厂，中国植物油厂，天津炼钢第二、第三厂，其员工亦因"非国防技术人员，均应遵照法令应征"[④]。甚至交通部公路总局第八区公路工程处所属养路工人，也为各地役政

① 《（国民政府主席北平行辕）为平津被服总厂免征工人服兵役等事给天津市政府张市长代电（附厂矿技术员工缓役之解释一份 1946年10月10日）》，天津市档案馆藏，档案号：J0002-2-000502-002。

② 《为天津被服总厂技工视同现役等事给第二保的训令（1948年6月3日）》，天津市档案馆藏，档案号：J0034-1-000514-136。

③ 《为发联勤技工鉴定书式样事给第五区公所训令附式样（1947年9月6日）》，天津市档案馆藏，档案号：J0034-1-000059-025。

④ 《为函知国营员工非国防技工按法应征事致中国纺织建设公司天津第一厂等函（1947年10月13日）》，天津市档案馆藏，档案号：J0034-1-000200-053。

机关“强抓”以充兵役。国民政府主席北平行辕不得不训令各级役政机关“对于应征道工务遵法定手续办理，不得私自强抓，免碍路政”①。军工大厂、国有路政尚且因征壮丁而引起一番周折，何况民营小厂？工人为逃兵役，只有“走为上策”。1947年初，“国企”中国纺织建设公司锦州纺织厂工人一次性就逃跑了12人。②

此外，由于法律与观念的缺失，职员不愿在同业公会中屈于东家之下而自组团体。尽管店员组织工会有违法律，但到1948年前，上海南货业、西餐咖啡业、电影业、游艺场业、三区百货业等仍以“工会”为名。社会部对店员管理缺乏“妥善的补救办法”，未能将店员在法理上真正纳入民众组织系统。③

上述理由固然成立，但陈果夫早年的论断仍能切中肯綮，预言了国民党工训的失败命运。1928年3月，他身为中央民众训练委员会常务委员，在沪养病，阅报始知民众训练委员会成立。因事前未得到通知，遂电陈有关民众训练的“意见”三点：一是中央先确定民众团体的法规；二是“必须先造成新的训练人才”；三是“训练主旨，在使民众能于党义法规之下，行使真正之民权”。④ 以是衡量，工训所失正在于此。

同是国民党工运干员的范才骙，分管上海市公用事业和纺织业，身兼上海市参议员，在1946年“民主建国”高潮中，发表对工运

① 《（天津市政府民政局）为有强抓养路工人充兵役事给第三区公所训令（1948年2月2日）》，天津市档案馆藏，档案号：J0032-1-000213-039。

② 《锦州市政府为工人逃避兵役事与中纺锦州公司厂长（王若愚）往来函（1948年2月）》，锦州市档案馆藏“敌伪”档案，档案号：88-2-120。

③ 邵心石、邓紫拔主编：《民国卅七年上海市劳工年鉴》，上海：大公通讯社，1948，第42、43页。

④ 《陈果夫对民众训练的意见》，《中央日报》1928年3月7日，第2张第2面。

前途的见解:"工人群众是社会最进步的势力",在"近代革命运动史"中,直接或间接参加过武昌起义、北伐革命,积极全面抗战。因此,(1)"工人运动的目的,是提高工人生活水准。将"解决工人生活上的困难",视为"工人运动的基本问题"。(2)"工人群众是酷爱民主政治的","民主政治,又需工人阶级来充实,因为工人在建国的现阶段,是代表大多数平民的利益者,是彻底实践民主政治者"。"民主政治是工人的血液,是工人运动发展的基本条件。"他呼吁社会各界"对于工人运动,应该积极的扶植和公开的领导"。①

上述三人分别从具体实施中的弊端及原则上检讨工训,将工训效果的不理想归因于:工人生活没能得到改善与提高,工人未能真正参与民主政治。但此论还未触及问题的根本。国民党、国民政府遵照《建国大纲》,实行从"军政"到"训政""宪政"的方略,将工人运动由"运动"工人转向"训练"工人,培养新体制下的"新国民",但因那种既要发展工运,又怕失控之心理作祟,又断送了工训前途。1929年6月,天津市第一区党部第四区分部为援助比商电车电灯公司工人罢工(因提高待遇),所发表的《罢工宣言》就不失为此种心理的例证:"本部站在党的立场上,对于行动健全、组织严密、要求合理,抱定和平奋斗,要在压迫下求生路的电车罢工工友们,加以全力援助,得到最后的胜利。"②

不能解决工人切身利益,不能将自家性命与工人"合体",过于强调"行动""组织""要求"的合乎"规范",就算祭起"劳工神圣"大旗,国民党、国民政府又能有何作为?当然,此时"劳工神圣"的意蕴已被"异化"。"劳工神圣"的口号,源出于提高工人经济、社

① 范才骙:《论中国工运的前途》,《社会月刊》创刊号,1946年7月5日,第4、5页。

② 《(中国国民党天津特别市)第一区党部第四区分部援助本市电车工友罢工宣言(1929年6月19日)》,天津市档案馆藏,档案号:J0128-3-006295-030。

会、政治地位的需要,但此时,“劳工神圣”则已然成为工人必须严守生产秩序,遵守劳动纪念,奉行“劳资合作”的责任与义务的代名词。

第七章　工人群体政治化与工人阶级形成

工人本身是一个相对于企业家/资本家而存在的职业群体，但受近代以来政党政治的影响，其内部出现分化，一部分工人出现了"工人阶级化"，即在意识形态上认同中共主张的阶级斗争，在社会/政治归属上认同中共。在中共话语体系中，"工人阶级"承担着铲除资产阶级、改革社会结构的双重使命，必须在企业内部和企业外部/社会两个战场同时作战。作为职业群体，工人阶级必须依托企业谋生；从阶级使命来看，工人阶级则将企业视为主战场。工人阶级实际面临着生存与打碎维系其生活的条件的两难选择。既然如此，工人群体中为何会分化出工人阶级呢？本章主要探讨工人群体政治化、阶级化的过程，揭示这一转变的关节点及其动因。

一、群体与阶级：二十世纪二三十年代武汉纱厂工人

在以往中共党史、工运史话语中，工人总是与"阶级""革命"联系在一起的。中共早期党员出于革命形势发展，催生革命风潮之需要，强调中国工人在"五四"后即登上革命舞台。但这一现实性

结论,却衍生出一种影响深远的研究模式,即将“自在”向“自为”的转变作为中国工人“觉悟”之标志。此类研究固然有助于考察中国工人的“阶级”觉醒及工人阶级的形成过程,但这种考察忽视了工业经济发展的不平衡性和工人的地域、行业、工种等差异,将中国工人由“自在”向“自为”的转变视为整体选择,难免误导或暗示了“自为”的工人阶级就此形成并“稳固”不变。这与工人的主体实践之经验不符,更与工人群体的不断分化与演进的史实相违。

马克思本人并未对“阶级”做过“系统论述”,因而此含义具有“模棱两可”的“相对不确定性”。① 马克思提出的是一种研究路径,而非解释学上的终极结论。英国马克思主义史学家汤普森认为:“阶级”并不是一种“结构”,更不是一个“范畴”,而是一种“历史现象”,是处于流动过程中的复杂“历史关系”;工人阶级并不存在一个“自在”向“自为”的转变过程,“自在”与“自为”统一于工人的“经历”之中,“经历”是“觉悟”之源,是工人阶级“形成”的关键;而不存在没有“觉悟”的阶级。② 考察工人的阶级状况,需要将其纳入变动的历史关系网之中,劳资关系则是其中的重要一环。劳资关系被诸如政制、党派、工会、经济、文化、管理等外在因素左右,工人在复杂多元的劳资关系中,因共同的经历、自主意识,逐渐形成跨地缘、地域、业缘、行业、血缘、性别等差异的集体认同,一个有别于“他者”(尤其是资方)的阶级便出现了。值得注意的是,既有研究路径常常强调外在因素,而忽略了对工人的主体认同的考察。党派的介入,工会的建立,阶级意识的灌输,对工人主体的“觉悟”

① [法]雷蒙·阿隆:《阶级斗争:工业社会新讲》,周以光译,南京:译林出版社,2003年,第14页。

② [英]E.P.汤普森:《英国工人阶级的形成》,钱乘旦译,南京:译林出版社,2001,前言,第1—3、995—997页。

影响有多大？哪些工人因此更容易“觉悟”？而哪些工人对此无甚回应？这都是亟待考察的问题。

意识形态、先入之见、理论概念与历史经验混淆，均是误读“中国工人阶级”的原因。重述中国工人的历史，需要实证的研究，需要避免大而化之地将“中国工人阶级”作为一个整体考察。机器棉纺织业是近代中国重要的工业门类，机织工人是产业工人中的生力军。武汉作为近代以来工业重镇，其棉纺织企业实力较强，工人数量庞大。本节在考察二十世纪二三十年代武汉纺织工人生活、生产状况基础上，侧重中共、国民党对工人意识形态的塑造，以此回答武汉纺织工人是否“觉悟”，是否具有自我认同与阶级意识的问题

（一）“生存共同体”：武汉纱厂工人

所谓“生存共同体”，即武汉纱厂工人在生产与生活过程中形成的具有相似的生活方式、精神诉求的群体。

纱布丝麻局、第一纱厂、震寰纱厂、裕华纱厂、申新四厂、日资泰安纱厂，为武汉最大六家纱厂。其中，申四、泰安位于汉口，余者皆在武昌。第一纱厂、震寰、裕华，均为承办纱布丝麻四局的楚兴公司股东创办。第一纱厂建成后亏损严重，先后于 1924 年、1927 年和 1933 年三度关厂。1934 年该厂为复兴公司接手始扭亏为盈。全面抗战前，第一纱厂职工人数 6000 余人。[①] 镇寰纱厂于 1922 年 5 月开工后，“历年亏折为数甚巨”，被迫于 1933 年夏宣告停工。停

① 丁隆昌：《解放前的第一纱厂概况》，《武汉文史资料》1988 年第 3 辑，第 59 页。

工前,曾雇用工人2000余名。[①] 裕华纱厂自1922年3月开工以来,盈利是同时期武汉纱厂中"最佳者"[②]。1927年,裕华有工人4335人,至1936年减为2093人。[③] 申新四厂纺纱分厂于1922年先期投产,1926年织布分厂亦开工。截至1932年底,有工人2953人。申四早年盈利不少,但因1933年发生火灾,厂房和机器损毁严重。[④] 泰安纱厂属日本江州财团,由日本棉花股份公司投资,归汉口日信洋行经营。1924年投产后,凭借雄厚的资金和先进的管理与技术,产品物美价廉,"称霸武汉纱布市场";至1932年,工人达2000名。[⑤] 纱布丝麻四局经营不善,到1931年交由民生公司承租时,仅余布局。

纱织业的迅速发展,带动了纺织工人的快速集聚。到1924年,武汉纱厂工人达到14900人,数量仅次于上海,位居全国第二;1930年,纱厂工人增至26000余人。[⑥] 从区域社会结构来看,纱厂工人在武汉产业工人中占绝大多数。据不完全统计,1934年的这一比例高达74.8%。[⑦] 纱厂工人主要来自武汉三镇及其周边的青山、蔡甸、黄陂、沔阳、鄂城和黄冈等地,还有一部分来自"下江"一带,另

---

① 《震寰纺织股份有限公司沿革、经济来源》(手写稿1952年),武汉市档案馆藏,档案号:114-1-75。

② 李建昌:《武汉纱厂调查之分析》,本科毕业论文,国立武汉大学经济学系,1934,第48、8页。

③ 《裕大华纺织资本集团史料》编辑组编:《裕大华纺织资本集团史料》,武汉:湖北人民出版社,1984,第33、37—38、229、85、183页。

④ 上海社会科学院经济研究所编:《茂新、福新、申新系统荣家企业史料(1896—1937)》上册,上海:上海人民出版社,1962,第281、2、396—397页。

⑤ 中国近代纺织史编辑委员会编:《中国近代纺织史研究资料汇编》第8辑,上海:中国近代纺织史编辑委员会,1990,第47页。

⑥ 方显廷:《中国之棉纺织业》,南京:国立编译馆,1934,第132页。

⑦ 李建昌:《武汉纱厂调查之分析》,本科毕业论文,国立武汉大学经济学系,1934年,第3—4页。

有少部分来自粤、湘。[1] 来自江、浙、粤等地者基本上是一些技术工人,而就近招募者大部分为值车工和杂工。各厂车间的机匠等技术工人较少,操作机器的值车工数量最多、工种繁杂。[2] 按工作能力,值车工又被分为车头、正车、帮车等若干级别。厂方因生产需要还招雇顶替告假者的"替工"和学徒。厂中还有童工负责清扫、收筒管,有杂工协同后勤杂务。从性别来看,值车工和拣花工多是女工,而机匠、布厂的浆纱工、整理工和杂役大多是男工。不过,纱布丝麻四局的纱厂在1933年改革前,其工人基本都是男工。[3] 以1932年的相关统计数字来计算,五大纱厂(不包括泰安)男女工人比例分别约为35%和56%,童工约占9%。[4] 而1934年的对应数字分别为34.3%、63.74%和1.96%。[5] 1934年,与上海相比,武汉纱厂雇用的男工较多,女工反而更少。[6] 从数量上看,纱厂工人构成了武汉新兴产业工人的主体,其内部结构又存在地缘、工种、等级和性别,乃至年龄上的差异,各类工人对生产、生活认识的异同都与此紧密相关。

贫民毫无训练经验,进入工厂后,就面临着适应新的身份、新的工作和新的生活的艰巨挑战。恶劣的生产环境、严苛的管理制度、长时间的劳动和无保障的工资,梦魇般地困扰着工人。车间里

---

① 汪敬虞编:《中国近代工业史资料》第2辑上册,北京:科学出版社,1957,第583页。

② 据统计,纱厂的值车工数量可以达到全厂职工人数的79%,布厂则高达91%。王子建、王镇中:《七省华商纱厂调查报告》,上海:商务印书馆,1935,第24—25页。

③ 汪敬虞编:《中国近代工业史资料》第2辑上册,科学出版社,1957,第578、1194页。

④ 根据胡哲民1932年发表的《武汉工商调查纪》(《工商月报》创刊号,1932年9月1日,第4—10页)上的数字计算得出。

⑤ 李建昌:《武汉棉纺织业之劳工》,《实业统计》第3卷第3号,1935年6月,第232页。

⑥ 王子建、王镇中:《七省华商纱厂调查报告》,上海:商务印书馆,1935,第102页。

棉尘纷扬、机器轰鸣，初次进厂的一些女工不免感觉害怕。① 但大部分值机工为赶工，宁愿在车间吃“棉绒饭”。② 夏季，为保证纱布的生产质量，车间不仅不能开窗通风，还要喷射水汽以保持空气湿度，这种闷热的环境经常导致工人中暑。加之工厂“没有安全设备”，极易发生工伤事故。③ 工人在此环境中，多患上贫血和心、肺、肋膜炎等职业病。④ 生产环境侵蚀着工人的健康，工厂内严苛的管理方式则更容易引起工人的愤恨不平。工人一般需经厂内同乡或工头介绍，并经“铺保”，联名与厂方签订“志愿书”“保证书”后，方得入厂。“保证书”既是工人的生产守则，又是“卖身契”，内中明文规定：工人如在厂中“遭遇不测”，则“各安天命”。工人的基本权益，遭到资方漠视。进厂后，工人还要遵守厂方制定的各种无理规定。其中，最为工人痛恨的是“在放工时间应依次听候搜检人员之检查”⑤。而“存工”和“罚工”制度，也容易直接引起工人的不满。所谓“存工”，即克扣工人的一定量的工资，以防工人违纪或转厂；而“罚工”是对不执行厂方规定、不遵循生产操作规范的工人进行的处罚。申四甚至限制工人如厕的时间、次数，超过者也可能遭罚。⑥ 尽管各厂除了“罚则”，也有超额、全勤等“奖则”，但厂方制

---

① 张金保：《张金保回忆录》，长沙：湖南人民出版社，1985，第 28 页。

② 王子建、王镇中：《七省华商纱厂调查报告》，上海：商务印书馆，1935，第 104 页。

③ 《男女工人惨烈》，《汉口新闻报》1925 年 7 月 5 日，第 4 张第 6 版。

④ 上海社会科学院经济研究所编：《茂新、福新、申新系统荣家企业史料（1896—1937）》上册，上海：上海人民出版社，1962，第 568—570 页。

⑤ 《（震寰纱厂）与伪政府往来公文、厂内通告、工人进厂保证书、厂务回忆记录等》，武汉市档案馆藏，档案号：114-1-124。

⑥ 上海社会科学院经济研究所编：《茂新、福新、申新系统荣家企业史料（1896—1937）》上册，上海：上海人民出版社，1962，第 565 页。

定的超额产值并非轻易能够达到，获奖之人数较少。[①] 严格的厂规，以及监视、搜身、罚工等无情手段，激发出工人愤恨的情绪。而手握工人“生杀”大权的工头，往往以介绍入厂或解雇，作为勒索、宰割甚至打骂、侮辱工人的筹码，工人迫于生计，往往敢怒不敢言。据曾在裕华、一纱和泰安做工的张金保回忆，女工常会被拿摩温羞辱。[②]

工人不但要忍受恶劣的车间环境，接受严苛管理制度的“规训”，而且通常每天要连续工作 12 小时，收入却极为有限。据相关统计，1927 年，裕华月平均工资 14 元。[③] 1928 年，武汉纺织业工人月薪最高 18 元，最低 6 元。[④] 1932 年，一纱、裕华、震寰的月平均工资分别为 12.9 元、14.7 元、14.7 元。[⑤] 1936 年，申新四厂、泰安、裕华月最高、最低工资分别为：78 元、9.1 元；46.8 元、3.9 元；19.5 元、9.1 元（按每月 26 日计算）。[⑥] 据 1926 年上海纱厂工人家庭生活费用调查，两口之家每月需 15 元，四口之家则需 21 元。[⑦] 以此为参照，武汉工人的生活水平较上海为低，大部分纱厂工人收入勉强能维持家人生计，但毫无积蓄。加之战争、水灾、火灾、市场的影响，

① 黄师让：《裕大华企业四十年》，《文史资料》第 44 辑，北京：文史资料出版社，1964，第 9 页。

② 张金保：《张金保回忆录》，长沙：湖南人民出版社，1985，第 36、38 页。

③《裕大华纺织资本集团史料》编写组编：《裕大华纺织资本集团史料》，武汉：湖北人民出版社，1984，第 85 页。

④《中国工会运动史料全书》总编辑委员会编：《中国工会运动史料全书（纺织卷）》上册，北京：中国纺织出版社，1999，第 54 页。

⑤ 参见胡哲民《武汉工商调查纪》，《工商月报》创刊号，1932 年 9 月 1 日，第 2—9 页。

⑥ 湖北省政府秘书处统计室编：《湖北省年鉴（第一回）》，武汉：湖北省政府秘书处统计室，1937，第 303、305 页。

⑦ 王清彬等编：《第一次中国劳动年鉴》，北平社会调查部，1928 年，第一编“劳动状况”第 161 页。

以及疾病、工伤及其他意外因素的袭扰,不少工人每月入不敷出,有的还要自己种菜。① 虽然一纱、裕华、民生和申新等厂都建有一些"工房",但大多由技术工人和管理人员租住;②付不起房租或家离厂较远的工人,只能在厂附近搭建"鸭棚"(草棚)栖身。③

纱厂工人虽工种各异,但相同的工作环境、贫困的生活境遇,促进了工人的自我认同,这在一定程度上影响了纱厂工人的政治认同。

(二)"阶级斗争":纱厂工人与共产党及国民党左派

早在1920年,武汉共产主义小组就主张"到纱厂去,到铁路上去,到码头中去,到黄包车工人中去","讲解工人阶级求解放的道理"。④ 小组成员对纱、布、麻三局工人和汉口苦力进行调查,包惠僧提出"劳工教育""劳工组合"和"劳工俱乐部"三大"药方",以"治疗"劳工,"望佢们有彻底的觉悟",进而团结起来进行"阶级斗争"⑤。中共正式组建后,专门成立了中国劳动组合书记部,作为公开领导工人运动的总机关。中国劳动组合书记部武汉分部的董必武等人,在武昌纱厂区开办工人识字班和夜校,旨在借用"日常生活知识材料",说明工人"生活困苦之根源及现社会之罪恶",以唤醒其阶级觉悟。⑥ 中共党员还发起秘密集会,以通俗易懂的语言激

① 上海社会科学院经济研究所编:《茂新、福新、申新系统荣家企业史料(1896—1937)》上册,上海:上海人民出版社,1962,第561—562页。

② 李建昌:《武汉棉纺织业之劳工》,《实业统计》第3卷第3号,1935年6月,第229页。

③ 吴克峰:《日资泰安纱厂》,《武汉春秋》第6期,1984年,第39页。

④ 湖北省社会科学院组编:《回忆陈潭秋》,武汉:华中工学院出版社,1981,第2页。

⑤ 包惠僧:《我对于武汉劳动界的调查和感想》,《民国日报》(上海)1921年4月9日,"觉醒"副刊。

⑥《第二次全国劳动大会工人教育的决议案》,中华全国总工会中国职工运动史研究室编:《中国历次全国劳动大会文献》,北京:工人出版社,1957,第24页。

发工人的革命意识。女工张金保参加了一次集会(郊外张公堤),“思想”就“开了窍”。宣讲人将“办工厂的”指称为“资本家”,把工人直观和感受到的各种不平等现象具象化为“剥削”,再历数“我们”遭受的“欺凌”,宣泄“我们”的愤恨,引发工人的共鸣,号召工人团结力量“与资本家作斗争”。[①] 显然张金保不可能完全理解并接受“阶级斗争”,但“阶级斗争”的意识的确“嵌入”其头脑中,这应该就是她于1926年入党的思想原点。

1921年7月,第一纱厂工人因要求加资、减时和分红而罢工,中共借势引导工人成立武汉纺织工会和纱麻四局职工联合会。1922年至1923年间,受中共领导或支持下的粤汉铁路工人、汉口租界人力车夫和钢铁厂工人罢工胜利的刺激,武汉的工人组织数量增长迅速。林育南、许白昊和项英等人不失时机地将这些工会或俱乐部组合为武汉工团联合会(后改组为湖北全省工团联合会)。总体来看,中共早期在武汉的动员较少着力于在数量上占优势的纱厂工人,而更集中于铁路、钢铁厂和机器厂工人,同时利用自发的劳资争议发展工会运动。中共介入汉口租界人力车夫罢工(1921年12月)、汉口英美烟厂罢工(1922年10月),并组织工会。[②] 从成效上看,中共对武汉纱厂工人的塑造不及对铁路工人的塑造成功。不过,二七工潮后,北京政府基本摧毁了中共在武汉的组织,包括武汉纺织工会和纱麻四局职工联合会在内的20余个工会,“消灭的消灭,即没有消灭的,也不过名存实亡”。[③]

---

① 张金保:《张金保回忆录》,长沙:湖南人民出版社,1985,第48页。

② 参见武汉市总工会工运史研究室编《武汉工人运动史》,沈阳:辽宁人民出版社,1987,第34—37、58—59页

③《汉口地方报告》,中央档案馆编:《中共中央文件选集》第1册,北京:中共中央党校出版社,1989,第264页。

中共在武汉失败后不到一年，便与国民党结成“国民革命”联盟。两党革命目标的共识在于“反帝反封”，而分歧在于是否通过“阶级斗争”实现“社会革命”。在理论上，民生主义有助于搁置分歧，促成两党合作。在革命实践上，对于工人运动，国民党“一大”宣言“全力助其开展”①；而中共则改变“三大”只提一些“工人利益的特别要求”的含糊措辞，在 1924 年 5 月的扩大执委会议上明确要求在产业工人中“组织纯粹阶级的斗争的工会”，“指挥这些工会赞助国民党所指导的国民革命运动”。其中特别强调对“数量最多”的“纺织业工人的组织不能再缓了”，因为女工也有“很激烈很一致的行动”。在中共看来，产业工人的“阶级斗争”对“巩固和扩大国民革命运动很有意义”②。两党合作期间，中共干部主导了工人运动。由上海纱厂工人引发的五卅运动，表明中共对沪纺织工人的动员取得了进展。虽然“五卅”期间中共在武汉恢复的“纱厂工会”还尚难以开展工作，③而且未能为上海的同行工友提供强力支援，④但一年之后，情况大为改变。

在北伐军完全控制武汉三镇之前，由国民党左派“扶助”、中共党员组织和工人自发的工会运动就已风起云涌。“当时无论男女，工作何业，已成无工不组会，无会不罢工之时代。”⑤1926 年 3 月至

① 《中国国民党第一次代表大会宣言》，中央训练团编：《中国国民党宣言集》，重庆：中央训练团，1939，第 108 页。

② 《中国共产党党纲草案》《工运问题决议案》，中央档案馆编：《中共中央文件选集》第 1 册，北京：中共中央党校出版社，1989，第 142—143、234—239 页。

③ 武汉市总工会工运史研究室编：《武汉工人运动史》，沈阳：辽宁人民出版社，1987，第86 页。

④ 详见刘明逵、唐玉良主编《中国工人运动史》第 3 卷，广州：广东人民出版社，1998，第149 页。

⑤ 王清彬等编：《第一次中国劳动年鉴》，北平：北平社会调查所，1928，第二编“劳动运动”第 83 页。

9月间，六大纱厂工会先后建立。会员最少的是震寰1200人，最多者为第一纱厂9000人。[①] 纱厂工会的负责人几乎都是共产党员及共青团员。事实上，中共在各纱厂建立的支部大多就是该厂的工会组织。[②] 这种“党工一体”的组织便于向工人灌输“阶级斗争”的意识，发展工人党员。工会干部以“国民革命”相号召，通过鼓动罢工、怠工和威胁罢工、组织工人纠察队、寻求各类社会团体援助等办法，迫使资方提高工资、改善待遇，有助于工人对工会、阶级斗争和共产党的认同。

1926年6月初，日资泰安纱厂工人在工会的组织下，发动“反帝”罢工。工会要求厂方：“一律增加工资二成，星期日做工加双工，不得打骂童工及戏辱女工，因工受伤或疾病照发工资并给医药费，及罢工期间工资照给等七条件。”[③]许白昊等人一面号召工人，“不能让日本人在中国横行霸道”；一面鼓动“团结起来！打倒资产阶级！”[④]罢工持续了一星期，在地方官厅的调解下结束。厂方答应了“每星期不停工者加半工，罢工期间每人伙食费钱一串文”等条件，工方虽未完全胜利，但工会获得了工人的支持。不过，中共的机关报《向导周报》对这次罢工“如此潦草了结”甚不满意，借第一纱厂逮捕工人事件，宣传资本家“对于工人厉行阶级斗争”，而阻碍

---

① 王清彬等编：《第一次中国劳动年鉴》，北平：北平社会调查所，1928，第二编“劳动运动”第85—86页。

② 《×××与乔年同志关于湖北党组织的谈话（1928年1月4日）》，中央档案馆、湖北省档案馆编：《湖北革命历史文件汇集（省委文件1928年）》，武汉：中共湖北省委办公厅青年服务队，1984，第52页。

③ 白天：《武汉最近的几次工潮》，《向导周报》第166期，1926年8月，第1666—1667页。

④ 详见张金保《张金保回忆录》，长沙：湖南人民出版社，1985，第47、49、60—63页。

工人求得“阶级调和”。[①] 与此同时，工会领导工人对申新四厂、裕华和四局的“民族资本家”厉行“阶级斗争”。8月，申四工会鼓动增资罢工。厂方指责罢工为“不良分子”所为，报告汉口警察厅予以压制，但迫于压力，还是小幅度地上调了工资。至年底，工会又带工人包围经理，迫使其同意支付工人双薪。[②] 9月、10月，裕华工会向厂方索要上年红奖及北伐军攻城期间停工工资，领导过两次罢工，还组织了纠察队，“三天五天游行”，后厂方徐荣廷等负责人辞职。厂方分别发给值车工、机匠、职员各2个月、18个月、72个月的红奖。[③] 1927年初，开明公司继楚安公司承租纱麻四局。四局工会（楚安工会）在开明公司尚未开工之际，即先后两次与厂方签订条件，拟以团体契约、工伤保障和福利待遇改良等条款，保障工人更多的权益。[④]

代表资方利益的舆论，曾这样描述1927年纺织业资方在与工人群体斗争中坐以待毙的情形：“武汉各厂自共产党盘踞以来，设立纺织总分工会，强迫各厂签订苛刻条件”，“工资则任意加增，工作则自由减少，除星期停工给资外，游行、纪念亦停工给资，约计一月之中停工不下十余次”，“病假给资并给医药费，则工人胥视病假为利薮，装病请假者遂至接踵而起，因病替工者遂相率而来，是一个病工，厂方所出工资连医药费殆逾数倍，加以怠惰作工，抛散原

① 白天：《武汉最近的几次工潮》，《向导周报》第166期，1926年8月，第1666—1667页。

② 上海社会科学院经济研究所编：《茂新、福新、申新系统荣家企业史料（1896—1937）》上册，上海：上海人民出版社，1980，第320—321页。

③ 参见《裕大华纺织资本集团史料》编写组编《裕大华纺织资本集团史料》，武汉：湖北人民出版社，1984，第91—93页。

④ 参见工商部劳工司编《各地劳资新旧合约类编》，南京：京华印书局，1930，“织染业”第35—38页。

料,毁坏机器,强取或偷窃货物,厂方一概不敢过问,否则殴詈交至,甚或加以压迫之罪名,捆至工会予以非法之处罚”。“此外工人教育费、假借教育之名,招致三九蒙童,每月功索数千元,工人抚恤费,常以仇杀之案,亦牵强附会,逼勒动辄万余元,更有工会职员薪水伙食费,每月各厂担负亦约数百元。”这导致厂家此年较往年消费增多 50%,产量却不及 60%,各厂折本竟达四五百万两之多。[①] 工人借革命风潮报复资方而带来的负面因子,影响着此后武汉地区革命的进程。

纱厂工人在获得更多权利的同时,却出现了失业的窘境。开明公司与四局工会“续订条件”后一个月,即宣告关厂。而泰安在 1927 年日兵杀害国人的四三惨案后关厂,一纱、震寰、裕华和申新四厂亦在是年先后停工。据统计,裕华、申新四厂和震寰 1927 年的纱产量指数分别比上年下降 28.52、16.46 和 34.03。[②] 对纱厂主来说,工人“增加薪资,减少工作,而服务未见勤奋,出品未见优良”,反而“任意停工,并要求照发工资”,“岂得谓平?”[③]“况武汉纱厂的痛苦”不仅在于受外货压迫,成本还较江浙津沪各厂高。[④] 于是纷纷以“营业难于极点”从部分停工逐渐转向关厂。

纱厂的境况犹如当时武汉区域社会劳资关系的一个缩影。包括店员在内的武汉工人,借助工会背后力量的“扶助”,在雇主面前争得了前所未有的权利。不过,频发的罢工,以及无底限的增资减

---

① 《武汉各纺织厂之今昔观》,《纺织时报》第 478 号,1928 年 2 月 13 日,第 321 页。

② 《裕大华纺织资本集团史料》编写组编:《裕大华纺织资本集团史料》,武汉:湖北人民出版社,1984 年,第 79 页。

③ 上海社会科学院经济研究所编:《茂新、福新、申新系统荣家企业史料(1896—1937)》上册,上海:上海人民出版社,1980,第 191—192 页。

④ 中华全国总工会中国工人运动史研究室编:《中国工运史料》总第 18 期,北京:工人出版社,1982,第 57 页。

时要求,加剧了社会冲突,诱导经济走向衰乱。1926—1927 年间物价上涨、商业闭市、工厂停工和金融紊乱的局面,影响了国民党左派和共产党的决策。大量失控的罢工运动发生在小商店和手工业,“小资产阶级”首先起而抗议,导致“中共领导阶层”担心“小资产阶级”会脱离革命阵营。鉴于 1927 年以来武汉经济、政治和军事状况的不断恶化,国民党左派和中共采行由解决劳资问题、制定工资标准,向控制工人运动,再到“实行革命纪律”“暂停阶级斗争”的政策转变,其目的就是限制工人利益,以保障革命的胜利。这要求工人、工会不得擅自罢工,“须要不忘其同盟者工商业者之利益”,“暂时停止对资本家的斗争”,以免危及“反帝反封”的革命。此前,湖北政务委员会即试图控制“工人的无政府主义骚乱”,省总工会也告诫工人遵守工会纪律,否则就是“乌合之众”。[①] 纱厂工会还执行“纪律”,严查盗窃厂内物件的工人。第一纱厂工会曾“以窃物”置窃者“项际”,“游街示众”,并将其逐出工会。[②] 此举既可以强调“纪律”,维护工会权威,又反映出劳方与资方缓和关系的意愿。

在强调“不忘工商业者之利益”的同时,左派党政机关逐渐放弃了“扶助”工运的政策。当泰安纱厂失业工人三番两次请愿“借发工资”之时,国民政府劳工部部长、中共党员苏兆征却嫌工人“啰嗦”;孙科甚至认为不能答允工人由政府每月“发工资七成”的要求,否则即“奖励他们懒惰”。[③] 讽刺的是,苏、孙两人的态度,正与

---

① [苏]A. B. 巴库林:《中国大革命武汉时期见闻录》,郑厚安等译,北京:社会科学出版社,1985,第 6、15—16、24—25、198—200、14、72 页。

②《外报记武汉工潮》,《申报》1926 年 12 月 14 日,第 2 张第 5、6 版。

③ 中国第二历史档案馆编:《中国国民党第一、二次全国代表大会会议史料》下册,南京:江苏古籍出版社,1986,第 1246、1261—1262 页。

此前不顾湖北纱厂联合会反对意见而颁布实施的《湖北临时工厂条例》大异其趣。①

对左派及其政府来说,结束社会冲突,挽回"工商业者"的支持,以恢复经济来应对危局是唯一而又"迟了"的办法。② 虽然中共"五大"认为"绝对停止争斗""未免矫枉过正",并试图武装工人纠察队成为自己的军事力量,③但这已经无力阻止左派的转向。1927 年 7 月,在湖北省总工会工人纠察队缴械和全国总工会被捣毁后不久,国共两党的合作关系终告破裂。中共及其工会再遭暴力镇压及纱厂联合会的"反攻",中共以承认"旧条件"和恢复"老工会"相号召,多次发动武胜门外的裕华与震寰纱厂、汉口申新纱厂、汉口码头、汉阳兵工厂工人罢工和反抗,但均失败,并导致残留的组织遭到毁灭性打击,工运骨干或亡,或逃,"工友同志"有 69 人被捕。④

(三)"劳资合作":国民党及其政府与纱厂工人

"宁汉合流"后,反省"民众运动过去的错误",否认并严禁"阶

---

① 王清彬等编:《第一次中国劳动年鉴》,北平:北平社会调查所,1928,第二编"劳动设施及政策"第 186—187 页。

② [苏]A. B. 巴库林:《中国大革命武汉时期见闻录》,郑厚安等译,北京:社会科学出版社,1985,第 16 页。

③《中国共产党第五次全国代表大会职工运动议决案》,中央档案馆编:《中共中央文件选集》第 3 册,北京:中共中央党校出版社,1989,第 76 页。

④《中共湖北省委工委李震瀛报告——三个月(7—9 月)来之武汉工人运动(1927 年 9 月 26 日)》,中央档案馆、湖北省档案编:《湖北革命历史文件汇集(省委文件)》(1926 年—1927 年),武汉:中共湖北省委办公厅青年服务队,1983,第 74—75 页。

级斗争”,整理“赤色工会”,重塑合作主义的劳资关系,[①]成为国民党稳固执政地位的当务之急。南京国民政府本着“劳资合作”的精神,颁行工会法、工厂法和劳资争议处理法等一系列法律法规,力求以制度重构“失范”的劳资关系。

“宁汉合流”伊始,国民政府劳工局即训令湖北省政府农工厅“会同当地党部,严密工人团体之组织,严防共产党之破坏”,纠正过去之错误,“使一切工会,皆为真正工人的健全的国民党化的工会”,以领导“一切被压迫民众”“渐跻于真正自由平等之路”;[②]而“决不致流于阶级斗争”[③]。1927 年 8 月,武汉国民党方面以中央工人部的名义“接收”中共控制的全国总工会(时在汉口),并设立工会改组委员会(以下简称“工改会”),开始对各工会进行改组,以剔除中共党员。[④] 特别是在宁方得势的桂系击溃唐生智,掌控武汉的军政机关期间,武汉纺织总工会(下辖六大纱厂工会)等 84 处工会被解散,所涉会员 202144 人。[⑤] 包括一些左派在内的“赤色工会之工会委员”,“多遭逮捕枪决”。[⑥] 泰安、申四、震寰、裕华四厂 40

---

① 《国民党中央民众训练计划大纲》,中国第二历史档案馆编:《中华民国史档案资料汇编》第 5 辑第 1 编政治(3),南京:江苏古籍出版社,1994,第 10—11、15—16 页。

② 中国劳工运动史续编编纂委员会编:《中国劳工运动史》第 1 册,台北:中国文化大学劳工研究所理事会,1984,第 3 编第 416—417 页。

③ 《国民党中央民众训练部制定之民众团体组织原则及系统》,中国第二历史档案馆编:《中华民国史档案资料汇编》第 5 辑第 1 编政治(3),南京:江苏古籍出版社,1994,第 3 页。

④ 《武汉工人部接收总工会》,《申报》1927 年 8 月 17 日,第 1 张第 4 版。

⑤ 邢必信等:《第二次中国劳动年鉴》,北平:北平社会调查所,1932,第二编“劳动运动”第 13、45 页。

⑥ 中国劳工运动史续编编纂委员会编:《中国劳工运动史》第 2 册,台北:中国文化大学劳工研究所理事会,1984,第 4 编第 99 页。

余位工运骨干被害。[①] 资方团体湖北纱厂联合会,借势要求"推倒"此前与"赤色工会"签订的"苛刻条件"。[②]

"工改会"在纱厂的处境既艰难又尴尬。一方面,该会无力抑或无意维护工人此前争得的"条件",难以获得普通工人的认可和支持;另一方面,改组委员遭到纱厂"赤化分子"的谩骂、殴打,甚至暗杀。经中共"鼓动",1927 年 10 月 1 日,震寰、裕华两厂同时罢工;10 月 3 日,第一纱厂工人怠工。三厂工人要求恢复先前老工会订定的条件,打死了改组委员 2 人。[③] 1928 年初,武汉纺织工会改组,中共"有侵袭行动"。[④] 中共为此也付出了重大牺牲,仅 1928 年 11 月 19 日至 12 月 6 日,就有 22 位青年中共党员遇害。[⑤] 工改会在"国民党化"工会方面作用极为有限。

1929 年 4 月,"蒋桂战争"结束后,省市党部秉承《国民党中央民众训练计划大纲》,设立工会整理委员会(以下简称"工整会"),以代替工改会。工整会在纱厂扣收登记费,激起工人反抗。同年 10 月,福源纱厂工人发现该会与厂方"勾结"暗扣登记费,相聚捣毁工厂写字间,虽遭军警开枪威慑,但终以工整会撤换委员、不扣

① 《中国工会运动史料全书》总编辑委员会编:《中国工会运动史料全书(纺织卷)》上册,北京:中国纺织出版社,1999,第 238—239 页。

② 《裕大华纺织资本集团史料》编写组编:《裕大华纺织资本集团史料》,武汉:湖北人民出版社,1984,第 93 页。

③ 《中国工会运动史料全书》总编辑委员会编:《中国工会运动史料全书(纺织卷)》上册,北京:中国纺织出版社,1999,第 245—246 页。

④ 中国劳工运动史续编编纂委员会编:《中国劳工运动史》第 2 册,台北:中华文化大学劳工研究所理事会,1984,第 4 编第 99 页。

⑤ 《雨华给中央的报告(1928 年 12 月 14 日)》,中央档案馆、湖北省档案馆编:《湖北革命历史文件汇集(省委文件 1928 年)》,武汉:中共湖北省委办公厅青年服务队,1984,第 638—639 页。

登记费、增加 5 分工钱而获胜。[①] 此次抗争,带动了一纱厂的男工,以致工整会不敢向其征收会费。[②] 工整会不独难以得到纱厂工人认同,反增工会混乱。

由于工会法限制市县以上成立纵向一体的总工会组织,直到 1935 年初,汉口、武昌两地仍因无产业总会为纽带而互不相连。虽然武昌纺织厂建立了产业工会,但因指导机关不统一,工会内部纠纷不断。1932 年 10 月,该会被控“违法私选”[③]。次年 3 月,纠纷再起,致理监事于 7 月全体辞职,[④]豫鄂皖三省剿匪总司令部、中央民运会和省党部三机关随即派员对其进行了为期三个月的整理。[⑤] 但至 1936 年,纠纷仍然存在。[⑥]

面对武汉 1933 年前后日益纷繁的劳资纠纷,工会方面却无所作为。1934 年,坐镇南昌行营的蒋介石,分别训(指)令湖北省政府、汉口市党部整理委员会和三省“剿匪”总部,并告诫劳资双方“禁止罢工及虐待工人”,严令各厂工会“再向工人征集会费”,还批

---

① 《中国工会运动史料全书》总编辑委员会编:《中国工会运动史料全书(纺织卷)》上册,北京:中国纺织出版社,1999,第 261—264 页。

② 《中共湖北省委致中央信——半个月来的工人斗争情形(1929 年 10 月 30 日)》,中央档案馆、湖北省档案馆编:《湖北革命历史文件汇集(省委文件 1929 年)》,武汉:中共湖北省委办公厅青年服务队,1984,第 180 页。

③ 《武纱厂代表到京请愿撤办工会职员》《武昌纺织业工会已恢复》,《武汉日报》1932 年 10 月 2 日,第 1 张第 3 版、第 2 张第 4 版。

④ 《纱厂工人代表昨冒雨请愿》,《武汉日报》1933 年 7 月 8 日,第 2 张第 3 版。

⑤ 《三机关整理纺织工会》《三机关派员改组武昌纺织工会》,《武汉日报》1933 年 7 月 9、11 日,第 2 张第 3 版。

⑥ 《处理武昌纺织业产业工会纠纷》,《中央民众训练部公报》第 3 期,1936 年 4 月,第 86 页。

准在“整理”的前提下设立汉口市总工会。[①] 本着劳资合作、努力生产，“使工人确信三民主义”，为国家民族利益奋斗的目的，[②]新一届工整会对各业工会再行整理。至次年2月，经整理成立产业工会8所、职业工会33所，登记会员70654人，汉口市总工会在此基础上宣告成立。[③] 不久，武昌县总工会亦在6月成立。[④]

国民党“清党”后在武汉纱厂自办工会，难有成效。第一，无论改组或整理委员，均由上级党部指派，其基层组织又无力维持工人的“旧权利”，不能代表工人，沦为上传下达的“传声筒”，而非动员工人的“阵地”；第二，基层组织的停顿或缺失，架空了武昌纺织业产业工会等中层组织，以致上层国民党的“劳资合作”意识形态难于嵌入工人群体；第三，工会法规定罢工即解散工会，严重限制了工会为工人争权利的可能性，同时影响了组织系统的稳固；第四，因不能向工人征收会费，工会缺乏经费，会务难以为继。汉口总工会仅成立三个月就因此而“无法进行”[⑤]，武昌纺织业产业工会所办工人教育馆、托儿所等福利机构也只能勉强维持。[⑥]

改组和整理工会意在塑造“合作”之工人，但事与愿违，1930年代以来武汉纱厂劳资纠纷迁延不绝。从1931年下半年至1935年，

---

① 《蒋告诫劳资双方努力生产充实国力》《蒋令减轻工人负担》《总工会未组织前汉设各业工整会》，《武汉日报》1934年4月11日，第2张第3版；4月29日，第2张第3版；6月1日，第2张第3版。

② 《市工整委员就职》，《武汉日报》1934年8月21日，第2张第3版。

③ 《汉市工会今举行代表会》，《武汉日报》1935年2月15日，第2张第3版。

④ 《武总工会今成立》，《武汉日报》1935年6月5日，第2张第3版。

⑤ 《汉市总工会闻将缩小范围》《汉总工会呈请行营津贴》，《武汉日报》1935年6月5日，第2张第3版；6月14日，第2张第3版。

⑥ 《武昌纺织工会工教馆参观记》，《武汉日报》1935年1月23日，第2张第4版；《省纺织工会办托儿所》《三纱厂歇业后纺织工会经费困难》，《武汉日报》1935年5月18日、7月18日，第3张第1版。

除裕华之外的五大纱厂劳资双方在纪念日给资、年赏、停复工等问题上冲突频发。第一纱厂3次，申新四厂、民生公司、泰安、震寰各2次。① 从劳资力量对比来看，1933年是一个相对明显的分水岭。在此之前，工人基本处于"攻势"地位，能利用罢工、怠工等行动来反映自身诉求；在此之后，工人转向"守势"，随时面临失业的危险。资金较为充裕的裕华1933年也两度裁工千余人。② 在失业威胁下的纱厂工人的唯一诉求便是"守住"饭碗，不惧减工折薪，就怕停工歇业。因此，1933—1936年间，罢工或怠工几无发生。

1930年代，南京国民政府面临着内患未靖、日寇继来的困境，故以"生产是亟""充实国力"为工作任务重心，"禁止罢工和虐待工人"，要求各地奉行"劳资合任务"方针调解劳资纠纷。③ 在"纪念日给薪"问题上，政府部门一般站在工人一方。1931年，实业部、省府和建设厅，就多次饬令武昌四家纱厂"遵照中央命令"，"照例给予工资"。④ 此举易导致资方反感，而令工人在纪念日照常上工，又招致了工人的不满。有关"年赏"纠纷的调解，都以双方互相让步而解决。其中，申新工人要求年奖的纠纷最为激烈，经过三次调解始得以平息。⑤

民生公司承租的四局是省属产业，劳资纠纷及其调解更为相关部门所重视。1933年4月30日，民生突然宣布减工，将工时从

---

① 湖北省政府秘书处统计室编：《湖北省年鉴（第一回）》，武汉：湖北省政府秘书处统计室，1937年，第770—774页。

②《全省纱厂工人统计》，《武汉日报》1933年8月23日，第2张第3版。

③《蒋告诫劳资双方努力生产充实国力》，《武汉日报》1934年4月11日，第2张第3版。

④《武昌纱厂纪念日扣工资》，《武汉日报》1931年10月24日，第2张第4版；《纪念日不扣工资》，《武汉日报》1931年12月21日，第2张第3版。

⑤《申新纠纷解决之真相》，《武汉日报》1931年12月30日，第2张第3版。

12 小时缩短至 8 小时,工人要求厂方收回成命,并与前来弹压的军警发生冲突。警备部要求民生等纱厂在形势严峻的“红五月”里暂缓减工,省政府主席夏斗寅希望双方“本劳资共济共荣之旨”,“勿走极端”。省建设厅派员调解,终以援震寰和一纱每周六、周日停工及工资八五折之例结束风波。[①] “歇暑”后,民生公司重组,至 11 月底才筹备开工,却因欲以泰安失业女工替换男工引发纠纷。千余男工持香结队围坐省府门口二次请愿,又包围厂房与军警对峙,提出不得用女工、裁工不得超过 1/10 和发遣散费等三项要求。经省府、警备部、财政厅、建设厅、公安局和工整会调解,双方让步。厂方仍用男工 1000 名,余用女工,被裁男工由官方各发遣散费 2 元。[②] 而在震寰、一纱减工风潮中,一纱工人未能实现预期目标(发放欠薪和 6 个月解散费),以致有“只日食一餐菜羹者”[③]。震寰工人在长达三年的停工期内,只获得了一个月应得工资四成的补助,致有两女工因生活无着“自缢殒命”[④]。省党部、省政府、三省“剿总”和警备部等党政军机关,以违反工厂法为由,催令厂方复工。但这对濒临破产的资方而言,也极不公平。

国民党及其政府以劳资纠纷的调解人自居,而在调解武汉纱厂劳资纠纷的过程中,却常常“反客为主”,忽视工人和厂主之诉求,将自身的政治、经济诉求加诸双方,以致交恶于两者。加之调

① 《希望武汉纱厂顾全大局勉维持》《实行减工民生纱厂演惨剧》《民生纱厂减工案》,《武汉日报》1933 年 5 月 3、4、7 日,第 2 张第 3 版。

② 《民生纱厂换用女工男工持香请愿》《民生纱厂男工千余再向省府请愿》,《武汉日报》1933 年 11 月 22、24 日,第 2 张第 3 版;《民生纱厂工潮圆满解决》,《武汉日报》1933 年 12 月 1 日,第 2 张第 3 版。

③ 《第一纱厂停工后工人生计断绝》,《武汉日报》1936 年 3 月 16 日,第 2 张第 3 版。

④ 《震寰工潮已解决》,《武汉日报》1933 年 5 月 31 日,第 2 张第 3 版;《两纱厂停工近讯》,《武汉日报》1933 年 6 月 27 日,第 2 张第 3 版。

解机制横跨党政军机关,军政势力常常对纠纷横加干涉,以致将劳资纠纷等同于“治安”问题,限制乃至禁止工人罢工或集会。

国民革命要求社会各阶层联合起来打倒帝国主义。九一八事变后,国民党及其政府要求劳资双方,更应共同反抗压迫工人,打击实业的日本帝国主义。1931 年 10 月 26 日,日资泰安纱厂以“本地反日会妨害营业”为由停工,工人要求厂方发给遣散费六个月,并先发放维持费每日 4 角。[①] 泰安除补发尚未结清的工资外,拒绝发放遣散费。[②] 工人先后向市政府、市党部请愿,并请求安插工作。[③] 汉口市政府为工人垫发维持费和一个月工资,[④]并迭向日方交涉。政府虽然对遣散费问题无能为力,但通过与湖北纱厂联合会的“接洽”,将失业工人安排到申新、裕华、一纱、震寰和民生等五家厂中。很明显,工人反日所付出的失业代价被转嫁给了华商纱厂主。不过,安插于民生的 159 名工人,却又因厂方宣称生意萧条而遭拒,但厂方发给伙食费每人每天 2 角 5 分。不久,该厂又发给每人 8 元 5 角,予以遣散。[⑤] 1933 年 3 月,泰安纱厂因抵货运动再次停工,这次工人没有上次幸运,市府以纱市颓废,不便再向纱厂联合会“强令筹措”,拒绝了工人要求再度发给补助和安插工作的请愿;又“以国难当前,全国人民同在穷困中”,要求工人忍痛另谋职业,“勿做事实上不可能之希求”。[⑥] 由此个案可见,以民族主义

---

① 《泰安纱厂遣散费问题》,《武汉日报》1931 年 11 月 29 日,第 2 张第 3 版。

② 《泰安纱厂藐视劳资协约》,《武汉日报》1931 年 11 月 5 日,第 2 张第 3 版。

③ 《泰安纱厂工人昨赴市府请愿》《泰安纱厂工人代表昨赴市党部请愿》,《武汉日报》1931 年 10 月 28、30 日,第 2 张第 3 版。

④ 《泰安纱厂工人生活无依》,《武汉日报》1931 年 11 月 19 日,第 2 张第 3 版。

⑤ 《泰安厂停工之后余波》《泰安余波平息》,《武汉日报》1932 年 5 月 16、17 日,第 2 张第 4 版。

⑥ 《泰安纱厂失业工人请求救济》,《武汉日报》1933 年 4 月 30 日,第 2 张第 3 版。

的说教,调解民族资本企业中的劳资关系,也并不一定行得通,反而可能引发本国劳资双方的"内耗"。

(四)武汉纱厂工人的"自我认同"

武汉纱厂时开时停,工人薪资时续时断,求生存无疑是工人最基本、最迫切的需要。认同"阶级斗争",还是"劳资合作",往往取决于其生存诉求能否得以实现及满足的程度。"工人家庭所要求的不是政治宣言,而是实惠的经济利益。"①每个纱厂工人的"政治"选择,本身就是相机行事,寻求生存机会及其利益庇护者的过程与结果。

在北伐前后的革命暴力羽翼下,弱势的纱厂工人追随"赤色工会",对资方厉行"阶级斗争",不仅争取到组建工会及协议团体契约的权利,而且获得前所未有的工资、双薪、红利、福利及节假日待遇,甚至被允许成立工人纠察队。纱厂工人也会向动员罢工怠工、游行集会的共产党要求"津贴"。② 林育南曾无奈地说:"武胜门做了很多斗争,群众只是要饷,但并未提到政治方面。"③随后因工人频繁罢工,以及其过高的经济要求,引发资方停业、物价腾贵;工会

---

① [苏]A. B. 巴库林:《中国大革命武汉时期见闻录》,郑厚安等译,北京:社会科学出版社,1985,第31页。

② 《中共湖北省委最近政治、党务工作方针议决案》(1927年10月30日)、《×××与五一的谈话》(1927年11月26日),中央档案馆、湖北省档案馆编:《湖北革命历史文件汇集(省委文件)》(1926年—1927年),武汉:中共湖北省委办公厅青年服务队,1983,第95、368页。

③ 《×××与育南的谈话》(1927年11月26日),中央档案馆、湖北省档案馆编:《湖北革命历史文件汇集(省委文件)》(1926年—1927年),武汉:中共湖北省委办公厅青年服务队,1983,第372页。

组织遭到血腥镇压,工人争得的权益无从兑现。当失业和镇压来临,中共的“阶级斗争”对生计困难的工人就缺乏吸引力了。工人被指“本身条件非常之坏”,“斗争”情绪尤其消极,“女工失业即散”,一般工人普遍胆小;“因怕被反动派陷害,所以不接收传单”。不仅如此,各纱厂的工会组织也很快瓦解。①

由于工改会和工整会难获认可,工人在纱厂停工期间多直接向省市党部、政府请愿,以生计困难为由要求救济和复工。当请愿不能达到目的时,工人也会选择其他的抗争方式。1930—1932 年间,纱局失业工人“纠集伙众数百人”打砸、滋闹,请愿开工;且又由职工代表宴请记者,指斥政府不顾工人“活命不活命”,“吁请新闻界主持正义督促开工”。② 1933 年停工的震寰纱厂,其部分工人同样采取“团体行动”,两度包围负责资产清算的事务所,“喧嚷喊打”。③ 至 1936 年,震寰闭厂三载,一纱、民生停工年余,工人以绝食催请复工者有之,而自杀者亦有之。④

事实上,当纱厂的生存机会不如意或断绝时,工人会追随和利用党派等政治力量,也会在失业威胁和暴力镇压之下变得“消极”“胆小”,也会以“不合作”的各种方式与党政部门抗争。由此而论,纱厂工人并非为革命而“存在”。

---

①《中共湖北省委政治报告(1927 年 9 月 10 日)》《×××与五一的谈话(1927 年 11 月 26 日)》《×××与育南的谈话(1926 年 11 月 26 日)》《中共湖北省委工人部报告——关于武汉工人的现状与目前斗争情形(1927 年 10 月底)》,中央档案馆、湖北省档案馆编:《湖北革命历史文件汇集(省委文件)》(1926 年—1927 年),武汉:中共湖北省委办公厅青年服务队,1983,第 59、368—369、371、311 页。

②《纱局失业工人宴记者》,《武汉日报》1932 年 6 月 6 日,第 2 张第 4 版。

③《震寰纱厂进行清算》《警部指令震寰纱厂迅速复工》,《武汉日报》1933 年 7 月 23 日、8 月 6 日,第 2 张第 3 版。

④《武昌三纱厂工人生活无着切盼复工》《官布局停办日久失业工人吁请复工》,《武汉日报》1936 年 5 月 24 日、7 月 7 日,第 2 张第 3 版。

北伐前后在形式上统一的工会组织也并不意味着工人本身的一致性。各工会之间的矛盾和纠纷不断,湖北省总工会的作用有限,而且“武汉工人不完全信仰省总”,“女工、童工或尚未完全参加工会工作,或不免与工会发生冲突,如有些女工不加入工会,或另组工会,不与男工一致”。① 到二十世纪三十年代,工人之间仍缺乏内在联系,突出事例就是前述民生公司男工抗议,阻止资方以泰安失业女工替换男工,失业女工遭到区域劳动力市场内竞争对手非正常手段的排斥。从组织层面来看,这从一个侧面说明了武昌(民生)和汉口(泰安)区域内的纱厂工人自身缺乏统一而有一致认同的协调机制或组织,以调节内部的就业机会。而经过“整理”的两地纱厂工会互不统属,无统一的上级工会,也无力承担此种任务。这或多或少说明一江之隔的工人缺乏必要的业缘联系。

除性别差异导致男女工人之间存在隔阂乃至对立之外,车间内部的复杂关系同样影响着不同工人间的“团结”。在工头与工人之间既依附又对立的微妙关系以外,武汉纱厂工人也存在地缘和帮派的分立。在一纱和申四,本地鄂籍工人和下江籍工人之间界线分明。厂方还会因“乡缘”,人为制造“区隔”。第一纱厂股东,多是下江籍,“该厂待遇鄂工人,总比下江工人还要不好,以致鄂工都抱不平”。厂中向例,秋节一律给工人酒资,而 1920 年却未给鄂工酒资,以致激成鄂工人与下江工人决斗。双方重伤十数人,“厂里

① [苏]A. B. 巴库林:《中国大革命武汉时期见闻录》,郑厚安等译,北京:社会科学出版社,1985,第 28—29 页;《×××与五一的谈话(1927 年 11 月 26 日)》,中央档案馆、湖北省档案馆编:《湖北革命历史文件汇集(省委文件)》(1926 年—1927 年),武汉:中共湖北省委办公厅青年服务队,1983,第 367 页;《湖北全省总工会第一次代表大会重要决议案》(1927 年 1 月),中共中央党校党史教研室:《中共党史参考资料》第 2 册,北京:人民出版社,1979,第 407 页。

零星物件,也损失殆尽”[①]。中共在动员申四工人时,亦不得不注意下江与非下江工人的分别。[②] 青帮陈顺泉曾在申四活动,兼任清花间工头,收有徒弟数百名。[③] 由此可见,纱厂工人内部结构的差异的确带来分裂与冲突。性别、工种以及地缘甚至帮派的因素,都影响着工人的“团结”。

六大纱厂分别集中于武昌武胜门和汉口硚口,同样不能先验地说明工人具有较强“团结”抗争的能力。这一能力不仅与党派、国家、资方和市场的制约有很大的关系,更与各厂工人的生存诉求息息相关。在“阶级斗争”主导的罢工风潮遍及各厂时,工人常常互助援引;而一旦遭到镇压、资方报复,工人则“背弃”中共而星散。二十世纪二三十年代,各厂自发的“经济斗争”,均各自为政。在1933—1936年间,除裕华之外的五大纱厂均卷入停复工纠纷,各厂大批失业工人或各自请愿,或自谋生计,或忍饥挨饿,中共预期的“战斗情绪勃发”的纱工“反抗运动”在武汉并未发生。[④] 在武胜门纺织区,裕华的工人对邻近的震寰、一纱和民生的失业工友“漠不关心”;而失业长达三年之久的震寰工人,更是很少获得同侪“支援”。[⑤]

武汉纱厂工人与本埠其他行业(手工业、码头、铁路、水电、邮

---

① 《武昌的纱厂工人因待遇不平激成决斗》,《劳动界》第9册,1920年10月10日,第9页。

② 《中共湖北省委工委李震瀛报告三个月(7—9月)来之武汉工人运动(1927年9月26日)》,中央档案馆、湖北省档案馆编:《湖北革命历史文件汇集(省委文件)》(1926年—1927年),武汉:中共湖北省委办公厅青年服务队,1983,第69页。

③ 上海社会科学院经济研究所编:《茂新、福新、申新系统荣家企业史料(1896—1937)》上册,上海:上海人民出版社,1980,第334页。

④ 《中央紧急通知——关于纱厂减工问题(1933年4月22日)》,中央档案馆编:《中共中央文件选集》第9册,北京:中共中央党校出版社,1991,第175页。

⑤ 《震寰纱厂停工违反工厂法规定》,《武汉日报》1933年5月27日,第2张第3版。

务等)工人的关系较为疏远,很少有统一行动。[1] 1927 年,中共鼓动"八二同盟罢工",武昌四家纱厂工人也只罢工一天即溃散(很可能是因干部被捕,工人无处领取"津贴")。1929 年福新第五面粉厂"捣乱分子"试图"威迫"申四工人和"煽惑"码头工人一致罢工,因军警镇压未获实现。[2] 而国民政府严厉限制乃至禁止工人罢工、集会、结社,从而限制各业工人之间的联络。武汉纱厂工人与其他区域纱厂工人更是"绝缘"。当中共领导上海纱厂罢工成为五卅运动的"导火索"时,尚在秘密状态的武汉工会未能领导纱厂工人予上海同业工友以有力支援。在"劳资合作"时期,因国民党及其政府的控制,各地工会的组织联系也几乎不存在,以致 1933 年华商纱厂联合在沪、汉、津、锡等地减工裁员甚至停业时,工人方面却无相应的联合组织,只能共同应对失业危机。

反帝运动常被认为能增强各地各行业工人的凝聚与团结,但不容忽视的事实是,建基在民族主义之上的团结对象也包括资本家、学生等社会各阶层。其结果更多的是民族的觉醒与认同,而非工人的自我认同及阶级认同。

数以万计的工人涌进纱厂,虽然其内部结构因存在地缘、工种、等级和性别上的差异而并不紧密,但都面临着物质和精神上的生存压力,可以构成一个基于生存诉求的共同体。"生存共同体"与工厂及其条条框框的制度"规训"之间的潜在张力,为共产党、国民党提供了社会动员的空间和机会。中共早期动员纱厂工人的成效,远不及动员铁路工人的成效明显。五卅运动后,中共加强了对武汉纱厂工人的动员。北伐战争后,国民党左派扶助、共产党领导

---

① 参见武汉市总工会工运史研究室编《武汉工人运动史》第 2 篇至第 4 篇的内容。

② 参见上海社会科学院经济研究所编《茂新、福新、申新系统荣家企业史料(1896—1937)》上册,上海:上海人民出版社,1980,第 342—343 页。

的纱厂工会向资方厉行阶级斗争,为工人争得诸多权利,但国民党左派“右倾”,镇压鼓动阶级斗争的中共及其工会。工人争得的权利,基本成为“画饼”。“宁汉合流”后,国民党及其政府,严禁阶级斗争,改组工会,努力构筑合作主义的劳资关系,但效果不彰。特别是三省“剿总”和武汉警备部更将劳资纠纷视为治安问题,置劳资双方正当诉求于不顾,反失劳资认同。

生存是武汉纱厂工人的首要诉求。作为独立行为主体,工人有能力在斗争和合作之间或之外选择自己的生活和抗争方式。他们集中且数量多,但内部的分裂与冲突不少,更与其他行业和地域的工人互相疏离。工人虽然不乏与资方激烈的抗争,但缺乏团结,且几无自我认同和“阶级”意识。因此,武汉纱厂工人虽经“阶级”的洗礼,但仍是一个“群体”,而未形成一个实在的阶级。

显然,这一论点与主流学界中有关马克思主义的工人阶级形成的观点不尽相同。中国马克思主义的历史编纂学以产业工人数量庞大和地域集中的特点,先验地赋予了工人易于团结的战斗能力;又以时间为经,以相关事件为纬,汇编出中国工人(阶级)成长及运动史,并以工人的抗争运动(一般是五四运动)作为中国工人阶级从“自在”转向“自为”的“标志”,还将工人(阶级)的“自为”等同于无产阶级革命,将工人生存诉求视为“革命”的手段。“党史研究框架之内的趋向不是没有道理”①,这一分析框架能够梳理出中国工人阶级产生的总体脉络,体现出党派对工人阶级形成的重要引导作用;但这是以简化近代中国政权分划、工业发展不平衡的历史状况为代价,以忽略工人内部结构的差异、忌讳工人内部的分

① [美]裴宜理:《上海罢工:中国工人政治研究》,刘平译,南京:江苏人民出版社,2001,第5页。

裂与冲突为前提的。我们不应陷入目的论中，只选取各地各业工人缺乏联系的孤立斗争事件，加总为贯穿着因果律的中国工人（阶级）运动，来证明其斗争性或战斗力。事实上，在近代中国发生的全国性工人运动，大多与民族主义激起的爱国情绪相关，但不能简单地“将各种群体争取横向的（民族的、文化的）包容或排斥的斗争”，“描写为阶级冲突”。[①] 反帝运动更多地体现了社会各阶层的民族意识的认同，而非阶级觉悟与认同。

从武汉地区的案例来看，资本主义生产关系结构给纱厂工人带来的生存压力并不能先验地预示工人的斗争性，二十世纪二十年代的罢工风潮，三十年代工人抗争的相对沉寂，皆是受市场、党派和政权等力量的操控。更何况，工人的抗争并不一定就是阶级意识的产物。尽管汤普森有关“阶级形成”的理论受到批评和修正，但能够增进理解马克思只在逻辑上论证“阶级结果与阶级形成之间存在”必然联系的理论，开创了以历史经验“解释”和论证工人阶级形成的典范。[②] 回归历史，回归到变动不居的“历史现场”的关系网中去考察，或是避免理论臆断的一个方法，也是汤式理论给予我们的启示。如此，才有可能开启“重述”近代中国工人阶级形成的理论契机。

二、五一纪念中的矛盾与冲突

法国史家莫娜·奥祖夫以研究法国革命节日著称，尝言：“节

---

① ［英］拉尔夫·达仁道夫：《现代社会冲突》，林荣远译，北京：中国社会科学出版社，2000，第49页。

② 吴清军：《西方工人阶级形成理论述评——立足中国转型时期的思考》，《社会学研究》2006年第2期。

日必须有一个带有自己形象的未来。”[1]五一劳动节源于十九世纪末二十世纪初欧美工人运动,随着中国近代工人群体的壮大,传入中国并逐渐成为一种集体性的纪念仪式,成为各党派、团体表达价值体系的传声器、放大机,也是不同党派争夺民众支持的角力场。劳动纪念又恰如一块棱镜折射出劳资关系的两种趋向。南京国民政府建立后,需要塑造新的国民,需要工人的认同和拥戴,五一节的“劳动”属性成为国民党、国民政府笼络工人及建构自身合法性的重要纽带。政府、国民党在纪念中“大打工人牌”,宣传工人对社会的贡献,肯定工人对资方抗争的正义性,却又坚持“劳资合作”的立场。与此同时,“民间”性的纪念活动及共产党理论的传布,对国民政府和国民党掌握纪念活动的话语权构成了极大的挑战。国民政府、国民党究竟如何利用五一纪念活动整合工人群体?在五一纪念活动中又遭逢了什么困境呢?

(一)国民革命与五一纪念

五一节最初传入中国、产生反响约为1913年。当时广东华侨工会、机器工会等联合举行纪念会。此后几年,纪念活动声势仍旧微弱。到1917年,包括发放传单、街头演说的纪念活动还仅局限于广州一地。此后劳工界对劳动纪念未尝与闻。仅北京《晨报》及《新青年》杂志每逢“五一”刊发若干纪念文章。[2] 1919年五四运动后,劳工界开始成为纪念活动的主角和被“言说”的主角。北京、天津、保定等地均举行了较大规模的纪念活动。1920年的劳动纪念

① [法]莫娜·奥祖夫:《革命节日》,刘北成译,北京:商务印书馆,2012,第280页。
② 程海峰:《五一节》,《中华邮工》第1卷第2、3期特刊,1935年5月,第62页。

活动仍以上海、北京、广州等地为中心，政治色彩日渐浓厚。蔡元培、吴稚晖为《新青年》"劳动节纪念号"分别题字："劳工神圣"（国立北京大学用笺）、"人日"。吴稚晖强调"五月一日乃是纪念普遍人权的日子"。5月1日，李大钊等人组织召开纪念演讲大会，校职工、学生等500余人参会。各代表演讲中"或说明劳工之神圣，或讲欧美罢工情形及其效用"。会场散发的传单充满强烈的抗争性："自从今天起有工大家做，有饭大家吃，凡不做工而吃饭者，一律驱逐不准他存留在我们的社会里，来剥削我们。"①上海工人已经明确宣告要通过纪念活动伸张自身的诉求。中华工业协会、中华工会总会、电器工界联合会、中华全国工界联合会、中华工界志成会等工会团体，冲破当局戒严令，以"无论军警如何干涉"，"不稍屈扰"的决心，共同发起筹备纪念大会。② 各工界团体在《五一纪念宣言》中，宣布纪念的目的有二：第一"是感谢各国工人的努力"；"第二是唤起中国工人的觉悟"，"改善中国工人的生活"，"增进中国工人的智识，表现中国工人的人格"。③《宣言》将中国工人的命运与世界工人的命运紧密相连。

唯有加强群体的团结，并掌握劳动纪念的主导权，工人才可能将纪念活动变成自己"言说"的权力场。1922年，上海工界召开纪念"五一"筹备会，要求工人团体必须参加活动："若工会不加入庆祝日，以后不得认其工人团体。"④当年五一节适逢第一次劳工大会在广州召开，数万工人在革命策源地游行示威，高呼口号："打倒军

---

①《劳动节之京学潮》，《大公报》（天津）1920年5月2日，第1张。

②《上海举行劳工纪念会》，《大公报》（天津）1920年5月3日，第1张。

③《沪工界五一纪念宣言》，《益世报》1920年5月2日，第3张第10版。

④《五一纪念筹备二次会议》，《申报》1922年4月30日，第4张第13页。

阀!”“打倒帝国主义”“实行八小时工作制!”[①]此后五一节“成为中国工人团结斗争的旗帜”,“引导工人大步迈进”。[②]

在最初的纪念活动中,学生在北京、上海等地皆扮演着倡导者、参与者的角色。1920年五一节,上海学生联合会致书劳动纪念大会:“亲爱的工界同胞,祝你们努力!祝你们前进!”“我们学生界很为劳动界称幸”。为庆祝节日,联合会还向大会筹委会赠送两面红旗和“银二十元”(作为饼饵之费)。更有“知学会”邀请工人参加纪念会,并“备有中西茶点、书报、杂说及各种游艺等以资娱乐”;还“购置面包及五色小国旗各数千,偕同各部主任视往南市各工厂分赠工人”。[③] 1923年,厦门同文书院、集美学校学生,不惧校方压制,借五一纪念,呼吁厦门“智识阶级”参加以实现“人权”“劳工神圣”为目标的“劳工运动”。[④]

工人的基本经济要求,得到与学生团体协同行动的中小商人的同情。上海山东路商界联合会曾发表通告:“五月一日为世界劳工纪念大会,凡我商民与工界系处同等地位,理应悬挂国旗一天以表同情。”[⑤]通告中所谓“同等地位”,显然不是指同受资本家的压迫或剥削,而实指同受帝国主义的压迫。在面对共同的敌人时,商界与工界的联合成为可能。

五一纪念作为劳工大众的一个群体性节日,为党派势力提倡和参与纪念活动,开展工人运动提供了良机。1920年5月1日,李

---

① 程海峰:《五一节》,《中华邮工》第1卷第2、3期特刊,1935年5月,第62页。

② 吴克隆:《五一节的战斗历史》,《全民周刊》第1卷第21号,1938年4月30日,第325页。

③《上海举行劳工纪念会》,《大公报》(天津)1920年5月3日,第1张。

④ 孝沐:《劳动节过后的感想》,《光华月刊》第2期,1923年6月,第14—16页。

⑤《上海劳工纪念会志详》,《大公报》(天津)1920年5月5日,第2张。

大钊发表《“五一”May Day运动史》，详细介绍了劳动节的历史，更运用马克思主义的观点，强调劳动节起因于“政府屡次扬言改善劳动条件而不实行”，劳工要“达到目的，非靠自己努力不可”；号召工人把“今年的‘五一’纪念日作一个觉醒的日期”，“对于资本家取直接行动”。[①] 高尚德提出要以“劳工对资本家”的“战争”完成“五一”所赋予的改造社会的责任。[②] 1922年5月1日，中国社会主义青年团“敬告”工人：五一节“不是世界工人阶级的庆祝节，乃是世界工人阶级在资本主义下面不堪痛苦起来大示威的日子”。青年团揭示出工人的斗争性，呼吁工人不要斯文地纪念本阶级的失败，而应将“五一”作为“将来能不能以自己的势力解放自己的试验日”，要“充分发挥阶级斗争的精神”，一律停工，反抗经济上被剥削、政治上被压迫的地位，推翻资本家和资本家政府。[③] 1923年5月1日，中国共产党中央执行委员会敬告工友：“去年五一正当黄庞同志被难之后，今年五一又当京汉数十工友及施洋同志被难之后。”“五一圣节，本非寻常庆贺之节，乃全世界工人追悼卅余年来诸先烈在每次‘五一’运动中断头颈流血极悲壮惨痛之纪念，同时又属全世界工人阶级对全世界军阀、资本家示威运动之节。”[④]

国民党同样关注五一纪念。1921年，广州机器工人维持会举行万人纪念大会，表示了对孙中山就任非常大总统的拥戴，多位国民党要人及工界领袖发表演讲。1922年，广州劳动同盟为纪念“五

---

① 李大钊：《“五一”May Day运动史》，《新青年》第7卷第6号“劳动节纪念号”，1920年5月1日，第1页。

② 高尚德：《“五月一日”与今后的世界》，《北京大学学生周刊》第14号，1920年5月1日，第4版。

③《中国社会主义青年团在“五一纪念节”敬告工人》，《先驱》第7号，1922年5月1日，第1版。

④《中国共产党五一节敬告工友》，《向导周报》第23期，1923年5月2日，第165页。

一”,电邀全国劳动团体前来参加活动,共有49个团体、251名代表出席。[①] 尽管此次大会由中共发起,但“孙大总统认为此举尚属正当”,表示“虽非本党主持,亦应予以赞助”。[②] 国民党党员黄麟书也发表过《告工人们》,启导并鼓励工人要以西方工人为楷模为自身争权益:

> 记得吗,五月一日的纪念节?听到吗,世界工人的胜利的歌声?“工作八小时,休息八小时,教育八小时。……我们中国,……”这迫切而重要的运动还没有想到吗?果然,你们是不能想到的,你们服务在几重压迫的下面,没有抬一抬头的余地。就是每日十二小时的工作,雇主还不见得赞你一声勤劳。……资本家的口袋,是永远不会满溢的啊!主人的心理,你就是变了牛马,也未必满意于你。工人们!自己问问罢!西方劳动者,为什么能得到胜利?你们为什么不能?……独是我们中国的工人,在酣睡的梦里,到现在还不想力争,永远沉默——如死一般的沉默吗?……工人呵!劳力是你自己的,要你自己起来争的。[③]

1924年,上海工人举行50余团(2000余工人)参加的大规模五一庆典,汪精卫、铃木文治(日本劳动总同盟会长)、安特生(英国工厂总检查员)出席。此后,五一纪念南北有别。广州国民政府领导工人,每届“五一”均发动热烈的庆祝活动;北地工人则受官厅禁

① 《广州城之劳动节》,《大公报》(天津)1922年5月2日,第2张第3页。

② 《第一次全国劳动大会在广州举行》,中华民国史事纪要组委会编:《中华民国史事纪要(1922年1至6月份)》,台北:中华民国史料研究中心,1982,第740页。

③ 黄麟书:《告工人们》,《松江评论》第32期,1924年5月1日,第2版。

止，难以举行纪念活动。①

总体而论，在有关“五一”宣传中，国共之间所持的话语大有分歧。国民党一方更多地立足于“纪念”，回顾各国工人所取得的成果；中共则更强调世界工人取得成果所付出的“牺牲”代价，揭示中国工人的牺牲精神。因此，两者虽都讲“斗争”，但国民党斗争矛头更多指向列强，将劳资关系转换为中外关系；中共斗争矛头则指向中外资产阶级。

第一次国共合作时期，工人运动高涨，将五一劳动节放大为社会各界所关注的节日，五一节正向一种常态性的节日过渡。国共两党将五一纪念作为引导工人反对军阀、资本家及帝国主义，进行国民革命的重要场域。1925 年 5 月 1 日，第二次全国劳动大会上，身跨两党的谭平山强调：“国民党的宣言、政纲及孙总理遗嘱，就是要打倒帝国主义及军阀，要求民族的解放的，最好大家一同起来奋斗。”②风起云涌的五卅运动，在列强的“组合拳”（增加二·五附税贿买段祺瑞政府，瓦解虞洽卿为代表的资本家集团，以过激赤化等罪名恐吓学生、小商人，勾结奉系军阀压迫罢工）打击下步入低谷。反帝联合战线遭到分化、工人阶级孤立无援，五一纪念前景未卜。1926 年五一节恰逢全国第三次劳动大会在广州召开之际，中共乘势提出，“今年五一的目标”，“必须参照当时政治环境和工人迫切要求而定，然后纪念五一，才不致悬空不落实际”；主张争取“组织工会的自由”，“扩大及巩固各阶级的战线！一致向帝国主义及其走狗进攻！”“打倒帝国主义，军阀，政客，工贼组织的反赤大同盟！”各省工人代表与广州工人、学生、军人、市民在“自由的广州”，热烈

① 程海峰：《五一节》，《中华邮工》第 1 卷第 2、3 期特刊，1935 年 5 月，第 63 页。

② 《广州空前之“五一”大示威运动》，《广州民国日报》1925 年 5 月 4 日，第 3 版。

庆祝五一节，以宣泄帝国主义施加的痛苦。中共又适时以“要求八小时工作”相号召，告劝广东工人，“不要滥用”自由权利，而应以有限制地改善经济状况，拥护国民政府，完成国民革命的使命。① 在1899年就出现过蒙自矿工（1200名）暴动的云南，受中共影响的青年学生倡导发扬劳动纪念传统，全力进行国民革命。有论者曰：全世界劳动者40年中用碧血赢得五一纪念，既是“经济斗争”，也是“政治斗争”；“不只是工人阶级团结奋斗的纪念日，并应该是一切被压迫民众团结奋斗的纪念日”；强调对于“半殖民地之中国”工人，要“下一番决心”解放自己的经济痛苦、实现民族独立。②

北伐战争期间，工人群众为国民革命付出巨大牺牲。马超俊对此有中肯评价：“此革命怒潮，席卷而来，久被压迫之工人，为之雀跃。不仅纷纷组织工会，以谋工人之解放，且能运用工会之势力，帮助国民革命，向前推进。国民革命北伐成功之速，追往思源，工会实有其丰功伟烈。”③正是看到了工人的无限潜力，国民党才极力与中共争夺工人的支持。广东国民政府发现工人“无形中脱离”了国民党，便对“五一”宣传的态度发生巨变，开始极力鼓吹“真正为劳动阶级谋利益的只有中国国民党”，而阶级斗争绝不适用于“产业落后”的中国。④

时有“慎予”者，指责党派势力介入劳动纪念动机不纯，全是

---

① 中夏：《今年五一的目标》《五月纪念周宣传大纲》；国焘：《国民政府下的“五一”节》，《人民周刊》第10期，1926年4月30日，第5、6、9、3、4页。

② 《越南〈海防报〉报道1899年蒙自矿工暴动》、武英：《“五·一”纪念日》（《云南学生》第1期，1926年4月30日），云南省总工会工人运动史研究组编：《云南工人运动史资料汇编（1886—1949）》，昆明：云南人民出版社，1989，第146、204页。

③ 马超俊：《中国劳工运动史》上册，重庆：商务印书馆，1942，第112页。

④ 蒲良柱：《以前和今后的五月各种纪念日》，《广东青年》第7、8期合刊“五月纪念特刊”，1926年6月，第2、4页。

"以为赴其他目的之助";主张只有将工人作为劳动运动"中坚"的"主体",才不是"疱代的劳动运动";更强调"工厂主人之困境,实与工人相同","工人处今日而欲起与资本家为难者,结果惟有同归于尽"。此人反对阶级斗争,主张"务求资主与工人之谅解与合作"①。

(二)训政、宪政时期的五一劳动纪念

"节日的建构是将政治与心理学结合,将美学与道德结合,将宣传与宗教结合。"②纪念活动的神圣性来自仪式。仪式化最能体现纪念活动中有关总理遗教及三民主义的文化内涵、政治意蕴。国民党威权正是透过仪式化,将党治赋予宗教般的程式,强势介入劳动纪念。

1925年5月16日,国民党第三次中央执行委员会全体会议决议,"接受总理遗嘱"及"各党部每次开会,都要恭诵总理遗嘱"。1926年1月,国民党第二次全国代表大会决议通过中央执行委员会与中央监察委员会提出的"谨以至诚接受总理遗嘱,并努力履行之"的决议。③ 党政机关由此均将"恭读遗嘱"作为各类纪念活动中的标准仪规。当年5月1日,第三次全国劳动大会呈现出国民党的党化色彩。大会议程中包括:宣读孙中山遗嘱,向国旗、党旗礼敬。1927年,上海五月革命纪念运动筹备委员会曾多次召开筹备

① 慎予:《时评·五一节之两面观》,《国闻周报》第3卷第16期,1926年5月2日,第1、2页。

② [法]莫娜·奥祖夫:《革命节日》,刘北成译,北京:商务印书馆,2012,第20页。

③《第二次全国代表大会始末纪要》,荣孟源主编:《中国国民党历次代表大会及中央全会资料》,北京:光明日报出版社,1985,第191页。

会议,历次会议都首先由会议主席“恭读遗嘱”。1928年,上海各界举行五一纪念大会,在会场大门处悬挂交叉着的党旗、国旗,在讲台正中悬挂孙中山遗像,遗像左右悬挂国旗、党旗,[①]由此将国民党会议议程民众化。至此,这种仪礼成为劳动纪念的常态程序。1929年4月,国民党中央第二次常会通过《五一劳动节纪念办法》,制定了“各地高级党部领导工人团体或其他代表举行纪念礼”的纪念仪轨,包括:唱党歌,向国旗党旗及总理遗像行三鞠躬礼,恭读总理遗嘱,向总理遗像俯首默念三分钟,报告总理对于工人之遗教等环节。[②] 党化五一纪念程式从此完全定型。

纪念活动是特殊的时空场。莫娜·奥祖夫承认“空间具有教育力量”,断言“一种新的城市空间安排似乎就主导了一种新的政治安排”。[③] 孙中山“遗嘱”是国民党的革命方略,其目标在于“中国之自由平等”,是“三民主义”的“符号”;其“遗像”则是具象化的权威“符号”。两者将复杂的革命理论化约为庄严静默的“类宗教性”仪礼,为劳动纪念活动植入“永恒”的“党国”主题,为引导工人、教化工人创造出一个信仰的“空间”。

五月注定是一个多事之秋,一连串的争取民族独立、追求平等自由的政治事件跌宕起伏。时有评论:“这个月头时如何地足以发人深省!自从‘五一’起,‘五三’‘五四’‘五五’‘五七’‘五九’‘五一八’以至‘五卅’,一切壮烈的、惨痛的、兴奋的、庆幸的、耻辱的日子,接踵地现到眼前来。在这各种各样尖利、深刻至足以刺激人们的情感交集之中,真使人尝够了酸、甜、苦、辣的滋味。这些日子,

---

① 《上海五一劳动纪念大会志盛》,《中央日报》1928年5月2日,第1张第3面。

② 《五一劳动节纪念办法》,《中央周报》第46期,1929年4月22日,第24页。

③ [法]莫娜·奥祖夫著:《革命节日》,刘北成译,北京:商务印书馆,2012,第205页。

自然都是至足以教人永久记忆着，不容须臾忘怀的。”[①]除党化劳动纪念外，国民党还完成了对“五四”“五七”“五九”“五卅”等纪念活动的党化。1929 年 5 月，国民党湖北省党务整理委员会在“红五月”的宣传中，盛赞“三民主义”具有世界革命的意义，称：“要想解决全部的人与人争的问题，当然不是俾斯麦、加富耳、华盛顿、林肯、马克思、列宁这些人们所持的主义所能解决。惟有奉行总理所创之的整个的，崭新博大的以世界进化定律为总枢纽的三民主义，才能使五月的革命纪念节，变成有意义，有价值的纪念节，而在人与人争的全部历史上，永远占着极光荣的一页。”[②]

随着国民党停止工人运动，与之相关的五一纪念活动同样受到严格控制。国民党定都南京之初，群众性五一纪念活动仍在国民革命的热浪中普遍开展。1927 年，上海南市与闸北劳动界分别“集合各界开纪念大会”，两处到会人数多达 30 万。[③] 1928 年 4 月下旬，蒋介石就下令停止群众性的纪念活动，只允许各工会分别举行五一纪念。当时上海各界一如往年地准备召集盛大之纪念游行活动，却遭到国民党当局的禁阻。上海市民众训练委员会还特别予以解释：“前日已奉到中央停止各种纪念节纪念之训令，上海民众得此消息，自必引起怀疑。其实纪念之意义，重在内心有深刻之感力，集会游行举动只可为外象的表露。中央所欲停止纪念，在消极之一方面，因为预防发生意外纠纷，致后方秩序不能安固；在积极一方面，则系使民众专重内心之感力。故纪念之形式，尽可废

① 《五一至五九》，《中央周报》第 48 期，1929 年 5 月 6 日，第 1 页。

② 中国国民党湖北省党务整理委员会宣传部编：《五月革命纪念特刊》，汉口：中国国民党湖北省党务整理委员会宣传部，1929，“弁言”第 3 页。

③ 《昨日世界劳动纪念详记》，《申报》1927 年 5 月 2 日，第 3 张第 9 版。

除,而无甚关系者也。”[①]各地或取消游行,或停止集会。广州当局要求劳动团体只准在工会内举办纪念活动,“所有仪式概从简略”,并宣布:“时虞窃发,地方未尽解严,关于集队游行及停工庆祝等项,均无须举行。”要求开会时“应呈请派员监督”。[②] 此后五一纪念活动在总体上趋于低落,但一些城市仍以各自方式举行小型纪念活动。1929 年 5 月,南京、上海、北平、天津、汉口、太原、唐山等地,均在市党部的召集下,积极地筹备五一纪念。但地方当局都加强戒备与防范。在纪念当天,唐山“一百五十三旅旅长并派出手提机关枪枪队若干,梭巡全市”。[③] 当年 7 月,国民党中央委员会第十次常务会议,规定五一纪念,由各关系团体举行纪念大会,各地高级党部派员指导,各机关应派代表参加,厂矿不予放假。在此三个月前,国民党中央还规定“国民政府通令全国工厂一律休假一日以志纪念”[④]。1930 年“五一”前夕,国民党江阴县整委会宣传部发布《纪念办法》规定:第一,5 月 1 日“各工厂工人照常工作,由本会派员到厂时,召集各工厂工人开会纪念后仍照常工作”;第二,纪念礼仪式必须有开会、唱党歌,向国旗党旗及总理遗像行三鞠躬礼之程序。[⑤] 与此同时,“五一”也向娱乐化转变。一些工厂会在当日举办游艺会等活动,“不予放假”显然是为了限制工人参加相关纪念活动。官方主导的劳动节纪念活动因此不再具有群众性,反而压制了工人的纪念热情,失却教化工人的有利时机。

---

① 《市指委周致远对于五月间各纪念节之提议》,《申报》1928 年 4 月 28 日,第 4 张第 14 版。

② 《粤垣今年的五一节》,《中央日报》1928 年 5 月 5 日,第 2 张第 1 面。

③ 《五一劳动节各地纪念盛况》,《大公报》(天津)1929 年 5 月 2 日,第 1 张第 3 版。

④ 《五一劳动节纪念办法》,《中央周报》第 46 期,1929 年 4 月 22 日,第 24 页。

⑤ 江阴县五月革命运动纪念会编:《革命的五月》,江阴:江阴县五月革命运动纪念会,1930,第 67 页。

到1932年5月，由于一·二八事变的影响，加上中共活动，汉口、南京、上海、天津、北平等地党部更加强了对工人的控制。天津工联会原准备在河北蔡家花园举行大规模纪念典礼，“旋与党政军各方接洽，均以在此国难时期，深忧可虑，一有不慎，易惹意外，未邀当局允许”。经多次交涉，当局“允许改为工人代表大会，在党部礼堂举行”[①]。纪念场所由公共空间转入机关礼堂，工人群体已经不再充当纪念活动的主体。江西处于围剿中共的核心地带，当年江西省党部改变五一纪念形式，转以民生机械厂为依托开展工作竞赛。[②] 与江西相距千余公里的成都，同样以宣传“增高工作效能”“努力生产”，作为五一纪念的主旨。[③]

随着工人群体在劳动纪念中地位的弱化，五一经历了由普通纪念日到“国定纪念日”，再到“革命纪念日”，最后又成为普通纪念日的轮回。国民政府出于民众动员的需要，以国家法规形式规定五月革命纪念日，并颁布纪念日宣传大纲，作为全国各界举行纪念活动的指导性文件。国民政府在将国定假日制度化为“国定纪念日”的过程中，逐渐把一般性假日剥离，重新厘定并加入了新的与国民党息息相关的纪念日，如增加“总理就任非常总统纪念日”等。在1927年至1929年间，五一节均被列为国定纪念日。1929年7月15日，国民党中央执行委员会第20次常务会议通过并颁布《革命纪念日简明表》，将“五一”由“国定”改为“党定”纪念日。[④] 到7月31日国民政府公布修正的纪念日列表中，已经明确将纪念日分为

---

① 《五一纪念会》，《大公报》（天津）1932年4月28日，第2张第7版。

② 黄河：《“五一”在民生机械厂》，《新工人》第2卷第1期，1932年6月25日，第40页。

③ 刘毓：《五一劳动节在成都》，《新工人》第2卷第1期，1932年6月25日，第38页。

④ 《国民政府训令第592号令直辖各机关（附抄发革命纪念日纪念式及革命纪念日简明表各一件）》，《国民政府公报》第217号，1929年7月16日，第2—18页。

“国定纪念日”和“党定纪念日”(“革命纪念日”)。但到1930年7月,在第三届国民党中央执行委员会第100次常务会议通过(1934年11月第四届中央执行委员会第147次常务会议修正)的《革命纪念日简明表》中,不论是“第一类国定纪念日”,还是“第二类党定纪念日”,均不再将“五一”列入其中。[①] 此后,《国定纪念日日期表》《革命纪念日日期表》再无五一纪念。国民党、国民政府尽管口口声声要做工人的革命领袖,却淡化了自己革命中的工人色彩。

可能是为重振工人运动“破产”的舆论,经党政机关核准通过,1933年南京工界举行的五一纪念大会之场面极为壮观。“大门搭彩牌楼一座,上悬‘五一劳动节纪念大会’等字样的横额。其旁近会场之北山门口,亦高搭彩牌楼一座,横额字样亦与上同。五花十色的五一纪念标语,则遍见各处。中华门、夫子庙、新街口及下关车站等处,更张悬着大白布标语及宣传品。”[②]

因时局变化,各地党政机关赋予了五一纪念更多的内涵,随之将纪念活动由礼堂再推向公共空间。1937年,山西省政府将五一节打造成推进工业发展、激发民族精神的宣传日。5月1日上午,省政府在“大自省堂”举办“优良技术成品展览会”,展出西北各工厂及个人制造的布匹、纸张、药材等24类优良产品,表彰工业先进百余人。同日下午,省政府在中山公园,举行挑水、成衣、砖瓦等业劳工万余人参加的盛大纪念会。会后,劳工们高呼救亡口号,涌上街头游行。[③] 七七事变后,日寇成为中华民族最大的敌人,官方将五一纪念转化成了抗击强敌的社会动员。1939年5月1日,重庆

---

① 《革命纪念日简明表》,《教育部公报》第6卷第51、52期合刊,1934年12月30日,第24—26页。

② 《京市工界今晨纪念劳动节》,《中央日报》1933年5月1日,第2张第3版。

③ 《庆祝劳动节声中晋各县扩大举行纪念》,《中华实业月刊》第4卷第6期,1937年6月1日,第54页。

市万余工人于公共体育场聚会，举行劳动节纪念暨国民公约宣誓大会。中央社会部马超俊副部长、市党部洪兰友主任到会。①

1942 年 3 月，中央组织部、宣传部、政治部、社会部会商，颁布《举行五一劳动节纪念指导要点》，要求："纪念会由各地政府会同党部及驻军政治部等有关机关策动工人团体共同发起"，"纪念仪式以举行工人代表大会为原则"，"大会主席团及发言人应多指定曾经训练之工人中本党同志担任，并应提高工人之自动情绪"。《要点》将大后方的宣传主旨统一为：(1) 工人应信仰并实行"唯一的救国"的三民主义；(2) 工人应努力参加全面抗战；(3) 推行工作竞赛，加强战时生产；(4) "自动稳定工资，巩固后方排序"。② 此《要点》将五一纪念赋予了工人更多的责任，成为纪念活动的准则。同年 5 月 1 日，重庆召开由重庆市总工会、全国邮务总工会、中国劳动协会重庆工人服务总队部、运输业工会、电力工会组织的纪念大会暨工作竞赛颁奖典礼。陈果夫、张嘉璈、谷正纲、吴国桢、杨公达、包华国等 10 余机关长官出席。大会通电劳动界扩大工作竞赛、增加国防生产。会场特设临时供应站，工人可凭证以九折购买毛巾、肥皂、牙刷等日用品。③ 纪念的形式及内涵"与时俱进"。

全面抗战复员、国土重光，因政策松动，1946 年五一纪念出现了一个短暂高潮。在国民党统治的末期，官方通过五一劳动节，配合宪政，给予了工人一定的举办纪念活动的自主权，赋予了工人以崇高的政治荣耀，而一度不再纠缠于"劳资合作"的老生常谈。

---

① 《万余工人昨宣誓》，《国民公报》1939 年 5 月 2 日，第 3 版。

② 《举行五一劳动节纪念指导要点（1942 年）》，《云南省政府公报》第 14 卷第 21 期，1942 年 3 月 18 日，第 20、21、22 页。

③ 《今日劳动节陪都举行纪念大会》《陪都劳工同胞纪念劳动节》，《中央日报》1942 年 5 月 1 日、5 月 2 日，第 3 版。

1946年3月,中央宣传部、三青团中央团部、军事委员会政治部、社会部审定《三十五年度"五一"劳动节纪念办法》,并下发各市政府、党部及所属下级机构。

> 一、纪念大会由工人团体发起举行,当地有关机关派员指导协助。
>
> 二、各厂矿工人于五月一日放假一天,工资照给。其因工作必要,不能放假者,应加倍发给工资。
>
> 三、遴选对于生产有特殊贡献及发明或对抗战工作有功绩之工人,由政府授予奖章或其他奖励,并将其姓名及事绩公布。

《办法》还规定宣传要点为:"阐扬劳工政策纲领""发展生产促进国家工业化""健全工会组织""打进工人福利事业,普及劳工补习教育""安定工人生活""维持劳动纪律提高劳动效能""倡导工人参政"。①

当年,天津市政府异常重视纪念工作。在纪念大会之前,于4月25日召开由警察局、宪兵、广播电台、市政府、社会部平津劳动站、总工会、社会局代表出席的协调会,确定纪念大会主席团成员名单、会议议程、会议口号;且于28日复召集百余工会代表举行筹备会,商定会议入场秩序、各工会参加人数、标语制作等事项。同时,社会部在《益世报》《民国日报》等报刊设"劳动节专刊",在《大中华》《商报》《河北新闻》《建国日报》上发表社会部长谷正纲等官

---

①《(中央宣传部)为本年五一劳动纪念节方案给天津市政府的代电(附民国三十五年五一劳动节纪念办法)(1946年3月15日)》,天津市档案馆藏,档案号:J0002-3-007168-002。

员的训词。5月1日,“春风和煦,柳絮轻飘”,会场内遍贴标语旗帜,音乐烘托气氛。教育部辅导处等42个单位代表到会,参加大会有107个工会,参会人数计57300人。会议仍然在“唱国歌”“向党国旗及国父遗像行三鞠躬礼”“恭读国父遗嘱”中开幕。此次纪念大会最具特色的是:大会以全体工人名义向蒋介石及各部长拍发致敬电,并由总工会向张廷谔市长敬献书有“群情爱戴”的锦旗。市长夫人则向工会代表颁发“精诚团结”的奖状。津市党部、副市长杜建时、副军长、社会局胡梦华局长讲话(代谷正纲),要求工人努力生产,加强“劳资合作”,“安定生产秩序,不违背劳动的纪律,不愧为劳工的神圣”。大会在“国家至上,民族至上,工业第一,生产第一,劳资要协调”的口号中闭幕。会后举行了盛大游艺表演。在“锣鼓齐鸣”“人山人海”中,中纺四厂产业工会等30余单位的高跷、秧歌等轮番上演,杜副市长立于主席台“与民同乐”,游艺活动历时4小时。整个大会由广播电台实况转播。① 新的时期,政府推出新的规范,旨在催生新的秩序。

如果仅停留在政治威权的建构上,政府当局终会得到社会舆论的挑战。全面抗战胜利后第一个五一节,社会状况却极度恶化。“物价吃人”,劳工穷困潦倒,厂商普遍奄奄一息,而工潮却频繁上演。行政院出台《复员期间劳资纠纷评断办法》,拟以法律威严解决劳资争议。舆论认为此法仅能“治标”,强调“治本”则需政府澄清政局,稳定币值,扶植厂商,才能安定工人生活,保障正常的生产秩序,才可能帮助厂商“在雄厚的资力下,调整工人待遇”,消除工潮于无形。② 1948年劳动节前夕,国民政府已风雨飘摇,各地罢

① 《(天津市社会局)关于天津市五一劳动节纪念大会纪要(1946年)》,天津市档案馆藏,档案号:J0025-2-002854-035。

② 《时评·劳动节谈劳资纠纷的评断》,《金融汇报》第4期,1946年5月1日,第1页。

工、罢课、罢市、罢岗及难民暴动潮落潮起。当年4月中旬,社会部向各地发布《卅七五一劳动节纪念要点》,其中心主旨为:"应以促进劳资合作加强生产完成戡乱建国工作。"具体要求涉及纪念会议规模、办会主导权、劳资合组联谊会等,并于1947年制定《指导办法》。该《办法》特别制定了大会议程:(1)电蒋主席致敬;(2)通电拥护宪政实施及动员戡乱;(3)电国防部转慰勉全国戡乱将士。[①] 劳动节纪念基调就是国民政府应对变局、寻求社会治理的方策。工人因参加"反饥饿"游行被镇压,1948年5月1日当天,有人为工人申辩:"'反饥饿'不是一个叛逆的口号,而是世界一切政治经济问题解决的枢纽。"[②]社会局势的极度恶化,昭示着国民党社会治理的失败。在社会矛盾急剧恶化之时,受控的劳动纪念活动不过是党国装点"劳工神圣"的门面。1949年五一节,淞沪警备司令陈大庆发表谈话,以"现值军事时期""体念时艰"为由,仅允许国民党系上海市总工会举行纪念会,禁止"全市工人同胞"集会、游行请愿。[③]

(三)谁的五一纪念?

五一纪念构成了国民党及国民政府的权力场,体现着党国意识。

南京国民政府甫成立,国民党即利用五一纪念,整肃工人运

---

① 《(国民政府社会部)为纪念五一劳动节事致天津市政府的代电(1948年4月15日)》,天津市档案馆藏,档案号:J0002-3-007600-019。

② 陈仁炳:《免于匮乏之自由:写在五一劳动节》,《天风》第5卷第17期,1948年5月1日,第3页。

③ 《五一劳动节禁集会游行》,《立报》1949年4月30日,第1版。

动,将其纳入党国轨道。1927年4月下旬,上海五月革命运动纪念委员会为五一纪念制定“宣传大纲”14条,其核心强调:“工人必须参加本党的国民革命,打倒军阀、打倒帝国主义后”,始能达到诸如“八小时工作制”的经济要求;“五一纪念不是单纯经济问题,是带有政治斗争意味”;只有三民主义才是“救中国危机”“解放民众”的不二法门;只有国民党才是“扶助农工的组织”,而共产党是“愚弄”工人的组织。[①] 5月1日,蒋介石专门发表《告全国工友书》,倡导“劳工神圣”,呼吁“解除中国工人的痛苦”“增加工钱不要使工人没有工做”。蒋更利用告工友书将党、政、军打造成工人利益的代言人、救世主:“为庆祝和希望工友们赶快根本的解放,最后让我们同声大叫”“为工友们谋真正利益的只有国民党!为工友们造产去享受的只有国民政府!为工友们的解放去打仗的只有国民革命军!”[②]国民党中央宣传部正是按这样的政治考量制定了《五一劳动纪念日宣传大纲》:“中国的农民、工人们要得到彻底的解放,只有相信整个革命的三民主义,只有绝对接受中国国民党的指导。”《大纲》同时指出,五一纪念在国际上有一个从经济动因到政治动因的转变:“劳动纪念日的起源,是要求工作时间的限制,后来这个纪念日的意义逐渐扩大了,便成了劳动者要求政治的经济的种种自由和幸福的纪念日。”对中国工人来说,“若要求得政治真正的自由和幸福”,就要拥护国民党,“扩大五一劳动纪念日的精神”,参加反对资本帝国主义及军阀、买办、土豪绅劣的国民革命。《大纲》着意强调:“今年的劳动纪念日,恰好是国民党定都南京,和恢复党权的日子,所以尤其值得郑重纪念。”[③]国民党借五一纪念着力塑造自

① 《五月纪念会昨开三次筹备会》,《申报》1927年4月28日,第4张第13页。

② 《告全国工友书》,《申报》1927年5月1日,第3版。

③ 《今日五一劳动纪念》,《申报》1927年5月1日,第4张第13页。

己革命的正统地位。国民党在誓言保障工人利益同时,更希望得到工人的理解与配合。蒋介石明确表示:“予忝统制国民革命军,往来为增进工人利益计,不惜多所牺牲而战;但工人方面亦应体谅时艰,注意于国内之实状,勿徒逞意气,而专以破坏为能事,致于己于国,两俱不利。”①其实就是希望工人勿受共产党的影响。1930年4月底,国民党中宣部在《为劳动节告工友书》中,要求工人“更要认清中国国民党是代表被压迫民众的利益奋斗之唯一的革命党。尤其是工人的利益,自总理在日直到现在,无时无刻不在设法扶助增进”②。

国民党在宣扬自己是工人保护神的同时,开始利用五一纪念,构建起一套权威体制。历年五一纪念活动,总会有国民党要人莅会致训词或发表谈话,其内容一般均以高扬工人利益开始,以唯有国民党才能拯救工人结束。1927年5月,胡汉民在南京纪念大会上,发表主旨讲演,指出工人群众只有在国民党的领导下才可以真正举行自己的节日纪念:“南京劳工纪念会,前在军阀压迫特殊势力之下,并不敢开会。今在国民政府地方,始能开此盛大之纪念会。国民革命即此可见是完全领导劳工。”③新政权刚建政,工人对国民党抱有莫名的期许与拥戴。上海南市各工商团体召开纪念大会,向南京国民党中央执行委员会各委员暨监察委员发出通电:“本日上海各团体在公共体育场及闸北青云路开五一劳动纪念大会,到会人数约三十万人,当场议决一致拥护中国国民。誓为后盾,永矢不渝。”④上海工会统一委员会在“五一”通告中称:“今天

① 《蒋介石不变更对俄政策》,《益世报》1927年5月6日,第1张第3页。
② 《中宣部为劳动节告工友书》,《申报》1930年4月28日,第2张第7版。
③ 《五一节南京劳工纪念盛况》,《申报》1927年5月4日,第2张第7页。
④ 《昨日世界劳动纪念详纪》,《申报》1927年5月2日,第3张第9版。

能公然在青天白日的国民党旗帜下,举行这个盛大的纪念会,实在是一件顶欣慰的事件。因为国民党的主义,是主张拥护劳工利益的,是主张改善劳工生活的。"[①]工统会实为国民革命军东路军前敌总指挥部主任陈群一系,此时工统会缺乏工人基础。直到8月,始得到上海轮船码头业务工会等30个分会支持。[②] 工统会并不一定能代表工人立场,但可反映出国民党威权向工界的渗透。

国民党在确立统治地位过程中,势必要铲除政敌,强化对社会的控制。在国民党有关五一纪念的言论中,存在大量矛头直指中共的"斗争"话语。"清党"后的第一个五一节,国民党即利用舆论指责、抹黑中共,企图破坏中共在工人群体中的形象,以消解中共的群众基础。国民党制定的"五一"标语,明确写着"打倒欺骗农民、工人的共产党"。南京召开的五一纪念大会,通过几项体现"清党"主旨的议案,"请求"中央党部驱逐共产党,"请求政府下令讨伐盘踞武汉的共产党分子"。[③] "清党"前,国民党上海临时政治委员会就大肆抹黑中共领导的工农运动:"不意工农运动正际进行,而狡诈之徒,往往愚弄多处农工,假借名义,成立所谓某某工会及某某农民协会,实际不为真正农工运动,专为危及破坏中国国民党三民主义革命之行为。其甚者,借武装自卫之名,组织纠察队,始则持械游行,继者借故械斗,强迫罢工,自相残杀。"其目的无非是要告诫工人:"此后各种真正之工人组织农民组织,其运动必须在中国国民党指导之下。本党自当任扶植保护之责,否则一律严厉禁

---

① 《今日五一劳动节 · 工会统一会公布五一史》,《申报》1927年5月1日,第4张第13页。

② 《各工会拥挤工统会之表示》,《申报》1927年8月27日,第4张第14版。

③ 《南京对武汉将下讨伐令五一纪念会中之提案》,《益世报》1927年5月4日,第1张第3版。

止，决不宽容。至各界民众团体，尤不得违背本党政纲。”①在五一纪念活动中，国民党极力丑化共产党，美化自己。1928年，国民党制定的“五一”宣传大纲，竭尽所能地诋毁中共，同时宣扬国民党的革命正义性：“我们只有遵照总理遗训，努力国民革命。我们要联合全国被压迫民众的力量，把革命的障碍军阀、买办、土豪、劣绅、共产党等，扫除净尽。”“共产党是反革命”，“国民党为人民造产，共产党为人民破产。国民党要劳资协作，发展实业，扶助劳工；而共产党则到处挑起阶级斗争，破坏实业，栽贼生计。所以共产党不扑灭，国民革命就不会成功，劳工的幸福，民众的平等，国家的自由，也就如镜花水月之无可捉扑了”。②

国民党停止民运、控制群众性劳动纪念活动，与国民党自称代表工人利益及提倡工人运动不无矛盾。国民党只有借宣传所谓领导工人运动的历史，博得劳动界的信任。在1927年南京五一纪念大会上，国民党强调与工人运动的历史渊源：“中国国民党领导全国被压迫民众，向他们的敌人进攻，自始就定下了扶助工农的政策。”“国民党改组以后，尤其努力于工人农民群众之唤起。广东的工人，先受国民党之指导，国民政府的扶助而成立工会，参加各种政治的、经济的争斗，得到长足的发展和进步。”“凡国民党青天白日旗帜所及之处，工会协会等团体，莫不活泼发展。”③1928年“五一”将至，上海国民党当局为停止群众性的劳动纪念专门加以解释：“今年之五月弹指将届，上海民众值此北伐胜利之时，当然愈加要轰轰烈烈，为壮烈之表示；但民众训练委员会，前日已奉到中央

---

①《国民党指导工农组织之布告》，《申报》1927年4月17日，第4张第13版。

②《党务消息：五一劳动节宣传大纲（上海特别市指委会宣传部制定）》，《中央日报》1928年5月1日，第2张第4面。

③《今日五一劳动纪念》，《申报》1927年5月1日，第4张第13页。

停止各种纪念节纪念之训令，上海民众得此消息，自必引起怀疑。其实纪念之意义，重在内心有深刻之感力，集会游行举动只可为外象的表露。中央所欲停止纪念，在消极之一方面，因为预防发生意外纠纷，致后方秩序不能安固；在积极一方面，则系使民众专重内心之感力。故纪念之形式，尽可废除，而无甚关系者也。惟上海为工人荟萃之所，届时难保有种种表示，民众训练委员会特于昨日召集会议，详加讨论，决定遵从中央明令，对于五月间各纪念节，完全停止举行；同时规划代行办法，寓消极纪念于积极的建设中。”①在南京召开的五一纪念会上，国民党中央党部代表朱霁清也曾对此加以辩解：“自民十一到十六年的几次‘五一’纪念，都会举行热烈伟大的盛会，而今年却反是几百个代表来参加，这在反动或不知者来看，或者又要说这就是国民党不要民众的表现了。其实中央对于工人运动，是十分注意的，不但不会离开民众，而且是时时都在替民众谋切实的利益的。现在中央民众训练委员会，正在审慎周详的想切实的办法，将来这些办法实行之后，就有事实来作证明，大家也就可以认识我们国民党是不是为民众的了。”②

国民党中的若干地方组织，转而借助五一纪念，宣传以劳工福利推进工人运动。1928 年 5 月 1 日，上海民众训练指导委员会在《为五一节告工友书》中指出：“‘五一’劳动节，是应该纪念的。不过形式上的纪念，是不能解除我们痛苦的，现正上海特别市党部，已议决将消极的纪念，改为积极的建设，预备在这一天，成立‘劳工教育基金委员会’，筹办劳工疗养院和劳工补习学校，还有其他建

① 《市指委周致远对于五月间各纪念节之提议》，《申报》1928 年 4 月 28 日，第 4 张第 14 版。

② 《各地的五一劳动纪念节》，《中央日报》1928 年 5 月 3 日，第 2 张第 2 面。

设计划,都要次第实施。”①

国民政府与国民党共轭,与国民党不同之处仅在于其更多地借五一纪念传布国家治理、社会建设的理念。稳定对国民政府来说,是压倒一切的工作重心。南京国民政府成立的前一天,东路军前敌总指挥部政治部就发出通告:“拥护总理农工政策,保障劳工利益,原有劳资契约继续有效;厂主资本家及企业家不得压迫工友,所有劳资纠纷另有正当解决;工友须在中国国民党指导之下组织起来谋本身真正之利益。”②此举即在消除劳资两界对革命军和即将成立的新政权的顾虑。

新政府肇建,北伐还未完全结束,打倒北洋军阀,关系到政权的稳定。1928 年 5 月,上海特别市指委会宣传部制定《五一劳动节宣传大纲》,提出:“发扬五一纪念日的精神”,“努力国民革命是农工唯一的生路!”“打倒日本帝国主义!打倒奉鲁残余军阀!反对日本出兵山东!”③《中央日报》发表《五一节告全国工友》,强调:“要提高工人的生活,便要使产业发达;要使产业发达,便要打破军阀和帝国主义的压迫。消极方面要打破军阀和帝国主义的压迫,积极方面要发达产业。这个运动,就是国民党所领导的国民革命运动。现在国民革命军在前线和帝国主义所援助的军阀拼命,全国工友们当到这个解放运动的纪念日,更加要严格维持后方的秩序,安慰前方的军心。国民革命早成功一天,中国的产业就可以早发达一天,工友们的生活可以早改善一天。”④此文将北伐、社会稳

① 《党务消息:今天是五一劳动节》,《中央日报》1928 年 5 月 1 日,第 2 张第 3 面。

② 《东路军前敌总指挥部政治部布告》,《申报》1927 年 4 月 17 日,第 1 张第 3 版。

③ 上海特别市指委会宣传部:《五一劳动节宣传大纲》,《中央日报》1928 年 5 月 1 日,第 2 张第 4 面。

④ 彭学沛:《五一节告全国工友》,《中央日报》1928 年 5 月 1 日,第 1 张第 2 面。

定、工人生活水平提高相联系，将工人的私生活与党国命运相联系。

训政开始，北伐成功，党国仍将社会稳定作为产业发展、工人安居乐业之基础。国民党舆论要求“工人要努力赞助政府安定社会秩序”，其理由是：“我国近年来，因为内战迭起，盗匪扰乱，以致民不聊生，社会动摇，人民的生命财产，失去保障，社会的生活秩序，失所维持；因而社会不安，人民失业，人民不能安居乐业，一切建设工作，当然无从进行。现在训政开始，一面要刻苦自励，增加生产；一面要赞助政府，铲除障碍，使社会秩序安宁，人民生活稳定，一切有组织有步骤的革命建设工作，才能实现出来。”①1930 年 5 月 1 日，蒋介石发表《全国工人应有的认识》，强调：“中国工人要增高地位是有两种先决条件：第一便是整个民族的独立，第二便是本国工业的发展。如果整个民族还在帝国主义压迫之下，工人要求单独解放是万万做不到的。所以我们第一，要从增进民族地位之中求工人地位的增进，离开民族利益没有工人利益。第二，要从发展中国工业之中，求中国工人生活的改良。中国工业一日不发展，中国工人幸福便一日不能实现。”②

九一八事变后，国民党政权以“国难时期，深忧可虑，一有不慎，易惹意外”③为由，限制各类群体性活动。蒋介石实行“攘外必先安内”的政策，以防中共暴动及地方实力派的反扑。1933 年五一节前夕，南京工人福利会召集各工会代表开纪念大会，号召：“纪念五一从救民族救国家阵线上去解放工人”，“纪念五一要打倒日本

---

① 胡超吾：《纪念五一我们应有的努力》，《中央日报》1929 年 5 月 1 日，“大道”副刊。

② 《蒋主席在五一节讲全国工人应有的认识》，《中央日报》1930 年 5 月 3 日，第 1 张第 3 版。

③ 《劳动节：工人代表在党部举行》，《益世报》1932 年 4 月 28 日，第 2 张第 6 版。

帝国主义”。大会发表的《告工人书》的精神与蒋介石政策完全重合:“现在我们的国家,内受赤匪的扰乱,使农村经济破产,外受日本帝国主义者的横暴侵略”,“我们工人,在今日的国际劳动纪念日中,应自觉起来,团结起来,拥护中央政府,去致力于剿共与抗日的工作。这样我们的国家民族才有生存的可能,我们工人的痛苦,才有解除的希望”。①

国民政府自诞生即与屡禁屡起的劳资纠纷相纠缠。为消除劳资两界矛盾,党国高张“劳资合作”政策。1924 年,孙中山就明确指出,中国产业落后,本无大资本家,中国工人主要受外国资本的侵略;因而劳资双方应该消除畛域,共同努力于民族实业,提高国家地位。孙中山的主张构成了“劳资合作”论的理论基础。为约束资方,蒋介石在定都南京之初即表示:“清党”目的之一“为拥护农工利益”,“吾人固不高唱打倒资本家之呼声,然若资本家误认共产党打倒以后,本党不复为工人保障利益,彼等可任意虐待工人,则此等为富不仁者,亦非打倒不可”。② “清党”的一个直接后果就是资方借机打压工人。蒋氏言论明确警告资方应有所收敛。“宁汉合流”后,国民党、国民政府官方一致宣扬孙中山“大贫”“小贫”理论,主张劳资合作,反对劳资间的阶级斗争。1928 年,上海农工商局在《为五一节告本市劳资双方》书中,阉割了英美五一纪念中有关工人参政的政治内涵,将五一纪念完全等同于“改良待遇”的经济要求,将“五一节在中国的新意义”,限定在三个方面:第一,劳资双方和政府切实联合起来,“大家打成一片”,抵抗帝国主义的经济侵略,实行关税自主,保护工商业,为工友生活的改良,提供物质基

① 《首都各界明日纪念劳动节》,《中央日报》1933 年 4 月 30 日,第 2 张第 3 版。

② 蒋介石:《对于第二期清党之意见》,《中央半月刊》创刊号,1927 年 6 月,第 10、13 页。

础;第二,“工友们站在发展实业的立场来谋改良待遇”,在改良待遇的同时,“要顾增进技能,发展实业”;第三,“工商业家站在扶助劳工的立场来谋发展实业”①。农工商局还派员分赴各工厂及劳工各团体,“散发通告,切劝导双方合作”②。工人既然要以发展生产为首要任务,因此一些地方五一时,工人仍照常工作。1930 年 5 月,国民政府颁布的《中华民国训政时期临时约法》的第 4 章第 40 条规定:“劳资双方应本协调互助原则,发展生产事业。”③国民党、国民政府将“劳资合作”的精神写入“宪法”性质的根本大法,为劳资两界互助提出约束性的法理依据。

五一纪念中充满了国民党、国民政府所主张的“劳资合作”的价值观。1928 年五一节,国民政府工商部长孔祥熙在《五一告全国工界同胞》中强调:“劳资合作,关系极为重要,因社会经济本属互相关联。劳资两方,如能推诚相见,和衷共济,则两利并存,固然是社会的福利,也未尝不是国家的好气象。否则经济组织,势必因两方的互相摧残,终归破裂。”“所以我国今日的经济界,必当以劳资两方互谋福利为主旨,而劳工节之举行,不独为劳工方面所主张,亦实为企业方面及资本方面所欢迎,故别国所叫做劳工节的,在我们中国却不妨更有一种劳资合作节的新意义。”④国民党中央通令各厂工人 5 月 1 日“无庸停工参加”纪念大会,并通知各厂主“是日应加给工友半日工资,此费即作为劳工教育基金”⑤。力图以此推行“劳资合作”政策。

---

①《本局为五一节告本市劳资双方》,《农工商周刊》第 14 期,1928 年 5 月 1 日,第 1 页。

②《党务消息:今天是五一劳动节》,《中央日报》1928 年 5 月 1 日,第 2 张第 3 面。

③ 朱子爽:《中国国民党劳工政策》,重庆:国民图书出版社,1941,第 3 页。

④《党务消息:今天是五一劳动节》,《中央日报》1928 年 5 月 1 日,第 2 张第 3 面。

⑤《各厂钧鉴(上海特别市党部临时民众训练委员会)》,《申报》1928 年 5 月 1 日,第 2 版。

“阶级斗争”作为“劳资合作”强有力的对手，逼迫党国处处设防，全力曲解、否定“阶级斗争”的合理性。国民党把五一节既当作“防共”的“防波堤”，也当作鼓吹“劳资合作”的大好时机。1929年五一节，国民党上海特别市党部宣传部制定《五一宣传要点》，诬蔑中共宣传阶级斗争“只是利用工人造成恐怖，以夺取政权，不但不是为工人谋利益，且陷工人于绝境”，要求“全国工友要求解放，应本劳资合作的精神，生产之增加，使国民经济发展”，万勿受中共的影响。[①] 然而，工人并没有因训政开始、北伐成功而“享受”到“一点”利益。湖北省党务整理委员对此心知肚明，但却极力劝解工友，在反帝任务未竟时期，切莫谋取参加国民革命的“代价”，否则就是“中了共产党的计策”。鄂省党整会在1929年发布的《“五一”节告全省工友书》中再次强调：中国目前“只有劳资分业，没有劳资的阶级”，决不能如中共“专事阶级斗争，破坏我们革命的联合战线”，干扰恢复民族独立的进程。本党热忱关心工人，“之所以不能马上满足工友们的要求”，半是受封建遗毒的桂系军阀叛变，半是“共产党从中捣乱”的缘故。工人必须在本党的领导下，肃清共产党，“本劳资合作的精神”，忠于职务，才能实现自身利益的提高。[②] 1930年，江阴县整委会宣传部在《革命的五月》中同样申明：我们的国民革命是联合农工商学兵“来谋整个民族的利益，不是任何一阶级的利益”，更非“劳资仇视阶级斗争”；唯有“劳资协调”，中国生产才有发展。工友只能在民生主义之下求得解放，这才是

① 《五一宣传要点》，《申报》1929年5月1日，第4张第13版。

② 《“五一”节告全省工友书》，中国国民党湖北省党务整理委员会宣传部编：《五月革命纪念特刊》，汉口：中国国民党湖北省党务整理委员会宣传部，1929，“告民众书”第1、2页。

工友们的唯一出路。[1] 1930 年,国民党中宣部发表《告工人书》,强调中国工业落后,“只有劳资的分业,没有劳资的阶级”,指责中共利用工人反对资本家的“阶级斗争”,只能导致“民死主义”[2]。

国民政府一方面以孙中山遗教动之以情,另一方面则从增进生产、提高国力、改善生活的角度来“晓之以理”,撮合劳资合作。国民政府同时利用“国情”论,宣讲劳资合作之必要性。1936 年 5 月 1 日,政府当局强调:“中国存亡系于经济建设之成否,而工业建设则为其重要部分”,“劳资双方宜觉悟,兴工业为救亡。在此大义下,劳资合作团结共进”。[3] 同年,湖南省政府主席何键“创造性”地对“劳动节”赋予两重意义。他在五一纪念大会上的讲演《中国人所应认识的劳动节》中强调,中国工人正处于手工业时代,“正需要延长工作的时间,才能得资以维生活”,争取“八小时工作”,对处于资本主义国家的工人是“胜利”,而对中国一般工人则是“损失”。何键更将“劳工”概念“扩充到全体民众”,提出“劳商、劳学、劳吏、劳兵”等新名词,呼吁全民都应尽“劳动义务”。[4] 他希望工人在谋生的同时以强烈的社会责任感而无怨言地从事生产,这实际上是将“劳资合作”的义务单方面地交给工人一方。

全面抗战军兴,国民党、国民政府,甚至军方,都要求工人以国家民族利益为上,全力生产,抗击日寇。1940 年 5 月,国民党中央委员潘公展发表文章《怎样纪念“劳动节”?》,强调工人的“使命和

---

① 亚平:《序》,江阴县五月革命运动纪念会编:《革命的五月》,江阴:江阴县五月革命运动纪念会,1930,第 2 页。

② 《中宣部为劳动节告工人书(续)》,《申报》1930 年 4 月 28 日,第 2 张第 7 版。

③ 《国际劳动节五十周年各地举行纪念》,朱汇森主编:《中华民国史事纪要(1936 年 1 至 6 月份)》,台北:“国史馆”,1987,第 833—834 页。

④ 《中国人所应认识的劳动节》,《国光杂志》第 17 期,1936 年 5 月 16 日,第 35、36 页。

任务"是"取得中国国际地位的平等","要努力工作,增加生产,使中国的民族工业日益巩固发达"。[①] 后方勤务部第二站区兵站总监部发表纪念劳动节文章,强调:中国工人的痛苦皆为帝国主义,特别是日本帝国主义所赐,只有国家民族获得独立解放之后,工人同胞才可能拥抱自由幸福。工人应该放下自身的利益诉求,服从全民的利益,"体谅时艰,信任政府,帮助政府为整个国家民族的利益而奋斗,打倒当前的暴敌"。同时礼赞神圣的劳工是全面抗战胜利的重要力量,安慰工人,政府将通过统制生产,防止私人企业剥削工人。[②] 战时工人承受着难言苦楚,尽管受到政策性压制,仍不时反抗资方。

国难是最大的国情。1942 年 5 月,重庆新生活运动促进总会妇女指导委员会号召工人,希望在"国家至上""民族至上""军事第一""胜利第一"原则下,中国工人在民族解放运动中,遵照蒋介石指示,努力为国生产,争取民族解放,提高工人地位。同时,希望政府能以法律保障工人权益,希望资方"为了增加战时生产而改良工人待遇",以"劳资协调"增加厂家利益。[③] 1945 年 5 月,国民党第六次全国代表大会决定了劳工政策的纲领,其方针为:"依国家民族至上之原则与国际合作之精神,发展劳工组织,提高其地位,改善其生活,并促进劳资合作,调节劳力供求,增进劳动效能,加强国际劳动联系,以确保社会安全,适应国防民生之需要。"[④]这是对此前劳工政策的继承,也是以后政策延续的主旨。

---

① 潘公展:《怎样纪念"劳动节"?》,《中央党务公报》第 2 卷第 19 期,1940 年 5 月 11 日,第 8 页。

② 《纪念劳动节》,《后方勤务》第 2 卷第 9、10 期合刊,1940 年 6 月 10 日,第 1 页。

③ 《怎样纪念"五一"劳动节》,《妇女新运》第 4 卷第 5 期,1942 年 5 月,第 2 页。

④ 《本党政纲四要目》,《中国国民党第六次全国代表大会大会日刊》第 12 号,1945 年 5 月 16 日,第 2 版。

五一纪念也是工人的权利场，体现其朴素的生存意志，劳动纪念活动毕竟是为工人群体搭建的表达诉求的讲坛。1927 年 5 月 1 日，在上海南市各工会举行纪念大会上，工人齐呼“扶助工人发展”“改良工人待遇”“实行八小时工作制”“拥护工人利益”“拥护农工政策”“工会是工人谋解放的工具”等口号。① 1928 年，上海七大工会为五一节发表的《告工人书》，表达了追求人的尊严、改善生活境遇的主旨：

> 我们劳动阶级虽然为人类建了不少的功绩，但是数千年以来，因为统治阶级的压迫，剥削阶级的残忍，我们差不多流于非人的地位。名义上我们虽是“人”，尚负着“人”的美名，而实际何尝有“人”的自由，过着“人”的生活，和耕田的老牛，推车的老马，惟有忍受主人的鞭策，有何区别。……劳动阶级既有伟大的创造力，有自己的意识形态，当然不愿，并且不至于永远受人剥削和宰割。“五一劳动纪念节”就表现劳动阶级的开始自我的解放。②

工人群体也通过五一纪念活动，向资方提出相应的惠工要求。1929 年“五一”将至，南京总工会决定全市工友是日“一律休息一日”，并要求雇主照给工资。为免雇主反对，该会特函请市社会局及市商整会，转令各厂主店主一律照发工资，“不得故意克扣，以维工运云”③。

五一纪念活动在客观上也确实为工人群体“集体自觉”提供了

---

①《昨日世界劳动纪念详纪》，《申报》1927 年 5 月 2 日，第 3 张第 9 版。

②《上海七大工会五一纪念告工友书》，《中央日报》1928 年 5 月 2 日，第 1 张第 3 面。

③《五一节放假，工资应照给》，《中央日报》1929 年 4 月 27 日，第 2 张第 4 版。

绝佳的“舞台”。工人们在允许范围内，利用五一节开展各种游艺会，其中一般均排演不同各类剧目，既娱乐自己，又申说自身悲苦境遇与摆脱苦难的诉求。1929 年五一节，南京市总工会召集全市各级工会代表在该会大礼堂举行纪念大会（包括各机关代表 300 余人）后，还在金陵大戏院举行“五一劳动节纪念游艺大会”（党政机关暨各工会代表 1300 余人）。邮务工会表演哑剧《邮工之痛苦》。总工会表演由该会委员刘春林写作、外交部陈大悲导演的新剧《工人》及陈大悲编导的哑剧《真解放》，“描述工人苦况，并资本家、军阀、帝国主义者、共产党等，层层倾压的情形，及至国民党徽出现群丑弱化状态等等”。工人扮演者为总工会陈森。①

工人要求党政机关予以全面保护的要求，同样在劳动纪念活动中有所表现。1932 年，上海市总工会召集邮务、出版等 68 个工会举行“工界纪念五一代表大会”，到会代表 500 余人，议决重要提案 10 项，除要求全市工友抗日救国，余皆涉及工人权益：（1）呈请中央从速修改工会法案；（2）呈请中央拨款救济本市失业工人案；（3）呈市党部彻底改组本市劳工教育委员会及劳工医院案；（4）呈请市政府训令各厂商，在国难期间，不得借故停厂及开除工友，并令安全区内各厂迅速开工案；（5）呈请市政府严饬资方，遵守劳资纠纷调解或仲裁决定案。②

工人诉求中同样有与国民党、国民政府要求高度重合者。1935 年，全国邮务总工会宣传部经《中华邮工》刊发《中国邮工纪念五一劳动节的态度》《五一劳动节与邮工》《今年五一节应庆祝政府实施劳工教育》等文章，主张将邮工运动与邮务发展相结合，要

---

①《全市工界前日热烈庆祝世界劳动节》，《中央日报》1929 年 5 月 3 日，第 2 张第 3 版。
②《工界纪念劳动节》，《申报》1932 年 5 月 3 日，第 1 张第 4 版。

求邮务员工对照时代开展“自我批判”，以促进邮务员工自觉地丰富学识、健全精神、忠实工作，无愧于五一纪念；反对以开会、刊发报刊专号、放假等诸般形式，“非常空洞”地纪念。[①] 邮务界领袖水祥云，主张“每一个国家纪念‘五一’劳动节，都有她的时代使命与民族意识做背景的”，中国纪念“五一”“应当确定适合我们中国国情的‘五一’劳动节”。在他看来，中国国情就是受不平等条约束缚，“劳动大众”无处出卖自己的劳力。因此，中国纪念五一劳动节的“标的”，就是全国劳动界共同努力救亡运动，而非实现工业发达国家高悬的“三八制”。[②] 1937 年 5 月，广东机器总工会召开各支分会代表 500 出席的纪念大会，呼吁“以三民主义，为唯一救国主义”，全力拥挤蒋介石、国民党中央及新任粤省主席吴铁城，以尽发展经济、国防、交通、生产的天职。[③]

党政机关及各界出于不同目的，在劳资纪念活动中表达出对工人悲苦生活的同情。1927 年，上海各团体组成的“五月革命运动纪念会”筹备委员会，策划全市工厂商店学校停工停市停课纪念五一节，为保障顺利进行，特利用上海起义中结成的同盟关系，致函东路军总指挥部指挥长白崇禧，要求保障工人参加纪念活动的权力：“此次停工原为纪念五一，惟恐各厂厂主，借口罢工，有开除工友，或扣除薪工等情，亦仰钧座出示通告，制止该厂主以上之行为，以符本党拥护农工之本旨。”[④]1929 年 5 月 1 日，南京市总工会举行

① 白秋：《“五一“劳动节与邮工》，《中华邮工》第 1 卷第 2、3 期特刊，1935 年 5 月 5 日，第 68、69 页。

② 祥云：《创造中国的“五一”劳动节》，《中华邮工》第 2 卷第 4 期，1936 年 4 月 30 日，第 1 页。

③ 李德轩：《劳动节之感想与机工应有之觉悟》，《进化》第 6 期，1937 年 5 月 10 日，第 1、2 页。

④ 《五月革命运动之筹备》，《申报》1927 年 4 月 29 日，第 4 张第 13 版。

由数百工人参加的五一纪念典礼,大会由国民党市候补执委戴谨闻主持,各院部均派代表参会,“演说者甚众,大意认五一节是工人团结精神之结果,打倒资本主义之压迫,达到八小时工作之目的,改善待遇,解除痛苦,提高生活,是工人本身上有利益的纪念日。大家要努力振作,方不负今日纪念之意义”①。国民党机关报《中央日报》也发表社评,为工人伸张正义:“我们回想到我们中国的工人,作工多至十六小时,休息不到八小时,教育时间,竟连一分钟都没有,作工过多,休息过少,何怪工人身体瘦弱、教育缺乏?何怪工人智识浅薄?尤其可怜的,就是一班童工和女工,也受同样的待遇。外国工人,到了‘人日’,大半已经得到了人的生活,中国工人到了‘人日’,过的还是非人的生活。磋我工人,何以生存?”②

出身于社会底层、具有官方身份的工会领袖,一般均能充当劳工利益的发言人。即使在全面抗战时期,中国劳动协会仍强调在“抗战胜利自属第一”原则下,呼吁劳工“急谋实施”卫生、健康、合作运动、文化教育诸种工作的发达。③ 同样是在1947年上海召开的各业工人召开的五一纪念大会上,水祥云的发言更能反映工人利益。他一方面在宪法的维度上要求政府成立全国总工会、保障工人参政权,另一方面立足现实需求,要求政府要求努力促成劳资合作、解冻生活指数、救济失业工人。④ 其发言既不失官方立场,又不负劳工利益。

全面抗战胜利后,工人的爱国热情,与“断崖式”的现实境遇,

---

① 《冷落劳工节已过》,《益世报》1929年5月2日,第1张第3版。

② 《纪念五一》,《中央日报》1929年5月1日,“大道”副刊第57号。

③ 《五一劳动节告全国工友书》,《中国劳工》第6卷第2期,1944年6月1日,第3页。

④ 《京沪热烈庆祝劳动节》,《社会工作通讯》第4卷第5期,1947年5月15日,第30页。

迫使工人为生存而抗争。日本政府宣布投降后，上海职工在政府未到前，即组织纠察队，抗击敌伪宪兵武装，夺取、保卫工厂工具、原料、成品，追缴已被偷运的物资，帮助政府顺利完成对日伪产业的接收。然而，随接收而来的却是物价飞涨、生计窘迫。1946 年，上海工人借“劳动节”，要求政府改善职工生活，实行失业救济，并希望政府保障职工生活、职业、信仰、居住、结社的自由。[①]

总体而论，工人利益诉求常为党政机关所压制。五一纪念中应有的工人主体性，不可能充分体现。党政部门对工人权益的提倡，也都从属于党政的利益。五一纪念只不过为工人提供一个娱乐、“跑龙套”的机会而已，工人并无实利可言。1948 年，上海市中药业职业工会常务理事陈庆祥，对五一节只重形式的“口号”式纪念曾有烦言：“每到五一劳动节，全市工友例得热闹一番。游行，喊口号，贴标语，开游艺大会。”“以往五一节工友跑了一整天，玩一整天，口也叫哑了，脚也走酸痛，拖着疲乏的身子，回到家里，再有什么收获？这是庆祝五一节？每年喊实行三八制、提高劳工地位、改善劳工生活”，“究竟已做到何种程度？”“失望，无结果，无进步”。他强调，中国工人“流血拼命”，忍受艰苦生活，为铲除军阀、反对封建及抵抗外来侵略，“曾发挥了伟大的精神和力量”；呼吁实行“三八制”、确立“劳工神圣”的地位、改善工人生活，希望政府奖掖鼓励、资方协助，共同实现这一“时代使命”。[②]

---

① 祁华：《大转湾的一年：为纪念“五一”而作》，《生活知识》第 23、24 期合刊，1946 年 4 月 30 日，第 5 页。

② 陈庆祥：《纪念劳动节的使命》，《中药职工月刊》第 2 卷第 3 期，1948 年 5 月 1 日，第 1 页。

(四)纪念背后的理论困境及纷争

“劳资合作”的理论面对着“不合作”的现实。“劳资合作”是国民党政权在五一纪念活动中所秉持的核心价值观念,其不单牵涉资本家与工人这两个社会上的基本利益主体,还牵涉理论的完整性及政权的稳固与发展。国民党政权利用五一纪念活动倡行“劳资合作”,试图以此稀释中共的“阶级斗争”学说,进而调解劳资之间已有或潜在的矛盾,将两者聚合为“全民”政权的重要基础。但劳资两大群体之间存在着难以调和的矛盾,国民政府也承认这一现实:“劳资争议的如何处理,的确成为现今的一个重要问题了。我们极力反对共产党用两败俱伤的阶级斗争法,而是主张要使劳资双方的利益相调和的;但是在原则上虽然这样确定了,事实上,劳资双方相互间的冲突,实在是免除不了。要是没有一个处理的标准,纠纷的蔓延,不特是生产界的损失,于治安上亦有莫大关系。何况在现今军事时期,后方的变故,颇易影响前方的战事呢。”①

国民党一方面不断宣扬“劳资合作”,另一方面却又渲染工人的困苦境遇及其遭受的剥削与压迫,其将矛头指向旧军阀、官僚资本、帝国主义及中共,同时也间接、直接地指向资本家。1928 年 5 月 1 日,《中央日报》主笔彭学沛发表文章,通告工人:“中国工人的工作条件比起欧洲先进国工人的工作条件,相差的远,大概我们中国的工友们是想象不到的。中国的工人假如没有特殊的技术,平均每天能赚三四毛钱,还要是都会里的工人。”同时又指出:“中国的工人和其他的农人商人一样,向来受军阀压迫”,“要提高工人的

① 《劳资争议处置办法通过》,《中央日报》1928 年 4 月 29 日,第 3 张第 4 面“一周间的大事”第 13 号。

生活，便要使产业发达；要使产业发达，便要打破军阀和帝国主义的压迫”①。党政军各方在同一天都大加宣扬：“劳资合作”的理论基础，是劳资共受军阀、帝国主义的剥削、压迫。② 1929年，南京特别市党部宣传部在《为五一节告工人书》中，将工人运动置于民族主义之下，指出：“‘五一’不但是工人向资本家要求无条件的缩短工作时间与改善待遇所举行示威运动的纪念日，而且是全世界劳动群众觉悟到自身同陷于国际帝国主义铁蹄之下，受着剥削与压迫，必须全世界劳动群众联合起来向帝国主义，一致攻击，求得人类全部解放的纪念日。”但其后话锋反转而强调：“全国工友要求解放，应本劳资合作的精神，忠于职务，求技术之精娴，制造之改良，生产之增加，使国民经济发展。”③国民党既鼓励工人向资本家开战，却同时又宣扬“劳资合作”。这是揭露劳资间矛盾，还是化解劳资间矛盾？两者动机的冲突，足以反映国民党在优先发展国家资本主义，还是首先保护工人利益问题上，存在着游移的政治价值取向。这是“劳资合作”理论缺乏现实基础的表现。难怪有社评称：“政府此际宜于劳工问题有整个的建设计划，当更较空言提倡或消极防制为有利于劳工也。”④总之，国民党在五一纪念中，宣称为劳工谋利益，却又在限制五一纪念活动，国民党矛盾的利益取向实为工人运动的镣铐。

国民党宣传工人的苦难，主要目的还在于把这种苦难转化为工人对帝国主义的憎恨，借此实现“劳资互助”，共同发展实业。但

① 彭学沛：《五一节告全国工友》，《中央日报》1928年5月1日，第1张第2面。

② 《今日“五一”劳动节纪念》，《申报》1928年5月1日，第4张第13版。

③ 《京市党部宣传部为五一劳动纪念告工友》，《中央日报》1929年5月1日，第2张第1版。

④ 《社评·五一节与中国劳工运动》，《大公报》（天津）1929年5月1日，第1张第2版。

身临困苦的工人群体，最直观的感受却来自现实的压迫者——资方与雇主。国民党报也常代工人传达这一感受："试看我国工人的工作时间，常是在十二小时乃至十五六小时，于工人体力是何等的损害？"①"凡工人所应受的报酬，几乎都被'为富不仁'的资本家所榨取。"②

随着国内经济的恶化，工厂企业生存艰难，原本某些有着"劳资合作"意愿的资方、雇主也逐渐消极起来，甚至一度与政府对抗，不买劳资调和的账。③ 为此，政府有时也会根据时局有意无意地默许工人争取自身的权利。1933 年，北平市工联会在《告工友书》中，提出："在国难迫切关头，要记着自己是中国工人，本着英勇坚毅的精神，担负爱国工作，对雇佣的资方去力争八小时工作权利，增加最低条件的工资，好以工作过后时间及生活最低用费，省下的经济，去作抗日运动。"④工会将反帝与向资方争取权益结合起来了。

国民党反对阶级斗争，一直将劳资冲突的原因归结为帝国主义对工人群体的压迫，在全面抗日战争期间，则将帝国主义具象化为"日本"。其理论认为根绝劳资冲突的前提条件是实现民族独立。全面抗日战争结束后，中国成功废除了不平等条约，依"劳资合作"理论，中国工人将获得经济自由："现在我们抗战胜利了，日本帝国主义和他卵翼下的买办资本阶级和经济汉奸业已消灭，同时束缚我们的不平等条约也完全取消，我们已经走上工业建国之路，今后劳工同胞无疑的站在重要地位，这也就是在三民主义领导

---

① 《三八制运动与益工事业》，《中央日报》1929 年 5 月 1 日，"大道"副刊第 57 号。

② 屠哲隐：《中国保工事业现状》，《中央日报》1929 年 4 月 30 日，第 1 张第 3 版。

③ 参见王奇生《工人、资本家与国民党：20 世纪 30 年代一例劳资纠纷的个案分析》，《历史研究》2001 年第 5 期。

④ 《今日劳动节》，《中央日报》1933 年 5 月 1 日，第 1 张第 3 版。

下的劳工运动获得的代价!”但现实对工人而言只遗愁绪。以天津为例,社会局局长胡梦华也不得不承认:“复员后,交通梗阻,缺乏原料与燃料的供应,多数工厂遂因之不幸停工,我们劳工同胞处在这种无形失业的压力之下,够多么痛苦呢!”工厂开工后,劳资冲突又不断,甚至愈演愈烈。国民党有关中国没有工人与民族资本家两大对立阶级的理论,因有悖现实而失去了根基终至破产。此时,政府将实现劳资合作赋予新的内涵。天津社会局局长胡梦华在《五一劳动节敬告天津市劳工同胞书》中宣称,“我们现在虽然列为一等强国”,但“我们是一个工业落后的国家”,“没有坚强的工业”,“就不能保障国家的独立自主”。而“增加生产”的“首要条件就是劳资协调”。“因此我们劳工同胞在国家至上,民族至上,工业第一,生产第一的信念下,必须要切实的做到劳资协调。”①这样,工人原本期许的“劳资合作”,则演变为政府推动工业化的手段。

全面抗战胜利后,资方受挫于劳动力成本、市场、资金、设备,大多厂矿难以存续。与胡梦华相似的观点在“胜利后的第一个劳动节”期间流布于舆论界。《新闻报》《大公报》上所刊载的一些文章,主张将劳工生活的改善置于“增加生产”之后,强调劳工“只有根本解决”“整个国家的贪穷”,才能实现自身的脱贫。有言:实现国家的脱贫,惟有实现国家工业化、现代化,只能走国家“资本主义的自由经济”的“道路”。“资本主义的发展前进一步,无产阶级的势力也就前进一步,这本是一个不磨的法则。”劳资双方力量的壮大,是资本主义发展的必然结果。劳资双方的冲突,是资本主义发展的附属物。发展资本主义,必须调解劳资纠纷。发展资本主义,

① 《(天津市社会局局长胡梦华)五一劳动节敬告天津市劳工同胞书》(1946年5月1日,原档误标为1945年),天津市档案馆藏,档案号:J0025-2-002854-009。

必须以劳资合作为前提。这些舆论进而完全将劳资合作之责任加诸劳工一方:“希望劳工阶级负起建国的神圣责任,为贫穷中国创造财富,提高技术水准,增加生产数量。”代表资方立场的《纺织周刊》借势刊发社论性质的文章《胜利后过第一个劳动节》强调:“中国在复兴途中,经建政策应为工业化,工业化与劳工利益不可分,惟有领导工运走入健全正轨,使工业有前途,生产得发展,便为国家民族之大幸。”①

此类舆论之所以自信其主张,有其内在逻辑之理由,可将之称为“相对贫困论”。代表资方言论曰:“若指此时劳工待遇过低为贫穷,则应比较其他阶层,比较战前,方为合理。倘有画出一条贫穷线,以最低生活为界限,恐怕现在大部分薪水阶级,都挣扎在贫穷线上了。目前上海劳动者收入虽有种种不同,不可一概而论,但因所定底薪大多高于战前薪水标准,遂使一部分工人生活已较战前为佳。我们并不反对提高劳工的生活水准,但大家应奉生产为第一,不可使生产成本涨高,至无消纳的市场,以致工厂不能经营下去,这对建国却是一大危机。”既然工人生活不是绝对贫困,自然勿须提高工资。只有降低工资成本,牺牲劳工的经济利益,才能保障资方“投资工业的兴趣”。②

这套发展战后经济的“理论”,竟然将政府理应承担的促进生产、维护厂矿稳定、协助资方的责任,全盘加诸劳方,是彻头彻尾的资方论调,对战后复员无益,反遭劳方反对。③ 舆论中不乏支持工人的论调。针对反驳“工资成本”论,有论者指出,工资以外,机器、动力、原料等成本都与工人无关,“如果高涨,当然都不是工人的过

---

①《胜利后过第一个劳动节》,《纺织周刊》第 7 卷第 9 期,1946 年 5 月 4 日,第 235 页。

②《胜利后过第一个劳动节》,《纺织周刊》第 7 卷第 9 期,1946 年 5 月 4 日,第 235 页。

③《胜利后过第一个劳动节》,《纺织周刊》第 7 卷第 9 期,1946 年 5 月 4 日,第 235 页。

错”。即使劳动力成本上扬，也非工人之过，何况工人的收入难以维持战前生活水平。此君明确反对袒护大发国难财的资方，反对“只为了少数人的享受”“大多数劳动人民忍冻挨饿”的工业化、现代化和增产。①

从意识形态而论，五一纪念场恰是国共两党短兵相接的战场。中共对工人影响并未随国共合作破裂而消失，中共话语仍潜移默化地影响着国民党人。1927 年“清党”后，中国国民党湖南省党部工人部仍然崇尚“阶级斗争”，在《“五一”劳动节宣传大纲》中，回顾 1921 年以来工人抗拒资本家的罢工、反军阀、打倒帝国主义的历史，明确提出：“要保障国民革命已得的胜利，便必须保障工人阶级的利益，要发展扩大工人阶级斗争，方能使革命得到最后的胜利。”②1927 年，九江举行 3000 人参加的五一纪念大会（上午 11 时开始，下午 4 时始散）“市党部派多数党员，散布过激传单，大为共产党张目。”其宣传标语为：“打倒新军阀蒋介石”“反对军国主义”“打倒大资本家”“没收大资本家财产”“铲除土豪劣绅”“管理工农生活”“工人武装参加战线”等。③ 相反，当时南京政府制定标语则是“农民工人于国民党指导之下联合”“打倒欺骗农民工人之共产党”等。④

国民党在五一纪念中一直攻击共产党，即足以说明共产党在工人中的影响力。中共在鼓动宣传外，还往往于五一节前后组织“飞行集会”。1930 年 4 月 27 日，上海地下党拟在“英法两租界间

---

① 徐文蔚：《评大公报五一社评》，《民间周刊》第 5 期，1946 年 5 月 10 日，第 3 页。

② 《“五一”劳动节宣传大纲》，《湖南民报》1927 年 4 月 24 日，第 3 版。

③ 《“打倒新军阀蒋介石”——九江五一节之标语》，《益世报》1927 年 5 月 6 日，第 1 张第 3 版。

④ 《南京政府之五一运动标语》，《大公报》（天津）1927 年 5 月 1 日，第 2 版。

东新桥一带集会，作五一示威预习。事经当局探悉，预行防范”①。1930年5月1日上午10时，上海“南京路到有青年男女共党五百人，分散河南路、浙江路间，以爆竹为信号，轰然一声，高呼反动口号，散发传单”②。

中共擅长发动工人、领导工运，因此任何有关工人活动的举动，在国民党看来，都可能与中共有关，故常粗暴地镇压正当的群体性五一纪念活动。1933年五一节，北平市工会救国联合准备召开纪念大会，但“呈请市党部后，业经市党部批驳”。③ 上海工人学生之集会更被军警阻挠。5月1日“晨九时突有工人学生在汇山路召集市民大会，并有反动传单，经捕房制止，拘九人，群众拥致捕房请释未准。嗣后拟二次集会，捕探劝告仍不散。一探被殴伤甚重，续捕十余人，被武装驱散”④。国难期间，五一节群众性的游行集会，既是共产党动员结果，又为抗日救亡运动所催生，国民党为维稳已无暇判断活动之性质，只能简单粗暴地予以取缔。每每“五一”前后，国民党当局更是草木皆兵，一律实施戒严，以“严防不肖份子乘机捣乱”⑤，自我疏离与工人的关系。直至全面抗战时期，国民党在后方仍然限制五一纪念。1939年，为淡化“五一”中的工人色彩，国民党将“五一”与“五七”纪念统称“五月革命纪念周”，举行“国民精神总动员月会”（简称“国民月会”），并在当年5月1日于重庆召开首次“国民月会”。同日，中共组织利用合法时机，以

---

①《五一前之上海》，《大公报》（天津）1930年4月28日，第1张第3版。

②《五一节沪暴动未果》，《益世报》（天津）1930年5月2日，第1张第3版。

③《今日劳动节各地戒备禁止游行集会》（天津），《益世报》1933年5月1日，第1张第2版。

④《昨日之上海微有纷扰》，《益世报》（天津）1933年5月2日，第1张第2版。

⑤《昨日五一劳动节》，《中央日报》1934年5月2日，第1张第2版。

“工会”“工抗会”名义，发动成都印刷工人在中山公园集会纪念“五一”，取得了印刷工人加薪的胜利。①

国民党在与中共争夺五一纪念主导权中败北，还在于中共决不将五一纪念局限于工人群体，而是将此纪念作为民众运动的重要环节。1930 年 4 月，天津几十名工人、学生党员致力于青年运动、工人运动，提倡罢工、怠工、罢课。② 中共还通过革命互济会、天津总工会召集五一纪念筹备代表大会，到会团体 40 个、各界代表 50 余人，其中，代表工人（裕大、恒源纱厂、码头、海员、皮毛业）占 2/5 强，代表学生（法商学院、南开、工商学院、第一师范）占 2/5 弱，余者代表士兵、农民、警察、妇女。此外，还有中共领导的“反帝大同盟”，反对国民政府的“中国自由运动大同盟”代表参会。会议决议发动群众日常斗争，通过“拥护中国共产党的口号”。③

中共还将工人运动与民主运动相统合，给全面抗战胜利后以“民主建国”相标榜的国民党有力的回击。1947 年 5 月，中共方面发表《中国劳动协会五一宣言》，列举政府迫害工人领袖、强行改组中国劳动协会、压制自由工会、阻止工人代表参加“世界工会联合会”组织的赴日视察团等劣行，号召工人运动者“关心政治，努力争取政治改革”④。

① 《川康特委工作报告（1939 年 11 月 25 日）》，载中央档案馆、四川省档案馆：《四川革命历史文件汇集（省工委、特委文件）》（1937 年 6 月—1939 年），雅安：四川省雅安地区印刷厂，1987，第 256、257 页。

② 《当局维持五一治安》，《大公报》（天津）1930 年 4 月 28 日，第 3 张第 11 版。

③ 《顺直省总在天津“五一”纪念准备工作的报告（1930 年 4 月 10 日）》，中央档案馆、河北省档案馆：《河北革命历史文件汇集》（甲）第 22 册，石家庄：河北省委机关，1999，第 69、70、71 页。

④ 《中国劳动协会五一宣言》，《中国工人丛刊》第 1 辑（总号第 85 期），1947 年 5 月 1 日，第 4 页。

不同时空，国共对五一纪念亦曾有着共同的诠释和导向。七七事变激起了全国抗日高潮。1938 年 3 月，广东绥靖公署主任余汉谋(第四路军总指挥)、广东省政府主席吴铁城联名发表《告全省工友书》，号召工友参加政府领导的全面抗战。4 月 1 日，中国国民党临时全国代表大会发表《中国国民党抗战建国纲领》，确定总则：(1)"三民主义暨总理遗教为一般抗战行动及建国之最高准绳"；(2)"全国抗战力量，应在本党及蒋委员长领导之下，集中全力，奋励迈进"。[①] 中共广东省委要求工人响应余、吴氏武装全省工人的号召，拥护《抗战建国纲领》提出的发展轻重工业、救济失业工人、改善工人生活的主张；提出"在蒋总统领导抗战之下团结起来，用血去争取抗战的胜利，和新中国的诞生"的目标。在抗日统一战线的前提下，中共制定出发展生产、改善工人生活、武装工人、统一工人组织、建立劳资纠纷仲裁机关、扩大工厂安全运动、肃清汉奸托派等"中心任务"。

"救亡呼声社"是中共广东省委领导工运的重要组织。[②] 1937 年 8 月，中共广东党组织与国民党上层共同发起成立公开的统一战线的团体"救亡呼声社"。选举国民党广东省党部书记长谌小岑为社长，中共党员邹仑、黄泽成分任总务部、研究部负责人。《救亡呼声》旬刊为该社机关刊物。[③] 该社可以说是广州青年干部的统一组织、"行动的组织"，其集中了 200 余工人救亡运动的青年干部，汇聚了广州各工会中已成立的 400 余个工作团及 40000 以上的工

① 《专载 · 中国国民党临时全国代表大会宣言及抗战建国纲领》，《四川省政府公报》第 113 期，1938 年 4 月 11 日，第 1 页。

② 凌铎：《暴风雨中迎接伟大的光荣的五一劳动节的到来》，《救亡呼声》第 3 卷第 1 期，1938 年 5 月 4 日，第 4 页。

③ 黄建新：《抗战初期的救亡呼声社》，《广州研究》1986 年第 12 期。

人。劳资纠纷的态势并未因统一全面抗战而缓解,一些纠纷则恰因工人参加救亡工作而引起。1937 年 8 月,榨油工人两次参加巡行,一次被厂商开革 2000 人,扣半天工资,一次被扣 1 天工资。12 月,《广州日报》印刷工人、天成印务所工人因参加巡行被开除;菜棚、生鱼栏工人因参加工训、社训而被开除。部分厂商不满战时政策,制造纠纷。例如,南大油厂借口国难苛例繁重减低工资;织席工厂以非常时期为由,拒绝失业工人入厂寄宿;广安荣、广安和等四家油厂因原料缺乏停厂,还教训了参加救亡工作的工人;旅业资方扣除店伙 1 日小账购买救国公债,却将债券据为私有;公共汽车公司及新祥泰船厂减扣司机、工人工资,触发罢工;更有资方无故开除雇员,草席行将所有加入工会之会员一概开除,致数千人失业。地方政府对劳资冲突的处理,多站在工人一方。“救亡呼声社”出于将劳资双方“在抗日第一的前提下统一起来”的目的,告诫厂商:日本帝国主义才是剥削其利润的敌人,“不应在工人身上来求补偿”,唯一的出路就是与工人一道“打倒日本帝国主义建立新中国”。同时明示工人:遭受的痛苦来源于日本帝国主义,“不全是厂商”,“目前工人的敌人是日本军阀不是中国资本家”。①

五一纪念的分歧,加剧了党国派系内部的裂解,这表现为两方面:一是派系斗争;二是对“五一”革命性的不同理解。

尽管国民党实行以党治国,建立党国体制,但这种体制完全没有形成应有凝聚力。不仅中央系统派系林立,就是地方与中央之间的关系也极为松散,由此导致了国民党系统内部的分歧与冲突。各有利益诉求的派别,在五一纪念中也是各表意趣,互为政敌。

---

① 杜达:《抗战开始后广州工运工作的总检讨》,《救亡呼声》第 3 卷第 1 期,1938 年 5 月 4 日,第 5、7—8 页。

中原大战初起,蒋介石与阎锡山、冯玉祥两派各立足于南京、北平,借五一打舆论战。1930 年五一节,国民党中央宣传部发表的《告工人书》,实际上就是蒋介石一派图谋确立革命正统地位的宣言书:"本党政府在剪除军阀开始训政之际","不幸中间叛党祸国的军阀李宗仁、冯玉祥、张发奎、唐生智等,凭个人的私欲,恃赤白帝国主义为护符,称兵作乱,破坏统一致建设事业,迭受挫折,民众痛苦,未能解除。近来阎逆勾结腐恶势力,形成反动大集团,调兵遣将,违抗中央,甫将稳定的党国,又呈纷扰的险象,训政建设的进行,更受无穷的阻碍"。① 其表述既传达了"为民除害"的正义感,又有博得工人同情、支持之诚意。阎锡山、冯玉祥等自不甘示弱,同样借五一节争抢"正统",指使工会联合办公室处代为发声:"所幸革命军事领袖阎、冯两总司令,愤蒋逆倒行逆施,循人民迫切的请求,爰整义师,誓讨蒋逆,恢复本党革命性,恢复民众运动,为期不远。当此之时,吾全市革命工人更应认清革命大道与真正领袖,切实团结起来,本总理的精神和遗教,努力革命杀贼,决不容再来因循苟且的。工友们,一致起来奋斗。能有百折不挠愈挫愈烈的精神,才配纪念五一节。"②冯、阎一派还攻击对手的政策失误及独裁恶行:"自从十七年北伐告成,吾们只以为重见天日,同趋于光明、福利的大道。殊不知蒋逆中正竟窃位中枢,不但不为吾们解除痛苦,并且他那种宰割压迫的手段,更甚于军阀盘踞时代张褚的桎梏陷阱。请看他过去的种种,例如订的卖国契约和妥协外交,排除异己,滥发公债,解散民众团体,剥夺人民自由,伪开三全大会,将

---

①《中宣部为劳动节告工人书(续)》,《申报》1930 年 4 月 28 日,第 3 张第 7 版。

②《工会联合办事处决定举行五一纪念》,《益世报》(天津)1930 年 4 月 30 日,第 3 张第 10 版。

中国国民党作为一人御用的工具等等,就知道他的一切一切了。”①

双方还借代表“民意”,互相声讨。冯阎一派称:“我们要想什么法子来应付他呢?就是要跟随着顺随民意誓师讨蒋的革命军事领袖阎冯两总司令及前方数十万武装同志们,一起用吾们革命大无畏的精神,团结起来,向前干,奋斗干,奋斗立志并打倒篡党祸国殃民的蒋贼中正,及其同类余孽不止,决不可再事因循苟且。”②蒋介石一系发表的《告工友书》则强调:冯阎的反叛造成全国民众的“浩劫”;“我们想建设一个三民主义的新中国,大家来过受太平统一的日子,我们非团结一致,依照党部的指导,直接或间接的去努力帮助中央,打倒那祸国殃民的阎锡山、冯玉祥”。③ 同为身受“总理遗教”的国民党人,互相攻讦,任何一方的抨击,终归都是对国民党本身的攻击,都在削弱国民党的威权。

五一纪念既然成为党国内部不同派系党同伐异的工具,自然也引起了国民政府内部对五一纪念的若干置疑。国民政府所办劳动大学中,就有人对党化五一纪念颇有訾议:“摇铃开会,向党国旗及总理遗像三鞠躬,读遗嘱,静默三分钟,主席报告,来宾演说等等之官样之仪式,真怪矣哉!”此君同时强调劳动大学肩负着“改造社会之责任”,不能受制于正统的“劳资合作”的理论(“拥护中国资本家”,实行“劳资合作”;“打倒外国资本家”,工人才能摆脱贫困)。有言:“若谓现在中国实业尚无萌芽,正赖资本以开发,若于尚未形成之资本家遽行打倒,中国将永沦于贫弱之境,而遭受国际资本主义之宰割。此似犹有一部分之理由;然五月一日在纪念劳

① 《本市新闻:五一劳动节》,《益世报》(天津)1930 年 5 月 1 日,第 3 张第 10 版。

② 《本市新闻:五一劳动节》,《益世报》(天津)1930 年 5 月 1 日,第 3 张第 10 版。

③ 《京市宣传部为“五一“劳动纪念告工友》,《中央日报》1930 年 5 月 1 日,第 2 张第 4 版。

动节会场中如此云云，终属时地不宜。”①此言论至少反映出正统的“劳资合作”理论遭到了来自“自家人”的抵触，折射出国民党对五一纪念的多元解读及诱导。

五一纪念因其“革命性”，甚至一度被列入小学历史、社会课程教学。虽然1930年7月后，“五一”已经不再被国民党列为纪念日，但若干地区学校却仍然讲授相关内容。《纪念日应用简要教材》由南京中区实验学校教员李清悚（陶行知、陈鹤琴的学生）编订于1930年2月，经南京特别市教育局审定，于当年由上海金城书店出版。该书“为一般小学社会教师参考之用”，甫一上市，就“得到各校的热心采用，不久即行告罄”。1932年10月，出版社应市立各校纪念日教学之需，在已知“五一”已非“纪念日”的情况下，未加修订即刊行第3版。《教材》中仍保留“劳动纪念”。教学大纲要求学生研究“世界将来的劳工问题”“中国的劳工”“广东政府颁布的工会和工厂条例”。该书“绪论”特别申明：“选择教材的眼光，是各个人不同的，何种纪念日为重要或次重要，或不重要的，完全由主观而定。”强调：纪念日的意义在于，“一国文化的高下，民族精神的表显，以及政治的进步与否，都靠着纪念日来表示”②。如此而论，五一纪念对南京教育局、编者、出版人高揭五一纪念的动机，与国民党高官淡化五一纪念色彩的目的迥然有别。

此类分歧还表现于1945年成都联友社出版的《纪念日史略》。该书作者李积勋还出版过《地方自治之理论与实践》。1936年秋，为政工训练需要，他汇编政训手册，“风行一时，曾翻印精装两次，

---

① 官敌：《劳动大学之劳动节》，《革命周报》第51期，1928年5月18日，第8、13、10页。

② 蒋恭晟编：《纪念日应用简要教材》，上海：金城书店，1932，“序”第2页；“三版序言”第3页；“正文”第2、41页。

均有供不应求之感!”1941 年,作者将该手册加以增订,定名《史略》,于 5 月初版,1945 年 7 月再版。《史略》特列“劳动纪念”的“宣传要点”:五一历史的讲述、“本党农工政策的解释”、“解释 1924 年总理在劳动纪念会讲演词要点”、“民生主义实业计划之讲述”。[①] 虽时过境迁,但工训干部仍拟赋予“五一”以“纪念日”的意义。

莫娜·奥祖夫在谈节日与革命的“正向关系”时说过:“只有当人民同呼吸共命运时,节日和革命才是鲜活的。”谈到“革命节日”的终极目标时,她说:“革命节日就是在建立一个永恒的社会。它本身就是一项消除衰败这一社会弊病、调节革命的时间、遮掩坎坷曲折的巨大努力。”她在《革命节日》全书中反复申说的主旨,就是纪念可代替法律,甚至比法律更能有效地塑造人,即“人们在节日受到洗礼而成为公民”。[②] 以上述总结性论断观照“五一”劳动纪念可知:(1)国民党在纪念中处处设防中共和异己派,控制工人群体性纪念活动,抛弃纪念应有的民众性,也就引起工人对国民党的质疑而离去。纪念也就失其“革命性”。(2)国民党系的五一节缺乏对未来社会的想象,纪念退化为单纯的工具性的“劳资合作”论。(3)由于不同势力的争逐,五一纪念成为政争的工具,不可能因纪念而逐渐筛选出一个多方认同的核心价值理念;相反,因价值多元,五一纪念实际上孵化出的不是党国“公民”,而是党国的“叛逆者”。

---

① 李积勋编:《纪念日史略》,成都:联友出版社,1945,“序”第 26 页。

② [法]莫娜·奥祖夫:《革命节日》,刘北成译,北京:商务印书馆,2012,第 36、402、20 页。

三、工人的“工人阶级”化

(一)群体认同:工人斗争的“自发性”和“传统性”

争取经济利益、反抗严苛管理是工人自发性斗争的基本动因。1908年,宁波和丰纱厂工人因反对工头周雪峰任车间领班而发起罢工,造成全厂“拦腰断”(生产过程中断),胁制资本家驱逐周雪峰,取得罢工的胜利。① 此类偶发事件,数不胜数。安源煤矿工人因有会党组织而善于长期抗争,最早的一次罢工发生于1905年5月,起因是反对华洋监工克扣工资。工人捣毁洋人住宅、矿局公事房和职员住房,痛打监工,胁迫矿方补发欠薪和扣款。1906年6月,工人为反对矿局将三班制改为二班制、解雇工人而举行罢工,后因矿方勾结军队镇压而失败。当年12月,安源煤矿6000多名矿工和醴陵瓷业工人,参加了同盟会在湘赣边界发动的萍浏醴武装起义,“开创了中国近代产业工人参加大规模武装斗争的历史纪录”。1913年5月,安源煤矿餐宿处工人因拒工头盘剥而罢工,遭武力镇压。同年10月,工人因反对德总管殴打工人而举行罢工,迫令其当众道歉。1919年5月,工人举行罢工,反抗德国监工多次打伤工人,终于将盘踞于安源压迫工人21年的德国监工全部轰出矿山。②

四一二反革命政变后,工潮一度减少,但到1928年下半年,罢工潮又逐渐高涨,“工人迹象也开始显示从1927年的震惊中恢复

① 第一历史档案馆编:《辛亥革命前十年间民变档案史料》上册,北京:中华书局,1985,第370页。

②《湘赣革命根据地工人运动史》编写组编:《湘赣革命根据地工人运动史》,南昌:江西人民出版社,1991,第13、12页。

过来”。依据 Nym Wales 的观察,1931 年、1932 年,中国工运虽处于无组织状态,但不断发生的、自发性的罢工、纠纷,“显示了中国劳工非凡的足智多谋、坚韧与勇敢的品质”,表明“工人没有丧失行之有效的自我组织的能力”。①

“自发”行动体现了工人富有自发性抗争的自主意识。二十世纪初,基督教组织中华续行委办会通过调查发现,工时长、卫生条件恶劣、工资低的恶劣环境,促使“工人们逐渐有了结成集体的意识”,并以罢工争取提高工资。该调查将工人的组织性、斗争性称为“工人们的阶级意识不断提高”②。1926 年,广东织造土布工会壁报的“报头”上,印有“无产阶级团结起来”这几个足以昭示工人“自我意识”的大字。③ 上海和记工会第三支部鼓动同仁工厂觉醒:“亲爱的工友们:我们整日替资本家作工,辛苦已到极点,然而穿的得不到一件粗布衣,吃的得不到一餐饱饭”,“任他的喜怒将我们随意唤来使去”;呼吁“工友们”“不能再忍受这牛马生活”,“一致起来”向“可恶”的资方讨回公道。④

到二十世纪四十年代,“自发”“自主”意识已经普遍存在于工人群体之中。1947 年 8 月,武昌印刷工会经与资方交涉,资方答应照原底薪加工资 70%。同一地区的汉口印刷工会有同样增资要求却为资方所拒绝。中国劳工文化公司的印刷工人王晓春,在武汉地区《工人报》发表文章,警劝青年工人不要因困难而沉沦:“在这

---

① Nym Wales , *The Chinese Labor Movement*, The John Company, 1945, pp. 65、67.

② 中华续行委办会调查特委会编:《1901—1920 年中国基督教调查资料》上卷,蔡咏春、文庸、段琦等译,北京:中国社会科学出版社,1987,第 95 页。

③《广东织造土布工会壁报第 2 号(1926 年)》,台北国民党党史会藏,档案号:部 13148.2。

④《劳工管理》(1926 年 9 月 6 日—1946 年 10 月 17 日),台北“国史馆”藏“国民政府”档案,典藏号:001-218-0765。

阴险黑暗的社会，满地都是荆棘，处处都是崎岖难行的路径，一般青年印刷工友们只知道咒诅，都没有勇气去奋斗，反而硬了心肠，抛弃了一切的责任，权寄于‘风、花、雪、月’，消极一世，断送了自己一生，等于就是春天里的一个天真活泼儿童的心，吹进了衰冬的朔风，冷酷了，结了冰似样的伤痛和悲愁！”呼吁“各位工友们，我们不能咒骂社会黑暗”，而要“拿出一种能干的精神”，“只凭着一腔热血，猛力的向前奋斗，铲除遍地的荆棘，开辟光明平坦大道”，“来创造自己”。① 上述“自发性”反抗及背后的意识，一般都出于对自身经济利益保护的考量。

工人“自我”意识不断增强，源于他们对自身社会价值的体认。在工人的观念中，自己与资方之间存在着天然的不可逾越的鸿沟。1919 年 6 月，上海杨树浦各纱厂工头陈财照等发起成立的“工界志成会”（工会性组织），发表成立宣言：“同人均工界一份子，外瞻大势，内审国情，窃谓非振兴工艺，国无由以发展，救国救亡仍属虚语。”②该会因提倡实业、改良工艺报国，开办小学为养育工界人才，设立模范工场，“所织新样蔴法布颇为社会所欢迎”③。1920 年 5 月 1 日出版的《新青年》“劳动节纪念号”夹页刊载了怡和纱厂绒毯间工人武毓源的题词：“不劳动者人类之公敌也。”武氏此言既是自我认同，也是对异己的区隔。工人在与资方的博弈中，本能地占据道德的制高点，相信公理终能战胜强权。1920 年 6 月，吴县霞章公所工人要求增加工资，资方坚决反对加钱，邀兵士半夜捉拿多名工人。罢工宣言强烈谴责资方：“当我工人是牛马、奴隶、乞丐、强盗、下等人”的资本家“是万恶的、强权的、野蛮的”；而“我们劳资家，是

① 王晓春：《请重视印刷工人生活》，《工人报》1947 年 9 月 12 日，第 4 版。

② 《工界志成会之宣言》，《时报》1919 年 6 月 16 日，第 3 张第 5 版。

③ 《工界志成会之发展》，《时报》1920 年 1 月 24 日，“时报附张”（实业周刊）。

神圣的、公理的、文明的。”号召工人坚固团体,“情愿牺牲”,“决计和那辈恶魔奋斗”,以迎接公理的胜利。① 1921年,广州市机总工发起工会宣言,高度肯定了工人对世界的贡献:“崇楼杰阁,谁筑成之? 我工人也。绮罗绸绉,谁织成之? 我工人也。机器之便利,用品之完美,谁造成之? 亦我工人也。无我工人,则世界无物质。无我工人,则世界无文明。世界而能致此辉煌灿烂者,唯我工人。”②

1933年,有纱厂女工已公开表示工人自己是劳动的创造者,不愿再忍受欺压,要以抗争改变苦难:

> 我是世界上劳动阶级里的一份子,……一切的日用需要品,都是我们每个工人和农民的两只手做出来的。……我们在工作时间,假使要和工友们谈几句话,或者有时精神疲乏,想休息数分钟,被资本家(厂主)看见马上就要罚工钱,或是开除。我们受了这样的压迫痛苦,而每日工资最多不过六角,普通两三角是很多的。……我们的个人生活,尚且不能够维持,要是家里还有父母、弟妹,不能经济独立,而要靠着我们生活的,尤为难堪。……感想到我们工人阶级的沉冤,有谁来替我们超脱呢? 无期徒刑的苦海,有谁来拯救我们呢? 总而言之非唤醒我们如散沙般的工人阶级,团结起来,在一条战线上奋斗不可,否则? 我们的奴隶生活,虽至海枯石烂的时代,亦未

① 《吴县机业霞章公所全体工人继续罢工宣言书(1920年6月23日)》,马敏、祖苏、肖芃主编:《苏州商会档案丛编》第2辑(上册),武汉:华中师范大学出版社,2012,第451页。

② 《广州工人组织工会》,《工人的胜利》,出版发行者不详,“一九二一年劳动节出版”,第25页。

见得有出头之日哩。①

全面抗战时期，大后方工人中传唱着《工友之歌》：“我们是人类的栋梁，我们是民族的先觉，前方去杀敌人，后方做工作。”工人又将自身社会价值赋予民族救亡的意义。② 另一首同题诗，更加气势磅礴：

咱们是精干健强的工人/在咱们的机器间/在达达的马达下；咱们已经验得有一付精巧的手艺/能造枪炮/也能造炸弹/劳动是为了挽救祖国危亡/努力是为了加速后方生产；咱们没有辛苦/咱们没有疲劳/枪炮朝向法西斯/炸弹毁灭东京城；咱们是民族解放的创造者/咱们是帝国主义的掘墓人；看/飘飘的国旗/正迎着最后胜利的来临。③

1947年10月19日武汉《劳工日报》副刊载有两篇工人所作小诗，彰显出工人独立不依的品格：

《劳工颂》：劳动卖力气/心中无名利/晨起挥双手/傍晚得休息/形体辛勤/精神欢喜/非同贪官污吏/日夜计划吮吸民脂民液。

《码头夫》：天没亮/我们抗着/天黑了/我们抗着/为了要

---

① 赵碧琳：《工人的出头之日》，《女青年月刊》第12卷第5期，1933年5月，第61、62页。

② 苏金：《一个铁工厂工人的生活》，《工合之友》第1卷第2期，1939年4月1日，第67页。

③ 动力：《新工人》，《战时劳工》第1卷第3期，1940年4月1日，第67页。

活啊！/我们抗，抗，抗……/腰被压弯了/哼唷着/爬上高的码头/腿酸了/但/为了要吃饭/哼唷着/再爬上跳板/搭巾在风里飘荡/江水掀起浪/雨水打湿了/汗和雨水一起流/太阳出来又落了/星星落了又出来/笨重的木箱啊！/还落在身上/一天所得啊！/只换了两顿吃不饱的饭。①

同年，武汉《工人报》刊登《工字新释》一文，更表明工人对自身价值的认识：

"工""人"二字，相联则成为"天"字。天为宇宙之首，言其"至高无上"也。工字出头，则为"土"字。土者，"滋生万物"之源也。工字伸出脚来，则为"干"字。干者，干城也，言其为护国干城之意也。工字上一横天，下一横为地，言其"顶天立地"也。"工"人加劳"力"则为"功"字。功者，"功劳也"。工字横着写则为英文字母中之"H"。Holy，系英文中神圣之意也。②

工人的自我期许与现实形成巨大的反差。1948年7月，工人领袖田亚丹在武汉地方报纸《劳工日报》发表文章，呼吁"资方开明人士及热心社会人士"关心工人的生存状态，肯定工人的社会价值。他对工人处境极为不满：工人徒顶着"劳工神圣"的头衔，实际则生活在"痛苦的深渊中"；尽管社会上"'劳工神圣'的口号喊得震天价响"，但实际上社会"受封建流毒甚深"，"学而优则仕"及所

① 计清平：《劳工颂》，《劳工日报》1947年10月19日，副刊版。
② 老汉：《工字新释》，《工人报》1947年8月9日，第3版。

谓“劳心者役人，劳力者役于人”的士大夫的观念仍左右着社会价值观，“对于出力出汗的劳工群众认为狗彘不如”。① 田亚丹，先后于中央训练团党政班、美国宾夕法尼亚州警官学校毕业，曾任武汉市党部委员兼工人部长、公安局副局长，时任武汉职工会主席、汉口市总工会常务理事、汉口市参议员。他是处理劳资纠纷的“老手”，在轮驳、修造、油漆、木业都有影响力，颇得武汉地区工界的拥戴。其言论能够代表一般工人之心声。

工人这种自主意识的产生，除在生产过程中“本能”产生外，应该也是社会观念在工人中的反映。

标榜“不谈政治”、宣传国货的杂志《广益杂志》，发表过《劳工神圣》一文，内中宣传：“资本家与劳动家同是一个国民，同是一个共同组织社会的分子，没有什么贵彼贱此了。工人原要靠着资本家来维持他们的生计，试问资本家假使离开工人，还能自己生利吗？”鼓励工人“一定要起来和资本家奋斗一下，才能显出他劳工神圣的真面目”。②《滇声报》开办“劳工问题”专栏，呼吁工人成立组织，向资方争取“分配权利”，占据工厂“主人翁的地位，打破资本家的组织来建设共同协作的社会！”真正实现劳工神圣。③

教会以“入世”态度、“出世”的关怀，启导工人自主意识。基督教刊物《兴华》发表《工人的世界》一文，生动描摹了工人的劳动价值与现实生活境况的反差：“世界上一草一木，都要工人费力，所以可以说，世界是工人造的。世界既是工人的，为什么现在的世界，不作工的人，吃的比工人好，穿的比工人华美。住的比工人宽大。

---

① 田亚丹：《关于工人福利问题》，《劳工日报》1948 年 7 月 18 日，第 1 版。

② 陈树滋：《劳工神圣》，《广益杂志》第 18 期，1920，第 30—31 页。

③ 张原絜：《工人地位不及资本家的两点》，云南省总工会工人运动史研究组编：《云南工人运动史资料汇编(1886—1949)》，昆明：云南人民出版社，1989，第 182—184 页。

神圣的工人,反倒自己耕田,自己没饭吃,自己织布,自己没衣穿,自己盖房,自己没住所。请看世界上无量数忍饥受冻的工人,成日成夜劳动,结果却被官僚军阀强盗游民占便宜,小不如意,便是杀戮抢掠。神圣的工人呀,你们要晓的(得),你们的痛苦,是官僚军阀强盗游民太多了,所以你们没衣没食没住,你们的劳力有限,他们的欲壑无穷。不把他们去干净,你们终久没快活的日子呀。"①上海基督教女青年会会刊《女青年月刊》于 1930 年刊载过大量反映劳资不平等的文章,如《为童工着想》一文:"一班工人,真是苦不可言,资本家只晓得赚钱,造洋房,买汽车,穿绸着缎,吃大菜,那里顾到工人的苦楚,工人所住的,大概多是搁楼、灶披,或者许多人合租一间,穿的是褴褛衣衫,吃的是青菜豆腐,你看,劳资比较起来,差得多远,一样是一个人,为什么资本家可这样的逍遥快乐呢?而工人要这样的吃苦呢?资本家不过有点资产罢了,其实这些资产,也是我们工人的血汗替他得来的,资本家应该优待工人一点,也算不得过分,现在反而要苛待工人,这是太不平等的事,以后希望资本家怜惜工人一点。"②1948 年 5 月,全国基督教工业委员会干事龚亨利发表文章,表明基督教有义务将工人从"奴役、贫困、租约、束缚"境地引向"经济与精神的自由"。其行动方案,一是由工业委员会通过"感觉的教育",让工人理解"机器都是上帝给人的赏赐的一部分",而产生与上帝同在的宗教体验;二是促进工会中"民主的团契"的筹组。全国基督教协进会工业委员会,还呼吁全国教会将 5 月 2 日定为"劳工主日",推动工人"基督化"③。重要的基督教刊物《天风》发表文章,将五一纪念定位为:"工人奋斗胜利的纪念节

① 人社:《工人的世界》,《兴华》第 17 年第 7 册,1920 年 2 月 18 日,第 29—30 页。

② 许洁宝:《为童工着想》,《女青年月刊》第 12 卷第 5 期,1933 年 5 月,第 64—65 页。

③ 龚亨利:《写在劳动节》,《协进》第 7 卷第 2 期,1948 年 5 月 16 日,第 6、7 页。

日”“工人要求改良待遇的示威节日”“工人创造团结意识的节日”“工人唤起自己觉悟的节日”。[①] 以此激励劳工界自求解放。

工人中的自主意识还有赖于“官方”工会“自主”舆论的强化。1932 年 5 月，上海邮工领袖陆京士、朱学范、水祥云等，在“护邮”运动[②]中成立大公通信社，传布工人要求及罢工消息。国军西撤后，大公社移汉口设分社，继续宣传工运；同时在香港设立第二分社，将上海地下记者发来的上海工界地下抗日工作公布于大后方。全面抗战胜利，大公社随总工会复员，于 1945 年 10 月复刊，初仍由朱学范任社长，后由邓紫拔、邵心石先生继任，“已经确立了标准工运新闻的报导机构的声誉”。1945 年 8 月，陆京士又接办《立报》（“中统”系），将一份抗日报纸办成维护工人群体利益的报纸，一时被誉为“劳工们唯一喉舌”。该报注重劳工问题的评论、劳工运动的介绍、劳工新闻的报道。行销达 4 万份，“全国工界，均一致订阅，尤其是西安及江西景德镇，订阅甚多，可见各地工人对此文化机构拥护的一般”[③]。当时，武汉地区的《工人报》《劳工日报》也得到工界的赞许。报纸之外，汉口“中国劳动协会战时劳工协进社”（朱学范、季源溥主导）于 1940 年元旦创刊《战时劳工》杂志，发表《本社启事》，高张劳工非凡的贡献：“抗战期间，我劳工群众，在前方浴血协助军事，在后方努力生产，增强国家原气，已有显著表现。当此民族复兴之际，新的历史展开之时，劳工群众，实为新社会构造之有力的庞大的基层组织，其地位之重要，较之往昔，有千百倍而过之。”[④]

---

① 艾黎：《劳动节与解放运动》，《天风》第 5 卷第 17 期，1948 年 5 月 1 日，第 4 页。

② 田彤：《民国劳资争议研究（1927—1937 年）》，北京：商务印书馆，2013，第 120 页。

③ 邵心石、邓紫拔主编：《民国卅七年上海市劳工年鉴》，上海：大公通讯社，1948，第 55、56、57 页。

④《启事》，《战时劳工》第 1 卷第 1 期，1940 年 1 月 1 日。

工人向资方争取权益,同样得到了社会各界广泛的理解、支持和声援。从二十世纪二十年代以来,即有一种观点,认为中国社会内部没有无产阶级与资产阶级的斗争,因而也不存在所谓阶级斗争。但认同这一观点,并不等同于否定劳资之间的矛盾,也并不等同于否定工人的反抗性。认同“劳资合作”,不等于否定罢工。一青反对阶级斗争,但主张工人应加强组织建设,用罢工“抵抗资本家压迫”。对他而言,“罢工是工人唯一的武器”①。1920 年,孙洪伊在上海中华工业协会周年纪念大会上发表演说,希望工人“觉悟”起来,建立工会组织,“谋各个人应有的幸福”,实现劳工神圣。② 中央大学教授朱汉新在《钱业月报》刊文,提出调节劳资之论。他希望通过法律保障工人权益,以职工教育提高工人认识,减少劳资冲突的可能。朱氏也承认劳资冲突之害,但强调“劳动者为促全其经济上之利益,罢工不失为最有力之武器”。因为资方对罢工深以为惧,才会善待工人。③ 张少峰作为基层工运干部,强调“罢工是工人唯一无二的武器”。同时他告诫工人:“罢工关系全部工人的命运,及工会的发展,在事前必须详加考虑,才不至于失败。”④交通部职工刊物《自求》创刊号,刊登署名文章《民生主义与合作主义》,鼓励工人创办合作社,以此保障对资斗争的经济基础,内称:“假使劳动者平时组织消费合作社和信用合作社,一旦宣布罢工时,劳动者如缺乏衣食,合作社可供给衣食,劳动者如无钱财,合作社可借与钱财,这样劳动者,既无后顾之忧,罢工就可维持长

① 一青:《群众运动》,北京:北新书局,1927,第 95、107 页。

② 孙洪伊:《工人组织的重要》,《兴华》第 17 年第 10 册,1920 年 3 月 17 日,第 28 页。

③ 朱汉新:《论调节劳资》,《钱业月报》第 8 卷第 4 号,1928 年 6 月 2 日,第 7 页。

④ 张少峰:《中国国民党工人运动的理论及方略》,北平:中国书局,1929,第 77 页。

久,资本家不难屈服,劳动者可获胜利了。”①一个由政府部门主管的刊物,竟也肯定罢工的意义。

全面抗战结束后,许多地方工人因加薪不遂而罢工。马超俊发表文章,要求工人努力生产。内中有言:“我们同意工人应该加薪,改良待遇,我们也同意工人有罢工的权利;可是我们不同意工人作过分的要求,我们也不同意工人置生产于不顾,动辄罢工。”②马氏既是工人领袖,又是国民党右派,时主持中央部农工部,同样承认有条件的罢工权。中华职业教育社李丹在《国讯周刊》发表文章,极力主张“劳资合作”,但强调劳资两方各有其应执守的原则。对于资方来说,“应该从如何提高工人生产情绪着眼来解决困难,和工人合作共渡难关。有了共渡难关的精神,合作才能彻底。资方必须克服过去看不起工人的阶级统治观念,处处尊重工人人格地位,尊重工人意见出发,遇事和工人采协商态度”。工人则更应该明白:“合作不是请客,更不是无原则的投降。在劳资合作的过程中,劳工阶级应该坚持自己的原则和立场,工人应得的利益一定要争取。对某些不开明资方在合作借口之下牺牲工人利益的不合理举措,应该适当地运用批评、斗争、说服的方法争取正当的要求。”③李丹在本质上支持工人以“斗争”的方式与资方“叫价”。

工人有斗争的“本能”和传统,社会有斗争“传统”生长的舆论环境,“罢工”已经内化为工人的惯常意识和行为。中共主张阶级斗争,不是空喊口号,而是以发动工潮付诸实施。因斗争形式高度契合,有工人将中共作为自己的同盟军。1919 年,在早期共产党人的引导下,景德镇工人“已深深地感觉到只有‘斗争’才是他们的出

---

① 何惟忠:《民生主义与合作主义》,《自求》第 26 期,1931 年 4 月,第 9 页。
② 马超俊:《中国劳工应努力生产》,《农工月刊》创刊号,1947 年 4 月 15 日,第 3 页。
③ 李丹:《申论今后的劳资合作》,《国讯周刊》第 451 期,1948 年 2 月 27 日,第 6 页。

路”;并意识到“工人应该组织自己的工会,以自己的力量解除自己的痛苦”,已经开始认同共产党。工人中流行着这样的话:“共产党来了。他们的主张真对,我们分头找去罢。我找得了一定介绍你,你找得了也一定不要丢开我。”①四一二反革命政变后,经过国民党的“清洗”,中共在工人中的影响力一时有所下降。1929 年,中共青岛负责人刘琪在给中央报告中明言:经过“五卅”斗争的一批工友,“多半已被开除净尽,工人群众多半没有经过什么斗争。现工厂招工,根本不要那些‘工厂混子’,专门招初来自乡间的‘乡下佬’。进厂后,多半被关在宿舍里,与世隔绝”。因此,“工人阶级觉悟的速率便非常之慢”,“工人阶级觉悟程度低弱,工人群众多半没有经过什么斗争”。“一般工人都不喜欢看”中共的“一切宣传品”,甚至“拿到手即烧了,有的连拿也不敢拿”。而基层支部亦不健全,有包括支部书记在内基层干部相续脱党。② 上海邮工作为 1926 年底到 1927 年初上海工人武装起义的主力,虽受中共的影响,也因血腥镇压,“纵然对于这一主义有相当的好感,但恐怖的心理也存在很深”③。随着中共基层组织的恢复,各地工人对中共的认同有所恢复,特别是当工人面临失业的巨大压力时,各地工人开始重新认同中共。据 1937 年《国际劳工通讯》统计,全部手工业及矿业、纺织业、饮食品业、土石制造业、火柴业、交通运输等业失业总数达 3497963 人。何汉文有言:“中国失业情形的严重了。此项大批的失业工人,政府既无力救济,在年来的内忧外患中,一般失业者的

① 影真:《在国民党统治下景德镇工人的生活》,《红旗》第 43 期,1919 年 9 月 2 日,第 2 版。

② 《刘俊才关于青岛情况向中央的报告(1929 年 3 月 14 日)》,中共青岛市委党史资料征委会办公室、青岛市总工会工运史办公室合编:《青岛党史资料》第 3 辑(1929 年青岛工人大罢工专辑),青岛:山东省出版总社青岛分社,1986,第 20 页。

③ 朱邦兴等:《上海产业与上海职工》,上海:上海人民出版社,1984,第 471—472 页。

出路,便是当土匪,当汉奸,加入共产党,因此而使中国社会纷乱的因素日多,卒至演成今日国民经济破产,政(整)个民族濒于危房。"①1946 年,陈达在昆明调查工人状况时,有工人明确表示:"我希望共产党执政,因为他们是为人民说话的。对于工人的生活应当改善,生活可过得安逸些,不致有失败的危险。资本家应该被打倒,因为他用金钱来剥削人民的利益,不顾大家的利益。国民党实在太腐败,官吏都是贪污的,实在没有办法改良,只有推翻它。"②

实际上,将劳资矛盾归结为阶级斗争者,并非只有中共一方。据时人所论,国民党自 1924 年改组"容共"之后,真能深入工人中宣传主义、从事组织建设的纯正的中山主义信徒很少,大多数是信仰马克思主义的共产党员,挂着"国民革命"的招牌而实际宣传"阶级斗争"的思想。"一时工界及青年多被麻醉,甘心听其领导,劳资意见隔膜,产业界大起纷扰。"③实际上,中共主张的阶级斗争观念已从工界潜入政界、舆论界。1927 年 2 月,西川邮务总工会成立,并出版机关刊物《鸣鸿》,国民党成都市党部及成都县、华阳县党部同发祝词:

> 我们十分相信西川邮务总工会是工人阶级的真实团体;我们尤其十分钦佩的是这个团体确能代表工人利益切实奋斗。革命道上,有纪律有认识的有力量的先头部队,真要算是这个西川邮务总工会的团体了。鸣鸿是他的化身,其努力当

---

① 何汉文:《非常时期之工人》,上海:中华书局,1937,第 36 页。

② 陈达:《我国抗日战争时期市镇工人生活》,北京:中国劳动出版社,1993,第 272—273 页。

③ 吴知:《协调劳资关系的心理建设(上)》,《中华邮工》第 2 卷第 8 期,1936 年 10 月 31 日,第 21 页。

然能与其本质一致，我们特地敬祝他不断的为自身利益而奋斗，不断的为革命运动而奋斗。①

将“工人阶级”赋予了“革命运动”的基因。1932年3月10日，《北平晨报》刊发社论《民族情绪与阶级情绪》，其主旨是希望在民族危机之时，国人应以民族情绪代替阶级斗争。但文章指出阶级的产生、阶级斗争是社会病态的映像：“阶级之存在，为社会之铁的事实，且为任何国家所必难避免。因社会之畸形发展，遂有阶级情绪之形成。社会愈不平，此情绪愈奋张。奋张之极，遂有阶级斗争，遂有阶级革命。”作者进而指出：“吾国阶级对立情形之最显著得，首推劳资。”②1934年，《北平晨报》主笔赵雨时将此文编入《北平晨报社论集》再次出版。赵氏系北京大学法科毕业，在北京、天津做过记者，出任过奉天宪法起草委员长，亦为张学良的幕僚。应该说，他也认同此篇社论的阶级斗争说。

全面抗战时期，特别是全面抗战胜利复员后，工人的政治地位在“舆论宣传”上达到新的高度。1946年5月1日天津市社会局局长胡梦华在《五一劳动节敬告天津市劳工同胞书》中强调：“本市的劳工同胞们，诸位是中华民族的优秀份子，是工业建国的柱石，今后中华民族的富强与文明，系于诸位之手。”③上述文字绝不是胡局长的独家告白，而是国民政府的统一宣传口径。

工人斗争“自发性”最典型地表现在与资方的经济利益争夺

① 《祝词》，《鸣鸿》第1卷第1期，1927年3月12日，第1页。

② 赵雨时：《北平晨报社论集》，北平：北平市社会局第一习艺工厂，1934，第209、208页。

③ 《（天津市社会局局长胡梦华）五一劳动节敬告天津市劳工同胞书》（1946年5月1日，原档误标为1945年），天津市档案馆藏，档案号：J0025-2-002854-009。

中。一般而论,社会越动荡,这种争夺越激烈。当国民党政权面临总危机之时,工人的“斗争性”全面爆发。以上海为例,从1945年8月至1947年12月底,两年来劳资纠纷案件3872件,其中1946年1434件,1947年增至1848件。纠纷波及的厂号数总计竟达61531家,参与的工人达到1286132人,其涉及厂家数呈上扬趋势,涉及工人数起伏不定,但最终突破10万人次(表7-1)。在3872件纠纷中,持续10天以内的有1004件,10—50天以内的有2747件,50—100天以内的有202件。从参加工人人数来看,在3872件案件中,10人以内的最多,有1326件;11—100人的有1295件;101—1000人的为1015件,1001—10000人的计224件;万人以上的还有12件。① 其中,交通部内部发生了两次为改善待遇而引起的耸动视听的大工潮。上海电信局职工要求提高待遇,为反对局方阻碍,遂于1945年底怠工,历时3月之久。② 1946年5月9日,上海国际电台及电信局员的联合怠工,引发“全国电信员工入于动摇状态”,短短几天“参与其行动者全国已有十数起,各地声援之电报如雪片飞来”。③ 纵使蒋介石于1947年7月7日向全国广播“戡乱救民建国”演说,依然无法遏制工潮起伏。广播词强调:“为农工商的,要努力生产,增加国力,各守岗位,各尽职责,使后方社会秩序绝对的安定。”④

---

① 上海市社会局编:《上海市社会行政统计(中华民国三十四年九月至三十六年十二月底)》,上海:上海市社会局,1948,第66页“上海市劳资纠纷案件分析(依照迁延日数分组分配)”、第65页“上海市劳资纠纷案例分析(依照关系职工分组分配)”。

②《俞飞鹏电蒋中正宋子文上海电信员工怠工已历三月深恐夜长梦多更生枝节宜有断然处置拟请迅饬上海军政机关予以制裁促其复工等(1946年2月23日)》,台北“国史馆”藏“蒋中正总统文物”档案,典藏号:002-090300-00016-143。

③《(国民政府交通部天津电信局职工会)为上海电信工潮已波及全国事致天津市政府杜市长的呈(1947年5月12日)》,天津市档案馆藏,档案号:J0002-3-007688-006。

④《动员戡乱救民建国:蒋主席“七七”十周年纪念日广播词》,《胜利》第125号(杭版第2期),1947年9月,第18页。

表 7-1　上海市劳资纠纷案件数关系厂号数及关系职工数

(1945 年 8 月至 1947 年 12 月)

时期	案件数(件)	关系厂号数(个)	关系职工数(人)			
			共计	男	女	童
总计	3872	61531	1286132	933967	339685	12480
1945 年 8 月	60	63	13625	9731	3864	30
9 月	210	274	55430	42999	12353	78
10 月	161	523	29070	22426	6644	—
11 月	102	169	21131	11042	10071	18
12 月	57	262	34013	20209	13804	—
1946 年 1 月	92	1031	78590	66772	11818	—
2 月	80	222	30767	23117	7650	
3 月	78	1093	41207	25365	15817	25
4 月	152	560	46321	37469	8851	1
5 月	133	2003	80475	74507	5458	510
6 月	106	1540	41879	18729	23056	94
7 月	118	1062	28469	23034	5295	140
8 月	142	2915	53985	41469	12516	—
9 月	143	4181	57665	36730	20884	51
10 月	147	3811	37562	29763	7081	718
11 月	115	4593	23243	19014	3792	437
12 月	128	2446	64202	42078	20523	1601
1947 年 1 月	132	3176	31815	24335	7266	214
2 月	146	3925	32317	27986	4281	50

续表

时期	案件数(件)	关系厂号数(个)	关系职工数(人)			
			共计	男	女	童
3月	129	1147	26279	18524	7665	90
4月	144	2742	27260	24077	2683	500
5月	93	808	17059	10741	6268	50
6月	235	7475	122755	91531	29479	1745
7月	200	1445	24355	18442	5810	103
8月	166	2665	20237	14103	6097	37
9月	184	2384	31811	25688	5902	221
10月	101	1563	32155	19470	11185	1500
11月	129	1484	34590	26543	7970	77
12月	189	5969	147865	88073	55602	4190

资料来源:上海市社会局编《上海市社会行政统计(中华民国三十四年九月至三十六年十二月底)》,上海:上海市社会局,1948,第60页。

这些纠纷一般起因于经济问题,尤以雇用或解雇为多,计1651件,占42.64%;次为待遇741件,占19.14%;再为工资及歇业、停业等(表7-2)。

表 7-2　上海市劳资纠纷案件分析(原因)
(1945 年 8 月至 1947 年 12 月)

时期	共计	劳动协约	工资	工作时间	雇用或解雇	待遇	厂规或工作制度	歇业或暂停营业	其他
总计(起)	3872	138	629	17	1651	741	6	473	217
占比(%)	100	3.56	16.25	0.44	42.64	19.14	0.15	12.22	5.60
1945 年 8 月	60	—	5	—	4	4	—	40	7
9 月	210	—	14	—	13	10	—	125	48
10 月	161	2	11	—	29	24	—	70	25
11 月	102	—	14	—	23	11	—	38	16
12 月	57	—	5	—	25	11	—	11	5
1946 年 1 月	92	—	13	1	51	8	—	13	6
2 月	80	—	15	—	42	19	—	1	3
3 月	78	—	19	1	37	21	—	—	—
4 月	152	1	21	—	90	37	1	2	—
5 月	133	2	19	2	72	29	3	5	1
6 月	106	7	26	—	39	13	—	15	6
7 月	118	2	23	—	59	24	1	7	2
8 月	142	4	12	2	88	19	—	14	3
9 月	143	7	21	2	71	31	—	4	7
10 月	147	4	23	1	74	30	—	5	10
11 月	115	5	18	—	57	23	—	7	5
12 月	128	—	13	—	51	44	—	16	4
1947 年 1 月	132	8	15	—	42	47	—	17	3
2 月	146	11	13	1	80	23	1	17	—
3 月	129	11	20	—	55	28	—	13	2

续表

时期	共计	劳动协约	工资	工作时间	雇用或解雇	待遇	厂规或工作制度	歇业或暂停营业	其他
4月	144	7	10	1	69	44	—	6	7
5月	93	4	15	1	38	28	—	2	5
6月	235	6	101	—	85	28	—	10	5
7月	200	5	44	1	99	32	—	9	10
8月	166	12	31	—	87	23	—	5	8
9月	184	11	36	1	88	23	—	11	14
10月	101	12	22	2	49	10	—	3	3
11月	129	7	25	1	66	24	—	2	4
12月	189	10	25	—	68	73	—	5	8

资料来源:上海市社会局编《上海市社会行政统计(中华民国三十四年九月至三十六年十二月底)》,上海:上海市社会局,1948,第61页。

更重要的是,劳方之要求完全被资方接受的案件有1048件(占案件总数27.07%),完全不为资方接受者405件(占案件总数10.40%);而资方要求完全为工人所接受者仅284件(占案件总数7.33%),完全不为工人接受者202件(占案件总数5.22%)。在“部分接受”关系来看,劳方同样比资方“更胜一筹”(表7-3)。如果再考虑在450起罢工、停业案件中,有107件的工人要求完全被资方接受;那么工人在所有纠纷及罢工案件中,其要求完全被资方接受者就达29%强。① 工人在与资方交手中握有较强的主导权。

① 上海市社会局编:《上海市社会行政统计(中华民国三十四年九月至三十六年十二月底)》,上海:上海市社会局,1948,第5页。

表 7-3 上海市劳资纠纷案件分析(结果)

(1945 年 8 月至 1947 年 12 月)

时期	共计	劳方要求			资方要求			无形停顿或结果不明者	未解决者
		完全接受者	一部分接受者	未经接受者	完全接受者	一部分接受者	未经接受者		
总计(起)	3872	1048	979	405	284	653	202	256	45
占比(%)	100	27.07	25.29	10.46	7.33	16.86	5.22	6.61	1.16
1945 年 8 月	60	45	8	—	1	3	—	3	—
9 月	210	170	21	—	5	6	2	6	—
10 月	161	106	26	2	8	11	3	5	—
11 月	102	50	21		10	11	2	8	—
12 月	57	11	16	2	7	18	1	2	—
1946 年 1 月	92	25	34	15	—	3	4	11	—
2 月	80	33	33	5	—	2	3	4	—
3 月	78	34	27	10	—	—	1	6	—
4 月	152	51	34	30	3	5	2	27	—
5 月	133	35	35	26	4	13	4	16	—
6 月	106	25	22	10	5	16	6	22	—
7 月	118	24	25	24	9	17	4	15	—
8 月	142	25	27	17	17	29	3	24	—
9 月	143	34	43	22	13	19	7	5	—
10 月	147	47	28	26	12	25	5	4	—
11 月	115	17	36	16	15	19	9	3	—
12 月	128	30	36	22	12	12	4	12	—
1947 年 1 月	132	35	29	14	12	32	2	8	—
2 月	146	18	21	17	19	33	10	28	—
3 月	129	23	33	20	13	26	10	4	—
4 月	144	37	25	19	8	42	9	4	—
5 月	93	22	28	10	7	18	6	2	—

续表

时期	共计	劳方要求			资方要求			无形停顿或结果不明者	未解决者
		完全接受者	一部分接受者	未经接受者	完全接受者	一部分接受者	未经接受者		
6月	235	40	91	18	19	51	12	4	—
7月	200	19	59	27	23	47	21	4	—
8月	166	17	52	15	17	39	21	5	—
9月	184	30	46	12	10	60	12	14	—
10月	101	11	28	12	7	31	6	4	2
11月	129	19	30	6	16	29	22	3	4
12月	189	15	65	8	12	36	11	3	39

资料来源:上海市社会局编《上海市社会行政统计(中华民国三十四年九月至三十六年十二月底)》,上海:上海市社会局,1948,第62页。

京沪地区的工潮交互影响。1949年2月初,“京沪区铁路管理局”所属戚墅堰机修厂工人因要求改善待遇发生罢工,该局上海北站客货、仓房、电厂、修理厂、材料厂、印刷所等处工人“愿与戚厂同祸福”,立即响应而罢工。因路局警务处挽留工人,罢工工人将路局警务处直属警察所部分房屋捣毁,殴伤看守。京沪、沪杭两路客车一度全部停运。①

再看天津,工人同样为经济利益而与资方和政府博弈。1945年12月,全市12个单位工人代表3000余工人向市府请愿,要求“救济失业”“各停工工厂早日复工”。② 1946年6月,天津市机织染业工厂工人“因生活日涨”,由各产业分会联合向资方同业公会

① 《京沪区铁路局戚野堰工人罢工》,《和平日报》,1949年2月9日,第1版。

② 《(天津劳资纠纷调解委员会)本会第二次会议有关全市12个单位工人代表3000余人向市府请愿等情会议记录》(1945年12月14日),天津市档案馆藏,档案号:J0025-2-000623-002。

"提出增高工价",虽中经社会局调解,仍相继怠工、罢工。[1] 1948年8月,该市华中锡记印刷局、新光印刷局等24家印刷厂之工人又因增资问题,在政府冻结工资之际宣布罢工。[2] 这两次地跨几个警察分局辖地的怠工、罢工都是全行业对资方的"叫价"。工人甚至还占领了工厂。1946年12月19日,位于天津小王庄的资源委员会所属中央机器厂工人怠工,并组织纠查队,"派人看守厂方,监视职员行动"[3]。工人因经济利益纠葛,占领工厂的案例并不多见。

在1947年全国性的罢工潮中,青岛市20余家染织厂工人,乘罢教、罢课之势,实行总罢工,要求厂方配售实物。颐中烟草公司停工,违约不发工资,工人发起索资工潮。[4]

(二)筑阶级认同基石:没有中断的中共工运

马克思主义理论认定工人阶级为推动社会变革的重要力量,中国早期马克思主义者,秉持这一理论,自觉将自己融入工人群体。1921年,中共"一大"的"第一个决议"即以"成立产业工会"作为"本党的基本任务",并要求"在工会里灌输阶级斗争的精神"。[5]

---

① 《(天津市政府社会局)为本市机械产业各厂工人有怠工罢工现象请注意防范事给天津市政府警察局警备司令部函》(1946年6月12日),天津市档案馆藏,档案号:J0025-3-005781-019。

② 《(第九区印刷工业同业公会理事长郑资芬等)为依法严惩罢工责任者事致天津市政府社会局呈》(1948年8月25日),天津档案馆藏,档案号:J0025-3-005813-007。

③ 《(天津市政府市长杜建时)为依法办理中央机器厂工人罢工事致天津市社会局的密训令》(1946年12月21日),天津市档案馆藏,档案号:J0025-3-005806-031。

④ 《青岛陷于饥饿困境染织工人总罢工》,《人民日报》1947年6月13日,第1版。

⑤ 《中国共产党第一个决议》,中央档案馆编:《中共中央文件选集》第1册,北京:中共中央党校出版社,1989,第6页。

矿山工运是中共的工作重心。中共成立后,将安源路矿(安源煤矿、株萍铁路之统称)作为工作重点地区。1921年秋,中共湘区党组织派员赴该地区以平民教育促进会名义开办工人夜校和工人子弟学校,提高工人阶级觉悟。1922年2月,李立三建立党支部。同年5月1日,李立三建立安源路矿工人俱乐部。9月14日至18日,李立三、刘少奇领导安源路矿1.7万工人举行了震动全国的大罢工,反对路矿当局企图封闭工人俱乐部,要求发给所欠工人积饷、改善工人待遇,迫使路局承认工人组织的合法性。俱乐部会员由700余人增至12000余人。李立三等人还按照苏维埃形式,在俱乐部建立严密的组织系统。[①] 1922年11月间,在李大钊、于方舟领导下,唐山、开滦矿工开始活动。[②] 1921年,中共成立不久,就领导焦作工人举行罢工,并由劳动组合书记处派员指导工运。

中共一贯重视铁路系统工运。1922年9月,中共组织了焦作第一个工会——道清铁路工人俱乐部。[③] 1927年3月,中共策划成立沪杭甬铁路总工会,中共党员宣中华负责会务,六名常务委员中大半也是共产党员。[④] 1930年,中共郑州地下党派康景星潜入京汉路工联会任监察员。

棉纺织业是中共传统的工作重点。1921年大生三厂投产,中共派张同仁前来组织成立工会。翌年,工会在党组织的领导下发动全厂罢工,要求资方减小劳动强度、增加工资待遇。罢工遭到残酷镇压,张同仁等被迫撤退。1927年,中共派顾士清、顾士奎重返

---

① 《湘赣革命根据地工人运动史》编写组:《湘赣革命根据地工人运动史》,南昌:江西人民出版社,1991,第13、14页。

② 《河北省工人运动概况》,《国际劳工通讯》第10号,1935年7月,第91页。

③ 《焦作煤矿工运史》编纂小组编:《焦作煤矿工运史》,郑州:河南人民出版社,2005,第17页。

④ 薛暮桥:《薛暮桥回忆录》,天津:天津人民出版社,2006,第10、12页。

大生三厂,宣传马列主义,成立三厂党支部、党小组。此后上级组织先后指派张同仁、典冠球、杨祖梅领导三厂工运。1928年到1938年间,中共领导了近10次罢工。[①] 1928年,中共党员李文甫秘密领导豫丰纱厂工人争进行“花红”斗争。1934年,又成功发动豫丰纱厂工人开展争“维持费”的斗争。[②]

行业以外,中共特别在一些工业城市开展工作。北京是中共较早发动城市工人的地区。“五卅”后,中共组建工人雪耻会,渐渐取得工人的“信仰”,工人由此认清了自己的组织、“自己的政党”。印刷总工会、机器工人俱乐部、西城工人俱乐部随之秘密成立。北京总工会于1926年1月1日正式公开成立。瓦木行水夫会等旧行会,“也觉悟兴起”,要求加入总工会改组。2000余会员在北京几十万工人中并不占优势,却成为反奉运动、首都革命运动、反对日本进兵南满运动的主力。中共地下党肯定自己的工作:“每次民众运动中,所谓民治主义同志会,所谓北京大学,法政大学等旗帜下面,我们并看不见一个整齐的队伍,只有总工会的队伍是有纪律的,警察打不散的。半年来北京的民众运动,所以革命化,北京总工会实在是一个主要的动力。”[③]四一二反革命政变后,中共仍在平津地区活动。裕元纱厂是平津地区的大厂,于1933年陷入减工风潮之中。厂方原定停止夜工,实行昼工5日工作制,中共鼓动工人反对“合法工会指挥”,成功实现了5200余工人大罢工。[④]

---

① 海门县三厂镇人民政府镇史办公室编:《三厂镇史征求意见稿》(打印稿),内部资料,1986,第65、66、81页。

② 王宝善:《郑州工人运动史》,郑州:河南人民出版社,1995,第102、105、111—116页。

③ 正零:《北京职工运动概况》,《向导周报》第148期,1926年3月,第1387、1388页。

④《裕元五千人罢工》,《大公报》(天津)1933年7月23日,第3张第9版。

上海工人运动原由中共掌控,[①]中共对工人政治意识影响至深。1923 年,英商电车公司机务部车床工余茂怀加入中共。1925 年,余又转入法商电车公司发展组织。1926 年 10 月至 1927 年 3 月,配合北伐,英电工人参加了三次武装起义。1927 年 1 月,中共又领导工人发动罢工,取得争取年赏、年终加薪的胜利。[②] 直到 1930 年代中期,上海英电、法电职工仍有不少人抱持共产主义希望,以参加上海三次武装起义为荣。[③] “清党”后工统会、工整会代替中共指导工运,中共在上海工运中力量有所减弱。[④] 但实际上中共仍在很大程度上主导着当地斗争。1927 年 8 月 22 日至 9 月 22 日,中共江苏省委和上海总工会发动沪西八家纱厂 12000 余人先后举行大罢工,提出恢复旧工会和被开除工人工作等条件。9、10 月间,动员各区革命工会开展反对工统会的运动周。11 月 1 日至 24 日,领导沪东九个纱厂 14000 余人大罢工。12 月 1 日至 23 日,又领导英商电车公司全体 2000 余人的大罢工。1928 年初,还号召各业工人开展年关斗争,南货、酱菜、杂货、绸布、米粮等业店员工人先后举行全行业的大罢工。[⑤] 此外,1928 年的上海法电工人罢工、邮务工人罢工,1929 年的煤炭、码头、丝厂、估衣业等工人的斗争,

---

① 详见朱华等《获得权威:上海地下党群众工作的历史经验与启示》,上海:上海人民出版社,2009,第 45—75 页。

② 上海市公共交通总公司上海英电工人运动史编写组编:《上海英电工人运动史》,北京:中共党史出版社,1993,第 29、30、31、52 页。

③ 朱邦兴等:《上海产业与上海职工》,上海:上海人民出版社,1984,第 259、290、147 页。

④《上海的工人运动》,《中央日报》1928 年 3 月 17 日,第 2 张第 2 面。

⑤ 中华全国总工会编:《中华全国总工会七十年》,北京:中国工人出版社,1995,第 120 页。

均由全总(中共)领导。① 在1928年上海140次罢工中,赤色工会领导的即有54次(表7-4)。据邮务工会领袖朱学范回忆,上海邮务工会创始人、中共党员顾本治等,虽被杀害,但“共产党人的影响依然存在”。第四届邮务工会的执行委员和监察委员中,“还有一部分未暴露的共产党员”。其中,盛积瑞还在1927年底被选为常务委员。②

表7-4 1928年上海罢工统计

月份	件数(件)	赤色领导的件数(件)	非赤色领导件数(件)	人数(人)
1月	7	4	3	10812
2月	8	3	5	7265
3月	8	4	4	56113
4月	12	3	9	4670
5月	7	3	4	2492
6月	4	3	1	66095
7月	14	4	10	7697
8月	15	5	10	18102
9月	14	4	10	9755
10月	13	5	8	9078
11月	22	9	13	11587

① 项英:《中华全国总工会工作报告》,《劳动》周刊第16、17期“第五次劳动大会特刊”,1929年11月;载中华全国总工会工人运动史研究室编《中国工会历次代表大会文献》第1卷,北京:工人出版社,1984,第299页。

② 朱学范:《我的工运生涯》,福州:福建人民出版社,1991,第30页。

续表

月份	件数（件）	赤色领导的件数（件）	非赤色领导件数（件）	人数（人）
12月	16	7	9	23237
共计	140	54	86	226903

资料来源：项英《中华全国总工会工作报告》，《劳动》周刊第16、17期“第五次劳动大会特刊”，1929年11月；载中华全国总工会工人运动史研究室编《中国工会历次代表大会文献》第1卷，北京：工人出版社，1984，第300页。

李立三主导的中共工运从1930年夏到1931年1月间，发动了一系列工人罢工，但均以失败告终。按诸骆传华所述，这一时期红色工会“据说很有影响力，特别在上海、汉口、广东与天津战略工业中心”①。中共在上海组织的工人纠察队，甚至还公开“亮相”，以配合苏维埃区全国代表大会的召开。1930年5月13日上午8时许，上海的沪东、沪西、沪中、法南、闸北五区80个分队共400名工人纠察队员，陆续在杨树浦松潘路附近的空场内集合，进行第一次大检阅。有报道称：9时10分，“一声号爆”，纠察队员“很神速的排成五个队伍，总队长前矗立红绫镰刀锤头旗一面。各区队长向总队长报到后，总队长一声口令，五个队伍，便变成了一个双行长队，几百纠察队员，精神抖擞，行动敏捷，极其整齐！”总队长向上海总工联报告后，“又一声口令，长行队变为镰刀铁锤形。此时，靠近居民和四面各马路上过路的工人，都围集在场内，听全总和工联的演讲，人数不下千数名”。全国总工会致训词：“我们的全世界五一劳动节快到了，我们在积极筹备罢工，罢课，罢操大示威，准备上海四次暴动，准备消灭统治阶级，建立全中国苏维埃政权！今天上海

① Nym Wales, *The Chinese Labor Movement*, New York: The John Company, 1945, p. 68.

工人纠察队到的这么整齐,这就是将来上海的红军! 全总敬礼上海纠察队能保障革命的胜利!”上海总工联接着致辞:“我们纠察队就是我们无产阶级的军队,上海工人纠察队在过去是有很光荣的历史的! 是三次暴动的先锋,这军队今天在总工联领导之下,应继续三次暴动精神,完成四次暴动,打倒帝国主义国民党资本家,保护无产阶级革命的胜利!”训词结束后,总队长庄严领誓:“我们是劳苦被压迫的工人,现在已觉悟到工人只有起来组织工人自己武装——工人纠察队,决心永远为工人阶级一切利益而斗争! 现在我们宣誓:我们决心牺牲一切来执行以下任务和遵守以下的纪律,来完成我们的使命:一,武装领导工人斗争! 二,武装拥护工人一切利益! 三,武装打倒帝国主义国民党及改组派! 四,武装打倒黄色工会工贼走狗及新工贼取消派! 五,武装准备第四次暴动! 六,武装领导全国红军及全国农民革命! 七,巩固纠察队的组织! 八,接受纠察队的训练! 九,执行纠察队的命令及指挥! 十,遵守纠察队的纪律!”当时 400 余纠察队员及围观群众,一致随声宣誓,“声如暴雷一般”:“上海工人纠察队万岁,参加五一大示威! 准备四次暴动! 打倒帝国主义! 打倒国民党!”观众都拍手助威。旋由红旗引导,大队向杨树浦路开进,高呼口号。“群众愈集愈众,交通为之断绝。”①1934 年 3 月初,上海美亚 10 个工厂几千工人罢工,反对资方减少工资 1/3,并向社会局等机关请愿,军警以武力镇压,枪杀工人,其暴行激起上海近百纺织厂工人的同盟罢工。② 中共提出“冲破五次围剿”“援助工农红军”等口号。

四一二反革命政变后,绝大多数地区中共党员转入“地下”,利

① 《上海纠察队第一次大检阅纪实》,《劳动》第 31 期,1930 年 5 月 14 日,第 3、4 版。

② 陈云:《红“五一”前夜的全国无产阶级伟大的战斗》,《斗争》第 57 期,1934 年 4 月 28 日,第 9 页。

用各种公开身份活动。1931 年,中共派 17 岁党员到焦作矿童学校为校役,发动 20 余名儿童组织“小朋友会”。[①] 张广兴、陶子明(天津工联会常委及秘书)、阎兴华(扶轮教员),表面以国民党员身份从事工运,实是中共党员。[②] 中共党员密布六河沟矿区,1932 年,国民党在六河沟煤矿一次即抓捕中共党员吴善才等 41 人。[③]

中共地下组织仍坚持在原有一定群众基础的地区和行业发动工人。

纺织业:1929 年 8 月,中共发动青岛大康纱厂工潮,“宣传共产”,被动员起来的工人遭到市长吴思豫镇压。[④]

铁路系统:1930 年,中共领导平汉路分会,反对国民党改组工会。[⑤]

矿业:1927 年 8 月,中共满洲省委派员发动 4500 余矿工参加本溪湖煤矿大罢工。1929 年 10 月,中共杨山支部领导 500 余矿工暴动。1930 年 1 月,赣东北特委发动鸣山煤矿暴动。鸣山煤矿暴动胜利后,工人们还建立政权,成立矿工总工会,接收煤矿管理权。[⑥] 1932 年间,中共派冯金荣等到中原公司李河煤矿,组织了 4

---

① 《焦作煤矿工运史》编纂小组编:《焦作煤矿工运史》,郑州:河南人民出版社,2005,第 23 页。

② 《张广兴等解送北平》,《大公报》(天津)1933 年 12 月 5 日,第 3 张第 10 版。

③ 《铁道部报告河南六河沟煤矿工人运动及逮捕共产党人吴善才等四十一名情形》(1932 年 7 月、11 月),中国第二历史档案馆藏,档案号:2(2)-1067。

④ 《吴思豫电蒋中正此次工潮以大康纱场最激烈仍饬社会局派员劝导反被扣留原拟持平调理华洋劳资纠纷反动分子乘机宣传共产已饬军警严防并请示方针(1929 年 8 月 18 日)》,台北“国史馆”藏“蒋中正总统文物”档案,典藏号:002-090300-00012-042。

⑤ 《铁道部检送平汉路分会反对国民党改组工会的布告(1930 年)》,中国第二历史档案馆藏,档案号:722-2373。

⑥ 详见薛世孝《中国煤矿工人运动史》,郑州:河南人民出版社,1986,第 249—258 页。

次小型罢工。①

中共地下党发起工潮,帮助苏维埃政府粉碎第五次"围剿"。1934年,上海美亚十个工厂千余工人包围巡捕房和国民党各机关,引爆了全上海100个纺织厂的总同盟罢工。唐山的开滦矿工举行了震动全国的五矿总同盟罢工,又引起唐山华新纱厂、启新洋灰厂罢工,反对国民党法西斯式屠杀,反对英帝国主义对于五矿工人的进攻,反对日本帝国主义与卖国的塘沽协定。湖州5000丝厂工人同盟罢工,捣毁县政府和国民党报馆。上海粪车工人以尿粪向公安局进攻。天津裕源纱厂几千工人反对关厂斗争。新当选的中共中央政治局党委陈云指出,这些暴动"是全国阶级斗争的新的更高阶段的开始"②。

中共在工运中无处不在,1937年2月22日,国民党第五届三中全会在宣言中称中共在上海轻工业中"秘密之宣传组织,使阶级斗争之毒念,潜入人心"③。正如美国劳动问题专家尼姆·威尔斯所说:"1927至1937年间,监狱满是共产党人,并被处以极刑",但"地下活动仍有发展"④。

全面抗战时期,不论是偏远的大后方,还是国统区"陪都",都活跃着中共地下组织。中共闽西南特委成立汕头总工会,在潮汕铁路工会、梅县理发工会扎根,"团结工人,注意改善工人生活、工人待遇"。同时,配合国民政府全面抗战,组织工人破坏队、运输

① 《焦作煤矿工运史》编纂小组编:《焦作煤矿工运史》,郑州:河南人民出版社,2005,第23页。

② 陈云:《红"五一"前夜的全国无产阶级伟大的战斗》,《斗争》第57期,1934年4月28日,第10、11页。

③ 荣孟源主编:《中国国民党历次代表大会及中央全会资料》下册,北京:光明日报出版社,1985,第432页。

④ Nym Wales, *The Chinese Labor Movement*, New York: The John Company, 1945, p. 65.

队、救护队。① 中共基层组织已经渗透到重庆兵工厂等核心企业。中共党员原多潜伏于刘湘之武器修理所、华西机械厂、韩复榘之济南兵工厂。据国民党情报部门称:“因各该厂原来管理不严,共党份子甚多。”自兵工署接办各厂后,这几家厂工人经分配进入各新成立兵工厂中,工人之中共党员借势发展组织,以此作为暴动的基本力量。中共在军需工业及重要工业中,特设独立支委,同重庆市区委组织共同领导兵工厂工运。1941 年三四月间,国民党先后抓捕中共党员谭沈明(25 岁)、胡黼章(22 岁)、张杰夫(30 岁)、陈德林(29 岁)、徐孝刚(24 岁)、雷利道(21 岁)、张守云(又名龚长信、21 岁)、张庆东(24 岁)、刘文清(33 岁)、周昆久(20 岁)、袁家驹(33 岁)、陈礼安(26 岁)、喻仲康(32 岁)、李树清(30 岁)、许晓轩(24 岁)等 15 人。计二十三兵工厂 3 人,二十兵工厂 3 人,二十四兵工厂 3 人,二十五兵厂 3 人,三十兵工厂 3 人,宏昌铁工厂和顺昌铁工厂各 1 人。此外,武器修理所、炮兵技术研究所及二十三、五十两兵工厂都有中共党员厕身其间。当时,上述各厂同情中共的工人已有近百余人之多。② 另有资料表明,楔入企业中的中共党员“能吃苦”“能办事”,颇得工人信任。1939 年底,在整个川康五六十万工人中,中共领导的工人组织有 2000 余个,有中共党员 300 余人。③

---

①《中共闽西南特委给南方局的报告(1939 年 5 月 20 日)》,中共梅州市委党史研究室编:《梅州革命历史文件汇集》,梅州:嘉发印刷厂,1994,第 59 页。

②《破获兵工厂共产党组织报告节文(1941 年)》,台北中国国民党党史会藏,档案号:特 29-21.1。档案记载:被捕人员基本为钳工,最早加入中共的为 1937 年,最晚者为 1941 年。谭沈明信仰坚定,“态度倔强”,“坚持准备牺牲”。

③《抗战以来川康工人运动情况(1939 年 12 月 5 日)》,中央档案馆、四川省档案馆编:《四川革命历史文件汇集(省工委、特委文件)》(1937 年 6 月—1939 年),雅安:四川省雅安地区印刷厂,1987,第 462、486 页。

大后方外,沦陷区、外沦陷区工人中同样活跃着中共的力量。1939 年 4 月,中共中央调整工运方针,提出“与各抗日党派各抗日团体的工人运动进行统一战线,在统一运动中把工人组织起来”,进而“在抗战中去解决工人失业、饥饿的问题与改善工人阶级政治、经济、文化的地位”。要求各级党组织在华北及“一切可能组织工会的地方,应该尽可能的把工会组织起来”,“使工会成为抗日政权下有力的团体”。同时“赞助”“领导工人去参加”抗日各派所领导的工会,“用最大力量去建立工厂支部,发展工人党员”。① 1940 年 9 月,中央下发《关于开展敌后大城市工作的通知》,要求以上海、香港、天津、平西、冀察晋、晋东南、晋西北、大青山、胶东、鲁西、皖东、鄂中、豫东等 14 地为据点,开展包括工人运动在内的各种工作,改变“共产党与敌后大城市隔离的现象”②。

在华中方面,1939 年 7 月,李自如在卫辉华新纱厂成立党小组。1940 年 3 月,中共新(乡)辉(县)汲(县)工委决定将华新纱厂党小组改为党支部,重点发展华新纱厂的地下组织。③

在华东、华中方面,中共党员韩念龙受江苏省工人运动委员会书记刘长胜指派,以上海工人救国会名义,暗中恢复党组织,开办工人夜校。刘宁一建立交通工作委员会,由王中一具体领导法电、英电、英汽和出租车公司地下党。中共党员打入英电汪伪工会,分化其组织,夺取工会领导权。1940 年 9 月,利用汪伪内部矛盾,领

---

① 中华全国总工会编:《中共中央关于工人运动文件选编》下册,北京:档案出版社,1986,第 14、15 页。

② 中华全国总工会编:《中共中央关于工人运动文件选编》下册,北京:档案出版社,1986,第 35 页。

③ 河南省华新棉纺织厂编:《河南省华新棉纺织厂志》,北京:新华出版社,1995,第 234 页。

导了10天的大罢工，达到了增加米贴、生活津贴等目的。① 中共打入上海内外棉、日华厂、申九及大隆、泰利机器厂，在绸厂、灯光厂、织带厂发展党员。到1941年底，中共在印刷界发展党员近百人；利用男女青年会、沪东公社、沪西公社开办业余学校；主持邮工补习学校、公共汽车英文班、怡和纱厂、纶昌纱厂、章华毛纺厂学校、金城化学厂学校、鸿章纱厂学校，影响了2000余工人。② 1945年8月，日本宣布投降，上海职工打出了“欢迎新四军”的标语。平汉路工人甚至成立工人纵队，配合中共鄂豫皖部队进击平汉路。③ 据1945年9月周恩来总结，上海原有的20万有组织的职工，与解放区有联系。④

全面抗战结束后，国民政府的种种政策失误，为中共开展城市工作提供了机会。重庆工厂停闭引起工人大请愿。1945年10月15日全天，28个全国性工人团体代表，分赴善后救济总署、生产局、行政院、劳动局、社会局请愿，要求救济失业工人；发给重庆工人“证明书”，保障“优先搭乘车船返乡工作之权”⑤。重庆一些大型企业包括，豫丰纱厂重庆分厂、新中华公司重庆制造厂、经济部中国植物油公司、庆华颜料厂、恒顺机器厂、花纱布管制局重庆工厂、三才生煤矿公司、大川实业公司石棉与制钉厂、中国粮食工业

---

① 参见上海市公共交通总公司上海英电工人运动史编写组编《上海英电工人运动史》，北京：中共党史出版社，1993，第89、91、92、101—102、105—110页。

② 《张祺同志谈话记录》、马纯古：《上海工运的现况报告》，中共“一大”会址纪念馆、上海革命历史博物馆筹备处编：《上海革命史资料与研究》第5辑，上海：上海古籍出版社，2005，第588、589、591、564页。

③ 《我军日夜向沪市挺进上海工人占领敌工厂》，《解放日报》1945年8月23日，第1版。

④ 朱学范：《我的工运生涯》，福州：福建人民出版社，1991，第123—124页。

⑤ 《渝工人大请愿》，《国民公报》1945年10月16日，第3版。

公司农化工厂、中央造纸厂，于1945年8月至11月间先后因工资、待遇、开革工人、产量标准、制服费用等原因而罢工。① 到1946年5月，据社会局统计，重庆因工厂倒闭、停工而失业的工人达10余万人。② 据国民政府主席重庆行辕民事处统计，自1945年10月至1946年12月，重庆地区（市区、江巴、北培）工厂劳资双方因解雇、工资、红奖、福利等原因引起的工潮达432件，涉及457厂，相关人员99696人。1946年1至12月，罢工有57次，还有捣毁房屋、架走厂长、驱赶党团及主管机关人员、与军警宪冲突、聚众斗殴、夺枪射击等暴动11起。工潮的主要诱因是工人遭解雇，罢工的主要诱因则是有关“红奖”。包括重庆在内，四川、西康、云南、贵州共计有工厂3314家，其中重庆有1694家，占西南工厂数的51.1%，重庆社会动荡足以引起西南地区的动荡。③ 1946年1月，盐政总局决定对自贡（富顺县属自流井、荣县属贡井）盐场淡卤盐井一律不再补助，并

---

① 《豫丰纱厂重庆分厂因工潮请派宪警协助遣散工人代电（1945年8月29日）》《新中公司重庆制造厂关于工人罢工反对无故开除工人及要求增加工资等经过情形呈电（1945年10月）》《米廷翰关于强制遣散罢工工人函（1945年10月17日）》《巴县政府关于庆华颜料厂工人罢工要求改善待遇等经过代电（1945年10月17日）》《周茂柏关于恒顺机器厂工人罢工要求取消包工制等经过呈（1945年10月25日）》《军委会政治部关于花纱布管制局重庆工厂借故开除工人引起罢工情形公函（1945年10月27日）》《重庆卫戍总司令部关于三才生煤矿公司运输工人罢工要求发给所欠工资及奖金等情形与战时生产局往来代电（1945年10—11月）》《尹致中等关于重庆大川实业公司石棉制钉两厂工人罢工要求增加工资等呈（1945年11月）》《中国粮食工业公司农化工厂关于全厂员工罢工要求增加工资呈（1945年11月）》，中国第二历史档案馆编：《中华民国史档案资料汇编》第5辑第3编政治（4），南京：江苏古籍出版社，1999，第28、29、32、33、34、40、42、44、48页。

② 《挽救目前工商危机工厂倒闭十余万人失业》，《国民公报》1946年5月18日，第3版。

③ 《国民政府主席重庆行辕民事处编印“重庆区一年来的工潮”（1946年12月）》，中国第二历史档案馆编：《中华民国史档案资料汇编》第5辑第3编政治（4），南京：江苏古籍出版社，1999，第59、60、61、79、81页。

勒令停煎,这会直接或间接导致2万名盐工无法维持生活。因盐业减产,失业工人于2月9日,在荣县贡井长腰滩、大坟堡、雷公滩、观音滩新盛场、向家岭等地同时暴动。① 工人由原来的全面抗战功臣,沦为胜利后的负担。

收复区工人同样处于场厂被接收、迟不开工的混乱期。至1947年初,南京厂商倒闭达500家,上海工厂、商号相继倒闭140余家。② 武昌徐家棚铁路码头300余工人,反对路局要求工人"申请登记",一度包围市政府。③ 1945年底,中共从工人最为关心的"年终奖"入手,于1946年初策动上海电力公司工人为年终奖而发动持续20余天的大罢工。1947年9月,中共密令上海电力工会领袖"相机破坏上海电力公司机器,造成暴动",以配合对国民党的军事攻势。事以泄败,工人领袖六人被捕,但工会仍发动数百工人到社会局请愿,要求释放被捕领袖。同月下旬,又成功发动法商水电公司电车部、英商电车公司工人以要求待遇、无条件解冻生活指数相号召的工潮,以及杨树浦电力厂罢工。借助于掌控的《群众周刊》《电力职工》两刊物挞伐政府,中共帮助工人将经济要求与纠纷,转化为政治斗争。④

中共团结民主力量,共同策动以工人为主体的反内战运动,将

---

① 《川康盐务管理局为防范工潮给自流井盐场公署的简明训令(民国三十五年一月十二日)》《川康盐务管理局对失业工人准备暴动事给自流井盐场公署的训令(民国三十五年二月十五日)》,自贡市档案馆、自贡市总工会编:《自贡盐业工人斗争史档案资料选编(1915—1949年)》,成都:四川人民出版社,1986,第302、303页。

② 《南京厂商倒闭达五百家》《沪工商倒闭百四十余家》,《联合经济研究室通讯》第9期,1947年1月,第26、28页。

③ 《徐家棚纠纷案扩大汪步云部分工人包围武昌市府》,《和平日报》1947年1月18日,第5版。

④ 邵心石、邓紫拔主编:《民国卅七年上海市劳工年鉴》,上海:大公通讯社,1948,第52、55、53页。

经济战转化为政治战，全力打好新形势下的政治战。1946 年 6 月 23 日，时值以周恩来为首的中共代表团与国民党政府谈判，中共上海市委员会指示“工人协会”，借用《群众周刊》《文汇报》《联合晚报》及小册子宣传，发动迎送马叙伦、阎宝航等民盟代表进京和平请愿的大游行。三区百货工会实为“民盟”的外围组织，其负责人均为国货公司、永安公司、新新公司、三友实业社资深职工。1946 年 12 月，该工会提出加发两个月年赏要求，发动新新、永安、先施、大新、国货、宝华等六大百货公司罢工。①

中共之所以能有效开展工运，全在于有效地组织工人。中共以“工联会”(华岗领导)、“工人协会”为骨干，发展突击队、“上海市劳工爱国会”、大同盟、联谊会、剧团、群众互助会、女工福利会等外围组织，楔入公用事业、纱厂、码头、机器、运输等业。美商上海电力公司工会负责人，出身工人，均于 1945 年 11 月加入中国共产党。②

1946 年初，上海市社会局长吴开先不从人心向背、组织基础等方面审视党国工运没落的原因，反而将原因归结为工运人员待遇较低，以此为借口逃避蒋介石的追责。吴氏绝口不提正是数量庞大而无能的工运人员耗费了巨额的国家资财。③ 全面抗战胜利以来，各地工潮相继而起，“且工潮愈炽，劳资双方之裂痕愈大，工人

① 邵心石、邓紫拔主编：《民国卅七年上海市劳工年鉴》，上海：大公通讯社，1948，第 59、62 页。

② 邵心石、邓紫拔主编：《民国卅七年上海市劳工年鉴》，上海：大公通讯社，1948，第 61、64 页。

③ 国民党情报机关称：中共每月用于上海工运经费达数千万元，当时社会局成立工运党团干部工人福利委员会、护工队及大公通讯社，计辖 7000 余人，每月需国币 2000 万元。《上海市社会局长吴开先呈中国国民党总裁蒋中正为请准增拨经费调整该市工运工作人员待遇》(1946 年 11 月 16 日)，台北“国史馆”藏“国民政府”档案，典藏号：001-055000-00002-015。

罢工之愤忾心亦愈强”。1946年3月10日，戴笠在给蒋介石的《报告》(情渝1862号)中，以2月9日到21日近50次上海工潮为分析案例，指出工潮原因除生产“停顿”、物价上涨因素外，即为中共鼓动：“自接收以来，中共对沪市工潮，即用尽手段，从中煽动，可谓无孔不入。主其事者，为中共中央政治局直属上海特别市政治委员会社会处(处长侯雪帆)，所属上海工人总会(工联)主委李雄翔、书记柳俊臣。其活动方式，为指挥原有各区支部多方接近工人，积极煽动工潮；一面并设法深入各业工人群众及团体中，秘密建立小组，发展其潜伏势力，以加强其对工人领导及控制作用。该会在去年底所决定之本年度工运方针中对是项已有详细决议。其主要点如下：“(子)扩大劳工运动之组织，积极吸收分子。(丑)加强领导各劳工单位工作同志对目前之政治决议，提高其分析能力。(寅)在劳运之外围团体中，注意国民党对工运所施之压力。(卯)争取民主负责同志在小组或支部中对群众解释民主与工人之关系。(辰)出版秘密及公开之有关工人及民主刊物。(巳)选拔优秀技术工人，赴各根据地工作。此项决议内容，说明中共必以煽动工潮之手段，扩大劳运机构。最近中共更于沪汉天津等工厂中心地区，进行设立全国性之劳工保障机构，联合各地工人组织，作下面公开之活动，并提出保持工人原有职位、改善工人生活，要求工厂开工等口号。”①戴氏的报告倒是看到了中共成功的秘诀。

由于生活指数解冻，政府发表的指数成倍数增长，资方工资成本剧增，加以运输不便、原料缺少，停业闭厂一度较为普遍。1947年度，上海劳资争议高达1955件(罢工停业114件)，关系职工数

---

①《戴笠呈国民政府主席蒋中正为报告二月九日至二十一日上海工潮之实际状况与建议制止办法谨请鉴核》(1946年3月16日)，台北“国史馆”藏“国民政府”档案，典藏号：001-055000-00002-012。

竟达445148人，关系厂号有116219家。对此工潮剧烈的原因，国民党工运干部无奈地承认："在劳资关系复杂，党派煽动剧烈的上海，这些纠纷的发生，是在料想之中的。"①

工潮涉及面较大，其中，中国、中央、交通、农业四行，中央信托局及电讯处等国营机关所发生之工潮，"给予社会之刺激为最大"。戴笠的情报从一个方面反映了中共在工人中的政治实力及影响力（表7-5）。

表7-5　上海工潮概况

发生时间	业别或厂名	经过情形	调解	备考
2月9日	鸿章纺织工厂	罢工提出改善待遇条件16条，至2月12日解决	市党部 社会局 总工会	—
同	成衣业职工会	要求调整待遇，由职工会与资方代表谈判，于3月12日妥协	—	—
2月11日	熟货业	要求复工加薪年赏及职业保障，尚在谈判中	—	—
同	时装业工人	要求改善待遇，尚在谈判中	总工会	—
同	浙江垦殖公司驳船工人	要求照生活指数支薪，尚在调解中	社会局	—

① 邵心石、邓紫拔主编：《民国卅七年上海市劳工年鉴》，上海：大公通讯社，1948，第45页。

续表

发生时间	业别或厂名	经过情形	调解	备考
2月12日	糖业海味北货水果咸鱼桂圆等六业工人	要求补贴外佣及福利基金,尚在谈判中	—	—
2月13日	BB牌绒线厂	—	社会局	—
同	班达冷藏厂	失业工人要求复工	总工会	—
同	老东方冷藏厂	同前	同前	—
同	江南造船厂杨树浦工厂失业工人	由四区造船业工人出面要求复工,尚在洽谈中	总工会 社会局	—
同	平安造船厂失业工人	要求改善待遇,现在调解中	同前	—
同	民生线带厂	—	—	—
同	三轮车驾驶业工会	要求取缔盛牌三轮客车公司非法营业,现正调解中	公用局 社会局 总工会	—
2月14日	沪东沪南织绸厂八十余家	自去冬10月17日提出改善待遇,要求未获答复,2月14日起怠工15日,向社会局请愿,在调解中	—	—
2月15日	康泰绒布厂	要求解雇新录用旧工尚在谈判中	—	—
同	沙利文面包厂饼干部	要求年赏加薪三成,调解中	总工会	—

续表

发生时间	业别或厂名	经过情形	调解	备考
同	水泥业工会失业工人	要求复工调解无结果	社会局	—
同	逸园跑狗场	要求补发解雇金，调解中	总工会	—
同	大德新长德两油厂	要求复工，现调解中	同前	—
同	中国化学工业社	要求改善待遇	—	—
同	中中交农四行及中央信托局	要求提高待遇（职员最低 15.6 万元），怠工两小时，经宋汉章劝告，并每人借支 15 万元，业已复工	—	邮汇局亦受此影响
2 月 16 日	三四区毛棉纺厂五十余家	提出要求二十余条，现已调解中一部工场已于 22 日开始怠工	社会局 总工会	—
同	怡和纱厂	包围怡和洋行要求复工或发给遣散费，现在调解中	社会局	—
2 月 19 日	商务印书馆	要求改善待遇于 19 日起怠工，现已调解，商得妥协办法，即可复工	同前	大中中华世界书局亦受此影响
同	报业工人	要求改善待遇曾一度罢工，经劝阻未果，现已调解妥协	社会局 总工会	—

续表

发生时间	业别或厂名	经过情形	调解	备考
同	本市地政局等员工	谈论请求照四行一局待遇发薪,经劝阻未扩大	—	—
同	华中矿业公司	具呈社会局发给救济面粉及复工	社会局	—
同	经济部主办兴亚钢业厂	要求加薪实行怠工,现尚未复工	—	亚细亚钢厂五东亚铁工厂受此影响
2月20日	清道夫	要求调整待遇,实行总罢工,现尚未解决	—	—
同	金城银行	受四行一局怠工影响,亦实行怠工,要求同等待遇,现尚未解决	—	—
同	票据交换所	同上	—	—
同	都城饭店、华懋饭店、华懋公寓	反对资方无故开除工人,现在调解中,惟资方拒绝调解	总工会	—
同	西式木器业	要求改善待遇,现在调解中	总工会 社会局	—
同	大中华造纸厂	同上	—	—
2月20日	昌兴印染厂	要求改善待遇,现在调解中	—	—
同	同光纺织印染厂	要求复工,调解中	总工会	—

续表

发生时间	业别或厂名	经过情形	调解	备考
同	阜丰面粉厂失业工人	同上	—	—
同	华铅钢精厂	厂内工人怠工失业老工要求复工	—	—
同	华东烟厂失业工人	要求发给救济面粉	总工会	—
同	福泰纤维厂	同上	同前	—
同	松原洋行第二工厂失业工人	同上	同前	—
同	钢厂	同上	同前	—
2月21日	电讯局营业处	南昌、杭州两电讯局要求年赏、加薪、借支,已实行停止收发。商电尚未解决	—	—
同	民主公司高级技术人员	要求改善待遇,否则联名请长假	—	—
同	煤气公司	—	—	—
同	皮件公司	要求改善待遇	—	—
同	履业公司	同上	—	—

资料来源:《戴笠呈国民政府主席蒋中正为报告二月九日至二十一日上海工潮之实际状况与建议制止办法谨请鉴核》(1946年3月16日),台北“国史馆”藏“国民政府”档案,典藏号:001-055000-00002-012。

正如戴笠在《报告》中所言,如果政府“能顺利进行”,“稳定物价”“增加生产”“提高统一工人待遇”等措施,“则中共无从策动”。

谷正纲根据蒋介石指令,赴沪召集社会局局长及各级负责工运领袖,共同商订出“防止上海目前工潮要项”八项,大意为:以尽量解决工人合理要求,保障工人合法利益;整饬劳动纪律,制止工人无理要求;运用党团组织,并联系当地治安宣传调查等有关机关,配合政府措施,分工合作,统一指挥,以增强斗争力量;力求发展各业工人细胞组织,培养工运干部,充实领导机构;举办福利设施,安置失业工人,以谋标本兼治。[①] 归根到底,中共之所以能够在工人中开展工作,重要原因之一是工人得不到基本的生存权,生活在动荡之中。

中共注重将发动工潮与改善工人待遇两相结合。物价飞涨,工人朝不保夕,中共遂发动工人。阳泉煤矿于 1945 年 8 月,国民政府与日军“交接”之际,由中共领导 1500 余工人举行示威、罢工,要求发放拖欠工资。1945 年 9 月至 1946 年春,北平门头沟中兴煤矿工人由中共领导,以“不够吃,不够穿,饿着肚子不能干”为口号,接连三次举行罢工。[②] 1946 年 1 月,中共在天津工人中提出三个口号(要求薪金最低额每人法币 4 万元,救济失业工人及家属按三口生活费计算为原则,由厂方供给工人棉衣及家族煤炭),[③]切实关注工人最需要解决的问题。1946 年 4 月,中共上海市工人指导组(上海工联会)指导员陈英,联络各工厂、公司员工于五一节“一致要求休

---

① 《戴笠呈国民政府主席蒋中正为报告二月九日至二十一日上海工潮之实际状况与建议制止办法谨请鉴核》(1946 年 3 月 16 日),台北“国史馆”藏“国民政府”档案,典藏号:001-055000-00002-012。

② 薛世孝:《中国煤矿工人运动史》,郑州:河南人民出版社,1986,第 515、516 页。

③ 《(天津市警察局长李汉元)为防范奸匪引诱工人罢工事致市社会局函》(1946 年 1 月 11 日),天津市档案馆藏,档案号:J0025-3-005472-001。

息”;决定如各方加以阻止,就将工人要求扩大为示威运动。[①] 1947年,中共上海“工委”通过群众团体,发动了3万工人参加国民政府在跑马厅召开的“五一节”纪念大会。谷正纲等在台上宣传“反共”,台下工人高呼“立即解冻生活费指数”等口号,并纷纷退出会场分路游行。5月2日起,工人示威游行、罢工迭起。5月10日,国民政府被迫宣布“有条件”地解冻生活指数。5月13日,中共组织百货业职工300余人游行,反对“有条件”地解冻生活指数。对此次游行有如是报道:“今天政府解冻职工的生活指数,为什么不平抑物价?这二月来物价的高涨,是从来没有过的,难道要饿死我们吗?”文章最后结论是:“我们为国家建设,为社会服务,我们不能饿着肚皮!我们坚决反对有条件的解冻生活指数!我们要求无条件的解冻生活指数!”为贯彻“三罢一惨”政策,中共于6月11日以产业工人同盟名义,在《大美周报》《大陆报》《字林西报》《自由论坛》等各英文报纸发表《最后通牒》,警告吴市长及中央政府,如不答应解冻生活指数、9个月内裁减中央军至100万、“研究使用官员们的私产”等条件,翌日正午将实行总罢工。[②] 由于上海学潮同时爆发,上海当局惧怕工人运动与学生运动两相合流,便实施“解冻”。

中共还策动了各类工潮。1946年,上海永和橡胶厂组织黄色工会,该厂中共地下党决定领导工人自组工会。资方与上海市社会局予以取缔,并开除28人。中共领导了为期40余天的罢工,资

① 《汤恩伯电蒋中正据报苏联驻沪领馆外事部近与奸党上海市工人指导组负责人取得联络企图于五月一日策动沪市工人大示威运动煽惑沪市工人是日一致要求休息等》(1946年4月9日),台北“国史馆”藏“蒋中正总统文物”档案,典藏号:002-090300-00016-215。

② 《中共煽惑上海工潮》,《农工月刊》第3期,1947年6月15日,第14、15页。

方被迫让步，被开除者全部复工，还给予增加工资的补偿。① 1948年2月，宁沪线工运组策动上海申新罢工。当时京沪线之工运组织共有800余中共党员，上海计有百余中共党员，组长李承光。有的中共工运干部，还以某县府课长、工厂技师等公开身份活动。②

中共发动工潮，针对不同企业采取不同策略。资源委员会昆明中央机器厂技术职员多为西南联大毕业生，一二·一惨案（1945年）后，中共联大地下组织派“宣传队”入厂宣传，于1946年1月中旬成功发动职工组织“职员联谊会”，并通过会员大会，决议向厂方提出“行政公开”、工厂及厂长“不要官僚化”“政府应用青年技术人才，而不依赖外国发展我国工业”等要求，同时通过大会决议以罢工相抗议。这些主张适应了昆明青年追求民主的热望。③ 也有研究者指出，中共通过组织业余生活，渗透到上海百货公司店职员中。“以永安为例，从1919到1949年间，共发生过10次罢工或怠工行动，除了1919及1925年的罢市行动外，都与共产党的直接策动有关。”④

中共领导的上海工人联合会，从政治层面攻击了国民党政权。1946年12月1日，工联会发表宣言，要求解散一党的“国民大会”，宣言称：“按照政协决议，国大应由各政党代表组成之联合政府召集。现在国民党政府违反政协庄严的定决，召集一党的国大，造成

---

① 《上海橡胶工业志》编辑委员会编：《上海橡胶工业志》，上海：上海社会科学院，2000，第473页。

② 《京沪线上破获共匪工运组织》，《劳工日报》1948年6月17日，第3版。

③ 《中统局关于中共领导昆明中央机器厂工人罢工提出行政公开等四项要求情报（1946年2月9日）》，中国第二历史档案馆编：《中华民国史档案资料汇编》第5辑第3编政治（4），南京：江苏古籍出版社，1999，第52—53页。

④ 连玲玲：《日常生活的权力场域：以民国上海百货公司店职员为例》，《“中央研究院”近代史研究所集刊》第55期，台北：“中研院”近代史研究所，2007，第182页。

全国分裂。这个国大毫无民主气味，只是国民党的一党专政而已。由于内战，国民党的行政腐败及工业衰落的结果，中国人民特别是我们工人遭受到深刻的痛苦。国民党政府所订签的‘中美友好通商航海条约’，将航权与关税权断送给外国，美货充斥中国市场，其直接结果为工厂倒闭与工人失业。”宣言还指出国民党名为民主实行专制：“国民党警察可以随便到工厂内虐待强迫与逮捕工人，召集一党国大是国民党对工人人权所举行的新进攻。在‘国大代表’名单中，我们看到一些似乎是代表上海工人的‘国大代表’，但我们上海工人从来也未选过什么代表。”宣言号召全国工人“抵制这个国大”“解散这个国大”，“按照政协决议进行筹备新的国大”。[①] 工联会为配合军事打击国民党政权，反对和谈，发表《为反内战求和平而战》宣言，引导沪地工人的政治选择：“喝血的战争贩子遭到军事失利后，现在又企图以和谈为借口，取得喘气的时间，以便准备更大的战争。”宣言敦促上海工人为反对内战而战，要求真正的持久和平，惩罚战争贩子与遵照政协决议建立民主政权。宣言呼吁工人反对征兵征粮、滥发通货、苛捐杂税。[②] 此时，中共从组织到观念实际上已经掌握了工人的动向。1947 年底，CC 派樊振邦在分析上海劳资纠纷问题时也不得不承认：不论因经济原因，还是由“吃工人”的“工棍子”挑起的此起彼伏的工潮，多为中共“所动用扩大到难以收拾”。[③]

1946 年至 1947 年人民解放军发动冬季、春季攻势，并取得了

---

① 《上海工人联合会发表宣言要求解散一党“国大”》，《人民日报》1946 年 12 月 6 日，第 1 版。

② 《上海工人联合会宣言为反内战求和平而战》，《人民日报》1947 年 6 月 1 日，第 1 版。

③ 樊振邦：《本市劳资纠纷之解剖与处理》，《社会月刊》第 3 卷第 1 期，1948 年 1 月 5 日，第 29 页。

连续胜利,这加速了国统区政治、经济、社会的全面危机,蒋介石集团“陷于总崩溃之前夜”。虽然存在着如苏北“绥靖区”贾汪煤矿工人“反解放”的敌对力量,①但包括劳工在内的城市各阶层民众,“普遍地认识到‘反动政府要垮台’”;同时期盼中国共产党“一定要来”。“党来了才是过好日子,党来了青年人才有出路,才得太平。”中共开始修订工运策略,指导基层工运。中共文件指出,虽然工人阶级与民族资本家间的矛盾是“绝对存在的”,但“现阶段工人最凶恶的敌人是执政的官僚集团,而蒋占城市中的小中民族资本与官僚资本间的矛盾一般的超过工人阶级矛盾,因此工人阶级和民族资本家在反对共同的敌人——官僚集团这一点的基础上实行劳资两利互相让步来争取共同的生存利益。”由此,可以理解中共领导的城市工人运动为何在整体上一时不如学生运动频繁。② 从表 7-1 来看,上海劳资纠纷中“关系厂号数”“关系工人数”也确实有所的下降。

中共配合“反蒋”军事斗争的推进,对工运提出了新的要求。中共中央晋冀鲁豫分局 1947 年对工运批示:“(1)根据中央战略指示,今后党的严重任务,是控制夺取大城市,打成一片天下,为达成此迫切任务,城市工作中心的重要一环,即工运工作。(2)向各工厂各作业坊说明党的工作,已由蠕动而活跃起来,在合法条件下,发动工人从事经济与政治之要求。(3)争取熟练及高级技术工人以团结领导广大的工人。(4)分化打击拉拢黄色工会,使其为工人谋利益,反对资本家工资,及防止反动派利用收买。(5)在我军围

① 钟英:《贾汪工人的反“解放”斗争》,《中坚》第 3 卷第 5 期,1947 年 3 月 20 日,第 26 页。

② 《(南通市委)通城某小要求提高大学生津贴斗争的总结报告(1946—1947 年)》,南通市档案馆藏,档案号:C107-111-0015-0300(原 113-19-3)。

迫城地时，应领导工人相机罢工内应工作。（6）加强工人的教育，使其有阶级觉悟，共同团结，在我党领导的范围。”[①]该方针得到了很好的贯彻实施。中共对官僚资本企业的工运工作毫不放松。1948年10月10日，辽沈战役方酣，中纺锦州纺织被炮火笼罩，打入该厂的中共党员，在工人宿舍区以职员与工人待遇相差甚大，替工人抱不平，鼓动阶级斗争。[②] 中共亦始终保持政策的灵活性，善于抓住吃饭问题。1948年，上海正泰橡胶厂中共地下党向资方提出每人每月增加5斗米津贴的要求，并发起罢工，资方最终以一次性发给每人5斗米津贴为筹码，与工人达成谅解。[③]

到国民政府军事力量渐行崩溃之时，许多地区工人已经集体转向中共一方。1948年7月，唐山钢铁厂工人坚决反对资源委员会将工厂迁往大冶的计划，组织护厂会，发起护厂运动。[④] 大生三厂工人在分区城工部领导下，阻止资方将机器拆运至台湾。[⑤] 1949年中共解放南京、上海后，主持海员党务的国民党中执委杨虎公开与中共合作。[⑥]

---

① 袁其炯：《中共“工运”之批判》，《农工月刊》创刊号，1947年4月15日，第7页。

②《中国纺织建设公司锦州纺织厂厂长王若愚〈报告书〉（1948年10月18日）》，锦州市档案馆藏“敌伪”档案，档案号：88-2-94。

③《上海橡胶工业志》编辑委员会：《上海橡胶工业志》，上海：上海社会科学院，2000，第473页。

④《唐山钢厂工人反对拆厂南迁》，《人民日报》1948年7月5日，第2版。

⑤ 海门县三厂镇人民政府镇史办公室编：《三厂镇史征求意见稿》（打印稿），内部资料，1986，第66、82页。

⑥《国民党中央第二十三次民运工作会议修正通过改进海员党务工运工作要点（1949年）》，中国第二历史档案馆编：《中华民国史档案资料汇编》第5辑第3编政治（4），南京：江苏古籍出版社，1999，第11—12页。

(三)阶级认同:工会的“政治性”统一

中华全国总工会于1926年宣告成立于广州,其团体会员包括上海总工会、天津总工会、北京总工会、香港总工会、河南总工会、中华海员工业联合会、全国铁路总工会。① 1927年,国共分道扬镳后,中华全国总工会所属各省、市、县工会及海员、铁路总工会等均遭取缔,被迫转入地下。一些中共党员借用“黄色”(“官方”)工会开展工运,但中共中央则坚决要求国统区的红色工会保持自身独立性,同时还要把斗争矛盾指向黄色工会。1927年,八七会议通过了《最近职工运动议决案》,主张“左”倾冒险主义的工运政策。其表现为:一是没有认识到革命退潮,应在策略上采取防御方针,保存实力;反而要求工人“猛往直前地奋斗”,盲目组织城市暴动。二是在组织形式和斗争形式上,拒绝利用合法工会,与工统会、工会改组委员会斗争,保持赤色工会的斗争性、独立性。② 1929年初,中共指出上海七大工会(英美烟草公司工会、南洋烟草公司工会、商务印书馆印刷所工会、邮务工会、商务印书馆发行所工会、报界工会、华商电气工会)的“工贼官僚们”,如邮务工会的陆京士、沈天生等,“本来是国民党御用的走狗,蒋介石四月十二屠杀工人的帮凶”;反对与“官方”工会有任何形式的合作。③

1929年11月,中华全国总工会第五次全国代表大会通过《对黄色工会问题决议案》,反对以黄色工会外壳开展工作,同时要求

---

① 马超俊:《中国劳工运动史》上册,重庆:商务印书馆,1942,第110页。

② 中华全国总工会编:《中华全国总工会七十年》,北京:中国工人出版社,1995,第114、115页。

③《上海邮政罢工的经过与教训》,《工人宝鉴》第1、2期合订本,1929年2月1日,第18、19页。

区别对待黄色工会及其领袖,应将黄色工会内的“依然是革命工人”的“大多数群众”争取到中共一方来。该文件指出,黄色工会有两类:(1)“上海的黄色工会是经过了国民党不断的屠杀和压迫,改良主义的欺骗,逐渐由过去工会中反动分子和所谓国民党忠实同志依靠反动统治势力扶持而发展起来的。”(2)“在北方的黄色工会完全由国民党改组派利用党与政治地位,在把持和强迫形势之下一手建立起来的。最近武汉,即国民党在这种形式之下来发展黄色工会组织。”《决议》强调,尽管“因为国民党内部派别不同,互相利用工会来夺取群众,以扩充自己政治上的势力,遂反映到黄色工会内各派领袖的冲突”,但黄色工会的本质仍是一致的。有的黄色工会,如上海市总工会、海员总工会、上海兵工厂造船厂工会、津浦铁路工会等,“在实际上已变成国民党的官僚工会”。有的黄色工会,如北京电车工会、上海丝厂工会联合会、先施、永安工会,“变成资本家的御用工会”。其领袖“不尽然是黄色,有的直接变成官僚、资本家的走狗了”。决议还进一步厘清了黄色工会本质特性:“黄色工会就是改良主义在群众中实行欺骗工人有力的工具;因此他的主张完全是反对阶级斗争,实行劳资合作,牺牲工人阶级的利益,来拥护资产阶级的剥削地位。用改良欺骗的方法,实行消灭工人的阶级斗争,引导工人走上合法的和平道路,永远替资本家做忠顺的奴隶。”《决议》强调黄色工会“完全是帮助资本家压迫工人的最厉害的敌人”,“用妥协方法(请愿、仲裁等)来代替群众直接斗争行动;用拖延政策(听候党部和政府解决等)来消磨群众的斗争情绪;使每次斗争在这种形势之下,不是完全断送,就是将工人群众最主要的要求放弃,争得不关紧要的小的要求。实际上,一般黄色领袖完全是帮助资本家压迫工人”,“在思想上用劳资合作来代替阶级斗争,以民族改良主义的宣传来掩饰阶级对立形式和资产阶级剥削罪恶;实际以麻醉工人群众,模糊群众的阶级观念,要工人阶级无条件的牺牲阶级利益来努力替资本家发展生产”。一句话,国民党、资本家与黄色工会领袖是“三位一体的东西”。《决议》最后强调:“凡是接近国民党的政治领导、主张阶级合作,在合法的、和平的方法来领导经济斗争,都是黄色领袖。”即使赤色工会会员取得了黄色工会委员职位,但若其仍采取黄色领袖的行动,也就退化为黄色领袖,成为中共的斗争对象。“革命工会的领袖”,必须坚决“站在群众利益上,领导群众作直接斗争行动,反对国民党一切合法行动”①。

第五次劳动大会制定的打击黄色工会方针,在短时期内并未“正确运用到工作”中。《全总通讯》是“专供工会的一般干部份子看的定期刊物”②,1930 年 2 月 15 日,其第 1 期刊载了《对黄色工会的策略问题》,强调反对基层工会对黄色工会的妥协、合作的“右倾倾向”,要求应该明确工会的“根本策略,是消灭黄色工会”,“重新建立赤色工会”。其理由是:黄色工会“日趋于‘法西斯蒂’化”。上海的商务、邮务、南洋等黄色工会,北京铁路、唐山、天津、北平、青岛等处“黄色工会更是成为压迫斗争的有力工具”。唐山五矿年关斗争不能发动,上海邮务、商务争斗的流产,就是因为没有坚决地反对黄色工会。而北宁路唐山南厂在年关斗争取得胜利,则是坚决反黄色工会的结果,但最后却因不能继续“反黄”而未能扩大战果。③

---

① 《对黄色工会问题决议案》,中华全国总工会中国工人运动史研究室编:《中国工会历次代表大会文献》第 1 卷,北京:工人出版社,1984,第 349、350、351、353、354 页。

② 《卷头语》,《全总通讯》(《前线月刊》)第 1 期,1930 年 2 月 15 日,第 2 页。

③ 俊:《对黄色工会的策略问题》,《全总通讯》(《前线月刊》)第 1 期,1930 年 2 月 15 日,第 5—6、4 页。

文章批评各地工会指导者，“没有认清黄色工会的政治性，还企图在黄色工会纲领之下，来转变黄色工会为赤色工会，因此一切活动均束缚于黄色工会的范围之内，这不是破坏黄色工会的组织，而是维持黄色工会”。指责工会指导者所从事的“竞争选举”“夺取委员地位”“要求国民党改组工会（唐山矿工）”“联络黄色领袖”等工作，“无疑的替黄色工会做了忠实的保驾臣”；要求赤色工会应该“领导群众”，以“直接下来斗争”“自动开会”，以“组织工人自己工会”来代替“要求改组工会”的口号，反对黄色工会及其领袖。《文章》尤为反对北方赤色工会会员隐藏在铁路、矿山的黄色工会中：“有的本身就是黄色领袖”，“与黄色领袖合作，不敢在群众中公开的反对黄色工会，不敢公开的宣传赤色工会的纲领”。①

对于赤色工会在一些地区的工人中间影响有限的情况，文章则解释为：赤色工会“必然只有少数先进的分子加入”，大多数群众，“尤其是比较落后的群众”，自然“留在黄色工会之内”。文章要求基层干部“应当先由纲领的宣传，斗争的发展”，消除群众对黄色工会的幻想，“引导大多数群众走上反对黄色工会的道路”。②

全总根据铁路总工会的报告，发现北方京奉、正太、津浦各路工人“争斗”较为普遍，也开始反抗黄色工会，但赤色工会却仍“处在极端的秘密和狭隘的方式上，不敢坚决的公开的领导群众斗争”。为发挥赤色工会的领导作用，1929 年 12 月 18 日，全总致函铁路总工会，要求根据第五次劳动大会的新策略，毫不犹豫地抛弃“幻想‘继续分化黄色领袖’”的错误策略，“公开的反对黄色工

① 俊：《对黄色工会的策略问题》，《全总通讯》（《前线月刊》）第 1 期，1930 年 2 月 15 日，第 4、6、8 页。

② 俊：《对黄色工会的策略问题》，《全总通讯》（《前线月刊》）第 1 期，1930 年 2 月 15 日，第 7 页。

会”,并将黄色工会领导的“合法”争斗,“直接有力的发展成为革命的争斗”。全总要求铁总借助当时京奉铁路唐山南厂工人争取双薪的争斗,展开全路罢工。①

1930年初,中共组织在上海工人中建立了新一届的工联会执行委员会。1月5日,全总致函该执委会,要求新的执委会改变“少数常委委员包办工作”“脱离群众”的状况,应努力建立下级工会组织;并要求建立配套的“公开的机关”,通过授课、游戏等方式吸引群众加入工会。全总要求执委会从产业工人(市政、纱厂、丝厂)入手,组织同盟罢工。②

1937年,刘少奇在延安与尼姆·威尔斯交谈时,曾这样检讨中共“反黄”:

> 1929年,上海商务印书馆、邮局等七大黄色工会势力很大,此时有必要加入黄色工会而予以利用,而共产党不仅未采取这一对策,相反却反对黄色工会。由于红色工会不仅未能与黄色工会合作,而且还与之发生冲突,因而未能赢得部分误入黄色工会的人们。因此,在第五次全国劳动大会(1929年11月),一些代表提出要秘密加入黄色工会。1932年上海事变时,黄色工会在浦西发动过一次失败的罢工,许多工人从此加入红色工会。1934年1月,黄色工会领导的长沙大罢工,赢

---

①《要坚决的反对黄色工会才能使群众脱离改良主义的影响——全总致铁总信(全字第一号、铁字第一号)》,《全总通讯》(《前线月刊》)第1期,1930年2月15日,第43、46、47页。

②《工会组织问题——全总给上海工联执委会信》,《全总通讯》(《前线月刊》)第1期,1930年2月15日,第38、40、41页。

> 得部分成功。除此以外，还有许多由黄色工会所领导的罢工。①

此后，刘少奇等人联合黄色工会的策略渐占主导地位。

全面抗战胜利后，中共充分利用合法形式，加强对国统区工会的领导。1945 年 8 月，中共组织工人成立大康纱厂工会筹备会。此后，大康纱厂党支部帮助裕丰纱厂、公大纱厂、中国毛绒厂建立工会。② 中共党员地下网络密布，甚至国民党在沪西成立的“三区棉纺业工会整理委员会”、沪东“四区机器制造业工会筹备会”，其骨干基本都是中共党员。“三区会”18 位委员中，中共党员占 13 人。③

中共在国统区秘密领导“合法”工会外，还公开与国统区工会领袖团体接触。直到 1937 年前后，中共才通过与中国劳动协会接洽，开始中国工会的一体化进程。1936 年 6 月，朱学范利用出席第 20 届国际劳工大会的机会，在全苏工会中央理事会主席什维尔尼克的帮助下，从日内瓦赴苏联秘密会见中共驻共产国际的康生和李立三。朱学范同李立三就工人团结联合抗日达成协议，反对分裂工人运动。“这次会晤是促使朱学范后来为维护中国工人运动的团结而坚持与共产党领导的工会合作的最早的契机”，“劳协从此开始转变为响应抗日民族统一战线的工人团体”。1937 年 2 月，宋庆龄、何香凝、冯玉祥等在国民党五届三中全会上提出恢复孙中

---

① Nym Wales , *The Chinese Labor Movement*, New York: The John Company, 1945, pp. 64—65.

② 中共上海市委党史研究室、上海市总工会编:《上海纺织工人运动史》，北京:中央党校出版社，1991，第 321、322 页。

③ 沈以行等:《上海工人运动史》下卷，沈阳:辽宁人民出版社，1996，第 436、437 页。

山的联俄、联共、扶助农工的三大政策紧急议案。经过讨论,该议案终获通过。劳协内部因此也出现分化。以朱学范为代表的一些工人领袖,不同于劳协中陆京士为代表的 CC 一派,而选择拥护“联共”抗日统一战线。① 全国邮务总工会内部“更多的人是不赞成国民党消灭共产党、挑动内战的政策”②。

1938 年 3 月 5 日,经朱学范筹备的“中国工人抗敌总会发起人”会议在武汉召开。在朱氏主持下,会议通过《中国工人抗敌总会筹委会简章》。后陕甘宁边区总工会代表廖似光与朱学范联络,提出共同筹备组织中国工人抗敌总会,得到朱氏同意。3 月 24 日,朱氏主持的中国工人抗敌筹委会第二次会议,通过了《欢迎陕甘宁边区总工会参加本会》的决议。4 月 17 日,陕甘宁边区总工会在延安召开第一次工人代表大会。中国工人抗敌筹委会发电祝贺,朱氏被推举为名誉主席团成员。抗日根据地工会和国统区工会之间的公开联合,引起了国民党当局的不满。政治部二厅厅长康泽、民运科长刘培初,以及陆京士皆反对联合之举。筹委会于 4 月 14 日召开临时全国代表大会时,国民政府军事委员会政治部批示筹委会不准召开成立大会。批示称:“因地区沦陷,工会欠健全,代表产生之手续欠完备者”,“不足以代表各部分多数工人之意见”,“备案各节,暂从缓议”。筹委会被迫于 5 月 2 日宣告结束。③ 通过接触,朱学范与中共进一步达成互信。4 月 19 日,《新华日报》发表陕甘宁边区总工会主任毛齐华《抗日战争与中国职工运动》一文,其主旨为主张全国工运的统一:“我们工人应该积极起来拥护国共两党亲密合作,在这个基础之上,将过去所谓‘老工会’‘新工会’‘赤色

① 陆象贤:《中国劳动协会简史》,上海:上海人民出版社,1987,第 8、9、13 页。

② 朱学范:《我的工运生涯》,福州:福建人民出版社,1991,第 56 页。

③ 朱学范:《我的工运生涯》,福州:福建人民出版社,1991,第 336 页。

工会’‘黄色工会’等界限、成见、隔阂，完全放弃，在‘抗日高于一切，一切服从抗日’的原则之下，实现工人阶级的组织统一和行动统一。”①中国工人抗敌总会筹备会虽为国民党所扼杀，但筹委会的成立为全国工人的统一团结“建立了统一行动的一个起点”。1938年12月，中国劳协在重庆召开第二届年会，陕甘宁边区总工会派廖似光出席会议，并被选为常务理事。②

全面抗战胜利前后，中共又开始加强与中国劳协的联系。“中国解放区职工联合会筹备委员会”于1945年4月22日在延安成立。陕甘宁边区、晋绥解放区、晋察冀解放区、山东解放区、晋冀鲁豫解放区、淮北解放区代表一致推举邓发为主任。③该会成立的目的，就是在加强各解放区总工会联合的基础上，加强与国统区工会的联合。当年2月，世界工会代表会议定于1945年9月在巴黎举行世界工会大会，成立世界工会联合会。此前2月在伦敦召开的世界工会代表会议，经朱学范交涉，解放区职工会可以派代表出席，但因国民党当局不签发护照，代表不能与会。此次解放区准备派董必武等四人出席大会，中共望朱氏予以接洽。朱氏与易礼容特往重庆“八办”面见王若飞，表明同意解放区派代表参加中国劳协代表团。9月初，周恩来、王若飞应邀参加劳协重庆工人福利社开幕典礼。周恩来在与朱氏交谈中提出：(1)中国劳协组织联合代表团，包括陕甘宁边区总工会、解放区职工联合会代表；(2)解放区各职工联合会应如陕甘宁边区总工会一样，加入中国劳协；(3)陕甘宁边区总工会、各解放区职工联合会决定参加中国劳协1945年年会，共同筹备成立全国职工联合会。朱学范对这一工运统一方

① 齐华：《抗日战争与中国职工运动》，《新华日报》1938年4月19日，第3版。

② 朱学范：《我的工运生涯》，福州：福建人民出版社，1991，第336、337、106页。

③《解放区工联筹委会昨日正式成立》，《解放日报》1945年4月23日，第1版。

针，表示完全同意。朱氏同国民党中央组织部部长陈立夫据理力争，表示如果政府不允许解放区工会出席世界大会，劳协也将拒绝参加。在意大利、法国、英国总工会及国民政府驻英大使顾维钧的压力下，国民政府最终同意邓发一人参加中国劳协代表团。"重庆谈判"期间，朱学范经与毛泽东交谈，认清工人运动的本质就是民主运动。1946年2月1日，在重庆《新华日报》发表根据邓发代表解放区工会提出的"八项主张"为蓝本的《中国劳动协会二十三条政治主张》，该文件受到周恩来、邓发的高度评价。① 用国民党人的话说，中国劳动协会所走的"政治路线"，"更明显"和中共"如出一辙"。② 国共内战爆发，中共与国统区劳协合作的工作才再次中断。

直到东北解放区的建立，中共统一国统区工会的工作再次启动。1948年3月18日，中共中央就关于职工代表大会议程等问题给东北局指示："解放区职工大会这次如能争取到蒋管区职工代表及劳协代表参加，而成立起全国临时总工会，这对于国内国际的职工运动有很重要意义。"当时朱学范已来到哈尔滨，同李立三商议，双方决定由解放区职工联合会筹备委员会与中国劳协共同发起召开第六次全国劳动大会。7月31日，第六次"劳大"召开预备会议，将由大会产生的全国性组织恢复为"中华全国总工会"。8月1日，第六次"劳大"正式召开，标志着中国工人运动的统一。朱学范当选中华全国总工会副主席。中华全国总工会恢复后，联合国统区的上海、武汉、天津、南京等地和解放区西北、华北、华东、东北等

---

① 朱学范：《我的工运生涯》，福州：福建人民出版社，1991，第123—124、第125、127、128、338页。

② 吴光远：《中国工人运动现状(二)》，《中国劳工月刊》第7卷第6期，1947年6月25日，第6页。

区,包括矿山、铁路、水电、邮电、军工等部门283万工人,①与陆京士组织的全国总工会争夺对工人的领导权。这不仅削弱了国民党政权的统治基础,而且在实际上为中共建政、建国培养出了新国民。

中共之所以能够统一中国劳协这一国统区工人的权威组织,与劳协的独立性及其领袖朱学范对民主政治的追求不无关联。上海邮务总工会作为劳协的核心成员,其前身邮务工会自1925年8月17日正式成立以来,即保持自身的相对独立性,不仅参加过1927年上海工人武装起义,而且反对客卿主政邮务,主张巩固邮权、促进邮务,改善生活。1929年,反对交通部所订的“颇多丧权辱国”的中美航空合同。1930年,反对邮政储金汇业总局分立,“不惜誓死力争”。一·二八事变时,上海邮务工会领导全体邮工,救难民,扶伤兵,募捐款。② 中国劳协与国民党一直有一定距离。1934年,在中国劳协第四届年会上,四川省忠县总工会提出《各级工会负责人一律应予入党》议案,建议“中央通饬各级党政机关规定各工会负责人均须先行加入中国国民党为党员领有党员证书者始得有被选举权,并能从事党务工作”。其目的是:“以免奸人潜入”工会组织,保证工会干部对国民党的忠诚。该议案还要求“对于各个会员之思想、行动、言语,更应彻底考察、严加训练或管理”。大会提案审查委员会有意敷衍行事,提议“交下届理事会酌办”,并经大会决议通过。③ 全面抗战胜利前后,中国劳协在重庆地下党的支持下,参与、组织了重庆地区工人从要求增加工资、增发遣散费的经

① 朱学范:《我的工运生涯》,福州:福建人民出版社,1991,第339、341、351页。

② 岳秀堂:《中华邮务总工会的成长》,《新世界》1947年3月号,第26、27页。

③ 中国劳动协会编:《中国劳动协会第四届年会报告书》,重庆:中国劳动协会,1943,第42页。

济斗争,到参加全市性的民主运动。① 朱学范身为上海市总工会主席委员、全国邮务总工会常务委员、中国劳协理事长,作为工会组织的核心人物,组织的独立性很大程度上就是他的自主性。朱学范在工会实践中已经形成了以工会利益为中心的工作思路,这为其与中共合作提供了可能性。

国民党对朱学范的压制,则更加速了朱氏与中共合作的步伐。1946 年 2 月 10 日,国民党反对政协会议,制造“校场口事件”,却诬陷为朱学范、易礼荣所指使。同年 8 月 6 日,重庆市总工会同军警特强行接收中国劳协重庆福利机构。上海工人起而声援,仅在 8 月 10 日、11 日即有电力公司工会、自来水工会、面包业工会等百余单位致函劳协表示慰问。第三区机器业工会暨沪西工人福利委员会,代表数万会员致函朱学范,表示愿为劳协后盾,争取工人组织之自由。美国劳工联合会执委会主席格林,要求美国国务院调查国民政府禁止劳动团体活动之真相。② 11 月,国民政府召开“国大”,成立全国总工会,朱学范指责此举违反政协决议,号召国统区工人用各式活动加以抵制。同月 18 日,朱氏在上海登报发表声明,揭露国民党当局强迫劳协排斥解放区工会,强迫劳协公开反共的行径。而后朱氏出走香港,并将中国劳协机关迁往香港。11 月 25 日,朱学范在香港遇刺重伤。媒体将朱氏视为继杨杏佛、史量才、李公朴、闻一多之后又一位敢于挑战国民党的民主斗士。“八六”事件、遇刺事件,实际上从侧面帮助朱学范彻底确立了在中国劳协的领袖地位,虽劳协中与朱学范不同立场者推选安辅臣为该会理事长(1946 年 11 月),但仍难以动摇朱学范作为国统区工运民

---

① 朱学范:《我的工运生涯》,福州:福建人民出版社,1991,第 117、116 页。

② 《愤懑蒋政权破坏工运中外人士声援劳协》,《人民日报》1946 年 8 月 28 日,第 1 版。

主符号的象征地位。1948 年 1 月 9 日,朱学范在伦敦发表个人对目前时局的宣言,号召国统区工人加强反蒋、反对魏德迈援蒋侵华计划的斗争。①

朱学范与中共合作,更在于双方具有相同的民主政治理想。《中国劳动协会二十三条政治主张》,全面反映了朱学范对民主政治的理解。其主要内容包括:在政治方面,要求保障人民身体、信仰、言论、集会、结社、通信等基本自由;工人应有参加民选的国民大会的名额;军队国家化;严重贪污吏。在经济方面,要求保护民营企业,反对官僚资本;实行耕者有其田。在工会和工人基本权利方面,要求工人有组织工会的自由,组织全国工会联合会;工人有罢工、游行、请愿、团体契约的权利;国营工厂工人有参加管理权利;协调劳资关系;工人有工作的权利;规定最低工资,实行男女同工同酬;改善工人福利,厉行工厂检查;保护童工、女工;反对包工及包身制度;规定一周 48 小时工作制;反对学徒制度;举办劳动保险;辅助失业工人转业、就业;等等。②

---

① 《朱学范氏号召蒋管区工人加强反蒋反美斗争》,《人民日报》1948 年 3 月 14 日,第2 版。

② 朱学范:《我的工运生涯》,福州:福建人民出版社,1991,第 129 页。

结　语

民国以来的中国社会，在生产方式上，表现为由传统农业社会向近代工业社会的转变；在政治形态上，则表现为政党政治的逐渐确立，以及各党派的相互竞逐和博弈。生产力、生产关系、政治权力有时平行、有时交叉地推动着民国社会的发展。近代意义的劳资双方，同为社会生产的载体，社会财富的创造者，但自民初以来却在政党政治中遭逢不同的命运。资方不仅在道德的法庭上被视为剥削者而受到审判，而且在政党政治中被视为终将消灭的对象。工人则获得无尽的同情，被各党派竞相援引为自己的同路人。劳资关系缘于生产过程，双方共同构成一个生产共同体，为社会提供产品和服务。产品和服务本身中已然凝聚着资方的资本、设备的折旧与工人劳动力的价值。不过，在政党政治的干预下，劳资关系已不完全为劳资双方所左右，反而在很大程度上为各党派或党派意识所操控。劳资关系不仅是劳资双方利益表达的产物、简单的劳资之间的生产关系，而是社会结构重组的产物，体现并贯穿着阶级的意志。

第一，“五四”前，中国社会党、工党、无政府主义党都将处理劳资关系问题与其政治目标相统一。“劳资关系”成为社会问题、政治问题。中国社会党主张政府通过国家资本主义，实现一个共享尊严、人人劳动的社会。工党主张在不改变社会制度的前提下实现劳资合作，承认工人具有独立的经济权力，支持以促成劳资合作为目的的罢工斗争。与前两者相较，无政府主义党则要求变革社会制度，主张以工人为主导的平民革命，彻底消除劳资争斗。这三党不仅在理论上论证了工人应有的新型的社会关系及政治关系，而且各党都尝试通过干预工人的经济生活，建立以工人为主导的政治关系，进而将社会权力转移到工人群体之上，由此实现各自的政治架构。

如果说“五四”前的党派是“利用”工人实现其政治目的，那么“五四”后的党派则开始“指导”或“改造”工人了。以孙中山为首的国民党人，对工人的力量缺乏体认，仅以“指导者”的立场关注“五四”中的工人斗争。无政府主义则于“五四”后再获生机，但其鼓动、宣传，特别是在广东的发展，却为中共的诞生提供了理论、舆论及人员基础，有利于中共势力楔入广东地区。因广东是国民党马超俊开展工运的基地，中共向上海、武汉、北京等地发展。中共开展工运之初，就对工人予以“改造”，并将工人视为实现自身政治目标的主力军。1922 年，第一次全国劳动大会的召开，则标志着国、共、无政府主义党人，在鼓动工人罢工以实现“打倒军阀”“打倒帝国主义”问题上达成共识。二七大罢工后，中共被迫撤至在工人中实力不及国民党的广东地区，通过国共合作“挤走”广东的无政府主义党人。五卅运动，检验出国共两党在工人中势均力敌的实力，但在此前后，双方已出现分裂的趋势，互相争夺工人的领导权。中共以自我牺牲争取到了更多工人的支持。国民党内分歧在此期间益加严重。右派关心国民革命联合阵线，反对阶级斗争，左派主张则与其相反。到1925年后,“劳资合作”政策在国民党中占据主导地位。中共利用“一七”“二七”“五卅”各种纪念,宣传阶级斗争的主张,强调工人领袖在工运中的牺牲精神,以及对国民革命推动之功。国民党的宣传则远不如中共主动、有效。正是在各党派的角逐中,劳资关系这一问题已溢出纯粹的经济领域,成为一个政治问题。其实,中共内部对“阶级斗争”的理解、认识也不一样,党员的素质同样参差不齐,但因有较为严密的组织,“主义”并未因认识分歧而妨碍革命的行动。中共在与国民党对工人的争取中,之所以能占尽先机,就在于将“五四”以来的文化革命转换为了政治革命,传播和实践了阶级斗争的正义性;注重工人的政治尊严,注意保证工人的经济利益;充分发挥共青团易于接近工厂、商店青年工人的优势,宣讲中共的政治主张,将革命的主义落实在工人身上,造就出革命的骨干力量。劳工就是在这一过程中,开始认同中共,并不断地与中共“同质化”“合体化”,不断重复着与其他党派告别的代际更替。

第二,不论外界因素如何复杂,劳资关系的基本形态毕竟是由“车间”(或工作场所)内的劳资双方所决定的。劳资关系一般表现为管理层与工人的关系,这在公营、民营、外资企业中概莫能外。劳资关系表现为管理层与工人的关系,这在一定程度上遮蔽了资方与工人的关系。在工方看来,资方对其非打即罚,苛则有加;在管理职员/资方看来,工人追求工钱最大化,漠视管理,缺乏专业技能和职业道德。资方确实常常无力操控生产,在生产过程中处于被工人反制的“弱势”地位。劳资双方关系往往随劳方与管理职员之间关系的恶化而恶化。管理层虽与工人有分界,但实际双方同为资方的雇员,与工人处于同样的较为恶劣的生产环境之中。社会人士对资方或劳方各有同情,政府出于保障生产的目的,也出台了相应法规约束工人遵守生产规程。但从实际成效来看,政府这种站在资方立场上的举措,不可能助力厂商约束劳方,反而无形中强化了厂商对劳方的粗暴管理方式的认可,劳资之间的恶意仍普遍存在。不论劳资间有何种矛盾,总有资方通过管理方式的“升级”,获得工人的配合,劳资间的“生产共同体”得以维持。不论是以压缩工时为特色的“三八”制,还是康元、华生、卫辉的科学管理,都是促进工效、提高工人待遇的综合改革。实行科学管理的企业,在人性化管理、在全面提升工人精神娱悦方面,所付出的资金远超出“三八”制。一些企业则以“劳动竞赛”方式,完成对工人的技术训练、产品标准的制定与统一。上述具体方式,均能有效地激发工人生产热情。王云五式的以“人”为核心的包括从生产考核到职工福利发放系列规约,使一些企业废除了“工头”改任工程师制,从“人事管理”为突破口,全面调配生产环节,营建出一种新的“以人为本”的层级式管理方式。而较为罕见的春合、第三被服厂的“家庭”式管理,以及民生公司的职工参股制的管理,所营造的“生产共同体”更为稳固。科学管理的实质就是企业文化的营造。除民生公司所倡导的“民生精神”外,可能只有申新三厂的企业文化最富特色。申新企业文化的构建包括废除工头制、养成新工人、劳工自治等系统工程。劳资双方不规避矛盾,相互寻求共识,本身即企业文化中合作观的反映。

第三,工人在企业中不是单纯的“弱势群体”,常“反制”各级党政机关,“倒逼”体制的“顶层设计”,以及各类、各种法律与法规的出台。政府出于规范企业管理的目的,以行政命令等手段,保障劳方利益,促进劳资“生产共同体”的有序运作。民国初年以来,从中央到地方各级政府均设立了管理劳工事务的机构,以保护劳工权益,干预劳资关系。在日常行的行政管理中,政府部门整肃包工制，参与制订劳资协约，以行政条例要求资方保障工人的薪酬、待遇，以补法律之不逮。政府此举看似压制资方，实为安抚劳方，以保障劳资协作，维护生产秩序。工厂检查作为劳动行政中最重要的一项工作，其目的是为评估工厂法实施效果，政府无论在华界、租界都意图强行推行。但因主管机关对工厂检查进度与标准缺乏认识、工检内容庞杂、工检机构不完善、合格的检查员数量较少、经费缺乏、资方抵制等因素，加上政府面对众多不遵守工厂法之厂家也不可能一一依法实施惩罚，且缺乏必要的法律惩戒机制，政府主导的工厂检查，仅能对资方予以必要的督责，对推行工厂法、实施安全生产的作用有限。中国政府也曾拟在租界内实施工检，遭到租界当局的抵制。租界当局自行开展以工厂生产安全为主导的工检，有别于中国政府为落实工厂法而实行的全面性工检。由工检专家组成的团队，在租界内开展大量调查、巡查工作，但对提高工厂安全生产的作用同样极为有限。租界当局的工检促进了租界内华商企业以维护主权为目的工检。同时，中国政府也未完全放弃租界内华商工厂的工检权。从工检内容来看，内中庇护工人之处实多，但其终极目的则在于保障劳资双方共享良好的生产环境，调整劳资双方的利益平衡。从工检总体效果而论，工检几同于工厂调查。

上海公共租界内的人力车改革，旨在调整工人、车商和承放人之间的利益分配，确保车夫合理的收益，但遭到三者的一致反对。一种特殊形态的劳资生产经营共同体有其“牢不可破”的内部惯习，绝非行政手段能打破。这也说明劳资合洽的关系、双方的“依存度”，更多取决于劳资双方的自我体认和“自律”。同时，人力车行业作为一个特殊的劳动力市场，其容量随经济的波动而变化，既能通过容纳“过剩”的劳动力而化解社会矛盾，也能为“车间”提供后备职工。人力车业存在的合理性，也非管理者的主观意志所能否认。既区分又联系生产过程中的劳资关系与劳动力供给中的劳资关系，才有可能全面地呈现“真实”的劳资关系。

第四，劳资能否合作、如何合作，直接决定于企业状况及工人的待遇。而这一切并非全由“车间”决定，政府的政策在很大程度上影响着企业状况、工人生活水准，进而影响着劳资合作的可能性。民初以来，借助社会舆论的宣传及已启动的福利事业的示范引导，在各级政府部门、国民党机构的提倡下，经各种相关法律、法规的强制，各业、不同性质的企业工人及各类职员在职业教育、储蓄、保险、低息贷款、居住、合作消费、失业救济，及子女教育、幼儿托养等方面，均在一定程度上享有来自所属企业及社会、政府所提供的福利。全面抗战后，大后方政府因缺乏经费，多以督导为责，无力全面开展福利事业。仅有国有、军工企业及若干社会组织仍推展职工福利。全面抗战胜利后，尽管政府又出台了保障工人福利的新条例，但只有少数大型国有企业能维持既有的福利事业。从总体来看，福利事业还仅能满足极少部分工人的需求。一些明星企业，如青岛华新纱厂、久源制盐及永利制碱，以及国有企业、公营企业的福利普遍好于其他性质的企业。工会组织自发或按工会法的要求，开展福利事业，以图自救。国民政府兴办福利事业，并非仅图改善工人生活水准，同时也是对工人思想观念、品性、生活方式的“改造”。

福利事业对工人应该是“有百利”，但工人抵制入校学习有之，反对工人储蓄亦有之。不过，入储对低薪工人确实也是负担。资方对于福利事业的态度，支持者有之，反对者有之。政府将工人福利视为资方当然责任而要求强制实施，在一定程度上也限制了企业的再生产，甚至影响其生存。虽然不排除个别企业的工人因福利而得以改善生活，但就整体而论，工人福利未能提高工人生活水准。

政府在要求资方办理本应由政府所承担的福利事业的同时，却未能给资方提供一个有利的经济政策和经济环境。国民政府上台之初，即搜刮企业。此后，其还有违国民党废除苛税的政纲，拖延废除厘卡。一些地方政府厘金未废即增新税，或抵制撤厘。国民政府试行的营业税，又拖垮了企业。而撤厘后实施的营业税、棉纱及火柴等统税，摧折国货。国民政府虽也有免予征收各项教育费、保障生产原料的零税率之策，但无补于苛税之累。全面抗战后，大后方实行经济统制政策，加之苛捐、通货膨胀干扰，企业深陷困局。为改变企业被动局面而召开的国家总动员会议也不过“走过场”而已。战争复员后颁布的公司法，因对外商免税，进一步制约了华商企业的竞争力。迁川复员企业原本损失已多，却也得不到政府的财政支持。面对法币贬值、苛捐杂税，企业在陷入全面危机时，却还要负担日益上涨的工资、红奖的压力，破产是其唯一的“出路”。国民政府为提高工人的生活水准营造了外部环境，却未能为企业的发展创造宽松的经济环境，其最终结果则是劳资双亏。

第五，劳资之间保持“生产共同体”的同时，也借助社会层面的互通平台，寻求构筑良好的双边关系。劳资双方作为两个群体，各有其工会与商民协会、同业公会、商会等社团组织。工人原本就有同行业或跨行业的经济性、政治性的集体行动或同盟协作，并依托工会形成工会互联行动。资方自发性组织与工人的自发行动同期发展，并借助法律组成商民协会、商会等组织。与工会组织重视对抗性（同盟罢工）相比，商人团体更重视稳健的非对抗性的组织建设，注意调节劳资关系。南京国民政府成立以来，工会与商民协会、同业公会、商会一样，都因组织重构而出现过矛盾重重的境况，但双方都成立了跨行业、跨地区的各级组织。从团体数量、会员人数来看,劳资团体实力不分伯仲。劳资团体虽互有矛盾、斗争,但双方亦都愿意为对方做出让步,以维持“生产共同体”,或共同经营企业,或共同维护行规。

从劳资双方与党政要人的关系而论,劳资组织的命运截然不同。上海邮务工会及陆京士、水祥云、朱学范等,以 CC 系为靠山,分别成为领袖工会和工人领袖。工人领袖们无论在观念意识,还是在现实中,始终在保持工人自身经济、政治权益的前提下,提倡实行劳资合作。马超俊则主张在劳资合作的基础上,实现工人的各种权益。改组派为打击 CC 系,发动工人罢工,破坏劳资合作。“中统”“军统”也在争夺工人控制权中,毁弃了工人运动。资方在党政机关中人员广布,却无缘参与相关劳动法规的制定,借此表达自身诉求及其对劳资合作的构想,唯有独立组党。在 1945 年后的“政治民主化”浪潮中,出现了由工商实业家主导,甚至包括工人在内的政党。这些政党多反对“资本主义”,反对封建性独裁统治,主张保障工人利益及劳资合作,极大地促进了国统区内劳资双方对中共的政治认同。劳资双方还通过合组的团体、双方共同参与的劳资调解及仲裁委员会、劳资评断会等组织,加强沟通,解决纷争。不过,由店、东合组的工商同业公会,并未如国民政府所愿成为劳资合作的典范,反而成为劳资矛盾的渊薮。宗教团体,特别是基督教青年会以改造社会为己任,建造工人社区,在为工人提供必要生活设施的同时,对工人予以包括职业品行、技能、世界观等全面的改造。

国民政府还借助国际劳工组织,实施保工举措,却因不愿触犯资方利益而效果不彰。以朱学范为代表的工人领袖,极力与国外工会取得联系,为中国工会赢得了国际性的政治声誉,争取到了一定数额的经济援助。

第六,中国工人曾帮助作为在野党的国民党击溃军阀统治,建立共和国。但国民党开始训政后,即停止工运,希望工人回归本职工作,安心生产,以将民运方针由破坏引向建设。其目的就是一改过去中共主导的工运体制,而重整国民党的工运体系。此举引起了国民党内思想混乱及党务人员相争,打击了国民党内的工运精英,更激起工人的罢工抗争。国民党虽然被迫于 1928 年底重开工运,但以民运代替工运,实际上还是压制工运,因而工运方针直到其败离大陆,均缺乏一以贯之的核心理念,只有“主义”及“劳资合作”的主张,全无可操作性的指导细则,难以赋予工人新的工运理念。工人行动只能流于经济罢工、政治罢工,偏离了国民党对开展“生产建设型”工运的预期。

工会的数量、规模、性质是衡量工运的重要指征。工会的产生、发展过程也就是挑战威权政府和既有法律的过程。“对抗性”是其“遗传基因”。从民国初年工会出现,到 1940 年代各行业、地区总工会的产生,都是政府退让的结果,但政府随之以法律约束工会组织。同时,国民党各级党部加紧控制工会组织,大量工会成为“衙门”。为塑造“党国”工人,国民党自 1928 年 5 月起开始对工人进行思想、组织、行动的训练。此外,政府部门中的教育部、实业部也开展了以“劳工教育”为名的训练。其目的即以“工人训练”代替“工人运动”,以劳资合作代替阶级斗争。直到全面抗战后,在加强工人骨干训练的基础上,采取了企业与工会共同开展工人训练的方式,将训练内容以思想“组训”调整为以技术为主的“工训”,国统区的“工训”才真正为部分工人所认可,劳资关系也因此有所融洽。全面抗战胜利后,国民党机构、工会、企业都继续开展工训,强化着工人对三民主义、国民党、工会的认同。在国民经济日趋崩溃的过程中，有些工训则又回到了之前的老路上，空洞的思想、组织训练代替了此前形式丰富、内容充实的训练。工训最终随企业破产而告终。

第七，所谓工人阶级就是工人群体中认同中共意识形态者。正如二十世纪二三十年代武汉纱厂工人所表现的那样，阶级不是先验的、“天生”的，也极不容易形成，“群体”与“阶级”并不一定具有相属性。数以万计的武汉纱厂工人，有着相似的生活方式与精神诉求，共同与工厂“规训”相抗衡，由此为中共、国民党的社会动员提供可能。中共力图塑造认同“阶级斗争”的工人，在“五卅”后加强了对纱厂工人的动员。北伐战争后，在国民党左派“扶助”下，中共领导的纱厂工会向资方厉行“阶级斗争”，为工人争得诸多权利。但这种政治上的权利超出了资方所能承受的供给能力，中共转而要求工人停止阶级斗争。国民党左派则镇压共产党及其工会，国共合作随之破裂。“宁汉合流”后，武汉党政军机关倡行劳资合作，先后对纱厂工会进行改组和整理，但未能达到预期目标，劳资双方仍是纠纷频仍。纱厂工人出于生存需求，在斗争与合作之间任意选择自己的抗争方式，缺乏阶级认同；他们虽不乏斗争性，但不能团结，缺乏自我认同。纱厂工人未能形成一个实在的阶级，而只是一个群体。

阶级的形成始于其内部成员的相互认同。五一纪念造就了工人群体的自我认同及相属意识。纪念的对象是工人，参与纪念活动的主体是工人，因此，纪念仪式本身一开始就成为国共两党宣传政治主张、争取工人的平台。南京国民政府成立后，国民政府及国民党先后将“五一”定为“国定纪念日”和“革命纪念日”，并将党国意识融入五一纪念活动之中。国民党欲在五一纪念中肃清中共意识，建立自己的威权法统，宣传国民革命，倡导“劳资合作”。工人则希望借助五一纪念，呼吁党政机关保障工人经济权益，提高工人生活水准，给予工人教育权，恢复工人的尊严。工人的诉求往往与党政机关要求相左。党政机关除借助五一纪念宣传其建政的正统性，一方面还宣传劳资共同遭受帝国主义、军阀、中共所带来的困苦，另一方面提倡“劳资合作”发展生产，共同抵制国际资本主义，打倒军阀与中共。但工人以自身体验更认定其痛苦来自雇主。由于国民党过于强调劳资调和，掩饰劳资双方各自利益，因此，国民党在宣传中还会出现既主张劳资合作，又鼓励工人以示威方式向资方争取权益的矛盾之举。而党国派系的多元性，又将这一矛盾进一步放大。中共也利用一切公开或非公开形式，鼓动工人罢工。国民党及政府为严防中共渗透，又大加限制五一纪念的形式、规模，终将工人推离了自己。

工人葆有“自发”斗争的传统，具有自发性抗争的自主意识，更富于对“自我”意识和自身的社会价值的认同。自二十世纪二十年代“劳工神圣”口号广泛传播后，社会各界普遍支持工人向资方争取经济权益。中共以阶级斗争理念发动工潮，正合工人惯于罢工的斗争策略。中共阶级斗争的意识，甚至影响着国民党的基层工运。工业基地都在市镇，在此意义上，可以说中共革命是一场“城市革命”。中共自诞生之初就从未放弃工业基地内的工人运动，中共党员广泛存在于各企业之中，或公开或秘密地启导工人，利用、改造“黄色”工会接近工人，建立中共基层组织，将工人的经济斗争发展为反对国民党及其政权的政治斗争。与此同时，中共致力于工会的“政治性”统一。在国民革命时期，中共率先成立中华全国总工会，团结大批工会。全面抗日战争时期，中共停止使用该名称，成立陕甘宁边区总工会和抗日根据地总工会。1938 年，中共陕甘宁边区总工会公开与中国劳动协会发起筹备中国工人抗敌总会。全面抗战胜利后,中共与中国劳协密切合作。东北解放区建立后,中共开始了统一国统区工会的进程。朱学范作为国统区工人运动的“符号”,领导中国劳协追求政治民主,遭到国民党的政治迫害。他旋即北上哈尔滨,代表中国劳动协会与解放区总工会(由边区总工会和根据地工会合组)合并,实现了全国工会组织的统一。中共主持召开的第六次全国劳动大会,再次启用具有革命传统的“中华全国总工会”的名称,这标志着中国工人作为一个“阶级”得以确立。工人阶级从群体分化出来有一个过程,这一过程又主要是由中共的“拉”(发动组织工人)、国民党及其政府的“推”(伤害工人)所共同完成的。各地区、各行业的工人阶级的形成也并不同步。正是由于国民党在国共“内战”中败北,加速了工人群体的政治分化,中共才得以帮助工人完成由群体到阶级的转化,并掌握了工人的话语权。

综上所述,劳资因利益冲突而矛盾,因生产双赢而合作,决定了劳资双方在矛盾、合作、再矛盾、再合作的关系链条上循环往复,但这并不一定妨碍“生产共同体”相对的稳定发展。其实,这一过程体现着劳资合作关系的“动态”特性,劳资冲突实际上为双方责、权、利的“阶段性”调整提供了可能与时机。而当生产关系为阶级关系所左右时,劳资冲突往往不再是双方利益的调整时机,而是社会危机、政治危机之表征和催化剂。劳资之间的冲突是偶然的,但因处理劳资冲突造成政府/党、劳、资关系的重组,进而重构着工人与国家的关系,并左右着工人的政治归属。

劳资关系原本是经济问题(生产关系)、社会问题(社会关系),同时也是政治问题(政治关系)。中共主要以政治手段,组织、发动工人,并在这一过程中将自身与工人阶级“一体化”。国民党、国民政府则全力将劳资关系限制在经济领域中加以解决,并基本以经济手段(政治动员失效)、法律手段调适政府、劳、资三者关系。其置身于劳资双方冲突之中,却未能将劳资任何一方与自身“一体化”,反而凌驾于工人与资方之上,操控工运。诚如有国民党政治背景的政治学家萨孟武所言:“现今人民可以分做二个营垒,一是资本家,一是劳动者。资本家与劳动者的利害是不能一致的,我们绝对不能同时得到他们两者的拥护,我们要想得到资本家的拥护,便须放弃劳动者,我们要想得到劳动者的拥护,便须放弃资本家。如果我们同时希望他们两个阶级都来拥护,则我们的政策只能模棱两可。然而模棱两可的政策终久为他们所厌弃。一逐二兔,不能得一兔,这句话是很对的。”①国民党主张在全民革命框架下调适劳资关系,其实这就是一个“无解”的“死结”。既然在体制内无法解决这一问题,只能在体制外寻求解决,即根本改变原有的社会结构及政治架构,给予工人应有经济地位、社会地位、政治地位。这一历史任务落在了中共的肩上。

随着近代工业体系(包括配套的商业体系)的逐步建立,工业生产总值也逐渐超过农业生产总值,工人的数量虽然不及农业人口,但其代表生产力的发展方向,成为国民经济的主导力量,具备开始实际干预工业社会的政治进程的能力。中国社会实际进入了一个“工人主导”的工业社会,即“工人社会”。在学理上,任何政党只要能协调各方利益,运用政治、法律手段,保障工人的政治、经济权益,即可保障“工人社会”的平稳发展,就可以赢得政权的稳固。国民党及国民政府实行“劳资合作”“全民革命”,颁布实施各种“护工”法律、条例,但仍无法营造出和谐的社会关系,反而激化、劣化了劳资关系,其根本原因就在于社会深陷“变态”的“失序”之中。

① 萨孟武:《如何增厚党的力量?》,《时代公论》第4号,1932年4月22日,第10页。

所谓“变态”，即“全能党国”竟全无民众基础，更未能得到劳资双方共同的政治谅解与政治认同；所谓“失序”，不仅是法律、法规的失效，更是全社会的生产关系、经济关系及政治关系的混乱。正是由于劳资关系具有这三种属性，因此“失序”既是劳资关系劣化的原因，又是劳资关系劣化的结果。“失序”反过来又影响着社会各阶层的阶级归属和政治认同，劳资关系的劣化瓦解了“全能党国”的政治架构。

1920年初，时任“研究系”刊物《解放与改造》主编的俞颂华，引介了美国社会学家爱尔乌德（C.A.Ellwood）有关“社会常态的与变态的改革”理论，借以思考中国社会改造的问题。在爱氏的理论中，“常态”社会与“变态”社会的分界在于社会是否容忍“自由”（言论、出版、集会、结社）与“社会自觉”，“社会的制度与习惯”是否“保留丰富的柔性而适于改革”。凡压制自由与“社会自觉”、固化“制度与习惯”的社会，就是“变态”社会；反之，则为“常态”社会。爱氏指出，“政府而专制，阻止种种自由，固拒人民的请求，最易使制度固定，一成不变”。制度一旦流于“硬性”，“由于政治或宗教或民族的根性”“必惹起祸殃”，不是内部分化，就是“为敌所摧灭或并吞”。俞颂华尖锐地指出，当时的中国缺乏“自由”与“社会自觉”，就是一个“制度与习惯流于硬性”的“变态”的社会，因而他“觉得常态的社会改革，在今没有希望”。“照我的观察，最近将来的社会改革，我敢武断必出于变态的状况之下。”①历史结局竟为时年27岁的俞氏一语中的。国民党及国民政府，无视晚清以来社会结构的巨大变化，不加区别地对待社会各阶层，忽视工人与资本家

① 颂华：《述爱尔和特氏论社会常态的与变态的改革之大意》，《解放与改造》第2卷第5号，1920年3月1日，第15、16、17—18页。

这两个新兴阶层之间的矛盾根源；更因缺乏社会阶层的自我认同/阶级归属意识，意图凭借统治机器凌驾于各阶层之上，实行“独裁式”的“全民革命”。其表面上“扶助农工”，实际上则限制工人的政治“自由”与“自觉”，更不可能将工人运动转化为与自身互为表里的“国民”力量，反而造成了工人以怠工、罢工甚至暴动等方式争取权益的“暴民政治”及“暴民文化”。从这个角度来看，国民党及国民政府为自己培养出了一个强有力的葬送自己的社会变革力量。其结局只能是在终遭工人遗弃的过程中失去政权。中共则明确认识到近代以来工人群体在社会结构变迁中的“主体”地位及功用，将社会构成“纯化”为工人与资本家；相应地，在运动中持续激发工人的政治“自由”与“自觉”，保障工人至高无尚上的政治地位，满足工人政治相属的需求，适时将工人的“暴民政治”“暴民文化”转化为以“阶级斗争”为主旨的“工人阶级政治”与“工人阶级文化”。也就是在这个过程中，工人群体与中共共构“同体”。中共正是在赢得工人的同时，赢得了国家政权。中共的工人运动也为世界工运史提供了一个确立“斗争”范式的成功范本。

不论如何定义劳资关系，都不可否认，劳资关系从总体而论，是社会结构发生根本变革的初始和结果，更牵涉工人在生产过程、社会、政治层面的“主体性”问题。可以断言：谁能与工人“同体”，谁就能创造历史，谁就能掌握未来！

参考文献

一、档案

北京市档案馆藏：

北平市政府档案，全宗号：J001

北平市社会局档案，全宗号：J002

北平市卫生局档案，全宗号：J005

华北水利工程总局档案，全宗号：J007

海门市档案馆藏：

民国档案，全宗号：506

锦州市档案馆藏：

敌伪档案，全宗号：88

南通市档案馆藏：

南通市委革命历史档案，全宗号：C107

青岛市档案馆藏：

国民党中华海员特别党部青岛区党部、中华海员总工会青岛分会档案，全宗号：A0003

青岛市社会局档案，全宗号：A0021

青岛市政法规汇编(二),全宗号:A000481

青岛市政法规大全,全宗号:A000567

青岛市商会档案,全宗号:B0038

《胶东民报》社,全宗号:D000458

上海市档案馆藏:

上海市制药工业同业公会档案,全宗号:其 65

上海市橡胶工业同业公会档案,全宗号:其 66

社会部工矿检查处上海工矿检查所档案,全宗号:Q22

台北“国史馆”藏:

国民政府档案,全宗号:001

蒋中正总统文物,全宗号:002

资源委员会,全宗号:003

台北“中国国民党中央委员会党史史料编纂委员会”(“中国国民党文化传播委员会党史馆”)藏:

一般档案,全宗号:一般

五部档案,全宗号:部

特种档案,全宗号:特

会议记录,全宗号:会议

监察档案,全宗号:监

天津市档案馆藏:

天津市政府,全宗号:J0002

天津市社会局,全宗号:J0025

天津市民政局,全宗号:J0032

天津市第五区公所,全宗号:J0034

天津市总商会,全宗号:J0128

武汉市档案馆藏：

一纱厂劳资纠纷，全宗号：104

震寰纺织股份有限公司，全宗号：114

中国第二历史档案馆藏：

行政院档案，全宗号：2

经济部档案，全宗号：4

社会部档案，全宗号：11

工商部档案，全宗号：613

国民党中央民众训练委员会档案，全宗号：720

国民党中央民众运动指导委员会档案，全宗号：721

国民党中央训练部档案，全宗号：722

二、报刊

《北京大学学生周刊》、《北平邮工》、《北平市政府公报》、《晨报副刊》、《蚕丝杂志》、《大报》、《大光报》、《大公报》（天津）、《大公报》（重庆）、《大中国周报》、《东方杂志》、《独立评论》、《东南论衡》、《道南》、《读书生活》、《斗争》、《复旦大学社会学系半月刊》、《法律评论》、《妇女》、《妇女生活》、《妇女新运》、《法学杂志》、《纺织建设》、《纺织周报》、《纺织周刊》、《纺织时报》、《纺织之友》、《染织纺周刊》、《工程学报》、《工程周刊》、《工锋月刊》、《光华半月刊》、《光华月刊》、《光华大学》、《国光杂志》、《国货月刊》、《国际劳工通讯》、《国际劳工》、《国际劳工消息》、《国际贸易导报》、《国立劳动大学周刊》、《国民公报》、《国民政府公报》、《国闻周报》、《国讯旬刊》、《国讯周刊》、《广东省政府周报》、《广东省政府公报》、《广东省银行季刊》、《广九季刊》、《广东青年》、《革命》、《革命周刊》、《工人报》、《工人宝鉴》、《工业月刊》、《革命导报》、《工合之友》、《革命周报》、《工人读物》、《工商月报》、《工商管理月刊》、《工商新闻》、《工学》、《公信会议月刊》、《广益杂志》、《工业安全》、《公益工商通讯》、《工作竞赛月报》、《工作检讨》、《后方勤务》、《和平日报》、《红旗周报》、《湖南民报》、《河北工商月报》、《汉口商业月刊》、《汉口新闻报》、《回教论坛》、《红旗》、《华北劳动》、《劳工日报》、《立报》、《解放日报》、《机工》、《进化》、《经济部公报》、《胶济日刊》、《金融汇报》、《金融周报》、《建设研究》、《江苏研究》、《江苏实业月志》、《救亡呼声》、《教育与职业》、《教育与民众》、《教育杂志》、《京沪周刊》、《进步》、《建筑材料月刊》、《科学》、《立法院公报》、《劳工月刊》(未注明者皆为南京)、《劳工月刊》(昆明)、《劳动季报》、《劳工教育》、《劳动界》、《劳动》、《劳动季刊》、《劳动学报》、《劳大周刊》、《励志周刊》、《联勤学术研究季刊》、《联合经济研究室通讯》、《民国日报》(上海)、《民间周刊》、《鸣鸿》、《民立报》、《民权报》(上海)、《民生》、《民族》、《民众报》、《南大》、《宁波日报》、《农工月刊》、《农工商周刊》、《农矿月刊》、《宁绍新报》、《女青年》、《女青年月刊》、《青岛教育》、《全民周刊》、《前线日报》、《全总通讯》(《前线月刊》)、《钱业月报》、《群众周刊》(重庆)、《青年进步》、《人报》(无锡)、《人言周刊》、《人民日报》、《人民周刊》、《人事管理》、《申报》、《时报》、《水产月刊》、《四川经济季刊》、《四川经济月刊》、《四川省政府公报》、《私立真光女子中学校校刊》、《社会》、《社会部公报》、《社会党月刊》、《上海总商会月报》、《生活知识》、《上海伙友》、《上海宁波日报》、《上海青年》、《上海邮工》、《实业季报》、《实业统计》、《实业之友》、《实业杂志》、《社会工作通讯》、《社会服务周报》、《社会半月刊》、《社会建设月刊》、《社会学界》、《社会行政月刊》、《社会月刊》、《实业公报》、《松江评论》、《时事公报》、《陕西教育周刊》、《时兆月报》、

《时与文》、《天铎报》、《铁道公报》、《天风》、《统计月报》、《太平洋》、《太平洋报》、《武汉报》、《武汉日报》、《无锡杂志》、《现代评论》、《新北辰》、《西北实业》、《西北文化日报》、《兴华》、《新湖北日报》、《协进》、《行健月刊》、《西南实业通讯》、《先驱》、《向导周报》、《新经济》、《新人》、《新世界》、《新时代周刊》、《新工人》、《新广州》、《新青年》、《新生命》、《新生周刊》、《新闻报》(上海)、《新中华报》、《粤汉半月刊》、《勇进》、《银行周报》、《云南省政府公报》、《永生》、《益世报》、《正报周刊》、《中国国民党第六次全国代表大会大会日刊》、《中国农工》、《中国劳动》、《中国劳动协会会报》、《中国劳工》(战时劳工协进会,重庆)、《中国劳工月刊》(中国劳工协进会,上海)、《中国工业》、《中国社会》、《中国实业》、《职工通讯》、《中国纺织学会会刊》、《中国工人丛刊》、《中国工人周刊》、《中国青年》、《中国建设》、《总会公报》、《中华邮工》、《中华实业月刊》、《自求》、《中央周报》、《中央半月刊》、《中央党务公报》、《中央党务月刊》、《中央经济月刊》、《浙江省建设月刊》、《浙江省政府公报》、《浙江教育行政周刊》、《中央民众训练部公报》、《中央民众训练公报》、《中央日报》、《中央夜报》、《中药职工月刊》、《战时劳工》、《资源委员会公报》、《组织》、《政治周报》、《政治生活》

三、资料汇编

北平市政府编:《光复一年之北平市政》,北平:北平市政府,1946。

陈锡祺主编:《孙中山年谱长编》上、下册,北京:中华书局,1991。

重庆市档案馆、重庆师范大学合编:《中国战时首都档案文献(战时动员)》下册,重庆:重庆出版社,2014。

重庆市档案馆、重庆师范大学合编:《中国战时首都档案文献(战时工业)》,重庆:重庆出版社,2014。

春合体育用品制造厂编:《春合十四周年纪念册》,天津:春合体育用品制造厂,1935。

大公报馆编:《大公报十周纪念特刊》,长沙:彰文印刷局,1925。

杜子熊编著:《营利事业纳税实务》,上海:盛兴印务局,1947。

福建省档案馆、福建省汽车运输公司合编:《福建省公路运输史》第 1 册(资料汇编)第 1 集,内部资料,1984。

葛懋春、蒋俊、李兴芝编:《无政府主义思想资料选》上册,北京:北京大学出版社,1984。

工商部劳工司编:《各地劳资新旧合约类编》,南京:京华印书馆,1930。

《工会法》,上海:商务印书馆,1930。

《工人的胜利》("中国工人小册子"第 1 种),出版发行者不详,"一九二一年劳动节出版"。

顾炳元:《中国劳动法令汇编》,上海:上海法学编译社,1932。

广东省社会科学院历史研究所、中国社会科学院近代史研究所中华民国史研究室、中山大学历史系孙中山研究室合编:《孙中山全集》第 5 卷,北京:中华书局,1985。

广东省哲学社会科学研究所历史研究室编:《朱执信集》下集,北京:中华书局,1979。

国民革命军总司令部政治部编:《革命史上几个重要纪念日》,广州:国民革命军总司令部政治部,1926。

湖南劳工会编:《黄庞四周纪念册》,长沙:湖南劳工会,1926。

湖南省有黑铅炼厂编:《湖南省有黑铅炼厂厂务汇刊》,长沙:湖南省有黑铅炼厂,1929。

湖南省总工会编:《湖南工运史料选编》第 1 册,长沙:湖南省总工会,1984。

黄庞编辑委员会编:《黄庞二三周纪念册》,长沙:湖南劳工会,1925。

会文堂新记书局编:《党国名人重要书牍》,上海:会文堂新记书局,1929。

江亢虎:《江亢虎文存初编》,南京:现代印书馆,1944。

江阴县五月革命运动纪念会编:《革命的五月》,江阴:江阴县五月革命运动纪念会,1930。

胶济铁路管理委员会编:《胶济铁路接收八周纪要》,青岛:胶济铁路管理委员会,1931。

胶济铁路消费合作社编:《胶济铁路消费合作社第六期结算报告书(1935 年 7 月至 1936 年 6 月)》,青岛:胶济铁路消费合作社,1936。

《劳工讲演录》,青岛:社会局,1932。

刘大作:《唐山市各矿区惠工事业促进社工作概况》,北平:东亚印书局,1934。

刘明逵、唐玉良主编:《中国近代工人阶级和工人运动》第 3 册,北京:中共中央党校出版社,2002。

刘明逵:《中国工人阶级历史状况》第 1 卷第 2 册,北京:中共中央党校出版社,1993。

罗渊祥:《劳动法规》,上海:大东书局,1946。

罗章龙:《京汉铁路工人流血记》,郑州:河南人民出版社,1981。

马敏、肖芃主编:《苏州商会档案丛编》第 6 辑(上册),武汉:华中师范大学出版社,2011。

马敏、祖苏、肖芃主编:《苏州商会档案丛编》第2辑(上册),武汉:华中师范大学出版社,2012。

民智书局编:《中国国民党讲演集》第2集,上海:民智书局,1927。

穆湘玥:《藕初五十自述》,上海:商务印书馆,1926。

南京市社会局编:《南京社会特刊》第3册,南京:文心印刷社,1932。

青岛市政府秘书处编:《青岛市政府三年来行政摘要(自21年到23年)》,青岛:青岛市政府秘书处,出版时间不详。

荣孟源主编:《中国国民党历次代表大会及中央全会资料》(上、下册),北京:光明日报出版社,1985。

上海大学、江南大学《乐农史料》整理研究小组选编:《荣德生与企业经营管理》(全二册),上海:上海古籍出版社,2004。

上海工运志编纂委员会编:《上海工运志》,上海:上海社会科学院出版社,1997。

上海商会商品陈列所编:《工商必备》,上海:上海工商月报社,1947。

上海社会科学院经济研究所编:《茂新、福新、申新系统荣家企业史料(1896—1937)》上册,上海:上海人民出版社,1962。

上海市档案馆编:《吴蕴初企业史料·天厨味精厂卷》,北京:档案出版社,1992。

上海市人力车业同业公会编:《上海工部局改革人力车纠纷真相》,上海:文化印刷社,1934。

上海特别市农工商局编:《上海特别市农工商局半年刊(十六年七月至十二月)》,上海:上海特别市农工商局,1928。

《上海橡胶工业志》编辑委员会编:《上海橡胶工业志》,上海:

上海社会科学院出版社,2000。

邵心石、邓紫拔主编:《民国卅七年上海市劳工年鉴》,上海:大公通讯社,1948。

社会部编:《劳工法规》,重庆:社会部,1944。

社会部编:《人民团体干部训练业务课程讲授大纲》,重庆:社会部,1945。

社会部组织训练司编:《中国重要劳工问题简答》,南京:社会部组织训练司,1947。

实业部总务司、商业司编:《全国工商会议汇编(1930)》,南京:京华印书馆,1931。

唐润明主编:《中国战时首都档案文献(战时政治)》,重庆:西南师范大学出版社,2017。

铁心编:《师复文存》,广州:革新书局,1928。

汪敬虞编:《中国近代工业史资料》第2辑上册,北京:科学出版社,1957。

无锡市史志办公室编:《薛明剑文集》,北京:当代中国出版社,2005。

无锡市史志办公室编:《薛明剑文集(续)》,南京:凤凰出版社,2007。

行政院编:《第三届国民参政会第三次大会行政院工作报告补编(三十三年五月至七月)》,重庆:行政院,1944。

云南省总工会工人运动史研究组编:《云南工人运动史资料汇编(1886—1949》,昆明:云南人民出版社,1989。

恽代英:《恽代英文集》上、下册,北京:人民出版社,1984。

《裕大华纺织资本集团史料》编辑组编:《裕大华纺织资本集团史料》,武汉:湖北人民出版社,1984。

招商局编:《招商局文电摘要》,上海:招商局,1930。

赵铁桥等:《接管招商局两周年纪念刊》,上海:招商局,1930。

赵雨时:《北平晨报社论集》,北平:北平市社会局第一习艺工厂,1934。

中共青岛市委党史资料征委会办公室、青岛市总工会工运史办公室合编:《青岛党史资料》第3辑(1929年青岛工人大罢工专辑),青岛:山东省出版总社青岛分社,1986。

中共梧州市委党史研究室编:《梧州革命历史文件汇集》,梧州:梧州地区印刷厂,1994。

中共中央党校党史教研室编:《中共党史参考资料》第2册,北京:人民出版社,1979。

中国第二历史档案馆编:《中国国民党中央执行委员会常务委员会会议录》(5、13、18),桂林:广西师范大学出版社,2000。

中国第二历史档案馆编:《北洋军阀统治时期的党派》,北京:档案出版社,1994。

中国第二历史档案馆编:《中国国民党第一、二次全国代表大会会议史料》下册,南京:江苏古籍出版社,1986。

中国第二历史档案馆编:《中华民国史档案资料汇编》第3辑,南京:江苏古籍出版社,1991。

中国第二历史档案馆编:《中华民国史档案资料汇编》第5辑第1编政治(3),南京:江苏古籍出版社,1994。

中国第二历史档案馆编:《中华民国史档案资料汇编》第5辑第3编政治(3)(4),南京:江苏古籍出版社,1999。

中国第一历史档案馆编:《辛亥革命前十年间民变档案史料》,北京:中华书局,1985。

中国纺织学会编:《纺织年刊》,上海:逸兴印刷所,1931。

《中国工会运动史料全书》总编辑委员会编:《中国工会运动史料全书(纺织卷)》上册,北京:中国纺织出版社,1999。

中国国民党湖北省党务整理委员会宣传部编:《五月革命纪念特刊》,汉口:中国国民党湖北省党务整理委员会宣传部,1929。

中国国民党浙江省执行委员会宣传部编:《国定、本党纪念日宣传大纲集》,杭州:中国国民党浙江省执行委员会宣传部,1931。

中国国民党中央执行委员会宣传部编:《中国国民党各级党部宣传工作实施方案》,南京:中国国民党中央执行委员会宣传部,1929。

中国近代纺织史编辑委员会编:《中国近代纺织史研究资料汇编》第8辑,上海:中国近代纺织史编辑委员会,1990。

中共梅州市委党史研究室编:《梅州革命历史文件汇集》,梅州:嘉发印刷厂,1994。

中国人民政治协商会议全国委员会文史资料委员会编:《工商经济史料丛刊》第1辑,北京:文史资料出版社,1983。

中国社会科学院现代史研究室、中国革命博物馆党史研究室选编:《"一大"前后》(1)(2)(3),北京:人民出版社,1980、1984。

中国新民主主义青年团中央委员会办公厅编:《中国青年运动历史资料》第2册,内部资料,1957。

中华基督教青年会编:《重庆市中华基督教青年会十周年纪念专册》,重庆:中华基督教青年会,1931。

中华民国史事纪要组委会编:《中华民国史事纪要(1922年1至6月份)》,台北:中华民国史料研究中心,1982。

中华全国总工会编:《中华全国总工会七十年》,北京:中国工人出版社,1995。

中华全国总工会中国工人运动史研究室编:《中国工会历次代

表大会文献》第1卷，北京：工人出版社，1984。

中华全国总工会中国工人运动史研究室编：《中国工运史料》总第18期，北京：工人出版社，1982。

中华全国总工会中国职工运动史研究室编：《中国历次全国劳动大会文献》，北京：工人出版社，1957。

中华基督教青年会编：《上海中华基督教青年会三十五周年纪念册》，上海：中华基督教青年会，1935。

中华续行委办会调查特委会编：《1901—1920年中国基督教调查资料》（上、下卷），蔡咏春、文庸、段琦等译，北京：中国社会科学出版社，1987。

中央档案馆、河北省档案馆编：《河北革命历史文件汇集》（甲）第22册，石家庄：河北省委机关，1999。

中央档案馆、湖北省档案馆编：《湖北革命历史文件汇集（省委文件）》（1928年、1929年），武汉：中共湖北省委办公厅青年服务队，1984。

中央档案馆、湖北省档案馆编：《湖北革命历史文件汇集（省委文件）》（1922年—1924年、1926年—1927年），武汉：中共湖北省委办公厅青年服务队，1983。

中央档案馆、山东省档案馆合编：《山东革命历史文件汇集》甲种本第5集，济南：北坦小学印刷厂，1995。

中央档案馆、上海市档案馆编：《上海革命历史文件汇集（杭州、绍兴、嘉兴、温州地区）》（1925年—1927年），上海：上海群众印刷厂，1989。

中央档案馆、四川省档案馆编：《四川革命历史文件汇集（省工委、特委文件）》（1937年6月—1939年），雅安：四川省雅安地区印刷厂，1987。

中央档案馆、浙江省档案馆编:《浙江革命历史文件汇集(地县文件)》(1927 年—1929 年),杭州:浙江新华印刷厂,1989。

中央档案馆编:《中共中央文件选集》第 1 册、第 3 册、第 9 册,北京:中共中央党校出版社,1989、1989、1991。

中央训练团编:《中国国民党宣言集》,重庆:中央训练团,1939。

中央训练团兵役干部训练班编:《兵役法规汇编(一)役务》,重庆:军学书店,1942。

中央银行经济研究处编:《卅一年上半期国内经济概况》(密件),重庆:中央银行经济研究处,1942。

朱汇森主编:《中华民国史事纪要(1936 年 1 至 6 月份)》,台北:"国史馆",1987。

自贡市档案馆、自贡市总工会编:《自贡盐业工人斗争史档案资料选编(1915—1949 年)》,成都:四川人民出版社,1986。

四、统计资料

国民政府社会部统计处编:《社会福利统计年报(1947 年度)》,南京:社会部总务司印刷所,1948。

经济部统计处编:《后方工业概况统计(民国三十一年)》,重庆:经济部统计处,1943。

青岛市政府编:《青岛市行政纪要》,青岛:青岛市政府,1933。

社会部统计处编:《社会福利统计年报(民国三十四年度)》,重庆:社会部印刷所,1946。

四川省档案馆编:《抗日战争时期四川省各类情况统计》,成都:西南交通大学出版社,2015。

上海特别市社会局编:《上海特别市罢工停业统计(民国十八年)》,上海:商务印书馆,1930。

上海市政府社会局编:《上海劳资纠纷统计(民国十九年)》,上海:中华书局,1932。

上海市政府社会局编:《近五年来上海之劳资纠纷》,上海:中华书局,1934。

上海市政府社会局编:《近十五年来上海之罢工停业》,上海:中华书局,1933。

上海市社会局编:《上海市社会行政统计(中华民国三十四年九月至三十六年十二年底)》,上海:上海市社会局,1948。

天津市社会局编:《天津市工业统计(第二次)》,天津:天津市社会局,1935。

中央统计处编:《中国国民党指导下之政治成绩统计(民国二十三年六月份)》,南京:中央统计处,1934。

中央统计处编:《中国国民党指导之下政治成绩统计(民国二十三年七月份)》,南京:中央统计处,1934。

五、调查报告

费唐:《费唐法官研究上海公共租界情形报告书》第 1 卷,上海:工部局华文处译述,1931。

革命军第 21 军政治训练部编:《重庆市各工会调查报告录》,重庆:革命军第 21 军政治训练部,1930。

工商部编:《工商会议报告录》,北京:共和印刷有限公司,1913。

国立暨南大学社会调查团编:《无锡工厂调查报告》,上海:国立暨南大学印刷所,1933。

胶济铁路管理委员会编:《胶济铁路接收十四周纪要》,青岛:胶济铁路管理委员会,1937。

经济部编:《经济部纺织工业生产会议纪录(1947年9月)》,南京:经济部,1947。

林颂河:《塘沽工人调查》,北平:北平社会调查所,1930。

刘冬轩:《天津市社会局工厂检查第一期第二三次工作报告》,天津:天津市社会局,1936。

《上海公共租界工部局年报》,上海:工部局华文处译述,1932、1936。

上海市社会局编:《上海市社会局工作报告》,上海:上海市社会局,1932。

实业部中央工厂检查处编:《工业安全卫生展览会特刊》,南京:实业部中央工厂检查处,1936。

实业部中央工厂检查处编:《民国二十三年中国工厂检查年报》,南京:新新印书馆,1934。

实业部中央工厂检查处编:《中国工厂检查年报》,南京:实业部中央工厂检查处,1936。

王子建、王镇中:《七省华商纱厂调查报告》,上海:商务印书馆,1935。

中国工人抗敌总会筹备委员会编:《中国工人抗敌总会筹备委员会工作报告》,汉口:中国工人抗敌总会筹备委员会,1938。

中国国民党中央民众运动指导委员会编:《中国国民党第五次全国代表大会中央民众运动指导委员会工作总报告》,南京:中国国民党中央民众运动指导委员会,1935。

中国国民党中央民众运动指导委员会编:《中国国民党全国民众运动工作讨论会报告书》,南京:中国国民党中央民众运动指导委员会,1934。

中国劳动协会编:《中国劳动协会第四届年会报告书》,重庆:

中国劳动协会,1943。

中央民众训练部编:《中国国民党第五届中央执行委员会第二次全体会议中央民众训练部工作概况报告》,南京:中央民众训练部,1936。

中央民众运动指导委员会编:《中国国民党最近指导全国民众运动工作概要》,南京:中央民众运动指导委员会,1934。

[日]宫本通治:《满洲工业劳动事情》,大连:南满铁道株式会社调查庶务部调查课,1925。

[日]宫本通治:《支那的劳动争议调查(一)》,大连:南满铁道株式会社调查庶务部调查科,1925。

六、年鉴

湖北省政府秘书处统计室编:《湖北省年鉴(第一回)》,长沙:湖北省政府秘书处统计室,1937。

湖南省政府秘书处统计室编:《民国二十四年湖南年鉴》,长沙:洞庭印务馆,1935。

实业部劳动年鉴编纂委员会编:《二十一年中国劳动年鉴》,上海:神州国光社,1933。

实业部中国劳动年鉴编纂委员会编:《二十二年中国劳动年鉴》,南京:实业部劳工司,1934。

铁道部参事厅第四组编:《铁道年鉴》第 2 卷,上海:汉文正楷印书局,1935。

铁道部秘书厅编:《铁道年鉴》第 3 卷,上海:商务印书馆,1936。

王清彬等编:《第一次中国劳动年鉴》,北平:北平社会调查所,1928。

邢必信等:《第二次中国劳动年鉴》中、下册,北平:北平社会调查所,1932。

叶云笙主编:《广州工商年鉴》,广州:工商年鉴出版社,1947。

中华民国水泥工业同业公会编:《中华民国水泥工业同业公会年刊》,上海:中华民国水泥工业同业公会,1948。

中华续行委办会编:《中华基督教会年鉴》第六期,上海:中华续行委办会,1921。

七、回忆录、日记、传记

陈公博:《苦笑录》,北京:东方出版社,2004。

郭廷以、张朋园访问,马天纲、陈三井纪录:《白瑜先生访问纪录》,北京:九州出版社,2012。

湖北省社会科学院组编:《回忆陈潭秋》,武汉:华中工学院出版社,1981。

人民出版社编辑部编:《包惠僧回忆录》,北京:人民出版社,1983。

上海市档案馆编:《陈光甫日记》,上海:上海书店出版社,2002。

王凡西:《双山回忆录》,北京:现代史料编刊社,1980。

王仰清、许映湖标注:《邵元冲日记》,上海:上海人民出版社,1990。

吴相湘:《孙逸仙先生传》,台北:远东图书公司,1982。

薛暮桥:《薛暮桥回忆录》,天津:天津人民出版社,2006。

张金保:《张金保回忆录》,长沙:湖南人民出版社,1985。

八、论著

白华山:《上海政商互动研究(1927—1937)》,上海:上海辞书出版社,2009。

陈达:《我国抗日战争时期市镇工人生活》,北京:中国劳动出版社,1993。

陈达:《中国劳工问题》,上海:商务印书馆,1929。

陈宗城:《劳工论文拾零》,上海:国际劳工局中国分局,1934。

程海峰:《国际劳工组织》,重庆:正中书局,1944。

邓中夏:《中国职工运动简史》,天津:知识书店,1949。

方显廷:《中国之棉纺织业》,南京:国立编译馆,1934。

高爱娣:《中国工人运动史》,北京:中国劳动社会保障出版社,2008。

高家龙:《大公司与关系网:中国境内的西方、日本和华商大企业(1880—1937)》,程麟荪译,上海:上海社会科学院出版社,2002。

工商部劳工司编:《劳工新村设施大纲》,南京:京华印书馆,1930。

国际劳工局中国分局编:《国际劳工组织与中国》,上海:国际劳工局中国分局,1948。

国际问题研究会编:《五卅事件》,上海:友文印刷所,1927。

海门县三厂镇人民政府镇史办公室编:《三厂镇史征求意见稿》(打印稿),内部资料,1986。

何汉文:《非常时期之工人》,上海:中华书局,1937。

贺岳僧:《中国罢工史》,上海:世界书局,1927。

湖南工人运动史编写组:《湖南工人运动史》,北京:中国工人出版社,1994。

黄克武主编:《“中央研究院”第三届国际汉学会议论文集历史组(军事组织与战争)》,台北:“中研院”近代史研究所,2002。

江北县劳动局编:《江北县劳动志》,内部资料,1992。

江亢虎:《洪水集》,上海:上海社会星出版社,1913。

蒋恭晟编:《纪念日应用简要教材》,上海:金城书店,1932。

《焦作煤矿工运史》编纂小组编:《焦作煤矿工运史》,郑州:河南人民出版社,2005。

黎霞:《负荷人生:民国时期武汉码头工人研究》,武汉:湖北人民出版社,2008。

李积勋编:《纪念日史略》,成都:联友出版社,1945。

林启彦等编:《有志竟成:孙中山、辛亥革命与近代中国》上册,香港:方舟机构有限公司,2005。

刘明逵、唐玉良主编:《中国工人运动史》第3卷,广州:广东人民出版社,1998。

陆象贤:《中国劳动协会简史》,上海:上海人民出版社,1987。

马超俊、余长河:《比较劳动政策》上、下册,重庆:商务印书馆,1945。

马超俊:《中国劳工运动史》上册,重庆:商务印书馆,1942。

米寅宾:《工运之回顾与前瞻》,上海:南华图书局,1929。

宁波市总工会编:《宁波工人运动史》,北京:中国工人出版社,1994。

牛大勇等编:《中外学者纵论20世纪的中国》,南昌:江西人民出版社,2003。

三民公司编:《劳资冲突问题》,上海:三民公司,1927。

上海市公共交通总公司上海英电工人运动史编写组编:《上海英电工人运动史》,北京:中共党史出版社,1993。

沈以行、姜沛南、郑庆声主编:《上海工人运动史》下卷,沈阳:辽宁人民出版社,1996。

史太璞:《我国工会法研究》,上海:正中书局,1947。

水祥云:《劳工问题论集》,台北:协林印书馆,1985。

唐海:《中国劳动问题》,上海:光华书店,1926。

天心:《敬告中国青年》,新会:《民钟》社,1927。

田彤:《民国劳资争议研究(1927—1937年)》,北京:商务印书馆,2013。

汪信砚主编:《李达全集》第2卷,北京:人民出版社,2016。

王宝善:《郑州工人运动史》,郑州:河南人民出版社,1995。

王悫琪编著:《联营专卖研究与实践》,重庆:正中书局,1941。

王奇生:《党员、党权与党争:1924—1949年中国国民党的组织形态》,上海:上海书店出版社,2009。

武汉市总工会工运史研究室:《武汉工人运动史》,沈阳:辽宁人民出版社,1987。

湘赣革命根据地工人运动史编写组:《湘赣革命根据地工人运动史》,南昌:江西人民出版社,1991。

新运妇女指导委员会编:《战时纺织女工》,重庆:新运妇女指导委员会,1944。

薛世孝:《中国煤矿工人运动史》,郑州:河南人民出版社,1986。

阎锡山:《劳资合一的理论与实施稿本》,太原:劳资合一研究会,1930。

杨光:《国民革命与工人阶级》,出版发行者不详,1927。

一青:《群众运动》,北京:北新书局,1927。

俞云波、吴云乡、赵寿龙:《中国民主党派史述略》,上海:上海人民出版社,1989。

张嘉璈:《通胀螺旋:中国货币经济全面崩溃的十年(1939—1949)》,于杰译,北京:中信出版集团,2018。

张少峰:《中国国民党工人运动的理论及方略》,北平:中国书局,1929。

张廷灏:《中国国民党劳工政策的研究》,上海:大东书局,1930。

张燕萍:《抗战时期国民政府经济动员研究》,神州:福建人民出版社,2008。

张玉法:《民国初年的政党》,长沙:岳麓书社,2004。

张忠民、朱婷:《南京国民政府时期的国有企业(1927—1949)》,上海:上海财经大学出版社,2007。

赵嶰山主编:《劳工教育特刊》,盐城:盐城县劳工教育委员会,1933。

中共上海市委党史研究室、上海市总工会:《上海纺织工人运动史》,北京:中央党校出版社,1991。

中共上海市委党史研究室:《上海教师运动史(1919—1949)》,北京:中共党史出版社,2007。

中国国民党中央民众运动指导委员会工人科:《中国国民党领导下之工人运动今昔观》,南京:三民印务局,1934。

中国劳工运动史续编编纂委员会编:《中国劳工运动史》第1、2册,台北:中华文化大学劳工研究所理事会,1984。

中国青年社:《青年工人问题》,上海:上海书店,1925。

中央民众运动指导委员会编印:《二十二年工人运动概观》,南京:中央民众运动指导委员会,1934。

中央组织部编:《工运与工训》,重庆:中央组织部,1943。

"中研院"近代史研究所编:《近代中国区域史研讨会论文集》上册,台北:"中研院"近代史研究所编,1986。

"中研院"近代史研究所编:《抗战前十年国家建设史研讨会论文集(1928—1937)》上册,台北:"中研院"近代史研究所,1984。

"中研院"近代史研究所编:《中华民国初期历史研讨会论文集(1912—1927)》下册,台北:"中研院"近代史研究所编,1984。

"中研院"近代史研究所六十年来的中国近代史研究编辑委员会:《六十年来的中国近代史研究》下册,台北:"中研院"近代史研究所,1990。

"中研院"民族学研究所编:《"中央研究院"民族学研究所集刊》第58期,台北:"中研院"民族学研究所, 1984。

重庆中国银行编:《重庆市之棉织工业》,上海:汉文正楷印书局,1935。

朱邦兴等编:《上海产业与上海职工》,上海:上海人民出版社,1984。

朱华等:《获得权威:上海地下党群众工作的历史经验与启示》,上海:上海人民出版社,2009。

朱学范:《我的工运生涯》,福州:福建人民出版社,1991。

朱子爽:《中国国民党劳工政策》,重庆:国民图书出版社,1941。

[苏] A.B.巴库林:《中国大革命武汉时期见闻录》,郑厚安等译,北京:社会科学出版社,1985。

[英]E.P.汤普森:《英国工人阶级的形成》,钱乘旦等译,南京:译林出版社,2001。

[德]斐迪南·滕尼斯:《共同体与社会——纯粹社会学的基本概念》,林荣远译,北京:商务印书馆,1999。

[韩]具海根:《韩国工人:阶级形成的文化与政治》,梁光严、张静译,北京:社会科学文献出版社,2004。

[英]理查德·海曼:《劳资关系:一种马克思主义的分析框架》,黑启明译,北京:中国劳动社会保障出版社,2008。

[法]雷蒙·阿隆:《阶级斗争:工业社会新讲》,周以光译,南京:译林出版社,2003。

[英]拉尔夫·达仁道夫:《现代社会冲突》,林荣远译,北京:中国社会科学出版社,2000。

[美]迈克尔·布若威:《制造同意:垄断资本主义劳动过程的变迁》,李荣荣译,北京:商务印书馆,2008。

[法]米歇尔·福柯:《规训与惩罚》,刘北成、杨远婴译,北京:三联出版社,1999。

[法]莫娜·奥祖夫:《革命节日》,刘北成译,北京:商务印书馆,2012。

[美]裴宜理:《上海罢工:中国工人政治研究》,刘平译,南京:江苏人民出版社,2001。

[日]手岛博:《中国劳动运动通史》,东京:东阳书房,1985。

[日]卫藤安奈:《狂热与动员:1920年代中国的劳动运动》,东京:庆应义塾大学出版会,2015。

[日]小山清次:《支那劳动者研究》,东京:东亚实进社会,1919。

Adelaide Mary Anderson, *Humanity and Labour in China: an Industrial Visit and Its Sequel (1923 to 1926)*, London: Student Christian Movement, 1928.

Augusta Bertha Wagner, *Labor Legislation in China*, Peking: Yenching University, 1938.

Eleanor M. Hinder, *Social and Industrial Problems of Shanghai*, New York: International secretariat, Institute of Pacific relations, 1942

Eleanor M. Hinder, *Life and Labour in Shanghai: a Decades of Labour and Social Administration in the International Settlement*, New York: International secretariat, Institute of Pacific relations, 1944.

Elizabeth J Perry, *Patrolling the Revolution: Worker Militias, Citizenship and the Modern Chinese State*, Lanham: Rowman & Littlefield Publishers, Inc., 2006.

Israel Epstein, *Notes on the Labor problems in Nationalist China*, International secretariat, New York: Institute of Pacific relations, 1949.

Jean Chesneaux, *The Chinese Labor Movement, 1919—1927*, Translated from the French by H. M. Wright, Stanford: Stanford University Press, 1968.

Nym Wales, *The Chinese Labor Movement*, New York: The John Day Company, 1945.

九、学位论文

李建昌:《武汉纱厂调查之分析》,本科毕业论文,国立武汉大学经济学系,1934。

饶东辉:《南京国民政府劳动立法研究》,博士学位论文,华中师范大学中国近代史研究所,1997。

后　记

本书的主体是教育部人文社会科学重点研究基地“华中师范大学中国近代史研究所”重大项目结项报告（证书编号：15JJD156）。本结项报告经增补修订，原定于2020年1月出版。终因变故而未能付梓，幸蒙华中师范大学历史文化学院与广西师范大学出版社签订合作协议，本已束之高阁的书稿再次迎来修订出版的机会。从结项报告到此次成书，我的几届研究生胡张苗、沈启亮、熊伟甬、王亚奇、王薇、白进伟、刘成强、王辰伟、蔡鹏、李贺、潘昱宏、钱磊等，帮助查阅资料，校订引用文献，订正文字；张红涛（2011届）、赖厚盛（2012届）、卫然（2012届）则分别以工人群体政治化、工人阶级形成及企业文化与劳资关系为学位论文选题，其相关内容与本书亦有互通之处。本书部分章节及相关论题曾在《历史研究》《学术月刊》《浙江学刊》等刊物发表。广西师范大学出版社社科分社刘隆进社长，积极促成此书出版；编辑赵英利女士以专业而严谨的工作，帮助提高了本书的质量，谨致谢忱。在此郑重说明，本书所有舛误均由作者自负文责。

本书可视为《民国劳资争议研究（1927—1937年）》（商务印书

馆 2013 年)的姊妹篇,两书出版虽间隔 10 年,探讨的问题则一以贯之。

田彤

2023 年于桂子山